畔

地势坤，君子以厚德载物。

（四）世家

［西汉］司马迁 著

俞樟华 译

北京联合出版公司
Beijing United Publishing Co.,Ltd.

目录

史记卷三十一
世家第一

吴太伯世家

吴太伯和太伯的弟弟仲雍，都是周太王的儿子，王季历的兄长。季历贤能，而且有个具有圣德的儿子昌，太王想立季历以便传位给昌，于是太伯、仲雍二人就逃往荆蛮，文身、断发，以示自己不再即位，以此避让季历。季历果然被立为君，就是王季，而昌就是文王。太伯逃到荆蛮后，自称句吴。荆蛮人认为他有道义，跟随并归附他的有一千多家，尊立他为吴太伯。

太伯死后，没有子嗣，弟弟仲雍即位，就是吴仲雍。仲雍死后，儿子季简即位。季简死后，儿子叔达即位。叔达死后，儿子周章即位。这时周武王攻克殷商，寻求太伯、仲雍的后代，找到周章。周章已是吴国国君，因而还把吴国封给他。于是把周章的弟弟虞仲封在周朝北边的夏都故址，就是虞仲，虞仲位列于诸侯。

周章死后，儿子熊遂即位。熊遂死后，儿子柯相即位。柯相死后，儿子彊鸠夷即位。彊鸠夷死后，儿子馀桥疑吾即位。馀桥疑吾死后，儿子柯卢即位。柯卢死后，儿子

吴太伯，太伯弟仲雍，皆周太王之子，而王季历之兄也。季历贤，而有圣子昌，太王欲立季历以及昌，于是太伯、仲雍二人乃奔荆蛮，文身断发，示不可用，以避季历。季历果立，是为王季，而昌为文王。太伯之奔荆蛮，自号句吴。荆蛮义之，从而归之千余家，立为吴太伯。

太伯卒，无子，弟仲雍立，是为吴仲雍。仲雍卒，子季简立。季简卒，子叔达立。叔达卒，子周章立。是时周武王克殷，求太伯、仲雍之后，得周章。周章已君吴，因而封之。乃封周章弟虞仲于周之北故夏虚，是为虞仲，列为诸侯。

周章卒，子熊遂立。熊遂卒，子柯相立。柯相卒，子彊鸠夷立。彊鸠夷卒，子馀桥疑吾立。馀桥疑吾卒，子柯卢立。柯卢

卒，子周繇立。周繇卒，子屈羽立。屈羽卒，子夷吾立。夷吾卒，子禽处立。禽处卒，子转立。转卒，子颇高立。颇高卒，子句卑立。是时晋献公灭周北虞公，以开晋伐虢也。句卑卒，子去齐立。去齐卒，子寿梦立。寿梦立而吴始益大，称王。

自太伯作吴，五世而武王克殷，封其后为二：其一虞，在中国；其一吴，在夷蛮。十二世而晋灭中国之虞。中国之虞灭二世，而夷蛮之吴兴。大凡从太伯至寿梦十九世。

王寿梦二年，楚之亡大夫申公巫臣怨楚将子反而奔晋，自晋使吴，教吴用兵乘车，令其子为吴行人，吴于是始通于中国。吴伐楚。十六年，楚共王伐吴，至衡山。

二十五年，王寿梦卒。寿梦有子四人，长曰诸樊，次曰馀祭，次曰馀眛，次曰季札。季札贤，而寿梦欲立之，季札让不可，于是乃立长子诸樊，摄行事当国。

王诸樊元年，诸樊已除丧，

周繇即位。周繇死后，儿子屈羽即位。屈羽死后，儿子夷吾即位。夷吾死后，儿子禽处即位。禽处死后，儿子转即位。转死后，儿子颇高即位。颇高死后，儿子句卑即位。这时晋献公灭掉了周朝北边的虞公，以打开晋国攻打虢国的局面。句卑死后，儿子去齐即位。去齐死后，儿子寿梦即位。寿梦即位后吴国开始日益强大，并称王。

自太伯创建吴国，历经五代而武王攻克殷商，封太伯的后代为二国：其一为虞国，在中原；其一为吴国，在夷蛮地区。历经十二代而晋国灭了中原的虞国。中原的虞国被灭后过了两代，而夷蛮之地的吴国兴盛起来。从太伯到寿梦总计大概十九代。

吴王寿梦二年，楚国流亡在外的大夫申公巫臣怨恨楚国大将子反而逃到晋国，从晋国出使吴国，教给吴国用兵之术和乘车之法，让自己的儿子担任吴国的行人之官，吴国从这时开始与中原各国有往来。吴国讨伐楚国。吴王寿梦十六年，楚共王讨伐吴国，到达衡山。

寿梦二十五年，吴王寿梦去世。寿梦有四个儿子，长子叫诸樊，次子叫馀祭，三子叫馀眛，四子叫季札。季札贤能，而寿梦想立他为王，季札推让不受，于是就立了长子诸樊，代理执掌国政。

吴王诸樊元年，诸樊已经服丧期满，

要让位给季札。季札辞谢说："曹宣公死后，诸侯与曹国人认为新立曹君不义，将要立子臧，子臧离开曹国，以成全曹君，君子说他'能坚守节操了'。您作为长子是合理的继承人，谁敢阻碍您呢！拥有国家，不是我应该做的。我虽然不成器，愿意效仿子臧的仁义。"吴国人坚持要立季札，季札抛弃他的家室而去耕种，吴人这才放弃这个打算。秋天，吴国讨伐楚国，楚国打败了吴国的军队。吴王诸樊四年，晋平公刚即位。

吴王诸樊十三年，吴王诸樊去世。有遗命把君位传给弟弟馀祭，想按次序以兄传弟，一定要把国君之位传给季札为止，以满足先王寿梦的心意，而且赞赏季札的道义，季札的兄弟都想把国君之位传给他，就这样依次将国位渐渐传给他。季札被封在延陵，所以号称延陵季子。

吴王馀祭三年，齐国国相庆封有罪，从齐国来投奔吴国。吴国把朱方县给予庆封，作为他的奉邑，吴人又给他娶妻，他比在齐国时还富有。

吴王馀祭四年，吴国派季札到鲁国聘问，鲁国请季札观赏周王室的音乐，为他歌唱了《周南》《召南》。季札说："美啊，周王朝的基业已经奠定了，但还没有获得最后的成功。然而曲中洋溢着勤劳而无怨言的情绪。"又歌唱了《邶风》《鄘

让位季札。季札谢曰："曹宣公之卒也，诸侯与曹人不义曹君，将立子臧，子臧去之，以成曹君，君子曰'能守节矣'。君义嗣，谁敢干君！有国，非吾节也。札虽不材，愿附于子臧之义。"吴人固立季札，季札弃其室而耕，乃舍之。秋，吴伐楚，楚败我师。四年，晋平公初立。

十三年，王诸樊卒。有命授弟馀祭，欲传以次，必致国于季札而止，以称先王寿梦之意，且嘉季札之义，兄弟皆欲致国，令以渐至焉。季札封于延陵，故号曰延陵季子。

王馀祭三年，齐相庆封有罪，自齐来奔吴。吴予庆封朱方之县，以为奉邑，以女妻之，富于在齐。

四年，吴使季札聘于鲁，请观周乐。为歌《周南》《召南》。曰："美哉，始基之矣，犹未也。然勤而不怨。"歌《邶》《鄘》《卫》。曰："美哉，渊乎，忧而不困者也。吾闻卫

康叔、武公之德如是，是其《卫风》乎？”歌《王》。曰：“美哉，思而不惧，其周之东乎？”歌《郑》。曰：“其细已甚，民不堪也，是其先亡乎？”歌《齐》。曰：“美哉，泱泱乎大风也哉。表东海者，其太公乎？国未可量也。”歌《豳》。曰：“美哉，荡荡乎，乐而不淫，其周公之东乎？”歌《秦》。曰：“此之谓夏声。夫能夏则大，大之至也，其周之旧乎？”歌《魏》。曰：“美哉，沨沨乎，大而宽，俭而易行，以德辅此，则盟主也。”歌《唐》。曰：“思深哉，其有陶唐氏之遗风乎？不然，何忧之远也？非令德之后，谁能若是！”歌《陈》。曰：“国无主，其能久乎？”自《郐》以下，无讥焉。歌《小雅》。曰：“美哉，思而不贰，怨而不言，其周德之衰乎？犹有先王之遗民也。”歌《大雅》。曰：“广哉，熙熙乎，曲而有直体，其文王之德乎？”歌《颂》。曰：“至矣哉，直而不倨，曲而不诎，近而不逼，远而不携，迁而不淫，复而不厌，哀而不愁，乐而不荒，

风》《卫风》。季札说：“美啊，深沉啊，虽有忧虑却不陷于困顿之中。我听说卫康叔、卫武公的德行就是这样的，这是《卫风》吧？”歌唱了《王风》。季札说：“美啊，思虑而不恐惧，是周室东迁后的乐曲吧？”歌唱了《郑风》。季札说：“歌声细琐，反映出政令非常细密，人民不堪忍受，这个国家恐怕要先灭亡吧？”歌唱了《齐风》。季札说：“美啊，这是泱泱大国的风范啊！能够成为东海的表率，这是太公的遗风吧？国家前途不可限量。”歌唱了《豳风》。季札说：“美啊，曲调宽宏坦荡，欢乐而不荒淫，这是周公东征时的音乐吧？”歌唱了《秦风》。季札说：“这就叫夏声。能发出夏声的国家必会日益强大，强大到极点，就能达到周王室旧时的程度吧？”歌唱了《魏风》。季札说：“美啊，曲调婉转平和，广大宽厚，简明易行，以高尚的德行来辅助，这就是贤明的君主。”歌唱了《唐风》。季札说：“思虑深远啊，这有陶唐氏的遗风吧？不然怎么会如此忧虑深远呢？若非贤德的后代，谁能这样呢！”歌唱了《陈风》。季札说：“国家没有君主，怎么会长久呢？”自《郐风》以下的乐曲，季札没有再评论。歌唱了《小雅》。季札说：“美啊，满怀思虑而无二心，有怨而不言，这是周德衰败时的乐曲吧？但还有先王的遗民之情

啊。"歌唱了《大雅》。季札说："宏大啊，祥和啊，委婉中有刚正，这是文王的德行吧？"歌唱了《颂》。季札说："达到音乐的极致了，刚直有力而不倨傲，婉转而不委屈，亲近而不急迫，疏远而不割裂，变化而不淫靡，反复而不盈满，哀伤而不忧愁，欢乐而不荒淫，使用而不匮乏，广大而不张扬，施惠而不耗费，索取而不贪婪，停顿而不拘滞，行进而不随性。五声和谐，八风协调，节奏有度，旋律有序，盛大的德行都有这样的风度啊。"看见表演《象箾》《南籥》之舞，季札说："美啊，但还微微有些缺憾。"看见表演《大武》之舞，季札说："美啊，周朝的盛德就是这样的吧？"看见表演《韶濩》之舞，季札说："以圣人的宏大，还有亏欠之处，可见做圣人之难啊！"看见表演《大夏》之舞，季札说："美啊，勤劳而不自夸功德！若非夏禹还有谁能这样呢？"看见表演《招箾》之舞，季札说："仁德达到极点了，太伟大了，如天一样没有不覆盖的，如地一样没有不承载的，即使有再好的盛德，也无以复加了。观乐可以停下来了，若还有其他音乐，我也不敢观赏了。"

季札离开鲁国，就出使齐国。他劝说晏平仲道："你赶快交出封邑和政权。没有封邑和政权，你才能幸免于难。齐国的政权将会有所归属；没有归属的话，灾难

用而不匮，广而不宣，施而不费，取而不贪，处而不底，行而不流。五声和，八风平，节有度，守有序，盛德之所同也。"见舞《象箾》《南籥》者，曰："美哉，犹有感。"见舞《大武》，曰："美哉，周之盛也，其若此乎？"见舞《韶濩》者，曰："圣人之弘也，犹有惭德，圣人之难也！"见舞《大夏》，曰："美哉，勤而不德！非禹，其谁能及之？"见舞《招箾》，曰："德至矣哉，大矣，如天之无不焘也，如地之无不载也，虽甚盛德，无以加矣。观止矣，若有他乐，吾不敢观。"

去鲁，遂使齐。说晏平仲曰："子速纳邑与政。无邑无政，乃免于难。齐国之政将有所归；未得所归，难未息也。"

故晏子因陈桓子以纳政与邑，是以免于栾高之难。

去齐，使于郑。见子产，如旧交。谓子产曰："郑之执政侈，难将至矣，政必及子。子为政，慎以礼。不然，郑国将败。"去郑，适卫。说蘧瑗、史狗、史䲡、公子荆、公叔发、公子朝曰："卫多君子，未有患也。"

自卫如晋，将舍于戚，闻钟声，曰："异哉！吾闻之，辩而不德，必加于戮。夫子获罪于君以在此，惧犹不足，而又可以畔乎？夫子之在此，犹燕之巢于幕也。君在殡而可以乐乎？"遂去之。文子闻之，终身不听琴瑟。

适晋，说赵文子、韩宣子、魏献子曰："晋国其萃于三家乎！"将去，谓叔向曰："吾子勉之！君侈而多良，大夫皆富，政将在三家。吾子直，必思自免于难。"

季札之初使，北过徐君。徐君好季札剑，口弗敢言。季札心知之，为使上国，未献。

不会平息。"所以晏子通过陈桓子交出了政权和封邑，因此免遭栾施、高彊相攻杀的祸难。

季札离开齐国，出使郑国。见到子产，如见故交。季札对子产说："郑国的执政者奢侈欺人，灾难将要降临了，政权一定落在你身上。你执政时，要谨慎地以礼治国。不然，郑国将要衰败。"季札离开郑国，到达卫国，议论蘧瑗、史狗、史䲡、公子荆、公叔发、公子朝说："卫国君子很多，不会有祸患。"

季札从卫国到达晋国，将要住在戚地，听到钟声，说："奇怪啊！我听说，善于辩争而没有德行，一定有刑戮加身。孙文子得罪了国君所以在这里，害怕还来不及，怎么可以玩乐呢？孙文子在这里，犹如燕巢筑于帷幕之上。况且国君还在棺中停殡，怎么可以作乐呢？"于是离开戚地。孙文子听说这件事后，终身不再听音乐。

季札来到晋国，欣赏赵文子、韩宣子、魏献子，说："晋国的政权将要集中到这三家吧！"将离开时，对叔向说："您要勉力而行！国君奢侈但良臣很多，大夫都很富足，政权将要落在三家手中。你为人正直，一定要思考自己如何幸免于难。"

季札开始出使时，向北造访徐国国君。徐君喜爱季札的宝剑，但没好意思说出口。季札心里知道徐君之意，但因为要出使中原各国，他就没有献出宝剑。返回时到达徐国，徐君已死，于是季札解下他的宝剑，系在徐君墓前的树上而离去。季札的随从说："徐君已死，那宝剑还能给予谁呢？"季子说："不对。当初我心里已答应了他，怎么能因徐君已死就违背我自己的心愿呢！"

吴王馀祭七年，楚公子围弑杀楚王夹敖而自立为王，就是楚灵王。吴王馀祭十年，楚灵王会盟诸侯，准备攻打吴国的朱方，以诛杀齐国的庆封。吴国也攻打楚国，攻取三个城邑后离去。吴王馀祭十一年，楚国讨伐吴国，到达零娄。吴王馀祭十二年，楚国又来讨伐，在乾谿驻军，楚军战败而逃。

吴王馀祭十七年，吴王馀祭去世，弟弟馀眛即位。吴王馀眛二年，楚公子弃疾杀死楚灵王，自立为王。

吴王馀眛四年，吴王馀眛去世，想授君位给弟弟季札，季札推让，逃开了。当时吴国人说："先王有命，兄长死后弟弟代立为君，一定要将君位传给季子。季札如今逃避君位，那吴王馀眛是兄弟中最后一个当国君的人。如今馀眛去世，他的儿子应当代立为王。"于是立吴王馀眛的儿子僚为王。

吴王僚二年，公子光攻打楚国，战败并丢掉了王船。公子光害怕，就偷袭楚国，

还至徐，徐君已死，于是乃解其宝剑，系之徐君冢树而去。从者曰："徐君已死，尚谁予乎？"季子曰："不然。始吾心已许之，岂以死倍吾心哉！"

七年，楚公子围弑其王夹敖而代立，是为灵王。十年，楚灵王会诸侯而以伐吴之朱方，以诛齐庆封。吴亦攻楚，取三邑而去。十一年，楚伐吴，至零娄。十二年，楚复来伐，次于乾谿，楚师败走。

十七年，王馀祭卒，弟馀眛立。王馀眛二年，楚公子弃疾弑其君灵王代立焉。

四年，王馀眛卒，欲授弟季札。季札让，逃去。于是吴人曰："先王有命，兄卒弟代立，必致季子。季子今逃位，则王馀眛后立。今卒，其子当代。"乃立王馀眛之子僚为王。

王僚二年，公子光伐楚，败而亡王舟。光惧，袭楚，复

得王舟而还。

五年，楚之亡臣伍子胥来奔，公子光客之。公子光者，王诸樊之子也。常以为"吾父兄弟四人，当传至季子。季子即不受国，光父先立。即不传季子，光当立"。阴纳贤士，欲以袭王僚。

八年，吴使公子光伐楚，败楚师，迎楚故太子建母于居巢以归。因北伐，败陈、蔡之师。九年，公子光伐楚，拔居巢、锺离。初，楚边邑卑梁氏之处女与吴边邑之女争桑，二女家怒相灭，两国边邑长闻之，怒而相攻，灭吴之边邑。吴王怒，故遂伐楚，取两都而去。

伍子胥之初奔吴，说吴王僚以伐楚之利。公子光曰："胥之父兄为僇于楚，欲自报其仇耳。未见其利。"于是伍员知光有他志，乃求勇士专诸，见之光。光喜，乃客伍子胥。子胥退而耕于野，以待专诸之事。

又夺回了王船才返回。

吴王僚五年，楚国流亡之臣伍子胥前来投奔，公子光以客礼待他。公子光，是吴王诸樊的儿子。公子光常常认为"我父亲兄弟四人，应当传位给季子。季子既然没有接受国君之位，我的父亲最先即位，既然不传国于季子，那我应当即位"。公子光暗中招纳贤士，想借他们袭击吴王僚。

吴王僚八年，吴国派公子光讨伐楚国，打败楚国的军队，把楚国原先的太子建的母亲从居巢接回吴国。吴国趁势北伐，打败陈国、蔡国的军队。吴王僚九年，公子光讨伐楚国，攻占居巢、锺离。起初，楚国边邑卑梁氏的少女与吴国边邑的女子争采桑叶，两个女子的家人气急之下互相攻杀，两国边邑的官长听说了这件事，愤怒之下也互相攻杀，楚国灭了吴国的边邑。吴王发怒，所以就讨伐楚国，夺取两个城邑而去。

伍子胥刚投奔吴国时，向吴王僚陈说了伐楚的益处。公子光说："伍子胥的父亲和兄长被楚王所杀，他想报自己的仇罢了。我没有看到对吴国的好处。"这时候伍员知道公子光有篡位的意图，于是寻找到勇士专诸，将他介绍给公子光。公子光非常高兴，于是以客礼招待伍子胥。伍子胥退居到田野中耕作，以等待专诸刺杀之事成功。

吴王僚十二年冬天，楚平王去世。吴王僚十三年春天，吴国想趁楚国治丧而攻打它，派公子盖馀、烛庸领兵包围楚国的六邑、灊邑。吴国派季札出使晋国，以观察诸侯的动向。楚国发兵断绝了吴国军队的后路，吴国的军队不能回国。当时，吴国的公子光说："这个时机不可失去。"他告诉专诸说："不去索取如何能得到呢！我是真正的吴王继承人，应当立为国君，我想谋求王位。季子即使回来，也不能废掉我。"专诸说："吴王僚可以杀掉。他的母亲年老，儿子幼小，而两位公子率军攻打楚国，楚国断绝了他们的后路。如今吴王在外受困于楚国，而国内空虚，没有忠诚刚正的大臣，他们拿我没什么办法。"公子光说："我的身体，以后就是你的身体。"四月丙子日，公子光在地下室埋伏了甲士，然后请吴王僚来饮酒。吴王僚派兵陈列道旁，从王宫到公子光的家，门口、台阶、户口、座席旁，都是吴王僚的亲信，人人手持利剑。公子光佯装脚痛，进入地下室，派专诸将匕首藏在烤鱼的腹中，然后进献食物。在献鱼时专诸手抓匕首刺向吴王僚，左右侍卫也用剑刺入专诸胸膛，就这样杀死了吴王僚。公子光最终代立为王，就是吴王阖庐。阖庐于是任命专诸的儿子为卿。

十二年冬，楚平王卒。十三年春，吴欲因楚丧而伐之，使公子盖馀、烛庸以兵围楚之六、灊。使季札于晋，以观诸侯之变。楚发兵绝吴兵后，吴兵不得还。于是吴公子光曰："此时不可失也。"告专诸曰："不索何获！我真王嗣，当立，吾欲求之。季子虽至，不吾废也。"专诸曰："王僚可杀也。母老子弱，而两公子将兵攻楚，楚绝其路。方今吴外困于楚，而内空无骨鲠之臣，是无奈我何。"光曰："我身，子之身也。"四月丙子，光伏甲士于窟室，而谒王僚饮。王僚使兵陈于道，自王宫至光之家，门阶户席，皆王僚之亲也，人夹持铍。公子光详为足疾，入于窟室，使专诸置匕首于炙鱼之中以进食。手匕首刺王僚，铍交于匈，遂弑王僚。公子光竟代立为王，是为吴王阖庐。阖庐乃以专诸子为卿。

季子至，曰："苟先君无废祀，民人无废主，社稷有奉，乃吾君也。吾敢谁怨乎？哀死事生，以待天命。非我生乱，立者从之，先人之道也。"复命，哭僚墓，复位而待。吴公子烛庸、盖馀二人将兵遇围于楚者，闻公子光弑王僚自立，乃以其兵降楚，楚封之于舒。

王阖庐元年，举伍子胥为行人而与谋国事。楚诛伯州犂，其孙伯嚭亡奔吴，吴以为大夫。

三年，吴王阖庐与子胥、伯嚭将兵伐楚，拔舒，杀吴亡将二公子。光谋欲入郢，将军孙武曰："民劳，未可，待之。"四年，伐楚，取六与灊。五年，伐越，败之。六年，楚使子常囊瓦伐吴。迎而击之，大败楚军于豫章，取楚之居巢而还。

九年，吴王阖庐谓伍子胥、孙武曰："始子之言郢未可入，今果如何？"二子对曰：

季札回国，说："只要对先君的祭祀不废绝，人民不至于没有国君，有人供奉社稷，那人就是我的国君。我敢怨恨谁呢？哀悼死者，侍奉生者，以对待天命的安排。不是我生的祸乱，所立的国君我就应听从，这是先人的原则啊。"季札复命后，在吴王僚墓前痛哭，然后回到自己的职位上等待命令。吴国公子烛庸、盖馀二人领兵在楚国遭遇围困，听说公子光弑杀吴王僚自立为王，于是率领他们的军队投降楚国，楚国把他们封在舒邑。

吴王阖庐元年，举用伍子胥为行人之官并让他参与谋划国事。楚国诛杀了伯州犂，伯州犂的孙子伯嚭逃亡到吴国，吴国任命他为大夫。

吴王阖庐三年，吴王阖庐与伍子胥、伯嚭领兵攻打楚国，夺取舒邑，杀死吴国逃亡的将领，即二位公子。公子光谋划想攻入郢都，将军孙武说："军民劳苦，还不可以，等待时机吧。"吴王阖庐四年，攻打楚国，攻取了六邑和灊邑。吴王阖庐五年，攻打越国，打败了越国。吴王阖庐六年，楚国派子常囊瓦攻打吴国。吴国迎战，攻击楚军，在豫章打败楚军，夺取了楚国的居巢后返回。

吴王阖庐九年，吴王阖庐请教伍子胥、孙武说："当初你们说郢都还不可攻入，如今情况如何？"二人回答说："楚国的将军子常贪婪，而唐国、蔡国都怨恨他。大王一定要大举攻伐，一定要得到唐国、蔡国的支持才可以。"阖庐听从了他们，发动全部兵力，与唐国、蔡国向西攻打楚国，到达汉水。楚国也发兵抵御吴军，两军隔水列阵。吴王阖庐的弟弟夫槩想战，阖庐没有答应。夫槩说："大王已经把军队交给我，军队以取得胜利为上策，还等待什么呢？"于是用他部下的五千人突袭楚军，楚军失败，逃走。这时候吴王就纵兵追击楚军。直到郢都，五次交战，楚军五次失败。楚昭王逃出郢都，跑到郧邑，郧公的弟弟想杀死昭王，昭王与郧公逃到随国。吴兵就进入郢都。伍子胥、伯嚭鞭打楚平王的尸体以报杀父之仇。

吴王阖庐十年春天，越国听说吴王在郢都，国内空虚，于是伐吴。吴国派别的军队迎击越国。楚国向秦国告急，秦国派兵援救楚国攻打吴国，吴军战败。阖庐的弟弟夫槩见秦国、越国相继打败吴军，吴王又留在楚国没离开，便逃回吴国而自立为吴王。阖庐听说此事，就引兵返回，攻打夫槩。夫槩战败逃往楚国。楚昭王这才得以在九月重新进入郢都，把夫槩封在堂谿，夫槩成为堂谿氏。吴王阖庐十一年，吴王派太子夫差攻打楚国，夺取番邑。楚王害怕，就离开郢都，迁都到鄀城。

吴王阖庐十五年，孔子任鲁国国相。

"楚将子常贪，而唐、蔡皆怨之。王必欲大伐，必得唐、蔡乃可。"阖庐从之，悉兴师，与唐、蔡西伐楚，至于汉水。楚亦发兵拒吴，夹水陈。吴王阖庐弟夫槩欲战，阖庐弗许。夫槩曰："王已属臣兵，兵以利为上，尚何待焉？"遂以其部五千人袭冒楚，楚兵大败，走。于是吴王遂纵兵追之。比至郢，五战，楚五败。楚昭王亡出郢，奔郧。郧公弟欲弑昭王，昭王与郧公奔随。而吴兵遂入郢。子胥、伯嚭鞭平王之尸以报父仇。

十年春，越闻吴王之在郢，国空，乃伐吴。吴使别兵击越。楚告急秦，秦遣兵救楚击吴，吴师败。阖庐弟夫槩见秦越交败吴，吴王留楚不去，夫槩亡归吴而自立为吴王。阖庐闻之，乃引兵归，攻夫槩。夫槩败，奔楚。楚昭王乃得以九月复入郢，而封夫槩于堂谿，为堂谿氏。十一年，吴王使太子夫差伐楚，取番。楚恐而去郢徙鄀。

十五年，孔子相鲁。

十九年夏，吴伐越，越王句践迎击之檇李。越使死士挑战，三行造吴师，呼，自刭。吴师观之，越因伐吴，败之姑苏，伤吴王阖庐指，军却七里。吴王病伤而死。阖庐使立太子夫差，谓曰："尔而忘句践杀汝父乎？"对曰："不敢！"三年，乃报越。

王夫差元年，以大夫伯嚭为太宰。习战射，常以报越为志。二年，吴王悉精兵以伐越，败之夫椒，报姑苏也。越王句践乃以甲兵五千人栖于会稽，使大夫种因吴太宰嚭而行成，请委国为臣妾。吴王将许之，伍子胥谏曰："昔有过氏杀斟灌以伐斟寻，灭夏后帝相。帝相之妃后缗方娠，逃于有仍而生少康。少康为有仍牧正。有过又欲杀少康，少康奔有虞。有虞思夏德，于是妻之以二女而邑之于纶，有田一成，有众一旅。后遂收夏众，抚其官职。使人诱之，遂灭有过氏，复禹之绩，祀夏配天，不失旧物。今吴不如有过之强，而句践大于

吴王阖庐十九年夏天，吴国攻打越国，越王句践在檇李迎击吴军。越国派死士来挑战，排成三行冲向吴军，高呼口号，自刎而死。吴军观看这种场景，越军乘机攻打吴军，在姑苏打败吴军，砍伤了吴王阖庐的脚趾，军队退却七里。吴王因伤生病而死。阖庐派使者立太子夫差为王，对夫差说："你忘记句践杀死你的父亲了吗？"夫差回答说："不敢忘！"过了三年，就报复了越国。

吴王夫差元年，任命大夫伯嚭为太宰。训练军队作战射箭，常以报复越国为志向。吴王夫差二年，吴王发动全部精兵来攻打越国，在夫椒打败越军，报了姑苏战败之仇。越王句践于是带领五千甲兵栖身于会稽山，派大夫文种通过吴国太宰伯嚭而请求媾和，愿越国全国为吴王的奴仆。吴王将要答应他，伍子胥劝谏说："昔日有过氏杀死斟灌来讨伐斟寻，灭掉夏后帝相。帝相的妃子后缗正在怀孕，逃到有仍国生下少康。少康做了有仍国的牧正。有过又想杀掉少康，少康逃到有虞。有虞怀念夏朝恩德，于是把他的两个女儿嫁给少康为妻，并把纶邑封给他，当时只有方圆十里的土地，五百名民众。后来少康逐渐收聚夏朝遗民，整顿他们的职官职责。派人诱惑有过氏，终于灭了有过氏，恢复了夏禹的功业，祭祀时以夏朝祖先配享天帝，没

有失去旧有的事物。如今吴国不如有过氏强大，而句践大于少康。如今不趁机会灭了他，还要放了他，这不是祸难吗！而且勾践为人能忍受辛苦，如今不消灭他，以后一定会后悔的。"吴王不听，听从太宰伯嚭之言，最终答应与越国停战，与越国订盟后撤兵而去。

吴王夫差七年，吴王夫差听说齐景公死后大臣争权夺利，新君弱小，于是兴兵北伐齐国。伍子胥劝谏说："越王勾践吃饭不吃两个以上的菜肴，衣服不用两个以上的颜色，吊唁死者，慰问病者，而且想利用他的民众有所作为。此人不死，必定成为吴国的祸患。如今越国是我国的心腹大患，大王不首先重视，反而以攻打齐国为务，不是很荒谬吗！"吴王不听，于是向北伐齐，在艾陵打败齐国的军队。到达缯邑，召见鲁哀公并征索百牢。季康子派子贡以周礼劝说太宰伯嚭，才得以中止这种做法。夫差因而留下来略取齐、鲁以南的土地。吴王夫差九年，为驺国讨伐鲁国，到了鲁国，与鲁国订立盟约才离开。吴王夫差十年，趁势讨伐齐国而归。吴王夫差十一年，又向北伐齐。

越王句践率领他的臣下来朝拜吴王，献上丰厚的贡物给吴王，吴王很高兴。只有伍子胥害怕，说："这是在丢弃吴国。"便劝谏吴王说："越国近在腹心之地，如

少康。今不因此而灭之，又将宽之，不亦难乎！且句践为人能辛苦，今不灭，后必悔之。"吴王不听，听太宰嚭，卒许越平，与盟而罢兵去。

七年，吴王夫差闻齐景公死而大臣争宠，新君弱，乃兴师北伐齐。子胥谏曰："越王句践食不重味，衣不重采，吊死问疾，且欲有所用其众。此人不死，必为吴患。今越在腹心疾，而王不先，而务齐，不亦谬乎！"吴王不听，遂北伐齐，败齐师于艾陵。至缯，召鲁哀公而征百牢。季康子使子贡以周礼说太宰嚭，乃得止。因留略地于齐鲁之南。九年，为驺伐鲁，至，与鲁盟乃去。十年，因伐齐而归。十一年，复北伐齐。

越王句践率其众以朝吴，厚献遗之，吴王喜。唯子胥惧，曰："是弃吴也。"谏曰："越在腹心，今得志于齐，犹石田，

无所用。且《盘庚之诰》有颠越勿遗，商之以兴。"吴王不听，使子胥于齐，子胥属其子于齐鲍氏，还报吴王。吴王闻之，大怒，赐子胥属镂之剑以死。将死，曰："树吾墓上以梓，令可为器。抉吾眼置之吴东门，以观越之灭吴也。"

齐鲍氏弑齐悼公。吴王闻之，哭于军门外三日，乃从海上攻齐。齐人败吴，吴王乃引兵归。

十三年，吴召鲁、卫之君会于橐皋。

十四年春，吴三北会诸侯于黄池，欲霸中国以全周室。六月丙子，越王句践伐吴。乙酉，越五千人与吴战。丙戌，虏吴太子友。丁亥，入吴。吴人告败于王夫差，夫差恶其闻也。或泄其语，吴王怒，斩七人于幕下。七月辛丑，吴王与晋定公争长。吴王曰："于周室我为长。"晋定公曰："于姬姓我为伯。"赵鞅怒，将伐吴，乃长晋定公。吴王已盟，与晋别，欲伐宋。太宰嚭曰："可

今吴国虽在齐国得胜，但犹如得到石头田一样，没有用处。而且《盘庚之诰》有乱妄之人不要遗留，商王朝才能兴盛的话。"吴王不听，派伍子胥出使齐国，子胥把自己的儿子托付给齐国鲍氏，回国报告吴王。吴王听说这件事后，大怒，赐给伍子胥一把属镂之剑让他自杀。伍子胥将要死时，说："在我的墓上种植梓树，它将来可以作为做棺材的器物。挖出我的眼睛放在吴都的东门上，让我看着越国灭掉吴国。"

齐国鲍氏杀死齐悼公。吴王听说这件事，在军门外哭了三日，就从海上攻打齐国。齐人打败吴军，吴王才引兵回国。

吴王夫差十三年，吴王召鲁国、卫国的国君在橐皋会晤。

吴王夫差十四年春天，吴王北上在黄池与诸侯会晤，想要称霸中原以保全周室。六月丙子日，越王句践攻打吴国。乙酉日，越国五千人与吴国军队交战。丙戌日，俘虏了吴国太子友。丁亥日，越军攻入吴国。吴人向吴王夫差报告了失败的消息，夫差害怕会盟的诸侯听到这个消息。有人泄露了那人的话，吴王发怒，在帐下斩杀七人。七月辛丑日，吴王与晋定公争当盟主。吴王说："就周室而言我祖先最年长。"晋定公说："就姬姓诸国而言我晋国当过霸主。"赵鞅发怒，将要攻打吴国，这才让晋定公当了盟主。吴王与诸侯会盟结束后，

与晋定公作别，想讨伐宋国。太宰伯嚭说："可以取胜但不能够占有。"于是引兵回国。吴国失去了太子，国内空虚，吴王在外很久，士兵都很疲惫，于是就派遣使者携厚礼与越国讲和。

吴王夫差十五年，齐国田常杀了齐简公。

吴王夫差十八年，越国更加强大。越王句践率军伐吴，在笠泽打败吴军。楚国灭掉陈国。

吴王夫差二十年，越王勾践再次攻打吴国。吴王夫差二十一年，越国就包围了吴国。吴王夫差二十三年十一月丁卯日，越国打败吴国。越王勾践想把夫差迁到甬东，给一百户人家让他住在那里。吴王说："我老了，不能事奉君王。我后悔没有听伍子胥的话，让自己陷于这种境地。"于是自刎而死。越王灭掉吴国，诛杀了太宰伯嚭，因为他不忠，然后回国。

太史公说：孔子说"太伯可以说是道德的极点了，三次把天下让给别人，人民都不知用什么言辞来称赞他"。我读《春秋》古文，才知道中原的虞国与荆蛮的句吴是兄弟啊。延陵季子有仁爱之心，倾慕道义终身不止，能察知微情辨别清浊。啊，他是一个多么见识宽广、博览事物的君子啊！

胜而不能居也。"乃引兵归国。国亡太子，内空，王居外久，士皆罢敝，于是乃使厚币以与越平。

十五年，齐田常杀简公。

十八年，越益强。越王句践率兵复伐败吴师于笠泽。楚灭陈。

二十年，越王句践复伐吴。二十一年，遂围吴。二十三年十一月丁卯，越败吴。越王句践欲迁吴王夫差于甬东，予百家居之。吴王曰："孤老矣，不能事君王也。吾悔不用子胥之言，自令陷此。"遂自到死。越王灭吴，诛太宰嚭，以为不忠，而归。

太史公曰：孔子言"太伯可谓至德矣，三以天下让，民无得而称焉"。余读《春秋》古文，乃知中国之虞与荆蛮句吴兄弟也。延陵季子之仁心，慕义无穷，见微而知清浊。呜呼，又何其闳览博物君子也！

史记卷三十二
世家第二

齐太公世家

太公望吕尚，是东海之人。他的先祖曾做过四岳之官，辅佐夏禹平治水土很有功劳。虞舜、夏禹时代被封在吕邑，有的被封在申邑，姓姜氏。夏朝、商朝时代，申、吕两邑有时封给旁支子孙，有的人沦为平民，吕尚就是他们的后代苗裔。吕尚本姓姜氏，后来用他的封邑为姓，所以叫吕尚。

吕尚曾经生活穷困，年老了，借钓鱼的机会求见周西伯。西伯将要外出狩猎，先行占卜，卜辞说："所得到的不是龙也不是螭，不是虎也不是罴；所获得的是成就霸王之业的辅臣。"于是周西伯出猎，果然在渭水北岸遇到了太公，与太公谈话后西伯非常高兴，说："我的先君太公说'定当有圣人来周，周会因此兴盛'。您就是那人吧？我的太公盼望您很久了。"所以称他为"太公望"，用车载他一同回去，任命为太师。

有人说，太公博学多闻，曾为纣王做事。纣王无道，他就离开了纣王。他游说诸侯，没有得到赏识，最终到西方归于周

太公望吕尚者，东海上人。其先祖尝为四岳，佐禹平水土甚有功。虞夏之际封于吕，或封于申，姓姜氏。夏商之时，申、吕或封枝庶子孙，或为庶人，尚其后苗裔也。本姓姜氏，从其封姓，故曰吕尚。

吕尚盖尝穷困，年老矣，以渔钓奸周西伯。西伯将出猎，卜之，曰："所获非龙非彲，非虎非罴；所获霸王之辅。"于是周西伯猎，果遇太公于渭之阳，与语，大说，曰："自吾先君太公曰'当有圣人适周，周以兴。'子真是邪？吾太公望子久矣。"故号之曰"太公望"，载与俱归，立为师。

或曰，太公博闻，尝事纣。纣无道，去之。游说诸侯，无所遇，而卒西归周西伯。或曰，

吕尚处士，隐海滨。周西伯拘
羑里，散宜生、闳夭素知而招
吕尚。吕尚亦曰："吾闻西伯贤，
又善养老，盍往焉。"三人者
为西伯求美女奇物，献之于纣，
以赎西伯。西伯得以出，反国。
言吕尚所以事周虽异，然要之
为文武师。

　　周西伯昌之脱羑里归，与
吕尚阴谋修德以倾商政，其
事多兵权与奇计，故后世之
言兵及周之阴权皆宗太公为本
谋。周西伯政平，及断虞芮之
讼，而诗人称西伯受命曰文王。
伐崇、密须、犬夷，大作丰邑。
天下三分，其二归周者，太公
之谋计居多。

　　文王崩，武王即位。九
年，欲修文王业，东伐以观诸
侯集否。师行，师尚父左杖黄钺，
右把白旄以誓，曰："苍兕苍兕，
总尔众庶，与尔舟楫，后至者
斩！"遂至盟津。诸侯不期而
会者八百诸侯。诸侯皆曰："纣
可伐也。"武王曰："未可。"
还师，与太公作此《太誓》。

西伯。还有人说，吕尚是处士，隐居在海滨。
周西伯被拘囚在羑里时，散宜生、闳夭素
来知道吕尚之名而招请他。吕尚也说："我
听说西伯贤明，又善待和奉养老人，何不
前往呢？"他们三人为西伯寻求美女奇物，
将这些献给纣王，借以赎回西伯。西伯因
此得以被释放，返回周国。人们说吕尚为
周国做事的原因虽然不同，但大致都说他
是文王、武王的太师。

　　周西伯昌从羑里脱身归国后，与吕尚
暗中谋划修行德政以推翻商纣政权，这些
事大多是用兵的权谋与奇计，所以后世在
讨论用兵之道及周朝的隐秘权术时都尊
崇太公为最先发明这些的人。周西伯政治
清平，等到判决虞、芮两国的诉讼后，诗
人称西伯是承受天命的文王。讨伐了崇国、
密须、犬夷，大规模建设丰邑。天下三分，
其中二分归属周国，用太公的谋略计策居多。

　　文王崩逝，武王即位。周武王九年，
武王想继续完成文王的事业，向东讨伐
以观察诸侯是否会会集。军队出发时，师
尚父左手持黄钺，右手握白旄旌旗来宣
誓，说："苍兕啊苍兕，统领众兵，给予
你们船和桨，迟到的斩首！"于是到达盟
津。未经约定而来会合的诸侯有八百之多。
诸侯都说："可以伐纣王了。"武王说：
"还不行。"班师而回，与太公作了这篇
《太誓》。

过了两年，纣王杀了王子比干，囚禁箕子。武王将要讨伐纣王，占卜，龟兆显示不吉，风雨突然而至。群臣全都恐惧，只有太公坚决劝说武王出兵，武王于是就出兵。周武王十一年正月甲子日，在牧野誓师，讨伐商纣。纣王的军队大败。纣王反身逃跑，登上鹿台，于是追击斩杀纣王。第二天，武王站在社坛上，群臣手捧明水，卫康叔封铺好采席，师尚父牵着祭祀的牲畜，史佚按策书祈祷，向天神禀告讨伐纣王罪行之事。散尽鹿台的钱财，发放钜桥的粮食，来赈济贫民。增高比干墓土，释放被囚禁的箕子。迁移九鼎，修治周朝政务，在全天下启用新政。这期间师尚父的谋略居多。

这时候武王已经平定商纣而称王天下，就把齐国的营丘封给师尚父。师尚父回自己的封国，在途中住宿，行走缓慢。客舍中的人说："我听说时机难得且容易失去。客人睡得很安稳，恐怕不是去封国就任的吧？"太公听了这番话，连夜穿了衣就走，黎明时到达封国。莱侯前来征讨，与太公争夺营丘。营丘毗邻莱国边界。莱人是夷族，恰逢商纣之乱而周朝刚刚安定，王朝建立之初还没能安定远方，所以与太公争夺国土。

太公到达封国，修治德政，按当地风俗，简化他们的礼仪，开通工商之业，发

居二年，纣杀王子比干，囚箕子。武王将伐纣，卜，龟兆不吉，风雨暴至。群公尽惧，唯太公强之劝武王，武王于是遂行。十一年正月甲子，誓于牧野，伐商纣。纣师败绩。纣反走，登鹿台，遂追斩纣。明日，武王立于社，群公奉明水，卫康叔封布采席，师尚父牵牲，史佚策祝，以告神讨纣之罪。散鹿台之钱，发钜桥之粟，以振贫民。封比干墓，释箕子囚。迁九鼎，修周政，与天下更始。师尚父谋居多。

于是武王已平商而王天下，封师尚父于齐营丘。东就国，道宿行迟。逆旅之人曰："吾闻时难得而易失。客寝甚安，殆非就国者也。"太公闻之，夜衣而行，犁明至国。莱侯来伐，与之争营丘。营丘边莱。莱人，夷也，会纣之乱而周初定，未能集远方，是以与太公争国。

太公至国，修政，因其俗，简其礼，通商工之业，便

鱼盐之利，而人民多归齐，齐为大国。及周成王少时，管蔡作乱，淮夷畔周，乃使召康公命太公曰："东至海，西至河，南至穆陵，北至无棣，五侯九伯，实得征之。"齐由此得征伐，为大国。都营丘。

盖太公之卒百有余年，子丁公吕伋立。丁公卒，子乙公得立。乙公卒，子癸公慈母立。癸公卒，子哀公不辰立。

哀公时，纪侯谮之周，周烹哀公而立其弟静，是为胡公。胡公徙都薄姑，而当周夷王之时。哀公之同母少弟山怨胡公，乃与其党率营丘人袭攻杀胡公而自立，是为献公。献公元年，尽逐胡公子，因徙薄姑都，治临菑。

九年，献公卒，子武公寿立。武公九年，周厉王出奔，居彘。十年，王室乱，大臣行政，号曰"共和"。二十四年，周宣王初立。

二十六年，武公卒，子厉公无忌立。厉公暴虐，故胡公子复入齐，齐人欲立之，乃与攻杀厉公。胡公子亦战死。齐

展鱼盐业优势，因而人民多归附齐国，齐国成为大国。等到周成王年少即位时，管叔、蔡叔作乱，淮地的夷族背叛周朝，于是派召康公命令太公说："东至大海，西至黄河，南至穆陵，北至无棣，五等诸侯，九州之伯，都可以征讨他们的罪行。"齐国从此得到征伐各国的权力，成为大国。建都营丘。

太公死时有一百多岁，儿子丁公吕伋即位。丁公死后，儿子乙公得即位。乙公死后，儿子癸公慈母即位。癸公死后，儿子哀公不辰即位。

哀公时，纪侯向周王诬陷哀公，周王烹杀哀公而立他的弟弟静为齐君，就是胡公。胡公把都城迁到薄姑，当时周夷王在位。哀公的同母少弟山怨恨胡公，就与他的党徒率领营丘人袭击攻杀了胡公而自立为齐君，就是献公。献公元年，驱逐了胡公所有儿子，于是将都城从薄姑迁走，在临淄建都。

献公九年，献公去世，儿子武公寿即位。武公九年，周厉王逃亡，居在彘邑。武公十年，周王室发生叛乱，大臣执掌国政，号称"共和"。武公二十四年，周宣王即位。

武公二十六年，武公去世，儿子厉公无忌即位。厉公暴虐，所以胡公的儿子又返回齐国，齐人想立他为君，就与他攻杀了厉公。胡公的儿子也战死。齐人就立

厉公的儿子赤为齐君，就是文公，诛杀了七十个曾攻杀过厉公的人。

文公十二年，文公去世，儿子成公脱即位。成公九年，成公去世，儿子庄公购即位。

庄公二十四年，犬戎杀死周幽王，周王室东迁到洛邑。秦国开始列为诸侯。庄公五十六年，晋人弑杀他们的国君昭侯。

庄公六十四年，庄公去世，儿子釐公禄甫即位。

釐公九年，鲁隐公即位。釐公十九年，鲁桓公弑杀他的兄长隐公而自立为君。

釐公二十五年，北戎讨伐齐国。郑国派太子忽来援救齐国，齐君想把女儿嫁给他为妻。忽说："郑是小国，齐是大国，不是我能匹配的。"就谢绝了亲事。

釐公三十二年，釐公的同母弟弟夷仲年死。他的儿子叫公孙无知，釐公喜爱他，给他的爵禄服饰的等级与生活待遇和太子一样。

釐公三十三年，釐公去世，太子诸儿即位，就是襄公。

襄公元年，襄公当初做太子时，曾与无知争斗，等到即位后，降低了无知的爵禄和服饰等级，无知怨恨襄公。

襄公四年，鲁桓公与夫人来到齐国。齐襄公过去曾与鲁夫人私通。鲁夫人，是

人乃立厉公子赤为君，是为文公，而诛杀厉公者七十人。

文公十二年卒，子成公脱立。成公九年卒，子庄公购立。

庄公二十四年，犬戎杀幽王，周东徙雒。秦始列为诸侯。五十六年，晋弑其君昭侯。

六十四年，庄公卒，子釐公禄甫立。

釐公九年，鲁隐公初立。十九年，鲁桓公弑其兄隐公而自立为君。

二十五年，北戎伐齐。郑使太子忽来救齐，齐欲妻之。忽曰："郑小齐大，非我敌。"遂辞之。

三十二年，釐公同母弟夷仲年死。其子曰公孙无知，釐公爱之，令其秩服奉养比太子。

三十三年，釐公卒，太子诸儿立，是为襄公。

襄公元年，始为太子时，尝与无知斗，及立，绌无知秩服，无知怨。

四年，鲁桓公与夫人如齐。齐襄公故尝私通鲁夫人。鲁夫

人者，襄公女弟也，自釐公时嫁为鲁桓公妇，及桓公来而襄公复通焉。鲁桓公知之，怒夫人，夫人以告齐襄公。齐襄公与鲁君饮，醉之，使力士彭生抱上鲁君车，因拉杀鲁桓公，桓公下车则死矣。鲁人以为让，而齐襄公杀彭生以谢鲁。

八年，伐纪，纪迁去其邑。

十二年。初，襄公使连称、管至父戍葵丘，瓜时而往，及瓜而代。往戍一岁，卒瓜时而公弗为发代。或为请代，公弗许。故此二人怒，因公孙无知谋作乱。连称有从妹在公宫，无宠，使之间襄公，曰"事成以女为无知夫人"。冬十二月，襄公游姑棼，遂猎沛丘。见彘，从者曰"彭生"。公怒，射之，彘人立而啼。公惧，坠车伤足，失屦。反而鞭主屦者茀三百。茀出宫。而无知、连称、管至父等闻公伤，乃遂率其众袭宫。逢主屦茀，茀曰："且无入惊宫，惊宫未易入也。"无知弗信，茀示之创，乃信之。待宫外，令茀先入。茀先入，即匿襄公

襄公的妹妹，自釐公时嫁给鲁桓公为妻，等到鲁桓公来到齐国，襄公又与鲁夫人私通。鲁桓公知道这件事，怒斥夫人，夫人告诉了齐襄公。齐襄公与鲁君饮酒，把鲁桓公灌醉，派大力士彭生将桓公抱上鲁君的车子，趁机击打杀死了鲁桓公，鲁桓公下车时就已经死了。鲁国人由此责备齐国，而齐襄公杀死彭生以向鲁国谢罪。

襄公八年，齐国讨伐纪国，纪国迁走他们的都邑。

襄公十二年。起初，襄公派连称、管至父戍守葵丘，答应瓜熟时前往，等到第二年瓜熟时替换他们。前往戍守一年，到瓜熟时襄公却没有派人去替换他们。有人为他们请求替换，襄公没有答应。所以这二人恼怒，借公孙无知阴谋商议作乱。连称有个堂妹在襄公宫中，不被宠爱，让她侦伺襄公，许诺她说"事成以后让你做无知的夫人"。冬季十二月，襄公游玩姑棼，就在沛丘狩猎。见到一只猪，随从人员说"是彭生"。襄公发怒，射它，猪像人一样站立而叫。襄公害怕，掉下车摔伤了脚，丢失了鞋子。返回宫后把管理鞋子叫茀的官吏鞭打了三百下，茀出宫。无知、连称、管至父等人听说襄公受伤，于是就率领他们的部众攻袭王宫。遇到管理鞋子的茀，茀说："暂且不要进去以免惊动宫中，惊动宫中就不易再进去了。"无知不信，

莆把自己的鞭伤展示给他们看，他们才相信了他。在宫外等待，让莆先进去。莆先进去，马上把襄公藏在屋门后面。过了好久，无知等人害怕，就闯入宫中。莆却反过来与宫中侍卫及襄公的宠臣攻杀无知等人，没有取胜，都被杀死。无知入宫，找襄公没有找到。有人见屋门后面有人的脚，打开一看，正是襄公，就杀了他，而无知自立为齐君。

桓公元年春天，齐君无知在雍林游玩。雍林人曾有怨恨无知的，等到无知前往游玩，雍林人袭击杀了无知，告诉齐国大夫说："无知弑杀襄公自立为君，臣等谨慎地杀了他。希望大夫们改立公子中应当即位的人，我们唯命是听。"

当初，襄公灌醉杀了鲁桓公，私通他的夫人，杀罚屡次不当，奸淫妇人，多次欺侮大臣。他的弟弟们害怕祸及自身，所以弟弟纠逃到鲁国。他的母亲是鲁国之女。管仲、召忽辅佐他。弟弟小白逃到莒国，鲍叔辅佐他。小白的母亲，是卫国之女，受宠于釐公。小白从小就与大夫高傒交好。等到雍林人杀死无知，商议立君，高傒、国氏先暗中从莒国把小白召回。鲁国听说无知死，也发兵护送公子纠回齐，而派管仲另外领兵阻遏莒国到齐国的道路。管仲射中小白的衣带钩，小白佯装死去，管仲派人疾驰报告鲁君。鲁国护送公子纠的部

户间。良久，无知等恐，遂入宫。莆反与宫中及公之幸臣攻无知等，不胜，皆死。无知入宫，求公不得。或见人足于户间，发视，乃襄公，遂弑之，而无知自立为齐君。

桓公元年春，齐君无知游于雍林。雍林人尝有怨无知，及其往游，雍林人袭杀无知，告齐大夫曰："无知弑襄公自立，臣谨行诛。唯大夫更立公子之当立者，唯命是听。"

初，襄公之醉杀鲁桓公，通其夫人，杀诛数不当，淫于妇人，数欺大臣，群弟恐祸及，故次弟纠奔鲁。其母鲁女也。管仲、召忽傅之。次弟小白奔莒，鲍叔傅之。小白母，卫女也，有宠于釐公。小白自少好善大夫高傒。及雍林人杀无知，议立君，高、国先阴召小白于莒。鲁闻无知死，亦发兵送公子纠，而使管仲别将兵遮莒道，射中小白带钩。小白详死，管仲使人驰报鲁。鲁送纠者行益迟，

六日至齐，则小白已入，高傒立之，是为桓公。

桓公之中钩，详死以误管仲，已而载温车中驰行，亦有高、国内应，故得先入立，发兵距鲁。秋，与鲁战于乾时，鲁兵败走，齐兵掩绝鲁归道。齐遗鲁书曰："子纠，兄弟，弗忍诛，请鲁自杀之。召忽、管仲，仇也，请得而甘心醢之。不然，将围鲁。"鲁人患之，遂杀子纠于笙渎。召忽自杀，管仲请囚。桓公之立，发兵攻鲁，心欲杀管仲。鲍叔牙曰："臣幸得从君，君竟以立。君之尊，臣无以增君。君将治齐，既高傒与叔牙足也。君且欲霸王，非管夷吾不可。夷吾所居国国重，不可失也。"于是桓公从之。乃详为召管仲欲甘心，实欲用之。管仲知之，故请往。鲍叔牙迎受管仲，及堂阜而脱桎梏，斋祓而见桓公。桓公厚礼以为大夫，任政。

桓公既得管仲，与鲍叔、隰朋、高傒修齐国政，连五家之兵，设轻重鱼盐之利，以赡

队行进就更慢了，六天到达齐国，而小白已经进入齐国，高傒立他为君，就是桓公。

桓公被射中衣带钩，佯装死去来误导管仲，然后乘坐温车中驰行，还有高傒、国氏做内应，所以能够率先入齐即位，发兵抵御鲁军。秋天，与鲁军在乾时交战，鲁兵战败逃走，齐军堵绝了鲁军返回的道路。齐桓公给鲁君写信说："子纠是我兄弟，不忍杀他，请鲁国自己杀了他。召忽、管仲是我的仇人，请让我得到他们剁成肉酱，这样我才甘心。不然，将围攻鲁国。"鲁人担忧此事，于是在笙渎杀了公子纠。召忽自杀，管仲请求做囚犯。桓公即位，发兵攻打鲁国，心中想杀管仲。鲍叔牙说："我有幸得以跟随您，您终于可以即位。您是尊贵的，我没有办法让您更加尊贵。您只是要治理齐国，有高傒和我就够了。您若想成就霸王之业，没有管夷吾不行。夷吾所在的国家国力必强，不可失去呀！"于是桓公听从了他。就假装召回管仲剁成肉酱才甘心，实际是想任用他。管仲知道用意，所以请求前往。鲍叔牙迎接管仲，等到了堂阜就脱掉他的桎梏，管仲斋戒沐浴后去见桓公。桓公以厚礼相待并任他为大夫，掌管政务。

桓公得到管仲后，让管仲与鲍叔牙、隰朋、高傒修治齐国的政事，制定以五家为基础的军事管理制度，发挥钱币、鱼盐

等商业优势，来帮助穷者，任用贤人，齐国人都很高兴。

桓公二年，齐国攻伐灭了郯国，郯君逃亡到莒国。当初，桓公逃亡时，路过郯国，郯国对他无礼，所以讨伐它。

桓公五年，攻打鲁国，鲁国将要战败。鲁庄公请求献上遂邑来媾和，桓公答应了，与鲁庄公在柯邑相会订盟。鲁君刚要订盟时，曹沫用匕首把桓公劫持到祭坛上，说："归还鲁国被侵占的土地！"桓公答应了他。然后曹沫扔掉匕首，面向北方回到臣子的位置上。桓公后悔，想不给鲁国土地而杀了曹沫。管仲说："被劫持时答应了人家，然后又背信杀死人家，只是满足一时的小小快意罢了，而在诸侯中却失去了信义，失去了天下人的支持，不可这样做。"于是就归还了鲁国三次战败后丢失的土地。诸侯听说这件事，都信服齐国而想归附。桓公七年，诸侯在甄邑与桓公会盟，而桓公从此开始称霸诸侯。

桓公十四年，陈厉公的儿子完，号敬仲，逃奔到齐国。齐桓公想任他为卿，他谦让不肯，于是让他做了工正。这就是田成子常的祖先。

桓公二十三年，山戎讨伐燕国，燕国向齐国告急。齐桓公援救燕国，于是征讨山戎，到达孤竹才返回。燕庄公于是护送桓公进入齐国境内。桓公说："对方不是

贫穷，禄贤能，齐人皆说。

二年，伐灭郯，郯子奔莒。初，桓公亡时，过郯，郯无礼，故伐之。

五年，伐鲁，鲁将师败。鲁庄公请献遂邑以平，桓公许，与鲁会柯而盟。鲁将盟，曹沫以匕首劫桓公于坛上，曰："反鲁之侵地！"桓公许之。已而曹沫去匕首，北面就臣位。桓公后悔，欲无与鲁地而杀曹沫。管仲曰："夫劫许之而倍信杀之，愈一小快耳，而弃信于诸侯，失天下之援，不可。"于是遂与曹沫三败所亡地于鲁。诸侯闻之，皆信齐而欲附焉。七年，诸侯会桓公于甄，而桓公于是始霸焉。

十四年，陈厉公子完，号敬仲，来奔齐。齐桓公欲以为卿，让；于是以为工正。田成子常之祖也。

二十三年，山戎伐燕，燕告急于齐。齐桓公救燕，遂伐山戎，至于孤竹而还。燕庄公遂送桓公入齐境。桓公曰："非

天子,诸侯相送不出境,吾不可以无礼于燕。"于是分沟割燕君所至与燕,命燕君复修召公之政,纳贡于周,如成康之时。诸侯闻之,皆从齐。

二十七年,鲁湣公母曰哀姜,桓公女弟也。哀姜淫于鲁公子庆父,庆父弑湣公,哀姜欲立庆父,鲁人更立釐公。桓公召哀姜,杀之。

二十八年,卫文公有狄乱,告急于齐。齐率诸侯城楚丘而立卫君。

二十九年,桓公与夫人蔡姬戏船中。蔡姬习水,荡公,公惧,止之,不止,出船,怒,归蔡姬,弗绝。蔡亦怒,嫁其女。桓公闻而怒,兴师往伐。

三十年春,齐桓公率诸侯伐蔡,蔡溃。遂伐楚。楚成王兴师问曰:"何故涉吾地?"管仲对曰:"昔召康公命我先君太公曰:'五侯九伯,若实征之,以夹辅周室。'赐我先君履,东至海,西至河,南至穆陵,北至无棣。楚贡包茅不入,王祭不具,是以来责。昭

天子,诸侯之间相送不出自己国境,我不可以对燕国无礼。"于是挖沟把燕君所至齐国的领土分割给燕国,告诫燕君重修召公的德政,向周王室纳贡,像成王、康王时那样。诸侯听说这件事,都服从齐国。

桓公二十七年。鲁湣公的母亲叫哀姜,是齐桓公的妹妹。哀姜与鲁公子庆父淫乱,庆父弑杀湣公,哀姜想立庆父为君,鲁人改立釐公。齐桓公召回哀姜,杀了她。

桓公二十八年,卫文公被狄人侵伐,向齐国告急。齐国率领诸侯在楚丘修筑城池并立卫君。

桓公二十九年,桓公与夫人蔡姬在船上嬉戏。蔡姬习水性,摇晃船只戏耍桓公,桓公害怕,制止她,她不停止,桓公下船后恼怒,把蔡姬送回娘家,但没有断绝婚姻关系。蔡侯也恼怒,又把蔡姬嫁给了别人。桓公听说后发怒,兴兵去讨伐蔡国。

桓公三十年春天,齐桓公率领诸侯讨伐蔡国,蔡国溃败。于是讨伐楚国。楚成王兴兵问道:"为什么进入我的领土?"管仲回答说:"昔日召康公命令我的先君太公说:'五等诸侯,九州之伯,都可以征讨他们,来辅佐周王室。'赐给我先君能去征伐的疆界,东至大海,西至黄河,南至穆陵,北至无棣。楚国应该进贡的菁茅没有进献,天子祭祀用品不全,所以来

督责。昭王南征不归,所以前来问因。"楚王说:"贡品没有进献,有这事,是寡人的罪过,以后不敢不供奉!至于昭王一出不归,您还是到汉水边上去问罪吧。"齐军前进驻扎在陉地。夏天,楚王派屈完领兵抗齐,齐军撤退驻扎在召陵。桓公向屈完炫耀他的兵多将广。屈完说:"您以道义取胜才行,若不这样,那楚国就以方城山为城墙,以长江、汉水为护城河,您怎么能够进来呢?"于是与屈完订立盟约而去。路过陈国,陈国大夫袁涛涂欺骗齐军,让齐军走东方难行之路,被齐军发觉。秋天,齐国讨伐陈国。这年,晋君杀了太子申生。

桓公三十五年夏天,在葵丘与诸侯会盟。周襄王派宰孔赐给桓公祭祀文王和武王的胙肉、朱红色的弓箭、天子乘用的车驾,命桓公不用跪拜谢恩。桓公想答应他,管仲说不可以,于是下拜接受赏赐。秋天,又在葵丘与诸侯会盟,桓公更加有了骄傲之色。周王派宰孔参加会盟。诸侯中渐渐有了背叛齐国的人。晋侯生病,后到,遇见宰孔。宰孔说:"齐侯骄傲了,暂且不要去。"晋侯听从了他。这年,晋献公去世,里克杀死奚齐、卓子,秦穆公因夫人的关系护送公子夷吾回国做晋君。桓公这时候讨伐晋国之乱,到达高梁,派隰朋立了晋国国君,然后返回。

这时周王室衰微,唯有齐国、楚国、

王南征不复,是以来问。"楚王曰:"贡之不入,有之,寡人罪也,敢不共乎!昭王之出不复,君其问之水滨。"齐师进,次于陉。夏,楚王使屈完将兵扞齐,齐师退,次召陵。桓公矜屈完以其众。屈完曰:"君以道则可;若不,则楚方城以为城,江、汉以为沟,君安能进乎?"乃与屈完盟而去。过陈,陈袁涛涂诈齐,令出东方,觉。秋,齐伐陈。是岁,晋杀太子申生。

三十五年夏,会诸侯于葵丘。周襄王使宰孔赐桓公文武胙、彤弓矢、大路,命无拜。桓公欲许之,管仲曰不可,乃下拜受赐。秋,复会诸侯于葵丘,益有骄色。周使宰孔会。诸侯颇有叛者。晋侯病,后,遇宰孔。宰孔曰:"齐侯骄矣,弟无行。"从之。是岁,晋献公卒,里克杀奚齐、卓子,秦缪公以夫人入公子夷吾为晋君。桓公于是讨晋乱,至高梁,使隰朋立晋君,还。

是时周室微,唯齐、楚、秦、

晋为强。晋初与会，献公死，国内乱。秦缪公辟远，不与中国会盟。楚成王初收荆蛮有之，夷狄自置。唯独齐为中国会盟，而桓公能宣其德，故诸侯宾会。于是桓公称曰："寡人南伐至召陵，望熊山；北伐山戎、离枝、孤竹；西伐大夏，涉流沙；束马悬车登太行，至卑耳山而还。诸侯莫违寡人。寡人兵车之会三，乘车之会六，九合诸侯，一匡天下。昔三代受命，有何以异于此乎？吾欲封泰山，禅梁父。"管仲固谏，不听；乃说桓公以远方珍怪物至乃得封，桓公乃止。

三十八年，周襄王弟带与戎、翟合谋伐周，齐使管仲平戎于周。周欲以上卿礼管仲，管仲顿首曰："臣陪臣，安敢！"三让，乃受下卿礼以见。三十九年，周襄王弟带来奔齐。齐使仲孙请王，为带谢。襄王怒，弗听。

四十一年，秦缪公虏晋惠公，复归之。是岁，管仲、隰

秦国、晋国为强国。晋国刚参加会盟，晋献公就死去，国内动乱。秦穆公地处偏远之地，不参与中原的盟会。楚成王刚收服荆蛮之地，占有了它，以夷狄的身份自立国家。唯独齐国能够召集中原各国的诸侯会盟，而桓公能够宣扬周王室的政德，所以诸侯都宾服参加会盟。在这时桓公称说："我向南征讨到达召陵，望见熊山；向北征讨山戎、离枝、孤竹；向西征讨大夏，越过流沙；包裹马蹄，钩牢车子，登上太行山，到达卑耳山而返回。诸侯没有谁敢违抗我。我召集兵车会盟三次，乘车会盟六次，九次会合诸侯，一匡天下。昔日夏、商、周三代承受天命，与这有什么不同吗？我想在泰山祭天，在梁父山祭地。"管仲坚决劝谏，桓公不听；管仲于是劝说桓公要等到远方珍怪奇物到来才能封禅，桓公这才停止，不去封禅。

桓公三十八年，周襄王的弟弟姬带与戎、翟合谋攻打周王室，齐国派管仲到周去平定祸乱。周王想以上卿之礼接待管仲，管仲叩头说："我是陪臣，怎么敢承受这种礼待！"再三谦让，才接受以下卿之礼拜见天子。桓公三十九年，周襄王的弟弟姬带来投奔齐国。齐侯派仲孙请示周王，替姬带谢罪。周襄王发怒，不听。

桓公四十一年，秦穆公俘虏晋惠公，又放了他。这年，管仲、隰朋都去世了。

管仲生病时，桓公问他："群臣中谁可以做国相？"管仲说："没有比国君更了解大臣的。"桓公说："易牙怎么样？"管仲回答说："他杀死自己的儿子来迎合君主，不合人情，不可任用。"桓公说："开方怎么样？"回答说："他抛弃亲人来投合君主，不合人情，不可亲近。"桓公说："竖刀如何？"回答说："他阉割自己来迎合君主，不合人情，不可亲近。"管仲死后，桓公没有听管仲的话，最终亲近任用这三人，三人专权。

桓公四十二年，戎人攻打周室，周王向齐国告急，齐国命令诸侯各自发兵戍卫周室。这年，晋公子重耳来齐国，桓公把女儿嫁给他为妻。

桓公四十三年。起初，齐桓公的夫人有三位：王姬、徐姬、蔡姬，她们都没有儿子。桓公好女色，有很多内宠，如夫人有六位：长卫姬，生无诡；少卫姬，生惠公元；郑姬，生孝公昭；葛嬴，生昭公潘；密姬，生懿公商人；宋华子，生公子雍。桓公与管仲把孝公昭托付给宋襄公，立为太子。雍巫深受卫共姬宠爱，又通过宦官竖刀献给桓公厚礼，也受到桓公宠爱，桓公答应雍巫立无诡为太子。管仲去世，五位公子都希求被立为国君。冬季十月乙亥日，齐桓公去世。易牙入宫，与竖刀借助宫内宠臣杀死诸官吏，而立公子无诡为国

朋皆卒。管仲病，桓公问曰："群臣谁可相者？"管仲曰："知臣莫如君。"公曰："易牙如何？"对曰："杀子以适君，非人情，不可。"公曰："开方如何？"对曰："倍亲以适君，非人情，难近。"公曰："竖刀如何？"对曰："自宫以适君，非人情，难亲。"管仲死，而桓公不用管仲言，卒近用三子，三子专权。

四十二年，戎伐周，周告急于齐，齐令诸侯各发卒戍周。是岁，晋公子重耳来，桓公妻之。

四十三年。初，齐桓公之夫人三：曰王姬、徐姬、蔡姬，皆无子。桓公好内，多内宠，如夫人者六人：长卫姬，生无诡；少卫姬，生惠公元；郑姬，生孝公昭；葛嬴，生昭公潘；密姬，生懿公商人；宋华子，生公子雍。桓公与管仲属孝公于宋襄公，以为太子。雍巫有宠于卫共姬，因宦者竖刀以厚献于桓公，亦有宠，桓公许之立无诡。管仲卒，五公子皆求立。冬十月乙亥，齐桓公卒。易牙入，

与竖刀因内宠杀群吏，而立公子无诡为君。太子昭奔宋。

桓公病，五公子各树党争立。及桓公卒，遂相攻，以故宫中空，莫敢棺。桓公尸在床上六十七日，尸虫出于户。十二月乙亥，无诡立，乃棺，赴。辛巳夜，敛殡。

桓公十有余子，要其后立者五人：无诡立三月死，无谥；次孝公；次昭公；次懿公；次惠公。孝公元年三月，宋襄公率诸侯兵送齐太子昭而伐齐。齐人恐，杀其君无诡。齐人将立太子昭，四公子之徒攻太子，太子走宋，宋遂与齐人四公子战。五月，宋败齐四公子师而立太子昭，是为齐孝公。宋以桓公与管仲属之太子，故来征之。以乱故，八月，乃葬齐桓公。

六年春，齐伐宋，以其不同盟于齐也。夏，宋襄公卒。七年，晋文公立。十年，孝公卒，孝公弟潘因卫公子开方杀孝公子而立潘，是为昭公。昭公，桓公子也，其母曰葛嬴。

君。太子昭逃亡到宋国。

桓公病时，五位公子各自树立党羽争立太子。等到桓公去世，就互相攻战，因此宫中空虚，没有人敢收尸入棺。桓公尸体在床上停放六十七天，尸体的蛆虫爬到门外。十二月乙亥日，无诡即位，才装尸入棺，发出讣告。辛巳日夜里，才举行入殓停枢仪式。

桓公有十多个儿子，总之这以后即位的有五人：无诡即位三个月死去，没有谥号；其次是孝公；再次是昭公；又次是懿公；最后是惠公。孝公元年三月，宋襄公率领诸侯的军队护送齐国太子昭回国而攻打齐国。齐人惧怕，杀了他们的国君无诡。齐人将要立太子昭为君，四个公子的党徒攻打太子，太子逃到宋国，宋国就与齐国四个公子作战。五月，宋国打败齐国四个公子的军队而立太子昭为君，就是齐孝公。宋国因为受桓公和管仲的托付照顾太子，所以前来讨伐四公子。因为内乱，八月才埋葬齐桓公。

齐孝公六年春天，齐国攻打宋国，理由是宋国没有参加齐国的会盟。夏天，宋襄公去世。齐孝公七年，晋文公即位。齐孝公十年，孝公去世，孝公的弟弟潘借卫公子开方之力杀死孝公的儿子而自立为君，就是昭公。昭公是桓公的儿子，他的母亲是葛嬴。

昭公元年，晋文公在城濮打败楚军，在践土与诸侯会盟，朝见周天子，周天子让晋侯做霸主。昭公六年，翟人侵犯齐国。晋文公去世。秦军在崤山战败。昭公十二年，秦穆公去世。

昭公十九年五月，昭公去世，儿子舍被立为齐君。舍的母亲不受昭公宠爱，国人都不敬畏他。昭公的弟弟商人因桓公去世而争立国君没有成功，暗中结交贤士，抚恤存爱百姓，百姓高兴。等到昭公去世，儿子舍即位，孤单势弱，商人就与众人于十月在昭公墓前弑杀了齐君舍，而商人自立为君，就是懿公。懿公是桓公的儿子，他的母亲是密姬。

懿公四年春。起初懿公做公子时，与丙戎的父亲去狩猎，争夺猎物失败，等到即位后，砍断了丙戎父亲的脚，而让丙戎为自己驾车。庸职的妻子漂亮，懿公把她纳入后宫，而让庸职做骖乘。五月，懿公到申池游玩，庸职和丙戎洗澡，嬉戏。庸职说："断脚人的儿子！"丙戎说："被夺妻的人！"两人都痛恨这些话，就生出怨恨。二人谋划与懿公去竹林中游玩，在车上弑杀了懿公，把尸体抛弃在竹林中逃跑了。

懿公即位后骄横，百姓不亲附。齐人废掉他的儿子而从卫国迎回公子元，立为

昭公元年，晋文公败楚于城濮，而会诸侯践土，朝周，天子使晋称伯。六年，翟侵齐。晋文公卒。秦兵败于崤。十二年，秦缪公卒。

十九年五月，昭公卒，子舍立为齐君。舍之母无宠于昭公，国人莫畏。昭公之弟商人以桓公死争立而不得，阴交贤士，附爱百姓，百姓说。及昭公卒，子舍立，孤弱，即与众十月即墓上弑齐君舍，而商人自立，是为懿公。懿公，桓公子也，其母曰密姬。

懿公四年春。初，懿公为公子时，与丙戎之父猎，争获不胜，及即位，断丙戎父足，而使丙戎仆。庸职之妻好，公内之宫，使庸职骖乘。五月，懿公游于申池，二人浴，戏。职曰："断足子！"戎曰："夺妻者！"二人俱病此言，乃怨。谋与公游竹中，二人弑懿公车上，弃竹中而亡去。

懿公之立，骄，民不附。齐人废其子而迎公子元于卫，

立之，是为惠公。惠公，桓公
子也。其母卫女，曰少卫姬，
避齐乱，故在卫。

惠公二年，长翟来，王子
城父攻杀之，埋之于北门。晋
赵穿弒其君灵公。

十年，惠公卒，子顷公无
野立。初，崔杼有宠于惠公，
惠公卒，高、国畏其逼也，逐之，
崔杼奔卫。

顷公元年，楚庄王强，伐陈。
二年，围郑，郑伯降，已复国
郑伯。

六年春，晋使郤克于齐，
齐使夫人帷中而观之。郤克
上，夫人笑之。郤克曰："不
是报，不复涉河！"归，请伐齐，
晋侯弗许。齐使至晋，郤克执
齐使者四人河内，杀之。八年，
晋伐齐，齐以公子彊质晋，晋
兵去。十年春，齐伐鲁、卫。
鲁、卫大夫如晋请师，皆因郤
克。晋使郤克以车八百乘为中
军将，士燮将上军，栾书将下军，
以救鲁、卫，伐齐。六月壬申，
与齐侯兵合靡笄下。癸酉，陈
于鞌。逄丑父为齐顷公右。顷
公曰："驰之，破晋军会食。"

国君，就是惠公。惠公是桓公的儿子。他
的母亲是卫国之女，叫少卫姬，因躲避齐
国内乱，所以在卫国。

惠公二年，长翟进犯齐国，王子城父
击杀了长翟首领，把他埋在北门。晋国赵
穿弒杀晋国国君灵公。

惠公十年，惠公去世，儿子顷公无野
即位。当初，崔杼受宠于惠公，惠公去世，
高氏、国氏害怕受他逼迫，就驱逐他，崔
杼逃到卫国。

顷公元年，楚庄王强盛，讨伐陈国。
顷公二年，围攻郑国，郑伯投降，而后又
让郑伯复国。

顷公六年春，晋国派郤克出使齐国，齐
君让夫人在帷帐中观看他。郤克上阶，夫
人笑话他。郤克说："这番屈辱不报，我
誓不渡过黄河！"回国后，请求讨伐齐国，
晋侯没有答应。齐国使者到达晋国，郤克
在河内抓住齐国四个使者，杀了他们。顷
公八年，晋国讨伐齐国，齐国让公子彊
去晋国做人质，晋军才撤去。顷公十年春，
齐国讨伐鲁国、卫国。鲁国、卫国的大夫
到晋国请兵，都通过郤克。晋国派郤克率
领战车八百辆做中军将，士燮率领上军，
栾书率领下军，以救鲁国、卫国，讨伐齐国。
六月壬申日，与齐侯的军队在靡笄山下会
合。癸酉日，在鞌地排列成阵。逄丑父做
齐顷公右卫士。顷公说："驰马冲击敌阵，

攻破晋军后会餐。"射伤了郤克，血流到鞋上。郤克想返回进入营垒，他的驾车人说："我从一开始进入战斗，两次受伤，不敢说疼痛，担心惊惧士卒，希望您忍耐一下。"于是又继续战斗。两军交战，齐军危急，丑父担心齐侯被活捉，就交换了位置，顷公变成右护卫，直到战车被树木绊住才停止。晋国小将韩厥拜伏在齐侯车前，说"我们晋君派我来救鲁、卫"，戏侮齐侯。丑父让顷公下车取水喝，齐侯借此得以逃走，脱身离去，回到军中。晋国郤克要杀丑父。丑父说："我代替国君去死而遭杀害，以后为人臣子就没有忠于他的国君的了。"郤克放了他，丑父于是得以逃回齐军。在这时晋军追击齐军到达马陵。齐侯请求用宝器谢罪，晋国不答应；一定要得到笑话郤克的萧桐叔子，让齐国的田埂改为东西走向。齐国回答说："叔子是齐君的母亲。齐君的母亲也犹如晋君的母亲。您怎么处置她呢？况且您是以正义之师伐齐，最后却以暴虐无礼来结束，这样做合适吗？"于是晋国就答应了他们，让齐国归还鲁国、卫国被侵占的土地。

顷公十一年，晋国开始设置六卿，以封赏鞌地之战中的有功人员。齐顷公朝见晋国，想尊晋景公为王，晋景公不敢接受，齐顷公就回国。回国后顷公开放苑囿，减轻赋税，赈济孤寡，慰问疾苦，拿出国家

射伤郤克，流血至履。克欲还入壁，其御曰："我始入，再伤，不敢言疾，恐惧士卒，愿子忍之。"遂复战。战，齐急，丑父恐齐侯得，乃易处，顷公为右，车绁于木而止。晋小将韩厥伏齐侯车前，曰"寡君使臣救鲁、卫"，戏之。丑父使顷公下取饮，因得亡，脱去，入其军。晋郤克欲杀丑父。丑父曰："代君死而见僇，后人臣无忠其君者矣。"克舍之，丑父遂得亡归齐。于是晋军追齐至马陵。齐侯请以宝器谢，不听；必得笑克者萧桐叔子，令齐东亩。对曰："叔子，齐君母。齐君母亦犹晋君母，子安置之？且子以义伐而以暴为后，其可乎？"于是乃许，令反鲁、卫之侵地。

十一年，晋初置六卿，赏鞌之功。齐顷公朝晋，欲尊王晋景公，晋景公不敢受，乃归。归而顷公弛苑囿，薄赋敛，振孤问疾，虚积聚以救民，民亦

大说。厚礼诸侯。竟顷公卒，百姓附，诸侯不犯。

十七年，顷公卒，子灵公环立。

灵公九年，晋栾书弑其君厉公。十年，晋悼公伐齐，齐令公子光质晋。十九年，立子光为太子，高厚傅之，令会诸侯，盟于锺离。二十七年，晋使中行献子伐齐。齐师败，灵公走入临菑。晏婴止灵公，灵公弗从。曰："君亦无勇矣！"晋兵遂围临菑，临菑城守不敢出，晋焚郭中而去。

二十八年。初，灵公取鲁女，生子光，以为太子。仲姬，戎姬。戎姬嬖，仲姬生子牙，属之戎姬。戎姬请以为太子，公许之。仲姬曰："不可。光之立，列于诸侯矣，今无故废之，君必悔之。"公曰："在我耳。"遂东太子光，使高厚傅牙为太子。灵公疾，崔杼迎故太子光而立之，是为庄公。庄公杀戎姬。五月壬辰，灵公卒，庄公即位，执太子牙于句窦之丘，杀之。八月，崔杼杀高厚。晋闻齐乱，

所有积蓄来救济百姓，百姓都很高兴。以厚礼相待诸侯。直到顷公去世，百姓亲附，诸侯不来侵犯。

顷公十七年，顷公去世，儿子灵公环即位。

灵公九年，晋国栾书弑杀晋国国君厉公。灵公十年，晋悼公讨伐齐国，齐国让公子光到晋国做人质。灵公十九年，立儿子公子光为太子，高厚辅佐他，命令他到锺离与诸侯会盟。灵公二十七年，晋国派中行献子讨伐齐国。齐军战败，灵公逃奔到临淄。晏婴劝阻灵公，灵公没有听从。晏婴说："您也是没有勇气的人！"晋军于是包围了临淄，临淄城中人坚守不敢出战，晋军焚烧城门城墙后而去。

灵公二十八年。当初，灵公娶鲁国之女，生下儿子光，立为太子。后又娶仲姬、戎姬。戎姬深得宠爱，仲姬生下儿子牙，托付给戎姬。戎姬请求立牙为太子，灵公答应了她。仲姬说："不可以。光立为太子，已经名列诸侯了，如今无故废了他，您一定会后悔的。"灵公说："废立都在于我。"于是把公子光迁到东部地区，让高厚辅佐牙为太子。灵公患疾，崔杼迎回原太子光而立他为君，就是庄公。庄公杀死戎姬。五月壬辰日，灵公去世，庄公即位，在句窦之丘抓了太子牙，杀了他。八月，崔杼杀死高厚。晋国听说齐国内乱，攻打

齐国，到达高唐。

庄公三年，晋国大夫栾盈逃奔到齐国，庄公以隆重的客礼对待他。晏婴、田文子谏阻，庄公没有听。庄公四年，齐庄公派栾盈找机会进入晋国曲沃作为内应，派兵跟随他，登上太行山，进入孟门。栾盈败露，齐军还师，攻取朝歌。

庄公六年。当初，棠公的妻子很漂亮，棠公死后，崔杼娶了她。庄公与她通奸，多次去崔氏家，还把崔杼的帽子赐予别人。侍者说："不可以这样做。"崔杼发怒，因庄公攻打晋国，想与晋国合谋袭击齐庄公，却没得到机会。庄公曾鞭打宦官贾举，贾举又侍候庄公，就替崔杼寻找机会来报仇。五月，莒子朝见齐君，齐君在甲戌日宴请他。崔杼称病不去理事。乙亥日，庄公问崔杼的病情，借机去找崔杼的妻子。崔杼的妻子进入内室，与崔杼关紧屋门不出，庄公抱柱唱歌。宦官贾举把庄公的随从阻拦在门外后自己进去，关闭大门，崔杼的党徒持兵器从中庭一拥而上。庄公登上高台请求和解，对方不答应；请求订立盟约，对方不答应；请求在庙堂自杀，对方不答应。大家都说："您的大臣崔杼患有疾病，不能听您的命令。这里距离宫廷很近，陪臣争着捉拿淫乱之人，不知有其他命令。"庄公跳墙想逃，有人射中了庄公的大腿，庄公反而掉下墙来，就

伐齐，至高唐。

庄公三年，晋大夫栾盈奔齐，庄公厚客待之。晏婴、田文子谏，公弗听。四年，齐庄公使栾盈间入晋曲沃为内应，以兵随之，上太行，入孟门。栾盈败，齐兵还，取朝歌。

六年。初，棠公妻好，棠公死，崔杼取之。庄公通之，数如崔氏，以崔杼之冠赐人。侍者曰："不可。"崔杼怒，因其伐晋，欲与晋合谋袭齐而不得间。庄公尝笞宦者贾举，贾举复侍，为崔杼间公以报怨。五月，莒子朝齐，齐以甲戌飨之。崔杼称病不视事。乙亥，公问崔杼病，遂从崔杼妻。崔杼妻入室，与崔杼自闭户不出，公拥柱而歌。宦者贾举遮公从官而入，闭门，崔杼之徒持兵从中起。公登台而请解，不许；请盟，不许；请自杀于庙，不许。皆曰："君之臣杼疾病，不能听命。近于公宫。陪臣争趣有淫者，不知二命。"公逾墙，射中公股，公反坠，遂弑之。晏婴立崔杼门外，曰："君为社稷死则死之，为

社稷亡则亡之。若为己死己亡，非其私昵，谁敢任之！"门开而入，枕公尸而哭，三踊而出。人谓崔杼："必杀之。"崔杼曰："民之望也，舍之得民。"

丁丑，崔杼立庄公异母弟杵臼，是为景公。景公母，鲁叔孙宣伯女也。景公立，以崔杼为右相，庆封为左相。二相恐乱起，乃与国人盟曰："不与崔庆者死！"晏子仰天曰："婴所不获，唯忠于君利社稷者是从！"不肯盟。庆封欲杀晏子，崔杼曰："忠臣也，舍之。"齐太史书曰"崔杼弑庄公"，崔杼杀之。其弟复书，崔杼复杀之。少弟复书，崔杼乃舍之。

景公元年。初，崔杼生子成及彊，其母死，取东郭女，生明。东郭女使其前夫子无咎与其弟偃相崔氏。成有罪，二相急治之，立明为太子。成请老于崔，崔杼许之，二相弗听，曰："崔，宗邑，不可。"成、

弑杀了他。晏婴站在崔杼门外，说："国君若为社稷而死，那么臣子应随他而死；国君为社稷逃亡，那么臣子也应随他而逃亡。若国君为私欲而死，或为私心而逃亡，若非他的亲信，谁愿意随他而亡呢！"晏婴在门开后进入，枕着庄公的尸体号哭，三次顿足后出去。有人对崔杼说："一定要杀死他。"崔杼说："他是民望所归之人，放过他就得到了民心。"

丁丑日，崔杼立庄公的异母弟弟杵臼为君，就是齐景公。景公的母亲，是鲁国叔孙宣伯的女儿。景公即位，任命崔杼为右相，庆封为左相。两位相国担心有内乱发生，就与国人盟誓说："不拥护崔氏、庆氏者死！"晏子仰天感叹说："我是做不到的，只跟从忠于君主、利于社稷的人！"不肯盟誓。庆封想杀晏子，崔杼说："他是忠臣，放过他吧。"齐国太史写道"崔杼弑杀庄公"，崔杼杀了太史。太史的弟弟又同样记载此事，崔杼又杀了他。太史的幼弟又同样记载此事，崔杼只好放过了他。

景公元年。起初，崔杼生下儿子崔成和崔彊，他俩的母亲死后，崔杼娶了东郭之女，生了儿子崔明。东郭之女让她前夫的儿子无咎和他的弟弟偃为相辅佐崔氏。崔成犯了罪，偃和无咎立即惩罚了他，拥立崔明为太子。崔成请求让他隐居崔邑直至老去，崔杼答应了他的请求，而偃和无

咎不答应，他们说："崔邑是宗邑，这样不可以。"崔成、崔彊发怒，告诉了庆封。庆封原与崔杼有嫌隙，想使崔氏败落。崔成、崔彊在崔杼家中杀死了无咎、偃，家人都逃跑了。崔杼发怒，但身旁无人，就令一个宦官驾车去见庆封。庆封说："请让我替您除掉他们。"派崔杼的仇人卢蒲嫳打进崔家，杀死了崔成、崔彊，杀尽崔氏人，崔杼的妻子自尽。崔杼无家可归，也自杀了。庆封做了相国，独揽大权。

景公三年十月，庆封外出打猎。当初，庆封杀掉崔杼后，愈加骄纵，嗜好喝酒，喜欢打猎，不理朝政。他的儿子庆舍理政，与父亲之间也产生了分歧。田文子告诉桓子说："祸乱将要发生。"田氏、鲍氏、高氏、栾氏合谋想除掉庆氏。庆舍发兵围困庆封家，与四家派出的人共同击破了庆封的住所。庆封归来，不得进入，投奔鲁国。齐国人责备鲁国，庆封投奔吴国。吴国把朱方封给了庆封，聚集他的家族在这里居住，比在齐国要富有。那年秋天，齐国人移葬庄公，把崔杼的尸体曝于集市以取悦民众。

景公九年，景公派晏婴出使晋国，晏婴与叔向暗地里说："齐国的政权终会落到田氏手里。田氏虽然没有广大的德行，但他们假借公事经营私德，对百姓施有恩德，百姓爱戴他们。"景公十二年，景公

彊怒，告庆封。庆封与崔杼有郤，欲其败也。成、彊杀无咎、偃于崔杼家，家皆奔亡。崔杼怒，无人，使一宦者御，见庆封。庆封曰："请为子诛之。"使崔杼仇卢蒲嫳攻崔氏，杀成、彊，尽灭崔氏，崔杼妇自杀。崔杼毋归，亦自杀。庆封为相国，专权。

三年十月，庆封出猎。初，庆封已杀崔杼，益骄，嗜酒好猎，不听政令。庆舍用政，已有内郤。田文子谓桓子曰："乱将作。"田、鲍、高、栾氏相与谋庆氏。庆舍发甲围庆封宫，四家徒共击破之。庆封还，不得入，奔鲁。齐人让鲁，封奔吴。吴与之朱方，聚其族而居之，富于在齐。其秋，齐人徙葬庄公，僇崔杼尸于市以说众。

九年，景公使晏婴之晋，与叔向私语曰："齐政卒归田氏。田氏虽无大德，以公权私，有德于民，民爱之。"十二年，景公如晋，见平公，欲与伐

燕。十八年，公复如晋，见昭公。二十六年，猎鲁郊，因入鲁，与晏婴俱问鲁礼。三十一年，鲁昭公辟季氏难，奔齐。齐欲以千社封之，子家止昭公，昭公乃请齐伐鲁，取郓以居昭公。

三十二年，彗星见。景公坐柏寝，叹曰："堂堂！谁有此乎？"群臣皆泣，晏子笑，公怒。晏子曰："臣笑群臣谀甚。"景公曰："彗星出东北，当齐分野，寡人以为忧。"晏子曰："君高台深池，赋敛如弗得，刑罚恐弗胜，茀星将出，彗星何惧乎？"公曰："可禳否？"晏子曰："使神可祝而来，亦可禳而去也。百姓苦怨以万数，而君令一人禳之，安能胜众口乎？"是时景公好治宫室，聚狗马，奢侈，厚赋重刑，故晏子以此谏之。

四十二年，吴王阖闾伐楚，入郢。

四十七年，鲁阳虎攻其君，不胜，奔齐，请齐伐鲁。鲍子

到晋国，会见晋平公，想和晋国一起讨伐燕国。景公十八年，景公又到晋国，会见晋昭公。景公二十六年，景公到鲁国郊外狩猎，顺路出使鲁国，和晏婴一起问询鲁国礼制。景公三十一年，鲁昭公为逃避季氏变乱，投奔齐国。齐王想封千社给昭公，子家劝止昭公，昭公就请求齐国讨伐鲁国，攻取郓城让昭公居住。

景公三十二年，彗星出现。景公坐在柏寝的台上，感慨说："富丽堂皇啊！谁能拥有这些呢？"群臣都哭泣，晏子发笑，景公发怒。晏子说："臣笑群臣过于诡谀了。"景公说："彗星出现在东北方位，正是齐国的区域，寡人因此担忧。"晏子说："您高筑台榭，深挖池塘，唯恐赋税得不到，唯恐刑罚不严厉，茀星都将要出现了，彗星有什么可惧怕的呢？"景公说："能祈祷消灾吗？"晏子说："如果祈福能使神降临，那么也可以祷告使祸患离开。百姓叫苦喊怨的人数以万计算，而您一人祈祷消灾，怎能胜得过众人的嘴呢？"这时景公喜好建造宫殿，聚养狗马，奢靡浪费，赋税多、刑罚重，所以晏子借彗星的事劝谏景公。

景公四十二年，吴王阖闾讨伐楚国，攻入郢都。

景公四十七年，鲁国阳虎攻打鲁国国君，没有获胜，逃奔到齐国，请求齐国讨

伐鲁国。鲍子劝谏景公，就囚禁了阳虎。阳虎趁机逃跑，投奔到晋国。

景公四十八年，景公与鲁定公在夹谷举行友好会盟。犁钮说："孔丘通晓礼法，但他怯懦，请让莱人奏乐，趁机抓住鲁君，就能实现我们的愿望。"景公嫉恨孔丘辅佐鲁国，担心鲁国称霸，所以听从了犁钮的计谋。正当会盟之时，齐国派出莱人奏乐，孔子登阶而上，派官吏抓住莱人并将其斩杀，按照礼法责备景公。景公惭愧，就归还了抢占的鲁国土地来道歉，会盟结束后离去。这年，晏婴去世。

景公五十五年，范氏、中行氏在晋国反叛他们的国君，晋君攻打他们，情况危急，他们来齐国请求粮食。田乞想作乱，就与叛臣结成私党，劝谏景公说："范氏、中行氏多次向齐国施恩，不能不救。"于是派田乞去救援并输送粮食给他们。

景公五十八年夏天，景公夫人燕姬的嫡子死了。景公的宠妾芮姬生下儿子姜荼，姜荼幼小，他的母亲身份低微，品行不端，大夫们害怕姜荼成为继承人，于是说希望在众公子中选择年长而贤能的立为太子。景公年老，厌恶讨论继承人之事，又宠爱姜荼的母亲，想立姜荼，又不敢从自己口中说出，就对诸大夫说："行乐去吧，国家还怕没有君主吗？"秋天，景公生病，命令国惠子、高昭子立幼子姜荼为太子，

谏景公，乃囚阳虎。阳虎得亡，奔晋。

四十八年，与鲁定公好会夹谷。犁钮曰："孔丘知礼而怯，请令莱人为乐，因执鲁君，可得志。"景公害孔丘相鲁，惧其霸，故从犁钮之计。方会，进莱乐，孔子历阶上，使有司执莱人斩之，以礼让景公。景公惭，乃归鲁侵地以谢，而罢去。是岁，晏婴卒。

五十五年，范、中行反其君于晋，晋攻之急，来请粟。田乞欲为乱，树党于逆臣，说景公曰："范、中行数有德于齐，不可不救。"乃使乞救而输之粟。

五十八年夏，景公夫人燕姬適子死。景公宠妾芮姬生子荼，荼少，其母贱，无行，诸大夫恐其为嗣，乃言愿择诸子长贤者为太子。景公老，恶言嗣事，又爱荼母，欲立之，惮发之口，乃谓诸大夫曰："为乐耳，国何患无君乎？"秋，景公病，命国惠子、高昭子立少子荼为太子，逐群公子，迁

之莱。景公卒，太子荼立，是为晏孺子。冬，未葬，而群公子畏诛，皆出亡。荼诸异母兄公子寿、驹、黔奔卫，公子驵、阳生奔鲁。莱人歌之曰："景公死乎弗与埋，三军事乎弗与谋，师乎师乎，胡党之乎？"

晏孺子元年春，田乞伪事高、国者，每朝，乞骖乘，言曰："子得君，大夫皆自危，欲谋作乱。"又谓诸大夫曰："高昭子可畏，及未发，先之。"大夫从之。六月，田乞、鲍牧乃与大夫以兵入公宫，攻高昭子。昭子闻之，与国惠子救公。公师败，田乞之徒追之，国惠子奔莒，遂反杀高昭子。晏圉奔鲁。八月，齐秉意兹。田乞败二相，乃使人之鲁召公子阳生。阳生至齐，私匿田乞家。十月戊子，田乞请诸大夫曰："常之母有鱼菽之祭，幸来会饮。"会饮，田乞盛阳生橐中，置坐中央，发橐出阳生，曰："此乃齐君矣！"大夫皆伏谒。将与大夫盟而立之，鲍牧醉，乞诬大夫曰："吾与鲍牧

驱逐众公子，让他们迁到莱邑。景公去世，太子姜荼即位，就是晏孺子。冬天，景公还没下葬，而众公子害怕被杀，都逃亡去了。姜荼的异母哥哥公子寿、公子驹、公子黔投奔卫国，公子驵、公子阳生投奔鲁国。莱人为他们歌唱道："景公死了不能去埋他，三军大事不能参加谋议，众公子啊，众公子啊，你们能去什么地方呢？"

晏孺子元年春天，田乞假装忠于高昭子、国惠子，每次上朝，田乞都为他们的骖乘，说道："您得到国君的信任，大夫都人人自危，想图谋作乱。"又对诸大夫说："高昭子让人恐惧，趁他还没有发动，先下手干掉他。"大夫们听从了他。六月，田乞、鲍牧就与大夫们带兵攻入晏孺子的宫中，攻打高昭子。昭子听说这件事后，与国惠子营救晏孺子。晏孺子的军队被打败，田乞的党徒追杀他们，国惠子逃奔到莒国，田乞就返回杀了高昭子。晏圉逃到鲁国。八月，齐国秉意兹逃到鲁国。田乞击败两个国相，就派人到鲁国召回公子阳生。阳生到达齐国，被偷偷藏在田乞家。十月戊子日，田乞请来诸大夫说："我儿子田常的母亲在祭祀后有菲薄的菜肴，有幸请大夫们来共饮一杯。"会餐饮酒时，田乞把阳生装在一个布袋里，放在大家的中央，打开布袋子放出阳生，说："这就是齐国君主啊！"大夫们都伏地拜谒。将

要与大夫们订立盟约立阳生为君，鲍牧酒醉，田乞就欺骗大夫们说："我与鲍牧谋划共同立阳生为君。"鲍牧发怒说："您忘记景公的遗命了吗？"大夫们互相对视想要反悔，阳生上前，叩头说："可以的话就立我为君，否则就算了。"鲍牧担心由此生出祸乱，就又说："都是景公的儿子，有什么不可以的呢！"就与大家订立盟约，立阳生为君，就是悼公。悼公入宫，派人把晏孺子迁到骀邑，杀死在帐幕之中，又驱逐了孺子的母亲芮子。芮子本就微贱而孺子幼小，所以没有权势，国人都轻视他们。

悼公元年，齐国讨伐鲁国，攻取谨邑、阐邑。当初，阳生逃亡在鲁国，季康子把妹妹嫁给阳生为妻。等到阳生回国即位，便派人去迎接妻子。季姬与季鲂侯通奸，向家人说出他们的实情，鲁国不敢把季姬给阳生，所以齐国讨伐鲁国，最终迎回季姬。季姬受到宠爱，齐国又归还了鲁国侵夺的土地。

鲍子与悼公有嫌隙，不友善。悼公四年，吴国、鲁国讨伐齐国的南方。鲍子弑杀悼公，向吴国报丧。吴王夫差在军门外哭吊三天，将从海上进入攻打齐国。齐人打败吴军，吴军于是离去。晋国赵鞅讨伐齐国，到达赖邑后离开。齐人共同立悼公的儿子壬为国君，就是简公。

谋共立阳生。"鲍牧怒曰："子忘景公之命乎？"诸大夫相视欲悔，阳生前，顿首曰："可则立之，否则已。"鲍牧恐祸起，乃复曰："皆景公子也，何为不可！"乃与盟，立阳生，是为悼公。悼公入宫，使人迁晏孺子于骀，杀之幕下，而逐孺子母芮子。芮子故贱而孺子少，故无权，国人轻之。

悼公元年，齐伐鲁，取谨、阐。初，阳生亡在鲁，季康子以其妹妻之。及归即位，使迎之。季姬与季鲂侯通，言其情，鲁弗敢与，故齐伐鲁，竟迎季姬。季姬嬖，齐复归鲁侵地。

鲍子与悼公有郤，不善。四年，吴、鲁伐齐南方。鲍子弑悼公，赴于吴。吴王夫差哭于军门外三日，将从海入讨齐。齐人败之，吴师乃去。晋赵鞅伐齐，至赖而去。齐人共立悼公子壬，是为简公。

简公四年春。初，简公与父阳生俱在鲁也，监止有宠焉。及即位，使为政。田成子惮之，骤顾于朝。御鞅言简公曰："田、监不可并也，君其择焉。"弗听。子我夕，田逆杀人，逢之，遂捕以入。田氏方睦，使囚病而遗守囚者酒，醉而杀守者，得亡。子我盟诸田于陈宗。初，田豹欲为子我臣，使公孙言豹，豹有丧而止。后卒以为臣，幸于子我。子我谓曰："吾尽逐田氏而立女，可乎？"对曰："我远田氏矣。且其违者不过数人，何尽逐焉！"遂告田氏。子行曰："彼得君，弗先，必祸子。"子行舍于公宫。

夏五月壬申，成子兄弟四乘如公。子我在幄，出迎之，遂入，闭门。宦者御之，子行杀宦者。公与妇人饮酒于檀台，成子迁诸寝。公执戈将击之，太史子馀曰："非不利也，将除害也。"成子出舍于库，闻

简公四年春。起初，简公与父亲阳生一起住在鲁国，监止受到宠爱。等到简公即位，让监止执掌国政。田成子忌惮他，上朝时总是回头看他。御鞅对简公说："田成子和监止不能并用，您要选择其中一人。"简公不听。子我上晚朝时，田逆杀人，恰巧被子我遇见，就逮捕他入宫。田氏家族正和睦，让囚徒田逆假装生病而送酒给看守囚徒的人，看守囚徒的人喝醉被杀死，田逆趁机逃跑。子我就与田氏家族的人到田陈宗庙处订盟请和。起初，田豹想做子我的家臣，请公孙去传达田豹的想法，由于田豹家中办理丧事而停止。后来子我终于任用田豹为家臣，田豹受到子我的宠爱。子我对他说："我把田氏都赶走而立你为族长，可以吗？"田豹回答说："我是田氏的支庶子孙，况且田氏中违背您的不过数人，为什么全部驱赶他们呢！"田豹就告诉了田氏。子行说："他得宠于国君，我们如不先下手，一定会殃及您。"子行住进了宫中。

夏季五月壬申日，田成子兄弟乘四辆车见简公。子我在帷帐中，出来迎接他们，于是他们进入，关闭了门。宦官们抵御他们，子行杀了宦官。简公与妻妾在檀台饮酒，田成子逼迫他们迁到寝宫。简公拿起戈将要反击，太史子馀说："他不是在对您不利，是将要为您除害。"田成子出宫住在武库

中，听说简公还在发怒，将要逃走，就说：
"哪里没有国君呢！"子行拔剑说："迟
疑，是坏事的祸根。谁不是田氏宗族之人？
我不杀了你好像就对不起田氏宗族。"田
成子才停止逃走。子我回去，集合士兵攻
打大门与宫中的门，都没得胜，就逃跑了。
田氏追他。丰丘人捉到了子我，向田氏报信，
田氏就把子我杀死在郭关。田成子要杀大
陆子方，田逆求情才让他得以幸免。子方
以简公的名义在路上拦截了一辆车子，出
了雍门。田豹送给他车子，他不接受，说：
"田逆为我求情，田豹给了我车子，这成
了我与你们有私交。我服侍子我却又与他
的仇人有来往，这让我如何去见鲁国、卫
国的士人呢？"

　　庚辰日，田常在徐州捉住简公。简公
说："我早听从御鞅的话，不会落到这种
地步。"甲午日，田常在徐州杀死简公。
田常于是立简公的弟弟骜为君，就是平公。
平公即位，田常做他的国相，专擅齐国政权，
划割齐国安平以东的土地作为田氏的封邑。

　　平公八年，越国灭掉吴国。二十五年，
平公去世，儿子宣公积即位。

　　宣公五十一年，宣公去世，儿子康公
贷即位。田会在廪丘反叛。

　　康公二年，韩国、魏国、赵国开始列
于诸侯。康公十九年，田常的曾孙田和开
始成为诸侯，把康公迁至海滨。

公犹怒，将出，曰："何所无
君！"子行拔剑曰："需，事
之贼也。谁非田宗？所不杀子
者，有如田宗。"乃止。子我归，
属徒攻闱与大门，皆弗胜，乃出。
田氏追之。丰丘人执子我以告，
杀之郭关。成子将杀大陆子方，
田逆请而免之。以公命取车于
道，出雍门。田豹与之车，弗
受，曰："逆为余请，豹与余车，
余有私焉。事子我而有私于其
仇，何以见鲁、卫之士？"

　　庚辰，田常执简公于徐州。
公曰："余蚤从御鞅言，不及
此。"甲午，田常弑简公于徐州。
田常乃立简公弟骜，是为平公。
平公即位，田常相之，专齐之政，
割齐安平以东为田氏封邑。

　　平公八年，越灭吴。二十五
年卒，子宣公积立。

　　宣公五十一年卒，子康公
贷立。田会反廪丘。

　　康公二年，韩、魏、赵始
列为诸侯。十九年，田常曾孙
田和始为诸侯，迁康公海滨。

二十六年，康公卒，吕氏遂绝其祀。田氏卒有齐国，为齐威王，强于天下。

太史公曰：吾适齐，自泰山属之琅邪，北被于海，膏壤二千里，其民阔达多匿知，其天性也。以太公之圣，建国本，桓公之盛，修善政，以为诸侯会盟，称伯，不亦宜乎？洋洋哉，固大国之风也！

康公二十六年，康公去世，吕氏就断绝了祭祀。田氏最终拥有齐国，到齐威王，齐国强盛于天下。

太史公说：我到齐国，齐地从泰山起一直连到琅邪山，北面到达海滨，肥沃的土壤有方圆二千里，那里的人民心胸阔达而又深沉多智，这是他们的天性。凭借太公的圣明建立国家，到桓公时兴盛，是因为他修治良善的政令，以此召集诸侯会盟，成为霸主，这不也是应当的吗？广博盛大呀，这本就是大国的风范啊！

鲁周公世家

周公旦，是周武王的弟弟。自文王在世时，旦作为儿子非常孝顺，忠厚仁爱，不同于其他儿子。等到武王即位，旦经常辅佐帮助武王，由他来承担的事情有很多。武王九年，向东征伐到达盟津，周公随行辅政。武王十一年，讨伐殷纣，到达牧野，周公辅佐武王，作了《牧誓》。攻破殷军，进入殷商王宫。诛杀纣王后，周公手持大钺，召公手持小钺，左右夹辅武王，举行衅社之礼，向上天禀告纣王的罪行，以及布告天下百姓。释放囚牢中的箕子。分封纣王的儿子武庚禄父，让管叔、蔡叔辅助他，以延续殷的祭祀。普遍地犒赏功臣、同姓人和亲属。把周公旦封在少昊的旧墟曲阜，就是鲁公。周公没有到封国去，留下来辅佐武王。

武王攻克殷纣的第二年，天下尚未安定，武王患病，不能康复，群臣恐惧，太公、召公就虔敬地占卜。周公说："不可以让我们的先王忧愁。"周公于是就用自己的身体当作供品，布设三个祭坛，周公

周公旦者，周武王弟也。自文王在时，旦为子孝，笃仁，异于群子。及武王即位，旦常辅翼武王，用事居多。武王九年，东伐至盟津，周公辅行。十一年，伐纣，至牧野，周公佐武王，作《牧誓》。破殷，入商宫。已杀纣，周公把大钺，召公把小钺，以夹武王，衅社，告纣之罪于天，及殷民。释箕子之囚。封纣子武庚禄父，使管叔、蔡叔傅之，以续殷祀。遍封功臣同姓戚者。封周公旦于少昊之虚曲阜，是为鲁公。周公不就封，留佐武王。

武王克殷二年，天下未集，武王有疾，不豫，群臣惧，太公、召公乃缪卜。周公曰："未可以戚我先王。"周公于是乃自以为质，设三坛，周公北面

立，戴璧秉圭，告于太王、王季、文王。史策祝曰："惟尔元孙王发，勤劳阻疾。若尔三王是有负子之责于天，以旦代王发之身。旦巧能，多材多艺，能事鬼神。乃王发不如旦多材多艺，不能事鬼神。乃命于帝庭，敷佑四方，用能定汝子孙于下地，四方之民罔不敬畏。无坠天之降葆命，我先王亦永有所依归。今我其即命于元龟，尔之许我，我以其璧与圭归，以俟尔命。尔不许我，我乃屏璧与圭。"周公已令史策告太王、王季、文王，欲代武王发，于是乃即三王而卜。卜人皆曰吉，发书视之，信吉。周公喜，开籥，乃见书遇吉。周公入贺武王曰："王其无害。旦新受命三王，维长终是图。兹道能念予一人。"周公藏其策金縢匮中，诫守者勿敢言。明日，武王有瘳。

其后武王既崩，成王少，在强葆之中。周公恐天下闻武

面向北而立，头戴玉璧，手持玉圭，向太王、王季、文王祷告。史官作策文祝告说："你们的长孙周王姬发，勤奋劳苦患上疾病。若你们三位先王负有对上天的责任，请用旦的身体代替周王发的身体。旦灵巧能干，多有才能，能侍奉鬼神。而周王发不如旦多有才能，不能侍奉鬼神。但周王发受命于天庭，保佑四方，能使你们的子孙在人世安定地生活，四方的百姓没有不敬畏他的。他不失坠上天降下的宝贵命运，我们的先王也永远会有所依归。现在我通过占卜的大龟听命于先王，你们若答应我的请求，我将把这玉璧和玉圭献上，以等待你们的命令。你们若不答应我，我就把玉璧和玉圭收藏起来。"周公命令史官作策书向太王、王季、文王祝告后，想用自己的身体代替武王姬发生病，于是就到三王祭坛前占卜。占卜的人都说吉利，打开占书一看，的确吉利。周公高兴，打开锁着藏有占书的柜子，于是看到书上都是吉兆。周公进入祝贺武王说："大王不会有什么灾害。我刚受命于三位先王，让您为周王室的长久作打算。这是上天顾念天子的真诚啊。"周公把他的策文藏进用金丝缠束的匣子中，告诫看守的人不许说出去。第二天，武王病愈。

后来武王崩逝，成王年幼，还在襁褓之中。周公担心天下人听说武王崩逝而反

叛，周公就登上君位代替成王处理政务，主持国事。管叔及他的弟弟们在国中散布流言说："周公将对成王不利。"周公于是告诉太公望、召公奭说："我之所以不避嫌而代理国政，是因为担心天下人反叛周王室，我没法向我们的先王太王、王季、文王交代。三位先王为天下忧劳已经很久了，现在才刚成功。武王早逝，成王年幼，要完成周王朝的事业，所以我才这样做。"在这以后周公旦还是辅佐成王，而派他的儿子伯禽代替自己去封地鲁国。周公告诫伯禽说："我是文王的儿子、武王的弟弟、成王的叔父，我在天下人中地位不算低了。然而我洗一次头发要三次握起头发，吃一顿饭会三次吐出正在咀嚼的食物，起身接待贤士，这样还担心失去天下的贤人。你到达鲁国，一定要谨慎，不要依仗国家而傲慢待人。"

管叔、蔡叔、武庚等人果然率领淮夷反叛。周公于是奉成王之命，兴兵向东讨伐，作了《大诰》。于是诛灭管叔，杀了武庚，流放蔡叔。收聚殷的遗民，封康叔于卫国，封微子于宋国，以供奉殷的祭祀。平定淮夷及其东部地区，两年时间全部完成。诸侯全都顺服尊奉周王室。

天降福祉，唐叔得到一株禾苗，两茎合生一穗，将其献给成王，成王命令唐叔赠给正在东土征讨的周公，作了《馈禾》。

王崩而畔，周公乃践阼代成王摄行政当国。管叔及其群弟流言于国曰："周公将不利于成王。"周公乃告太公望、召公奭曰："我之所以弗辟而摄行政者，恐天下畔周，无以告我先王太王、王季、文王。三王之忧劳天下久矣，于今而后成。武王蚤终，成王少，将以成周，我所以为之若此。"于是卒相成王，而使其子伯禽代就封于鲁。周公戒伯禽曰："我文王之子，武王之弟，成王之叔父，我于天下亦不贱矣。然我一沐三捉发，一饭三吐哺，起以待士，犹恐失天下之贤人。子之鲁，慎无以国骄人。"

管、蔡、武庚等果率淮夷而反。周公乃奉成王命，兴师东伐，作《大诰》。遂诛管叔，杀武庚，放蔡叔。收殷余民，以封康叔于卫，封微子于宋，以奉殷祀。宁淮夷东土，二年而毕定。诸侯咸服宗周。

天降祉福，唐叔得禾，异母同颖，献之成王，成王命唐叔以馈周公于东土，作《馈禾》。

周公既受命禾，嘉天子命，作《嘉禾》。东土以集，周公归报成王，乃为诗贻王，命之曰《鸱鸮》。王亦未敢训周公。

成王七年二月乙未，王朝步自周，至丰，使太保召公先之雒相土。其三月，周公往营成周雒邑，卜居焉，曰吉，遂国之。

成王长，能听政。于是周公乃还政于成王，成王临朝。周公之代成王治，南面倍依以朝诸侯。及七年后，还政成王，北面就臣位，匑匑如畏然。

初，成王少时，病，周公乃自揃其蚤沉之河，以祝于神曰："王少未有识，奸神命者乃旦也。"亦藏其策于府。成王病有瘳。及成王用事，人或谮周公，周公奔楚。成王发府，见周公祷书，乃泣，反周公。

周公归，恐成王壮，治有所淫佚，乃作《多士》，作《毋逸》。《毋逸》称："为人父母，为业至长久，子孙骄奢忘之，以亡其家，为人子可不慎乎！故昔在殷王中宗，严恭敬

周公领命受禾后，赞颂天子的命令，作了《嘉禾》。东方平定后，周公返回报告成王，就作诗献给成王，命名为《鸱鸮》。成王也没敢责备周公。

成王七年二月乙未日，成王从镐京走到丰邑，派太保召公先去洛邑观察地形。这年三月，周公前去营建成周洛邑，占卜居住在此地是否吉利，结果显示吉利，于是就在洛邑建国都。

成王长大，能听国政了。这时候周公就把国政交还给成王，成王上朝听政。周公代替成王治理天下时，面向南方、背对绘斧的屏风来接见诸侯。等到七年后，还政给成王，面向北方站在臣子之位上，恭敬谨慎好像很畏惧的样子。

当初，成王年幼时患病，周公就剪下自己的指甲投进河里，向河神祈祷说："成王少不更事，违背神命的是我姬旦。"他把这份祷告书也藏在了宫中的府库。成王的病真的痊愈了。待成王执政，有人诬告周公，周公逃到楚国。成王打开府库，看到了周公的祷告书，痛哭流涕，接回了周公。

周公回来后，担心成王年轻，治理国家有所浪费，就作了《多士》，作了《毋逸》。《毋逸》说："为人父母，创业需要很长时间，子孙骄奢忘掉他们的辛苦，致使家业亡失，做儿子的能不谨慎吗！所以昔日殷王中宗，严谨恭敬地畏惧天命，用法度

治理百姓，担惊受怕不敢荒废事业自图安逸，所以中宗享有国家七十五年。殷高宗时，高宗久在民间劳动，与小民生活在一起，等到他即位后，认真居丧，三年不说话，一说话就能使臣民喜悦，他不敢荒废事业贪图安逸，使殷国安定，以致小民大臣都没有怨言，所以高宗享国五十五年。殷到祖甲时，认为自己为王不义，长期在民间做平民，知道百姓的需要，能保护并施惠于百姓，不欺辱鳏寡孤独之人，所以祖甲享国三十三年。"《多士》称道："从汤王到帝乙，无不恭顺地祭祀鬼神，每位帝王没有不配合上天意旨的。此后执政的纣王，骄奢放纵，不顾念上天的法则和人民的意愿。其百姓都认为他应该被诛杀。""文王太阳过午偏西还无暇吃饭，他享国五十年。"周公作了这些篇章来告诫成王。

成王在丰邑，天下已经安定，周朝的官职和政权制度还没安排妥当，于是周公作了《周官》，分别规定各官吏的职责。又作了《立政》，以方便百姓。百姓都很高兴。

周公在丰邑，患病，临终时说："一定要把我埋葬在成周，以表明我不敢离开成王。"周公死后，成王也谦让，把周公埋葬在毕，跟随文王，以表明成王不敢把周公视为臣子。

周公去世后，秋天还没到收获时，突

畏天命，自度治民，震惧不敢荒宁，故中宗飨国七十五年。其在高宗，久劳于外，为与小人，作其即位，乃有亮阴，三年不言，言乃欢，不敢荒宁，密靖殷国，至于小大无怨，故高宗飨国五十五年。其在祖甲，不义惟王，久为小人于外，知小人之依，能保施小民，不侮鳏寡，故祖甲飨国三十三年。"《多士》称曰："自汤至于帝乙，无不率祀明德，帝无不配天者。在今后嗣王纣，诞淫厥佚，不顾天及民之从也。其民皆可诛。""文王日中昃不暇食，飨国五十年。"作此以诫成王。

成王在丰，天下已安，周之官政未次序，于是周公作《周官》，官别其宜。作《立政》，以便百姓。百姓说。

周公在丰，病，将没，曰："必葬我成周，以明吾不敢离成王。"周公既卒，成王亦让，葬周公于毕，从文王，以明予小子不敢臣周公也。

周公卒后，秋未获，暴风

雷雨，禾尽偃，大木尽拔。周国大恐。成王与大夫朝服以开金縢书，王乃得周公所自以为功代武王之说。二公及王乃问史、百执事，史、百执事曰："信有，昔周公命我勿敢言。"成王执书以泣，曰："自今后其无缪卜乎！昔周公勤劳王家，惟予幼人弗及知。今天动威以彰周公之德，惟朕小子其迎，我国家礼亦宜之。"王出郊，天乃雨，反风，禾尽起。二公命国人，凡大木所偃，尽起而筑之。岁则大孰。于是成王乃命鲁得郊祭文王。鲁有天子礼乐者，以褒周公之德也。

周公卒，子伯禽固已前受封，是为鲁公。鲁公伯禽之初受封之鲁，三年而后报政周公。周公曰："何迟也？"伯禽曰："变其俗，革其礼，丧三年然后除之，故迟。"太公亦封于齐，五月而报政周公。周公曰："何疾也？"曰："吾简其君臣礼，从其俗为也。"及后闻伯禽报政迟，乃叹曰："呜呼，鲁后

降暴风雷雨，庄稼全都倒伏，大树被连根拔起。周人都很恐慌。成王和大夫们穿上朝服，打开金縢书，成王于是看到周公用自己的生命作抵押顶替武王去死的请命策书。太公、召公和成王就问史官和相关官员，史官和相关官员说："确有此事，周公曾命令我们不准说出去。"成王捧着策书哭泣，说："自今以后大概没有这样恭敬的占卜了！昔日周公为王室辛勤劳作，我当年年幼不能理解。如今上天显示威灵来彰显周公的德行，现在我应设祭迎神，这按照我们国家的礼仪也是适宜的。"成王外出郊祭，天上下雨，风向反转，禾苗全都立起。太公、召公命令国人，凡是被风刮倒的大树，全部扶起来加固土壤。这年庄稼大丰收。这以后成王就命令鲁国可以在郊外祭祀文王。鲁国之所以有天子级别的礼乐，就是因为当初以此褒扬了周公的美德。

周公去世，儿子伯禽本在以前就已经受封，就是鲁公。鲁公伯禽最初受封到鲁国，三年以后才向周公汇报政绩。周公说："为什么这么迟呢？"伯禽说："改变当地的风俗，变革当地的礼仪，服丧三年然后才能除服，所以迟了。"太公也被封于齐国，五个月就向周公报告政绩。周公说："为什么这么快呢？"太公说："我简化那里的君臣礼节，遵从当地的风俗施政。"等到后来听说伯禽报告政事迟缓的原因，就

叹息说："唉！鲁国后代将要面朝北方向齐国称臣了！政事不简约、不平易，人民就不会亲近；平易近人，人民必然归顺。"

伯禽即位以后，有管叔、蔡叔等人反叛之事，淮夷、徐戎也一并兴兵反叛。在这种情况下伯禽率领军队在肸邑讨伐他们，作了《肸誓》，说："准备好你们的铠甲和头盔，不要没有准备。不要伤害牲畜。牛马丢失，奴隶逃跑，你们不许离开军队去追赶，如果得到走失的牲畜和逃跑的奴隶，都要认真归还。不要掠夺别人的财物，不许翻墙盗窃。位于鲁国都城南、西、北方向的百姓，准备好草料、干粮和建造工事的器具，不许准备不足。我定于甲戌日修筑工事，讨伐徐戎，不准迟到，如有违抗命令者，要处以极刑。"发布《肸誓》后，就平定了徐戎，安定了鲁国。

鲁公伯禽去世后，儿子考公酋即位。考公四年，考公去世，立他的弟弟熙为君，就是炀公。炀公修筑茅阙门，炀公六年去世，儿子幽公宰即位。幽公十四年，幽公的弟弟沸杀死幽公而自立为君，就是魏公。魏公五十年去世，儿子厉公擢即位。厉公三十七年去世，鲁人立他的弟弟具为君，就是献公。献公三十二年去世，儿子真公濞即位。

真公十四年，周厉王昏庸无道，出逃到彘邑，政权由周公、召公共同掌管。真

世其北面事齐矣！夫政不简不易，民不有近；平易近民，民必归之。"

伯禽即位之后，有管、蔡等反也，淮夷、徐戎亦并兴反。于是伯禽率师伐之于肸，作《肸誓》，曰："陈尔甲胄，无敢不善。无敢伤牿。马牛其风，臣妾逋逃，勿敢越逐，敬复之。无敢寇攘，逾墙垣。鲁人三郊三隧，峙尔刍茭、糗粮、桢榦，无敢不逮。我甲戌筑而征徐戎，无敢不及，有大刑。"作此《肸誓》，遂平徐戎，定鲁。

鲁公伯禽卒，子考公酋立。考公四年卒，立弟熙，是谓炀公。炀公筑茅阙门。六年卒，子幽公宰立。幽公十四年，幽公弟沸杀幽公而自立，是为魏公。魏公五十年卒，子厉公擢立。厉公三十七年卒，鲁人立其弟具，是为献公。献公三十二年卒，子真公濞立。

真公十四年，周厉王无道，出奔彘，共和行政。二十九年，

周宣王即位。

三十年，真公卒，弟敖立，是为武公。

武公九年春，武公与长子括、少子戏，西朝周宣王。宣王爱戏，欲立戏为鲁太子。周之樊仲山父谏宣王曰："废长立少，不顺；不顺，必犯王命；犯王命，必诛之：故出令不可不顺也。令之不行，政之不立；行而不顺，民将弃上。夫下事上，少事长，所以为顺。今天子建诸侯，立其少，是教民逆也。若鲁从之，诸侯效之，王命将有所壅；若弗从而诛之，是自诛王命也。诛之亦失，不诛亦失，王其图之。"宣王弗听，卒立戏为鲁太子。夏，武公归而卒，戏立，是为懿公。

懿公九年，懿公兄括之子伯御与鲁人攻弑懿公，而立伯御为君。伯御即位十一年，周宣王伐鲁，杀其君伯御，而问鲁公子能道顺诸侯者，以为鲁后。樊穆仲曰："鲁懿公弟称，肃恭明神，敬事耆老；赋事行刑，必问于遗训而咨于固实；

公二十九年，周宣王即位。

真公三十年，真公去世，弟弟敖即位，就是武公。

武公九年春，武公与长子括、幼子戏，西行朝见周宣王。宣王喜爱戏，要立戏为鲁国太子。周朝的樊仲山父劝谏宣王说："废长立幼，不合情理；不合情理，必触犯先王之命；触犯先王之命，必定遭遇杀戮：所以发布命令不能不合情理。命令不能推行，政权就无法建立；推行政令不合情理，百姓就要背弃国君。下级侍奉上级，年幼侍奉年长，这是合乎情理的。现在天子建立诸侯，立幼子为国君，是在教百姓倒行逆施。如果鲁国推行了，诸侯效仿鲁国，先王之命将被壅塞而不能执行；若因鲁国不遵从您而诛灭鲁国，您就是在自己诛灭先王之命。诛伐鲁国是错误的，不诛伐也是错误，大王您慎重考虑这件事。"宣王不听，最终立戏为鲁国太子。夏天，武公回国而死，戏即位，就是懿公。

懿公九年，懿公哥哥括的儿子伯御和鲁人弑杀了懿公，而伯御立为君主。伯御即位十一年，周宣王讨伐鲁国，杀死鲁国国君伯御，而问鲁国公子中谁能引导和训治诸侯，可以做鲁国国君。樊穆仲说："鲁懿公的弟弟称，庄重恭谨，敬事神明，敬重长者；征收赋税与行刑，必先请教先王遗训并且参考以往经验；不和先王的教化相背离，不和以往的经验相对立。"宣王说："好，这样就能够教化和治理他的人民了。"于是在夷宫立称为鲁君，就是孝公。从这以后，诸侯多有违抗王命的。

孝公二十五年，诸侯背叛周王室，犬戎杀死周幽王。秦国开始列于诸侯。

孝公二十七年，孝公去世，儿子弗湟即位，就是惠公。

惠公三十年，晋国人弑杀他们的国君昭侯。孝公四十五年，晋人又弑杀他们的国君孝侯。

惠公四十六年，惠公去世，长庶子息代理朝政，行使君权，就是隐公。当初，惠公的嫡夫人没有儿子，惠公的贱妾声子生下儿子息。息长大后，给他娶了宋国女子为妻。宋国女子到达鲁国后，惠公发现她很漂亮，就把她夺来作为自己的妻子，生下儿子允。惠公就升宋女做夫人，立允为太子。等到惠公去世，因为允还年幼，鲁人就共同让息代理朝政，不说即位。

隐公五年，隐公在棠邑观看捕鱼。隐公八年，鲁国与郑国交换天子所赐封太山用的祊邑和许田，君子讥讽这件事。

隐公十一年冬天，公子挥向隐公献媚说："百姓拥戴您，您就正式做国君吧。我请求为您杀掉子允，您封我为国相。"隐公说："有先王遗命。我因为允年幼，所以代理执政。如今允长大了，我正营建

不干所问，不犯所咨。"宣王曰："然，能训治其民矣。"乃立称于夷宫，是为孝公。自是后，诸侯多畔王命。

孝公二十五年，诸侯畔周，犬戎杀幽王。秦始列为诸侯。

二十七年，孝公卒，子弗湟立，是为惠公。

惠公三十年，晋人弑其君昭侯。四十五年，晋人又弑其君孝侯。

四十六年，惠公卒，长庶子息摄当国，行君事，是为隐公。初，惠公適夫人无子，公贱妾声子生子息。息长，为娶于宋。宋女至而好，惠公夺而自妻之。生子允。登宋女为夫人，以允为太子。及惠公卒，为允少故，鲁人共令息摄政，不言即位。

隐公五年，观渔于棠。八年，与郑易天子之太山之邑祊及许田，君子讥之。

十一年冬，公子挥谄谓隐公曰："百姓便君，君其遂立。吾请为君杀子允，君以我为相。"隐公曰："有先君命。吾为允少，故摄代。今允长矣，

吾方营菟裘之地而老焉，以授子允政。"挥惧子允闻而反诛之，乃反谮隐公于子允曰："隐公欲遂立，去子，子其图之。请为子杀隐公。"子允许诺。十一月，隐公祭锺巫，齐于社圃，馆于蒍氏。挥使人弑隐公于蒍氏，而立子允为君，是为桓公。

桓公元年，郑以璧易天子之许田。二年，以宋之赂鼎入于太庙，君子讥之。

三年，使挥迎妇于齐，为夫人。六年，夫人生子，与桓公同日，故名曰同。同长，为太子。

十六年，会于曹，伐郑，入厉公。

十八年春，公将有行，遂与夫人如齐。申繻谏止，公不听，遂如齐。齐襄公通桓公夫人。公怒夫人，夫人以告齐侯。夏四月丙子，齐襄公飨公，公醉，使公子彭生抱鲁桓公，因命彭生折其胁，公死于车。鲁人告于齐曰："寡君畏君之威，不敢宁居，来修好礼。礼成而不反，无所归咎，请得彭生以除

菟裘之地准备在那里终老，把政权交还给子允。"公子挥害怕子允听说这事而反过来诛杀自己，就反过来在子允面前诬陷隐公说："隐公想正式即位，除掉您，您要有所筹划。请让我为您杀死隐公。"子允答应了。十一月，隐公祭祀钟巫，在社圃斋戒，在蒍氏家中留宿。公子挥派人将隐公杀死在蒍氏家中，而立子允为君，就是桓公。

桓公元年，郑国用璧玉交换周天子赐给鲁国的许田。桓公二年，鲁君将宋国贿赂的鼎放入太庙，君子讥讽这件事。

桓公三年，鲁君派公子挥去齐国迎娶齐女为夫人。桓公六年，夫人生下儿子，与桓公同一天出生，所以起名叫同。同长大，立为太子。

桓公十六年，诸侯在曹地会盟，讨伐郑国，送郑厉公回国。

桓公十八年春，桓公将出行，与夫人前往齐国。申繻劝阻他，桓公不听，就去了齐国。齐襄公私通桓公夫人。桓公发怒于夫人，夫人把事情告诉了齐襄公。夏季四月丙子日，齐襄公宴请桓公，桓公醉酒，齐襄公就派公子彭生把鲁桓公抱到车上，并令彭生乘机打断他的肋骨，桓公死在车中。鲁国人告诉齐君说："我们国君敬畏您的威严，不敢安宁起居，前来结交盟好之礼。礼成后国君没有回归，不知向谁追

究罪责，请求得到彭生以消除在诸侯间的恶劣影响。"齐国人杀死彭生来取悦鲁国。鲁国拥立太子同为国君，就是庄公。庄公的母亲即桓公夫人因此就留在齐国，不敢回到鲁国。

庄公五年冬天，讨伐卫国，送卫惠公回国。

庄公八年，齐国公子纠来投奔鲁国。庄公九年，鲁国准备送纠回齐国，落在桓公后面，桓公带兵讨伐鲁国，鲁国情况紧急，就杀死了子纠。召忽自杀。齐国告诉鲁国要把管仲活着交出来。鲁人施伯说："齐国想得到管仲，不是要杀死他，而是要重用他，任用他就会成为鲁国的祸患。不如杀了他，把他的尸体交给齐国。"庄公没有听从，就囚禁了管仲，交给齐国。齐国任用管仲为国相。

庄公十三年，鲁庄公和曹沫在柯地与齐桓公盟会，曹沫胁持了齐桓公，要回鲁国被侵占的土地，订立盟约后便放了桓公。桓公想背弃约定，管仲谏阻，最终归还了鲁国的土地。庄公十五年，齐桓公开始称霸。庄公二十三年，庄公到齐国观看祭祀社神。

庄公三十二年。当初，庄公建筑高台曾到过党氏家，见到党氏大女儿，高兴并且喜爱她，许诺立她为夫人，并割臂盟誓。后来她生了儿子斑。斑长大后，爱慕梁氏的女儿，去看望。巧遇养马者荦在墙

丑于诸侯。"齐人杀彭生以说鲁。立太子同，是为庄公。庄公母夫人因留齐，不敢归鲁。

庄公五年冬，伐卫，内卫惠公。

八年，齐公子纠来奔。九年，鲁欲内子纠于齐，后桓公，桓公发兵击鲁，鲁急，杀子纠。召忽死。齐告鲁生致管仲。鲁人施伯曰："齐欲得管仲，非杀之也，将用之，用之则为鲁患。不如杀，以其尸与之。"庄公不听，遂囚管仲与齐。齐人相管仲。

十三年，鲁庄公与曹沫会齐桓公于柯，曹沫劫齐桓公，求鲁侵地，已盟而释桓公。桓公欲背约，管仲谏，卒归鲁侵地。十五年，齐桓公始霸。二十三年，庄公如齐观社。

三十二年。初，庄公筑台临党氏，见孟女，说而爱之，许立为夫人，割臂以盟。孟女生子斑。斑长，说梁氏女，往观。圉人荦自墙外与梁氏女戏。

斑怒，鞭荦。庄公闻之，曰：
"荦有力焉，遂杀之，是未可
鞭而置也。"斑未得杀。会庄
公有疾。庄公有三弟，长曰庆
父，次曰叔牙，次曰季友。庄
公取齐女为夫人曰哀姜。哀姜
无子。哀姜娣曰叔姜，生子开。
庄公无適嗣，爱孟女，欲立其
子斑。庄公病，而问嗣于弟叔
牙。叔牙曰："一继一及，鲁
之常也。庆父在，可为嗣，君
何忧？"庄公患叔牙欲立庆父，
退而问季友。季友曰："请以
死立斑也。"庄公曰："曩者
叔牙欲立庆父，奈何？"季友
以庄公命命牙待于铖巫氏，使
铖季劫饮叔牙以鸩，曰："饮
此则有后奉祀；不然，死且无
后。"牙遂饮鸩而死，鲁立其
子为叔孙氏。八月癸亥，庄公卒，
季友竟立子斑为君，如庄公命。
侍丧，舍于党氏。

先时庆父与哀姜私通，欲
立哀姜娣子开。及庄公卒而季
友立斑，十月己未，庆父使圉
人荦杀鲁公子斑于党氏。季友
奔陈。庆父竟立庄公子开，是

外与梁氏女嬉戏。斑大怒，鞭打了荦。庄
公听闻此事，说："荦有力气，应该杀死
他，这个人不能鞭打完就算了。"斑没有
杀死荦。正逢庄公患病。庄公有三个弟弟，
最年长的弟弟是庆父，次之是叔牙，再次
是季友。庄公娶齐国女子为夫人，称哀姜。
哀姜无子。哀姜的妹妹称叔姜，生了儿子
开。庄公没有嫡子继嗣，喜欢党氏长女，
想要立她的儿子斑为太子。庄公病重，询
问弟弟叔牙谁可继承君位。叔牙说："父
死子继，兄死弟及，是鲁国的常规。庆父
还在，可以为继承人，您有什么可忧虑的
呢？"庄公担心叔牙要立庆父，叔牙退出
后，又问季友。季友说："请让我拼死拥
立斑为国君。"庄公说："刚才叔牙想拥
立庆父，怎么办？"季友以庄公之命，让
叔牙在铖巫氏家中等待，派铖季强迫叔牙
饮下毒酒，说："饮下这杯酒，你就还有
后代奉祀，不然，死了连后人都没有。"
叔牙于是饮鸩而死，鲁君立他的儿子为叔
孙氏。八月癸亥日，庄公去世，季友最终
拥立子斑做了国君，正如庄公嘱托的那样。
守丧期间，子斑住在党氏家里。

早先庆父与哀姜私通，想要拥立哀姜
妹妹的儿子开。等到庄公去世，季友拥立
斑为国君。十月己未日，庆父派养马者荦
在党氏家里杀死鲁公子斑。季友逃奔到
陈国。庆父终于拥立庄公的儿子开为国君，

就是湣公。

湣公二年，庆父与哀姜私通越发频繁。哀姜与庆父谋划着要杀死湣公拥立庆父为国君。庆父派卜齮在武闱袭杀湣公。季友听说这件事，从陈国和湣公的弟弟申前往邾国，请求鲁国接纳他们。鲁国人想诛杀庆父。庆父害怕，逃奔到莒国。这时季友护送子申回国，拥立他为国君，就是釐公。釐公也是庄公的小儿子。哀姜恐惧，逃奔到邾国。季友用财物前往莒国行赂求索庆父，庆父回归，他派人杀庆父，庆父请求逃走，他不允许，就派大夫奚斯边走边哭着去见庆父。庆父听到奚斯的哭声，就自杀了。齐桓公听说哀姜与庆父淫乱危害鲁国，就从邾国召回哀姜并杀死了她，将她的尸体归还鲁国，在鲁国暴尸。在鲁釐公请求下埋葬了她。

季友的母亲是陈国之女，所以季友逃亡到陈国，陈国因此帮助护送季友和子申回到鲁国。季友快要出生时，父亲鲁桓公请人为他占卜，说："是个男孩，他的名叫'友'，将来居于两社之间，成为公室的辅佐。季友逃亡，鲁国就不会昌盛。"待他降生，有掌纹为"友"字，于是就以"友"字命名，号是成季。他的后代为季氏，庆父的后代为孟氏。

釐公元年，将汶阳和鄪县封给季友。季友做了国相。

为湣公。

湣公二年，庆父与哀姜通益甚。哀姜与庆父谋杀湣公而立庆父。庆父使卜齮袭杀湣公于武闱。季友闻之，自陈与湣公弟申如邾，请鲁求内之。鲁人欲诛庆父。庆父恐，奔莒。于是季友奉子申入，立之，是为釐公。釐公亦庄公少子。哀姜恐，奔邾。季友以赂如莒求庆父，庆父归，使人杀庆父，庆父请奔，弗听，乃使大夫奚斯行哭而往。庆父闻奚斯音，乃自杀。齐桓公闻哀姜与庆父乱以危鲁，乃召之邾而杀之，以其尸归，戮之鲁。鲁釐公请而葬之。

季友母陈女，故亡在陈，陈故佐送季友及子申。季友之将生也，父鲁桓公使人卜之，曰："男也，其名曰'友'，间于两社，为公室辅。季友亡，则鲁不昌。"及生，有文在掌曰"友"，遂以名之，号为成季。其后为季氏，庆父后为孟氏也。

釐公元年，以汶阳、鄪封季友。季友为相。

九年，晋里克杀其君奚齐、卓子。齐桓公率釐公讨晋乱，至高梁而还，立晋惠公。十七年，齐桓公卒。二十四年，晋文公即位。

三十三年，釐公卒，子兴立，是为文公。

文公元年，楚太子商臣弑其父成王，代立。三年，文公朝晋襄公。

十一年十月甲午，鲁败翟于鹹，获长翟乔如，富父终甥舂其喉以戈，杀之，埋其首于子驹之门，以命宣伯。

初，宋武公之世，鄋瞒伐宋，司徒皇父帅师御之，以败翟于长丘，获长翟缘斯。晋之灭路，获乔如弟棼如。齐惠公二年，鄋瞒伐齐，齐王子城父获其弟荣如，埋其首于北门。卫人获其季弟简如。鄋瞒由是遂亡。

十五年，季文子使于晋。

十八年二月，文公卒。文公有二妃：长妃齐女为哀姜，生子恶及视；次妃敬嬴，嬖爱，生子俀。俀私事襄仲，襄仲欲立之，叔仲曰不可。襄仲请齐惠公，惠公新立，欲亲鲁，许之。

釐公九年，晋国里克杀死了其国君奚齐、卓子。齐桓公率领釐公讨伐晋国之乱，到达高梁返回，拥立晋惠公。釐公十七年，齐桓公去世。釐公二十四年，晋文公即位。

釐公三十三年，釐公去世，儿子兴即位，就是文公。

文公元年，楚太子商臣弑杀他的父亲成王，自立为王。文公三年，文公朝见晋襄公。

文公十一年十月甲午日，鲁军在鹹地打败翟军，俘获长翟乔如，富父终甥刺破乔如的喉咙，用戈杀死他，把他的头埋在子驹之门，并以"乔如"二字为宣伯命名。

当初，宋武公之时，鄋瞒讨伐宋国，司徒皇父率军抵御鄋瞒，在长丘打败翟军，俘获长翟缘斯。晋国灭掉路国时，俘获乔如的弟弟棼如。齐惠公二年，鄋瞒讨伐齐国，齐王子城父俘获乔如的弟弟荣如，把他的头埋在北门。卫人俘获乔如的小弟简如。鄋瞒从此就灭亡了。

文公十五年，季文子出使晋国。

文公十八年二月，文公去世。文公有两个妃子：长妃是齐国女子哀姜，生下儿子恶和视；次妃敬嬴，深得宠爱，生下儿子俀。俀私下侍奉襄仲，襄仲想立他为君，叔仲说不可以。襄仲请求齐惠公的帮助，惠公刚即位，想亲近鲁国，就答应了他。冬季十月，襄仲杀了恶和视而立倭为君，就是宣公。哀姜返回齐国，哭着走过街市，说："天啊！襄仲做事无道，杀嫡立庶！"街市的人都哭了，鲁人称她为"哀姜"。鲁国从此公室卑弱，三桓强盛。

宣公倭十二年，楚庄王强盛，围攻郑国。郑伯投降，后又给郑伯复国。

宣公十八年，宣公去世，儿子成公黑肱即位，就是成公。季文子说："使我国杀嫡子立庶子失去强大援助的，是襄仲。"襄仲立宣公，公孙归父受到宣公宠爱。宣公想除掉三桓，与晋国谋划讨伐三桓。正逢宣公去世，季文子怨恨襄仲，归父投奔齐国。

成公二年春天，齐国攻取鲁国的隆邑。夏天，成公与晋国郤克在鞌地打败齐顷公，齐国又归还鲁国被侵占的土地。成公四年，成公去晋国，晋景公不敬重鲁君。鲁君想背叛晋国联合楚国，有人劝谏，才没有这样做。成公十年，鲁成公又去晋国。晋景公去世，因此留成公举行送葬仪式，鲁国隐讳这件事。成公十五年，鲁国开始与吴王寿梦在锺离会晤。成公十六年，宣伯告诉晋国，想诛杀季文子。文子有节义，晋人没有答应宣伯。成公十八年，成公去世，儿子午即位，就是襄公。这时襄公三岁。

襄公元年，晋国立悼公为君。去年冬

冬十月，襄仲杀子恶及视而立倭，是为宣公。哀姜归齐，哭而过市，曰："天乎！襄仲为不道，杀適立庶！"市人皆哭，鲁人谓之"哀姜"。鲁由此公室卑，三桓强。

宣公倭十二年，楚庄王强，围郑。郑伯降，复国之。

十八年，宣公卒，子成公黑肱立，是为成公。季文子曰："使我杀適立庶失大援者，襄仲。"襄仲立宣公，公孙归父有宠。宣公欲去三桓，与晋谋伐三桓。会宣公卒，季文子怨之，归父奔齐。

成公二年春，齐伐取我隆。夏，公与晋郤克败齐顷公于鞌，齐复归我侵地。四年，成公如晋，晋景公不敬鲁。鲁欲背晋合于楚，或谏，乃不。十年，成公如晋。晋景公卒，因留成公送葬，鲁讳之。十五年，始与吴王寿梦会锺离。十六年，宣伯告晋，欲诛季文子。文子有义，晋人弗许。十八年，成公卒，子午立，是为襄公。是时襄公三岁也。

襄公元年，晋立悼公。往

年冬,晋栾书弑其君厉公。四年,襄公朝晋。

五年,季文子卒。家无衣帛之妾,厩无食粟之马,府无金玉,以相三君。君子曰:"季文子廉忠矣。"

九年,与晋伐郑。晋悼公冠襄公于卫,季武子从,相行礼。

十一年,三桓氏分为三军。

十二年,朝晋。十六年,晋平公即位。二十一年,朝晋平公。

二十二年,孔丘生。

二十五年,齐崔杼弑其君庄公,立其弟景公。

二十九年,吴延陵季子使鲁,问周乐,尽知其意,鲁人敬焉。

三十一年六月,襄公卒。其九月,太子卒。鲁人立齐归之子裯为君,是为昭公。

昭公年十九,犹有童心。穆叔不欲立,曰:"太子死,有母弟可立,不即立长。年钧择贤,义钧则卜之。今裯非适嗣,且又居丧意不在戚而有喜

天,晋国的栾书弑杀晋国国君厉公。襄公四年,襄公朝见晋君。

襄公五年,季文子去世。他家中没有穿丝绸的姬妾,马厩中没有吃粟谷的马,府中没有金玉之器,就这样做了三代国君的国相。君子说:"季文子真是廉洁忠义了!"

襄公九年,与晋国讨伐郑国。晋悼公在卫国为襄公举行加冠礼,季武子随从,做举行冠礼的傧相。

襄公十一年,三桓氏分别掌管鲁国三军。

襄公十二年,朝见晋君。襄公十六年,晋平公即位。襄公二十一年,朝见晋平公。

襄公二十二年,孔丘出生。

襄公二十五年,齐国崔杼弑杀齐国国君庄公,立他的弟弟景公为国君。

襄公二十九年,吴国延陵季子出使鲁国,询问周王室的音乐,能全部了解其中之意,鲁国人敬重他。

襄公三十一年六月,鲁襄公去世。这年九月,太子去世。鲁人立齐归的儿子裯为君,就是鲁昭公。

昭公时年十九,还有童心。穆叔不想立他,说:"太子去世,有同母的弟弟可以即位,没有就立年长之子。年龄相同就选择有才能的立,才能相同就占卜决定。如今裯不是嫡子中的继承人,况且他

又在居丧时心里不悲伤而有喜悦之色，如果真的立他，必会成为季氏的忧患。"季武子不听，最终立裯为君。等到襄公下葬时，裯三次更换丧服。君子说："这是不能善终了。"

昭公三年，昭公朝见晋君，到达黄河，晋平公谢绝朝见，让昭公返回，鲁人认为这件事可耻。昭公四年，楚灵王在申邑会晤诸侯，昭公称病不去。昭公七年，季武子去世。昭公八年，楚灵王建成章华台，召见昭公。昭公前往祝贺，楚灵王赐给昭公宝器；不久便后悔，又使诈收了回去。昭公十二年，朝见晋君，到达黄河，晋平公谢绝朝见，让昭公返回。昭公十三年，楚公子弃疾弑杀国君灵王，代立为君。昭公十五年，鲁君朝见晋君，晋国人留下他给晋昭公送葬，鲁人认为这件事可耻。昭公二十年，齐景公与晏子到鲁国边境狩猎，顺便进入鲁国问礼制。昭公二十一年，朝见晋君，到达黄河，晋君谢绝朝见，让昭公返回。

昭公二十五年春天，鸜鹆来鲁国筑巢。师己说："文公和成公时代有童谣说'鸜鹆来筑巢，国君出居到乾侯。鸜鹆进入住处，国君在野外'。"

季氏与郈氏斗鸡，季氏在鸡翅上撒上芥粉，郈氏在鸡爪套上金属套。季平子发怒而侵犯郈氏，郈昭伯也对季平子愤怒。

色，若果立，必为季氏忧。"季武子弗听，卒立之。比及葬，三易衰。君子曰：是不终也。

昭公三年，朝晋，至河，晋平公谢还之，鲁耻焉。四年，楚灵王会诸侯于申，昭公称病不往。七年，季武子卒。八年，楚灵王就章华台，召昭公。昭公往贺，赐昭公宝器；已而悔，复诈取之。十二年，朝晋至河，晋平公谢还之。十三年，楚公子弃疾弑其君灵王，代立。十五年，朝晋。晋留之葬晋昭公，鲁耻之。二十年，齐景公与晏子狩竟，因入鲁问礼。二十一年，朝晋至河，晋谢还之。

二十五年春，鸜鹆来巢。师己曰："文成之世童谣曰'鸜鹆来巢，公在乾侯。鸜鹆入处，公在外野'。"

季氏与郈氏斗鸡，季氏芥鸡羽，郈氏金距。季平子怒而侵郈氏，郈昭伯亦怒平子。臧昭伯之弟会伪谮臧氏，匿季氏，臧昭伯囚季氏人。季平子怒，囚臧氏老。臧、郈氏以难告昭公。昭公九月戊戌伐季氏，遂入。平子登台请曰："君以谮不察臣罪，诛之，请迁沂上。"弗许。请囚于鄪，弗许。请以五乘亡，弗许。子家驹曰："君其许之。政自季氏久矣，为徒者众，众将合谋。"弗听。郈氏曰："必杀之。"叔孙氏之臣戾谓其众曰："无季氏与有，孰利？"皆曰："无季氏是无叔孙氏。"戾曰："然，救季氏！"遂败公师。孟懿子闻叔孙氏胜，亦杀郈昭伯。郈昭伯为公使，故孟氏得之。三家共伐公，公遂奔。己亥，公至于齐。齐景公曰："请致千社待君。"子家曰："弃周公之业而臣于齐，可乎？"乃止。子家曰："齐景公无信，不如早之晋。"弗从。叔孙见公还，见平子，平子顿首。初欲迎昭公，孟孙、季孙后悔，乃止。

臧昭伯的弟弟会编造谎言诬陷臧氏，藏在季氏家中，臧昭伯囚禁季氏家人。季平子发怒，囚禁臧氏家臣。臧氏、郈氏都向鲁昭公告难。昭公九月戊戌日讨伐季氏，进入季氏家。季平子登上高台请求说："您听信谗言，不考察我的罪，就来惩罚我，请放逐我到沂水边上吧。"昭公不允许。季平子又请求把自己囚禁在鄪县，昭公不允许。季平子请求带五辆车子逃亡，昭公不允许。子家驹说："您就答应他吧。季氏执政已久，他的党徒不在少数，他们将来会合谋对付您的。"昭公不听。郈氏说："必须杀掉他。"叔孙氏的家臣戾对其亲信说："季氏的存在与否，哪个对我们有利？"大家都说："没有季氏，就没有叔孙氏。"戾说："既然如此，去救季氏！"于是打败了昭公的军队。孟懿子听闻叔孙氏得胜，就杀死了郈昭伯，郈昭伯作为昭公使者正在孟懿子那里，所以孟氏能杀掉他。季孙、叔孙、孟孙三家联合讨伐昭公，昭公于是出国逃亡了。己亥日，昭公投奔齐国。齐景公说："愿意献上千社接待您。"子家说："放弃周公的伟业而臣服于齐国，可以吗？"于是没有接受。子家说："齐景公不讲信义，不如尽早投奔晋国。"昭公不听。叔孙会见昭公而归，去见季平子，平子磕头。起初叔孙想迎回昭公，孟孙、季孙后悔，就作罢了。

鲁昭公二十六年春天，齐国讨伐鲁国，攻占郓邑而让昭公住在那里。夏天，齐景公想送昭公回鲁，下令众臣不得收受鲁国的贿赂。申丰、汝贾答应给齐国大臣高龁、子将粟谷五千庾。子将对齐侯说："群臣不能侍奉鲁君，其中有奇怪之处。宋元公为鲁君到晋国，请求帮助鲁君回国，死在途中。叔孙昭子请求帮助他的国君回鲁，无病而死。不知是不是上天抛弃了鲁君？抑或是鲁君得罪了鬼神？希望您暂且等待。"齐景公听了他的话。

昭公二十八年，昭公到晋国，请求晋君助他回国。季平子私下与晋国六卿相交，六卿收受季氏的贿赂，劝谏晋君，晋君于是停止帮鲁君回国，让昭公居住在乾侯。昭公二十九年，昭公到郓邑。齐景公派人赐给昭公书信，自称"主君"。昭公以此为耻，发怒而离开乾侯。鲁昭公三十一年，晋国想帮助昭公回鲁，召见季平子。季平子身穿布衣光脚而行，通过六卿谢罪。六卿替季平子对晋君说："晋国想帮助昭公回鲁，但鲁国众人不从。"晋人就不做这事了。昭公三十二年，昭公死在乾侯。鲁人共同立昭公的弟弟宋为君，就是定公。

定公即位，赵简子问史墨说："季氏会灭亡吗？"史墨回答说："不会灭亡。季友对鲁国有大功，受封于鄪邑，是上卿，到文子、武子时，世代增加他们的产

二十六年春，齐伐鲁，取郓而居昭公焉。夏，齐景公将内公，令无受鲁赂。申丰、汝贾许齐臣高龁、子将粟五千庾。子将言于齐侯曰："群臣不能事鲁君，有异焉。宋元公为鲁如晋，求内之，道卒。叔孙昭子求内其君，无病而死。不知天弃鲁乎？抑鲁君有罪于鬼神也？愿君且待。"齐景公从之。

二十八年，昭公如晋，求入。季平子私于晋六卿，六卿受季氏赂，谏晋君，晋君乃止，居昭公乾侯。二十九年，昭公如郓。齐景公使人赐昭公书，自谓"主君"。昭公耻之，怒而去乾侯。三十一年，晋欲内昭公，召季平子。平子布衣跣行，因六卿谢罪。六卿为言曰："晋欲内昭公，众不从。"晋人止。三十二年，昭公卒于乾侯。鲁人共立昭公弟宋为君，是为定公。

定公立，赵简子问史墨曰："季氏亡乎？"史墨对曰："不亡。季友有大功于鲁，受鄪为上卿，至于文子、武子，

世增其业。鲁文公卒，东门遂杀適立庶，鲁君于是失国政。政在季氏，于今四君矣。民不知君，何以得国！是以为君慎器与名，不可以假人。"

定公五年，季平子卒。阳虎私怒，囚季桓子，与盟，乃舍之。七年，齐伐我，取郓，以为鲁阳虎邑以从政。八年，阳虎欲尽杀三桓適，而更立其所善庶子以代之。载季桓子将杀之，桓子诈而得脱。三桓共攻阳虎，阳虎居阳关。九年，鲁伐阳虎，阳虎奔齐，已而奔晋赵氏。

十年，定公与齐景公会于夹谷，孔子行相事。齐欲袭鲁君，孔子以礼历阶，诛齐淫乐，齐侯惧，乃止，归鲁侵地而谢过。十二年，使仲由毁三桓城，收其甲兵。孟氏不肯堕城，伐之，不克而止。季桓子受齐女乐，孔子去。

十五年，定公卒，子将立，是为哀公。

哀公五年，齐景公卒。六年，

业。鲁文公去世，东门遂杀死嫡子而立庶子，鲁君这以后失掉了国政。政权落在季氏手中，至今已历经四位国君了。人民不知道国君，国君怎能掌握好国家政权呢！因此为君王要谨慎对待器物和爵号，不可以随便给予别人。"

定公五年，季平子去世。阳虎因私泄愤，囚禁季桓子，与季桓子订立盟约，才放了他。定公七年，齐国讨伐鲁国，攻取郓邑，将其作为鲁国阳虎的封邑，并让他从政。定公八年，阳虎想将三桓的嫡子都杀死，而改立他所喜爱的庶子来取代他们；用车子载来季桓子想杀了他，季桓子使诈而得以脱身。三桓共同攻打阳虎，阳虎据守阳关。定公九年，鲁国讨伐阳虎，阳虎投奔齐国，不久又投奔晋国赵氏。

定公十年，定公与齐景公在夹谷盟会，孔子做傧相主持礼仪。齐侯想袭击鲁君，孔子按礼仪登阶而上，诛灭齐国奏淫乐的乐人，齐侯恐惧，于是停止袭击，归还侵占的鲁国土地并谢罪。定公十二年，派仲由摧毁三桓的城墙，没收他们的铠甲兵器。孟氏不肯毁城，就讨伐他，没有攻克就停止了。季桓子接受齐国的美女乐人，孔子离开鲁国。

定公十五年，定公去世，儿子将即位，就是鲁哀公。

哀公五年，齐景公去世。哀公六年，

齐国田乞弑杀齐国国君孺子。

哀公七年，吴王夫差强大，讨伐齐国，到达缯地，向鲁国征要太牢牛、羊、猪各百头。季康子派子贡游说吴王和太宰嚭，以礼制折服他们。吴王说："我是文身的蛮人，不值得用礼制来要求我。"于是停止索要。

哀公八年，吴国为邹国攻打鲁国，兵至城下，订了盟约后离开。齐国讨伐鲁国，攻取三个城邑。哀公十年，鲁国讨伐齐国南部边境。哀公十一年，齐国讨伐鲁国。季氏用冉有为政，很有功劳，便思念孔子，孔子从卫国返回鲁国。

哀公十四年，齐国田常在徐州弑杀齐国国君简公。孔子请求讨伐田常，哀公不听。哀公十五年，派子服景伯、子贡为使节，去齐国，齐国归还了侵占的鲁国土地。田常刚任齐国相国，想亲近诸侯。

哀公十六年，孔子去世。

哀公二十二年，越王勾践灭了吴王夫差。

哀公二十七年春天，季康子去世。夏天，哀公担忧三桓，想要借助诸侯之力挟制他们，三桓也担忧哀公发难，所以君臣之间矛盾很深。哀公去陵阪游玩，在街上遇到孟武伯，问他："请问您我能善终吗？"孟武伯回答说："不知道。"哀公想借助越国攻打三桓。八月，哀公去陉氏家。三

齐田乞弑其君孺子。

七年，吴王夫差强，伐齐，至缯，征百牢于鲁。季康子使子贡说吴王及太宰嚭，以礼诎之。吴王曰："我文身，不足责礼。"乃止。

八年，吴为邹伐鲁，至城下，盟而去。齐伐我，取三邑。十年，伐齐南边。十一年，齐伐鲁。季氏用冉有有功，思孔子，孔子自卫归鲁。

十四年，齐田常弑其君简公于徐州。孔子请伐之，哀公不听。十五年，使子服景伯、子贡为介，适齐，齐归我侵地。田常初相，欲亲诸侯。

十六年，孔子卒。

二十二年，越王句践灭吴王夫差。

二十七年春，季康子卒。夏，哀公患三桓，将欲因诸侯以劫之，三桓亦患公作难，故君臣多间。公游于陵阪，遇孟武伯于街，曰："请问余及死乎？"对曰："不知也。"公欲以越伐三桓。八月，哀公如陉氏。

三桓攻公，公奔于卫，去如邹，遂如越。国人迎哀公复归，卒于有山氏。子宁立，是为悼公。

悼公之时，三桓胜，鲁如小侯，卑于三桓之家。

十三年，三晋灭智伯，分其地有之。

三十七年，悼公卒，子嘉立，是为元公。元公二十一年卒，子显立，是为缪公。缪公三十三年卒，子奋立，是为共公。共公二十二年卒，子屯立，是为康公。康公九年卒，子匽立，是为景公。景公二十九年卒，子叔立，是为平公。是时六国皆称王。

平公十二年，秦惠王卒。二十年，平公卒，子贾立，是为文公。文公七年，楚怀王死于秦。二十三年，文公卒，子雠立，是为顷公。

顷公二年，秦拔楚之郢，楚顷王东徙于陈。十九年，楚伐我，取徐州。二十四年，楚考烈王伐灭鲁。顷公亡，迁于下邑，为家人，鲁绝祀。顷公卒于柯。

桓攻打哀公，哀公逃奔到卫国，又离开去了邹国，最终去了越国。鲁国人又迎接哀公回国，哀公最后死在有山氏家。儿子宁即位，就是悼公。

悼公之时，三桓强盛，鲁君如同小侯，势力比三桓之家卑弱。

悼公十三年，三晋灭掉智伯，瓜分了他的土地。

悼公三十七年，悼公去世，儿子嘉即位，就是元公。元公二十一年去世，儿子显即位，就是穆公。穆公三十三年去世，儿子奋即位，就是共公。共公二十二年去世，儿子屯即位，就是康公。康公九年去世，儿子匽即位，就是景公。景公二十九年去世，儿子叔即位，就是平公。这时六国都称王。

平公十二年，秦惠王去世。平公二十年，平公去世，儿子贾即位，就是文公。文公七年，楚怀王死在秦国。文公二十三年，文公去世，儿子雠即位，就是顷公。

顷公二年，秦国攻占楚国郢都，楚顷王东迁到陈邑。顷公十九年，楚国讨伐鲁国，攻取徐州。顷公二十四年，楚考烈王讨伐灭掉鲁国。顷公逃亡，迁居到一个小邑，成为平民，鲁国断绝了祭祀。顷公死在了柯地。

鲁国从周公起到顷公，共三十四位国君。

太史公说：我听闻孔子评论说"鲁国的政道真是衰弱至极了！洙水、泗水之间人们争辩计较不已"。看看庆父、叔牙和闵公在位之时，多么混乱啊！隐公、桓公之际的事；襄仲杀嫡子立庶子的事；孟孙、叔孙、季孙三家北面为臣，却亲自攻打昭公，以致昭公出逃。至于说揖让之礼鲁国一直在遵从了，但行事为什么如此暴戾呢？

鲁起周公，至顷公，凡三十四世。

太史公曰：余闻孔子称曰"甚矣鲁道之衰也！洙泗之间龂龂如也"。观庆父及叔牙闵公之际，何其乱也？隐桓之事；襄仲杀適立庶；三家北面为臣，亲攻昭公，昭公以奔。至其揖让之礼则从矣，而行事何其戾也？

史记卷三十四
世家第四

燕召公世家

召公奭与周王室同姓，姓姬氏。周武王灭商纣后，封召公于北燕。

在成王时，召公位列三公：自陕地以西，由召公主管；自陕地以东，由周公主管。成王年幼，周公代理朝政，执掌国政犹如天子，召公怀疑他，作了《君奭》。《君奭》写的是对周公的不满。周公于是称说："商汤之时有伊尹，功德感通了上天；在太戊时，会有像伊陟、臣扈那样的人，功德感通了上帝，巫咸治理王室；在祖乙时，会有像巫贤那样的人；在武丁时，会有像甘般那样的人：这些大臣都有辅佐君王主持国政的功业，使殷朝得以治理和安定。"这样召公才高兴。

召公治理西方，很得广大民众的拥戴。召公到乡邑去巡行，有一棵棠梨树，召公就在这棵树下断案理事，自侯伯到庶民都得到适当的位置，没有失职的人。召公去世，而民众思念召公的政绩，惦念棠梨树，不敢砍伐，歌咏它，作了《甘棠》诗篇。

自召公以下九世传到惠侯。燕惠侯在

召公奭，与周同姓，姓姬氏。周武王之灭纣，封召公于北燕。

其在成王时，召公为三公：自陕以西，召公主之；自陕以东，周公主之。成王既幼，周公摄政，当国践祚，召公疑之，作《君奭》。君奭不说周公，周公乃称："汤时有伊尹，假于皇天；在太戊，时则有若伊陟、臣扈，假于上帝，巫咸治王家；在祖乙，时则有若巫贤；在武丁，时则有若甘般：率维兹有陈，保乂有殷。"于是召公乃说。

召公之治西方，甚得兆民和。召公巡行乡邑，有棠树，决狱政事其下，自侯伯至庶人各得其所，无失职者。召公卒，而民人思召公之政，怀棠树不敢伐，哥咏之，作《甘棠》之诗。

自召公已下九世至惠侯。

燕惠侯当周厉王奔彘、共和之时。

惠侯卒，子釐侯立。是岁，周宣王初即位。釐侯二十一年，郑桓公初封于郑。三十六年，釐侯卒，子顷侯立。

顷侯二十年，周幽王淫乱，为犬戎所弑。秦始列为诸侯。

二十四年，顷侯卒，子哀侯立。哀侯二年卒，子郑侯立。郑侯三十六年卒，子缪侯立。

缪侯七年，而鲁隐公元年也。十八年卒，子宣侯立。宣侯十三年卒，子桓侯立。桓侯七年卒，子庄公立。

庄公十二年，齐桓公始霸。十六年，与宋、卫共伐周惠王，惠王出奔温，立惠王弟颓为周王。十七年，郑执燕仲父而内惠王于周。二十七年，山戎来侵我，齐桓公救燕，遂北伐山戎而还。燕君送齐桓公出境，桓公因割燕所至地予燕，使燕共贡天子，如成周时职；使燕复修召公之法。三十三年卒，子襄公立。

襄公二十六年，晋文公为践土之会，称伯。三十一年，

位时正当周厉王逃奔到彘邑，周定公、召穆公共同执政的时期。

惠侯去世，儿子釐侯即位。这年，周宣王刚即位。釐侯二十一年，郑桓公刚被封到郑地。釐侯三十六年，釐侯去世，儿子顷侯即位。

顷侯二十年，周幽王淫乱，被犬戎所杀。秦国开始列于诸侯。

顷侯二十四年，顷侯去世，儿子哀侯即位。哀侯在位二年去世，儿子郑侯即位。郑侯在位三十六年去世，儿子缪侯即位。

缪侯七年，是鲁隐公元年。缪侯在十八年去世，儿子宣侯即位。宣侯十三年去世，儿子桓侯即位。桓侯在位七年去世，儿子庄公即位。

庄公十二年，齐桓公开始称霸。庄公十六年，与宋国、卫国共同讨伐周惠王，惠王出逃到温地，立惠王的弟弟颓为周王。庄公十七年，郑国抓住燕仲父而帮助惠王回周。庄公二十七年，山戎前来侵犯燕国，齐桓公救援燕国，于是北伐山戎而返回。燕君送齐桓公出了国境，桓公因此割让燕君所到齐地给燕国，让燕君与诸侯共同朝贡周天子，像周成王时那样尽职；让燕君重修燕召公时的法度。庄公三十三年，庄公去世，儿子襄公即位。

襄公二十六年，晋文公在践土举行会盟，称霸。襄公三十一年，秦军在殽地战败。

襄公三十七年，秦穆公去世。襄公四十年，襄公去世，桓公即位。

桓公在位十六年去世，宣公即位。宣公在位十五年去世，昭公即位。昭公在位十三年去世，武公即位。这年晋国灭了三郤大夫。

武公在位十九年去世，文公即位。文公在位六年去世，懿公即位。懿公元年，齐国崔杼弑杀他的国君庄公。懿公在位四年去世，儿子惠公即位。

惠公元年，齐国高止来投奔燕国。惠公六年，惠公有很多宠臣，惠公想除掉诸大夫而重用宠臣宋，大夫们共同诛杀了宠臣宋，惠公恐惧，逃到齐国。四年后，齐国高偃到晋国，请求共同讨伐燕国，护送惠公回国。晋平公答应，与齐国讨伐燕国，送惠公回国。惠公到燕国而死。燕国立悼公为君。

悼公在位七年去世，共公即位。共公在位五年去世，平公即位。晋国公室地位卑弱，六卿开始强大。平公十八年，吴王阖闾击败楚国，攻入郢都。平公十九年，平公去世，简公即位。简公在位十二年去世，献公即位。晋国赵鞅将范氏和中行氏围困在朝歌。献公十二年，齐国的田常弑杀齐国国君简公。献公十四年，孔子去世。献公二十八年，献公去世，孝公即位。

孝公十二年，韩、魏、赵灭了智伯，

秦师败于殽。三十七年，秦缪公卒。四十年，襄公卒，桓公立。

桓公十六年卒，宣公立。宣公十五年卒，昭公立。昭公十三年卒，武公立。是岁晋灭三郤大夫。

武公十九年卒，文公立。文公六年卒，懿公立。懿公元年，齐崔杼弑其君庄公。四年卒，子惠公立。

惠公元年，齐高止来奔。六年，惠公多宠姬，公欲去诸大夫而立宠姬宋，大夫共诛姬宋，惠公惧，奔齐。四年，齐高偃如晋，请共伐燕，入其君。晋平公许，与齐伐燕，入惠公。惠公至燕而死。燕立悼公。

悼公七年卒，共公立。共公五年卒，平公立。晋公室卑，六卿始强大。平公十八年，吴王阖闾破楚，入郢。十九年卒，简公立。简公十二年卒，献公立。晋赵鞅围范、中行于朝歌。献公十二年，齐田常弑其君简公。十四年，孔子卒。二十八年，献公卒，孝公立。

孝公十二年，韩、魏、赵

灭知伯，分其地，三晋强。

十五年，孝公卒，成公立。成公十六年卒，湣公立。湣公三十一年卒，釐公立。是岁，三晋列为诸侯。

釐公三十年，伐败齐于林营。釐公卒，桓公立。桓公十一年卒，文公立。是岁，秦献公卒，秦益强。

文公十九年，齐威王卒。二十八年，苏秦始来见，说文公。文公予车马金帛以至赵，赵肃侯用之。因约六国，为从长。秦惠王以其女为燕太子妇。

二十九年，文公卒，太子立，是为易王。

易王初立，齐宣王因燕丧伐我，取十城；苏秦说齐，使复归燕十城。十年，燕君为王。苏秦与燕文公夫人私通，惧诛，乃说王使齐为反间，欲以乱齐。易王立十二年卒，子燕哙立。

燕哙既立，齐人杀苏秦。苏秦之在燕，与其相子之为婚，而苏代与子之交。及苏秦死，而齐宣王复用苏代。燕哙三年，与楚、三晋攻秦，不胜

瓜分他的土地，三晋势力强大。

孝公十五年，孝公去世，成公即位。成公在位十六年去世，湣公即位。湣公在位三十一年去世，釐公即位。这年，三晋列于诸侯。

釐公三十年，在林营打败齐国。釐公去世，桓公即位。桓公在位十一年去世，文公即位。这年，秦献公去世。秦国更加强大。

文公十九年，齐威王去世。文公二十八年，苏秦初次来拜见，游说文公。文公给予车马金帛让他到赵国去，赵肃侯重用他。因此约盟六国，成为合纵之长。秦惠王把他的女儿嫁给燕太子为妻。

文公二十九年，文公去世，太子即位，就是易王。

易王刚即位，齐宣王趁燕国有丧事攻打燕国，攻取十座城；苏秦游说齐国，使他又归还燕国十城。易王十年，燕君称王。苏秦与燕文公的夫人私通，害怕被杀，就游说易王让他出使齐国策划反间计，想以此扰乱齐国。易王即位十二年去世，儿子燕王哙即位。

燕王哙即位后，齐国人杀死苏秦。苏秦在燕国时，与燕国的国相子之结成姻亲，而苏代与子之交好。等到苏秦死后，齐宣王又任用苏代。燕王哙三年，与楚国、三晋攻打秦国，没有战胜而返回。子之担任

燕国国相，位高权重，主持国政。苏代为齐国出使到燕国，燕王问道："齐王怎么样？"回答说："一定不称霸。"燕王说："为什么？"回答说："不信任他的大臣。"苏代想以此激燕王来尊重子之。从这以后燕王很信任子之。子之因此馈赠苏代一百金，而听从他的指使。

鹿毛寿对燕王说："不如把国家让给国相子之。人们之所以说尧是贤人，是因为他把天下让给许由，许由不接受，但尧有了让出天下的名声，但实际上没有失去天下。如今大王把国政让给子之，子之一定不敢接受，这样大王与尧有相同的操行了。"燕王因此把国政交予子之，子之权力更重。有人说："夏禹举荐益，随后任用启的臣子做益的官员。等到禹年老，认为启的为人不足以胜任治理天下的职责，就把帝位传给益。不久，启和他的党羽攻击益，夺了帝位。天下人说禹名义上把天下传给益，事实上是让启自己夺取帝位。如今大王说把国家让给子之，而官员们没有不亲近太子的人，这是名义上王位归属子之，而实际上是太子掌权。"燕王因此收回俸禄在三百石以上官吏的印信，把它们交给子之。子之面向南方，行使王命处理政事，而燕王哙年老不理朝政，反而成为臣子，国事都由子之决断。

而还。子之相燕，贵重，主断。苏代为齐使于燕，燕王问曰："齐王奚如？"对曰："必不霸。"燕王曰："何也？"对曰："不信其臣。"苏代欲以激燕王以尊子之也。于是燕王大信子之。子之因遗苏代百金，而听其所使。

鹿毛寿谓燕王："不如以国让相子之。人之谓尧贤者，以其让天下于许由，许由不受，有让天下之名而实不失天下。今王以国让于子之，子之必不敢受，是王与尧同行也。"燕王因属国于子之，子之大重。或曰："禹荐益，已而以启人为吏。及老，而以启人为不足任乎天下，传之于益。已而启与交党攻益，夺之。天下谓禹名传天下于益，已而实令启自取之。今王言属国于子之，而吏无非太子人者，是名属子之而实太子用事也。"王因收印自三百石吏已上而效之子之。子之南面行王事，而哙老不听政，顾为臣，国事皆决于子之。

三年，国大乱，百姓恟恐。将军市被与太子平谋，将攻子之。诸将谓齐湣王曰："因而赴之，破燕必矣。"齐王因令人谓燕太子平曰："寡人闻太子之义，将废私而立公，饬君臣之义，明父子之位。寡人之国小，不足以为先后。虽然，则唯太子所以令之。"太子因要党聚众，将军市被围公宫，攻子之，不克。将军市被及百姓反攻太子平，将军市被死，以徇。因构难数月，死者数万，众人恟恐，百姓离志。孟轲谓齐王曰："今伐燕，此文、武之时，不可失也。"王因令章子将五都之兵，以因北地之众以伐燕。士卒不战，城门不闭，燕君哙死，齐大胜。燕子之亡二年，而燕人共立太子平，是为燕昭王。

燕昭王于破燕之后即位，卑身厚币以招贤者。谓郭隗曰："齐因孤之国乱而袭破燕，孤极知燕小力少，不足以报。然诚得贤士以共国，以雪先王之耻，孤之愿也。先生视可者，得身事之。"郭隗曰："王必

子之当国三年，国内大乱，百姓悲痛恐惧。将军市被与太子平谋划，将要攻打子之。众将对齐湣王说："趁这个机会出兵奔赴燕国，攻破燕国是一定的了。"齐王因此派人对燕太子平说："我听说太子有道义，将要废私而立公，整饬君臣之间的礼义，明确父子的地位。我的国家弱小，不足以担任先锋或后卫。虽然这样，我也愿意听从太子的调遣。"于是太子邀约同党，联合兵众，将军市被围困宫殿，攻打子之，没有攻下来。将军市被及百姓反过来攻打太子平，将军市被死亡，将尸示众。于是战乱持续几个月，死去的人有好几万，民众悲痛恐惧，百姓各怀心思。孟轲对齐王说："现在攻打燕国，就像文王、武王讨伐纣的时机，不可错失呀。"齐王于是派章子率领五都的军队，并用北地的军队去讨伐燕国。燕兵不与他们交战，城门也不关闭，燕君哙死，齐军大胜。燕国子之死后二年，燕国人民拥立太子平为国君，就是燕昭王。

燕昭王是在齐军攻破燕国之后即位的，他用谦恭的方式、厚重的钱财招揽贤士。他对郭隗说："齐国趁我国内乱，袭击攻破了燕国，我深感燕国弱小，力量微弱，不足以报仇。但要是真得到贤能之人辅佐，与他共治国事，能够一雪先王之耻，就是我的愿望。先生认为可以做贤臣的，我会

亲身侍奉他。"郭隗说:"大王一定想招徕人才,先从我郭隗开始。何况比我贤能的人,怎么会因远隔千里而不来呢!"于是昭王为郭隗改建宅院,并以他为师侍奉他。乐毅从魏国前去,邹衍从齐国前去,剧辛从赵国前去,贤士争先奔赴燕国。燕王吊祭死者,慰问孤儿,与百姓同甘共苦。

昭王二十八年,燕国殷实富足,士卒悠闲安乐,不把战争当作苦差事,这时就任用乐毅为上将军,与秦、楚、三晋合谋来讨伐齐国。齐兵战败,齐湣王逃亡在外。燕兵独自追击败兵,直入临淄,尽数抢走齐国宝物,焚烧齐国宫室宗庙。齐国的城邑没有被攻占的,只有聊、莒、即墨三邑,其余都归属于燕国,有六年时间。

昭王三十三年去世,儿子惠王即位。

惠王做太子时,与乐毅有嫌隙;等到他即位,怀疑乐毅,让骑劫代他领军。乐毅逃亡到赵国。齐国田单依靠即墨的军队击败燕军,骑劫战死,燕国撤兵回国,齐国又全部收复了它原有的城邑。湣王死在莒地,于是立他的儿子为襄王。

惠王在位七年去世。韩国、魏国、楚国共同攻打燕国。燕武成王即位。

武成王七年,齐国田单讨伐燕国,攻取中阳。武成王十三年,秦军在长平击败赵国四十多万人。武成王十四年,武成王

欲致士,先从隗始。况贤于隗者,岂远千里哉!"于是昭王为隗改筑宫而师事之。乐毅自魏往,邹衍自齐往,剧辛自赵往,士争趋燕。燕王吊死问孤,与百姓同甘苦。

二十八年,燕国殷富,士卒乐轶轻战,于是遂以乐毅为上将军,与秦、楚、三晋合谋以伐齐。齐兵败,湣王出亡于外。燕兵独追北,入至临淄,尽取齐宝,烧其宫室宗庙。齐城之不下者,独唯聊、莒、即墨,其余皆属燕,六岁。

昭王三十三年卒,子惠王立。

惠王为太子时,与乐毅有隙;及即位,疑毅,使骑劫代将。乐毅亡走赵。齐田单以即墨击败燕军,骑劫死,燕兵引归,齐悉复得其故城。湣王死于莒,乃立其子为襄王。

惠王七年卒。韩、魏、楚共伐燕。燕武成王立。

武成王七年,齐田单伐我,拔中阳。十三年,秦败赵于长平四十余万。十四年,武成王卒,

子孝王立。

孝王元年，秦围邯郸者解去。三年卒，子今王喜立。

今王喜四年，秦昭王卒。燕王命相栗腹约欢赵，以五百金为赵王酒。还报燕王曰："赵王壮者皆死长平，其孤未壮，可伐也。"王召昌国君乐间问之。对曰："赵四战之国，其民习兵，不可伐。"王曰："吾以五而伐一。"对曰："不可。"燕王怒，群臣皆以为可。卒起二军，车二千乘，栗腹将而攻鄗，卿秦攻代。唯独大夫将渠谓燕王曰："与人通关约交，以五百金饮人之王，使者报而反攻之，不祥，兵无成功。"燕王不听，自将偏军随之。将渠引燕王绶止之曰："王必无自往，往无成功。"王蹴之以足。将渠泣曰："臣非以自为，为王也！"燕军至宋子，赵使廉颇将，击破栗腹于鄗。破卿秦、乐乘于代。乐间奔赵。廉颇逐之五百余里，围其国。燕人请和，赵人不许，必令将渠处和。燕相将渠以处和。赵听将渠，解燕围。

去世，儿子孝王即位。

孝王元年，秦国围困邯郸的军队撤退。孝王在位三年去世，儿子今王喜即位。

今王喜四年，秦昭王去世。燕王派相国栗腹与赵国约定友好关系，向赵王献上五百镒黄金祝酒。栗腹回来报告燕王说："赵王年轻力壮的士兵都战死在长平，他们的遗孤还没长大，可以攻打赵国。"燕王召见昌国君乐间询问此事。乐间回答说："赵国在地理上是四面交战的国家，那里的民众都熟悉兵事，不可以攻打。"燕王说："我用他们兵力的五倍讨伐。"回答说："不可以。"燕王恼怒，群臣都认为可以攻打赵国。最后派遣两路军队，战车两千乘，栗腹率军攻打鄗城，卿秦攻打代城。唯独大夫将渠对燕王说："与人家约定开放边境，订立盟约来交好，拿五百镒黄金为赵王祝酒，使者一回报却反过来攻打赵国，这是不祥的，用兵不会成功。"燕王不听，亲自率领偏军跟随大部队。将渠拉着燕王系印的绶带，阻止他说："大王一定不要亲自前往，去了不会取胜的。"燕王用脚踢开他。将渠哭泣说："我不是为自己这么做，是为了大王啊！"燕军到达宋子，赵国派廉颇为统帅，在鄗邑击破栗腹；在代邑击败卿秦、乐乘。乐间逃奔到赵国。廉颇追赶燕军五百多里，包围了燕国国都。燕国人求和，赵国人不答应，一定要让将渠主持和解。燕国任命将渠做相国来主持议和。赵国人听从将渠的讲和，解除对燕国的围困。

今王喜六年，秦国灭掉东周，设置三川郡。今王喜七年，秦国攻取了赵国的榆次等三十七座城邑，设置大原郡。今王喜九年，秦王政即位。今王喜十年，赵国派廉颇率军攻打繁阳，攻占了它。赵孝成王去世，悼襄王继位。派乐乘代替廉颇，廉颇不服，攻打乐乘，乐乘逃跑，廉颇逃到大梁。今王喜十二年，赵国派李牧攻打燕国，攻取了武遂、方城。剧辛原先居住在赵国，与庞煖结好，后来逃到燕国。燕王见赵国多次被秦军围困，而廉颇又离去，任命庞煖为将，想趁赵国疲弱攻打赵国。询问剧辛，剧辛说："庞煖是容易对付的。"燕王派剧辛率军袭击赵国，赵国派庞煖迎击，俘获燕军二万人，杀死剧辛。秦国攻取魏国二十座城邑，设置东郡。今王喜十九年，秦国攻下赵国的邺等九座城池。赵悼襄王去世。今王喜二十三年，燕太子丹到秦国做人质，又逃回燕国。今王喜二十五年，秦国俘虏韩王安，设置颍川郡。今王喜二十七年，秦国俘虏赵王迁，灭了赵国。赵公子嘉自立为代王。

燕国见秦国将要灭掉六国，秦国军队兵临易水，灾祸将要降临燕国。太子丹暗中训养壮士二十人，派荆轲进献督亢地图

六年，秦灭东周，置三川郡。七年，秦拔赵榆次三十七城，秦置大原郡。九年，秦王政初即位。十年，赵使廉颇将攻繁阳，拔之。赵孝成王卒，悼襄王立。使乐乘代廉颇，廉颇不听，攻乐乘，乐乘走，廉颇奔大梁。十二年，赵使李牧攻燕，拔武遂、方城。剧辛故居赵，与庞煖善，已而亡走燕。燕见赵数困于秦，而廉颇去，令庞煖将也，欲因赵弊攻之。问剧辛，辛曰："庞煖易与耳。"燕使剧辛将击赵，赵使庞煖击之，取燕军二万，杀剧辛。秦拔魏二十城，置东郡。十九年，秦拔赵之邺九城。赵悼襄王卒。二十三年，太子丹质于秦，亡归燕。二十五年，秦虏灭韩王安，置颍川郡。二十七年，秦虏赵王迁，灭赵。赵公子嘉自立为代王。

燕见秦且灭六国，秦兵临易水，祸且至燕。太子丹阴养壮士二十人，使荆轲献督

亢地图于秦，因袭刺秦王。秦王觉，杀轲，使将军王翦击燕。二十九年，秦攻拔我蓟，燕王亡，徙居辽东，斩丹以献秦。三十年，秦灭魏。

三十三年，秦拔辽东，虏燕王喜，卒灭燕。是岁，秦将王贲亦虏代王嘉。

太史公曰：召公奭可谓仁矣！甘棠且思之，况其人乎？燕外迫蛮貉，内措齐、晋，崎岖强国之间，最为弱小，几灭者数矣。然社稷血食者八九百岁，于姬姓独后亡，岂非召公之烈邪！

给秦王，乘机袭刺秦王。秦王觉察，杀了荆轲，派将军王翦攻击燕国。今王喜二十九年，秦军攻打并占领燕国蓟城，燕王逃亡，迁居到辽东，斩杀太子丹进献给秦王。今王喜三十年，秦国灭掉魏国。

今王喜三十三年，秦军攻取辽东，俘虏燕王喜，最终灭了燕国。这年，秦国将领王贲也俘虏了代王嘉。

太史公说：召公奭可以说是有仁德的了！甘棠树尚且有人民思念它，何况召公奭本人呢？燕国外部邻近蛮貉，内部又与齐国、晋国交错，艰难地处于强国之间，最为弱小，多次几乎就被灭掉了。然而社稷得以延续八九百年，在姬姓诸侯国中是最后灭亡的，这难道不是召公的功业吗！

管蔡世家

管叔鲜、蔡叔度，是周文王的儿子，也是周武王的弟弟。武王同母的兄弟有十人。母亲叫太姒，是文王的正妃。长子是伯邑考，二子是武王发，三子是管叔鲜，四子是周公旦，五子是蔡叔度，六子是曹叔振铎，七子是成叔武，八子是霍叔处，九子是康叔封，十子是冉季载。冉季载最小。同母兄弟十人，只有姬发、姬旦贤德，在文王左右辅佐文王，所以文王舍弃伯邑考而立姬发为太子。等到文王崩逝而姬发即位，就是武王。伯邑考在这以前就死了。

武王已经攻克殷纣，平定天下，封赏功臣和兄弟。就把叔鲜封在管地，叔度封在蔡地：二人辅佐纣王的儿子武庚禄父，治理殷商遗民。封叔旦在鲁地辅佐周天子，就是周公。封叔振铎在曹地，封叔武在成地，封叔处在霍。康叔封、冉季载都年幼，没有得到封地。

武王崩逝后，成王年幼，周公旦专擅

管叔鲜、蔡叔度者，周文王子而武王弟也。武王同母兄弟十人。母曰太姒，文王正妃也。其长子曰伯邑考，次曰武王发，次曰管叔鲜，次曰周公旦，次曰蔡叔度，次曰曹叔振铎，次曰成叔武，次曰霍叔处，次曰康叔封，次曰冉季载。冉季载最少。同母昆弟十人，唯发、旦贤，左右辅文王，故文王舍伯邑考而以发为太子。及文王崩而发立，是为武王。伯邑考既已前卒矣。

武王已克殷纣，平天下，封功臣昆弟。于是封叔鲜于管，封叔度于蔡：二人相纣子武庚禄父，治殷遗民。封叔旦于鲁而相周，为周公。封叔振铎于曹，封叔武于成，封叔处于霍。康叔封、冉季载皆少，未得封。

武王既崩，成王少，周公

旦专王室。管叔、蔡叔疑周公之为不利于成王，乃挟武庚以作乱。周公旦承成王命伐诛武庚，杀管叔，而放蔡叔，迁之，与车十乘，徒七十人从。而分殷余民为二：其一封微子启于宋，以续殷祀；其一封康叔为卫君，是为卫康叔。封季载于冉。冉季、康叔皆有驯行，于是周公举康叔为周司寇，冉季为周司空，以佐成王治，皆有令名于天下。

蔡叔度既迁而死，其子曰胡，胡乃改行，率德驯善。周公闻之，而举胡以为鲁卿士，鲁国治。于是周公言于成王，复封胡于蔡，以奉蔡叔之祀，是为蔡仲。余五叔皆就国，无为天子吏者。

蔡仲卒，子蔡伯荒立。蔡伯荒卒，子宫侯立。宫侯卒，子厉侯立。厉侯卒，子武侯立。武侯之时，周厉王失国，奔彘，共和行政，诸侯多叛周。

武侯卒，子夷侯立。夷侯十一年，周宣王即位。二十八年，夷侯卒，子釐侯所事立。

釐侯三十九年，周幽王为

王室大权。管叔、蔡叔怀疑周公的作为不利于成王，就裹挟武庚来作乱。周公旦受成王之命讨伐诛灭武庚，杀死管叔，而放逐蔡叔，迁谪他时，给了十辆车，刑徒七十人随从。把殷朝遗民一分为二：其中一部分封给微子启，在宋地，以延续殷朝的祭祀；另一部分封给康叔，让他做卫国国君，就是卫康叔。封季载在冉地。冉季、康叔都有善行，这时候周公举用康叔做周朝的司寇，举用冉季做周朝的司空，以辅佐成王治理天下，他们都有美名传于天下。

蔡叔度被流放后而死。他的儿子叫胡，胡于是一改父亲的德行，尊德向善。周公听说后，就举用胡做鲁国的卿士，鲁国得到治理。这时候周公把这事告诉了成王，又封胡在蔡地，以供奉蔡叔的祭祀，就是蔡仲。其余五叔都回到自己的封国，没有做天子的官吏的。

蔡仲去世，儿子蔡伯荒即位。蔡伯荒去世，儿子宫侯即位。宫侯去世，儿子厉侯即位。厉侯去世，儿子武侯即位。武侯在位时，周厉王丢失国家，逃到彘地，周公、召公共同执政，诸侯大多背叛周王朝。

武侯去世，儿子夷侯即位。夷侯十一年，周宣王即位。夷侯二十八年，夷侯去世，儿子釐侯所事即位。

釐侯三十九年，周幽王被犬戎所杀，

周王室权威卑弱而东迁。秦国开始得以列于诸侯。

釐侯四十八年，釐侯去世，儿子共侯兴即位。共侯在位二年去世，儿子戴侯即位。戴侯在位十年去世，儿子宣侯措父即位。

宣侯二十八年，鲁隐公即位。宣侯三十五年，宣侯去世，儿子桓侯封人即位。桓侯三年，鲁国人弑杀他们的国君隐公。宣侯二十年，桓侯去世，弟弟哀侯献舞即位。

哀侯十一年。当初，哀侯娶陈国女子，息侯也娶陈国女子。息夫人将要回去时，路过蔡国，蔡侯对她不敬。息侯恼怒，请求楚文王："来讨伐我国，我向蔡国求救，蔡军一定来，楚国趁机袭击蔡国，可以取得胜利。"楚文王听从他，俘虏了蔡哀侯回国。哀侯被扣留九年，死在楚国。哀侯在位二十年去世。蔡人立他的儿子肸为君，就是缪侯。

缪侯把他的妹妹嫁给齐桓公做夫人。缪侯十八年，齐桓公与蔡女在船中嬉戏，夫人摇荡船只，桓公阻止她，她不停止，桓公恼怒，把蔡女送回娘家，但没断绝关系。蔡侯发怒，将他的妹妹改嫁了。齐桓公发怒，讨伐蔡国；蔡军溃败，于是齐国俘虏缪侯，向南进军到达楚国邵陵。不久诸侯替蔡侯向齐桓公谢罪，齐侯放回蔡侯。缪侯二十九年，缪侯去世，儿子庄侯甲午即位。

犬戎所杀，周室卑而东徙。秦始得列为诸侯。

四十八年，釐侯卒，子共侯兴立。共侯二年卒，子戴侯立。戴侯十年卒，子宣侯措父立。

宣侯二十八年，鲁隐公初立。三十五年，宣侯卒，子桓侯封人立。桓侯三年，鲁弑其君隐公。二十年，桓侯卒，弟哀侯献舞立。

哀侯十一年。初，哀侯娶陈，息侯亦娶陈。息夫人将归，过蔡，蔡侯不敬。息侯怒，请楚文王："来伐我，我求救于蔡，蔡必来，楚因击之，可以有功。"楚文王从之，虏蔡哀侯以归。哀侯留九岁，死于楚，凡立二十年卒。蔡人立其子肸，是为缪侯。

缪侯以其女弟为齐桓公夫人。十八年，齐桓公与蔡女戏船中，夫人荡舟，桓公止之，不止，公怒，归蔡女而不绝也。蔡侯怒，嫁其弟。齐桓公怒，伐蔡；蔡溃，遂虏缪侯，南至楚邵陵。已而诸侯为蔡谢齐，齐侯归蔡侯。二十九年，缪侯卒，子庄侯甲午立。

庄侯三年，齐桓公卒。十四年，晋文公败楚于城濮。二十年，楚太子商臣弑其父成王代立。二十五年，秦缪公卒。三十三年，楚庄王即位。三十四年，庄侯卒，子文侯申立。

文侯十四年，楚庄王伐陈，杀夏徵舒。十五年，楚围郑，郑降楚，楚复释之。二十年，文侯卒，子景侯固立。

景侯元年，楚庄王卒。四十九年，景侯为太子般娶妇于楚，而景侯通焉。太子弑景侯而自立，是为灵侯。

灵侯二年，楚公子围弑其王郏敖而自立，为灵王。九年，陈司徒招弑其君哀公。楚使公子弃疾灭陈而有之。十二年，楚灵王以灵侯弑其父，诱蔡灵侯于申，伏甲饮之，醉而杀之，刑其士卒七十人。令公子弃疾围蔡。十一月，灭蔡，使弃疾为蔡公。

楚灭蔡三岁，楚公子弃疾弑其君灵王代立，为平王。平王乃求蔡景侯少子庐，立之，是为平侯。是年，楚亦复立陈。

即位。

庄侯三年，齐桓公去世。庄侯十四年，晋文公在城濮打败楚军。庄侯二十年，楚国太子商臣弑杀他的父亲成王，自立为君。庄侯二十五年，秦穆公去世。庄侯三十三年，楚庄王即位。庄侯三十四年，庄侯去世，儿子文侯申即位。

文侯十四年，楚庄王讨伐陈国，杀死夏徵舒。文侯十五年，楚国围攻郑国，郑国投降楚国，楚国释放郑君。文侯二十年，文侯去世，儿子景侯固即位。

景侯元年，楚庄王去世。景侯四十九年，景侯为太子般迎娶楚国媳妇，而景侯却与儿媳私通。太子弑杀景侯而自立为君，就是灵侯。

灵侯二年，楚公子围弑杀楚王郏敖而自立为王，就是灵王。灵侯九年，陈国司徒招弑杀陈国国君哀公。楚国派公子弃疾灭掉并占有了陈国。灵侯十二年，楚灵王因蔡灵侯弑杀父亲，诱骗蔡灵侯到申地，埋伏甲兵，设宴饮酒，灌醉并杀了灵侯，用刑惩罚灵侯的士卒七十人。命令公子弃疾围攻蔡国。十一月，灭蔡国，让弃疾做蔡公。

楚国灭掉蔡国三年，楚公子弃疾弑杀他的国君灵王自立为君，就是平王。平王于是找到蔡景侯的小儿子庐，立他为蔡君，就是平侯。这年，楚国又恢复了陈国。楚平王刚即位，想亲睦诸侯，所以重新立陈、蔡的后代为君。

平侯在位九年去世，灵侯般的孙子东国攻打平侯的儿子而自立为君，就是悼侯。悼侯的父亲是隐太子友。隐太子友是灵侯的太子，平侯即位杀了隐太子，所以平侯去世而隐太子的儿子东国攻打平侯的儿子而自立为君，就是悼侯。悼侯在位三年去世，弟弟昭侯申即位。

昭侯十年，朝见楚昭王，昭侯拿着两件华美的裘衣，其中一件献给昭王，自己穿的另一件。楚国国相子常想要昭侯的，昭侯不给。子常向楚王说蔡侯的坏话，把蔡侯扣留在楚国三年。蔡侯知道原因后，就献出自己的裘衣给子常，子常接受了裘衣，就向楚王献言放回蔡侯。蔡侯回去后就前往晋国，请求与晋国一起讨伐楚国。

昭侯十三年春天，昭侯在邵陵与卫灵公会盟。蔡侯私下向周大夫苌弘请求在会盟书上排名在卫国的前面；卫国的使臣史鳅陈述了康叔的功德，因此卫国排在了前面。夏天，蔡国替晋国灭沈国，楚国发怒，攻打蔡国。蔡昭侯派他的儿子到吴国做人质，以和吴国联手攻打楚国。冬天，和吴王阖闾一道攻破楚国都城郢。蔡侯嫉恨子常，子常害怕，投奔了郑国。昭侯十四年，吴国撤兵，楚昭王复国。昭侯十六年，楚

楚平王初立，欲亲诸侯，故复立陈、蔡后。

平侯九年卒，灵侯般之孙东国攻平侯子而自立，是为悼侯。悼侯父曰隐太子友。隐太子友者，灵侯之太子，平侯立而杀隐太子，故平侯卒而隐太子之子东国攻平侯子而代立，是为悼侯。悼侯三年卒，弟昭侯申立。

昭侯十年，朝楚昭王，持美裘二，献其一于昭王而自衣其一。楚相子常欲之，不与。子常谗蔡侯，留之楚三年。蔡侯知之，乃献其裘于子常；子常受之，乃言归蔡侯。蔡侯归而之晋，请与晋伐楚。

十三年春，与卫灵公会邵陵。蔡侯私于周苌弘以求长于卫；卫使史鳅言康叔之功德，乃长卫。夏，为晋灭沈，楚怒，攻蔡。蔡昭侯使其子为质于吴，以共伐楚。冬，与吴王阖闾遂破楚入郢。蔡怨子常，子常恐，奔郑。十四年，吴去而楚昭王复国。十六年，楚令尹为其民泣以谋蔡，蔡昭侯惧。二十六年，

孔子如蔡。楚昭王伐蔡，蔡恐，告急于吴。吴为蔡远，约迁以自近，易以相救；昭侯私许，不与大夫计。吴人夹救蔡，因迁蔡于州来。二十八年，昭侯将朝于吴，大夫恐其复迁，乃令贼利杀昭侯；已而诛贼利以解过，而立昭侯子朔，是为成侯。

成侯四年，宋灭曹。十年，齐田常弑其君简公。十三年，楚灭陈。十九年，成侯卒，子声侯产立。声侯十五年卒，子元侯立。元侯六年卒，子侯齐立。

侯齐四年，楚惠王灭蔡，蔡侯齐亡，蔡遂绝祀。后陈灭三十三年。

伯邑考，其后不知所封。武王发，其后为周，有本纪言。管叔鲜作乱诛死，无后。周公旦，其后为鲁，有世家言。蔡叔度，其后为蔡，有世家言。曹叔振铎，其后为曹，有世家言。成叔武，其后世无所见。霍叔处，其后

国令尹为人民哭泣，并谋划攻打蔡国，蔡昭侯恐惧了。昭侯二十六年，孔子来到蔡国。楚昭王讨伐蔡国，蔡侯恐慌，向吴国告急。吴王认为两国距离遥远，约定让蔡国迁都，邻近吴国，以便救援。昭侯私自许诺，没有与大夫商量。吴国赶来援救蔡国，趁机把蔡国都城迁到州来。昭侯二十八年，蔡昭侯要朝见吴王，大夫们恐怕吴王再提迁都之事，就派盗贼利刺杀了昭侯；不久又杀了盗贼利来推脱罪责，而立昭侯的儿子朔为君，就是成侯。

成侯四年，宋国灭曹国。成侯十年，齐国田常弑杀他的国君简公。成侯十三年，楚国灭掉陈国。成侯十九年，成侯去世，儿子声侯产即位。声侯在位十五年去世，儿子元侯即位。元侯在位六年去世，儿子侯齐即位。

侯齐四年，楚惠王灭掉蔡国，蔡侯齐逃亡，蔡国于是断绝了祭祀。比陈国晚灭亡三十三年。

伯邑考的后代不知封在何处。武王发的后代是周朝宗室，有本纪记载。管叔鲜作乱被诛杀，没有后代。周公旦的后代是鲁国宗室，有世家记载。蔡叔度的后代是蔡国宗室，有世家记载。曹叔振铎的后代是曹国宗室，有世家记载。成叔武的后代不知下落。霍叔处的后代在霍地，晋献公

时被灭。康叔封的后代是卫国宗室，有世家记载。冉季载的后代不知下落。

太史公说：管叔、蔡叔作乱，没有值得记载的。然而周武王崩逝，成王年幼，天下人对周公产生怀疑后，仰赖同母的弟弟成叔、冉季等十人辅佐，因此诸侯最终尊崇周王室，所以把他们的事迹附记在世家内。

曹叔振铎，是周武王的弟弟。武王攻克殷纣后，封叔振铎在曹地。叔振铎去世，儿子太伯脾即位。太伯去世，儿子仲君平即位。仲君平去世，子宫伯侯即位。宫伯侯去世，儿子孝伯云即位。孝伯云去世，儿子夷伯喜即位。夷伯二十三年，周厉王逃奔到彘地。

夷伯在位三十年去世，弟弟幽伯彊即位。幽伯九年，弟弟苏杀死幽伯自立为君，就是戴伯。戴伯元年，周宣王已经即位三年。戴伯三十年，戴伯去世，儿子惠伯兕即位。

惠伯二十五年，周幽王被犬戎所杀，于是周王室东迁，周王室地位更低，诸侯背叛周。秦国开始列于诸侯。

惠伯三十六年，惠伯去世，儿子石甫即位，他的弟弟武杀了石甫自立为君，

晋献公时灭霍。康叔封，其后为卫，有世家言。冉季载，其后世无所见。

太史公曰：管蔡作乱，无足载者。然周武王崩，成王少，天下既疑，赖同母之弟成叔、冉季之属十人为辅拂，是以诸侯卒宗周，故附之世家言。

曹叔振铎者，周武王弟也。武王已克殷纣，封叔振铎于曹。叔振铎卒，子太伯脾立。太伯卒，子仲君平立。仲君平卒，子宫伯侯立。宫伯侯卒，子孝伯云立。孝伯云卒，子夷伯喜立。夷伯二十三年，周厉王奔于彘。

三十年卒，弟幽伯彊立。幽伯九年，弟苏杀幽伯代立，是为戴伯。戴伯元年，周宣王已立三岁。三十年，戴伯卒，子惠伯兕立。

惠伯二十五年，周幽王为犬戎所杀，因东徙，益卑，诸侯畔之。秦始列为诸侯。

三十六年，惠伯卒，子石甫立，其弟武杀之代立，是为

缪公。缪公三年卒，子桓公终生立。

桓公三十五年，鲁隐公立。四十五年，鲁弑其君隐公。四十六年，宋华父督弑其君殇公及孔父。五十五年，桓公卒，子庄公夕姑立。

庄公二十三年，齐桓公始霸。

三十一年，庄公卒，子釐公夷立。釐公九年卒，子昭公班立。昭公六年，齐桓公败蔡，遂至楚召陵。九年，昭公卒，子共公襄立。

共公十六年。初，晋公子重耳其亡过曹，曹君无礼，欲观其骈胁。釐负羁谏，不听，私善于重耳。二十一年，晋文公重耳伐曹，虏共公以归，令军毋入釐负羁之宗族闾。或说晋文公曰："昔齐桓公会诸侯，复异姓；今君囚曹君，灭同姓，何以令于诸侯？"晋乃复归共公。

二十五年，晋文公卒。三十五年，共公卒，子文公寿立。文公二十三年卒，子宣公彊立。宣公十七年卒，弟成公负刍立。

成公三年，晋厉公伐曹，

就是缪公。缪公三年去世，儿子桓公终生即位。

桓公三十五年，鲁隐公即位。桓公四十五年，鲁国人弑杀他们的国君隐公。桓公四十六年，宋国华父督弑杀他的国君殇公和孔父。桓公五十五年，桓公去世，儿子庄公夕姑即位。

庄公二十三年，齐桓公开始称霸。

庄公三十一年，庄公去世，儿子釐公夷即位。釐公九年去世，儿子昭公班即位。昭公六年，齐桓公打败蔡国，于是到达楚国召陵。昭公九年，昭公去世，儿子共公襄即位。

共公十六年。当初，晋国公子重耳逃亡时路过曹国，曹君对他无礼，想看重耳长得连在一起的肋骨。釐负羁劝谏，曹君不听，釐负羁私下与重耳交好。共公二十一年，晋文公重耳讨伐曹国，俘虏共公回国，命令军中不许进入釐负羁的宗族闾巷。有人劝说晋文公道："昔日齐桓公会盟诸侯，恢复异姓国家；如今您囚禁曹君，灭了同姓诸侯，以后拿什么号令诸侯？"晋文公于是又放回共公。

共公二十五年，晋文公去世。共公三十五年，共公去世，儿子文公寿即位。文公在位二十三年去世，儿子宣公彊即位。宣公在位十七年去世，弟弟成公负刍即位。

成公三年，晋厉公讨伐曹国，俘虏成

公回国，之后又释放了他。成公五年，晋国栾书、中行偃派程滑弑杀晋国国君厉公。成公二十三年，成公去世，儿子武公胜即位。武公二十六年，楚公子弃疾弑杀楚国国君灵王，自立为君。成公二十七年，武公去世，儿子平公须即位。平公在位四年去世，儿子悼公午即位。这一年，宋国、卫国、陈国、郑国都发生了火灾。

悼公八年，宋景公即位。悼公九年，悼公去宋国参加朝会，宋国囚禁了悼公。曹国立悼公的弟弟野为君，就是声公。悼公死在宋国，尸体被运回国安葬。

声公五年，平公的弟弟通弑杀声公，代立为君，就是隐公。隐公四年，声公的弟弟露弑杀隐公，代立为君，就是靖公。靖公在位四年去世，儿子伯阳即位。

伯阳三年，国中有人梦见众君子站在祭祀土神的宫殿，谋划想灭亡曹国。曹叔振铎阻止他们，请求等待公孙彊，众君子答应了他。第二天早晨，做梦之人到曹国求访，并没有公孙彊这么个人。做梦者告诫他的儿子说："我死后，你听说公孙彊执政，一定要离开曹国，远离曹国的灾祸。"等到伯阳即位，他喜欢狩猎之事。伯阳六年，曹国有个农夫公孙彊也喜欢狩猎，猎获一只白雁献给伯阳，而且大谈射猎之道，伯阳乘机向他请教执政之事。伯阳很喜欢他，公孙彊受到宠信，伯阳让他做司城来

虏成公以归，已复释之。五年，晋栾书、中行偃使程滑弑其君厉公。二十三年，成公卒，子武公胜立。武公二十六年，楚公子弃疾弑其君灵王代立。二十七年，武公卒，子平公须立。平公四年卒，子悼公午立。是岁，宋、卫、陈、郑皆火。

悼公八年，宋景公立。九年，悼公朝于宋，宋囚之；曹立其弟野，是为声公。悼公死于宋，归葬。

声公五年，平公弟通弑声公代立，是为隐公。隐公四年，声公弟露弑隐公代立，是为靖公。靖公四年卒，子伯阳立。

伯阳三年，国人有梦众君子立于社宫，谋欲亡曹；曹叔振铎止之，请待公孙彊，许之。旦，求之曹，无此人。梦者戒其子曰："我亡，尔闻公孙彊为政，必去曹，无离曹祸。"及伯阳即位，好田弋之事。六年，曹野人公孙彊亦好田弋，获白雁而献之，且言田弋之说，因访政事。伯阳大说之，有宠，使为司城以听政。梦者之子乃亡去。

公孙彊言霸说于曹伯。十四年，曹伯从之，乃背晋干宋。宋景公伐之，晋人不救。十五年，宋灭曹，执曹伯阳及公孙彊以归而杀之。曹遂绝其祀。

太史公曰：余寻曹共公之不用僖负羁，乃乘轩者三百人，知唯德之不建。及振铎之梦，岂不欲引曹之祀者哉？如公孙彊不修厥政，叔铎之祀忽诸。

处理政务。做梦者的儿子就逃离了曹国。

公孙彊向曹伯言说称霸诸侯的主张。伯阳十四年，曹伯听从了他，于是背叛晋国进犯宋国。宋景公攻打曹国，晋国没有援救。伯阳十五年，宋国灭了曹国，捉住曹伯阳和公孙彊回国，并杀了他们。曹国就断绝了祭祀。

太史公说：我根据曹共公不任用僖负羁的建议，而让后宫美女三百人乘轩车，就知道曹公没有治国之德。至于和振铎有关的梦中，振铎难道不是想延长曹国的祭祀吗？如果公孙彊不去执掌国政，曹叔振铎的祭祀也不会突然灭绝了。

史记卷三十六
世家第六

陈杞世家

陈胡公满，是虞帝舜的后代。昔日舜为平民时，尧把两个女儿嫁给他为妻，他们住在妫汭，舜的后代就以此地名作为姓氏，姓妫氏。舜崩逝后，把天下传给禹，而舜的儿子商均享有封国。夏后之时，舜的后代有的失掉封国有的延续祭祀。到了周武王攻克殷纣时，重新寻求舜的后代，找到妫满，封他在陈，以供奉帝舜的祭祀，就是胡公。

胡公去世，儿子申公犀侯即位。申公去世，弟弟相公皋羊即位。相公去世，立申公的儿子突为君，就是孝公。孝公去世，儿子慎公圉戎即位。慎公正当周厉王之时。慎公去世，儿子幽公宁即位。幽公十二年，周厉王逃到彘地。

幽公二十三年，幽公去世，儿子釐公孝即位。釐公六年，周宣王即位。釐公三十六年，釐公去世，儿子武公灵即位。武公在位十五年去世，儿子夷公说即位。这年，周幽王即位。夷公在位三年去世，弟弟平公燮即位。平公七年，周幽王被犬

陈胡公满者，虞帝舜之后也。昔舜为庶人时，尧妻之二女，居于妫汭，其后因为氏姓，姓妫氏。舜已崩，传禹天下，而舜子商均为封国。夏后之时，或失或续。至于周武王克殷纣，乃复求舜后，得妫满，封之于陈，以奉帝舜祀，是为胡公。

胡公卒，子申公犀侯立。申公卒，弟相公皋羊立。相公卒，立申公子突，是为孝公。孝公卒，子慎公圉戎立。慎公当周厉王时。慎公卒，子幽公宁立。幽公十二年，周厉王奔于彘。

二十三年，幽公卒，子釐公孝立。釐公六年，周宣王即位。三十六年，釐公卒，子武公灵立。武公十五年卒，子夷公说立。是岁，周幽王即位。夷公三年卒，弟平公燮立。平公七年，周幽

王为犬戎所杀，周东徙。秦始列为诸侯。

二十三年，平公卒，子文公圉立。

文公元年，取蔡女，生子佗。十年，文公卒，长子桓公鲍立。

桓公二十三年，鲁隐公初立。二十六年，卫杀其君州吁。三十三年，鲁弑其君隐公。

三十八年正月甲戌己丑，桓公鲍卒。桓公弟佗，其母蔡女，故蔡人为佗杀五父及桓公太子免而立佗，是为厉公。桓公病而乱作，国人分散，故再赴。

厉公二年，生子敬仲完。周太史过陈，陈厉公使以《周易》筮之，卦得《观》之《否》："是为观国之光，利用宾于王。此其代陈有国乎？不在此，其在异国？非此其身，在其子孙。若在异国，必姜姓。姜姓，太岳之后。物莫能两大，陈衰，此其昌乎？"

厉公取蔡女，蔡女与蔡人乱，厉公数如蔡淫。七年，厉公所杀桓公太子免之三弟，长曰跃，中曰林，少曰杵臼，共令蔡人

戎所杀，周王朝东迁。秦国开始列于诸侯。

平公二十三年，平公去世，儿子文公圉即位。

文公元年，娶蔡国女为妻，生下儿子佗。文公十年，文公去世，长子桓公鲍即位。

桓公二十三年，鲁隐公即位。桓公二十六年，卫国人弑杀他们的国君州吁。桓公三十三年，鲁国人弑杀他们的国君隐公。

桓公三十八年正月甲戌己丑日，桓公鲍去世。桓公的弟弟佗，他的母亲是蔡国女子，所以蔡国人为了佗杀了五父和桓公的太子免而立佗为君，就是厉公。桓公病后国家内乱，国人逃散，所以两次报丧。

厉公二年，生下儿子敬仲完。周朝太史路过陈国，陈厉公请他用《周易》给儿子占卦，得到的卦象是《观》卦变《否》卦："在此能看到国家的荣光，利于做天子之宾。他将要取代陈国而自己拥有国家吧？不在这里，大概在别的国家？不发生在他本人身上，发生在他的子孙身上。如果在别的国家，一定是姜姓国家。姜姓，是太岳的后代。事物没有能同时在两方面充分发展的，陈国衰败，他的后代就要昌盛了吧？"

厉公娶蔡国女子为妻，蔡女与蔡国人私通，厉公也多次到蔡国淫乐。厉公七年，被厉公所杀的桓公太子免的三个弟弟，大的叫跃，居中的叫林，小的叫杵臼，共

同让蔡人用美女引诱厉公，他们与蔡人共同杀了厉公而立跃为君，就是利公。利公，是桓公的儿子。利公即位五个月去世，立居中的弟弟林为君，就是庄公。庄公在位七年去世，小弟杵臼即位，就是宣公。

宣公三年，楚武王去世，楚国开始强盛。宣公十七年，周惠王娶陈国女子为王后。

宣公二十一年，宣公后来有个宠姬生子名款，想立款为太子，就诛杀了原来的太子御寇。御寇平时与厉公的儿子完交好，完担心祸事上身，于是投奔齐国。齐桓公想任陈完为卿，陈完说："我是个来异乡作客之人，侥幸免于劳役，得君王的恩惠，不敢担当高位。"桓公就让他担任工正。齐国的懿仲想嫁女给陈敬仲，先进行占卜，卜辞说："这是凤凰齐飞，相和而鸣，锵锵声清越响亮。妫姓的后代，将在姜姓国家繁育。历经五代必会兴盛，与正卿并列。八世以后，没有人比他强大了。"

宣公三十七年，齐桓公讨伐蔡国，蔡国战败；向南入侵楚国，到达召陵，回师路经陈国。陈国大夫辕涛涂厌恶齐军路过陈国，就欺骗齐军，让他们走东道。东道路况恶劣，桓公恼怒，捉了陈国的辕涛涂。这年，晋献公杀死了太子申生。

宣公四十五年，陈宣公去世，儿子款即位，就是穆公。穆公五年，齐桓公去世。

诱厉公以好女，与蔡人共杀厉公而立跃，是为利公。利公者，桓公子也。利公立五月卒，立中弟林，是为庄公。庄公七年卒，少弟杵臼立，是为宣公。

宣公三年，楚武王卒，楚始强。十七年，周惠王娶陈女为后。

二十一年，宣公后有嬖姬生子款，欲立之，乃杀其太子御寇。御寇素爱厉公子完，完惧祸及己，乃奔齐。齐桓公欲使陈完为卿，完曰："羁旅之臣，幸得免负檐，君之惠也，不敢当高位。"桓公使为工正。齐懿仲欲妻陈敬仲，卜之，占曰："是谓凤皇于飞，和鸣锵锵。有妫之后，将育于姜。五世其昌，并于正卿。八世之后，莫之与京。"

三十七年，齐桓公伐蔡，蔡败；南侵楚，至召陵，还过陈。陈大夫辕涛涂恶其过陈，诈齐令出东道。东道恶，桓公怒，执陈辕涛涂。是岁，晋献公杀其太子申生。

四十五年，宣公卒，子款立，是为缪公。缪公五年，齐桓公卒。十六年，晋文公败楚师于城濮。是岁，缪公卒，子共公朔立。共公六年，楚太子商臣弑其父成王代立，是为穆王。十一年，秦缪公卒。十八年，共公卒，子灵公平国立。

灵公元年，楚庄王即位。六年，楚伐陈。十年，陈及楚平。

十四年，灵公与其大夫孔宁、仪行父皆通于夏姬，衷其衣以戏于朝。泄冶谏曰："君臣淫乱，民何效焉？"灵公以告二子，二子请杀泄冶，公弗禁，遂杀泄冶。十五年，灵公与二子饮于夏氏。公戏二子曰："徵舒似汝。"二子曰："亦似公。"徵舒怒。灵公罢酒出，徵舒伏弩厩门射杀灵公。孔宁、仪行父皆奔楚，灵公太子午奔晋。徵舒自立为陈侯。徵舒，故陈大夫也。夏姬，御叔之妻，舒之母也。

成公元年冬，楚庄王为夏徵舒杀灵公，率诸侯伐陈。谓陈曰："无惊，吾诛徵舒而已。"已诛徵舒，因县陈而有之，群臣毕贺。申叔时使于齐来还，

穆公十六年，晋文公在城濮之战打败楚军。这年，穆公去世，儿子共公朔即位。共公六年，楚太子商臣弑杀他的父亲成王自立为君，就是穆王。共公十一年，秦穆公去世。共公十八年，陈共公去世，儿子灵公平国即位。

陈灵公元年，楚庄王即位。陈灵公六年，楚国讨伐陈国。陈灵公十年，陈国与楚国讲和。

陈灵公十四年，陈灵公与大夫孔宁、仪行父都和夏姬私通，贴身穿着她的衣服在朝堂中嬉戏。泄冶劝谏道："君臣荒淫混乱，百姓效法谁呢？"灵公把泄冶的话告诉了孔宁和仪行父，他们二人请求杀了泄冶，灵公没有阻止，于是杀了泄冶。陈灵公十五年，灵公与孔宁、仪行父在夏氏家饮酒。灵公与他们二人开玩笑说："徵舒像你们。"二人说："也像您。"徵舒发怒。灵公酒后出来，徵舒在马厩边埋伏弓箭手，射杀了灵公。孔宁、仪行父都逃奔到楚国，灵公的太子午逃奔到晋国。夏徵舒自立为陈侯。夏徵舒，原是陈国大夫。夏姬，是御叔的妻子，徵舒的母亲。

成公元年冬天，楚庄王因夏徵舒弑杀灵公，就率领诸侯讨伐陈国，对陈国百姓说："不要惊慌，我们只是诛杀徵舒而已。"诛杀徵舒后，趁机改陈国为县并占有了陈国，群臣都来庆贺。申叔时从齐国出使归

来，独独不来庆贺。庄王问他缘故，他回答说："俗话说，牵着牛进入别人田地践踏，田主夺了牛。进入别人田地确实是有错，但夺人家的牛，不是更过分吗？如今大王因为徵舒弑杀陈国国君，所以征集诸侯军队，凭着道义去讨伐，之后把陈国据为己有，贪占人家的土地，今后如何号令天下！所以我不庆贺。"庄王说："好。"就从晋国迎回陈灵公的太子午，立他为国君，让陈国恢复故有的统治，他就是成公。孔子阅读历史文献看到楚国恢复陈国时，说："贤明的楚庄王！不在乎千乘之国却重视一句忠言。"

成公八年，楚庄王去世。成公二十九年，陈国背弃和楚国的盟约。成公三十年，楚共王讨伐陈国。这年，成公去世，他的儿子哀公弱即位。楚国因为陈国国丧，撤兵离去。

哀公三年，楚国围困陈国，然后又撤兵。哀公二十八年，楚公子围弑杀国君郏敖，自立为君，就是灵王。

哀公三十四年。当初，哀公娶郑国女子为妻，长姬生下悼太子师，少姬生下偃。两个宠妾，长妾生下留，小妾生下胜。留受到哀公的宠爱，哀公将他托付给自己的弟弟司徒招。哀公病重，三月，招杀了悼太子，立留为太子。哀公恼怒，想诛杀招，招带兵围困哀公，哀公自缢而死。

独不贺。庄王问其故，对曰："鄙语有之，牵牛径人田，田主夺之牛。径则有罪矣，夺之牛，不亦甚乎？今王以徵舒为贼弑君，故征兵诸侯，以义伐之，已而取之，以利其地，则后何以令于天下！是以不贺。"庄王曰："善。"乃迎陈灵公太子午于晋而立之，复君陈如故，是为成公。孔子读史记至楚复陈，曰："贤哉楚庄王！轻千乘之国而重一言。"

八年，楚庄王卒。二十九年，陈倍楚盟。三十年，楚共王伐陈。是岁，成公卒，子哀公弱立。楚以陈丧，罢兵去。

哀公三年，楚围陈，复释之。二十八年，楚公子围弑其君郏敖自立，为灵王。

三十四年。初，哀公娶郑，长姬生悼太子师，少姬生偃。二嬖妾，长妾生留，少妾生胜。留有宠哀公，哀公属之其弟司徒招。哀公病，三月，招杀悼太子，立留为太子。哀公怒，欲诛招，招发兵围守哀公，哀公自经杀。招卒立留为陈君。四月，陈使使赴楚。楚灵王闻陈乱，乃杀陈使者，使公子弃疾发兵伐陈，陈君留奔郑。九月，楚围陈。十一月，灭陈。使弃疾为陈公。

招之杀悼太子也，太子之子名吴，出奔晋。晋平公问太史赵曰："陈遂亡乎？"对曰："陈，颛顼之族。陈氏得政于齐，乃卒亡。自幕至于瞽瞍，无违命。舜重之以明德。至于遂，世世守之。及胡公，周赐之姓，使祀虞帝。且盛德之后，必百世祀。虞之世未也，其在齐乎？"

楚灵王灭陈五岁，楚公子弃疾弑灵王代立，是为平王。平王初立，欲得和诸侯，乃求故陈悼太子师之子吴，立为陈侯，是为惠公。惠公立，探续哀公卒时年而为元，空籍五岁矣。

十年，陈火。十五年，吴王僚使公子光伐陈，取胡、沈而去。二十八年，吴王阖闾与子胥败楚入郢。是年，惠公卒，子怀公柳立。

怀公元年，吴破楚，在郢，

招终于立留为陈国国君。四月，陈国派使者到楚国报丧。楚灵王听说陈国内乱，就杀了陈国使臣，派公子弃疾发兵讨伐陈国，陈君留逃奔到郑国。九月，楚国包围陈国。十一月，灭掉陈国。楚国立弃疾做陈公。

招在杀悼太子的时候，太子有个儿子名吴，逃奔到晋国。晋平公问太史赵说："陈国最终会灭亡吗？"太史赵回答说："陈国，是颛顼的族裔。陈氏在齐国得到政权，然后才会灭亡。从幕到瞽瞍，没有人违背天命。舜又增加了美德。直到遂，世世代代守护坚守德行。传到胡公，周赐给他姓，让他祭祀虞帝。而且有盛德之人的后代，必有百世的承继。虞舜的后代还不会中断，大概会在齐国兴盛吧？"

楚灵王灭陈五年后，楚国公子弃疾弑杀灵王自立为君，就是平王。平王刚即位，想得到诸侯的和睦相待，就寻求原陈国悼太子师的儿子吴，立为陈侯，就是惠公。惠公即位，追溯哀公去世后的年份为元年，中间的记载空缺五年。

惠公十年，陈国发生火灾。惠公十五年，吴王僚派公子光讨伐陈国，攻取胡、沈而去。惠公二十八年，吴王阖闾与伍子胥打败楚军进入郢都。这一年，陈惠公去世，儿子怀公柳即位。

怀公元年，吴国攻破楚国，在郢都召

见陈侯。陈侯想前往，大夫说："吴国现在得志；楚王虽然逃亡，但与陈国有旧交，不能背叛他。"怀公就称病谢绝了吴王。怀公四年，吴王又召见怀公。怀公恐惧，到了吴国。吴王恼怒他前次不来，扣留了他，怀公最终死在吴国。陈国于是立怀公的儿子越为君，就是湣公。

湣公六年，孔子到陈国。吴王夫差讨伐陈国，攻取三邑而去。湣公十三年，吴国又来讨伐陈国，陈国向楚国告急，楚昭王前来救援，驻军在城父，吴国军队撤退。这年，楚昭王死在城父。这时孔子在陈国。湣公十五年，宋国灭曹国。湣公十六年，吴王夫差讨伐齐国，在艾陵打败齐国，派人召见陈侯。陈侯恐惧，到吴国。楚国讨伐陈国。湣公二十一年，齐国田常弑杀齐国国君简公。湣公二十三年，楚国的白公胜杀死令尹子西、子綦，袭击惠王。叶公打败白公，白公自杀。

湣公二十四年，楚惠王复国，派兵北伐，杀死陈湣公，最终灭了陈国，并占有陈国。这年，孔子去世。

杞国东楼公，是夏后禹的后代苗裔。殷商时他的后代有的受封，有的断绝后嗣。周武王攻克殷纣，寻求夏禹的后代，找到东楼公，封他在杞地，以供奉夏后氏的祭祀。

东楼公生西楼公，西楼公生题公，题

召陈侯。陈侯欲往，大夫曰："吴新得意；楚王虽亡，与陈有故，不可倍。"怀公乃以疾谢吴。四年，吴复召怀公。怀公恐，如吴。吴怒其前不往，留之，因卒吴。陈乃立怀公之子越，是为湣公。

湣公六年，孔子适陈。吴王夫差伐陈，取三邑而去。十三年，吴复来伐陈，陈告急楚，楚昭王来救，军于城父，吴师去。是年，楚昭王卒于城父。时孔子在陈。十五年，宋灭曹。十六年，吴王夫差伐齐，败之艾陵，使人召陈侯。陈侯恐，如吴。楚伐陈。二十一年，齐田常弑其君简公。二十三年，楚之白公胜杀令尹子西、子綦，袭惠王。叶公攻败白公，白公自杀。

二十四年，楚惠王复国，以兵北伐，杀陈湣公，遂灭陈而有之。是岁，孔子卒。

杞东楼公者，夏后禹之后苗裔也。殷时或封或绝。周武王克殷纣，求禹之后，得东楼公，封之于杞，以奉夏后氏祀。

东楼公生西楼公，西楼公

生题公，题公生谋娶公。谋
娶公当周厉王时。谋娶公生
武公。武公立四十七年卒，子
靖公立。靖公二十三年卒，子
共公立。共公八年卒，子德公
立。德公十八年卒，弟桓公姑
容立。桓公十七年卒，子孝公
匄立。孝公十七年卒，弟文公
益姑立。文公十四年卒，弟平
公郁立。平公十八年卒，子悼
公成立。悼公十二年卒，子隐
公乞立。七月，隐公弟遂弑隐
公自立，是为釐公。釐公十九
年卒，子湣公维立。湣公十五
年，楚惠王灭陈。十六年，湣
公弟阏路弑湣公代立，是为哀
公。哀公立十年卒，湣公子敕
立，是为出公。出公十二年卒，
子简公春立。立一年，楚惠王
之四十四年，灭杞。杞后陈亡
三十四年。

杞小微，其事不足称述。

舜之后，周武王封之陈，
至楚惠王灭之，有世家言。禹
之后，周武王封之杞，楚惠王
灭之，有世家言。契之后为殷，
殷有本纪言。殷破，周封其后
于宋，齐湣王灭之，有世家

公生谋娶公。谋娶公时正当周厉王之时。
谋娶公生子武公。武公在位四十七年去世，
儿子靖公即位。靖公在位二十三年去世，
儿子共公即位。共公在位八年去世，儿子
德公即位。德公在位十八年去世，弟弟桓
公姑容即位。桓公在位十七年去世，儿子
孝公匄即位。孝公在位十七年去世，弟弟
文公益姑即位。文公在位十四年去世，弟
弟平公郁即位。平公在位十八年去世，儿
子悼公成即位。悼公在位十二年去世，儿
子隐公乞即位。七月，隐公的弟弟遂弑杀
隐公，自立为君，就是釐公。釐公在位
十九年去世，儿子湣公维即位。湣公十五
年，楚惠王灭掉陈国。湣公十六年，湣公
的弟弟阏路弑杀湣公，自立为君，就是
哀公。哀公即位十年后去世，湣公的儿
子敕即位，就是出公。出公在位十二年去
世，儿子简公春即位。即位一年，楚惠王
四十四年，楚国灭了杞国。杞国比陈国晚
灭亡三十四年。

杞国微小，它的事迹不足以称述。

舜的后代，周武王把他封在陈国，到
楚惠王灭陈国，有世家记载。禹的后代，
周武王把他封在杞国，楚惠王灭了杞国，
有世家记载。契的后代是殷朝王族，殷朝
有本纪记载。殷朝灭亡，周朝封契的后代
在宋国，齐湣王灭了宋国，有世家记载。

后稷的后代是周朝王族，秦昭王灭了周朝，有本纪记载。皋陶的后代，有的封在英地、六地，楚穆王灭了他们，没有谱系记载。伯夷的后代，到周武王时又封到齐国，叫太公望，陈氏灭了它，有世家记载。伯翳的后代，到周平王时封在秦国，项羽灭了它，有本纪记载。垂、益、夔、龙，他们的后代不知封在何地，没有记载。以上十一人，都是唐尧、虞舜之时著名的功德贤臣；其中五人的后代都做过帝王，其余的也都是显赫诸侯。滕国、薛国、驺国，是夏朝、殷朝、周朝时被分封的，都是小国，不足与其他诸侯并列，就不论述了。

周武王时，封侯封伯的尚有一千多人。等到幽王、厉王以后，诸侯以武力攻伐相互兼并。江、黄、胡、沈之类的小国，不可胜数，所以没有采集著录于史传之中。

太史公说：舜的德行可以说达到极点了！禅位给夏，而后世子孙享受祭祀历经夏、商、周三代。等到楚国灭掉陈国，而田常得到齐国的政权，最终建立国家，百世不绝，苗裔繁多，得到封地的人有很多。至于禹的后代，在周朝时就是杞君，很弱小，不值得一说。楚惠王灭掉杞国，禹的后代越王句践兴盛起来。

言。后稷之后为周，秦昭王灭之，有本纪言。皋陶之后，或封英、六，楚穆王灭之，无谱。伯夷之后，至周武王复封于齐，曰太公望，陈氏灭之，有世家言。伯翳之后，至周平王时封为秦，项羽灭之，有本纪言。垂、益、夔、龙，其后不知所封，不见也。右十一人者，皆唐虞之际名有功德臣也；其五人之后皆至帝王，余乃为显诸侯。滕、薛、驺，夏、殷、周之间封也，小，不足齿列，弗论也。

周武王时，侯伯尚千余人。及幽、厉之后，诸侯力攻相并。江、黄、胡、沈之属，不可胜数，故弗采著于传云。

太史公曰：舜之德可谓至矣！禅位于夏，而后世血食者历三代。及楚灭陈，而田常得政于齐，卒为建国，百世不绝，苗裔兹兹，有土者不乏焉。至禹，于周则杞，微甚，不足数也。楚惠王灭杞，其后越王句践兴。

史记卷三十七
世家第七

卫康叔世家

卫康叔名封，是周武王同母的小弟。比他小的还有冉季，冉季最小。

武王攻克殷纣后，又把殷朝的遗民封给纣王的儿子武庚禄父，比照诸侯，用来供奉他的祖先，使祭祀不致断绝。因为武庚还没有臣服，担心他有叛乱之心，武王就命令弟弟管叔、蔡叔辅佐武庚禄父，以安抚他的人民。武王崩逝后，成王年幼。周公旦代替成王治理天下，主持国政。管叔、蔡叔怀疑周公，就与武庚禄父作乱，想攻打成周。周公旦受成王之命兴兵讨伐殷朝遗民，诛杀武庚禄父、管叔，放逐蔡叔，把武庚的殷朝遗民封给康叔，让他做卫君，居住在黄河、淇水之间的商朝故地。

周公旦担心康叔年纪太小，就反复告诫康叔说："一定要寻求殷朝遗民中的贤人君子和有德之人，问他们以前殷朝为何强盛，为何灭亡。而且务必爱护人民。"告诉他纣王之所以灭亡是因为他酗酒，沉溺于酒，听信妇人之言，所以纣王的乱政

卫康叔，名封，周武王同母少弟也。其次尚有冉季，冉季最少。

武王已克殷纣，复以殷余民封纣子武庚禄父，比诸侯，以奉其先祀勿绝。为武庚未集，恐其有贼心，武王乃令其弟管叔、蔡叔傅相武庚禄父，以和其民。武王既崩，成王少。周公旦代成王治，当国。管叔、蔡叔疑周公，乃与武庚禄父作乱，欲攻成周。周公旦以成王命兴师伐殷，杀武庚禄父、管叔，放蔡叔，以武庚殷余民封康叔为卫君，居河、淇间故商墟。

周公旦惧康叔齿少，乃申告康叔曰："必求殷之贤人君子长者，问其先殷所以兴，所以亡，而务爱民。"告以纣所以亡者以淫于酒，酒之失，妇人是用，故纣之乱自此始。为

1107

《梓材》，示君子可法则。故谓之《康诰》《酒诰》《梓材》以命之。康叔之国，既以此命，能和集其民，民大说。成王长，用事，举康叔为周司寇，赐卫宝祭器，以章有德。

康叔卒，子康伯代立。康伯卒，子考伯立。考伯卒，子嗣伯立。嗣伯卒，子㡣伯立。㡣伯卒，子靖伯立。靖伯卒，子贞伯立。贞伯卒，子顷侯立。

顷侯厚赂周夷王，夷王命卫为侯。顷侯立十二年卒，子釐侯立。

釐侯十三年，周厉王出奔于彘，共和行政焉。二十八年，周宣王立。

四十二年，釐侯卒，太子共伯馀立为君。共伯弟和有宠于釐侯，多予之赂；和以其赂赂士，以袭攻共伯于墓上，共伯入釐侯羡自杀。卫人因葬之釐侯旁，谥曰共伯，而立和为卫侯，是为武公。

武公即位，修康叔之政，百姓和集。四十二年，犬戎杀周幽王，武公将兵往佐周平

自此开始。为此写作《梓材》，以昭示君子所应效法的准则。所以称为《康诰》《酒诰》《梓材》来告诫康叔。康叔到了封国，就谨遵这些教导，能安抚和亲睦他的人民，人民很高兴。成王长大，执掌朝政，举用康叔为周朝的司寇，赐给卫国宝器、祭器，以表彰康叔能行德政。

康叔去世，儿子康伯代立为君。康伯去世，儿子考伯即位。考伯去世，儿子嗣伯即位。嗣伯去世，儿子㡣伯即位。㡣伯去世，儿子靖伯即位。靖伯去世，儿子贞伯即位。贞伯去世，儿子顷侯即位。

顷侯以厚礼贿赂周夷王，夷王策命卫国为侯爵。顷侯在位十二年去世，儿子釐侯即位。

釐侯十三年，周厉王出奔到彘地，召公、周公共同行政。釐侯二十八年，周宣王即位。

釐侯四十二年，釐侯去世，太子共伯馀即位为君。共伯的弟弟和受到釐侯的宠爱，釐侯赐给他许多财货；和用这些财货收买武士，以在釐侯的墓前袭击共伯，共伯进入釐侯的墓道自杀。卫国人就把他葬在釐侯的墓旁，谥号共伯，而立和为卫侯，就是武公。

武公即位，施行康叔德政，百姓和睦安定。武公四十二年，犬戎杀了周幽王，武公领兵前去帮助周朝平定犬戎，很有功

劳，周平王策命武公为公爵。武公五十五年，武公去世，儿子庄公扬即位。

庄公五年，娶齐国女子为夫人，齐女美丽但没有儿子。又娶陈国女子为夫人，生下儿子，早早夭折。陈国女子的妹妹也受到庄公宠幸，生下儿子完。完的母亲去世，庄公命令夫人齐国女子收养他为儿子，立为太子。庄公有个宠妾，生下儿子州吁。庄公十八年，州吁长大，爱好军事，庄公让他领兵。石碏劝谏庄公说："庶子爱好军事，让他领兵，祸乱会由此兴起。"庄公不听。庄公二十三年，庄公去世，太子完即位，就是桓公。

桓公二年，弟弟州吁骄奢放纵，桓公罢黜了他，州吁出逃。桓公十三年，郑伯的弟弟段攻打他的兄长，没有战胜，逃亡，而州吁请求与他交朋友。桓公十六年，州吁收聚卫国逃亡之人以袭杀桓公，州吁自立为卫君。他为了郑伯的弟弟段想讨伐郑国，请求宋、陈、蔡三国与他一起，三国都答应了州吁。州吁刚即位，爱好军事，弑杀桓公，卫国人都不喜欢他。石碏就因桓公的母亲家在陈国，让陈侯假装与州吁友善。等卫国的军队到达郑国城郊时，石碏与陈侯共同谋划，派右宰丑向州吁进献食物，趁机在濮水杀死州吁，而从邢国迎回桓公的弟弟晋，立他为君，就是宣公。

宣公七年，鲁国人弑杀他们的国君隐

戎，甚有功，周平王命武公为公。五十五年，卒，子庄公扬立。

庄公五年，取齐女为夫人，好而无子。又取陈女为夫人，生子，蚤死。陈女女弟亦幸于庄公，而生子完。完母死，庄公令夫人齐女子之，立为太子。庄公有宠妾，生子州吁。十八年，州吁长，好兵，庄公使将。石碏谏庄公曰："庶子好兵，使将，乱自此起。"不听。二十三年，庄公卒，太子完立，是为桓公。

桓公二年，弟州吁骄奢，桓公绌之，州吁出奔。十三年，郑伯弟段攻其兄，不胜，亡，而州吁求与之友。十六年，州吁收聚卫亡人以袭杀桓公，州吁自立为卫君。为郑伯弟段欲伐郑，请宋、陈、蔡与俱，三国皆许州吁。州吁新立，好兵，弑桓公，卫人皆不爱。石碏乃因桓公母家于陈，详为善州吁。至郑郊，石碏与陈侯共谋，使右宰丑进食，因杀州吁于濮，而迎桓公弟晋于邢而立之，是为宣公。

宣公七年，鲁弑其君隐公。

九年，宋督弑其君殇公及孔父。十年，晋曲沃庄伯弑其君哀侯。

十八年，初，宣公爱夫人夷姜，夷姜生子伋，以为太子，而令右公子傅之。右公子为太子取齐女，未入室，而宣公见所欲为太子妇者好，说而自取之，更为太子取他女。宣公得齐女，生子寿、子朔，令左公子傅之。太子伋母死，宣公正夫人，与朔共谗恶太子伋。宣公自以其夺太子妻也，心恶太子，欲废之。及闻其恶，大怒，乃使太子伋于齐而令盗遮界上杀之。与太子白旄，而告界盗见持白旄者杀之。且行，子朔之兄寿，太子异母弟也，知朔之恶太子而君欲杀之，乃谓太子曰："界盗见太子白旄，即杀太子，太子可毋行。"太子曰："逆父命求生，不可。"遂行。寿见太子不止，乃盗其白旄而先驰至界。界盗见其验，即杀之。寿已死，而太子伋又至，谓盗曰："所当杀乃我也。"盗并杀太子伋，以报宣公。宣公乃以子朔为太子。十九年，

公。宣公九年，宋督弑杀他的国君殇公和孔父。宣公十年，晋国的曲沃庄伯弑杀他的国君哀侯。

宣公十八年，当初，宣公宠爱夫人夷姜，夷姜生下儿子伋，立为太子，而命右公子辅佐他。右公子替太子迎娶齐国女子，还未入室，宣公见这位将要成为太子妻子的女子容貌美丽，非常喜欢，就自己把她娶过来，为太子另娶其他女子。宣公得到齐女，生下儿子寿、朔，命左公子辅佐他们。太子伋的母亲去世，宣公的正夫人与朔共同诽谤太子伋。宣公自从夺了太子的妻子，心中厌恶太子，想废掉他。等到听到他的过错，大怒，就派太子伋去齐国，却命令强盗在边界上等着将他杀死。给太子一个白色旄节，而告诉边界上的强盗看见手持白色旄节的人就把他杀掉。太子将出发，朔的兄长寿，是太子的异母弟弟，他知道朔厌恶太子而国君也想杀掉他，就对太子说："边界上的强盗看见太子的白色旄节，就会杀了太子您，太子您可不要去。"太子说："违逆父亲的命令求得生存，这样是不行的。"于是太子出发。寿见太子不肯，就偷了太子的白色旄节先驰马到达边界。边界上的强盗看见他们等的人来了，就杀了他。寿已死，而太子伋又到达，对强盗说："你们所应当杀的人是我。"强盗一并杀了太子伋，去禀报宣公。

宣公就立子朔为太子。宣公十九年，宣公去世，太子朔即位，就是惠公。

左公子和右公子不满朔的即位。惠公四年，左右两公子怨恨惠公进谗言杀了前太子伋而代立为君，于是作乱，攻打惠公，立太子伋的弟弟黔牟为君，惠公逃奔到齐国。

卫君黔牟即位八年，齐襄公率领诸侯奉周王之命共同讨伐卫国，送卫惠公回国，诛杀左公子和右公子。卫君黔牟逃亡到周，惠公重新即位。惠公即位三年外出逃亡，逃亡八年又回国，与以前即位时间连起来共十三年了。惠公二十五年，惠公怨恨周王室收留黔牟，与燕国讨伐周王室。周惠王逃到温，卫国、燕国拥立惠王的弟弟穨为王。惠公二十九年，郑国又送惠王回周。惠公三十一年，惠公去世，儿子懿公赤即位。

懿公即位，喜欢鹤，耽于享乐，生活奢侈。懿公九年，翟国讨伐卫国，卫懿公想出兵，有些将士背叛了他。大臣们对懿公说："您喜欢鹤，就让鹤去迎击翟军。"翟军于是就攻入卫国，杀了懿公。懿公的即位，百姓和大臣都不服。自懿公的父亲惠公朔进谗言谋杀太子伋而自立为君直到懿公，百姓和大臣们常想推翻他们，最终他们灭了惠公的后代，改立黔牟的弟弟昭伯顽的儿子申为国君，就是戴公。

戴公申元年，戴公去世。齐桓公因为

宣公卒，太子朔立，是为惠公。

左右公子不平朔之立也，惠公四年，左右公子怨惠公之谗杀前太子伋而代立，乃作乱，攻惠公，立太子伋之弟黔牟为君，惠公奔齐。

卫君黔牟立八年，齐襄公率诸侯奉王命共伐卫，纳卫惠公，诛左右公子。卫君黔牟奔于周，惠公复立。惠公立三年出亡，亡八年复入，与前通年凡十三年矣。二十五年，惠公怨周之容舍黔牟，与燕伐周。周惠王奔温，卫、燕立惠王弟穨为王。二十九年，郑复纳惠王。三十一年，惠公卒，子懿公赤立。

懿公即位，好鹤，淫乐奢侈。九年，翟伐卫，卫懿公欲发兵，兵或畔。大臣言曰："君好鹤，鹤可令击翟。"翟于是遂入，杀懿公。懿公之立也，百姓大臣皆不服。自懿公父惠公朔之谗杀太子伋代立至于懿公，常欲败之，卒灭惠公之后而更立黔牟之弟昭伯顽之子申为君，是为戴公。

戴公申元年卒。齐桓公以

卫数乱，乃率诸侯伐翟，为卫筑楚丘，立戴公弟燬为卫君，是为文公。文公以乱故奔齐，齐人入之。

初，翟杀懿公也，卫人怜之，思复立宣公前死太子伋之后，伋子又死，而代伋死者子寿又无子。太子伋同母弟二人：其一曰黔牟，黔牟尝代惠公为君，八年复去；其二曰昭伯。昭伯、黔牟皆已前死，故立昭伯子申为戴公。戴公卒，复立其弟燬为文公。文公初立，轻赋平罪，身自劳，与百姓同苦，以收卫民。十六年，晋公子重耳过，无礼。十七年，齐桓公卒。二十五年，文公卒，子成公郑立。

成公三年，晋欲假道于卫救宋，成公不许。晋更从南河度，救宋。征师于卫，卫大夫欲许，成公不肯。大夫元咺攻成公，成公出奔。晋文公重耳伐卫，分其地予宋，讨前过无礼及不救宋患也。卫成公遂出奔陈。二岁，如周求入，与晋文公会。晋使人鸩卫成公，成公私于周主鸩，令薄，得不死。已而周为请晋文公，卒入

卫国多次内乱，率领诸侯讨伐翟国，替卫国在楚丘建筑城池，立戴公的弟弟燬为卫国国君，就是文公。文公因为国中内乱，逃奔到齐国，齐国人又把他送了回去。

当初，翟国人杀懿公，卫人都怜悯他，想复立宣公时死去的太子伋的后代，伋的儿子也去世了，而代替伋死去的寿又没有儿子。太子伋的同母弟弟有二人：一个叫黔牟，黔牟曾代惠公为君，八年后又离开；另一个叫昭伯。昭伯、黔牟都在之前就已经死了，所以立昭伯的儿子申为戴公。戴公去世，又立他的弟弟燬为文公。文公刚即位，减轻赋税，公正刑狱，事必躬亲，与百姓同苦，以收聚卫国民心。文公十六年，晋公子重耳经过卫国，卫国对其无礼。文公十七年，齐桓公去世。文公二十五年，文公去世，儿子成公郑即位。

成公三年，晋国要借道卫国去救援宋国，成公没有答应。晋军改从南河渡河去救援宋国。晋国想从卫国借调军队，卫大夫想答应，成公不答应。大夫元咺攻打成公，成公逃亡。晋文公重耳讨伐卫国，并瓜分卫国的领土给宋国。讨伐它是因为卫君之前的无礼以及不肯帮助晋国救援宋国的危难。卫成公于是出奔到陈国。两年后，成公到周王室，请求帮他回国，与晋文公会见。晋文公派人用毒酒杀卫成公，成公私下和周王室放毒之人交流，求他少放毒药，

成公得以不死。不久，周王室替成公请求晋文公，终于送成公回国，诛杀了大夫元咺，卫君瑕出逃。成公七年，晋文公去世。成公十二年，成公朝见晋襄公。成公十四年，秦穆公去世。成公二十六年，齐国邴歜弑杀他的国君懿公。成公三十五年，成公去世，儿子穆公遬即位。

穆公二年，楚庄王讨伐陈国，诛杀夏徵舒。穆公三年，楚庄王围困郑国，郑国投降，然后又释放了他。穆公十一年，孙良夫救援鲁国讨伐齐国，收回被侵占的土地。穆公去世，儿子定公臧即位。定公在位十二年去世，儿子献公衎即位。

献公十三年，献公令师曹教宫妾弹琴，宫妾没学成，师曹鞭笞她。宫妾依仗宠爱在献公面前说师曹的坏话，献公就鞭笞了师曹三百下。献公十八年，献公告诉孙文子、甯惠子来进餐，他们都奉命前往。天色已晚，献公没有召他们进餐，反而去园囿中射大雁。二人找到献公，献公没有脱下射服就同他们说话，二人很生气，去了宿地。孙文子的儿子多次陪侍献公饮酒，献公让师曹唱《巧言》的最后一章。师曹为献公曾经鞭笞他三百下之事感到愤怒，就献唱了，想以此激怒孙文子，报复卫献公。孙文子将其告知大夫蘧伯玉，伯玉说："我不知道。"孙文子就攻打并驱逐献公。献公投奔齐国，齐国把献公安置在聚邑。孙

之卫，而诛元咺，卫君瑕出奔。七年，晋文公卒。十二年，成公朝晋襄公。十四年，秦缪公卒。二十六年，齐邴歜弑其君懿公。三十五年，成公卒，子缪公遬立。

缪公二年，楚庄王伐陈，杀夏徵舒。三年，楚庄王围郑，郑降，复释之。十一年，孙良夫救鲁伐齐，复得侵地。缪公卒，子定公臧立。定公十二年卒，子献公衎立。

献公十三年，公令师曹教宫妾鼓琴，妾不善，曹笞之。妾以幸恶曹于公，公亦笞曹三百。十八年，献公戒孙文子、甯惠子食，皆往。日旰不召，而去射鸿于囿。二子从之，公不释射服与之言。二子怒，如宿。孙文子子数侍公饮，使师曹歌《巧言》之卒章。师曹又怒公之尝笞三百，乃歌之，欲以怒孙文子，报卫献公。文子语蘧伯玉，伯玉曰："臣不知也。"遂攻，出献公。献公奔齐，齐置卫献公于聚邑。孙文子、甯惠子共立定公弟秋为卫君，是

为殇公。

殇公秋立，封孙文子林父于宿。十二年，甯喜与孙林父争宠相恶，殇公使甯喜攻孙林父。林父奔晋，复求入故卫献公。献公在齐，齐景公闻之，与卫献公如晋求入。晋为伐卫，诱与盟。卫殇公会晋平公，平公执殇公与甯喜而复入卫献公。献公亡在外十二年而入。献公后元年，诛甯喜。三年，吴延陵季子使过卫，见蘧伯玉、史鳅，曰："卫多君子，其国无故。"过宿，孙林父为击磬，曰："不乐，音大悲，使卫乱乃此矣。"是年，献公卒，子襄公恶立。

襄公六年，楚灵王会诸侯，襄公称病不往。九年，襄公卒。初，襄公有贱妾，幸之，有身，梦有人谓曰："我康叔也，令若子必有卫，名而子曰'元'。"妾怪之，问孔成子。成子曰："康叔者，卫祖也。"及生子，男也，以告襄公。襄公曰："天所置也。"名之曰元。襄公夫人无子，于是乃立元为

文子、甯惠子共同立定公的弟弟秋为卫君，就是殇公。

殇公秋即位，封孙文子林父在宿邑。殇公十二年，甯喜与孙林父因争宠而交恶，殇公让甯喜攻打孙林父。孙林父逃奔到晋国，请求晋国送卫献公回国。献公在齐国，齐景公听说此事，就与卫献公去晋国请求回卫国。晋国为讨伐卫国，诱骗卫国与之订盟。卫殇公会见晋平公，平公捉了殇公和甯喜，送回卫献公。献公逃亡在外十二年才回国。献公后元年，诛杀甯喜。献公后三年，吴国延陵季子出使路过卫国，拜访蘧伯玉、史鳅，说："卫国多君子，他们的国家不会有变故。"他路过宿邑，孙林父为他击磬，延陵季子说："音乐不欢快，声音太悲凄了，使卫国有变乱的就在这里了。"这年，献公去世，儿子襄公恶即位。

襄公六年，楚灵王会晤诸侯，襄公称病不前往。襄公九年，襄公去世。起初，襄公有位出身卑贱的姬妾，襄公宠幸她，她有了身孕，梦见有人对她说："我是康叔，命令你的儿子必定拥有卫国，你的儿子取名叫'元'。"姬妾觉得这个梦奇怪，问孔成子。成子说："康叔，是卫国的始祖。"等到生下孩子，是男孩，就把此事告知襄公。襄公说："这是上天的安排。"起名叫元。襄公的夫人没有儿子，于是就立元

为继承人，就是灵公。

灵公五年，朝见晋昭公。灵公六年，楚公子弃疾弑杀灵王自立为君，就是楚平王。灵公十一年，卫国发生火灾。灵公三十八年，孔子来到卫国，卫国给他的俸禄和他在鲁国时的一样。后来关系破裂，孔子离开了。之后又来到卫国。

灵公三十九年，太子蒯聩与灵公夫人南子交恶，想杀南子。蒯聩与他的党徒戏阳遫谋划，朝见时，蒯聩派他杀死夫人。戏阳后悔，没有动手。蒯聩多次用目光示意他，夫人察觉他的意图，恐惧着呼喊说："太子想杀我！"灵公恼怒，太子蒯聩逃到宋国，不久又投奔晋国赵氏。灵公四十二年春天，灵公到郊外出游，命令子郢驾车。子郢是灵公的小儿子，字子南。灵公怨恨太子出逃，对子郢说："我将立你为太子。"子郢回答说："郢不足以当国君，恐有辱社稷，您另考虑他人吧。"夏天，灵公去世，夫人让子郢做太子，说："这是灵公的遗命。"子郢说："逃亡之人太子蒯聩的儿子辄尚在，我不能当。"于是卫国人就立辄为国君，就是出公。

六月乙酉日，赵简子想送蒯聩回国，就命令阳虎假装带卫国十多人穿着丧服来接太子回国，简子护送蒯聩。卫国人听说这件事，发兵迎击蒯聩。蒯聩不能回国，

嗣，是为灵公。

灵公五年，朝晋昭公。六年，楚公子弃疾弑灵王自立，为平王。十一年，火。三十八年，孔子来，禄之如鲁。后有隙，孔子去。后复来。

三十九年，太子蒯聩与灵公夫人南子有恶，欲杀南子。蒯聩与其徒戏阳遫谋，朝，使杀夫人。戏阳后悔，不果。蒯聩数目之，夫人觉之，惧，呼曰："太子欲杀我！"灵公怒，太子蒯聩奔宋，已而之晋赵氏。四十二年春，灵公游于郊，令子郢仆。郢，灵公少子也，字子南。灵公怨太子出奔，谓郢曰："我将立若为后。"郢对曰："郢不足以辱社稷，君更图之。"夏，灵公卒，夫人命子郢为太子，曰："此灵公命也。"郢曰："亡人太子蒯聩之子辄在也，不敢当。"于是卫乃以辄为君，是为出公。

六月乙酉，赵简子欲入蒯聩，乃令阳虎诈命卫十余人衰绖归，简子送蒯聩。卫人闻之，发兵击蒯聩。蒯聩不得入，入

宿而保，卫人亦罢兵。

出公辄四年，齐田乞弑其君孺子。八年，齐鲍子弑其君悼公。孔子自陈入卫。九年，孔文子问兵于仲尼，仲尼不对。其后鲁迎仲尼，仲尼反鲁。

十二年。初，孔圉文子取太子蒯聩之姊，生悝。孔氏之竖浑良夫美好，孔文子卒，良夫通于悝母。太子在宿，悝母使良夫于太子。太子与良夫言曰："苟能入我国，报子以乘轩，免子三死，毋所与。"与之盟，许以悝母为妻。闰月，良夫与太子入，舍孔氏之外圃。昏，二人蒙衣而乘，宦者罗御，如孔氏。孔氏之老栾宁问之，称姻妾以告。遂入，适伯姬氏。既食，悝母杖戈而先，太子与五人介，舆豭从之。伯姬劫悝于厕，强盟之，遂劫以登台。栾宁将饮酒，炙未熟，闻乱，使告仲由。召护驾乘车，行爵食炙，奉出公辄奔鲁。

仲由将入，遇子羔将出，曰："门已闭矣。"子路曰："吾姑至矣。"子羔曰："不

进入宿邑自保，卫国人也罢兵。

出公辄四年，齐国田乞弑杀齐国国君孺子。出公八年，齐国鲍子弑杀齐国国君悼公。孔子从陈国去卫国。出公九年，孔文子向仲尼请教军事，仲尼不回答。这之后鲁国迎接仲尼回国，仲尼返回鲁国。

出公十二年。当初，孔圉文子娶了太子蒯聩的姐姐，生下孔悝。孔氏家奴浑良夫长相俊秀，孔文子死后，良夫与孔悝母亲私通。太子在宿邑，孔悝母亲派良夫到太子那里。太子对良夫说："你若能让我回国，我将用大夫所乘之车报答你，免你三次死罪。"太子与良夫订盟，许诺他可以娶孔悝母亲为妻。闰月，良夫与太子一同进了城，住在孔氏外园。黄昏时，两人蒙衣乘车，宦官罗驾车，来到孔氏家中。孔氏的老家臣栾宁盘问他们，他们谎称是姻亲家的人。于是潜入进去，来到伯姬氏的住处。吃完饭，孔悝母亲持戈前行，太子与五个人身披铠甲，抬着一头猪跟随在后。伯姬在厕所挟持孔悝，强迫他订立盟约，并挟持着他登上高台。栾宁刚要饮酒，烤肉还没熟，听说有变故，派人告诉仲由。召护驾着乘车，一边逃走一边吃烤肉，保护出公辄逃奔到鲁国。

仲由将要进入，遇见子羔将要出门，他告诉子路说："门已经关闭了。"子路说："我先进去。"子羔说："来不及了，

不要卷入这场灾难。"子路说："吃了孔悝的俸禄就不能躲避他的灾难。"子羔于是离开。子路进入，到门前，公孙敢关上门，说："不要进去了！"子路说："是公孙吗？贪求利禄却躲避他的灾难。我不是这种人，享受他的利禄，一定要从灾难中解救他。"有使者出来，子路才得以进入。子路说："太子抓住孔悝有什么用呢？即使杀了他，必定有人接替他。"并且说："太子没有勇气。如果焚烧高台，他必定释放孔叔。"太子听了这话，害怕了，派石乞、盂黡抵挡子路，用戈攻击他，割断他的帽缨。子路说："君子虽死，冠不落地。"把帽缨系起来后死去。孔子听说卫国内乱，说："唉！高柴应该回来了吧？仲由恐怕要死去了啊。"孔悝最终拥立太子蒯聩为国君，就是庄公。

庄公蒯聩是出公的父亲，他逃亡在外，怨恨大夫不迎接他回国即位。元年即位后，他想诛杀全部大臣，说："寡人逃亡在外很久了，你们也曾听说过吗？"群臣想作乱，庄公才作罢。庄公二年，鲁国孔丘去世。庄公三年，庄公登上城楼，望见戎州，说："戎虏为什么在这里？"戎州人听了很担忧。十月，戎州人向赵简子告状，简子围攻卫国。十一月，庄公出逃，卫国人立公子斑师为卫君。齐国讨伐卫国，俘虏了斑师，改立公子起为卫君。

及，莫践其难。"子路曰："食焉不辟其难。"子羔遂出。子路入，及门，公孙敢阖门，曰："毋入为也！"子路曰："是公孙也？求利而逃其难。由不然，利其禄，必救其患。"有使者出，子路乃得入。曰："太子焉用孔悝？虽杀之，必或继之。"且曰："太子无勇。若燔台，必舍孔叔。"太子闻之，惧，下石乞、盂黡敌子路，以戈击之，割缨。子路曰："君子死，冠不免。"结缨而死。孔子闻卫乱，曰："嗟乎！柴也其来乎？由也其死矣。"孔悝竟立太子蒯聩，是为庄公。

庄公蒯聩者，出公父也，居外，怨大夫莫迎立。元年即位，欲尽诛大臣，曰："寡人居外久矣，子亦尝闻之乎？"群臣欲作乱，乃止。二年，鲁孔丘卒。三年，庄公上城，见戎州。曰："戎虏何为是？"戎州病之。十月，戎州告赵简子，简子围卫。十一月，庄公出奔，卫人立公子斑师为卫君。齐伐卫，虏斑师，更立公子起为卫君。

卫君起元年,卫石曼專逐
其君起,起奔齐。卫出公辄自
齐复归立。初,出公立十二年亡,
亡在外四年复入。出公后元年,
赏从亡者。立二十一年卒。出
公季父黔攻出公子而自立,是
为悼公。

悼公五年卒,子敬公弗
立。敬公十九年卒,子昭公纠立。
是时三晋强,卫如小侯,属之。

昭公六年,公子亹弑之
代立,是为怀公。怀公十一
年,公子穨弑怀公而代立,是
为慎公。慎公父,公子適;適父,
敬公也。慎公四十二年卒,子
声公训立。声公十一年卒,子
成侯遫立。成侯十一年,公孙
鞅入秦。十六年,卫更贬号曰侯。

二十九年,成侯卒,子平
侯立。平侯八年卒,子嗣君立。
嗣君五年,更贬号曰君,独有
濮阳。

四十二年卒,子怀君立。
怀君三十一年,朝魏,魏囚杀
怀君。魏更立嗣君弟,是为元君。
元君为魏婿,故魏立之。元君
十四年,秦拔魏东地,秦初置
东郡,更徙卫野王县,而并濮

卫君起元年,卫国石曼專驱逐了国君
起,起投奔齐国。卫国出公辄从齐国回来,
再次即位。当初,出公即位十二年后逃亡,
逃亡在外四年又回国。出公后元年,赏赐
跟从他逃亡的人。出公在位二十一年去世。
出公的叔父黔攻打出公的儿子,而后自立
为君,就是悼公。

悼公在位五年去世,儿子敬公弗即位。
敬公在位十九年去世,儿子昭公纠即位。
这时三晋强盛,卫国如同小侯,附属于赵国。

昭公六年,公子亹杀死昭公,代立为君,
就是怀公。怀公十一年,公子穨弑杀怀公
而代立为君,就是慎公。慎公的父亲是公
子適,適的父亲是敬公。慎公在位四十二
年去世,儿子声公训即位。声公在位十一
年去世,儿子成侯遫即位。成侯十一年,
公孙鞅进入秦国。成侯十六年,卫国被贬
爵号改称侯。

成侯二十九年,成侯去世,儿子平
侯即位。平侯在位八年去世,儿子嗣君
即位。嗣君五年,被贬爵号改称君,只拥
有濮阳。

嗣君在位四十二年去世,儿子怀君即
位。怀君三十一年,朝见魏国,魏国囚禁
并杀了怀君。魏国改立嗣君的弟弟为君,
就是元君。元君是魏国的女婿,所以魏国
立他。元君十四年,秦国攻取了魏国东边
的土地,秦开始设置东郡,把卫都改迁到

野王县,而合并濮阳到东郡。元君二十五年,元君去世,儿子君角即位。君角九年,秦国统一天下,即位为始皇帝。君角二十一年,秦二世废黜君角为庶人,卫国断绝祭祀。

太史公说:我读世家的记载,读到宣公的太子因为妇人而被诛杀,弟弟寿争着替哥哥去死以性命相让,这与晋国太子申生不敢明说骊姬的过错相同,都是不想违背父亲的想法。但他们最后都死去了,多么可悲啊!有的是父子相杀,有的是兄弟相残,这又是为什么呢?

阳为东郡。二十五年,元君卒,子君角立。君角九年,秦并天下,立为始皇帝。二十一年,二世废君角为庶人,卫绝祀。

太史公曰:余读世家言,至于宣公之太子以妇见诛,弟寿争死以相让,此与晋太子申生不敢明骊姬之过同,俱恶伤父之志。然卒死亡,何其悲也!或父子相杀,兄弟相灭,亦独何哉?

宋微子世家

微子开，是殷帝乙的第一个儿子，是帝纣的庶出兄长。纣王即位后，昏庸不明，祸乱朝政，微子多次劝谏，纣王不听。等到祖伊因周西伯昌修行德政，灭掉阢国，害怕灾祸降临，就告诉纣王。纣王说："我生下来不就有天命在身吗？这能把我怎么样呢！"这时候微子估计纣王终究是不可劝谏的，想一死了之，或离开纣王，自己决定不了，就去问太师、少师道："殷朝没有清明的政治，不治理四方。我们的祖先在多年前建立功业，纣王沉湎于酒色，唯妇人之言是从，在后世扰乱败坏汤王的圣德。殷朝大小人物都热衷于打劫盗窃、违法作乱，朝廷大臣也相互仿效做不法之事，都有罪过，所以没有人能长久保有爵禄，百姓于是纷纷兴起为乱，互为仇敌。如今殷朝丧失了它的常度！就像水泽没有渡口和边际一样。殷朝就要丧国，如今亡期就要到了。"微子说："太师，少师，我将何去何从呢？我们的殷朝还能保存不被灭亡吗？如今你们无意告诉我吗？我如陷于

微子开者，殷帝乙之首子而帝纣之庶兄也。纣既立，不明，淫乱于政，微子数谏，纣不听。及祖伊以周西伯昌之修德，灭阢国，惧祸至，以告纣。纣曰："我生不有命在天乎？是何能为！"于是微子度纣终不可谏，欲死之，及去，未能自决，乃问于太师、少师曰："殷不有治政，不治四方。我祖遂陈于上，纣沉湎于酒，妇人是用，乱败汤德于下。殷既小大好草窃奸宄；卿士师师非度，皆有罪辜，乃无维获；小民乃并兴，相为敌仇。今殷其典丧！若涉水无津涯。殷遂丧，越至于今。"曰："太师，少师，我其发出往？吾家保于丧？今女无故告予，颠跻，如之何其？"太师若曰："王子，天笃下灾亡殷国，乃毋畏畏，不用老长。今殷民

乃陋淫神祇之祀。今诚得治国，国治身死不恨。为死，终不得治，不如去。”遂亡。

箕子者，纣亲戚也。纣始为象箸，箕子叹曰：“彼为象箸，必为玉杯；为杯，则必思远方珍怪之物而御之矣。舆马宫室之渐自此始，不可振也。”纣为淫泆，箕子谏，不听。人或曰：“可以去矣。”箕子曰：“为人臣谏不听而去，是彰君之恶而自说于民，吾不忍为也。”乃被发详狂而为奴。遂隐而鼓琴以自悲，故传之曰《箕子操》。

王子比干者，亦纣之亲戚也。见箕子谏不听而为奴，则曰：“君有过而不以死争，则百姓何辜！”乃直言谏纣。纣怒曰：“吾闻圣人之心有七窍，信有诸乎？”乃遂杀王子比干，刳视其心。

微子曰：“父子有骨肉，而臣主以义属。故父有过，子

不义，该怎么办呢？”太师这样说：“王子，上天执意降下灾祸灭亡殷朝，纣王上不畏天灾，下不畏贤人，不采用年长有德之人的意见。如今殷朝百姓竟亵渎神祇的祭祀。如若真能治理好国家，国家得治即使我们身死也无遗恨。身死而国家终究得不到治理，不如离去。”微子于是逃走。

箕子，是纣王的亲戚。纣王开始用象牙做筷子时，箕子叹息说：“他用象牙做了筷子，一定会制作玉杯；制作玉杯，那么一定想要得到远方的珍奇怪异之物来享用了。车马宫室的奢华逐渐从这时开始，国家不会振兴了。”纣王淫泆无度，箕子劝谏，纣王不听。有人说：“可以离开了。”箕子说：“为人臣子进谏君王，君王不听就离去，是彰显君王过失而自己取悦百姓，我不忍心这样做。”他就披头散发佯装疯狂而做奴隶。最终隐居弹琴，为自己悲叹，所以他演奏的曲子流传下来叫《箕子操》。

王子比干，也是纣王的亲戚。他看到箕子劝谏，纣王不听，箕子就去做奴隶，比干就说：“君王有过错却不以死相争，那么百姓有什么罪过呢！”他就直言劝谏纣王。纣王发怒道：“我听说圣人的心有七个窍，真是这样吗？”于是最终杀了王子比干，剖出他的心来看。

微子说：“父子有骨肉之情，而臣子与君主之间以义理相联结。所以父亲有过

失，儿子三次劝谏不听，那就随之号哭；臣子三次劝谏不听，臣子就可以遵从义理离去了。"在这时，太师、少师就劝告微子离去，微子就离开了。

周武王讨伐纣王攻克殷朝，微子就带着他的祭祀器具来到武王军前，他袒露上身，手反绑在背后，让人左手牵着羊，右手把着茅，跪步前行来告知武王。于是武王就放了微子，恢复了他原来的职位。

武王封纣王的儿子武庚禄父延续殷朝的宗庙祭祀，派管叔、蔡叔辅佐他。

武王灭亡殷朝后，去访问箕子。武王说："唉！上天在暗中安定着百姓，使他们和睦安居，但我不知道上天的常道次序。"

箕子回答说："从前鲧堵塞洪水，扰乱了五行秩序，天帝于是震怒，不给予天道大法九类常理，常伦由此败坏。鲧就被处死，禹于是接续而兴起。天帝就赐给禹天道大法九种，常伦因而有了秩序。

"第一是五行；第二是五事；第三是八政；第四是五纪；第五是皇极；第六是三德；第七是稽疑；第八是庶征；第九是向用五福，让人畏惧使用六极。

"五行：一叫水，二叫火，三叫木，四叫金，五叫土。水是浸润流下；火是烧灼上升；木是可以弯曲，可以伸直；金

三谏不听，则随而号之；人臣三谏不听，则其义可以去矣。"于是太师、少师乃劝微子去，遂行。

周武王伐纣克殷，微子乃持其祭器造于军门，肉袒面缚，左牵羊，右把茅，膝行而前以告。于是武王乃释微子，复其位如故。

武王封纣子武庚禄父以续殷祀，使管叔、蔡叔傅相之。

武王既克殷，访问箕子。武王曰："於乎！维天阴定下民，相和其居，我不知其常伦所序。"

箕子对曰："在昔鲧堙鸿水，汩陈其五行，帝乃震怒，不从鸿范九等，常伦所敦。鲧则殛死，禹乃嗣兴。天乃锡禹鸿范九等，常伦所序。

"初一曰五行；二曰五事；三曰八政；四曰五纪；五曰皇极；六曰三德；七曰稽疑；八曰庶征；九曰向用五福，畏用六极。

"五行：一曰水，二曰火，三曰木，四曰金，五曰土。水曰润下，火曰炎上，木曰曲直，

金曰从革，土曰稼穑。润下作咸，炎上作苦，曲直作酸，从革作辛，稼穑作甘。

"五事：一曰貌，二曰言，三曰视，四曰听，五曰思。貌曰恭，言曰从，视曰明，听曰聪，思曰睿。恭作肃，从作治，明作智，聪作谋，睿作圣。

"八政：一曰食，二曰货，三曰祀，四曰司空，五曰司徒，六曰司寇，七曰宾，八曰师。

"五纪：一曰岁，二曰月，三曰日，四曰星辰，五曰历数。

"皇极：皇建其有极，敛时五福，用傅锡其庶民，维时其庶民于女极，锡女保极。凡厥庶民，毋有淫朋，人毋有比德，维皇作极。凡厥庶民，有猷有为有守，女则念之。不协于极，不离于咎，皇则受之。而安而色，曰：'予所好德'，女则锡之福。时人斯其维皇之极，毋侮鳏寡而畏高明。人之有能有为，使羞其行，而国其昌。凡厥正人，既富方谷。女不能使有好于而家，时人斯其辜。于其毋好，

可以熔铸变形；土可以耕种收获。水润下物产生水卤，有咸味；火炎上升燃烧物体，有苦味；木可曲可直，有酸味；金销熔变形，有辣味；土地种收，有甜味。

"五事：一是相貌，二是言语，三是观察，四是听闻，五是思考。相貌要恭敬，言语要顺从，观察要明晰，听闻要聪慧，思考要睿智。恭敬就要严肃，听从就能治理，明晰就能辨别善恶，聪慧就要善谋，睿智就能圣明。

"八政：一是粮食，二是财货，三是祭祀，四是营造工事，五是教化民众，六是司法，七是诸侯朝觐，八是军事。

"五纪：一是年，二是月，三是日，四是星辰，五是历数。

"皇极：帝王要建立他至高无上的准则，汇聚五福之道，布施给他的臣民，臣民就拥护帝王制定的准则，帝王也可要求臣民遵守法则。凡是臣民，不许淫邪、结党营私，人们不结成私党，就会把帝王制定的法令作为至高无上的准则。凡是臣民，有谋略，有作为，有操守，你就要把他们记在心中。与准则不协调，还不至有罪，帝王则要容纳他们，和颜悦色。有人说：'我所喜爱的是美德'，你就赐他福禄。这样人们就完全遵守你的准则了。不要欺负鳏夫、寡妇、孤儿、独老者，也不要惧怕高贵显赫者。对有能有为之人，要用他的

操行，而使国家昌盛。凡是正直之人，当授予官爵俸禄，善待他。你不能使正直之士对国家有好的作用，那么这些人就会假装获罪离开。对国家没有好处的人，你即使赐给他福禄，他的作为依然会使你结怨于百姓。不要有所偏颇，要遵循先王正义。不要有所偏爱，要遵循先王之道。不要私恶，要遵循先王之路。不偏私不结党，王道坦荡。不结党不偏私，王道平坦。不背逆不倾邪，王道正直。汇聚到君王的准则之下，也以君王准则为依归。君王恪守准则使臣子陈述意见，以此为常道、为教训顺应天道。凡是你的百姓，对于按照准则发布的法令，应该顺从它，践行它，来发扬天子之光。天子作为百姓父母，是天下的王。

"三德：一是正直中正，二是刚强制胜，三是柔和制胜。天下平静安定用中正维持；世道强势不友好，用刚强制约；世道和顺，用柔和制约。阴谋作乱之人，用刚强制约；高明之人，用柔和制约。只有君王有权赐人福禄，只有君王有权施加刑罚，只有君王有权享用美食。臣子不能赐人福禄，不能施加刑罚，不能享用美食。若臣子能赐人俸禄，施加刑罚，享用美食，将会对家族有危害，对国家造成伤害，官吏会偏私邪佞，民众会越礼逾制，心怀僭越。

"用卜筮稽考决疑：任用通晓卜术的人。于是命令他们卜筮，龟兆有雨的样子，

女虽锡之福，其作女用咎。毋偏毋颇，遵王之义。毋有作好，遵王之道。毋有作恶，遵王之路。毋偏毋党，王道荡荡。毋党毋偏，王道平平。毋反毋侧，王道正直。会其有极，归其有极。曰王极之傅言，是夷是训，于帝其顺。凡厥庶民，极之傅言，是顺是行，以近天子之光。曰天子作民父母，以为天下王。

"三德：一曰正直，二曰刚克，三曰柔克。平康正直，强不友刚克，内友柔克，沉渐刚克，高明柔克。维辟作福，维辟作威，维辟玉食。臣无有作福作威玉食。臣有作福作威玉食，其害于而家，凶于而国，人用侧颇辟，民用僭忒。

"稽疑：择建立卜筮人。乃命卜筮，曰雨，曰济，曰涕，

曰雾，曰克，曰贞，曰悔，凡七。卜五，占之用二，衍贷。立时人为卜筮，三人占则从二人之言。女则有大疑，谋及女心，谋及卿士，谋及庶人，谋及卜筮。女则从，龟从，筮从，卿士从，庶民从，是之谓大同，而身其康强，而子孙其逢，吉。女则从，龟从，筮从，卿士逆，庶民逆，吉。卿士从，龟从，筮从，女则逆，庶民逆，吉。庶民从，龟从，筮从，女则逆，卿士逆，吉。女则从，龟从，筮逆，卿士逆，庶民逆，作内吉，作外凶。龟筮共违于人，用静吉，用作凶。

"庶征：曰雨，曰旸，曰奥，曰寒，曰风。曰时。五者来备，各以其序，庶草繁庑。一极备，凶。一极亡，凶。曰休征：曰肃，时雨若；曰治，时旸若；曰知，时奥若；曰谋，时寒若；曰圣，时风若。曰咎征：曰狂，常雨若；曰僭，常旸若；曰舒，常奥若；曰急，常寒若；曰雾，常风若。王眚维岁，卿士维月，

有雨止后云气的样子，有云气连绵的样子，有雾的样子，有阴阳斗杀的形状，有明正的，有隐晦的，卦象一共是七种。龟卜有五种，筮占占了两种，加以推演，卦象多变。任用这类人卜筮，三个人占卜，就应服从其中两人的卜辞。你如有大的疑问，自己斟酌，与卿士商量，与庶民商量，看卜筮结果。若你赞同，则龟卜赞同，筮卜赞同，卿士赞同，庶民赞同，这就叫大同，则身体安康强健，子孙吉利。若你赞同，龟卜赞同，筮卜赞同，卿士反对，庶民反对，吉利。卿士赞同，龟卜赞同，筮卜赞同，而你反对，庶民反对，吉利。庶民赞同，龟卜赞同，筮卜赞同，而你反对，卿士反对，吉利。若你赞同，龟卜赞同，筮卜反对，卿士反对，庶民反对，则对内吉利，对外凶险。龟卜、筮卜都与人的意愿相悖，安静守之就吉利，有所举动就会有凶险。

"各种征候：下雨，出太阳，温暖，寒冷，刮风，要按照时令。五者都具备，各自按照时令次序，各种草木就能繁盛。一种气象过多，就会显现祸患。一种气象缺乏，也会出现灾祸。吉祥的征兆：君王行为肃敬，就会降下适宜的雨水；君王政治清明，阳光就会适宜地照耀大地；君王清明睿智，就会有温暖的气候；君王善于筹谋，就会按时寒冷；君王通情达理，就会刮来和煦的风。所说的凶恶的征兆：

君王行为狂妄，那雨水就连绵不止；君王行为僭越失度，就会长久天晴干旱；君王安逸享乐，就会持续炽热；君王行为鲁莽，就会持久寒冷；君王昏庸无道，就会刮风不止。君王职责重大，关系一年吉凶，臣子关系每月吉凶，百官关系每天吉凶。年、月、日按时运行，作物就会有收成，政治就会修明，贤才就能被任用，国家就会平安安康。日、月、年若失常，作物就会歉收，政治就会昏暗不清明，贤才就不能被任用，国家就会不安定。百姓有如天上的星星，有的星星喜风，有的星星喜雨。日月正常运行，有冬天，有夏天。月亮如果服从众星所好，就会多有风雨。

"五福：一是长寿，二是富有，三是康宁，四是良德，五是寿终。六极：一是夭折，二是患疾，三是忧愁，四是贫穷，五是丑恶，六是懦弱。"

武王就把箕子封在朝鲜，不视他为臣子。

后来箕子朝见周王，路过殷都旧址，有感于宫室毁坏，杂草丛生，箕子伤心，想哭却不能，想低声啜泣又觉得像妇人，于是作《麦秀》之诗来歌咏。这首诗说："麦芒尖尖啊，禾苗油油亮。那个狡猾的少年啊，不与我和好呀！"所说的狡猾的少年，就是指纣王。殷朝的遗民听闻这首

师尹维日。岁、月、日时毋易，百谷用成，治用明，畯民用章，家用平康。日、月、岁时既易，百谷用不成，治用昏不明，畯民用微，家用不宁。庶民维星，星有好风，星有好雨。日月之行，有冬有夏。月之从星，则以风雨。

"五福：一曰寿，二曰富，三曰康宁，四曰攸好德，五曰考终命。六极：一曰凶短折，二曰疾，三曰忧，四曰贫，五曰恶，六曰弱。"

于是武王乃封箕子于朝鲜而不臣也。

其后箕子朝周，过故殷虚，感宫室毁坏，生禾黍。箕子伤之，欲哭则不可，欲泣为其近妇人，乃作《麦秀》之诗以歌咏之。其诗曰："麦秀渐渐兮，禾黍油油。彼狡僮兮，不与我好兮！"所谓狡童者，纣也。

殷民闻之，皆为流涕。

武王崩，成王少，周公旦代行政当国。管、蔡疑之，乃与武庚作乱，欲袭成王、周公。周公既承成王命诛武庚，杀管叔，放蔡叔，乃命微子开代殷后，奉其先祀，作《微子之命》以申之，国于宋。微子故能仁贤，乃代武庚，故殷之余民甚戴爱之。

微子开卒，立其弟衍，是为微仲。微仲卒，子宋公稽立。宋公稽卒，子丁公申立。丁公申卒，子湣公共立。湣公共卒，弟炀公熙立。炀公即位，湣公子鲋祀弑炀公而自立，曰"我当立"，是为厉公。厉公卒，子釐公举立。

釐公十七年，周厉王出奔彘。

二十八年，釐公卒，子惠公覵立。惠公四年，周宣王即位。三十年，惠公卒，子哀公立。哀公元年卒，子戴公立。

戴公二十九年，周幽王为犬戎所杀，秦始列为诸侯。

三十四年，戴公卒，子武公司空立。武公生女为鲁惠公夫人，生鲁桓公。十八年，武

诗，都为之流涕。

武王崩逝，成王年幼，周公旦代理主政，执掌国家政权。管叔、蔡叔怀疑周公，就与武庚作乱，想袭击成王、周公。周公秉承成王命令，诛杀武庚、管叔，放逐蔡叔，并令微子开代替武庚做殷朝的后嗣，奉守殷朝的宗庙祭祀，作《微子之命》来申明此意，让微子在宋地立国。微子本来贤能仁义，就代替了武庚，殷朝的遗民非常爱戴他。

微子开去世，立他的弟弟衍为君，就是微仲。微仲去世，儿子宋公稽即位。宋公稽去世，儿子丁公申即位。丁公申去世，儿子湣公共即位。湣公共去世，弟弟炀公熙即位。炀公即位，湣公的儿子鲋祀弑杀炀公而自立为君，说"我应当即位"，就是厉公。厉公去世，儿子釐公举即位。

釐公十七年，周厉王出逃到彘地。

釐公二十八年，釐公去世，儿子惠公覵即位。惠公四年，周宣王即位。惠公三十年，惠公去世，儿子哀公即位。哀公元年，哀公去世，儿子戴公即位。

戴公二十九年，周幽王被犬戎所杀，秦国开始列于诸侯。

戴公三十四年，戴公去世，儿子武公司空即位。武公生下的女儿做了鲁惠公的夫人，生下鲁桓公。武公十八年，武公去

世，儿子宣公力即位。

宣公有个太子与夷。宣公十九年，宣公患病，让位给他的弟弟和，说："父亲死了儿子继位，兄长死了弟弟继位，是天下共通的道理。我要立和为君。"和再三推让后接受君位。宣公去世，弟弟和即位，就是穆公。

穆公九年，患病，召见大司马孔父，对他说："先君宣公舍弃太子与夷不立却立我为君，我不敢忘记。我死后，一定要立与夷为君。"孔父说："群臣都希望立公子冯。"穆公说："不要立冯，我不可以辜负宣公。"这时穆公派冯外出留居在郑国。八月庚辰日，穆公去世，他的兄长宣公的儿子与夷即位，就是殇公。君子听说这件事，说："宋宣公可以说知人善任了，立他的弟弟来成全道义，而最后他的儿子又享有君位。"

殇公元年，卫公子州吁弑杀卫国国君完自立为君，州吁想得到诸侯的支持，派人告知宋国说："冯在郑国一定作乱，可以帮助我讨伐他。"宋国答应了他，与他讨伐郑国，到达郑国东门后撤回。殇公二年，郑国讨伐宋国，报东门之役的仇。这以后诸侯多次来讨伐宋国。

殇公九年，大司马孔父嘉的妻子貌美，外出，路上遇到太宰华督，华督喜欢她，目不转睛地看着她。华督贪恋孔父的妻子，

公卒，子宣公力立。

宣公有太子与夷。十九年，宣公病，让其弟和，曰："父死子继，兄死弟及，天下通义也。我其立和。"和亦三让而受之。宣公卒，弟和立，是为缪公。

缪公九年，病，召大司马孔父谓曰："先君宣公舍太子与夷而立我，我不敢忘。我死，必立与夷也。"孔父曰："群臣皆愿立公子冯。"缪公曰："毋立冯，吾不可以负宣公。"于是缪公使冯出居于郑。八月庚辰，缪公卒，兄宣公子与夷立，是为殇公。君子闻之，曰："宋宣公可谓知人矣，立其弟以成义，然卒其子复享之。"

殇公元年，卫公子州吁弑其君完自立，欲得诸侯，使告于宋曰："冯在郑，必为乱，可与我伐之。"宋许之，与伐郑，至东门而还。二年，郑伐宋，以报东门之役。其后诸侯数来侵伐。

九年，大司马孔父嘉妻好，出，道遇太宰华督，督说，目而观之。督利孔父妻，乃使人

宣言国中曰："殇公即位十年耳，而十一战，民苦不堪，皆孔父为之，我且杀孔父以宁民。"是岁，鲁弑其君隐公。十年，华督攻杀孔父，取其妻。殇公怒，遂弑殇公，而迎缪公子冯于郑而立之，是为庄公。

庄公元年，华督为相。九年，执郑之祭仲，要以立突为郑君。祭仲许，竟立突。十九年，庄公卒，子湣公捷立。

湣公七年，齐桓公即位。九年，宋水，鲁使臧文仲往吊水。湣公自罪曰："寡人以不能事鬼神，政不修，故水。"臧文仲善此言。此言乃公子子鱼教湣公也。

十年夏，宋伐鲁，战于乘丘，鲁生虏宋南宫万。宋人请万，万归宋。十一年秋，湣公与南宫万猎，因博争行，湣公怒，辱之，曰："始吾敬若；今若，鲁虏也。"万有力，病此言，遂以局杀湣公于蒙泽。大夫仇牧闻之，以兵造公门。万搏牧，牧齿着门阖，死。因杀太宰华督，乃更立公子游为君。诸公子奔萧，公子御说奔亳。万弟南宫

就派人在国中宣扬说："殇公即位才十年，而发动战争十一次，百姓愁苦不能忍受，这都是孔父做的事，我将要杀孔父来安定百姓。"这年，鲁国人弑杀他们的国君隐公。殇公十年，华督攻杀孔父，娶了他的妻子。殇公发怒，于是华督弑杀殇公，而从郑国迎回穆公的儿子冯，立他为君，就是庄公。

庄公元年，华督担任国相。庄公九年，抓了郑国的祭仲，要挟他立突为郑国国君。祭仲答应了，最终立突为国君。庄公十九年，庄公去世，儿子湣公捷即位。

湣公七年，齐桓公即位。湣公九年，宋国出现水灾，鲁国派臧文仲前去慰问灾民。湣公自责说："寡人不能侍奉鬼神，政治不修明，所以有水灾。"臧文仲赞赏这番话。这句话是公子子鱼教给湣公的。

湣公十年夏天，宋国讨伐鲁国，在乘丘开战，鲁国生擒宋国人南宫万。宋国人请求释放南宫万，南宫万回到宋国。湣公十一年秋天，湣公与南宫万狩猎，因为下棋争夺棋路，湣公恼怒，侮辱他，说："之前我敬重你；如今的你，是鲁国的俘虏。"南宫万有力气，反感这句话，于是拿棋盘在蒙泽杀了湣公。大夫仇牧听闻此事，就带着兵器来到湣公门前。南宫万与仇牧搏斗，仇牧牙齿撞到门板而死。南宫万趁势杀了太宰华督，还改立公子游为国

君。众公子逃奔到萧邑，公子御说逃到亳邑。南宫万的弟弟南宫牛率军围困亳邑。冬天，萧邑和宋国的公子们联手除掉了南宫牛，弑杀宋国新君游，拥立潜公的弟弟御说为国君，就是桓公。宋人南宫万逃奔到陈国。宋国人请求用财物贿赂陈国。陈国人派妇人用醇酒灌醉南宫万，用皮革包裹他，归还给宋国。宋国人把南宫万剁成肉酱。

桓公二年，诸侯讨伐宋国，到达宋都郊外而离去。桓公三年，齐桓公开始称霸。桓公二十三年，从齐国迎回卫公子燬，立他为君，就是卫文公。卫文公的妹妹是桓公的夫人。秦穆公即位。桓公三十年，桓公患病，太子兹甫辞让君位，让他的庶出之兄目夷做继承人。桓公虽认为太子之意合乎道义，但最终没有同意。桓公三十一年春天，桓公去世，太子兹甫即位，就是宋襄公。他的庶出之兄目夷为国相。宋桓公还没下葬，而齐桓公在葵丘会盟诸侯，襄公前往赴会。

襄公七年，宋国地界陨星坠落如雨，和雨一起降下；六只鹢退着飞行，因为风力很大。

襄公八年，齐桓公去世，宋国想主持诸侯盟会。襄公十二年春天，宋襄公在鹿上举行盟会，请求楚国说服诸侯支持他，楚国人答应了他。公子目夷劝谏说："小国争做盟主，这是灾祸。"宋襄公不听。

牛将兵围亳。冬，萧及宋之诸公子共击杀南宫牛，弑宋新君游而立潜公弟御说，是为桓公。宋万奔陈。宋人请以赂陈。陈人使妇人饮之醇酒，以革裹之，归宋。宋人醢万也。

桓公二年，诸侯伐宋，至郊而去。三年，齐桓公始霸。二十三年，迎卫公子燬于齐，立之，是为卫文公。文公女弟为桓公夫人。秦缪公即位。三十年，桓公病，太子兹甫让其庶兄目夷为嗣。桓公义太子意，竟不听。三十一年春，桓公卒，太子兹甫立，是为襄公。以其庶兄目夷为相。未葬，而齐桓公会诸侯于葵丘，襄公往会。

襄公七年，宋地贾星如雨，与雨偕下；六鹢退蜚，风疾也。

八年，齐桓公卒，宋欲为盟会。十二年春，宋襄公为鹿上之盟，以求诸侯于楚，楚人许之。公子目夷谏曰："小国争盟，祸也。"不听。秋，诸侯会宋公盟于盂。目夷曰："祸其在此乎？君欲已甚，何以堪之！"于是楚执宋襄公以伐宋。冬，会于亳，以释宋公。子鱼曰："祸犹未也。"十三年夏，宋伐郑。子鱼曰："祸在此矣。"秋，楚伐宋以救郑。襄公将战，子鱼谏曰："天之弃商久矣，不可。"冬，十一月，襄公与楚成王战于泓。楚人未济，目夷曰："彼众我寡，及其未济击之。"公不听。已济未陈，又曰："可击。"公曰："待其已陈。"陈成，宋人击之。宋师大败，襄公伤股。国人皆怨公。公曰："君子不困人于厄，不鼓不成列。"子鱼曰："兵以胜为功，何常言与！必如公言，即奴事之耳，又何战为？"

楚成王已救郑，郑享之；去而取郑二姬以归。叔瞻曰："成王无礼，其不没乎？为礼卒于无别，有以知其不遂霸也。"

是年，晋公子重耳过，宋

秋天，诸侯在盂邑与宋襄公会盟。目夷说："灾祸不就在这里吗？君主的欲望已经太大了，怎么能承受得住呢！"此时楚国抓了宋襄公来讨伐宋国。冬天，诸侯在亳地会盟，楚国放了宋襄公。子鱼说："灾祸还没结束。"襄公十三年夏天，宋国讨伐郑国。子鱼说："灾祸就在这里了。"秋天，楚国讨伐宋国，从而救援郑国。襄公将要开战，子鱼劝谏说："上天舍弃商朝已经很久了，不可以开战。"冬天，十一月，襄公与楚成王在泓水边交战。楚军还没渡河，目夷说："敌众我寡，在楚军还没渡河时进攻他们。"襄公不听。待楚军全部渡河但还未摆阵，目夷又说："可以进攻了。"襄公说："待他们摆好阵势。"楚军的阵势摆好，宋军攻击他们。宋军大败，襄公大腿受伤。国人都怨恨襄公。襄公说："君子不乘人在险恶境地时使其受困，不击鼓进攻没有成列的敌人。"子鱼说："军事行动以取胜为成功，何必要遵照平常的说法呢！一定按您所说，就去当奴隶侍奉他们好了，又何必要作战呢？"

楚成王已经救援郑国，郑国设宴招待他；离开时娶了郑君的两个女儿回去。叔瞻说："成王无礼，他不会善终吧？举行礼仪却最终没有男女之别，从这就能知道他不能最终成就霸业了。"

这年，晋公子重耳路过宋国，宋襄公

因为被楚军击伤，想得到晋国的援助，就以厚礼接待重耳，给他八十匹马。

襄公十四年夏天，襄公在泓水之战中因伤去世，儿子成公王臣即位。

成公元年，晋文公即位。成公三年，宋国违背与楚国的盟约亲近晋国，因为曾经对晋文公有恩惠。成公四年，楚成王讨伐宋国，宋国向晋国告急。成公五年，晋文公救援宋国，楚军离去。成公九年，晋文公去世。成公十一年，楚太子商臣弑杀他的父亲成王，代立为君。成公十六年，秦穆公去世。

成公十七年，成公去世。成公的弟弟御杀了太子和大司马公孙固而自立为君。宋国人共同杀了国君御而立成公的小儿子杵臼为君，他就是昭公。

昭公四年，宋国在长丘打败长翟缘斯。昭公七年，楚庄王即位。

昭公九年，昭公荒淫无道，国人不亲附他。昭公的弟弟鲍革贤能而又礼贤下士。早先，襄公的夫人想与公子鲍私通，公子鲍不肯，于是襄公夫人助他向国人布施恩惠，鲍通过大夫华元的推荐做了右师。昭公出外狩猎，夫人王姬派卫伯攻杀昭公杵臼。弟弟鲍革即位，就是文公。

文公元年，晋国率领诸侯讨伐宋国，责备宋国人弑杀国君。听说文公已即位，就离去了。文公二年，昭公的儿子通过文

襄公以伤于楚，欲得晋援，厚礼重耳以马二十乘。

十四年夏，襄公病伤于泓而竟卒，子成公王臣立。

成公元年，晋文公即位。三年，倍楚盟，亲晋，以有德于文公也。四年，楚成王伐宋，宋告急于晋。五年，晋文公救宋，楚兵去。九年，晋文公卒。十一年，楚太子商臣弑其父成王代立。十六年，秦缪公卒。

十七年，成公卒。成公弟御杀太子及大司马公孙固而自立为君。宋人共杀君御而立成公少子杵臼，是为昭公。

昭公四年，宋败长翟缘斯于长丘。七年，楚庄王即位。

九年，昭公无道，国人不附。昭公弟鲍革贤而下士。先，襄公夫人欲通于公子鲍，不可，乃助之施于国，因大夫华元为右师。昭公出猎，夫人王姬使卫伯攻杀昭公杵臼。弟鲍革立，是为文公。

文公元年，晋率诸侯伐宋，责以弑君。闻文公定立，乃去。二年，昭公子因文公母弟须与

武、缪、戴、庄、桓之族为乱，文公尽诛之，出武、缪之族。

四年春，楚命郑伐宋。宋使华元将，郑败宋，囚华元。华元之将战，杀羊以食士，其御羊羹不及，故怨，驰入郑军，故宋师败，得囚华元。宋以兵车百乘文马四百匹赎华元。未尽入，华元亡归宋。

十四年，楚庄王围郑。郑伯降楚，楚复释之。

十六年，楚使过宋，宋有前仇，执楚使。九月，楚庄王围宋。十七年，楚以围宋五月不解，宋城中急，无食，华元乃夜私见楚将子反。子反告庄王。王问："城中何如？"曰："析骨而炊，易子而食。"庄王曰："诚哉言！我军亦有二日粮。"以信故，遂罢兵去。

二十二年，文公卒，子共公瑕立。始厚葬。君子讥华元不臣矣。

共公十年，华元善楚将子重，又善晋将栾书，两盟晋楚。

公同母的弟弟须与武公、穆公、戴公、庄公、桓公的家族作乱，文公尽数诛杀了他们，驱逐了武公、穆公的家族。

文公四年春天，楚国命令郑国讨伐宋国。宋国派华元领兵，郑国打败宋国，囚禁华元。华元在将要作战时，杀羊给士兵吃，他的驾车之人没有吃到羊羹，所以怨恨，就驾车驰入郑军，所以宋国军队战败，郑国得以囚禁华元。宋国用兵车一百乘、文马四百匹赎华元，还没全部送到，华元已经逃归宋国。

文公十四年，楚庄王包围郑国。郑伯投降楚国，楚国又放了他。

文公十六年，楚国使者路经宋国，宋国因和楚国有前仇，抓住楚国使者。九月，楚庄王围攻宋国。文公十七年，楚国已经围困宋国五个月，宋国城中告急，没有粮食，华元于是在夜里私下去见楚国将领子反。子反禀报庄王。庄王问："城中怎么样？"子反说："劈开人骨当柴烧火，交换子女作为食物。"庄王说："这话是真的呀！我军也只有两天口粮了。"出于信义的缘故，楚国撤兵离去。

文公二十二年，文公去世，儿子共公瑕即位。开始实行厚葬。君子讥讽华元不算臣子。

共公十年，华元与楚国将领子重交好，又与晋国将领栾书交好，与晋、楚两国结盟。共公十三年，共公去世。华元做右师，鱼石做左师。司马唐山攻杀了太子肥，想杀华元，华元逃到晋国，鱼石阻止他，华元到达黄河就返回，诛杀唐山。于是立共公幼子成为君，就是平公。

平公三年，楚共王攻取宋国的彭城，把彭城封给宋国左师鱼石。平公四年，诸侯共同诛杀鱼石，把彭城归还宋国。平公三十五年，楚公子围弑杀楚国国君，自立为王，就是灵王。平公四十四年，平公去世，儿子元公佐即位。

元公三年，楚国公子弃疾弑杀灵王，自立为君，即平王。元公八年，宋国发生火灾。元公十年，元公不讲诚信，以欺骗手段杀了众公子，大夫华氏、向氏作乱。楚平王的太子建逃到宋国来，见华氏之人相互攻打作乱，就离开宋国去了郑国。元公十五年，元公因鲁昭公躲避季氏而居留在外，就为他请求让他回鲁国，元公在半路去世，儿子景公头曼即位。

景公十六年，鲁国阳虎逃来宋国，不久又离去。景公二十五年，孔子路经宋国，宋国司马桓魋厌恶他，想杀孔子，孔子改换常服离去。景公三十年，曹国背叛宋国，又背叛晋国，宋国讨伐曹国，晋国不救援，于是宋国灭了曹国并占有它的土地。景公三十六年，齐国田常弑杀齐简公。

景公三十七年，楚惠王灭掉陈国。火

十三年，共公卒。华元为右师，鱼石为左师。司马唐山攻杀太子肥，欲杀华元，华元奔晋，鱼石止之，至河乃还，诛唐山。乃立共公少子成，是为平公。

平公三年，楚共王拔宋之彭城，以封宋左师鱼石。四年，诸侯共诛鱼石，而归彭城于宋。三十五年，楚公子围弑其君自立，为灵王。四十四年，平公卒，子元公佐立。

元公三年，楚公子弃疾弑灵王自立，为平王。八年，宋火。十年，元公毋信，诈杀诸公子，大夫华、向氏作乱。楚平王太子建来奔，见诸华氏相攻乱，建去如郑。十五年，元公为鲁昭公避季氏居外，为之求入鲁，行道卒，子景公头曼立。

景公十六年，鲁阳虎来奔，已复去。二十五年，孔子过宋，宋司马桓魋恶之，欲杀孔子，孔子微服去。三十年，曹倍宋，又倍晋，宋伐曹，晋不救，遂灭曹有之。三十六年，齐田常弑简公。

三十七年，楚惠王灭陈。

荧惑守心。心，宋之分野也。景公忧之。司星子韦曰："可移于相。"景公曰："相，吾之股肱。"曰："可移于民。"景公曰："君者待民。"曰："可移于岁。"景公曰："岁饥民困，吾谁为君！"子韦曰："天高听卑。君有君人之言三，荧惑宜有动。"于是候之，果徙三度。

六十四年，景公卒。宋公子特攻杀太子而自立，是为昭公。昭公者，元公之曾庶孙也。昭公父公孙纠，纠父公子袑秦，袑秦即元公少子也。景公杀昭公父纠，故昭公怨，杀太子而自立。

昭公四十七年卒，子悼公购由立。悼公八年卒，子休公田立。休公田二十三年卒，子辟公辟兵立。辟公三年卒，子剔成立。剔成四十一年，剔成弟偃攻袭剔成，剔成败，奔齐，偃自立为宋君。

君偃十一年，自立为王。东败齐，取五城；南败楚，取地三百里；西败魏军，乃与齐、

星侵占心宿。心宿对应的分野是宋国。景公为这种天象感到担忧。司星子韦说："可以把灾祸转移给国相。"景公说："国相是我的股肱之臣。"子韦说："可以转移给百姓。"景公说："国君靠的就是百姓。"子韦说："可以转移给年成。"景公说："年成饥馑，百姓困苦，我给谁做君王！"子韦说："上天固然高远，却可知人间细微之事。您有这三句为人之君的话，火星应该有所移动。"于是占测火星，果然移动了三度。

景公六十四年，景公去世。宋国公子特攻杀太子而自立为君，就是昭公。昭公，是元公的庶出曾孙。昭公的父亲是公孙纠，纠的父亲是公子袑秦，袑秦就是元公的小儿子。景公杀了昭公的父亲纠，所以昭公怨恨他，就杀了太子而自立为君。

昭公在位四十七年去世，儿子悼公购由即位。悼公在位八年去世，儿子休公田即位。休公田在位二十三年去世，儿子辟公辟兵即位。辟公在位三年去世，儿子剔成即位。剔成在位四十一年，剔成的弟弟偃发兵袭击剔成，剔成战败逃到齐国，偃自立为宋君。

君偃十一年，偃自立为王。向东打败齐国，攻取五城；向南打败楚国，夺取土地三百里；向西打败魏军，于是与齐国、

魏国成了敌国。偃用牛皮袋盛着血，悬挂起来而射它，称作"射天"。他沉湎于酒和女色。群臣中有劝谏的动辄被射死。于是诸侯都说他是"桀宋"。"宋君在重复做纣王所做的事，不能不杀。"告诉齐国让齐国讨伐宋国。王偃即位四十七年，齐湣王与魏国、楚国讨伐宋国，杀死王偃，最终灭了宋国，三国分割了宋的土地。

太史公说：孔子说"微子离开殷纣，箕子成了奴隶，比干劝谏而死，殷朝有三位仁者"。《春秋》讥刺宋国的动乱从宣公废太子而立弟弟为君开始，国家不得安宁有十代。襄公之时，修行仁义，想做盟主。他的大夫正考父称赞他，所以追述契、汤、高宗，殷朝得以兴盛的原因，作了《商颂》。襄公在泓水战败后，有些君子认为他值得赞扬，为中原国家缺失礼道而伤怀，由此赞扬他，赞扬宋襄公是有礼让之德的。

魏为敌国。盛血以韦囊，县而射之，命曰"射天"。淫于酒、妇人。群臣谏者辄射之。于是诸侯皆曰"桀宋"。"宋其复为纣所为，不可不诛。"告齐伐宋。王偃立四十七年，齐湣王与魏、楚伐宋，杀王偃，遂灭宋而三分其地。

太史公曰：孔子称"微子去之，箕子为之奴，比干谏而死，殷有三仁焉"。《春秋》讥宋之乱自宣公废太子而立弟，国以不宁者十世。襄公之时，修行仁义，欲为盟主。其大夫正考父美之，故追道契、汤、高宗，殷所以兴，作《商颂》。襄公既败于泓，而君子或以为多，伤中国阙礼义，褒之也，宋襄之有礼让也。

晋世家

晋唐叔虞，是周武王的儿子，周成王的弟弟。当初，武王与叔虞的母亲结合时，梦见上天对武王说："我让你生个儿子，名叫虞，我赐给他唐地。"等到生下儿子，他的手心写着"虞"字，所以就以此命名他叫虞。

武王崩逝，成王即位，唐国发生内乱，周公诛灭唐国。成王与叔虞玩游戏，将桐叶削成珪的形状，把它送给叔虞，说："用这个分封你。"史佚因此请求选择吉日分封叔虞。成王说："我和他开玩笑罢了。"史佚说："天子无戏言。说出的话史官就把它记载下来，按礼仪完成它，奏乐歌唱它。"于是封叔虞在唐地。唐地在黄河、汾水的东边，方圆百里，所以称他唐叔虞。姓姬氏，字子于。

唐叔的儿子燮，就是晋侯。晋侯的儿子宁族，就是武侯。武侯的儿子服人，就是成侯。成侯的儿子福，就是厉侯。厉侯的儿子宜臼，就是靖侯。靖侯以来，年代可以推算。自唐叔到靖侯五世，没有他们

晋唐叔虞者，周武王子而成王弟。初，武王与叔虞母会时，梦天谓武王曰："余命女生子，名虞，余与之唐。"及生子，文在其手曰"虞"，故遂因命之曰虞。

武王崩，成王立，唐有乱，周公诛灭唐。成王与叔虞戏，削桐叶为珪以与叔虞，曰："以此封若。"史佚因请择日立叔虞。成王曰："吾与之戏耳。"史佚曰："天子无戏言。言则史书之，礼成之，乐歌之。"于是遂封叔虞于唐。唐在河、汾之东，方百里，故曰唐叔虞。姓姬氏，字子于。

唐叔子燮，是为晋侯。晋侯子宁族，是为武侯。武侯之子服人，是为成侯。成侯子福，是为厉侯。厉侯之子宜臼，是为靖侯。靖侯已来，年纪可推。

自唐叔至靖侯五世，无其年数。

靖侯十七年，周厉王迷惑暴虐，国人作乱，厉王出奔于彘，大臣行政，故曰“共和”。

十八年，靖侯卒，子釐侯司徒立。釐侯十四年，周宣王初立。十八年，釐侯卒，子献侯籍立。献侯十一年卒，子穆侯费王立。

穆侯四年，取齐女姜氏为夫人。七年，伐条。生太子仇。十年，伐千亩，有功。生少子，名曰成师。晋人师服曰：“异哉，君之命子也！太子曰仇，仇者雠也。少子曰成师，成师大号，成之者也。名，自命也；物，自定也。今適庶名反逆，此后晋其能毋乱乎？”

二十七年，穆侯卒，弟殇叔自立，太子仇出奔。殇叔三年，周宣王崩。四年，穆侯太子仇率其徒袭殇叔而立，是为文侯。

文侯十年，周幽王无道，犬戎杀幽王，周东徙，而秦襄公始列为诸侯。

三十五年，文侯仇卒，子昭侯伯立。

昭侯元年，封文侯弟成师

的年数。

靖侯十七年，周厉王昏聩暴虐，国人作乱，厉王逃奔到彘地，大臣们掌管政权，所以叫“共和”。

靖侯十八年，靖侯去世，儿子釐侯司徒即位。釐侯十四年，周宣王即位。釐侯十八年，釐侯去世，儿子献侯籍即位。献侯在位十一年去世，儿子穆侯费王即位。

穆侯四年，娶齐女姜氏为夫人。穆侯七年，讨伐条国。生下太子仇。穆侯十年，讨伐千亩，有战功。生下幼子，取名成师。晋人师服说：“奇怪啊，君主给儿子这样命名！太子叫仇，仇是仇恨的意思。幼子叫成师，成师是大名，是成就他的意思。名，是自己命名的；物，是自行安排的。如今嫡庶名字相反，此后晋国能不乱吗？”

穆侯二十七年，穆侯去世，弟弟殇叔自立为国君，太子仇出逃。殇叔三年，周宣王崩逝。殇叔四年，穆侯太子仇率领他的党羽袭击殇叔而自立为国君，就是文侯。

文侯十年，周幽王无道，犬戎诛杀幽王，周朝向东迁徙。秦襄公开始列为诸侯。

文侯三十五年，文侯仇去世，儿子昭侯伯即位。

昭侯元年，把曲沃封给文侯的弟弟成

师。曲沃领土比翼城大。翼，是晋君的都城。成师被封在曲沃，称为桓叔。靖侯的庶出之孙栾宾辅佐桓叔。桓叔这时五十八岁了，注重品德，晋国的民众都亲附他。君子说："晋国的纷乱在曲沃了。末枝大于根本而且得到民心，不乱还等什么！"

昭侯七年，晋国大臣潘父弑杀他的君主昭侯而迎接曲沃桓叔。桓叔想要入晋，晋人发兵攻打桓叔。桓叔战败，回到曲沃。晋人共同拥立昭侯的儿子平为国君，就是孝侯。诛杀潘父。

孝侯八年，曲沃桓叔去世，儿子鳝接替桓叔，就是曲沃庄伯。孝侯十五年，曲沃庄伯在翼邑弑杀国君晋孝侯。晋人攻打曲沃庄伯，庄伯又回到曲沃。晋人又立孝侯的儿子郄为君，就是鄂侯。

鄂侯二年，鲁隐公即位。鄂侯在位六年去世。曲沃庄伯听说晋鄂侯去世，就兴兵讨伐晋国。周平王派虢公率军讨伐曲沃庄伯，庄伯逃回曲沃驻守。晋人共同立鄂侯的儿子光为君，就是哀侯。

哀侯二年，曲沃庄伯去世，儿子称接任庄伯即位，就是曲沃武公。哀侯六年，鲁国人弑杀鲁国国君隐公。哀侯八年，晋国入侵陉廷。陉廷与曲沃武公谋划，哀侯

于曲沃。曲沃邑大于翼。翼，晋君都邑也。成师封曲沃，号为桓叔。靖侯庶孙栾宾相桓叔。桓叔是时年五十八矣，好德，晋国之众皆附焉。君子曰："晋之乱其在曲沃矣。末大于本，而得民心，不乱何待！"

七年，晋大臣潘父弑其君昭侯而迎曲沃桓叔。桓叔欲入晋，晋人发兵攻桓叔。桓叔败，还归曲沃。晋人共立昭侯子平为君，是为孝侯。诛潘父。

孝侯八年，曲沃桓叔卒，子鳝代桓叔，是为曲沃庄伯。孝侯十五年，曲沃庄伯弑其君晋孝侯于翼。晋人攻曲沃庄伯，庄伯复入曲沃。晋人复立孝侯子郄为君，是为鄂侯。

鄂侯二年，鲁隐公初立。鄂侯六年卒。曲沃庄伯闻晋鄂侯卒，乃兴兵伐晋。周平王使虢公将兵伐曲沃庄伯，庄伯走保曲沃。晋人共立鄂侯子光，是为哀侯。

哀侯二年，曲沃庄伯卒，子称代庄伯立，是为曲沃武公。哀侯六年，鲁弑其君隐公。哀侯八年，晋侵陉廷。陉廷与曲

沃武公谋，九年，伐晋于汾旁，虏哀侯。晋人乃立哀侯子小子为君，是为小子侯。

小子元年，曲沃武公使韩万杀所虏晋哀侯。曲沃益强，晋无如之何。

晋小子之四年，曲沃武公诱召晋小子杀之。周桓王使虢仲伐曲沃武公，武公入于曲沃，乃立晋哀侯弟缗为晋侯。

晋侯缗四年，宋执郑祭仲而立突为郑君。晋侯十九年，齐人管至父弑其君襄公。

晋侯二十八年，齐桓公始霸。曲沃武公伐晋侯缗，灭之，尽以其宝器赂献于周釐王。釐王命曲沃武公为晋君，列为诸侯，于是尽并晋地而有之。

曲沃武公已即位三十七年矣，更号曰晋武公。晋武公始都晋国，前即位曲沃，通年三十八年。

武公称者，先晋穆侯曾孙也，曲沃桓叔孙也。桓叔者，始封曲沃。武公，庄伯子也。自桓叔初封曲沃以至武公灭晋也，凡六十七岁，而卒代晋为诸侯。武公代晋二岁，卒。与

九年，在汾水边攻击晋人，俘虏哀侯。晋国人就立哀侯的儿子小子为国君，就是小子侯。

小子元年，曲沃武公派韩万杀了俘虏的晋哀侯。曲沃更加强大，晋国对它无可奈何。

晋小子四年，曲沃武公诱骗召来晋国小子并杀了他。周桓王派虢仲讨伐曲沃武公，武公回到曲沃，于是立晋哀侯弟弟缗为晋侯。

晋侯缗四年，宋国抓住郑国祭仲，而立突为郑君。晋侯十九年，齐人管至父弑杀齐国国君襄公。

晋侯二十八年，齐桓公开始称霸。曲沃武公讨伐晋侯缗，灭了他，把晋国的全部宝器用来贿赂周釐王。釐王命令曲沃武公做晋君，列于诸侯，于是曲沃武公尽数吞并占有晋国土地。

曲沃武公已经即位三十七年了，改号叫晋武公。晋武公开始以晋都为都，加上此前在曲沃的在位年数，共计三十八年。

武公称，是先君晋穆侯的曾孙，曲沃桓叔的孙子。桓叔是开始被封在曲沃的人。武公，是庄伯的儿子。从桓叔最初被封在曲沃直到武公灭掉晋国，共计六十七年，而最终代替晋国列为诸侯。武公取代晋君两年后去世，与在曲沃的在位年份合在一

起，武公在位共三十九年而去世。儿子献公诡诸即位。

献公元年，周惠王的弟弟穨攻打惠王，惠王出逃，居住在郑国的栎邑。

献公五年，讨伐骊戎，得到骊姬、骊姬的妹妹，她们都深得献公宠爱。

献公八年，士蒍劝说献公道："原晋国的公子众多，不诛杀，祸乱将起。"献公就派人尽杀诸公子，并在聚城建都城，命名为绛，开始以绛为都城。献公九年，晋国众公子已经逃奔到虢国，虢国因此再次讨伐晋国，没能攻下来。献公十年，晋国想讨伐虢国，士蒍说："暂且等待他们内乱。"

献公十二年，骊姬生下奚齐。献公有意废掉太子，于是说："曲沃是我的先祖宗庙所在的地方，而蒲邑邻近秦国，屈邑邻近翟国，不派我的儿子们驻守，我担忧啊。"于是派太子申生住在曲沃，公子重耳住在蒲邑，公子夷吾住在屈城。献公与骊姬的儿子奚齐住在绛城。晋国人因此知道太子不能即位。太子申生的母亲是齐桓公的女儿，叫齐姜，早亡。申生的同母妹妹是秦穆公的夫人。重耳的母亲，是翟国狐氏的女儿。夷吾的母亲，是重耳母亲的妹妹。献公有八个儿子，而太子申生、重耳、夷吾都贤能。直到献公娶了骊姬，就疏远了这三个儿子。

曲沃通年，即位凡三十九年而卒。子献公诡诸立。

献公元年，周惠王弟穨攻惠王，惠王出奔，居郑之栎邑。

五年，伐骊戎，得骊姬、骊姬弟，俱爱幸之。

八年，士蒍说公曰："故晋之群公子多，不诛，乱且起。"乃使尽杀诸公子，而城聚都之，命曰绛，始都绛。九年，晋群公子既亡奔虢，虢以其故再伐晋，弗克。十年，晋欲伐虢，士蒍曰："且待其乱。"

十二年，骊姬生奚齐。献公有意废太子，乃曰："曲沃吾先祖宗庙所在，而蒲边秦，屈边翟，不使诸子居之，我惧焉。"于是使太子申生居曲沃，公子重耳居蒲，公子夷吾居屈。献公与骊姬子奚齐居绛。晋国以此知太子不立也。太子申生，其母齐桓公女也，曰齐姜，早死。申生同母女弟为秦缪公夫人。重耳母，翟之狐氏女也。夷吾母，重耳母女弟也。献公子八人，而太子申生、重耳、夷吾皆有贤行。及得骊姬，乃远此三子。

十六年，晋献公作二军。公将上军，太子申生将下军，赵夙御戎，毕万为右，伐灭霍，灭魏，灭耿。还，为太子城曲沃，赐赵夙耿，赐毕万魏，以为大夫。士蒍曰："太子不得立矣。分之都城，而位以卿，先为之极，又安得立！不如逃之，无使罪至。为吴太伯，不亦可乎，犹有令名。"太子不从。卜偃曰："毕万之后必大。万，盈数也；魏，大名也。以是始赏，天开之矣。天子曰兆民，诸侯曰万民，今命之大，以从盈数，其必有众。"初，毕万卜仕于晋国，遇《屯》之《比》。辛廖占之曰："吉。《屯》固，《比》入，吉孰大焉。其后必蕃昌。"

十七年，晋侯使太子申生伐东山。里克谏献公曰："太子奉冢祀社稷之粢盛，以朝夕视君膳者也，故曰冢子。君行则守，有守则从，从曰抚军，守曰监国，古之制也。夫率师，专行谋也；誓军旅，君与国政之所图也，非太子之事

献公十六年，晋献公编制两支军队。献公掌管上军，太子申生掌管下军，赵夙驾驭兵车，毕万担任车右，攻伐灭掉了霍国，灭了魏国，灭了耿国。返回后，为太子在曲沃筑城，赐给赵夙耿地，赐给毕万魏地，任用他们为大夫。士蒍说："太子不会被立为国君了。分给他都城，让他位列卿位，先将他推上臣子的最高位，又如何能立他为国君呢！不如出逃，不让罪责降临。学习吴太伯，不也可以吗？还留个美名。"太子不肯。卜偃说："毕万的后世一定强大。万，是满数；魏，是大名号。把魏地赏赐给毕万，这是上天给他的福禄。天子称为兆民，诸侯称为万民，如今给他以大气名字命名的地方，又有满数相随，他的势力一定会壮大。"当初，毕万占卜晋国的仕途，遇到《屯》卦，变成《比》卦。辛廖占卜卦象说："吉利。《屯》是说坚固，《比》是说深入，还有比这更吉利的吗？他的后世必定繁荣昌盛。"

献公十七年，晋侯派太子申生讨伐东山。里克劝谏献公说："太子是供奉祭品，祭祀宗庙社稷，早晚照看国君饮食的人，所以称为冢子。国君外出太子就要留守，有留守之人太子就要随从，随从叫作抚军，留守叫作监国，这是自古以来的制度。统率军队，就是专门负责行军谋划；号令军队，是国君与执掌国政的大臣所谋划的

事，不是太子的事务。统领军队在于发号施令。事情向国君请示就没有了威严，擅自颁发命令就是不孝，所以国君的嗣子绝对不能统率军队。国君失去准则，太子统率军队不威严，还怎么任用他呢？"献公说："我有多个儿子，不知立谁为太子。"里克没有回答就退下去，见了太子。太子说："我会被废掉吗？"里克说："太子努力吧！国君让您掌管军队，怕的是您不能胜任，为什么废掉您呢？况且您担心的是不孝，不要害怕不被立。自己修身而不责备别人，就会免于灾祸。"太子统率军队，献公赐给他偏衣，给他佩带金玦。里克辞说有病，不跟随太子。太子于是讨伐东山。

献公十九年，献公说："当初，我的先君庄伯、武公平定晋国内乱，而虢国经常协助晋国攻打我们，又藏匿晋国逃亡的公子，果然作乱。不将其诛灭，会给子孙留下祸患。"就派荀息用屈地产的名马，向虞国借道。虞国借道给晋国，晋国就讨伐虢国，攻取下阳后归国。

献公私下对骊姬说："我想废掉太子，让奚齐取代他。"骊姬含泪说："太子的册立，诸侯都已经知道这件事，而且他数次统率军队，百姓亲附于他，怎么能因为我废嫡立庶呢？您若必须这样做，妾身就自杀。"骊姬佯装赞誉太子，却背地让人进关于太子的谗言，实际上是想立自己的

也。师在制命而已，禀命则不威，专命则不孝，故君之嗣適不可以帅师。君失其官，率师不威，将安用之？"公曰："寡人有子，未知其太子谁立。"里克不对而退，见太子。太子曰："吾其废乎？"里克曰："太子勉之！教以军旅，不共是惧，何故废乎？且子惧不孝，毋惧不得立。修己而不责人，则免于难。"太子帅师，公衣之偏衣，佩之金玦。里克谢病，不从太子。太子遂伐东山。

十九年，献公曰："始吾先君庄伯、武公之诛晋乱，而虢常助晋伐我，又匿晋亡公子，果为乱。弗诛，后遗子孙忧。"乃使荀息以屈产之乘假道于虞。虞假道，遂伐虢，取其下阳以归。

献公私谓骊姬曰："吾欲废太子，以奚齐代之。"骊姬泣曰："太子之立，诸侯皆已知之，而数将兵，百姓附之，奈何以贱妾之故废適立庶？君必行之，妾自杀也。"骊姬详誉太子，而阴令人谮恶太子，

而欲立其子。

二十一年，骊姬谓太子曰："君梦见齐姜，太子速祭曲沃，归釐于君。"太子于是祭其母齐姜于曲沃，上其荐胙于献公。献公时出猎，置胙于宫中。骊姬使人置毒药胙中。居二日，献公从猎来还，宰人上胙献公，献公欲飨之。骊姬从旁止之，曰："胙所从来远，宜试之。"祭地，地坟；与犬，犬死；与小臣，小臣死。骊姬泣曰："太子何忍也！其父而欲弑代之，况他人乎？且君老矣，旦暮之人，曾不能待而欲弑之！"谓献公曰："太子所以然者，不过以妾及奚齐之故。妾愿子母辟之他国，若早自杀，毋徒使母子为太子所鱼肉也。始君欲废之，妾犹恨之；至于今，妾殊自失于此。"太子闻之，奔新城。献公怒，乃诛其傅杜原款。或谓太子曰："为此药者乃骊姬也，太子何不自辞明之？"太子曰："吾君老矣，非骊姬，寝不安，食不甘。即辞之，君且怒之。不可。"或谓太子曰："可奔他

儿子。

献公二十一年，骊姬对太子说："君上梦见齐姜了，太子您速去曲沃祭祀，把祭肉献给君上。"太子于是前去曲沃祭祀他的母亲齐姜，把祭肉献给献公。献公当时外出狩猎，就把祭肉留在宫中。骊姬派人在祭肉中加入毒药。过了两日，献公狩猎归来，厨师把祭肉送给献公，献公想吃了这肉。骊姬在一旁阻止了他，说："祭肉来自远方，应当检验一下。"把祭肉放在地上，地面隆起；喂给狗，狗死了；给小臣吃，小臣死了。骊姬哭着说："太子为什么这般狠心！对自己的父亲都要杀了取代，何况是别人呢？况且国君已经老了，活在旦夕之间的人，都不能等待，却要杀了他！"她对献公说："太子之所以这样做，不过是因为妾身与奚齐。妾身希望我们母子能躲避到别的国，或者早些自杀，不想我们母子被太子像鱼肉一般残害。当初您想废掉他，妾身还对此遗憾；到如今，妾身深知这是我最大的过失。"太子听闻此事，逃奔到新城。献公发怒，于是诛杀太子的师傅杜原款。有人告知太子说："下这毒药的人就是骊姬，太子为什么不亲自去辩说清楚这件事呢？"太子说："我们君王老了，没了骊姬，睡不安稳，吃饭不香。即使辩明这件事，君王也会为此发怒。不可以。"有人对太子说："可投奔到他

国。"太子说："背着这个恶名出去,谁能容留我呢? 我只有自杀了。"十二月戊申日,申生在新城自杀。

这时重耳、夷吾前来朝见献公。有人告知骊姬说："两位公子忌恨骊姬进谗言逼死太子。"骊姬害怕,因此诬陷二位公子："申生在祭肉里下药,二位公子是知晓这件事的。"二位公子听闻骊姬诬陷,害怕,重耳逃奔到蒲城,夷吾逃奔到屈城,保守他们的城池,做好防范的准备。当初,献公命士芮为二位公子修筑蒲、屈两城,没有完工。夷吾将这件事禀报给献公,献公对士芮发了怒。士芮谢罪说："边城少有寇盗,还用得着城池吗?"退下后歌唱:"狐狸皮衣毛茸茸,一个国家三个主,我听命于谁呢!"最后修建了城墙。等到申生死去,二位公子也回去驻守他们的城池。

献公二十二年,献公为两位公子不辞而别而生气,认为他们确实与太子有阴谋,就派兵讨伐蒲城。蒲城人名叫勃鞮的宦官逼迫重耳,催他自杀。重耳翻越城墙,宦官追着砍下他的衣袖。重耳于是逃亡到翟国。献公派人讨伐屈邑,屈邑人据城防守,没攻下来。

这年,晋国又向虞国借道去讨伐虢国。虞国的大夫宫之奇劝谏虞君说："晋国不是非借道不可的,目的是要灭了虞国。"虞君说："晋国与我国同姓,应该不会攻

国。"太子曰："被此恶名以出,人谁内我? 我自杀耳。"十二月戊申,申生自杀于新城。

此时重耳、夷吾来朝。人或告骊姬曰："二公子怨骊姬谮杀太子。"骊姬恐,因谮二公子:"申生之药胙,二公子知之。"二子闻之,恐,重耳走蒲,夷吾走屈,保其城,自备守。初,献公使士芮为二公子筑蒲、屈,城弗就。夷吾以告公,公怒士芮。士芮谢曰:"边城少寇,安用之?"退而歌曰:"狐裘蒙茸,一国三公,吾谁适从!"卒就城。及申生死,二子亦归保其城。

二十二年,献公怒二子不辞而去,果有谋矣,乃使兵伐蒲。蒲人之宦者勃鞮命重耳促自杀。重耳逾垣,宦者追斩其衣袪。重耳遂奔翟。使人伐屈,屈城守,不可下。

是岁也,晋复假道于虞以伐虢。虞之大夫宫之奇谏虞君曰:"晋不可假道也,是且灭虞。"虞君曰:"晋我同姓,

不宜伐我。"宫之奇曰："太伯、虞仲，太王之子也，太伯亡去，是以不嗣。虢仲、虢叔，王季之子也，为文王卿士，其记勋在王室，藏于盟府。将虢是灭，何爱于虞？且虞之亲能亲于桓、庄之族乎？桓、庄之族何罪，尽灭之。虞之与虢，唇之与齿，唇亡则齿寒。"虞公不听，遂许晋。宫之奇以其族去虞。其冬，晋灭虢，虢公丑奔周。还，袭灭虞，虏虞公及其大夫井伯百里奚以媵秦穆姬，而修虞祀。荀息牵曩所遗虞屈产之乘马奉之献公，献公笑曰："马则吾马，齿亦老矣！"

二十三年，献公遂发贾华等伐屈，屈溃。夷吾将奔翟。冀芮曰："不可。重耳已在矣，今往，晋必移兵伐翟，翟畏晋，祸且及。不如走梁，梁近于秦，秦强，吾君百岁后可以求入焉。"遂奔梁。二十五年，晋伐翟，翟以重耳故，亦击晋于啮桑，晋兵解而去。

当此时，晋强，西有河西，

打我们。"宫之奇说："太伯、虞仲，是太王的儿子，太伯逃亡在外，所以没有继承君位。虢仲、虢叔，是王季的儿子，担任文王的卿士，他们的功勋记载在王室史册上，收藏在盟府中。晋国准备把虢国灭掉，怎么会爱重虞国呢？况且虞国、晋国的亲近能胜过桓叔、庄伯的家族吗？桓、庄的家族有什么罪过，要尽数被灭。虞国与虢国，就像唇与齿，唇亡则齿寒。"虞公不听，答应了晋国。宫之奇带上他的族人离开了虞国。这年冬天，晋国灭了虢国，虢公丑逃亡到周朝。晋军在返回途中，袭击灭掉了虞国，俘虏了虞公以及他的大夫井伯、百里奚，让他们作为秦穆姬的媵人，并接续虞国的祭祀。荀息牵着当初送给虞国的屈地的名马，献给献公，献公笑着说："马还是我的马，不过牙齿也老了！"

献公二十三年，献公最后派遣贾华等人讨伐屈邑，屈邑溃败。夷吾打算逃奔到翟国。冀芮说："不行，重耳已经在那里了，如今前往，晋国必定移兵讨伐翟国，翟国畏惧晋国，灾祸就会降临。不如去梁地，那里邻近秦国，秦国强大，我们君主去世以后，可以请求他们助您回国。"于是去了梁地。献公二十五年，晋国讨伐翟国，翟国出于重耳的缘故，也在啮桑迎击晋军，晋军撤兵而归。

此时，晋国强大起来，西边有河西，

与秦国毗邻,北边是翟国,东边到了河内地区。

骊姬的妹妹生下悼子。

献公二十六年夏天,齐桓公在葵丘大会诸侯。晋献公患病,去得晚,还没有到,碰上周王室的宰孔。宰孔说:"齐桓公日益骄横,不施行仁德,致力于经略远地,诸侯不满。您暂且不要去参加会盟,也不会把晋国如何。"献公也因患病,就又回国了。献公病重,就对荀息说:"我立奚齐为太子,他年幼,众臣子不信服,恐怕会发生祸乱,您能拥立他吗?"荀息说:"能。"献公说:"有什么作为凭证?"荀息答道:"即使您死而复生也不会感到后悔,我这活着的人也不会羞愧,以此为证吧。"于是献公把奚齐托付给荀息。荀息做了国相,主持国政。秋季九月,献公去世。里克、邳郑想接重耳回国,利用三位公子的党羽制造混乱,对荀息说:"三个怀有怨恨的人将要发动战乱了,秦国、晋国会援助他们,你将要怎么做?"荀息说:"我不能辜负先王遗命。"十月,里克在守丧之地杀死奚齐,献公尚未下葬。荀息想自杀,有人说不如拥立奚齐的弟弟悼子为国君并辅佐他。荀息立悼子为君,安葬献公。十一月,里克在朝堂弑杀悼子,荀息因此事而死。君子说:"《诗经》所说'白珪上的瑕疵还可以磨掉,许诺却不奉行的事绝不可以做',这说的应

与秦接境,北边翟,东至河内。

骊姬弟生悼子。

二十六年夏,齐桓公大会诸侯于葵丘。晋献公病,行后,未至,逢周之宰孔。宰孔曰:"齐桓公益骄,不务德而务远略,诸侯弗平。君弟毋会,毋如晋何。"献公亦病,复还归。病甚,乃谓荀息曰:"吾以奚齐为后,年少,诸大臣不服,恐乱起,子能立之乎?"荀息曰:"能。"献公曰:"何以为验?"对曰:"使死者复生,生者不惭,为之验。"于是遂属奚齐于荀息。荀息为相,主国政。秋九月,献公卒。里克、邳郑欲内重耳,以三公子之徒作乱,谓荀息曰:"三怨将起,秦、晋辅之,子将何如?"荀息曰:"吾不可负先君言。"十月,里克杀奚齐于丧次,献公未葬也。荀息将死之,或曰不如立奚齐弟悼子而傅之,荀息立悼子而葬献公。十一月,里克弑悼子于朝,荀息死之。君子曰:"《诗》所谓'白珪之玷,犹可磨也,斯言之玷,不可为也',其荀息之谓乎!不负其言。"初,

献公将伐骊戎，卜曰“齿牙为祸”。及破骊戎，获骊姬，爱之，竟以乱晋。

里克等已杀奚齐、悼子，使人迎公子重耳于翟，欲立之。重耳谢曰：“负父之命出奔，父死不得修人子之礼侍丧，重耳何敢入！大夫其更立他子。”还报里克，里克使迎夷吾于梁。夷吾欲往，吕省、郤芮曰：“内犹有公子可立者而外求，难信。计非之秦，辅强国之威以入，恐危。”乃使郤芮厚赂秦，约曰：“即得入，请以晋河西之地与秦。”乃遗里克书曰：“诚得立，请遂封子于汾阳之邑。”秦缪公乃发兵送夷吾于晋。齐桓公闻晋内乱，亦率诸侯如晋。秦兵与夷吾亦至晋，齐乃使隰朋会秦俱入夷吾，立为晋君，是为惠公。齐桓公至晋之高梁而还归。

惠公夷吾元年，使郤郑谢秦曰：“始夷吾以河西地许君，今幸得入立。大臣曰：‘地者先君之地，君亡在外，何以得擅许秦者？’寡人争之弗能得，

该是荀息吧！荀息没有辜负他的诺言。”

当初，献公将要讨伐骊戎，卜卦显示“祸乱来自谗言”。等到攻破骊戎，获得骊姬，宠爱她，竟然因此祸乱晋国。

里克等人已经杀了奚齐、悼子，派人去翟国接公子重耳，想拥立他为国君。重耳辞谢说：“我背负父命出逃，父亲去世不能以人子之礼服丧，我怎么敢回去！请大夫改立其他公子。”使者回来禀报里克，里克派人去梁国迎接夷吾。夷吾想回，吕省、郤芮说：“国内尚有可立的公子却在外寻求，难以相信。如果不去秦国，借助强国之威回国，恐怕会有危险。”于是派遣郤芮携重礼去贿赂秦国，商议说：“若能送公子回晋国，请让我们将晋国河西的土地送给秦国。”夷吾又给里克写信说：“若我能即位，就把汾阳城邑封给您。”秦穆公于是发兵护送夷吾回晋国。齐桓公听闻晋国内乱，也率领诸侯前往晋国。秦兵与夷吾也到了晋国，齐桓公就派遣隰朋和秦国军队一道护送夷吾回国，立他为晋国国君，就是惠公。齐桓公到达晋国的高梁就返回了。

惠公夷吾元年，派邳郑来秦国致歉道：“当初夷吾将河西之地许给君王，如今幸而得以回国即位。大臣说：‘土地乃先王的土地，您逃亡在外，怎么能擅自许给秦国呢？’我争执不过他们，所以向秦

国道歉。"也没有封给里克汾阳城邑，还夺了他的权力。四月，周襄王派周公忌父同齐国、秦国大夫一起拜访晋惠公。惠公因重耳在外，担心里克作乱，将里克赐死，对他说："没有里子您，寡人不会被立为王。虽然如此，您也杀了两位国君、一位大夫，做您这种臣子的君王，不也很难吗？"里克答道："没有我的破坏，您又怎能上位呢？要杀我，没有别的说辞了吗？竟然说这种话！我听命便是。"于是伏剑自杀。这时，邳郑去秦国道歉还没有返回，所以没有遇上祸难。

晋君改葬恭太子申生。秋天，狐突去曲沃，遇见申生，申生请狐突上车并对他说："夷吾不遵礼法，我要请求天帝，把晋国送给秦国，秦国将会祭祀我。"狐突回答说："我听说神灵不会接受别国的祭祀，您的祭祀不会断绝了吧？您仔细想想这件事。"申生说："是的，我要再请求天帝。十天后，新城西部将有一位巫者显现我。"狐突答应了他，申生不见了。狐突按时前去，果真见到申生，申生告诉他说："天帝答应责罚有罪的人了，夷吾将败于韩地。"小孩唱童谣说："恭太子改葬了，今后的十四年，晋国也不会昌盛，昌盛在兄长。"

邳郑出使秦国，听说里克被杀，就劝秦穆公说："吕省、郤称、冀芮，他们其

故谢秦。"亦不与里克汾阳邑，而夺之权。四月，周襄王使周公忌父会齐、秦大夫共礼晋惠公。惠公以重耳在外，畏里克为变，赐里克死。谓曰："微里子寡人不得立。虽然，子亦杀二君一大夫，为子君者不亦难乎？"里克对曰："不有所废，君何以兴？欲诛之，其无辞乎？乃言为此！臣闻命矣。"遂伏剑而死。于是邳郑使谢秦未还，故不及难。

晋君改葬恭太子申生。秋，狐突之下国，遇申生，申生与载而告之曰："夷吾无礼，余得请于帝，将以晋与秦，秦将祀余。"狐突对曰："臣闻神不食非其宗，君其祀毋乃绝乎？君其图之。"申生曰："诺，吾将复请帝。后十日，新城西偏将有巫者见我焉。"许之，遂不见。及期而往，复见，申生告之曰："帝许罚有罪矣，弊于韩。"儿乃谣曰："恭太子更葬矣，后十四年，晋亦不昌，昌乃在兄。"

邳郑使秦，闻里克诛，乃说秦缪公曰："吕省、郤称、

冀芮实为不从。若重赂与谋，出晋君，入重耳，事必就。"秦缪公许之，使人与归报晋，厚赂三子。三子曰："币厚言甘，此必邳郑卖我于秦。"遂杀邳郑及里克、邳郑之党七舆大夫。邳郑子豹奔秦，言伐晋，缪公弗听。

惠公之立，倍秦地及里克，诛七舆大夫，国人不附。二年，周使召公过礼晋惠公，惠公礼倨，召公讥之。

四年，晋饥，乞籴于秦。缪公问百里奚，百里奚曰："天灾流行，国家代有，救灾恤邻，国之道也。与之。"邳郑子豹曰："伐之。"缪公曰："其君是恶，其民何罪！"卒与粟，自雍属绛。

五年，秦饥，请籴于晋。晋君谋之，庆郑曰："以秦得立，已而倍其地约。晋饥而秦贷我，今秦饥请籴，与之何疑？而谋之！"虢射曰："往年天以晋赐秦，秦弗知取而贷我。今天以秦赐晋，晋其可以逆天乎？遂伐之。"惠公用虢射谋，不

实不认同夷吾。若用厚礼贿赂他们，让他们背叛晋君，接回重耳，事情必定成功。"秦穆公答应了，派人跟着他回去禀报晋国，用厚礼贿赂三位大臣。三位大臣说："礼物丰厚，言语中听，这必定是邳郑在秦国出卖了我们。"于是三人杀了邳郑和里克、邳郑的同党七舆大夫。邳郑的儿子邳豹逃奔到秦国，要求讨伐晋国，秦穆公没有听从。

惠公即位后，违背对秦国及里克的约定，诛杀七舆大夫，国人不归附他。惠公二年，周王室派召公过礼待晋惠公，惠公礼仪倨傲，召公嘲讽他。

惠公四年，晋国饥荒，向秦国请求购买粮食。穆公询问百里奚，百里奚说："天灾流行，各国都会出现，救济灾难，抚恤邻国，是国家的道义。卖给他们吧。"邳郑的儿子邳豹说："讨伐他们。"穆公说："他们的国君确实罪恶，他们的百姓有什么罪过！"秦国最终卖给晋国粮食，运粮车从雍城连到绛都。

惠公五年，秦国发生饥荒，向晋国请求购买粮食。晋君与大臣们商议这件事，庆郑说："您靠秦国才能继位，而之后又违背送给他们土地的约定。晋国有饥荒而秦国卖粮食给我们，如今秦国因饥荒请求购买粮食，卖给他们粮食还有什么犹豫的？还要商议这件事！"虢射说："当初上天想把晋国赐给秦国，秦国不要，反

而卖给我们粮食。现在上天把秦国赐给晋国，晋国难道可以违背上天吗？应该讨伐它。"惠公采纳虢射的主意，不卖给秦国粮食，还将要发兵讨伐秦国。秦国大怒，也发兵讨伐晋国。

惠公六年春天，秦穆公率军讨伐晋国。晋惠公对庆郑说："秦军深入我国边境了，该怎么办？"庆郑说："秦国助您回国，您却违背约定不给秦国土地；晋国饥荒时秦国运来粮食，秦国有饥荒而晋国背叛它，还想趁秦国饥荒讨伐它：他们深入我们领地不也是应该的吗！"晋君占卜车上的庆郑等人，都吉利。惠公说："庆郑无礼。"就改让步阳驾驭兵车，家仆徒担任护卫，进军。九月壬戌日，秦穆公、晋惠公在韩原交战。惠公的马陷入泥潭不能前行，秦军到达，惠公情势窘迫，召庆郑为他驾车。庆郑说："不听信占卜，失败不也是应当的吗！"于是离去。改让梁繇靡驾车，虢射为护卫，迎战秦穆公。穆公的壮士奋勇打败晋军，晋军战败，没有抓到秦穆公，反而晋公被秦国擒获回秦国。秦国将要用他祭祀上帝。晋君的姐姐是穆公的夫人，她身穿丧服痛哭流涕。穆公说："得到晋侯是件乐事，如今竟成了这样。况且我听说箕子当初见唐叔受封时，说'他的后代一定能壮大'，晋国怎么会灭亡呢！"秦穆公就与晋侯在王城会盟，允

与秦粟，而发兵且伐秦。秦大怒，亦发兵伐晋。

六年春，秦缪公将兵伐晋。晋惠公谓庆郑曰："秦师深矣，奈何？"郑曰："秦内君，君倍其赂；晋饥秦输粟，秦饥而晋倍之，乃欲因其饥伐之：其深，不亦宜乎！"晋卜御右，庆郑皆吉。公曰："郑不孙。"乃更令步阳御戎，家仆徒为右，进兵。九月壬戌，秦缪公、晋惠公合战韩原。惠公马鸷不行，秦兵至，公窘，召庆郑为御。郑曰："不用卜，败，不亦当乎！"遂去。更令梁繇靡御，虢射为右，辂秦缪公。缪公壮士冒败晋军，晋军败，遂失秦缪公，反获晋公以归。秦将以祀上帝。晋君姊为缪公夫人，衰绖涕泣。公曰："得晋侯将以为乐，今乃如此。且吾闻箕子见唐叔之初封，曰'其后必当大矣'，晋庸可灭乎！"乃与晋侯盟王城而许之归。晋侯亦使吕省等报国人曰："孤虽

得归，毋面目见社稷，卜日立子圉。"晋人闻之，皆哭。秦缪公问吕省："晋国和乎？"对曰："不和。小人惧失君亡亲，不惮立子圉，曰'必报仇，宁事戎、狄'。其君子则爱君而知罪，以待秦命，曰'必报德'。有此二，故不和。"于是秦缪公更舍晋惠公，馈之七牢。十一月，归晋侯。晋侯至国，诛庆郑，修政教。谋曰："重耳在外，诸侯多利内之。"欲使人杀重耳于狄。重耳闻之，如齐。

八年，使太子圉质秦。初，惠公亡在梁，梁伯以其女妻之，生一男一女。梁伯卜之，男为人臣，女为人妾，故名男为圉，女为妾。

十年，秦灭梁。梁伯好土功，治城沟，民力罢，怨，其众数相惊，曰"秦寇至"，民恐惑，秦竟灭之。

十三年，晋惠公病，内有数子。太子圉曰："吾母家在梁，

许他回国。晋侯也派吕省等人告诉国人说："我虽然可以归国，但没面目去见社稷，占卜吉日立子圉为君。"晋国人听说这件事后，都在哭。秦穆公问吕省："晋国和睦吗？"吕省回答说："不和睦。民众都害怕失去君主和亲人，不惜拥立子圉，说'一定要报仇，宁可为戎、狄做事'。那些贵族则爱护国君，但知道自己有罪过，就等待秦国命令，说'必定报答恩德'。有这两种想法，不和睦。"这时候秦穆公给晋惠公换了住处，赠给他猪、牛、羊各七头。十一月，送晋侯回国。晋侯回到国内，诛杀庆郑，修明政治，施行教化。晋侯和大臣谋划说："重耳在外，诸侯大多认为送他回国有利。"晋侯想派人到狄地杀重耳。重耳听说了这件事，就投奔齐国。

惠公八年，晋君派太子圉到秦国做人质。当初，惠公逃亡到梁国，梁伯将女儿嫁给他为妻，生下一男一女。梁伯为他们占卜，男的会为人臣仆，女的会给人做妾，所以取名男孩叫圉，女孩叫妾。

惠公十年，秦国灭掉梁国。梁伯喜欢大兴土木，修治城墙沟渠，民力耗竭，人民怨恨，那里的百姓经常受到惊吓，传言说"秦人来侵略了"，民众惊恐惶惑，梁国最终被秦国灭掉。

惠公十三年，晋惠公患病，他有几个儿子。太子圉说："我母亲家在梁国，如

今梁国已经被秦国灭亡，我在外被秦国轻视，在内又得不到援助。国君若病卧不起，大夫们很容易改立其他公子。"于是与他的妻子商量一起逃回去。秦国女子说："您是一国太子，在此受辱。秦国让我服侍您，是为稳住您的心。您逃跑吧，我不随您走，也不敢泄露您的行踪。"太子圉于是逃回晋国。惠公十四年九月，惠公去世，太子圉即位，就是怀公。

太子圉逃走，秦国怨恨他，就寻找公子重耳，想送他回国。太子圉即位，畏惧秦国会来讨伐，就命令国内跟着重耳逃亡的人们限期回国，到期不回来的人，就杀尽他的家人。狐突的儿子狐毛及狐偃都跟从重耳在秦国，不肯回去。怀公恼怒，囚禁了狐突。狐突说："我儿子侍奉重耳有几年了，现在召回来，是教他们背叛君上，怎么能这样教他们呢？"怀公最终杀了狐突。秦穆公于是发兵护送重耳回国，派人告知栾氏、郤氏的同党，让他们做内应，在高梁杀死怀公，然后护送重耳回国。重耳即位，就是晋文公。

晋文公重耳，是晋献公的儿子。自幼喜好结交士人，十七岁时，拥有贤士五人：赵衰；狐偃咎犯，是文公的舅父；贾佗；先轸；魏武子。自献公做太子时，重耳就已经长大成人了。献公即位，重耳二十一岁。献公十三年，出于骊姬的缘故，重耳

梁今秦灭之，我外轻于秦而内无援于国。君即不起病，大夫轻更立他公子。"乃谋与其妻俱亡归。秦女曰："子一国太子，辱在此。秦使婢子侍，以固子之心。子亡矣，我不从子，亦不敢言。"子圉遂亡归晋。十四年九月，惠公卒，太子圉立，是为怀公。

子圉之亡，秦怨之，乃求公子重耳，欲内之。子圉之立，畏秦之伐也，乃令国中诸从重耳亡者与期，期尽不到者尽灭其家。狐突之子毛及偃从重耳在秦，弗肯召。怀公怒，囚狐突。突曰："臣子事重耳有年数矣，今召之，是教之反君也，何以教之？"怀公卒杀狐突。秦缪公乃发兵送内重耳，使人告栾、郤之党为内应，杀怀公于高梁，入重耳。重耳立，是为文公。

晋文公重耳，晋献公之子也。自少好士，年十七，有贤士五人：曰赵衰；狐偃咎犯，文公舅也；贾佗；先轸；魏武子。自献公为太子时，重耳固已成人矣。献公即位，重耳年

二十一。献公十三年，以骊姬故，重耳备蒲城守秦。献公二十一年，献公杀太子申生，骊姬谗之，恐，不辞献公而守蒲城。献公二十二年，献公使宦者履鞮趣杀重耳。重耳逾垣，宦者逐斩其衣袪。重耳遂奔狄。狄，其母国也。是时重耳年四十三。从此五士，其余不名者数十人，至狄。

狄伐咎如，得二女：以长女妻重耳，生伯鯈、叔刘；以少女妻赵衰，生盾。居狄五岁而晋献公卒，里克已杀奚齐、悼子，乃使人迎，欲立重耳。重耳畏杀，因固谢，不敢入。已而晋更迎其弟夷吾立之，是为惠公。惠公七年，畏重耳，乃使宦者履鞮与壮士欲杀重耳。重耳闻之，乃谋赵衰等曰："始吾奔狄，非以为可用与，以近易通，故且休足。休足久矣，固愿徙之大国。夫齐桓公好善，志在霸王，收恤诸侯。今闻管仲、隰朋死，此亦欲得贤佐，盍往乎？"于是遂行。重耳谓其妻曰："待我二十五年，不来乃嫁。"其妻笑曰："犁二十五年，

到蒲城防守秦军。献公二十一年，献公杀了太子申生，骊姬说他们的坏话，重耳恐惧，没有向献公告辞就去驻守蒲城。献公二十二年，献公派宦官履鞮速速追杀重耳。重耳翻越墙垣，宦官追着砍下他的衣袖。重耳于是逃往狄国。狄国，是他母亲的国家。这时重耳四十三岁。重耳带着这五位贤士，以及其余不知名的几十人，到达狄国。

狄国讨伐咎如，俘获两名女子：把年长的嫁给重耳为妻，生下伯鯈、叔刘；把年小的嫁给赵衰为妻，生下赵盾。留居狄国五年，晋献公去世，里克已经杀了奚齐、悼子，就派人迎接重耳，想立他为君。重耳害怕被杀，因此坚决拒绝，不敢回去。不久，晋人改迎重耳的弟弟夷吾，立为国君，就是惠公。惠公七年，畏惧重耳，就派宦官履鞮和勇士去杀重耳。重耳听说此事，就与赵衰等人谋划说："当初我逃到狄国，不是因为可以利用这里，而是因为距离晋国近，容易到达，所以暂且歇脚。歇脚时间久了，还是希望去大国。齐桓公乐于为善，志在称霸，收留抚恤诸侯。如今听说管仲、隰朋死去，齐国想得到贤士辅佐，为何不去那里呢？"于是就出发了。重耳对他的妻子说："你等我二十五年，我没回来，你再改嫁。"他的妻子笑

着说："等二十五年，我坟头的柏树都长大了。即使如此，妾身等您。"重耳留居狄国十二年才离去。

经过卫国，卫文公无礼。离去，路过五鹿，饥饿时就向郊野之人乞讨食物，郊野之人在器具中放了土块送给他。重耳很愤怒。赵衰说："土，是表示拥有土地，您应当拜谢接受。"

到达齐国，齐桓公以厚礼待重耳，而且把宗族之女嫁给他为妻，还给他马二十乘，重耳在齐国安于现状。重耳到齐国两年，桓公去世，适逢竖刀等人为乱，齐孝公即位，诸侯军队多次到来。留在齐国共五年。重耳宠爱齐女，没有离去之心。赵衰、咎犯在桑树下谋划动身之事，齐女的侍者在桑树上听到他们的谈话，把内容告知她的主人。齐女却杀了侍者，劝重耳赶紧动身。重耳说："人生来安于享乐，哪还知道其他事！我一定要死在这里，离不开这里。"齐女说："您是一国公子，窘迫之时来到此处，数位随你而来的士人把您当作他们的生命。您不赶快回国，报答劳碌的臣子，却贪恋女色，我为您感到羞愧。而且不去追求，何时能成功？"于是齐女与赵衰等人谋划，灌醉重耳，用车载着他走了。走得远了，重耳才醒过来，大怒，操戈要杀咎犯。咎犯说："杀了我而成全您，是我的愿望。"重耳说："事情

吾冢上柏大矣。虽然，妾待子。"重耳居狄凡十二年而去。

过卫，卫文公不礼。去，过五鹿，饥而从野人乞食，野人盛土器中进之。重耳怒。赵衰曰："土者，有土也，君其拜受之。"

至齐，齐桓公厚礼，而以宗女妻之，有马二十乘，重耳安之。重耳至齐二岁而桓公卒，会竖刀等为内乱，齐孝公之立，诸侯兵数至。留齐凡五岁。重耳爱齐女，毋去心。赵衰、咎犯乃于桑下谋行。齐女侍者在桑上闻之，以告其主。其主乃杀侍者，劝重耳趣行。重耳曰："人生安乐，孰知其他！必死于此，不能去。"齐女曰："子一国公子，穷而来此，数士者以子为命。子不疾反国，报劳臣，而怀女德，窃为子羞之。且不求，何时得功？"乃与赵衰等谋，醉重耳，载以行。行远而觉，重耳大怒，引戈欲杀咎犯。咎犯曰："杀臣成子，偃之愿也。"重耳曰："事不成，我食舅氏之肉。"咎犯曰："事

不成，犯肉腥臊，何足食！"
乃止，遂行。

过曹，曹共公不礼，欲观
重耳骈胁。曹大夫釐负羁曰：
"晋公子贤，又同姓，穷来过
我，奈何不礼！"共公不从其谋。
负羁乃私遗重耳食，置璧其下。
重耳受其食，还其璧。

去，过宋。宋襄公新困兵
于楚，伤于泓，闻重耳贤，乃
以国礼礼于重耳。宋司马公孙
固善于咎犯，曰："宋小国新困，
不足以求入，更之大国。"乃去。

过郑，郑文公弗礼。郑叔
瞻谏其君曰："晋公子贤，而
其从者皆国相，且又同姓。郑
之出自厉王，而晋之出自武
王。"郑君曰："诸侯亡公子
过此者众，安可尽礼！"叔瞻
曰："君不礼，不如杀之，且
后为国患。"郑君不听。

重耳去，之楚，楚成王以
适诸侯礼待之，重耳谢不敢
当。赵衰曰："子亡在外十

不能成功，我吃了舅舅你的肉。"咎
犯说："事情不能成功，我的肉味腥
臊，怎么值当吃！"于是作罢，继续前行。

重耳经过曹国，曹共公无礼，想看重
耳长成一块的肋骨。曹国大夫釐负羁说：
"晋公子贤能，又是同姓，落魄之时路过
我地，怎么能对他无礼呢！"共公不听他
的意见。负羁就私下赠送重耳食物，在下
面藏了一块玉璧。重耳接受他的食物，归
还了他的玉璧。

重耳离开曹国，路过宋国。宋襄公刚
被楚军围困，在泓水边受伤，听说重耳贤能，
就用国礼接见重耳。宋国司马公孙固与咎
犯交好，说："宋是小国，刚受困，不能
帮助您回晋国，改投大国吧。"于是重耳
等人离去。

重耳经过郑国，郑文公无礼。郑叔瞻
劝谏他的国君说："晋公子贤能，而他的
随从人员都是可做国相的人，而且晋国公
室又是我们同姓。郑国国君出自周厉王，
而晋国国君出自周武王。"郑君说："诸
侯国逃亡的公子途经我国的众多，怎么能
全都以礼相待！"叔瞻说："您不能以礼
相待，不如杀了他，不然将会成为郑国祸
患。"郑君不听。

重耳离开郑国，去楚国，楚成王用对
待诸侯的礼节对待他，重耳辞谢不敢接受。
赵衰说："您逃亡在外十多年，小国轻视

您，何况大国呢？如今楚国是大国而坚持礼遇您，您不要辞让了，这是上天在为您开路。"于是用客礼会见成王。成王厚待重耳，重耳很谦卑。成王说："您如果回到晋国，拿什么报答寡人呢？"重耳说："羽毛、皮毛、兽牙、兽角、玉器、丝帛，君王这些都有剩余，不知道拿什么来报答君王。"成王说："就算是这样，用什么报答我？"重耳说："假使不得已，与君王在平原广泽以兵车相遇，请允许我为君王退避三舍。"楚国将领子玉发怒说："君王待晋公子够好了，如今重耳出言不逊，我请求杀死他。"成王说："晋公子贤能而被困在外很久，随从人员都是国家贤才，这是上天安排的，怎么能杀他呢？况且他不这样说还能说什么呢！"重耳留居楚国数月，而晋太子圉逃亡到秦国，秦国怨恨他；听说重耳在楚国，于是召见他。成王说："楚国位置偏远，要辗转几个国家才到达晋国。秦国与晋国接壤，秦君贤德，您上路吧！"以厚礼送走重耳。

重耳到达秦国，穆公把五名宗室女子嫁给重耳为妻，子圉原来的妻子也在其中。重耳不想接受，司空季子说："都要去讨伐他的国家了，何必在乎他原来的妻子呢！况且接受与秦国结亲来请求送您回国，您竟拘于小礼，忘了大的羞耻吗！"于是接受五名女子。穆公大为高兴，与重

余年，小国轻子，况大国乎？今楚大国而固遇子，子其毋让，此天开子也。"遂以客礼见之。成王厚遇重耳，重耳甚卑。成王曰："子即反国，何以报寡人？"重耳曰："羽毛齿角玉帛，君王所余，未知所以报。"王曰："虽然，何以报不谷？"重耳曰："即不得已，与君王以兵车会平原广泽，请辟王三舍。"楚将子玉怒曰："王遇晋公子至厚，今重耳言不孙，请杀之。"成王曰："晋公子贤而困于外久，从者皆国器，此天所置，庸可杀乎？且言何以易之！"居楚数月，而晋太子圉亡秦，秦怨之；闻重耳在楚，乃召之。成王曰："楚远，更数国乃至晋。秦晋接境，秦君贤，子其勉行！"厚送重耳。

重耳至秦，缪公以宗女五人妻重耳，故子圉妻与往。重耳不欲受，司空季子曰："其国且伐，况其故妻乎！且受以结秦亲而求入，子乃拘小礼，忘大丑乎！"遂受。缪公大欢，与重耳饮。赵衰歌《黍苗》诗。

缪公曰："知子欲急反国矣。"赵衰与重耳下，再拜曰："孤臣之仰君，如百谷之望时雨。"是时晋惠公十四年秋。惠公以九月卒，子圉立。十一月，葬惠公。十二月，晋国大夫栾、郤等闻重耳在秦，皆阴来劝重耳、赵衰等反国，为内应甚众。于是秦缪公乃发兵与重耳归晋。晋闻秦兵来，亦发兵拒之。然皆阴知公子重耳入也。唯惠公之故贵臣吕、郤之属不欲立重耳。重耳出亡凡十九岁而得入，时年六十二矣，晋人多附焉。

文公元年春，秦送重耳至河。咎犯曰："臣从君周旋天下，过亦多矣。臣犹知之，况于君乎？请从此去矣。"重耳曰："若反国，所不与子犯共者，河伯视之！"乃投璧河中，以与子犯盟。是时介子推从，在船中，乃笑曰："天实开公子，而子犯以为己功而要市于君，固足羞也。吾不忍与同位。"乃自隐。渡河。秦兵围令狐，晋军于庐柳。二月辛丑，咎犯与秦晋大夫盟于郇。壬寅，

耳饮酒。赵衰歌唱《黍苗》诗篇。穆公说："知道你急于返回国家了。"赵衰与重耳离开座席，拜了两拜说："孤立无助的臣子仰赖您，就像百谷盼望及时雨一样。"这时是晋惠公十四年秋天。惠公在九月去世，子圉即位。十一月，安葬惠公。十二月，晋国大夫栾氏、郤氏等人听说重耳在秦国，都暗中来劝说重耳、赵衰等人回国，做内应的人很多。于是秦穆公就发兵与重耳返回晋国。晋国听说秦兵来，也发兵抵御他们。然而他们暗中都知道公子重耳回国了。只有惠公的旧时贵臣吕省、郤芮这些人不想立重耳。重耳在外逃亡共十九年才得以回国，这时已经六十二岁了，晋人大多亲附他。

文公元年春天，秦国护送重耳到达黄河。咎犯说："我跟从您周游天下，过错也很多了。我自己都知道这些过错，何况是您呢？我从此离去好了。"重耳说："若我回国，有不与您同心的地方，河伯见证！"于是把玉璧沉入河中，与子犯盟誓。这时介子推随从，在船中，就笑着说："实在是上天为公子开拓事业，而子犯以为是自己的功劳，向君王邀功，实在让人羞耻。我不能忍受与他同列。"于是自己隐居起来，渡过黄河。秦军围攻令狐，晋军驻扎在庐柳。二月辛丑日，咎犯与秦国和晋国的大夫在郇地盟约。壬寅日，重耳进入晋师掌管军队。

丙午日，进入曲沃。丁未日，朝拜武公之庙，即位为晋君，就是文公。群臣都前往。怀公围投奔高梁。戊申日，派人杀了怀公。

怀公的旧大臣吕省、郤芮原本不归附文公，文公即位，他们恐怕被诛，就想与他们的党徒合谋烧掉文公的宫室，杀死文公。文公不知晓。当初曾想杀死文公的宦官履鞮却知道这个阴谋，想把这个阴谋告知文公，以弥补先前的罪责，求见文公。文公不见，派人责备他说："蒲城的事上，你砍断我衣袖。这以后我随狄君狩猎，你替惠公前来杀我。惠公给你三天期限到达，而你一天便到，为何如此迅速？你自己想想吧。"宦官履鞮说："臣是受过宫刑之人，不敢对君主有二心，背叛主君，所以得罪于您。您已经回国，难道就没有蒲城、翟地这样的事了吗？况且管仲射中齐桓公小白的带钩，而桓公不记仇，任用他，最终称霸。如今我这受刑余之人有事禀报，而您不见，灾祸要降临了。"于是召见了他，他就把吕省、郤芮等人的阴谋告知文公。文公想召见吕省、郤芮。吕省、郤芮等人党羽众多，文公怕刚刚回国，国人就出卖自己，于是微服出行，在王城会见秦穆公，国中没有人知晓。三月己丑日，吕省、郤芮等人果然造反，焚烧文公宫室，没有抓到文公。文公的护卫与他们作战，吕省、

重耳入于晋师。丙午，入于曲沃。丁未，朝于武宫，即位为晋君，是为文公。群臣皆往。怀公围奔高梁。戊申，使人杀怀公。

怀公故大臣吕省、郤芮本不附文公，文公立，恐诛，乃欲与其徒谋烧公宫，杀文公。文公不知。始尝欲杀文公宦者履鞮知其谋，欲以告文公，解前罪，求见文公。文公不见，使人让曰："蒲城之事，女斩予袪。其后我从狄君猎，女为惠公来求杀我。惠公与女期三日至，而女一日至，何速也？女其念之。"宦者曰："臣刀锯之余，不敢以二心事君倍主，故得罪于君。君已反国，其毋蒲、翟乎？且管仲射钩，桓公以霸。今刑余之人以事告而君不见，祸又且及矣。"于是见之，遂以吕、郤等告文公。文公欲召吕、郤，吕、郤等党多，文公恐初入国，国人卖己，乃为微行，会秦缪公于王城，国人莫知。三月己丑，吕、郤等果反，焚公宫，不得文公。文公之卫徒与战，吕、郤等引兵欲奔，秦缪公诱吕、郤等，杀之河上，

晋国复而文公得归。夏，迎夫人于秦，秦所与文公妻者卒为夫人。秦送三千人为卫，以备晋乱。

文公修政，施惠百姓。赏从亡者及功臣，大者封邑，小者尊爵。未尽行赏，周襄王以弟带难出居郑地，来告急晋。晋初定，欲发兵，恐他乱起，是以赏从亡。未至隐者介子推。推亦不言禄，禄亦不及。推曰："献公子九人，唯君在矣。惠、怀无亲，外内弃之；天未绝晋，必将有主，主晋祀者，非君而谁？天实开之，二三子以为己力，不亦诬乎？窃人之财，犹曰是盗，况贪天之功以为己力乎？下冒其罪，上赏其奸，上下相蒙，难与处矣！"其母曰："盍亦求之，以死，谁怼？"推曰："尤而效之，罪有甚焉。且出怨言，不食其禄。"母曰："亦使知之，若何？"对曰："言，身之文也；身欲隐，安用文之？文之，是求显也。"其母曰："能如此乎？与女偕

郤芮想引兵逃跑，秦穆公引诱吕省、郤芮等人，在黄河边上诛杀了他们，晋国安定而文公得以归国。夏天，从秦国接回夫人，秦国送给文公为妻的女子最终成为他的夫人。秦国送三千人作为护卫，用来防备晋国生乱。

文公修明政务，向百姓施布恩惠。赏赐随从逃亡的人员及功臣，功大的封邑，功小的授爵位。没来得及全部行赏，周襄王因弟弟带发难而出逃，居住在郑地，来向晋国告急。晋国刚安定，想发兵，又怕其他祸乱发生，所以赏赐随从逃亡的人还没轮到隐居的介子推。介子推也不提俸禄，俸禄也没有赏赐到他。介子推说："献公的儿子有九人，只有国君在世了。惠公、怀公没有亲信，国内外都抛弃他们；上天没有断绝晋国祭祀，必将会有君主，主持晋国祭祀的人，不是国君又会是谁？上天庇佑您，那几人以为是自己的功劳，不也很荒谬吗？窃取别人财富的人还被说是盗贼，何况贪图上天的功劳，将其当作自己功劳的人？臣下冒充功劳，君上赏赐他们的奸诈，上下相互蒙骗，难以与他们相处！"他的母亲说："何不也去请求赏赐，若因此死去，能怨谁呢？"介子推说："我再去效仿他们，罪过就更加深重了。而且说出了怨言，不能吃他给的俸禄。"母亲说："也该让他知道实情，怎么样？"介

子推回答说:"语言,是身体行为的装饰;我身体想隐蔽,哪里用得着文辞装饰呢?用文辞装饰,那是要追求显赫了。"他的母亲说:"能做到这样吗?我与你一起隐居吧。"他们到死没再出现。

介子推的随从怜悯他,就在宫门上悬挂字幅说:"龙想上天,五条蛇作为辅佐。龙已经升入云端,四条蛇分别进入自己的庙宇,一条蛇独自哀怨,始终不见自己的处所。"文公出来,看见字幅,说:"这是说介子推啊。我正在担忧王室之事,还没考虑他的功劳。"派人召见他,他已经逃走。于是寻求他的住所,听说他进入绵上山中。于是文公把环绕绵上山中的土地封赏给他,以此作为介子推的封地,称介山,说:"这是用来铭记我的过失,并且表彰有德之人的。"

跟随文公逃亡的贱臣壶叔说:"君主三次行赏,赏赐没有涉及我,斗胆请问我有什么罪。"文公回报说:"以仁义引导我,以恩惠规范我,这样的人受一等封赏。以行动辅佐我,最终成功立业,这样的人受二等封赏。冒着矢石的阵前之难,建立汗马功劳,这样的人受三等封赏。如果是以力气侍奉我而又没有补救我的过失,这样的人受四等封赏。三次封赏之后,才能轮到您。"晋人听说这话,都很高兴。

文公二年春天,秦军驻扎在黄河边上,

隐。"至死不复见。

介子推从者怜之,乃悬书宫门曰:"龙欲上天,五蛇为辅。龙已升云,四蛇各入其宇,一蛇独怨,终不见处所。"文公出,见其书,曰:"此介子推也。吾方忧王室,未图其功。"使人召之,则亡。遂求所在,闻其入绵上山中,于是文公环绵上山中而封之,以为介推田,号曰介山,"以记吾过,且旌善人"。

从亡贱臣壶叔曰:"君三行赏,赏不及臣,敢请罪。"文公报曰:"夫导我以仁义,防我以德惠,此受上赏。辅我以行,卒以成立,此受次赏。矢石之难,汗马之劳,此复受次赏。若以力事我而无补吾缺者,此复受次赏。三赏之后,故且及子。"晋人闻之,皆说。

二年春,秦军河上,将入王。

赵衰曰："求霸莫如入王尊周。周晋同姓，晋不先入王，后秦入之，毋以令于天下。方今尊王，晋之资也。"三月甲辰，晋乃发兵至阳樊，围温，入襄王于周。四月，杀王弟带。周襄王赐晋河内阳樊之地。

四年，楚成王及诸侯围宋，宋公孙固如晋告急。先轸曰："报施定霸，于今在矣。"狐偃曰："楚新得曹而初婚于卫，若伐曹、卫，楚必救之，则宋免矣。"于是晋作三军。赵衰举郤縠将中军，郤臻佐之；使狐偃将上军，狐毛佐之，命赵衰为卿；栾枝将下军，先轸佐之；荀林父御戎，魏犫为右：往伐。冬十二月，晋兵先下山东，而以原封赵衰。

五年春，晋文公欲伐曹，假道于卫，卫人弗许。还自河南度，侵曹，伐卫。正月，取五鹿。二月，晋侯、齐侯盟于敛盂。卫侯请盟晋，晋人不许。卫侯欲与楚，国人不欲，故出其君以说晋。卫侯居襄牛，公子买守卫。楚救卫，不卒。晋

将送周王回朝。赵衰说："建立霸业莫过于送回周王，尊崇周室。周王室与晋国同姓，晋国不先送周王入国，而后秦国送入，晋国就无法号令天下。当今尊崇周王，是晋国的资本。"三月甲辰日，晋国于是发兵到达阳樊，围困温国，送襄王入周。四月，诛杀襄王的弟弟带。周襄王赏赐晋国河内、阳樊的土地。

文公四年，楚成王及诸侯围攻宋国，宋国公孙固到晋国告急。先轸说："回报恩德，成就霸业，就在今日了。"狐偃说："楚国刚得到曹国，而且刚与卫国通婚，若讨伐曹国、卫国，楚国必定援救他们，那么宋国就不会被围攻了。"这时候晋国分作三军。赵衰举荐郤縠率领中军，郤臻辅助他；派狐偃率领上军，狐毛辅助他，令赵衰为卿；栾枝率领下军，先轸辅助他；荀林父驾驭战车，魏犫担任车右：进兵讨伐。十二月冬天，晋军先攻取太行山以东，而把原邑封给赵衰。

文公五年春天，晋文公想讨伐曹国，向卫国借道，卫国人没有答应。从黄河南岸渡河返回，入侵曹国，讨伐卫国。正月，夺取五鹿。二月，晋侯、齐侯在敛盂会盟。卫侯请求和晋国会盟，晋国人不答应。卫侯想与楚国联盟，国人不赞同，所以驱逐国君来取悦晋国。卫侯居住在襄牛，公子买坚守卫国。楚国救援卫侯，没有成

功。晋侯围攻曹国。三月丙午日，晋师入曹，列举曹侯的罪状，因他不听釐负羁的进言，而乘坐轩车的美女有三百人。命令军队不要进入釐负羁的同宗家里，来报恩德。楚国围攻宋国，宋国又向晋国告急。文公想救援宋国就要讨伐楚国，然而楚国曾对他有恩德，不能讨伐；想放弃宋国，宋国也曾有恩德于晋国，很忧虑。先轸说："俘虏曹伯，分曹国、卫国的土地给宋国，楚国急于救援曹国、卫国，那时形势上就可以消除宋国的危急情况。"于是文公听从他的意见，而楚成王就引兵回国了。

楚国将领子玉说："君王对晋侯的待遇非常优厚，如今知道楚国急于救助曹国、卫国，而晋侯故意攻打他们，是轻视君王。"成王说："晋侯流亡在外十九年，被困的时间太久了，终于得以回国，艰难险阻他全都知道，他能利用他的民众，上天为他开路，不可阻挡。"子玉请求说："不敢说一定成功，希望用行动堵塞进谗言之人的嘴。"楚王发怒，只给他一小部分军队。这时候子玉派宛春告知晋国："请恢复卫侯君位，而复立曹君，我也放过宋国。"咎犯说："子玉无礼，晋国国君只取一者，他却取两者，不能答应。"先轸说："稳定别国可以说是礼。楚国一句话可以定三国，您一句话就灭亡他们，我们就无礼了。不答应楚国，是放弃宋国。不如私下答应

侯围曹。三月丙午，晋师入曹，数之以其不用釐负羁言，而用美女乘轩者三百人也。令军毋入僖负羁宗家以报德。楚围宋，宋复告急晋。文公欲救，则攻楚，为楚尝有德，不欲伐也；欲释宋，宋又尝有德于晋：患之。先轸曰："执曹伯，分曹、卫地以与宋，楚急曹、卫，其势宜释宋。"于是文公从之，而楚成王乃引兵归。

楚将子玉曰："王遇晋至厚，今知楚急曹、卫而故伐之，是轻王。"王曰："晋侯亡在外十九年，困日久矣，果得反国，险厄尽知之，能用其民，天之所开，不可当。"子玉请曰："非敢必有功，愿以间执谗慝之口也。"楚王怒，少与之兵。于是子玉使宛春告晋："请复卫侯而封曹，臣亦释宋。"咎犯曰："子玉无礼矣，君取一，臣取二，勿许。"先轸曰："定人之谓礼。楚一言定三国，子一言而亡之，我则毋礼。不许楚，是弃宋也。不如私许曹、卫以诱之，执宛春以怒楚，既战而

后图之。"晋侯乃囚宛春于卫，且私许复曹、卫。曹、卫告绝于楚。楚得臣怒，击晋师，晋师退。军吏曰："为何退？"文公曰："昔在楚，约退三舍，可倍乎！"楚师欲去，得臣不肯。四月戊辰，宋公、齐将、秦将与晋侯次城濮。己巳，与楚兵合战，楚兵败，得臣收余兵去。甲午，晋师还至衡雍，作王宫于践土。

初，郑助楚，楚败，惧，使人请盟晋侯。晋侯与郑伯盟。

五月丁未，献楚俘于周，驷介百乘，徒兵千。天子使王子虎命晋侯为伯，赐大辂，彤弓矢百，玈弓矢千，秬鬯一卣，珪瓒，虎贲三百人。晋侯三辞，然后稽首受之。周作《晋文侯命》："王若曰：父义和，丕显文、武，能慎明德，昭登于上，布闻在下，维时上帝集厥命于文、武。恤朕身，继予一人永其在位。"于是晋文公称伯。癸亥，王子虎盟诸侯于王庭。

曹国、卫国，以诱导他们，抓住宛春以激怒楚国，交战以后再图谋后事。"晋侯于是在卫国囚禁宛春，而且私下许诺恢复曹国、卫国。曹国、卫国宣告与楚国断绝关系。楚国得臣愤怒，攻打晋军，晋军撤退。军吏说："为什么撤退？"文公说："以前在楚国，约定过要退避三舍，怎么能违背！"楚军想撤去，得臣不肯。四月戊辰日，宋公、齐将、秦将与晋侯在城濮驻军。己巳日，与楚兵交战，楚兵战败，得臣收聚残兵离开。甲午日，晋军回师到衡雍，在践土修建王宫。

当初，郑国帮助楚国，楚国战败，郑国害怕，派人向晋国国君请求联盟。晋侯与郑伯订立盟约。

五月丁未日，向周王献上楚军俘虏，一百辆披甲的驷马马车和一千步兵。周天子派王子虎策命晋侯为伯，赏赐大辂，红色的弓和一百支箭，黑色的弓和一千支箭，香酒一樽，玉珪和玉瓒，勇士三百人。晋侯三次辞谢，然后叩首接受这些。周王作《晋文侯命》："周王这样说：伯父以仁义凝聚诸侯，弘扬文王、武王之德。文王能谨慎地修明德行，感应上天，布惠于在下的子民，上天就把帝王之业赐给文王、武王流传。长辈顾念爱护我，让我永久保有王位。"于是晋文公称霸。癸亥日，王子虎在王庭与诸侯会盟。

晋国用火烧楚军，大火多天没有熄灭，文公叹息。左右大臣说："战胜楚军您还忧虑，为什么呢？"文公说："我听说能作战胜利而心情安定的唯有圣人，所以恐惧。况且子玉还在，怎么能高兴呢！"子玉战败而归，楚成王怨恨他不听自己的话，贪图与晋交战，责备子玉，子玉自杀。晋文公说："我在外部攻打楚国，楚王在内诛杀大将，内外相应。"于是文公高兴了。

六月，晋人又护送卫侯回国。壬午日，晋侯渡过黄河向北，回国。行赏时，狐偃为首功。有人说："城濮的战事是先轸的计谋。"文公说："城濮的战事，狐偃劝说我不要失信。先轸说'军事以打胜仗为上'，我采用他的意见才得以取胜。然而这是一时之见，狐偃之言是万世之功，怎能把一时之利放在万世功劳之上呢？因此狐偃应得首功。"

冬天，晋侯在温地会晤诸侯，想率领诸侯去朝见周王。晋文公力量达不到，担忧诸侯中有背叛的人，就派人告知周襄王到河阳狩猎。壬申日，就率领诸侯在践土朝拜周王。孔子读史书到记载文公处，有"诸侯无权召见周王""周王在河阳巡狩"的记载，是《春秋》对此有所隐讳。

丁丑日，诸侯围攻许国。曹伯的大臣有人劝谏晋侯说："齐桓公联合诸侯而救

晋焚楚军，火数日不息，文公叹。左右曰："胜楚而君犹忧，何？"文公曰："吾闻能战胜安者唯圣人，是以惧。且子玉犹在，庸可喜乎！"子玉之败而归，楚成王怒其不用其言，贪与晋战，让责子玉，子玉自杀。晋文公曰："我击其外，楚诛其内，内外相应。"于是乃喜。

六月，晋人复入卫侯。壬午，晋侯度河北归国。行赏，狐偃为首。或曰："城濮之事，先轸之谋。"文公曰："城濮之事，偃说我毋失信。先轸曰'军事胜为右'，吾用之以胜。然此一时之说，偃言万世之功，奈何以一时之利而加万世功乎？是以先之。"

冬，晋侯会诸侯于温，欲率之朝周。力未能，恐其有畔者，乃使人言周襄王狩于河阳。壬申，遂率诸侯朝王于践土。孔子读史记至文公，曰"诸侯无召王""王狩河阳"者，《春秋》讳之也。

丁丑，诸侯围许。曹伯臣或说晋侯曰："齐桓公合诸侯

而国异姓，今君为会而灭同姓。曹，叔振铎之后；晋，唐叔之后。合诸侯而灭兄弟，非礼。"晋侯说，复曹伯。

于是晋始作三行。荀林父将中行，先縠将右行，先蔑将左行。

七年，晋文公、秦缪公共围郑，以其无礼于文公亡过时，及城濮时郑助楚也。围郑，欲得叔瞻。叔瞻闻之，自杀。郑持叔瞻告晋。晋曰："必得郑君而甘心焉。"郑恐，乃间令使谓秦缪公曰："亡郑厚晋，于晋得矣，而秦未为利。君何不解郑，得为东道交？"秦伯说，罢兵。晋亦罢兵。

九年冬，晋文公卒，子襄公欢立。是岁郑伯亦卒。

郑人或卖其国于秦，秦缪公发兵往袭郑。十二月，秦兵过我郊。襄公元年春，秦师过周，无礼，王孙满讥之。兵至滑，郑贾人弦高将市于周，遇之，以十二牛劳秦师。秦师惊而还，灭滑而去。

晋先轸曰："秦伯不用蹇

异姓之国，现今您会盟而消灭同姓之国。曹国，是曹叔振铎的后裔；晋国，是唐叔的后裔。联合诸侯而消灭兄弟，这不合礼义。"晋侯高兴，恢复了曹伯的君位。

这时候晋国开始建立三行军制。荀林父统领中行军，先縠统领右行军，先蔑统领左行军。

文公七年，晋文公、秦穆公共同围攻郑国，因为郑国在文公流亡经过时对其无礼，等到城濮之战时郑国又援助楚国。晋国围困郑国，想得到叔瞻。叔瞻听说此事，自杀了。郑国人带着叔瞻的尸体告知晋国。晋君说："一定要得到郑君才甘心。"郑君害怕，就暗中派使者对秦穆公说："灭亡郑国，使晋国强大，对晋国来说有利了，而对秦国没有好处。您为什么不放过郑国，使郑国成为秦国的东道之交呢？"秦伯高兴，就罢兵了。晋国也罢兵了。

文公九年冬天，晋文公去世，儿子襄公欢即位。这一年郑伯也去世了。

郑国有人向秦国出卖自己的国家，秦穆公发兵前去袭击郑国。十二月，秦国军队路过晋国郊外。襄公元年春天，秦兵路经周都，对周无礼，王孙满讥讽他们。秦军到达滑国，郑国商人弦高将到周国做买卖，遇到他们，用十二头牛犒劳秦军。秦军惊慌地返回，灭了滑国离去。

晋国先轸说："秦伯不任用蹇叔，违

背他的国家的民心，可以讨伐他。"栾枝说："还没有报答秦王对先君的恩德，不可以讨伐。"先轸说："秦国欺侮我们年幼的国君，讨伐我同姓之国，有什么恩德要回报呢？"于是攻打秦军。襄公身穿黑色丧服。四月，在崤山打败秦军，俘虏秦国三位大将孟明视、西乞秫、白乙丙而归国。于是身穿黑色丧服安葬文公。文公的夫人是秦国女子，对襄公说："秦国想得到三位大将，诛杀他们。"襄公答应，释放了他们。先轸听说此事，对襄公说："祸患产生了。"先轸于是追杀秦将。秦将渡过黄河，已在船中，叩首拜谢，最终没有返回。

　　三年后，秦国果然派孟明讨伐晋国，报崤山战败之仇，攻取晋国的汪邑归国。襄公四年，秦穆公大举兴兵讨伐晋国，渡过黄河，攻取王官，修建崤山战死将士的坟墓后离去。晋国害怕，不敢出战，只好驻城防守。襄公五年，晋国讨伐秦国，攻取新城，报了王官战役之仇。

　　襄公六年，赵衰成子、栾贞子、咎季子犯、霍伯都去世了。赵盾接替赵衰执政。

　　襄公七年八月，襄公去世。太子夷皋年幼。晋国人因国家多次遭难，想立年长之人为君。赵盾说："立襄公的弟弟雍。他乐善好施且年长，先君疼爱他；又与秦国亲近，秦国本是友好邻国。拥立善

叔，反其众心，此可击。"栾枝曰："未报先君施于秦，击之，不可。"先轸曰："秦侮吾孤，伐吾同姓，何德之报？"遂击之。襄公墨衰绖。四月，败秦师于崤，虏秦三将孟明视、西乞秫、白乙丙以归。遂墨以葬文公。文公夫人秦女，谓襄公曰："秦欲得其三将戮之。"公许，遣之。先轸闻之，谓襄公曰："患生矣。"轸乃追秦将。秦将渡河，已在船中，顿首谢，卒不反。

　　后三年，秦果使孟明伐晋，报崤之败，取晋汪以归。四年，秦缪公大兴兵伐我，度河，取王官，封崤尸而去。晋恐，不敢出，遂城守。五年，晋伐秦，取新城，报王官役也。

　　六年，赵衰成子、栾贞子、咎季子犯、霍伯皆卒。赵盾代赵衰执政。

　　七年八月，襄公卒。太子夷皋少。晋人以难故，欲立长君。赵盾曰："立襄公弟雍。好善而长，先君爱之；且近于秦，秦故好也。立善则固，事长则顺，

奉爱则孝，结旧好则安。"贾季曰："不如其弟乐。辰嬴嬖于二君，立其子，民必安之。"赵盾曰："辰嬴贱，班在九人下，其子何震之有！且为二君嬖，淫也。为先君子，不能求大而出在小国，僻也。母淫子僻，无威；陈小而远，无援：将何可乎！"使士会如秦迎公子雍。贾季亦使人召公子乐于陈。赵盾废贾季，以其杀阳处父。十月，葬襄公。十一月，贾季奔翟。是岁，秦缪公亦卒。

灵公元年四月，秦康公曰："昔文公之入也无卫，故有吕、郤之患。"乃多与公子雍卫。太子母缪嬴日夜抱太子以号泣于朝，曰："先君何罪？其嗣亦何罪？舍适而外求君，将安置此？"出朝，则抱以适赵盾所，顿首曰："先君奉此子而属之子，曰'此子材，吾受其赐；不材，吾怨子'。今君卒，言犹在耳，而弃之，若何？"赵盾与诸大夫皆患缪嬴，且畏诛，乃背所迎而立太子夷

良之人就能稳固，侍奉年长之君就能和顺，辅佐先君爱子就是忠孝，结交旧好就能安定。"贾季说："不如立他的弟弟乐。辰嬴很受怀公、文公宠爱，立她的儿子，人民一定安定。"赵盾说："辰嬴身份低微，位次排在九人以下，她的儿子有什么威望！而且她被两位国君宠爱，是淫乱。乐作为先君儿子，不能求得大国庇护，生在小国，是孤立无援。母亲淫乱，儿子孤立无援，没有威信；陈国弱小偏远，得不到他们的帮助，这怎么可以呢！"派士会到秦国迎接公子雍。贾季也派人去陈国召回公子乐。赵盾废黜贾季，因为他杀了阳处父。十月，安葬襄公。十一月，贾季逃到翟国。这年，秦穆公也去世了。

灵公元年四月，秦康公说："以前文公回国没有护卫，所以有吕省、郤芮的祸乱。"于是秦国给公子雍很多护卫。太子母亲缪嬴日夜抱着太子在朝廷上哭号，说："先君犯了什么罪？他的子嗣又有什么罪？舍弃嫡子而到外面求取国君，要怎样安置太子呢？"走出朝廷，就抱太子到赵盾住所，叩拜说："先君把这孩子托付给您，说'这孩子能成才，我感激您对他的惠赠；他不成才，我会怨恨您'。现在国君去世，话还在耳边，而你背弃先王的嘱托，为什么？"赵盾和众大夫都害怕缪嬴，并且害怕被诛，于是背叛所迎立的公子雍，

而立太子夷皋为君，就是灵公。发兵抵抗秦国护送公子雍的卫队。赵盾为大将，迎击秦军，在令狐打败秦军。先蔑、随会逃亡秦国。秋天，齐国、宋国、卫国、郑国、曹国、许国的国君都与赵盾会见，在扈地结盟，因为灵公新即位。

灵公四年，讨伐秦国，夺取少梁。秦军也夺取了晋国的郩邑。灵公六年，秦康公讨伐晋国，夺取羁马。晋侯恼怒，派赵盾、赵穿、郤缺攻打秦国，大战于河曲，赵穿战功最多。灵公七年，晋国六卿担忧随会在秦国经常为晋国制造祸乱，就假装让魏寿馀背叛晋国投降秦国。秦国派随会到魏，晋国趁机抓住随会回到晋国。

灵公八年，周顷王崩逝，公卿争权，所以没有讣告。晋国派赵盾率领八百乘战车平定周朝内乱，拥立匡王。这年，楚庄王即位。灵公十二年，齐国人弑杀他们的国君懿公。

灵公十四年，灵公长大了，生活奢侈，大肆敛财来雕饰宫墙。在高台上用弹弓射人，观看人们躲避弹丸的样子。厨房烹调熊掌没有熟，灵公恼怒，杀了厨师，让妇人将厨师的尸体抬出去抛弃，还经过朝堂。赵盾、随会多次劝谏，灵公不听；不久又见到死人的手，二人前来劝谏。随会先劝谏，灵公不听。灵公忌惮他们，派钼麑暗杀赵盾。赵盾房门开着，居室简陋，钼麑退出，

皋，是为灵公。发兵以距秦送公子雍者。赵盾为将，往击秦，败之令狐。先蔑、随会亡奔秦。秋，齐、宋、卫、郑、曹、许君皆会赵盾，盟于扈，以灵公初立故也。

四年，伐秦，取少梁。秦亦取晋之郩。六年，秦康公伐晋，取羁马。晋侯怒，使赵盾、赵穿、郤缺击秦，大战河曲，赵穿最有功。七年，晋六卿患随会之在秦，常为晋乱，乃详令魏寿馀反晋降秦。秦使随会之魏，因执会以归晋。

八年，周顷王崩，公卿争权，故不赴。晋使赵盾以车八百乘平周乱而立匡王。是年，楚庄王初即位。十二年，齐人弑其君懿公。

十四年，灵公壮，侈，厚敛以雕墙。从台上弹人，观其避丸也。宰夫胹熊蹯不熟，灵公怒，杀宰夫，使妇人持其尸出弃之，过朝。赵盾、随会前数谏，不听；已又见死人手，二人前谏。随会先谏，不听。灵公患之，使钼麑刺赵盾。盾闺门开，居处节，钼麑退，叹

曰："杀忠臣，弃君命，罪一也。"遂触树而死。

初，盾常田首山，见桑下有饿人。饿人，示眯明也。盾与之食，食其半。问其故，曰："宦三年，未知母之存不，愿遗母。"盾义之，益与之饭肉。已而为晋宰夫，赵盾弗复知也。九月，晋灵公饮赵盾酒，伏甲将攻盾。公宰示眯明知之，恐盾醉不能起，而进曰："君赐臣，觞三行可以罢。"欲以去赵盾，令先，毋及难。盾既去，灵公伏士未会，先纵啮狗名敖。明为盾搏杀狗。盾曰："弃人用狗，虽猛何为。"然不知明之为阴德也。已而灵公纵伏士出逐赵盾，示眯明反击灵公之伏士，伏士不能进，而竟脱盾。盾问其故，曰："我桑下饿人。"问其名，弗告。明亦因亡去。

盾遂奔，未出晋境。乙丑，盾昆弟将军赵穿袭杀灵公于桃园而迎赵盾。赵盾素贵，得民和；灵公少，侈，民不附，故

叹息说："杀死忠臣，背弃君命，罪过是一样的。"于是他撞树而死。

当初，赵盾时常到首山打猎，见桑树下有个饥饿的人。饥饿的人叫示眯明。赵盾给他食物，他只吃一半。问他原因，他说："我做小吏三年了，不知母亲是否还在人间，希望能留给母亲。"赵盾认为他仁义，又送了些饭和肉。不久示眯明做了晋君厨师，赵盾不再知道他的情况。九月，晋灵公请赵盾饮酒，埋伏武士要刺杀赵盾。晋公的厨师示眯明知道此事，担心赵盾喝醉不能起身反抗，就进前说："国君赐您酒，喝三杯就可以作罢了。"想让赵盾离去，在晋君下令诛杀之前，不要遭受灾难。赵盾离开后，灵公埋伏的武士没有到齐，就先放出一只名叫敖的狗咬赵盾。示眯明为赵盾搏杀了狗。赵盾说："抛弃人而使用狗，即使凶猛有什么用呢？"然而不知示眯明暗中保护的恩德。随后灵公派埋伏的武士出宫追杀赵盾，示眯明反击埋伏好的武士，武士不能进前，最终让赵盾逃脱。赵盾问他这样做的原因，示眯明说："我就是桑树下受饿的人。"问他姓名，他没有说。示眯明也因此逃走。

赵盾于是逃走，没有出晋国边境。乙丑日，赵盾的兄弟将军赵穿在桃园袭击杀了灵公，接回赵盾。赵盾素来尊贵，很得民心；灵公年少，奢侈，百姓不亲附，所

以杀他容易。赵盾恢复官位。晋国太史董狐记载说"赵盾弑杀国君"，拿着史书给朝臣看。赵盾说："弑君之人是赵穿，我没有罪。"太史说："您是正卿，而且逃亡时没有出国境，回来又不诛杀作乱之人，不是您是谁？"孔子听说此事，说："董狐像古代的良史，秉笔直书不加隐讳。宣子是好大夫，为法纪蒙受恶名。可惜呀，逃出晋国就可以免罪了。"

赵盾派赵穿到周朝迎回襄公弟弟黑臀而立他为君，就是成公。

成公，是文公的小儿子，他的母亲是周室女子。壬申日，在武公庙朝拜。

成公元年，封赐赵氏为公族。讨伐郑国，因为郑国背叛晋国。成公三年，郑伯刚即位，归附晋国而背弃楚国。楚国恼怒，讨伐郑国，晋国前往援救郑国。

成公六年，晋国讨伐秦国，俘虏了秦国将领赤。

成公七年，成公与楚庄王争霸，在扈邑会盟诸侯。陈国畏惧楚国，没有赴会。晋国派中行桓子讨伐陈国，乘机援救郑国，与楚军交战，打败楚军。这年，成公去世，儿子景公据即位。

景公元年春天，陈国大夫夏徵舒弑杀陈国国君灵公。景公二年，楚庄王讨伐陈国，诛杀徵舒。

景公三年，楚庄王围攻郑国，郑国向

为弑易。盾复位。晋太史董狐书曰"赵盾弑其君"，以视于朝。盾曰："弑者赵穿，我无罪。"太史曰："子为正卿，而亡不出境，反不诛国乱，非子而谁？"孔子闻之，曰："董狐，古之良史也，书法不隐。宣子，良大夫也，为法受恶。惜也，出疆乃免。"

赵盾使赵穿迎襄公弟黑臀于周而立之，是为成公。

成公者，文公少子，其母周女也。壬申，朝于武宫。

成公元年，赐赵氏为公族。伐郑，郑倍晋故也。三年，郑伯初立，附晋而弃楚。楚怒，伐郑，晋往救之。

六年，伐秦，虏秦将赤。

成公七年，成公与楚庄王争强，会诸侯于扈。陈畏楚，不会。晋使中行桓子伐陈，因救郑，与楚战，败楚师。是年，成公卒，子景公据立。

景公元年春，陈大夫夏徵舒弑其君灵公。二年，楚庄王伐陈，诛徵舒。

三年，楚庄王围郑，郑告

急晋。晋使荀林父将中军，随
会将上军，赵朔将下军，郤克、
栾书、先縠、韩厥、巩朔佐之。
六月，至河。闻楚已服郑，郑
伯肉袒与盟而去，荀林父欲还。
先縠曰："凡来救郑，不至不可，
将率离心。"卒度河。楚已服郑，
欲饮马于河为名而去。楚与晋
军大战。郑新附楚，畏之，反
助楚攻晋。晋军败，走河，争
度，船中人指甚众。楚虏我将
智䓨。归而林父曰："臣为督将，
军败当诛，请死。"景公欲许之。
随会曰："昔文公之与楚战城
濮，成王归杀子玉，而文公乃喜。
今楚已败我师，又诛其将，是
助楚杀仇也。"乃止。

四年，先縠以首计而败晋
军河上，恐诛，乃奔翟，与翟
谋伐晋。晋觉，乃族縠。縠，
先轸子也。

五年，伐郑，为助楚故也。
是时楚庄王强，以挫晋兵河上也。

六年，楚伐宋，宋来告急
晋，晋欲救之，伯宗谋曰："楚，
天方开之，不可当。"乃使解

晋国告急。晋国派荀林父率领中军，随会
率领上军，赵朔率领下军，郤克、栾书、
先縠、韩厥、巩朔辅佐他们。六月，到达
黄河。听说楚国已经降服郑国，郑伯上身
赤裸订立盟约而离去，荀林父想回国。先
縠说："我们是为了前来救援郑国的，不
到不行，不然将帅会离心。"最终渡过黄
河。楚国已经征服郑国，想在黄河饮马示
威后离开。楚军与晋军交战。郑国刚归附
楚国，畏惧楚国，反而帮助楚国攻打晋国。
晋军战败，逃到黄河，争相渡河，船中被
砍掉的人的手指都很多。楚军俘虏晋国将
领智䓨。归国后林父说："臣作为督将，
战败应当被处死，请求判我死罪。"景公
想答应他。随会说："昔日文公与楚国在
城濮交战，成王归国杀死子玉，文公很高
兴。如今楚军打败我军，您又诛杀领军将
领，这是帮助楚国杀仇人啊。"于是放了
荀林父。

景公四年，先縠因首先提议而使晋军
在黄河边上被打败，害怕被诛，就逃到翟
国，与翟国合谋讨伐晋国。晋国察觉，就
族灭了先縠。先縠，是先轸的儿子。

景公五年，讨伐郑国，因为郑国援助
楚国。这时楚庄王强大，在黄河挫败晋兵。

景公六年，楚国讨伐宋国，宋国前来
向晋国告急，晋国想救宋国，伯宗出谋说：
"楚国，上天正让它兴盛，不可阻挡。"

于是派解扬假装援救宋国。郑国人抓住解扬送给楚国，楚国厚赐他，让他反着原话的意思说，命令宋国尽快投降。解扬假意答应楚国，最终将晋君的话告诉了宋国。楚君想杀他，有人劝谏，才放回解扬。

景公七年，晋国派随会灭了赤狄。

景公八年，派郤克去齐国。齐顷公的母亲从楼上观看并笑话他。之所以笑话，是因为郤克驼背，而鲁国使者跛脚，卫国使者一只眼瞎，所以齐国也命令同样的残疾人去引导宾客。郤克恼怒，返回时到黄河岸边，说："不报齐国之辱，河伯来见证！"到达国内，请求国君，想讨伐齐国。景公询问，知道了其中的原因，说："你有私怨，怎能劳烦国家！"晋君没有听取。魏文子请求告老退休，举荐郤克，郤克执政。

景公九年，楚庄王去世。晋国讨伐齐国，齐国派太子彊到晋国做人质，晋国撤兵。

景公十一年春天，齐国讨伐鲁国，夺取隆邑。鲁国向卫国告急，卫国与鲁国都通过郤克向晋国告急。晋国于是派郤克、栾书、韩厥率八百辆战车与鲁国、卫国共同讨伐齐国。夏天，与顷公在鞌地交战，顷公受伤被困。顷公就与他的右卫互换位置，下车取水，得以逃脱。齐军战败逃走，晋军向北追杀到达齐国。顷公献出宝器请求讲和，晋国不听。郤克说："一定要得到萧桐姪子作为人质。"齐国使者说："萧

扬绐为救宋。郑人执与楚，楚厚赐，使反其言，令宋急下。解扬绐许之，卒致晋君言。楚欲杀之，或谏，乃归解扬。

七年，晋使随会灭赤狄。

八年，使郤克于齐。齐顷公母从楼上观而笑之。所以然者，郤克偻，而鲁使蹇，卫使眇，故齐亦令人如之以导客。郤克怒，归至河上，曰："不报齐者，河伯视之！"至国，请君，欲伐齐。景公问知其故，曰："子之怨，安足以烦国！"弗听。魏文子请老休，辟郤克，克执政。

九年，楚庄王卒。晋伐齐，齐使太子彊为质于晋，晋兵罢。

十一年春，齐伐鲁，取隆。鲁告急卫，卫与鲁皆因郤克告急于晋。晋乃使郤克、栾书、韩厥以兵车八百乘与鲁、卫共伐齐。夏，与顷公战于鞌，伤困顷公。顷公乃与其右易位，下取饮，以得脱去。齐师败走，晋追北至齐。顷公献宝器以求平，不听。郤克曰："必得萧桐姪子为质。"齐使曰："萧

桐姪子，顷公母；顷公母犹晋
君母，奈何必得之？不义，请
复战。"晋乃许与平而去。

楚申公巫臣盗夏姬以奔晋，
晋以巫臣为邢大夫。

十二年冬，齐顷公如晋，
欲上尊晋景公为王，景公让不
敢。晋始作六卿，韩厥、巩朔、
赵穿、荀骓、赵括、赵旃皆为卿。
智䓨自楚归。

十三年，鲁成公朝晋，晋
弗敬，鲁怒去，倍晋。晋伐郑，
取汜。

十四年，梁山崩。问伯宗，
伯宗以为不足怪也。

十六年，楚将子反怨巫臣，
灭其族。巫臣怒，遗子反书曰：
"必令子罢于奔命！"乃请使吴，
令其子为吴行人，教吴乘车用
兵。吴晋始通，约伐楚。

十七年，诛赵同、赵括，
族灭之。韩厥曰："赵衰、赵
盾之功岂可忘乎？奈何绝
祀！"乃复令赵庶子武为赵后，
复与之邑。

十九年夏，景公病，立其
太子寿曼为君，是为厉公。后

桐姪子，是顷公的母亲；顷公母
亲犹如晋君母亲，何必要得到她呢？这样做不道义，
请再次开战。"晋国才答应与齐国讲和离去。

楚国申公巫臣偷偷娶了夏姬逃到晋国，
晋国任巫臣为邢国大夫。

景公十二年冬天，齐顷公到晋国，想
尊奉晋景公为王，景公推让不敢当。晋国
开始设置六军，韩厥、巩朔、赵穿、荀骓、
赵括、赵旃都担任卿士。智䓨从楚国回到
晋国。

景公十三年，鲁成公朝拜晋君，晋君
对他不敬，鲁成公恼怒离去，背叛晋国。
晋国讨伐郑国，夺取汜邑。

景公十四年，梁山崩塌。晋君询问伯
宗，伯宗认为不值得大惊小怪。

景公十六年，楚国大将子反怨恨巫
臣，灭了巫臣的家族。巫臣发怒，给子反
书信说："一定让你疲于奔命！"于是请
求出使吴国，让自己的儿子做吴国的行人，
教导吴国乘车用兵。吴国、晋国开始交往，
约定讨伐楚国。

景公十七年，诛杀赵同、赵括，并灭
了他们的家族。韩厥说："赵衰、赵盾的
功劳岂能忘记？怎么能断绝他们的祭祀
呢！"于是又让赵氏的庶子赵武做赵氏的
继承人，又给他封邑。

景公十九年夏天，景公病重，立太子
寿曼为君，就是厉公。一个多月后，景公

去世。

厉公元年，厉公刚即位，想与诸侯和睦，与秦桓公隔着黄河订立盟约。回国后秦国违背盟约，与翟国合谋讨伐晋国。厉公三年，派吕相责备秦国，因此与诸侯讨伐秦国。到达泾水，在麻隧打败秦军，俘虏秦将成差。

厉公五年，郤锜、郤犫、郤至诬陷伯宗，厉公杀了他。伯宗因喜欢直言劝谏而招致这个灾祸，国人因此不亲附厉公。

厉公六年春天，郑国背叛晋国与楚国结盟，晋君恼怒。栾书说："不可以在我们当政时失去诸侯。"于是发兵。厉公亲自领兵，五月渡过黄河。听说楚军前来救援，范文子请求厉公返回。郤至说："发兵诛杀叛逆，见到强兵就躲避，无法号令诸侯。"于是与楚军交战。癸巳日，射中楚共王的眼睛，楚军在鄢陵战败。子反收拾残兵，安抚整顿，想再战，晋国担忧他。共王召见子反，子反的侍者竖阳穀进酒，子反酒醉，不能前去。共王恼怒，训斥子反，子反自杀。楚共王就引兵撤回。晋国由此在诸侯中立威，想号令天下称霸。

厉公有许多宠爱的姬妾，回国后，想全部驱逐众大夫而任用诸宠姬的兄弟。有个宠姬的兄长叫胥童，曾与郤至有仇怨，此时栾书又怨恨郤至不采用他的计策而打败楚军，就派人私下向楚国谢罪。楚国派

月余，景公卒。

厉公元年，初立，欲和诸侯，与秦桓公夹河而盟。归而秦倍盟，与翟谋伐晋。三年，使吕相让秦，因与诸侯伐秦。至泾，败秦于麻隧，虏其将成差。

五年，三郤谗伯宗，杀之。伯宗以好直谏得此祸，国人以是不附厉公。

六年春，郑倍晋与楚盟，晋怒。栾书曰："不可以当吾世而失诸侯。"乃发兵。厉公自将，五月度河。闻楚兵来救，范文子请公欲还。郤至曰："发兵诛逆，见强辟之，无以令诸侯。"遂与战。癸巳，射中楚共王目，楚兵败于鄢陵。子反收余兵，拊循欲复战，晋患之。共王召子反，其侍者竖阳穀进酒，子反醉，不能见。王怒，让子反，子反死。王遂引兵归。晋由此威诸侯，欲以令天下求霸。

厉公多外嬖姬，归，欲尽去群大夫而立诸姬兄弟。宠姬兄曰胥童，尝与郤至有怨，及栾书又怨郤至不用其计而遂败楚，乃使人间谢楚。楚来诈厉

公曰："鄢陵之战，实至召楚，欲作乱，内子周立之。会与国不具，是以事不成。"厉公告栾书。栾书曰："其殆有矣！愿公试使人之周微考之。"果使郤至于周。栾书又使公子周见郤至，郤至不知见卖也。厉公验之，信然，遂怨郤至，欲杀之。八年，厉公猎，与姬饮，郤至杀豕奉进，宦者夺之。郤至射杀宦者。公怒，曰："季子欺予！"将诛三郤，未发也。郤锜欲攻公，曰："我虽死，公亦病矣。"郤至曰："信不反君，智不害民，勇不作乱。失此三者，谁与我？我死耳！"十二月壬午，公令胥童以兵八百人袭攻杀三郤。胥童因以劫栾书、中行偃于朝，曰："不杀二子，患必及公。"公曰："一旦杀三卿，寡人不忍益也。"对曰："人将忍君。"公弗听，谢栾书等以诛郤氏罪"大夫复位。"二子顿首曰："幸甚幸甚！"公使胥童为卿。闰月乙卯，厉公游匠骊氏，栾书、中行偃以其党袭捕厉公，囚之，杀胥童，而使人迎公子

人前来欺诈厉公说："鄢陵之战，实际是郤至召来楚军，想作乱，迎子周入国立为国君。盟国没有来，所以事情没有成功。"厉公告诉栾书。栾书说："有可能吧！希望您试着派人到周朝偷偷观察他。"果真派郤至去周室。栾书又派公子周见郤至，郤至不知被出卖。厉公证实后，相信了此事，就怨恨郤至，想杀他。厉公八年，厉公狩猎，与姬妾饮酒，郤至杀猪进献，被宦官夺去。郤至射杀宦官。厉公发怒，说："季子欺负我！"将要诛杀三郤，还没动手。郤锜想要攻打厉公，说："我即使死了，国君也会受伤。"郤至说："守信不反叛君王，智慧不伤害百姓，勇猛不作乱。失去这三种美德，谁能给予我帮助？我死了吧！"十二月壬午日，厉公命令胥童领兵八百人袭击攻杀三郤。胥童乘机在朝堂上挟持栾书、中行偃，说："不杀掉这二人，灾难必然到您头上。"厉公说："一天杀死三位卿士，寡人不忍心再杀了。"胥童说："别人会忍心杀死您。"厉公没听，向栾书等人谢罪说只是责罚郤氏的罪行："大夫恢复职位。"二人叩头说："很荣幸，很荣幸！"厉公让胥童担任卿。闰月乙卯日，厉公在匠骊氏家游玩，栾书、中行偃派他们的党羽袭击逮捕了厉公，囚禁了他，杀死胥童，派人从周朝接回公子周而拥立他，就是悼公。

悼公元年正月庚申日，栾书、中行偃弑杀厉公，用一辆车陪葬了他。厉公被囚禁六日去世，死去十日后的庚午日，智䓨迎公子周回国，到达绛邑，杀鸡，与大夫们盟誓立周为君，就是悼公。辛巳日，到武公之庙朝拜。二月乙酉日，即位。

悼公周，他的祖父是捷，晋襄公的小儿子，没能即位，称号是桓叔，桓叔最受怜爱。桓叔生下惠伯谈，谈生下悼公周。周即位时十四岁了。悼公说："祖父、父亲都没能即位而在周都避难，客死在周。寡人自认为被疏远，没有希望做国君。如今大夫不忘文公、襄公的意愿而施恩立桓叔的后人，仰赖宗庙和大夫的威灵，得以侍奉晋国祭祀，岂敢不战战兢兢呢？请大夫也辅佐寡人！"于是放逐不忠于国家的七位大臣，重建旧时功业，施布恩德，起用帮文公回国继位的功臣之后。秋天，讨伐郑国。郑国军队战败，于是到达陈国。

悼公三年，晋国会晤诸侯。悼公问群臣可以任用的人，祁傒举荐解狐。解狐，是祁傒的仇人。悼公又问，祁傒举荐自己的儿子祁午。君子说："祁傒可以说公正无私了！举荐外人不回避仇人，举荐家人不回避儿子。"正当诸侯会盟之时，悼公

周于周而立之，是为悼公。

悼公元年正月庚申，栾书、中行偃弑厉公，葬之以一乘车。厉公囚六日死，死十日庚午，智䓨迎公子周来，至绛，刑鸡与大夫盟而立之，是为悼公。辛巳，朝武宫。二月乙酉即位。

悼公周者，其大父捷，晋襄公少子也，不得立，号为桓叔，桓叔最爱。桓叔生惠伯谈，谈生悼公周。周之立，年十四矣。悼公曰："大父、父皆不得立而辟难于周，客死焉。寡人自以疏远，毋几为君。今大夫不忘文、襄之意而惠立桓叔之后，赖宗庙大夫之灵，得奉晋祀，岂敢不战战乎？大夫其亦佐寡人！"于是逐不臣者七人，修旧功，施德惠，收文公入时功臣后。秋，伐郑。郑师败，遂至陈。

三年，晋会诸侯。悼公问群臣可用者，祁傒举解狐。解狐，傒之仇。复问，举其子祁午。君子曰："祁傒可谓不党矣！外举不隐仇，内举不隐子。"方会诸侯，悼公弟杨干乱行，

魏绛戮其仆。悼公怒,或谏
公,公卒贤绛,任之政,使和戎,
戎大亲附。十一年,悼公曰:
"自吾用魏绛,九合诸侯,和
戎、翟,魏子之力也。"赐之乐,
三让乃受之。冬,秦取我栎。

十四年,晋使六卿率诸侯
伐秦,度泾,大败秦军,至棫
林而去。

十五年,悼公问治国于师
旷。师旷曰:"惟仁义为本。"
冬,悼公卒,子平公彪立。

平公元年,伐齐,齐灵公
与战靡下,齐师败走。晏婴曰:
"君亦毋勇,何不止战?"遂去。
晋追,遂围临菑,尽烧屠其郭
中。东至胶,南至沂,齐皆城守,
晋乃引兵归。

六年,鲁襄公朝晋。晋栾
逞有罪,奔齐。八年,齐庄公
微遣栾逞于曲沃,以兵随之。
齐兵上太行,栾逞从曲沃中
反,袭入绛。绛不戒,平公欲
自杀,范献子止公,以其徒击逞,
逞败走曲沃。曲沃攻逞,逞死,

弟弟杨干破坏军纪,魏绛杀了他的仆人。
悼公恼怒,有人劝谏悼公,悼公最终得知
魏绛贤能,委以政事,让他调和戎族,戎
族很多人前来归附。悼公十一年,悼公说:
"自我用魏绛以来,多次会盟诸侯,调和
戎族、翟国,这些都是魏子的功劳。"赐
他乐舞,他推辞三次才接受。冬天,秦国
攻取晋国栎邑。

悼公十四年,晋国派六卿率领诸侯讨
伐秦国,渡过泾水,大败秦军,到达棫林
才离去。

悼公十五年,悼公向师旷请教治国之
道。师旷说:"唯有仁义是根本。"冬天,
悼公去世,儿子平公彪即位。

平公元年,讨伐齐国,齐灵公与晋国
在靡下交战,齐军战败逃走。晏婴说:
"您也是没有勇气的人,为什么不停下来
与晋军交战?"齐军于是撤退。晋军追击,
最终围攻临淄,将临淄城中焚烧屠杀殆尽。
向东到达胶水,向南到达沂水,齐国都人
都驻守城池,晋军才引兵而回。

平公六年,鲁襄公朝见晋君。晋国栾
逞犯罪,逃到齐国。平公八年,齐庄公暗
中派遣栾逞去曲沃,派兵跟随他。齐军上
了太行山,栾逞从曲沃内造反,袭击并攻
入绛城。绛城没有戒备,平公想自杀,范
献子阻止平公,派自己的党羽迎击栾逞,
栾逞战败逃到曲沃。曲沃人攻打栾逞,栾

逞死，最终灭了栾氏宗族。栾逞，是栾书的孙子。他进入绛城，是与魏氏合谋的。齐庄公听说栾逞战败，于是返回，攻取晋国的朝歌离去，以报临淄战役之仇。

平公十年，齐国崔杼弑杀齐国国君庄公。晋国趁齐国内乱，在高唐打败齐军离去，报了太行战役之仇。

平公十四年，吴国的延陵季子出使来到晋国，与赵文子、韩宣子、魏献子交谈，说："晋国的政权，最终要归这三家所有了。"

平公十九年，齐国派晏婴到晋国，与叔向谈话。叔向说："晋国到末世了。平公加重赋税修造高台池塘而不务政事，政权落入私家门中，能长久吗！"晏子认为他说得对。

平公二十二年，讨伐燕国。平公二十六年，平公去世，儿子昭公夷即位。

昭公在位六年去世。六卿强大，公室卑弱。儿子顷公去疾即位。

顷公六年，周景王崩逝，诸王子争相即位。晋国六卿平定周王室内乱，立敬王为王。

顷公九年，鲁国季氏驱逐他们的国君昭公，昭公居住在乾侯。顷公十一年，卫国、宋国派使者请求晋国护送鲁君回国。季平子私下贿赂范献子，献子接受了，就对晋君说："季氏无罪。"结果没有送鲁君回国。

遂灭栾氏宗。逞者，栾书孙也。其入绛，与魏氏谋。齐庄公闻逞败，乃还，取晋之朝歌去，以报临菑之役也。

十年，齐崔杼弑其君庄公。晋因齐乱，伐败齐于高唐去，报太行之役也。

十四年，吴延陵季子来使，与赵文子、韩宣子、魏献子语，曰："晋国之政，卒归此三家矣。"

十九年，齐使晏婴如晋，与叔向语。叔向曰："晋，季世也。公厚赋为台池而不恤政，政在私门，其可久乎！"晏子然之。

二十二年，伐燕。二十六年，平公卒，子昭公夷立。

昭公六年卒。六卿强，公室卑。子顷公去疾立。

顷公六年，周景王崩，王子争立。晋六卿平王室乱，立敬王。

九年，鲁季氏逐其君昭公，昭公居乾侯。十一年，卫、宋使使请晋纳鲁君。季平子私赂范献子，献子受之，乃谓晋君曰："季氏无罪。"不果入鲁君。

十二年，晋之宗家祁傒孙、叔向子相恶于君。六卿欲弱公室，乃遂以法尽灭其族，而分其邑为十县，各令其子为大夫。晋益弱，六卿皆大。

十四年，顷公卒，子定公午立。

定公十一年，鲁阳虎奔晋，赵鞅简子舍之。十二年，孔子相鲁。

十五年，赵鞅使邯郸大夫午，不信，欲杀午。午与中行寅、范吉射亲攻赵鞅，鞅走保晋阳。定公围晋阳。荀栎、韩不信、魏侈与范、中行为仇，乃移兵伐范、中行。范、中行反，晋君击之，败范、中行。范、中行走朝歌，保之。韩、魏为赵鞅谢晋君，乃赦赵鞅，复位。二十二年，晋败范、中行氏，二子奔齐。

三十年，定公与吴王夫差会黄池，争长，赵鞅时从，卒长吴。

三十一年，齐田常弑其君简公，而立简公弟骜为平公。三十三年，孔子卒。

顷公十二年，晋国宗室祁傒的孙子和叔向的儿子在国君面前互相诋毁。六卿想削弱公室，于是就以法为由全部诛灭他们的家族，并把他们的封邑分为十个县，分别命令自己的儿子去做大夫。晋国公室势力更加微弱，六卿都强大起来。

顷公十四年，顷公去世，儿子定公午即位。

定公十一年，鲁国阳虎逃到晋国，赵鞅简子收留了他。定公十二年，孔子任鲁国国相。

定公十五年，赵鞅派邯郸大夫午去办事，午不守信，想杀午。午与中行寅、范吉射亲自攻打赵鞅，赵鞅逃到晋阳防守。定公围攻晋阳。荀栎、韩不信、魏侈与范吉射、中行寅有仇，于是调兵讨伐范吉射、中行寅。范吉射、中行寅造反，晋君攻打他们，打败范吉射、中行寅。范吉射、中行寅逃到朝歌，据城坚守。韩不信、魏侈替赵鞅向晋君谢罪，于是赦免赵鞅，恢复他的职位。定公二十二年，晋国打败范氏、中行氏，二人逃到齐国。

定公三十年，定公与吴王夫差在黄池会盟，争当盟主，赵鞅当时跟从，最终确认吴王为盟主。

定公三十一年，齐国田常弑杀齐国国君简公，而立简公的弟弟骜为平公。定公三十三年，孔子去世。

定公三十七年，定公去世，儿子出公凿即位。

出公十七年，智伯与赵、韩、魏共同瓜分范氏、中行氏的领地作为自己的封邑。出公发怒，告知齐国、鲁国，想借他们的力量讨伐四家公卿。四家公卿惶恐，于是反攻出公。出公逃到齐国，死在半路。所以智伯就立昭公的曾孙骄为晋君，就是哀公。

哀公的祖父雍，是晋昭公的小儿子，称戴子。戴子生下忌。忌与智伯交好，忌早死，所以智伯想全部吞并晋国，还没敢动手，于是立忌的儿子骄为国君。当时，晋国政事全都由智伯决定，晋哀公不能控制朝政。智伯于是占有范氏、中行氏的土地，最为强大。

哀公四年，赵襄子、韩康子、魏桓子共同杀了智伯，全部吞并了他的土地。

哀公十八年，哀公去世，儿子幽公柳即位。

幽公之时，晋君畏惧卿大夫，反而朝见韩、赵、魏的君主。晋君的土地只有绛城和曲沃，其余土地都落入韩、赵、魏三家中。

幽公十五年，魏文侯刚即位。幽公十八年，幽公和妇女通奸，夜间私自出城，强盗杀了幽公。魏文侯派兵诛灭晋国内乱，立幽公的儿子止为国君，就是烈公。

烈公十九年，周威烈王赐封赵氏、韩

三十七年，定公卒，子出公凿立。

出公十七年，知伯与赵、韩、魏共分范、中行地以为邑。出公怒，告齐、鲁，欲以伐四卿。四卿恐，遂反攻出公。出公奔齐，道死。故知伯乃立昭公曾孙骄为晋君，是为哀公。

哀公大父雍，晋昭公少子也，号为戴子。戴子生忌。忌善知伯，蚤死，故知伯欲尽并晋，未敢，乃立忌子骄为君。当是时，晋国政皆决知伯，晋哀公不得有所制。知伯遂有范、中行地，最强。

哀公四年，赵襄子、韩康子、魏桓子共杀知伯，尽并其地。

十八年，哀公卒，子幽公柳立。

幽公之时，晋畏，反朝韩、赵、魏之君。独有绛、曲沃，余皆入三晋。

十五年，魏文侯初立。十八年，幽公淫妇人，夜窃出邑中，盗杀幽公。魏文侯以兵诛晋乱，立幽公子止，是为烈公。

烈公十九年，周威烈王赐

赵、韩、魏皆命为诸侯。

二十七年，烈公卒，子孝公颀立。孝公九年，魏武侯初立，袭邯郸，不胜而去。十七年，孝公卒，子静公俱酒立。是岁，齐威王元年也。

静公二年，魏武侯、韩哀侯、赵敬侯灭晋后而三分其地。静公迁为家人，晋绝不祀。

太史公曰：晋文公，古所谓明君也，亡居外十九年，至困约，及即位而行赏，尚忘介子推，况骄主乎？灵公既弑，其后成、景致严，至厉大刻，大夫惧诛，祸作。悼公以后日衰，六卿专权。故君道之御其臣下，固不易哉！

氏、魏氏，将他们都策命为诸侯。

烈公二十七年，烈公去世，儿子孝公颀即位。孝公九年，魏武侯刚即位，袭击邯郸，没有战胜而离去。孝公十七年，孝公去世，儿子静公俱酒即位。这一年是齐威王元年。

静公二年，魏武侯、韩哀侯、赵敬侯灭掉晋国后瓜分了晋国的土地。静公成为平民，晋国断绝祭祀。

太史公说：晋文公，是古代所说的明君了，逃亡在外十九年，处境极为艰难，等到即位后进行封赏时，尚且忘记介子推，何况骄奢的君主呢？灵公被弑杀后，他的后代成公、景公极为严厉，到了厉公更加苛刻，大夫惧怕被诛杀，祸乱发生。悼公以后国势日渐衰微，六卿专擅政权。所以国君驾驭他的臣下，本来就不容易啊！

史记卷四十
世家第十

楚世家

楚人的祖先出自帝颛顼高阳。高阳，是黄帝的孙子，昌意的儿子。高阳生下称，称生下卷章，卷章生下重黎。重黎任帝喾高辛的火正，立下很多功劳，能使光亮照耀天下，帝喾命名他为祝融。共工氏作乱，帝喾派重黎诛灭他们，但没有杀尽。帝喾于是在庚寅日诛杀了重黎，而让他的弟弟吴回作为重黎后人，又做火正，称为祝融。

吴回生下陆终。陆终生有儿子六人，都是剖腹而生的。陆终的长子叫昆吾；二子叫参胡；三子叫彭祖；四子叫会人；五子叫曹姓；六子叫季连，季连姓芈，楚人就是他的后代。昆吾氏在夏朝时曾担任侯伯，桀在位时汤灭了他。彭祖氏在殷朝时曾担任侯伯，殷朝在末期灭了彭祖氏。季连生下附沮，附沮生下穴熊。后来他的后代衰微，有的在中原，有的在蛮夷，无法记载下他们的世系。

周文王时，季连的后裔叫鬻熊。鬻熊对待文王像对儿子一样，他早早去世。他

楚之先祖出自帝颛顼高阳。高阳者，黄帝之孙，昌意之子也。高阳生称，称生卷章，卷章生重黎。重黎为帝喾高辛居火正，甚有功，能光融天下，帝喾命曰祝融。共工氏作乱，帝喾使重黎诛之而不尽。帝乃以庚寅日诛重黎，而以其弟吴回为重黎后，复居火正，为祝融。

吴回生陆终。陆终生子六人，坼剖而产焉。其长一曰昆吾；二曰参胡；三曰彭祖；四曰会人；五曰曹姓；六曰季连，芈姓，楚其后也。昆吾氏，夏之时尝为侯伯，桀之时汤灭之。彭祖氏，殷之时尝为侯伯，殷之末世灭彭祖氏。季连生附沮，附沮生穴熊。其后中微，或在中国，或在蛮夷，弗能纪其世。

周文王之时，季连之苗裔曰鬻熊。鬻熊子事文王，蚤卒。

1185

其子曰熊丽。熊丽生熊狂，熊狂生熊绎。熊绎当周成王之时，举文、武勤劳之后嗣，而封熊绎于楚蛮，封以子男之田，姓芈氏，居丹阳。楚子熊绎与鲁公伯禽、卫康叔子牟、晋侯燮、齐太公子吕伋俱事成王。

熊绎生熊艾，熊艾生熊䵣，熊䵣生熊胜。熊胜以弟熊杨为后。熊杨生熊渠。熊渠生子三人。当周夷王之时，王室微，诸侯或不朝，相伐。熊渠甚得江汉间民和，乃兴兵伐庸、杨粤，至于鄂。熊渠曰：“我蛮夷也，不与中国之号谥。”乃立其长子康为句亶王，中子红为鄂王，少子执疵为越章王，皆在江上楚蛮之地。及周厉王之时，暴虐，熊渠畏其伐楚，亦去其王。

后为熊毋康，毋康蚤死。熊渠卒，子熊挚红立。挚红卒，其弟弑而代立，曰熊延。熊延生熊勇。熊勇六年，而周人作乱，攻厉王，厉王出奔彘。熊勇十年，卒，弟熊严为后。熊严十年，卒。有子四人，长子伯霜，中子仲雪，次子叔堪，少子季徇。熊严卒，长子伯霜代立，是为熊霜。

的儿子叫熊丽。熊丽生下熊狂，熊狂生下熊绎。熊绎正当周成王之时，成王举用文王、武王功臣的后代，而把熊绎封到楚蛮，封给他子男爵位的田地，姓芈氏，住在丹阳。楚子熊绎与鲁公伯禽、卫康叔的儿子牟、晋侯燮、齐太公的儿子吕伋一起为周成王做事。

熊绎生下熊艾，熊艾生下熊䵣，熊䵣生下熊胜。熊胜让弟弟熊杨做继承人。熊杨生下熊渠。熊渠生下三个儿子。在周夷王时，周王室衰微，有的诸侯不朝觐天子，互相攻伐。熊渠很得长江、汉水之间民众的拥戴，于是兴兵讨伐庸、杨粤，至到鄂地。熊渠说：“我是蛮夷，不用中原国家的称号。”熊渠就立他的长子康为句亶王，中间的儿子红为鄂王，小儿子执疵为越章王，都在长江边上的楚蛮地区。等到周厉王时，厉王凶暴残虐，熊渠畏惧厉王讨伐楚国，去掉了自己的王号。

熊渠的继承人是熊毋康，毋康早死。熊渠去世，儿子熊挚红即位。挚红去世，他的弟弟弑杀他即位，叫熊延。熊延生下熊勇。熊勇六年，周人作乱，攻打厉王，厉王逃奔到彘地。熊勇十年，熊勇去世，弟弟熊严成为继承人。熊严在位十年，去世。他有儿子四人，长子叫伯霜，二子叫仲雪，三子叫叔堪，四子叫季徇。熊严去世，长子伯霜即位，就是熊霜。

熊霜元年，周宣王刚即位。熊霜在位六年去世，三个弟弟争着想即位。仲雪死了；叔堪逃亡，在濮地避难；小弟季徇即位，就是熊徇。熊徇十六年，郑桓公被封到郑地。熊徇二十二年，熊徇去世，儿子熊咢即位。熊咢在位九年去世，儿子熊仪即位，就是若敖。

若敖二十年，周幽王被犬戎所杀，周都东迁，而秦襄公开始列为诸侯。若敖二十七年，若敖去世，儿子熊坎即位，就是霄敖。霄敖在位六年，去世，儿子熊眴即位，就是蚡冒。蚡冒十三年，晋国开始内乱，就是曲沃的缘故。蚡冒十七年，蚡冒去世。蚡冒的弟弟熊通弑杀蚡冒的儿子后即位，就是楚武王。

武王十七年，晋国的曲沃庄伯弑杀大宗国君晋孝侯。武王十九年，郑伯的弟弟段作乱。武王二十一年，郑国侵占天子的田地。武王二十三年，卫国人弑杀他们的国君桓公。武王二十九年，鲁国人弑杀他们的国君隐公。武王三十一年，宋国太宰华督弑杀他的国君殇公。

武王三十五年，楚国讨伐随国。随君说："我没有罪。"楚王说："我是蛮夷。如今诸侯都背叛周室相互侵伐，有的相互攻杀。我有军队，想凭此参与中原国家的政事，请求王室尊封我爵号。"随国人替

熊霜元年，周宣王初立。熊霜六年卒，三弟争立。仲雪死；叔堪亡，避难于濮；而少弟季徇立，是为熊徇。熊徇十六年，郑桓公初封于郑。二十二年，熊徇卒，子熊咢立。熊咢九年，卒，子熊仪立，是为若敖。

若敖二十年，周幽王为犬戎所弑，周东徙，而秦襄公始列为诸侯。二十七年，若敖卒，子熊坎立，是为霄敖。霄敖六年，卒，子熊眴立，是为蚡冒。蚡冒十三年，晋始乱，以曲沃之故。蚡冒十七年卒。蚡冒弟熊通弑蚡冒子而代立，是为楚武王。

武王十七年，晋之曲沃庄伯弑主国晋孝侯。十九年，郑伯弟段作乱。二十一年，郑侵天子之田。二十三年，卫弑其君桓公。二十九年，鲁弑其君隐公。三十一年，宋太宰华督弑其君殇公。

三十五年，楚伐随。随曰："我无罪。"楚曰："我蛮夷也。今诸侯皆为叛相侵，或相杀。我有敝甲，欲以观中国之政，请王室尊吾号。"随人为

之周，请尊楚，王室不听，还报楚。三十七年，楚熊通怒曰："吾先鬻熊，文王之师也，蚤终。成王举我先公，乃以子男田令居楚，蛮夷皆率服，而王不加位，我自尊耳。"乃自立，为武王，与随人盟而去。于是始开濮地而有之。

五十一年，周召随侯，数以立楚为王。楚怒，以随背己，伐随。武王卒师中而兵罢。子文王熊赀立，始都郢。

文王二年，伐申，过邓，邓人曰"楚王易取"，邓侯不许也。六年，伐蔡，虏蔡哀侯以归，已而释之。楚强，陵江汉间小国，小国皆畏之。十一年，齐桓公始霸，楚亦始大。

十二年，伐邓，灭之。十三年，卒，子熊囏立，是为庄敖。庄敖五年，欲杀其弟熊恽，恽奔随，与随袭弑庄敖代立，是为成王。

成王恽元年，初即位，布德施惠，结旧好于诸侯。使人

他去周室请求尊楚国为王，周王室不答应，随国人返回报告楚国。武王三十七年，楚王熊通发怒说："我先祖鬻熊，是文王的老师，早逝。成王举用我的先祖，赐予他子男爵位的田地让他住在楚地，蛮夷部族都顺服，可周王不加封爵位，我自称尊号罢了。"于是自立为王，称为武王，与随国人盟约后离去。在这时开始开垦并占有濮地。

武王五十一年，周王召见随侯，责备他拥立楚君为王。楚王发怒，认为随侯背叛自己，讨伐随国。武王死在军中，楚军只好罢兵。儿子文王熊赀即位，开始建都郢城。

文王二年，讨伐申国，路过邓国，邓人说"楚王容易打败"，邓侯没有答应。文王六年，讨伐蔡国，俘虏蔡哀侯后回国，不久释放了他。楚国强盛起来，欺凌长江、汉水之间的小国，这些小国都畏惧楚国。文王十一年，齐桓公开始称霸，楚国也开始强大。

文王十二年，讨伐邓国，灭了它。文王十三年，文王去世，儿子熊囏即位，就是庄敖。庄敖五年，想杀他的弟弟熊恽，熊恽逃到随国，与随国袭击弑杀庄敖后即位，就是成王。

成王恽元年，刚即位，布施德惠，结交之前友好的诸侯。派人向天子进贡，天

子赏赐胙肉，说："镇抚你们南方夷越地区的叛乱，不要侵犯中原。"这时候楚国的领地方圆千里。

成王恽十六年，齐桓公派兵侵伐楚国，到达陉山。楚成王派将军屈完领兵抵御齐军，与桓公结盟。桓公责备楚国没有向周王室进贡，楚国同意了进贡，齐国才离去。成王恽十八年，成王派兵北伐许国，许君袒露上身去谢罪，就放过了许国。成王恽二十二年，讨伐黄国。成王恽二十六年，灭了英国。成王恽三十三年，宋襄公想与诸侯会盟，召唤楚国前去。楚王发怒说："召我前去，我正好前去攻讦羞辱他。"于是楚王前往，到达盂地，就抓住宋襄公羞辱，然后又放回他。成王恽三十四年，郑文公南下朝见楚王。楚成王向北讨伐宋国，在泓水击败宋军，射伤了宋襄公，襄公最终因伤而死。成王恽三十五年，晋公子重耳路过楚国，成王用对待诸侯的礼节招待他，而且用厚礼送他去秦国。成王恽三十九年，鲁僖公来楚国请求发兵以讨伐齐国，楚国派申侯领兵讨伐齐国，夺取谷邑，把齐桓公的儿子雍安置在谷邑。齐桓公的七个儿子都逃到楚国，楚国全部封他们为上大夫。灭了夔国，因为夔国不祭祀祝融、鬻熊。

夏季，讨伐宋国，宋国向晋国告急，晋国援救宋国，成王罢兵返回。将军子玉

献天子，天子赐胙，曰："镇尔南方夷越之乱，无侵中国。"于是楚地千里。

十六年，齐桓公以兵侵楚，至陉山。楚成王使将军屈完以兵御之，与桓公盟。桓公数以周之赋不入王室，楚许之，乃去。十八年，成王以兵北伐许，许君肉袒谢，乃释之。二十二年，伐黄。二十六年，灭英。三十三年，宋襄公欲为盟会，召楚。楚王怒曰："召我，我将好往袭辱之。"遂行，至盂，遂执辱宋公，已而归之。三十四年，郑文公南朝楚。楚成王北伐宋，败之泓，射伤宋襄公，襄公遂病创死。三十五年，晋公子重耳过楚，成王以诸侯客礼飨，而厚送之于秦。三十九年，鲁僖公来请兵以伐齐，楚使申侯将兵伐齐，取谷，置齐桓公子雍焉。齐桓公七子皆奔楚，楚尽以为上大夫。灭夔，夔不祀祝融、鬻熊故也。

夏，伐宋，宋告急于晋，晋救宋，成王罢归。将军子玉

请战，成王曰："重耳亡居外久，卒得反国，天之所开，不可当。"子玉固请，乃与之少师而去。晋果败子玉于城濮。成王怒，诛子玉。

四十六年，初，成王将以商臣为太子，语令尹子上。子上曰："君之齿未也，而又多内宠，绌乃乱也。楚国之举常在少者。且商臣蜂目而豺声，忍人也，不可立也。"王不听，立之。后又欲立子职而绌太子商臣。商臣闻而未审也，告其傅潘崇曰："何以得其实？"崇曰："飨王之宠姬江芈而勿敬也。"商臣从之。江芈怒曰："宜乎王之欲杀若而立职也。"商臣告潘崇曰："信矣。"崇曰："能事之乎？"曰："不能。""能亡去乎？"曰："不能。""能行大事乎？"曰："能。"冬十月，商臣以宫卫兵围成王。成王请食熊蹯而死，不听。丁未，成王自绞杀。商臣代立，是为穆王。

穆王立，以其太子宫予潘崇，使为太师，掌国事。穆王三年，灭江。四年，灭六、蓼。

请求出战，成王说："重耳逃亡在外已久，最终得以返回晋国，是上天为他开路，不可阻挡。"子玉坚决请战，就给他很少的军队让他离开。晋国果然在城濮打败子玉。成王发怒，诛杀了子玉。

成王恽四十六年，当初，成王将立商臣为太子，告诉了令尹子上。子上说："您还年轻，而且又有很多宠姬，如果确立了再罢黜就会生乱子。楚国立的太子一般都年少。况且商臣眼如毒蜂、声如豺狼，是个残忍的人，不可以立他为太子。"成王不听，立了商臣。后来又想立公子职，就废黜了太子商臣。商臣听说还没有确定这件事时，问他的师傅潘崇说："如何得知确实的情况呢？"潘崇说："设宴款待成王的宠姬江芈，但不要恭敬地对待她。"商臣照做了。江芈发怒说："成王想杀掉你立职为太子是应该的！"商臣告诉潘崇说："确信了。"潘崇说："能为职做事吗？"商臣说："不能。""能出逃吗？"商臣说："不能。""能做大事吗？"回答说："能。"冬天十月，商臣让宫里的卫兵围攻成王。成王请求吃了熊掌再死，没被允许。丁未日，成王自缢而死。商臣即位，就是穆王。

穆王即位，把他的太子宫赠予潘崇，让他做太师，执掌国事。穆王三年，灭了江国。穆王四年，灭了六国、蓼国。六国、蓼国，是皋陶的后代。穆王八年，讨伐陈国。穆王十二年，穆王去世。儿子庄王侣即位。

庄王即位三年，没有发布过号令，日夜寻欢作乐，给国中人下令说："有敢进谏的杀无赦！"伍举入宫进谏。庄王左手抱着郑姬，右手抱着越女，坐在钟鼓之间。伍举说："希望向您进言。"接着就说："有一只鸟落在高坡上，三年不飞不鸣，是什么鸟呢？"庄王说："三年不飞，一飞就直冲云霄；三年不鸣叫，一鸣叫就使人吃惊。伍举退下吧，我知道你的意思了。"过了数月，庄王更加淫逸。大夫苏从于是入宫进谏。庄王说："你没听说我的诏令吗？"苏从回答说："杀了我来使您醒悟，是我的意愿。"于是庄王停止淫逸作乐，听取政事，诛杀了数百人，进用了数百人，任用伍举、苏从来掌管政务，国人非常高兴。这年灭了庸国。庄王六年，讨伐宋国，俘获兵车五百乘。

庄王八年，讨伐陆浑戎，于是到达洛邑，在周朝郊外阅兵。周定王派王孙满慰劳楚王。楚王向王孙满问周九鼎的大小轻重，王孙满回答说："治理国家在于德行不在于宝鼎。"庄王说："您不要倚仗九鼎，楚国折断戟钩上的尖，就足以铸成九鼎。"王孙满说："唉！君王你难道忘了吗？昔日虞舜、夏禹强盛时，远方各国都来朝贡，九州的长官进贡金属，铸成九鼎，将万

六、蓼，皋陶之后。八年，伐陈。十二年，卒。子庄王侣立。

庄王即位三年，不出号令，日夜为乐，令国中曰："有敢谏者死，无赦！"伍举入谏。庄王左抱郑姬，右抱越女，坐钟鼓之间。伍举曰："愿有进。"隐曰："有鸟在于阜，三年不蜚不鸣，是何鸟也？"庄王曰："三年不蜚，蜚将冲天；三年不鸣，鸣将惊人。举退矣，吾知之矣。"居数月，淫益甚。大夫苏从乃入谏。王曰："若不闻令乎？"对曰："杀身以明君，臣之愿也。"于是乃罢淫乐，听政，所诛者数百人，所进者数百人，任伍举、苏从以政，国人大说。是岁灭庸。六年，伐宋，获五百乘。

八年，伐陆浑戎，遂至洛，观兵于周郊。周定王使王孙满劳楚王。楚王问鼎小大轻重，对曰："在德不在鼎。"庄王曰："子无阻九鼎！楚国折钩之喙，足以为九鼎。"王孙满曰："呜呼！君王其忘之乎？昔虞夏之盛，远方皆至，贡金九牧，铸鼎象物，百物而

为之备，使民知神奸。桀有乱
德，鼎迁于殷，载祀六百。殷
纣暴虐，鼎迁于周。德之休明，
虽小必重；其奸回昏乱，虽大
必轻。昔成王定鼎于郏鄏，卜
世三十，卜年七百，天所命也。
周德虽衰，天命未改。鼎之轻重，
未可问也。"楚王乃归。

九年，相若敖氏。人或谗
之王，恐诛，反攻王，王击灭
若敖氏之族。十三年，灭舒。
十六年，伐陈，杀夏徵舒。徵
舒弑其君，故诛之也。已破陈，
即县之。群臣皆贺，申叔时使
齐来，不贺。王问，对曰："鄙
语曰：'牵牛径人田，田主取
其牛。'径者则不直矣，取之
牛，不亦甚乎？且王以陈之乱
而率诸侯伐之，以义伐之而贪
其县，亦何以复令于天下！"
庄王乃复国陈后。

十七年春，楚庄王围郑，
三月克之。入自皇门，郑伯
肉袒牵羊以逆，曰："孤不
天，不能事君，君用怀怒，以

象图物铭刻鼎中，万物齐备，使人民知道
神灵和恶兽。夏桀有乱德的行为，九鼎迁
到殷朝，主宰国运六百年。殷纣残暴狂虐，
九鼎迁到周朝。天子修明政德，鼎虽小也
是重不可移的；天子奸邪昏乱，鼎虽大也
是轻而易举的。昔日成王把鼎安置在郏鄏，
占卜可传三十代，享国七百年，这是天命。
周朝政德虽然衰弱，天命还没改变。鼎的
轻重不可以过问。"楚王于是归国。

庄王九年，若敖氏做国相。有人在庄
王面前谗害他，若敖氏担心被杀，反而攻
打庄王，庄王消灭了若敖氏全族。庄王
十三年，灭了舒国。庄王十六年，讨伐陈
国，杀了夏徵舒。徵舒弑杀他的国君，所
以杀了他。攻破陈国后，就把陈国划为楚
国的县。群臣都来庆贺，申叔时出使齐国
归来，没有庆贺。庄王询问原因，他回答
说："俗语说：'牵牛径直进入他人田地，
田的主人夺取他的牛。'径直进入田地的
人是不对了，夺取别人的牛不也很过分
吗？况且大王是为平定陈国内乱而率领诸
侯讨伐它，以道义讨伐它却贪图将其划为
楚国的县，又拿什么再号令天下呢！"庄
王于是恢复陈国后嗣。

庄王十七年春天，楚庄王围攻郑国，
三个月攻克。从皇门进入，郑伯脱去上
衣牵着羊来迎接楚王，说："我不被上天
庇护，不能为您做事，您满怀愤怒，来到

我们国家，是我的罪过。我岂敢不唯命是听！把我流放到南海，或是赐给诸侯做奴仆，我也唯命是听。若您不忘厉王、宣王、桓公、武公，不断绝他们的社稷，让我改为您做事，是我的心愿，这也不是我敢奢望的。我只是大胆说说自己的心里话。"楚国群臣说："大王不要答应。"庄王说："郑君能如此谦卑，一定能以诚信任用他的百姓，怎么能断绝他的祭祀呢！"庄王亲自手举军旗，左右指挥军队，引兵撤退三十里扎营，于是答应与郑君讲和。潘尪去订立盟约，子良到楚国做人质。夏天六月，晋国援救郑国，与楚国交战，在黄河边上楚军大败晋军，一直到达衡雍才撤回。

庄王二十年，围攻宋国，因为宋国杀了楚国使臣。围困宋国五个月，城中粮食吃尽，交换子女来吃，劈开人骨当柴烧。宋国华元出城告知实情。庄王说："这是君子啊！"于是罢兵离去。

庄王二十三年，庄王去世，儿子共王审即位。

共王十六年，晋国讨伐郑国。郑国向楚国告急，共王援救郑国。与晋军在鄢陵交战，晋军击败楚军，射中共王的眼睛。共王召见将军子反。子反嗜酒，侍从竖阳榖劝他喝酒，子反喝醉。共王发怒，射杀了子反，于是罢兵而归。

共王三十一年，共王去世，儿子康王

及敝邑，孤之罪也。敢不惟命是听！宾之南海，若以臣妾赐诸侯，亦惟命是听。若君不忘厉、宣、桓、武，不绝其社稷，使改事君，孤之愿也，非所敢望也。敢布腹心。"楚群臣曰："王勿许。"庄王曰："其君能下人，必能信用其民，庸可绝乎！"庄王自手旗，左右麾军，引兵去三十里而舍，遂许之平。潘尪入盟，子良出质。夏六月，晋救郑，与楚战，大败晋师河上，遂至衡雍而归。

二十年，围宋，以杀楚使也。围宋五月，城中食尽，易子而食，析骨而炊。宋华元出告以情。庄王曰："君子哉！"遂罢兵去。

二十三年，庄王卒，子共王审立。

共王十六年，晋伐郑。郑告急，共王救郑。与晋兵战鄢陵，晋败楚，射中共王目。共王召将军子反。子反嗜酒，从者竖阳榖进酒，醉。王怒，射杀子反，遂罢兵归。

三十一年，共王卒，子康

王招立。康王立十五年卒，子
员立，是为郏敖。

康王宠弟公子围、子比、
子皙、弃疾。郏敖三年，以其
季父康王弟公子围为令尹，主
兵事。四年，围使郑，道闻王
疾而还。十二月己酉，围入问
王疾，绞而弑之，遂杀其子莫
及平夏。使使赴于郑。伍举问
曰："谁为后？"对曰："寡
大夫围。"伍举更曰："共王
之子围为长。"子比奔晋，而
围立，是为灵王。

灵王三年六月，楚使使告
晋，欲会诸侯。诸侯皆会楚于申。
伍举曰："昔夏启有钧台之飨，
商汤有景亳之命，周武王有盟
津之誓，成王有岐阳之蒐，康
王有丰宫之朝，穆王有涂山之
会，齐桓有召陵之师，晋文有
践土之盟，君其何用？"灵王
曰："用桓公。"时郑子产在焉。
于是晋、宋、鲁、卫不往。灵
王已盟，有骄色。伍举曰："桀
为有仍之会，有缗叛之。纣为
黎山之会，东夷叛之。幽王为
太室之盟，戎、翟叛之。君其
慎终！"

招即位。康王即位十五年去世，儿子员即
位，就是郏敖。

康王有宠爱的弟弟公子围、子比、子
皙、弃疾。郏敖三年，任用他的叔父，康
王的弟弟公子围为令尹，主掌兵事。郏敖
四年，公子围出使郑国，途中听说楚王病
重而返回。十二月己酉日，公子围入宫慰
问楚王的病情，用绳子绞杀了楚王，又杀
了郏敖的儿子莫和平夏。派使者赴郑国告
丧。伍举问使者道："谁来做继承人？"
回答说："我们楚国的大夫围。"伍举更
正说："共王的儿子围年长。"子比出逃
到晋国，而围即位，就是灵王。

灵王三年六月，楚国派使者告知晋国，
想会盟诸侯。诸侯都去申邑参加楚国举行
的会盟。伍举说："昔日夏启有钧台的宴
飨，商汤有景亳的命令，周武王有盟津的
誓言，周成王有岐阳的检阅军队，周康王
有丰宫的诸侯朝会，周穆王有涂山的会见
诸侯，齐桓公有召陵的出师，晋文公有践
土的盟约，您用何种礼仪呢？"灵王说：
"用桓公之礼。"这时郑国子产在会盟之
处。而晋国、宋国、鲁国、卫国不在。灵
王在会盟之后，显露出骄慢之色。伍举说：
"夏桀举行有仍会盟，有缗背叛了他。纣
王举行黎山会盟，东夷背叛了他。幽王举
行太室的会盟，戎、翟背叛了他。您要谨
慎行事呀！"

七月，楚国率领诸侯军队讨伐吴国，围攻朱方。八月，攻克朱方，囚禁庆封，灭了他的家族。带着庆封示众，说："不要仿效齐国庆封弑杀他的国君而欺凌他的幼主，和大夫们结盟！"庆封反驳说："不如楚共王的庶子围弑杀他的国君兄长的儿子员而代他即位！"于是灵王派人赶紧杀了他。

灵王七年，修建章华台，下令逃亡的人去那里劳役。

灵王八年，派公子弃疾率军灭了陈国。灵王十年，召见蔡侯，灌醉并杀死他。派弃疾平定蔡国，封他为陈蔡公。

灵王十一年，讨伐徐国以恐吓吴国。灵王驻扎在乾谿等待消息。灵王说："齐国、晋国、鲁国、卫国，他们受封时都接受宝器了，唯独我们没有。如今我派使者到周王室请求把鼎分给我们，他们会给我吗？"析父回答说："他们会给君王的！昔日我们先王熊绎到偏僻的荆山，驾着打柴的车，穿着破衣裳，身处草莽之地，跋涉在山林中去为天子做事，只用桃木弓、棘木箭进贡周王。齐国，是周王舅父国；晋国和鲁国、卫国，是周王的同母兄弟国；所以楚国没有分得宝器而他们都有。当今周和四国都臣服君王，唯命是从，哪里敢吝惜宝鼎呢？"灵王说："昔日我皇祖伯父昆吾曾居住在许国，如今郑国贪图那片土

七月，楚以诸侯兵伐吴，围朱方。八月，克之，囚庆封，灭其族。以封徇，曰："无效齐庆封弑其君而弱其孤，以盟诸大夫！"封反曰："莫如楚共王庶子围弑其君兄之子员而代之立！"于是灵王使疾杀之。

七年，就章华台，下令内亡人实之。

八年，使公子弃疾将兵灭陈。十年，召蔡侯，醉而杀之。使弃疾定蔡，因为陈蔡公。

十一年，伐徐以恐吴。灵王次于乾谿以待之。王曰："齐、晋、鲁、卫，其封皆受宝器，我独不。今吾使使周求鼎以为分，其予我乎？"析父对曰："其予君王哉！昔我先王熊绎辟在荆山，荜露蓝蒌以处草莽，跋涉山林以事天子，唯是桃弧棘矢以共王事。齐，王舅也；晋及鲁、卫，王母弟也；楚是以无分而彼皆有。周今与四国服事君王，将惟命是从，岂敢爱鼎？"灵王曰："昔我皇祖伯父昆吾旧许是宅，今郑人贪其田，不我予，今我求之，

其予我乎？"对曰："周不爱鼎，郑安敢爱田？"灵王曰："昔诸侯远我而畏晋，今吾大城陈、蔡、不羹，赋皆千乘，诸侯畏我乎？"对曰："畏哉！"灵王喜曰："析父善言古事焉。"

十二年春，楚灵王乐乾谿，不能去也。国人苦役。初，灵王会兵于申，僇越大夫常寿过，杀蔡大夫观起。起子从亡在吴，乃劝吴王伐楚，为间越大夫常寿过而作乱，为吴间。使矫公子弃疾命召公子比于晋，至蔡，与吴、越兵欲袭蔡。令公子比见弃疾，与盟于邓。遂入杀灵王太子禄，立子比为王，公子子晳为令尹，弃疾为司马。先除王宫，观从从师于乾谿，令楚众曰："国有王矣。先归，复爵邑田室，后者迁之。"楚众皆溃，去灵王而归。

灵王闻太子禄之死也，自投车下，而曰："人之爱子亦如是乎？"侍者曰："甚是。"王曰："余杀人之子多矣，能无及此乎？"右尹曰："请待

地，不归还给我，如今我要求归还，他会给我吗？"析父回答说："周王都不吝惜宝鼎，郑国岂敢吝惜土地呢？"灵王说："以前诸侯疏远我而畏惧晋国，现今我们把陈、蔡、不羹建成大城池，都有千乘的兵力，诸侯会畏惧我吗？"析父回答说："畏惧呀！"灵王喜悦地说："析父很会谈古代的事情啊！"

灵王十二年春天，楚灵王在乾谿享乐，不肯离去。国人苦于徭役。当初，灵王在申邑集结军队，欺辱越国大夫常寿过，杀了蔡国大夫观起。观起的儿子从出逃到吴国，就劝吴王讨伐楚国，挑拨越国大夫常寿过作乱，做吴国的内奸。派人假称公子弃疾命令在晋召来公子比，到蔡国，想联合吴军、越军讨伐蔡国。令公子比去见弃疾，在邓邑订立盟约。于是进入楚国杀了灵王太子禄，立公子比为王，公子子晳做令尹，弃疾担任司马。先清理王宫，观从跟随军队到乾谿，向楚军号令说："国都立有新君了。先回去的，恢复爵位、封邑、田地、房屋。后回去的就流放他。"楚国将士溃散，都离开楚灵王归国。

灵王听说太子禄的死讯，自己掉到车下，说："人疼爱自己的儿子都是这样吗？"随从说："确实都是这样。"灵王说："我杀他人的儿子太多了，能不落到这个地步吗？"右尹说："请你等在郊野

听候国人的裁决。"灵王说："众人的愤怒不可触犯。"右尹说："暂且进入大县，向诸侯请兵吧。"灵王说："大县都背叛了。"右尹又说："姑且投奔诸侯再听从大国的考虑。"灵王说："大的福泽不会再来，只是自取其辱罢了。"于是灵王乘船将要进入鄢城。右尹推测灵王不会用他的计谋，害怕一起死掉，也离开灵王逃走了。

灵王于是独自彷徨在山中，山野中人不敢收留灵王。灵王遇到他原来宫里的销人，对他说："为我求些食物，我已经三天没有进食了。"销人说："新王下达法令，有敢送您饮食或跟从您的，就诛灭三族，何况也无处觅食。"灵王就枕着他的大腿睡着了。销人就用土代替自己，然后逃跑了。灵王醒来不见人，饥饿得不能站起。芋地长官申无宇的儿子申亥说："我父亲两次违反王命，灵王没有杀他，恩情哪有比这大的啊！"于是寻找灵王，在釐泽遇到饥饿的灵王，扶他回家。夏季五月癸丑日，灵王死在申亥家中，申亥用两个女儿陪葬，埋葬了他们。

这时楚国虽然已经立比为王，但畏惧灵王归来，又没听说灵王死亡，所以观从对新王比说："不杀弃疾，虽然得到了国家也会遭受祸患。"楚王说："我不忍心。"观从说："别人可忍心杀你。"楚王不听，观从于是离去。弃疾归来。国人每每夜里

于郊以听国人。"王曰："众怒不可犯。"曰："且入大县而乞师于诸侯。"王曰："皆叛矣。"又曰："且奔诸侯以听大国之虑。"王曰："大福不再，只取辱耳。"于是王乘舟将欲入鄢。右尹度王不用其计，惧俱死，亦去王亡。

灵王于是独傍偟山中，野人莫敢入王。王行遇其故销人，谓曰："为我求食，我已不食三日矣。"销人曰："新王下法，有敢饷王从王者，罪及三族，且又无所得食。"王因枕其股而卧。销人又以土自代，逃去。王觉而弗见，遂饥弗能起。芋尹申无宇之子申亥曰："吾父再犯王命，王弗诛，恩孰大焉！"乃求王，遇王饥于釐泽，奉之以归。夏五月癸丑，王死申亥家，申亥以二女从死，并葬之。

是时楚国虽已立比为王，畏灵王复来，又不闻灵王死，故观从谓初王比曰："不杀弃疾，虽得国，犹受祸。"王曰："余不忍。"从曰："人将忍王。"王不听，乃去。弃疾归。国人

每夜惊，曰："灵王入矣！"
乙卯夜，弃疾使船人从江上走
呼曰："灵王至矣！"国人愈惊。
又使曼成然告初王比及令尹子
皙曰："王至矣！国人将杀君，
司马将至矣！君蚤自图，无取
辱焉。众怒如水火，不可救也。"
初王及子皙遂自杀。丙辰，弃
疾即位为王，改名熊居，是为
平王。

平王以诈弑两王而自立，
恐国人及诸侯叛之，乃施惠百
姓。复陈、蔡之地而立其后如故，
归郑之侵地。存恤国中，修政教。
吴以楚乱故，获五率以归。平
王谓观从："恣尔所欲。"欲
为卜尹，王许之。

初，共王有宠子五人，无
適立，乃望祭群神，请神决之，
使主社稷，而阴与巴姬埋璧于
室内，召五公子斋而入。康王
跨之，灵王肘加之，子比、子
皙皆远之。平王幼，抱其上而
拜，压纽。故康王以长立，至
其子失之；围为灵王，及身而
弑；子比为王十余日，子皙不
得立，又俱诛。四子皆绝无后。

受到惊吓，说："灵王回来了！"乙卯夜
里，弃疾让船夫在江上边走边喊说："灵
王到了！"国人更加惊恐。又派曼成然禀
报新王比和令尹子皙说："灵王回来了！
国人就要杀掉君王，司马弃疾就要来了！
君王早做打算，不要自取侮辱。众人的愤
怒如水如火，是不可平息的。"新王及子
皙于是自杀。丙辰日，弃疾即位为王，改
名熊居，就是平王。

平王以欺诈手段弑杀两个君王而自立，
害怕国人及诸侯背叛他，就施惠给百姓。
恢复陈国、蔡国的领土而立他们的后代为
国君，与原先一样，归还郑国被侵占的土
地。安慰抚恤百姓，修明政治教化。吴国
因楚国内乱，俘获五位将士而归。平王对
观从说："满足您的愿望。"观从想担任
卜尹，平王答应了他。

当初，共王有五个宠爱的儿子，没有
嫡子可立，就望祭群神，请神决断立谁为
太子，让他主持社稷，而共王暗中与巴姬
在室内埋藏玉璧，召见五位公子斋戒而入。
康王跨过玉璧，灵王手肘压在玉璧上，子
比、子皙都离玉璧很远。平王年幼，抱着
他上前拜了两拜，压在璧纽上。所以康王
因年长而即位，到他的儿子时失去王位；
公子围成为灵王，最终身遭弑杀；子比为
王十多天，子皙没能即位，又一同被诛杀。

四个儿子都断绝无后。唯独弃疾最后即位，做了平王，最终延续楚国祭祀，和当初的预示符合。

起初，子比从晋国回国，韩宣子问叔向道："子比他会成功吗？"回答说："不能成功。"宣子说："楚国人和子比都厌恶楚王欲立新君，如同市井商人逐利一样，为什么不会成功？"叔向回答说："没有人与他有共同喜好，谁会与他有共同仇恶？取得国家有五难：子比拥有宠幸但没有贤才，是一难；有贤才但没有主事的人，是二难；有主事的人但缺少谋划，是三难；有所谋划但没有人民拥护，是四难；有人民拥护但没有德行，是五难。子比在晋国十三年了，晋国、楚国跟随他的人中没听说有博学通达的人，可以说是没有贤才了；家族灭亡，亲人背叛，可以说是没有主事的人了；没有可乘之机却发动政变，可以说是缺少谋划了；终身客居在外，可以说是没有人民基础了；逃亡在外而没有人爱戴他，可以说没有德行了。灵王暴虐，无所顾忌，子比要克服这五难而弑君，谁能帮助他呢！掌握楚国的人，大概是弃疾吧？统治陈、蔡，方城以外的地区都归属于他。苛暴邪恶的事没有发生，盗贼隐伏踪迹，不因私欲违背民意，百姓没有怨恨之心。先祖神明保佑他，国人信服他。芈姓发生动乱，必然是幼子继位，这是楚国

唯独弃疾后立，为平王，竟续楚祀，如其神符。

初，子比自晋归，韩宣子问叔向曰："子比其济乎？"对曰："不就。"宣子曰："同恶相求，如市贾焉，何为不就？"对曰："无与同好，谁与同恶？取国有五难：有宠无人，一也；有人无主，二也；有主无谋，三也；有谋而无民，四也；有民而无德，五也。子比在晋十三年矣，晋、楚之从不闻通者，可谓无人矣；族尽亲叛，可谓无主矣；无衅而动，可谓无谋矣；为羁终世，可谓无民矣；亡无爱征，可谓无德矣。王虐而不忌，子比涉五难以弑君，谁能济之！有楚国者，其弃疾乎？君陈、蔡，方城外属焉。苛慝不作，盗贼伏隐，私欲不违，民无怨心。先神命之，国民信之。芈姓有乱，必季实立，楚之常也。子比之官，则右尹也；数其贵宠，则庶子也；以神所命，则又远之；民无怀焉，将何以立？"宣子曰："齐桓、晋文不亦是乎？"对

曰:"齐桓,卫姬之子也,有
宠于釐公。有鲍叔牙、宾须无、
隰朋以为辅,有莒、卫以为外主,
有高、国以为内主。从善如流,
施惠不倦。有国,不亦宜乎?
昔我文公,狐季姬之子也,有
宠于献公。好学不倦。生十七年,
有士五人,有先大夫子馀、子
犯以为腹心,有魏犨、贾佗以
为股肱,有齐、宋、秦、楚以
为外主,有栾、郤、狐、先以
为内主。亡十九年,守志弥笃。
惠、怀弃民,民从而与之。故
文公有国,不亦宜乎?子比无
施于民,无援于外,去晋,晋
不送;归楚,楚不迎。何以有
国!"子比果不终焉,卒立者
弃疾,如叔向言也。

平王二年,使费无忌如秦
为太子建取妇。妇好,来,未
至,无忌先归,说平王曰:"秦
女好,可自娶,为太子更求。"
平王听之,卒自娶秦女,生熊珍。
更为太子娶。是时伍奢为太子

的常例。子比的官职,是个右尹;论起他
的出身,只是庶子;按照神明的命令,他
又差得远了;百姓不怀念他,他凭什么继
位呢?"宣子说:"齐桓公、晋文公不也
是庶子吗?"叔向说:"齐桓公,是卫姬
的儿子,受宠于釐公。有鲍叔牙、宾须无、
隰朋辅佐他,有莒国、卫国作为外援,有
高氏、国氏作为内应。他从善如流,不停
地施布恩惠。他掌管国家,不也是应该的
吗?当初我们的晋文公,是狐季姬的儿
子,受宠于献公。他爱好学习,不知疲倦。
十七岁时,拥有贤士五人,有先大夫子馀、
子犯为心腹,有魏犨、贾佗为股肱,有齐国、
宋国、秦国、楚国为外援,有栾氏、郤氏、
狐氏、先氏为内应。流亡十九年,志向更
加坚定。惠公、怀公背弃人民,人民跟从
并归附文公。所以文公掌管国家,不也是
应该的吗?子比对百姓没有恩德,在外没
有援助,离开晋国,晋国人不送他;回归
楚国,楚国人不迎接。他凭什么拥有国家
呢!"子比果然不得善终,最后即位的是
弃疾,如同叔向所说的那样。

平王二年,派费无忌到秦国为太子建
迎娶妻子。女子容貌美丽,接来时,还没
到楚国,无忌先赶回,对平王说:"秦国
女子貌美,您可以自娶为妻,给太子另外
娶妻。"平王听了他的话,最终自己娶了
秦女,生下熊珍。另给太子娶妻。这时伍

奢任太子太傅，无忌任少傅。无忌不受太子宠爱，常常说太子建的坏话。太子建当时十五岁了，他的母亲是蔡国女子，不受平王宠爱，平王逐渐疏远太子建。

平王六年，派太子建住在城父，戍守边疆。无忌又日夜在平王面前谗毁太子建说："自从我去秦国接来秦女后，太子怨恨，也不能不怨恨大王，君王要对他稍加防备。况且太子居守城父，握有兵权，在外结交诸侯，想要攻入国都了。"平王召来太子的太傅伍奢斥责他。伍奢知道是无忌的谗毁，就说："君王怎么能因小臣而疏远骨肉呢？"无忌说："现在不制约，以后会后悔的。"于是平王囚禁了伍奢。还命令司马奋扬召回太子建，想杀掉他。太子听说了这件事，出逃到宋国。

无忌说："伍奢有两个儿子，不杀掉他们，会成为楚国的祸患。何不以赦免他父亲的名义召见他们，他们必定过来。"于是平王派使者对伍奢说："你的两个儿子能来就让你活着，不能来你就死了。"伍奢说："伍尚会来，伍胥不会来。"平王说："为什么？"伍奢说："伍尚为人廉正，有舍身的大义，慈厚孝顺而仁爱，他听说召他能赦免父罪，必定前来，不顾及自己会死。伍胥为人聪敏而善于谋略，勇敢而自负功劳，知道来了必死，必定不会来。成为楚国忧患的一定是这个儿子。"

太傅，无忌为少傅。无忌无宠于太子，常谗恶太子建。建时年十五矣，其母蔡女也，无宠于王，王稍益疏外建也。

六年，使太子建居城父，守边。无忌又日夜谗太子建于王曰："自无忌入秦女，太子怨，亦不能无望于王，王少自备焉。且太子居城父，擅兵，外交诸侯，且欲入矣。"平王召其傅伍奢责之。伍奢知无忌谗，乃曰："王奈何以小臣疏骨肉？"无忌曰："今不制，后悔也。"于是王遂囚伍奢。乃令司马奋扬召太子建，欲诛之。太子闻之，亡奔宋。

无忌曰："伍奢有二子，不杀者为楚国患。盍以免其父召之？必至。"于是王使使谓奢："能致二子则生，不能将死。"奢曰："尚至，胥不至。"王曰："何也？"奢曰："尚之为人，廉，死节，慈孝而仁，闻召而免父，必至，不顾其死。胥之为人，智而好谋，勇而矜功，知来必死，必不来。然为楚国忧者必此子。"于是王使人召之，曰："来，吾免尔父。"

伍尚谓伍胥曰："闻父免而莫奔，不孝也；父戮莫报，无谋也；度能任事，知也。子其行矣，我其归死。"伍尚遂归。伍胥弯弓属矢，出见使者，曰："父有罪，何以召其子为？"将射，使者还走，遂出奔吴。伍奢闻之，曰："胥亡，楚国危哉。"楚人遂杀伍奢及尚。

十年，楚太子建母在居巢，开吴。吴使公子光伐楚，遂败陈、蔡，取太子建母而去。楚恐，城郢。初，吴之边邑卑梁与楚边邑锺离小童争桑，两家交怒相攻，灭卑梁人。卑梁大夫怒，发邑兵攻锺离。楚王闻之怒，发国兵灭卑梁。吴王闻之大怒，亦发兵，遂灭锺离、居巢。

十三年，平王卒。将军子常曰："太子珍少，且其母乃前太子建所当娶也。"欲立令尹子西。子西，平王之庶弟也，有义。子西曰："国有常法，更立则乱，言之则致诛。"乃立太子珍，是为昭王。

昭王元年，楚众不说费无

于是平王派人召见他们，说："你们前来，我就赦免你们的父亲。"伍尚对伍胥说："听说父亲能被赦免而不前往，这是不孝；父亲被杀而不能报仇，这是无谋；估计能力来担当事务，这是明智。你逃走吧，我去赴死。"伍尚于是去了。伍胥弯弓搭箭，出来见使者，说："父亲有罪，为什么要召见他的儿子呢？"将要射出，使者回头逃跑，伍胥于是出奔到吴国。伍奢听说此事，说："伍胥逃亡，楚国危险了。"楚国人于是杀了伍奢和伍尚。

平王十年，楚太子建的母亲在居巢，和吴国有往来。吴国派公子光讨伐楚国，于是击败陈国、蔡国，夺取太子建的母亲而去。楚王恐惧，加固郢城。当初，吴国边境卑梁与楚国边境锺离的孩童争夺桑叶，两家族因怒相攻，卑梁的人被灭掉。卑梁大夫恼怒，发邑兵攻打锺离。楚王听说此事发怒，发国兵灭了卑梁。吴王听说此事大怒，也发兵，于是灭了锺离、居巢。

平王十三年，平王去世。将军子常说："太子珍年幼，而且他的母亲是前太子建应当娶的女人。"想立令尹子西。子西，是平王的庶弟，有道义。子西说："国家有常规法令，改立他人会引起祸乱，谈论改立的事情就会遭受诛杀。"于是立太子珍。就是昭王。

昭王元年，楚国百姓不喜欢费无忌，

因为他进谗言害太子建逃亡，杀了伍奢父子和郤宛。郤宛的宗族伯氏之子伯嚭及伍子胥都出奔到吴国，吴兵多次侵犯楚国，楚人更加怨恨无忌。楚国令尹子常诛杀无忌来取悦民众，楚人才高兴。

昭王四年，吴国三位公子逃奔到楚国，楚国分封他们来抵御吴国。昭王五年，吴国讨伐并攻取了楚国的六邑、潜邑。昭王七年，楚国派子常讨伐吴国，吴国在豫章大败楚军。

昭王十年冬天，吴王阖闾、伍子胥、伯嚭与唐国、蔡国共同讨伐楚国，楚军大败，吴军于是进入郢都，侮辱平王之墓，这是因为伍子胥。吴军前来，楚国派子常带兵迎战，隔汉水对阵。吴国军队打败子常，子常逃亡到郑国。楚兵败退，吴军乘胜追击，五次交战，吴军到达郢都。己卯日，昭王出逃。庚辰日，吴军进入郢都。

昭王逃亡，到达云梦。云梦人不知他是楚王，射伤了他。楚王逃到郧国。郧公的弟弟怀说："平王杀了我父亲，如今我杀他儿子，不也可以吗？"郧公劝阻了他，但还是担心他弑杀昭王，于是与昭王出奔随国。吴王听说昭王前往，就攻击随国，对随人说："周室子孙被封在了长江、汉水一带，楚国尽数灭亡了那些国家。"想去杀昭王。昭王的随从子綦就把昭王深藏起来，谎称自己是楚王，告诉随国人说：

忌，以其谗亡太子建，杀伍奢子父与郤宛。宛之宗姓伯氏子嚭及子胥皆奔吴，吴兵数侵楚，楚人怨无忌甚。楚令尹子常诛无忌以说众，众乃喜。

四年，吴三公子奔楚，楚封之以扞吴。五年，吴伐取楚之六、潜。七年，楚使子常伐吴，吴大败楚于豫章。

十年冬，吴王阖闾、伍子胥、伯嚭与唐、蔡俱伐楚，楚大败，吴兵遂入郢，辱平王之墓，以伍子胥故也。吴兵之来，楚使子常以兵迎之，夹汉水阵。吴伐败子常，子常亡奔郑。楚兵走，吴乘胜逐之，五战及郢。己卯，昭王出奔。庚辰，吴人入郢。

昭王亡也，至云梦。云梦不知其王也，射伤王。王走郧。郧公之弟怀曰："平王杀吾父，今我杀其子，不亦可乎？"郧公止之，然恐其弑昭王，乃与王出奔随。吴王闻昭王往，即进击随，谓随人曰："周之子孙封于江汉之间者，楚尽灭之。"欲杀昭王。王从臣子綦乃深匿王，自以为王，谓随人曰:"以我予吴。"随人卜予吴,不吉,乃谢吴王曰:"昭王亡,不在随。"吴请入自索之,随不听,吴亦罢去。

昭王之出郢也,使申鲍胥请救于秦。秦以车五百乘救楚,楚亦收余散兵,与秦击吴。十一年六月,败吴于稷。会吴王弟夫槩见吴王兵伤败,乃亡归,自立为王。阖闾闻之,引兵去楚,归击夫槩。夫槩败,奔楚,楚封之堂谿,号为堂谿氏。

楚昭王灭唐。九月,归入郢。十二年,吴复伐楚,取番。楚恐,去郢,北徙都鄀。

十六年,孔子相鲁。二十年,楚灭顿,灭胡。二十一年,吴王阖闾伐越。越王句践射伤吴王,遂死。吴由此怨越而不西伐楚。

二十七年春,吴伐陈,楚昭王救之,军城父。十月,昭王病于军中,有赤云如鸟,夹日而蜚。昭王问周太史,太史曰:"是害于楚王,然可移于将相。"将相闻是言,乃请自

"把我交给吴国吧。"随国人占卜把楚王交给吴国一事,不吉利,就拒绝吴王说:"昭王逃走了,不在随国。"吴王请求进城自己寻找昭王,随国不同意,吴王也就离开了。

昭王逃出郢都,派申鲍胥向秦国请求援救。秦国派五百乘战车援救楚国,楚国也收聚剩下的散兵,与秦国抗击吴军。昭王十一年六月,在稷地打败吴军。恰逢吴王的弟弟夫概见吴王的军队被打败,就逃回吴国,自立为王。阖闾听说此事,率军离开楚国,回国攻打夫概。夫概战败,逃奔到楚国,楚国封他在堂谿,称为堂谿氏。

楚昭王灭了唐国。九月,楚昭王回到郢都。昭王十二年,吴国又讨伐楚国,夺取番邑。楚王恐惧,离开郢城,向北迁都到鄀城。

昭王十六年,孔子做鲁国国相。昭王二十年,楚国灭掉顿国,灭掉胡国。昭王二十一年,吴王阖闾讨伐越国。越王勾践射伤吴王,吴王不久就死了。吴国由此怨恨越国而不向西讨伐楚国了。

昭王二十七年春天,吴国讨伐陈国,楚昭王援救陈国,驻军城父。十月,昭王在军中患病,有红色云朵像鸟儿,绕着太阳飞行。昭王询问周太史,太史说:"这表示对楚王有害,但可以把灾祸转移给将相。"将相听说这些,就请求用自身向神

灵祷告。昭王说："将相，是我的股肱大臣，如今转移灾祸，难道能去掉我身上的祸患吗！"没有同意。占卜是黄河作祟，大夫请求向黄河祷告。昭王说："自先祖受封以来，遥祭不越过长江、汉水，我们不会因为黄河获罪。"就制止，不许向黄河祈祷。孔子在陈国，听到这些话，说："楚昭王通晓大道理呀。他不失去国家，是应当的啊！"

昭王病重，就召见各位公子和大夫说："我无德无才，一再使楚国军队受辱，如今才得以寿终正寝，这是我的荣幸。"让他的弟弟公子申为王，公子申不肯接受。又让其次年长的弟弟公子结为王，公子结也不肯接受。于是又让再次年长的弟弟公子闾为王，公子闾推让五次，最后才答应为王。即将开战，庚寅日，昭王死在军中。子闾说："君王病重时，舍弃他的儿子推让给群臣为王，我之所以答应大王，是为了宽慰君王。如今君王去世，我岂敢忘记君王的心意呢！"于是与子西、子綦谋划，埋伏士兵阻断道路，迎接越女的儿子章为国君，就是惠王。这之后才罢兵回国，安葬昭王。

惠王二年，子西从吴国召回平王原来的太子建的儿子胜，封为巢邑大夫，称为白公。白公喜好军事并礼贤下士，想报仇。惠王六年，白公向令尹子西请兵讨伐郑国。

以身祷于神。昭王曰："将相，孤之股肱也，今移祸，庸去是身乎！"弗听。卜而河为祟，大夫请祷河。昭王曰："自吾先王受封，望不过江、汉，而河非所获罪也。"止不许。孔子在陈，闻是言，曰："楚昭王通大道矣。其不失国，宜哉！"

昭王病甚，乃召诸公子大夫曰："孤不佞，再辱楚国之师，今乃得以天寿终，孤之幸也。"让其弟公子申为王，不可。又让次弟公子结，亦不可。乃又让次弟公子闾，五让，乃后许为王。将战，庚寅，昭王卒于军中。子闾曰："王病甚，舍其子让群臣，臣所以许王，以广王意也。今君王卒，臣岂敢忘君王之意乎！"乃与子西、子綦谋，伏师闭涂，迎越女之子章立之，是为惠王。然后罢兵归，葬昭王。

惠王二年，子西召故平王太子建之子胜于吴，以为巢大夫，号曰白公。白公好兵而下士，欲报仇。六年，白公请兵令尹子西伐郑。初，白公父建亡在郑，郑杀之，白公亡走吴，子西复召之，故以此怨郑，欲伐之。子西许而未为发兵。八年，晋伐郑，郑告急楚，楚使子西救郑，受赂而去。白公胜怒，乃遂与勇力死士石乞等袭杀令尹子西、子綦于朝，因劫惠王，置之高府，欲弑之。惠王从者屈固负王亡走昭王夫人宫。白公自立为王。月余，会叶公来救楚，楚惠王之徒与共攻白公，杀之。惠王乃复位。是岁也，灭陈而县之。

十三年，吴王夫差强，陵齐、晋，来伐楚。十六年，越灭吴。四十二年，楚灭蔡。四十四年，楚灭杞。与秦平。是时越已灭吴，而不能正江、淮北；楚东侵，广地至泗上。五十七年，惠王卒，子简王中立。

简王元年，北伐灭莒。八年，魏文侯、韩武子、赵桓子始列为诸侯。二十四年，简王卒，子声王当立。

声王六年，盗杀声王，子悼王熊疑立。

当初，白公的父亲建逃亡到郑国，郑国杀了他，白公逃亡到吴国，子西又召回他，他因此怨恨郑国，想讨伐他们。子西答应后却没有为他发兵。惠王八年，晋国讨伐郑国，郑国向楚国告急，楚国派子西援救郑国，子西接受郑国贿赂而离去。白公胜发怒，于是就与有力气的死士石乞等人在朝堂袭击杀死令尹子西、子綦，乘机劫持惠王，安置在高府，想弑杀他。惠王的随从屈固背着惠王逃到昭王夫人宫中。白公自立为王。一个多月后，正好叶公来援救楚国，楚惠王的党徒与叶公一起攻打白公，杀死白公。惠王于是恢复国君之位。这年，灭掉陈国并将其设为楚国的县。

惠王十三年，吴王夫差强大，欺凌齐国、晋国，前来讨伐楚国。惠王十六年，越国灭了吴国。惠王四十二年，楚国灭了蔡国。惠王四十四年，楚国灭了杞国。与秦国讲和。这时越国已经灭掉吴国，但不能占据长江、淮北地区；楚国向东扩张，领土扩张到泗上。惠王五十七年，惠王去世，儿子简王中即位。

简王元年，向北讨伐灭了莒国。简王八年，魏文侯、韩武子、赵桓子开始列为诸侯。简王二十四年，简王去世，儿子声王当即位。

声王六年，强盗杀了声王，儿子悼王熊疑即位。

悼王二年，三晋前来讨伐楚国，到达乘丘撤退。悼王四年，楚国讨伐周国。郑国杀掉子阳。悼王九年，讨伐韩国，攻取负黍。悼王十一年，三晋讨伐楚国，在大梁、榆关打败楚国。楚国用厚礼贿赂秦国，与秦国讲和。悼王二十一年，悼王去世，儿子肃王臧即位。

肃王四年，蜀国讨伐楚国，攻取兹方。在这时楚国修筑扞关来防御蜀国。肃王十年，魏国攻取楚国鲁阳。肃王十一年，肃王去世，没有儿子，立他的弟弟熊良夫为君，就是宣王。

宣王六年，周天子恭贺秦献公。秦国又开始强盛，而三晋比以前更加强大，魏惠王、齐威王尤其强大。宣王三十年，秦国封卫鞅在商邑，向南侵犯楚国。这年，宣王去世，儿子威王熊商即位。

威王六年，周显王把祭祀文王、武王的祭肉赐给秦惠王。

威王七年，齐国孟尝君的父亲田婴欺骗楚国，楚威王讨伐齐国，在徐州击败齐军，并命令齐国必须驱逐田婴。田婴害怕，张丑假意对楚王说："大王之所以在徐州取胜，是因为田盼子没被重用。盼子有功于国，而百姓为他所用。婴子不喜欢他而重用申纪。申纪，大臣们不亲附他，百姓也不为他所用，所以大王战胜了齐国。如今大王驱逐婴子，婴子被驱逐，盼子必定

悼王二年，三晋来伐楚，至乘丘而还。四年，楚伐周。郑杀子阳。九年，伐韩，取负黍。十一年，三晋伐楚，败我大梁、榆关。楚厚赂秦，与之平。二十一年，悼王卒，子肃王臧立。

肃王四年，蜀伐楚，取兹方。于是楚为扞关以距之。十年，魏取我鲁阳。十一年，肃王卒，无子，立其弟熊良夫，是为宣王。

宣王六年，周天子贺秦献公。秦始复强，而三晋益大，魏惠王、齐威王尤强。三十年，秦封卫鞅于商，南侵楚。是年，宣王卒，子威王熊商立。

威王六年，周显王致文武胙于秦惠王。

七年，齐孟尝君父田婴欺楚，楚威王伐齐，败之于徐州，而令齐必逐田婴。田婴恐，张丑伪谓楚王曰："王所以战胜于徐州者，田盼子不用也。盼子者，有功于国，而百姓为之用。婴子弗善而用申纪。申纪者，大臣不附，百姓不为用，故王胜之也。今王逐婴子，婴子逐，

盼子必用矣。复搏其士卒以与王遇，必不便于王矣。”楚王因弗逐也。

十一年，威王卒，子怀王熊槐立。魏闻楚丧，伐楚，取我陉山。

怀王元年，张仪始相秦惠王。四年，秦惠王初称王。

六年，楚使柱国昭阳将兵而攻魏，破之于襄陵，得八邑。又移兵而攻齐，齐王患之。陈轸适为秦使齐，齐王曰：“为之奈何？”陈轸曰：“王勿忧，请令罢之。”即往见昭阳军中，曰：“愿闻楚国之法，破军杀将者何以贵之？”昭阳曰：“其官为上柱国，封上爵执珪。”陈轸曰：“其有贵于此者乎？”昭阳曰：“令尹。”陈轸曰：“今君已为令尹矣，此国冠之上。臣请得譬之。人有遗其舍人一卮酒者，舍人相谓曰：‘数人饮此，不足以遍，请遂画地为蛇，蛇先成者独饮之。’一人曰：‘吾蛇先成。’举酒而起，曰：‘吾能为之足。’及其为之足，而后成人夺之酒而饮之，曰：‘蛇固无足，今为之足，

要被重用了。齐国定能重振士卒与大王交战，必定不利于大王啊。”楚王因此不再驱逐田婴。

威王十一年，威王去世，儿子怀王熊槐即位。魏国听说楚国有丧事，讨伐楚国，夺取楚国陉山。

怀王元年，张仪开始做秦惠王的相国。怀王四年，秦惠王开始称王。

怀王六年，楚国派柱国昭阳率军攻打魏国，在襄陵打败魏军，夺取八个城邑。又调兵攻打齐国，齐王对此担忧。陈轸正好为秦国出使齐国，齐王说：“该怎么办呢？”陈轸说：“大王不必担忧，我会让他们撤退。”随即前往昭阳军中，说：“希望能让我了解楚国的军法，破军杀将者用什么赏赐来使之尊贵呢？”昭阳说：“封官为上柱国，封上等爵位执珪。”陈轸说：“还有比这更尊贵的吗？”昭阳说：“令尹。”陈轸说：“现在您已经是令尹了，这是国家最高官位。请允许我打个比方。有人送他的舍人一杯酒，门客们互相议论：‘好几个人喝这杯酒，不够喝，大家就地画蛇，先画成蛇的人独自饮下这杯酒。’一人说：‘我的蛇先画成了。’举起酒站了起来，说：‘我能为它画上脚。’等他为蛇画好了脚，而后画成蛇的人夺了他手里的酒喝了下去，说：‘蛇本来没有脚，如今为它添上脚，它就不是蛇了。’如今

您辅佐楚国讨伐魏国，破军杀将，功劳没有比这大的了，官爵也不能再高了。如今又调兵讨伐齐国，攻打齐国胜利了，爵位也不会比现在再高；没有胜利，身死夺爵，对楚国是个大损失：这就是画蛇添足所说的道理。不如领兵离去从而让齐国感激，这是保持功德完满的办法啊。"昭阳说："好吧。"然后引兵离去。

燕国、韩国国君开始称王。秦国派张仪与楚国、齐国、魏国会盟，在啮桑会盟。

怀王十一年，苏秦约定合纵山东六国共同讨伐秦国，楚怀王为合纵首领。到达函谷关，秦国出兵迎击六国，六国军队都撤退，齐军被单独落在后面。怀王十二年，齐湣王讨伐并击败赵国、魏国军队，秦国也讨伐并击败韩国，与齐国争当霸主。

怀王十六年，秦国想讨伐齐国，而楚国与齐国合纵相亲，秦惠王担心他们的联合，就宣扬说张仪被免去国相，派张仪向南去见楚王，对楚王说："敝国之王最喜欢的人莫过于大王，即便我张仪做守门之人，也最愿意为大王守门。敝国之王最憎恶的人莫过于齐王，我张仪最憎恶之人也莫过于齐王。但是大王与齐国联合，敝国之王不能为大王做事，所以张仪也不能做守门之人了。大王能为我张仪闭关并与齐国断交，现在您就派使臣随我取回当初秦国夺走楚国的商於六百里土地，这样，齐

是非蛇也。'今君相楚而攻魏，破军杀将，功莫大焉，冠之上不可以加矣。今又移兵而攻齐，攻齐胜之，官爵不加于此；攻之不胜，身死爵夺，有毁于楚：此为蛇为足之说也。不若引兵而去以德齐，此持满之术也。"昭阳曰："善。"引兵而去。

燕、韩君初称王。秦使张仪与楚、齐、魏相会，盟啮桑。

十一年，苏秦约从山东六国共攻秦，楚怀王为从长。至函谷关，秦出兵击六国，六国兵皆引而归，齐独后。十二年，齐湣王伐败赵、魏军，秦亦伐败韩，与齐争长。

十六年，秦欲伐齐，而楚与齐从亲，秦惠王患之，乃宣言张仪免相，使张仪南见楚王，谓楚王曰："敝邑之王所甚说者无先大王，虽仪之所甚愿为门阑之厮者亦无先大王。敝邑之王所甚憎者无先齐王，虽仪之所甚憎者亦无先齐王。而大王和之，是以敝邑之王不得事王，而令仪亦不得为门阑之厮也。王为仪闭关而绝齐，今使使者从仪西取故秦所分楚商於

之地方六百里，如是则齐弱矣。是北弱齐，西德于秦，私商於以为富，此一计而三利俱至也。"怀王大悦，乃置相玺于张仪，日与置酒，宣言"吾复得吾商於之地"。群臣皆贺，而陈轸独吊。怀王曰："何故？"陈轸对曰："秦之所为重王者，以王之有齐也。今地未可得而齐交先绝，是楚孤也。夫秦又何重孤国哉？必轻楚矣。且先出地而后绝齐，则秦计不为。先绝齐而后责地，则必见欺于张仪。见欺于张仪，则王必怨之。怨之，是西起秦患，北绝齐交。西起秦患，北绝齐交，则两国之兵必至。臣故吊。"楚王弗听，因使一将军西受封地。

张仪至秦，详醉坠车，称病不出三月，地不可得。楚王曰："仪以吾绝齐为尚薄邪？"乃使勇士宋遗北辱齐王。齐王大怒，折楚符而合于秦。秦齐交合，张仪乃起朝，谓楚将军曰："子何不受地？从某至某，广袤六里。"楚将军曰："臣

国就被削弱了。北面削弱齐国，西边施恩于秦国，又得商於之地而富有，这是使用一个计谋就可以得到三个好处。"怀王很高兴，就把相印给了张仪，每天为他设宴，宣言"我将重新得到我的商於之地"。群臣都来庆贺，而陈轸独自悲伤。怀王说："为什么悲伤？"陈轸回答说："秦国之所以看重大王，是因为大王与齐国结盟。如今还没得到土地就与齐国先断交，这样楚国就被孤立了。秦国又怎么会看重孤立之国呢，必定要轻视楚国了。若秦国先归还土地而后楚国与齐国断交，那么秦国的计谋不会得逞。先使楚国与齐国断交而后向秦责要土地，那就一定会被张仪所骗。受了张仪的欺骗，那君王必定怨恨他。怨恨他，就会西边有秦国之祸患，北边又与齐国断了交。西边有秦国之祸患，北边与齐国断交，那么韩、魏两国的军队必定到来。所以臣悲哀。"楚王不听，还是派了一位将军去西方接受封地。

张仪到达秦国，佯装醉酒坠车，称病三个月不出门，楚国没得到土地。楚王说："张仪以为我和齐国的断交还不够彻底吗？"于是派勇士宋遗去北方侮辱齐王。齐王大怒，折断楚国符节而与秦国联盟。秦、齐交好，张仪才入朝，对楚国将军说："您为什么不接受土地呢？从某地到某地，方圆六里。"楚国将军说："我

得到的命令是六百里，没听说过六里。"
就把张仪的话回去禀报给怀王。怀王大怒，
要兴师讨伐秦国。陈轸又说："讨伐秦国
不是良策。不如就拿一座著名城邑贿赂秦
国，与秦国一起讨伐齐国，我们在秦国丢
失的土地，可以从齐国那里补偿回来，我
国尚且可以保全。如今大王已经与齐国断
交而责备秦国的欺骗，如此我们就使秦国、
齐国联合而招来天下大军，楚国必定大受
损伤。"楚王不听，于是与秦国断绝交往，
发兵往西攻打秦国。秦国也发兵迎击楚国。

怀王十七年春天，与秦军在丹阳交战，
秦军大败楚军，斩杀士兵八万人，虏获楚
国大将军屈匄、副将军逢侯丑等七十多人，
于是攻取了汉中之郡。楚怀王发怒，就
调遣全国军队再次袭击秦国，在蓝田交战，
秦军大败楚军。韩国、魏国听说楚国的困
境，就向南袭击楚国，直到邓邑。楚军听
说了，才引兵回国。

怀王十八年，秦国派使者又与楚国约
定友好关系，分汉中一半土地来与楚国讲
和。楚王说："只想得到张仪，不想得到
土地。"张仪听说了这件事，请求去楚
国。秦王说："楚国要得到你才甘心，该
怎么办呢？"张仪说："我与楚王身边侍
臣靳尚交好，靳尚又为楚王宠妃郑袖做事，
郑袖所说的话楚王无不听从。况且张仪前
次出使违背商於之约，如今秦楚大战，有

之所以见命者六百里，不闻六
里。"即以归报怀王。怀王大怒，
兴师将伐秦。陈轸又曰："伐
秦非计也。不如因赂之一名都，
与之伐齐，是我亡于秦，取偿
于齐也，吾国尚可全。今王已
绝于齐而责欺于秦，是吾合秦
齐之交而来天下之兵也，国必
大伤矣。"楚王不听，遂绝和
于秦，发兵西攻秦。秦亦发兵
击之。

十七年春，与秦战丹阳，
秦大败我军，斩甲士八万，虏
我大将军屈匄、裨将军逢侯
丑等七十余人，遂取汉中之郡。
楚怀王大怒，乃悉国兵复袭秦，
战于蓝田，大败楚军。韩、魏
闻楚之困，乃南袭楚，至于邓。
楚闻，乃引兵归。

十八年，秦使使约复与楚
亲，分汉中之半以和楚。楚王
曰："愿得张仪，不愿得地。"
张仪闻之，请之楚。秦王曰：
"楚且甘心于子，奈何？"张
仪曰："臣善其左右靳尚，靳
尚又能得事于楚王幸姬郑袖，
袖所言无不从者。且仪以前使
负楚以商於之约，今秦楚大战，

有恶,臣非面自谢楚不解。且
大王在,楚不宜敢取仪。诚杀
仪以便国,臣之愿也。"仪遂
使楚。

至,怀王不见,因而囚张
仪,欲杀之。仪私于靳尚,靳
尚为请怀王曰:"拘张仪,秦
王必怒。天下见楚无秦,必轻
王矣。"又谓夫人郑袖曰:"秦
王甚爱张仪,而王欲杀之,今
将以上庸之地六县赂楚,以美
人聘楚王,以宫中善歌者为之
媵。楚王重地,秦女必贵,而
夫人必斥矣。夫人不若言而出
之。"郑袖卒言张仪于王而出之。
仪出,怀王因善遇仪,仪因说
楚王以叛从约而与秦合亲,约
婚姻。张仪已去,屈原使从齐
来,谏王曰:"何不诛张仪?"
怀王悔,使人追仪,弗及。是岁,
秦惠王卒。

二十年,齐湣王欲为从
长,恶楚之与秦合,乃使使遗
楚王书曰:"寡人患楚之不察
于尊名也。今秦惠王死,武王立,
张仪走魏,樗里疾、公孙衍
用,而楚事秦。夫樗里疾善乎韩,
而公孙衍善乎魏;楚必事秦,

了仇恨,臣若不出面向楚王请罪,仇恨不
能解除。况且有大王在,楚国不敢处置我。
若是杀张仪而有利于国,也是臣张仪的心
愿。"张仪于是出使楚国。

张仪到达楚国,怀王不见他,囚禁了
张仪,想杀他。张仪暗通靳尚,靳尚替他
请求怀王说:"拘禁张仪,秦王一定发怒。
天下人看到楚国没有了秦国的依靠,一定
轻视大王了。"又对夫人郑袖说:"秦王
很喜爱张仪,而大王想杀他,如今秦国愿
拿上庸地区的六县贿赂楚国,把美人送给
楚王,用秦宫中善于歌唱的人做侍女陪嫁。
楚王重视土地,秦女必定尊贵,而夫人必
遭排斥。夫人不如向楚王献言把张仪放出
来。"郑袖最终向楚王替张仪求情而楚王
放了他。张仪出来,怀王客气地招待张仪,
张仪趁机说服楚王背叛合纵盟约而与秦国
交好,并约定两国联姻。张仪离去后,屈
原出使齐国归来,劝谏怀王说:"为什么
不杀掉张仪?"怀王悔悟,派人去追杀张
仪,没有追上。这年,秦惠王去世。

怀王二十年,齐湣王想做合纵的首领,
嫉恨楚国与秦国联合,就派使者给楚王书
信说:"寡人担心楚国没有体察尊贵的名
声。如今秦惠王已死,武王即位,张仪
逃到魏国,樗里疾、公孙衍当权,而楚国
还在帮助秦国。樗里疾与韩国要好,而公
孙衍与魏国要好;楚国执意帮助秦国,韩

国、魏国就会担忧，必定会通过二人求得与秦国结盟，那么燕国、赵国也会为秦国做事。四个国家争相为秦国做事，那么楚国之地就成了郡县。大王何不与寡人一起联合韩国、魏国、燕国、赵国，与它们合纵而尊奉周王室，从而息兵养民，号令天下呢？没有人敢不听从，就成就大王的尊名了。大王率领诸侯一同讨伐秦国，攻破秦国是必然的。大王攻取武关、蜀、汉中的土地，占有吴国、越国的丰饶之地，独占长江、东海之利，韩国、魏国割让上党，西部毗邻函谷关，那么楚国要强大百万倍了。况且大王被张仪欺骗，丢失汉中土地，在蓝田兵败，天下人无不替大王愤怒。如今您却想率先为秦国做事！希望大王仔细考虑这件事。"

楚王本已经打算与秦国和好，看见齐王书信，又犹豫不决，交给他的群臣商讨。群臣有的说与秦国讲和，有的说听从齐王。昭雎说："君王即便从东方越国取得土地，也不足以雪耻；必须从秦国攻取土地，而后才足以在诸侯中雪耻。君王不如深交齐国、韩国以加重樗里疾的作用，如此就能得到韩国、齐国救援，向秦国要回土地了。秦国攻破韩国宜阳，而韩国仍然为秦国做事，是因为韩国先王的陵墓在平阳，而秦国武遂离那里七十里，因此韩国特别害怕秦国。不然，秦国攻打三川，赵国攻打上

韩、魏恐，必因二人求合于秦，则燕、赵亦宜事秦。四国争事秦，则楚为郡县矣。王何不与寡人并力收韩、魏、燕、赵，与为从而尊周室，以案兵息民？令于天下，莫敢不乐听，则王名成矣。王率诸侯并伐，破秦必矣。王取武关、蜀、汉之地，私吴、越之富而擅江海之利，韩、魏割上党，西薄函谷，则楚之强百万也。且王欺于张仪，亡地汉中，兵锉蓝田，天下莫不代王怀怒。今乃欲先事秦！愿大王孰计之。"

楚王业已欲和于秦，见齐王书，犹豫不决，下其议群臣。群臣或言和秦，或曰听齐。昭雎曰："王虽东取地于越，不足以刷耻；必且取地于秦，而后足以刷耻于诸侯。王不如深善齐、韩以重樗里疾，如是则王得韩、齐之重以求地矣。秦破韩宜阳，而韩犹复事秦者，以先王墓在平阳，而秦之武遂去之七十里，以故尤畏秦。不然，秦攻三川，赵攻上党，楚攻河外，

韩必亡。楚之救韩，不能使韩不亡，然存韩者楚也。韩已得武遂于秦，以河山为塞，所报德莫如楚厚，臣以为其事王必疾。齐之所信于韩者，以韩公子昧为齐相也。韩己得武遂于秦，王甚善之，使之以齐、韩重樗里疾，疾得齐、韩之重，其主弗敢弃疾也。今又益之以楚之重，樗里子必言秦，复与楚之侵地矣。"于是怀王许之，竟不合秦，而合齐以善韩。

二十四年，倍齐而合秦。秦昭王初立，乃厚赂于楚。楚往迎妇。二十五年，怀王入与秦昭王盟，约于黄棘。秦复与楚上庸。二十六年，齐、韩、魏为楚负其从亲而合于秦，三国共伐楚。楚使太子入质于秦而请救。秦乃遣客卿通将兵救楚，三国引兵去。

二十七年，秦大夫有私与楚太子斗，楚太子杀之而亡归。二十八年，秦乃与齐、韩、魏共攻楚，杀楚将唐眛，取我重丘而去。二十九年，秦复攻楚，

党，楚国攻打河外，韩国必定灭亡。楚国救援韩国，不能确保韩国不会灭亡，但是救韩国的还是楚国。韩国从秦国得到武遂后，以黄河和西境的山作为关塞，韩国所想要报答的恩德没有比楚国更深厚的，我认为韩国为大王做事必定尽心。韩国相信齐国，是因为韩公子昧任齐国国相。韩国从秦国得到武遂，君王又与秦国很友善，使秦国因齐国、韩国重视樗里疾，樗里疾得到齐国、韩国的支持，秦王便不敢舍弃樗里疾。如今又加上楚国的支持，樗里疾必向秦王进言，归还侵占的楚国土地。"于是怀王答应了，最终不与秦国联盟，而与齐国联盟，并与韩国结好。

怀王二十四年，楚国背叛齐国而联合秦国。秦昭王刚即位，用厚礼贿赂楚王。楚国前去迎娶新妇。怀王二十五年，怀王入秦与秦昭王会盟，在黄棘盟约。秦国又归还楚国上庸。怀王二十六年，齐国、韩国、魏国因楚国背叛他们的合纵联合秦国，三国共同讨伐楚国。楚国派太子到秦国做人质请求救援。于是秦国派客卿通领兵援救楚国，三国带兵离开。

怀王二十七年，秦国有个大夫私下与楚太子争斗，楚太子杀死他逃回楚国。怀王二十八年，秦国与齐国、韩国、魏国共同攻打楚国，杀死楚国将军唐眛，占领楚国重丘后离开。怀王二十九年，秦国又

攻打楚国，大破楚军，战死的楚军有二万人，杀死楚国将军景缺。怀王恐惧，就派太子到齐国做人质请求议和。怀王三十年，秦国又讨伐楚国，攻取八座城池。秦昭王给楚王写信说：“当初寡人与您约为弟兄，在黄棘盟约，用太子做人质，关系非常融洽。太子欺凌并杀了寡人的重臣，不谢罪就逃走，寡人真是不能控制怒火，派兵侵占君王边境。如今听说您竟派太子去齐国作为人质请求讲和。寡人与楚国边境接壤，所以结为婚姻，互相亲近友善很久了。如今秦国与楚国不和睦，就无法号令诸侯。寡人希望与您在武关会晤，面谈盟约，结盟而去，这是寡人的愿望。冒昧地请您知道我的想法。”楚怀王见到秦王的书信，对此事感到忧虑。想前往，担心受到欺骗；不去，又怕秦王恼怒。昭雎说：“大王不要前去，发兵自守即可。秦国有如虎狼，不可以相信，有吞并诸侯的心思。”怀王的儿子子兰劝说楚王前往，说：“怎么能拒绝让秦国不高兴呢！”于是楚王前去会见秦昭王。秦昭王派一位将军带兵在武关埋伏，打着秦王的旗号。楚王到达，就关闭武关，于是挟持怀王向西来到咸阳，让怀王在章台朝见，如同藩臣，不用平等的礼节。楚怀王大怒，后悔没听昭子的话。秦国因此扣留楚王，要他割让巫、黔中之郡。楚王想订立盟约，秦国想先得到土地。楚

大破楚，楚军死者二万，杀我将军景缺。怀王恐，乃使太子为质于齐以求平。三十年，秦复伐楚，取八城。秦昭王遗楚王书曰：“始寡人与王约为弟兄，盟于黄棘，太子为质，至欢也。太子陵杀寡人之重臣，不谢而亡去，寡人诚不胜怒，使兵侵君王之边。今闻君王乃令太子质于齐以求平。寡人与楚接境壤界，故为婚姻，所从相亲久矣。而今秦楚不欢，则无以令诸侯。寡人愿与君王会武关，面相约，结盟而去，寡人之愿也。敢以闻下执事。”楚怀王见秦王书，患之。欲往，恐见欺；无往，恐秦怒。昭雎曰：“王毋行，而发兵自守耳。秦虎狼，不可信，有并诸侯之心。”怀王子子兰劝王行，曰：“奈何绝秦之欢心！”于是往会秦昭王。昭王诈令一将军伏兵武关，号为秦王。楚王至，则闭武关，遂与西至咸阳，朝章台，如蕃臣，不与亢礼。楚怀王大怒，悔不用昭子言。秦因留楚王，要以割巫、黔中之郡。楚王欲盟，秦欲先得地。楚王

怒曰："秦诈我而又强要我以地！"不复许秦。秦因留之。

楚大臣患之，乃相与谋曰："吾王在秦不得还，要以割地，而太子为质于齐，齐、秦合谋，则楚无国矣。"乃欲立怀王子在国者。昭雎曰："王与太子俱困于诸侯，而今又倍王命而立其庶子，不宜。"乃诈赴于齐，齐湣王谓其相曰："不若留太子以求楚之淮北。"相曰："不可，郢中立王，是吾抱空质而行不义于天下也。"或曰："不然。郢中立王，因与其新王市曰'予我下东国，吾为王杀太子，不然，将与三国共立之'，然则东国必可得矣。"齐王卒用其相计而归楚太子。太子横至，立为王，是为顷襄王。乃告于秦曰："赖社稷神灵，国有王矣。"

顷襄王横元年，秦要怀王不可得地，楚立王以应秦，秦昭王怒，发兵出武关攻楚，大败楚军，斩首五万，取析十五城而去。

二年，楚怀王亡逃归，秦觉之，遮楚道，怀王恐，乃从

王发怒说："秦国欺骗我又强迫我割让土地！"不再答应秦国。秦王因此扣留怀王。

楚国大臣忧心此事，就相互商议说："我们的大王在秦国不得回国，被要挟割让土地，而太子在齐国做人质，齐国、秦国合谋，那楚国要亡国了。"于是想立在国内的怀王的儿子。昭雎说："大王与太子都被困在诸侯国，如今又违背王命立他的庶子，不合适。"于是假装到齐国报丧，齐湣王对齐国国相说："不如扣留太子来索要楚国的淮北地区。"国相说："不可以，郢中拥立新王，我们这是在空留人质而在天下人面前行不义之举。"有人说："不对。郢中拥立新王，乘机与他们的新王交易说'给我们下东国，我们替您杀掉太子，不然，将与三国共同拥立太子'，这样东国一定可以得到了。"齐王最终采用他的国相的计谋归还楚太子。太子横回国，被立为楚王，就是顷襄王。于是告知秦国说："仰赖社稷神灵，楚国有君王了。"

顷襄王横元年，秦国要挟怀王却没有得到土地，楚国立了君王来对付秦国，秦昭王发怒，发兵出武关攻打楚国，大败楚军，斩杀五万人，攻取析地十五座城池后离开。

顷襄王二年，楚怀王逃亡回国，秦国察觉此事，拦截去楚国的道路，怀王恐惧，

就从小道逃入赵国请求回国。赵主父在代地，他的儿子惠王刚即位，执掌王权，恐惧，不敢收留楚王。楚王想逃到魏国，秦国追兵赶到，赵国就将怀王交给秦国使者，怀王又被带回秦国。这时候怀王生了病。顷襄王三年，怀王死在秦国，秦国把他的灵柩送回楚国。楚人都怜悯他，就像哀悼自己的父母兄弟一样。诸侯由此不信任秦国。秦国、楚国断绝交往。

顷襄王六年，秦国派白起在伊阙讨伐韩国，大胜，斩杀了二十四万人。秦国于是给楚王写信说："楚国背叛秦国，秦国将率领诸侯讨伐楚国，决一胜败。希望您整饬士卒，能痛快一战。"楚顷襄王担心此事，就谋划再与秦国讲和。顷襄王七年，楚国从秦国迎娶新妇，秦国、楚国又讲和。

顷襄王十一年，齐王、秦王各自称帝；一个多月后，又废除帝号称王。

顷襄王十四年，楚顷襄王与秦昭王在宛邑进行友好会晤，约定结亲。顷襄王十五年，楚王与秦国、三晋、燕国共同讨伐齐国，攻取淮北地区。顷襄王十六年，与秦昭王在鄢邑举行友好会晤。这年秋天，又与秦王在穰邑会晤。

顷襄王十八年，楚国有一位好用微弓细绳射中北归大雁的人，顷襄王听说这个人，召来问话。他回答说："小臣喜好射鶀雁、罗鸗，这是小箭的作用，怎么值得

间道走赵以求归。赵主父在代，其子惠王初立，行王事，恐，不敢入楚王。楚王欲走魏，秦追至，遂与秦使复之秦。怀王遂发病。顷襄王三年，怀王卒于秦，秦归其丧于楚。楚人皆怜之，如悲亲戚。诸侯由是不直秦。秦楚绝。

六年，秦使白起伐韩于伊阙，大胜，斩首二十四万。秦乃遗楚王书曰："楚倍秦，秦且率诸侯伐楚，争一旦之命。愿王之饬士卒，得一乐战。"楚顷襄王患之，乃谋复与秦平。七年，楚迎妇于秦，秦楚复平。

十一年，齐秦各自称为帝；月余，复归帝为王。

十四年，楚顷襄王与秦昭王好会于宛，结和亲。十五年，楚王与秦、三晋、燕共伐齐，取淮北。十六年，与秦昭王好会于鄢。其秋，复与秦王会穰。

十八年，楚人有好以弱弓微缴加归雁之上者，顷襄王闻，召而问之。对曰："小臣之好射鶀雁、罗鸗，小矢之发也，

何足为大王道也？且称楚之大，因大王之贤，所弋非直此也。昔者三王以弋道德，五霸以弋战国。故秦、魏、燕、赵者，騏雁也；齐、鲁、韩、卫者，青首也；驺、费、郯、邳者，罗鸗也。外其余则不足射者。见鸟六双，以王何取？王何不以圣人为弓，以勇士为缴，时张而射之？此六双者，可得而囊载也。其乐非特朝昔之乐也，其获非特凫雁之实也。王朝张弓而射魏之大梁之南，加其右臂而径属之于韩，则中国之路绝而上蔡之郡坏矣。还射圉之东，解魏左肘而外击定陶，则魏之东外弃而大宋、方与二郡者举矣。且魏断二臂，颠越矣；膺击郯国，大梁可得而有也。王绪缴兰台，饮马西河，定魏大梁，此一发之乐也。若王之于弋诚好而不厌，则出宝弓，碆新缴，射喝鸟于东海，还盖长城以为防，朝射东莒，夕发浿丘，夜加即墨，顾据午道，则长城之东收而太山之北举矣。西结境于赵而北达于燕，三国布翅，则从不待约而可成

向大王讲呢。况且凭借楚国的强大，凭着大王的贤明，所射取的不会只有这些。昔日三王射取道德的尊号，五霸射取好战的国家。所以秦国、魏国、燕国、赵国，是騏雁；齐国、鲁国、韩国、卫国，是青首；驺国、费国、郯国、邳国，是罗鸗。其余的就不值得射取。看见这六双鸟儿，大王要如何射取呢？大王为什么不以圣人为弓，以勇士为箭，看准时机而射它呢？这六双鸟儿，可取得并用袋子装入。这种乐趣绝非是一朝一夕的欢乐，这种获取也绝非雁鸟一类的猎物。大王早晨张弓而射取魏国大梁以南，加上右臂，直接牵动韩国，那么中原之路就会断绝，而上蔡的郡县就不攻自破了。返回再射取圉城之东，瓦解魏国左肘而向外攻击定陶，那么魏国之东被舍弃就能得到大宋、方与二郡。而且魏国断了两臂，就将一落千丈了；然后进击郯国，大梁就能攻取。大王在兰台收起弓箭，在西河饮马，平定魏都大梁。这是射一次箭的快乐。如果大王确实喜好射猎而不厌烦，那么拿出宝弓，搭上石制箭头和新绳，到东海射喝鸟，回到长城来防御，早上射于东莒，傍晚射于浿丘，夜里再射于即墨，回来占据午道，那么长城之东就占有了，而太山之北就能得到。西边与赵国接壤，北边与燕国连接，三国如鸟展翅，那么合纵不用约定就能成功。向北观望燕国

的辽东，向南观望越国的会稽，这是再次射箭的乐趣。至于泗上的十二诸侯，左拾右捭，一早上时间就能消灭干净。如今秦国攻破韩国却给秦国带来长久的忧患，得到众多城邑而不敢驻守；讨伐魏国没有功绩，进击赵国反而有害，那么秦国、魏国的勇力消耗殆尽了，楚国的旧地汉中、析邑、郦邑都可以重新获得。大王再拿出宝弓，换上新箭绳，到郦塞，等待秦国兵困马乏，山东、河内地区就可以统一了。慰劳百姓，休养军士，您就可以面向南称王了。所以说秦国就是只大鸟，背靠着大陆而居处，面向东方站立，左臂占据赵国的西南，右臂束缚楚国的鄢郢，面对韩国、魏国，俯瞰中原，占据天下形势的便利，地势有利，振羽鼓翅，方圆三千里，那秦国就不可能单独牵系而一夜射取。"想以此激发振奋襄王，所以说了这番话。顷襄王因此召见他，他接着说："我们先王被秦国欺骗客死在外，怨仇深得不能再深。如今匹夫有怨恨，还有用国家力量去报复的，白公、伍子胥就是。现今楚国方圆五千里，穿甲的士兵有一百万，还足以在中原之野腾跃作战，如今却坐守受困，我私下认为这并不可取。"于是顷襄王派遣使者去诸侯国，重新约定合纵，准备讨伐秦国。秦国听说，发兵前来讨伐楚国。

楚国想与齐国、韩国联合讨伐秦国，

也。北游目于燕之辽东而南登望于越之会稽，此再发之乐也。若夫泗上十二诸侯，左萦而右拂之，可一旦而尽也。今秦破韩以为长忧，得列城而不敢守也；伐魏而无功，击赵而顾病，则秦魏之勇力屈矣，楚之故地汉中、析、郦可得而复有也。王出宝弓，碆新缴，涉郦塞，而待秦之倦也，山东、河内可得而一也。劳民休众，南面称王矣。故曰秦为大鸟，负海内而处，东面而立，左臂据赵之西南，右臂傅楚鄢郢，膺击韩魏，垂头中国，处既形便，势有地利，奋翼鼓翅，方三千里，则秦未可得独招而夜射也。"欲以激怒襄王，故对以此言。襄王因召与语，遂言曰："夫先王为秦所欺而客死于外，怨莫大焉。今以匹夫有怨，尚有报万乘，白公、子胥是也。今楚之地方五千里，带甲百万，犹足以踊跃中野也，而坐受困，臣窃为大王弗取也。"于是顷襄王遣使于诸侯，复为从，欲以伐秦。秦闻之，发兵来伐楚。

楚欲与齐韩连和伐秦，因

欲图周。周王赧使武公谓楚相昭子曰："三国以兵割周郊地以便输，而南器以尊楚，臣以为不然。夫弑共主，臣世君，大国不亲；以众胁寡，小国不附。大国不亲，小国不附，不可以致名实。名实不得，不足以伤民。夫有图周之声，非所以为号也。"昭子曰："乃图周则无之。虽然，周何故不可图也？"对曰："军不五不攻，城不十不围。夫一周为二十晋，公之所知也。韩尝以二十万之众辱于晋之城下，锐士死，中士伤，而晋不拔。公之无百韩以图周，此天下之所知也。夫怨结于两周以塞轴、鲁之心，交绝于齐，声失天下，其为事危矣。夫危两周以厚三川，方城之外必为韩弱矣。何以知其然也？西周之地，绝长补短，不过百里。名为天下共主，裂其地不足以肥国，得其众不足以劲兵。虽无攻之，名为弑君。然而好事之君，喜攻之臣，发号用兵，未尝不以周为终始。是何也？见祭器在焉，欲器之至而忘弑君之乱。今韩以器

乘机图谋周室。周王赧派武公对楚国国相昭子说："三个国家凭借兵力分割周都郊外的土地以便于运输，而且向南运送宝器来尊奉楚国，我认为不对。弑杀天下共主，让世代相传的君王做臣子，大国不会亲近；以人多威胁势弱的周室，小国不会亲附。大国不亲近，小国不亲附，就不可能得到名声和实利。名声和实利得不到，就不值得动用武力去伤害百姓。有图谋周王室的恶名，就无法去号令诸侯。"昭子说："图谋周王室的想法是没有的。虽然这样，周王室怎么就不能图谋呢？"武公回答说："兵力不强于对方五倍，不能讨伐；兵力不强于对方十倍，不能围城。一个周王朝相当于二十个晋国，您是知道的。韩国曾用二十万兵力围攻晋城，结果在城下自取其辱，精锐士卒战死，普通士卒受伤，而晋城没有被攻下。您的兵力不及韩国的一百倍便来图谋周王朝，这是天下人所知道的。与两周结怨以堵塞轴国、鲁国人的结交之心，与齐国绝交，恶名闻于天下，这样做事就危险了。危害两周来增强三川，方城以外必会被韩国削弱了。怎么知道会这样呢？西周的土地，截长补短，不过方圆一百里。名义上是天下共主，分裂它的土地不足以使国家强大，得到它的民众不足以使兵力增强。虽然没有攻打它，名义上是弑君。然而好事的君主，喜欢攻

伐的臣子，发号施令，使用兵力，未曾不以尊奉周王朝为目的。为什么呢？因为看见祭器在周王室，想得到祭器就会忘掉弑君的祸乱罪名。如果韩国把祭器搬运到楚国，我担心天下人都会因为祭器而仇恨楚国。我请求为您打个比方。虎肉腥臊，它的爪牙锋利可防身，但人还是会攻击它。如果让泽中的麋鹿披上老虎的皮，人攻击麋鹿一定多于老虎一万倍。分裂楚国的土地，足以使国家强大；谴责楚国的名声，足以使君主尊贵。如今您因私欲诛灭天下共主，占据三代传下来的祭器，独吞九鼎，傲视世间君主，不是贪婪又是什么？《周书》说'想要兴盛，不要率先生乱'，所以祭器南迁，大军就随之而来了。"于是楚国放弃计划没有施行。

顷襄王十九年，秦国讨伐楚国，楚军战败，割让上庸、汉北的土地给秦国。顷襄王二十年，秦国将领白起攻取楚国西陵。顷襄王二十一年，秦国将领白起又攻占楚国郢都，烧毁夷陵的先王坟墓。楚襄王军队溃散，于是不再交战，退居到东北的陈城防守。顷襄王二十二年，秦国又攻取楚国巫郡、黔中郡。

顷襄王二十三年，襄王收聚东部地区的士兵，得到十多万人，又向西攻取秦国占领的楚国长江边上的十五座城邑，设为郡，防御秦国。顷襄王二十七年，派三万

之在楚，臣恐天下以器仇楚也。臣请譬之。夫虎肉臊，其兵利身，人犹攻之也。若使泽中之麋蒙虎之皮，人之攻之必万于虎矣。裂楚之地，足以肥国；诎楚之名，足以尊主。今子将以欲诛残天下之共主，居三代之传器，吞三翮六翼，以高世主，非贪而何？《周书》曰'欲起无先'，故器南则兵至矣。"于是楚计辍不行。

十九年，秦伐楚，楚军败，割上庸、汉北地予秦。二十年，秦将白起拔我西陵。二十一年，秦将白起遂拔我郢，烧先王墓夷陵。楚襄王兵散，遂不复战，东北保于陈城。二十二年，秦复拔我巫、黔中郡。

二十三年，襄王乃收东地兵，得十余万，复西取秦所拔我江旁十五邑以为郡，距秦。二十七年，使三万人助三晋伐

燕。复与秦平，而入太子为质于秦。楚使左徒侍太子于秦。三十六年，顷襄王病，太子亡归。秋，顷襄王卒，太子熊元代立，是为考烈王。考烈王以左徒为令尹，封以吴，号春申君。

考烈王元年，纳州于秦以平。是时楚益弱。六年，秦围邯郸，赵告急楚，楚遣将军景阳救赵。七年，至新中。秦兵去。十二年，秦昭王卒，楚王使春申君吊祠于秦。十六年，秦庄襄王卒，秦王赵政立。二十二年，与诸侯共伐秦，不利而去。楚东徙都寿春，命曰郢。

二十五年，考烈王卒，子幽王悍立。李园杀春申君。

幽王三年，秦、魏伐楚。秦相吕不韦卒。九年，秦灭韩。十年，幽王卒，同母弟犹代立，是为哀王。哀王立二月余，哀王庶兄负刍之徒袭杀哀王而立负刍为王。是岁，秦虏赵王迁。

王负刍元年，燕太子丹使荆轲刺秦王。二年，秦使将军伐楚，大破楚军，亡十余城。三年，秦灭魏。四年，秦将王翦破我军于蕲，而杀将军项燕。

人帮助三晋讨伐燕国。又与秦国讲和，把太子送到秦国作为人质。楚国派左徒到秦国侍奉太子。顷襄王三十六年，顷襄王患病，太子逃回楚国。秋天，顷襄王去世，太子熊元即位，就是考烈王。考烈王任左徒为令尹，把吴地封给他，他被称为春申君。

考烈王元年，把州邑献给秦国以求和。这时楚国更加衰弱。考烈王六年，秦军围攻邯郸，赵国向楚国告急，楚国派遣将军景阳援救赵国。考烈王七年，到达新中。秦兵撤去。考烈王十二年，秦昭王去世，楚王派春申君去秦国吊唁。考烈王十六年，秦庄襄王去世，秦王赵政即位。考烈王二十二年，与诸侯共同讨伐秦国，战事不利而撤退。楚国向东迁都到寿春，命名为郢。

考烈王二十五年，考烈王去世，儿子幽王悍即位。李园杀死春申君。

幽王三年，秦、魏讨伐楚国。秦国国相吕不韦去世。幽王九年，秦国灭掉韩国。幽王十年，幽王去世，同母弟弟犹即位，就是哀王。哀王即位两个多月，哀王的庶出之兄负刍的党徒袭击杀死了哀王而立负刍为王。这年，秦国俘虏赵王迁。

楚王负刍元年，燕太子丹派荆轲刺杀秦王。负刍二年，秦国派将军讨伐楚国，大破楚军，夺去十多座城池。负刍三年，秦国灭掉魏国。负刍四年，秦国大将王翦在蕲地攻破楚军，杀死将军项燕。负刍五年，秦将王翦、蒙武攻破楚国。俘虏楚王负刍，灭了楚国，并把楚地设为秦国的郡。

太史公说：楚灵王在申邑会盟诸侯，诛杀齐国人庆封，修筑章华台，想要周王室九鼎的时候，其志向轻视天下；等到饿死在申亥家中，被天下人耻笑。没有操守、品行，悲哀啊！形势对于人而言，能不谨慎地对待吗？弃疾因动乱即位，宠幸秦国女子，很过分了，两次几乎使国家灭亡！

五年，秦将王翦、蒙武遂破楚国，虏楚王负刍，灭楚，名为郡云。

太史公曰：楚灵王方会诸侯于申，诛齐庆封，作章华台，求周九鼎之时，志小天下；及饿死于申亥之家，为天下笑。操行之不得，悲夫！势之于人也，可不慎与？弃疾以乱立，嬖淫秦女，甚乎哉，几再亡国！

越王句践世家

越王勾践，他的祖先是禹的后裔，是夏后帝少康的庶子，封在会稽，让他供奉守护夏禹的祭祀。他们文身、剪断头发，劈斩荒草，修造城邑。二十多代后，传到允常。允常时，与吴王阖庐交战，相互怨恨攻伐。允常去世，儿子勾践即位，就是越王。

越王元年，吴王阖庐听说允常死了，就兴兵讨伐越国。越王勾践派死士挑战，排成三行，到达吴军阵前，大声呼喊并自刎而死。吴军观看死士，越军趁机袭击吴军，在檇李打败吴军，射伤吴王阖庐。阖庐将要死去，告诉他的儿子夫差说："一定不要忘记报复越国。"

越王三年，勾践听说吴王夫差日夜练兵，将要报复越国，越国想抢先在吴国未发兵时前去讨伐它。范蠡劝谏说："不可以。我听说兵器是凶器，发动战争违背道德，争斗是处事最不可取的方式。阴谋违背道德，喜好用凶器，亲身用最不可取的方式做事，上天禁止这么做，这样做不吉利。"

越王句践，其先禹之苗裔，而夏后帝少康之庶子也。封于会稽，以奉守禹之祀。文身断发，披草莱而邑焉。后二十余世，至于允常。允常之时，与吴王阖庐战而相怨伐。允常卒，子句践立，是为越王。

元年，吴王阖庐闻允常死，乃兴师伐越。越王句践使死士挑战，三行，至吴陈，呼而自刭。吴师观之，越因袭击吴师，吴师败于檇李，射伤吴王阖庐。阖庐且死，告其子夫差曰："必毋忘越！"

三年，句践闻吴王夫差日夜勒兵，且以报越，越欲先吴未发往伐之。范蠡谏曰："不可。臣闻兵者凶器也，战者逆德也，争者事之末也。阴谋逆德，好用凶器，试身于所末，上帝禁之，行者不利。"越王曰："吾已决之矣。”遂兴师。吴王闻之，悉发精兵击越，败之夫椒。越王乃以余兵五千人保栖于会稽。吴王追而围之。

越王谓范蠡曰：“以不听子故至于此，为之奈何？”蠡对曰：“持满者与天，定倾者与人，节事者以地。卑辞厚礼以遗之，不许，而身与之市。”句践曰：“诺。”乃令大夫种行成于吴。膝行顿首曰：“君王亡臣句践使陪臣种敢告下执事：句践请为臣，妻为妾。”吴王将许之。子胥言于吴王曰：“天以越赐吴，勿许也。”种还，以报句践。句践欲杀妻子，燔宝器，触战以死。种止句践曰：“夫吴太宰嚭贪，可诱以利，请间行言之。”于是句践乃以美女宝器令种间献吴太宰嚭。嚭受，乃见大夫种于吴王。种顿首言曰：“愿大王赦句践之罪，尽入其宝器。不幸不赦，句践将尽杀其妻子，燔其宝器，悉五千人触战，必有当也。”嚭因说吴王曰：“越以服为臣，若将赦之，此国之利也。”吴

越王说：“我已经决定这么做了。”于是发兵。吴王听说越王发兵，悉数出动精兵抗击越国，在夫椒打败越国。越王于是带着剩余的五千残兵据守在会稽山上。吴王追来包围了会稽山。

越王对范蠡说：“因不听您的建议到了这个境地，该怎么办呢？”范蠡回答说："能够完满保住功业的人，效法天道；能够平定倾危的人，懂得人道；能够节用万物的人，遵循地道。要言辞谦卑地送厚礼给吴王，如果他不答应，就把自身抵押给吴国，服侍吴王。”勾践说：“好。”就命令大夫种去向吴求和，他跪着往前走并磕头说：“君王的亡国臣民勾践派陪臣文种斗胆报告给执事官：勾践请求做您的陪臣，他的妻子做您的侍妾。”吴王将要答应他。伍子胥告诉吴王说：“上天把越国赐予吴国，不要答应他。”大夫文种返回，把情况禀报勾践。勾践想杀了妻子和孩子，焚烧宝器，拼死一战。文种阻止勾践说：“吴国太宰嚭贪婪，可以用利益引诱他，请让我暗中前去说服他。”于是勾践就派文种将美女、宝器暗中献给吴国太宰嚭。伯嚭接受了，就向吴王引见大夫文种。文种叩头说：“希望大王赦免勾践的罪过，我们将尽数献上越国的宝器。若不幸得不到赦免，勾践将杀死他的妻子和孩子，焚烧他的宝器，率领五千人决一死战，一定

也会杀伤这么多吴兵。"伯嚭趁机劝说吴王道："越国已经诚心臣服，若能赦免他们，对我国有利。"吴王将要答应他。伍子胥进谏说："今天不灭掉越国，以后一定后悔的。勾践是贤能的君主，文种、范蠡是贤良的臣子，如果放他们回国，将要发生祸患。"吴王不听，最终赦免越王，退兵回国。

勾践被困会稽山，喟然叹息说："我就在这里终此一生了吗？"文种说："汤被羁押在夏台，文王被囚禁在羑里，晋国重耳逃奔到翟国，齐国小白逃奔到莒国，他们最终都称王称霸。由此看来，今日的困境何尝不会带来福运呢？"

吴王赦免越王后，越王勾践回国，就让身体辛劳，苦心思虑，把苦胆挂在座位上方，坐着躺下都能抬头看到苦胆，饮食时也要尝尝苦胆，自言自语说："你忘记会稽山的耻辱了吗？"他亲身耕作，夫人亲自纺织，吃饭没有两种肉，穿衣没有两种颜色以上的色彩，谦恭地对待贤人，厚待宾客，抚慰穷人，吊唁死者，与百姓共同劳作。想让范蠡治理国政，范蠡回答说："用兵打仗的事，文种不如我；镇抚国家，亲近百姓，我不如文种。"于是把国政交给大夫文种，而让范蠡与大夫柘稽和吴国讲和，在吴国做人质。两年后吴国放范蠡回国。

王将许之。子胥进谏曰："今不灭越，后必悔之。句践贤君，种、蠡良臣，若反国，将为乱。"吴王弗听，卒赦越，罢兵而归。

句践之困会稽也，喟然叹曰："吾终于此乎？"种曰："汤系夏台，文王囚羑里，晋重耳奔翟，齐小白奔莒，其卒王霸。由是观之，何遽不为福乎？"

吴既赦越，越王句践反国，乃苦身焦思，置胆于坐，坐卧即仰胆，饮食亦尝胆也，曰："女忘会稽之耻邪？"身自耕作，夫人自织，食不加肉，衣不重采，折节下贤人，厚遇宾客，振贫吊死，与百姓同其劳。欲使范蠡治国政，蠡对曰："兵甲之事，种不如蠡；填抚国家，亲附百姓，蠡不如种。"于是举国政属大夫种，而使范蠡与大夫柘稽行成，为质于吴。二岁而吴归蠡。

句践自会稽归七年，拊循其士民，欲用以报吴。大夫逢同谏曰："国新流亡，今乃复殷给，缮饰备利，吴必惧，惧则难必至。且鸷鸟之击也，必匿其形。今夫吴兵加齐、晋，怨深于楚、越，名高天下，实害周室，德少而功多，必淫自矜。为越计，莫若结齐，亲楚，附晋，以厚吴。吴之志广，必轻战。是我连其权，三国伐之，越承其弊，可克也。"句践曰："善。"

居二年，吴王将伐齐。子胥谏曰："未可。臣闻句践食不重味，与百姓同苦乐。此人不死，必为国患。吴有越，腹心之疾；齐与吴，疥癣也。愿王释齐先越。"吴王弗听，遂伐齐，败之艾陵，虏齐高、国以归。让子胥。子胥曰："王毋喜！"王怒，子胥欲自杀，王闻而止之。越大夫种曰："臣观吴王政骄矣，请试尝之贷粟，以卜其事。"请贷，吴王欲与，子胥谏勿与，王遂与之，越乃私喜。子胥言曰："王不听谏，后三年吴其墟乎！"太

勾践从会稽山回国七年，抚慰军民，想用他们报复吴国。大夫逢同劝谏说："国家出现流民，如今才又殷实起来，如果整顿军备，吴国一定惧怕，惧怕则灾难必会到来。况且鸷鸟出击时，必定隐匿它的行踪。如今吴军出兵齐国、晋国，与楚国、越国有深仇大恨，在天下虽名声高扬，实际危害周王室，恩德少而武功多，一定淫奢自傲。为越国远虑，不如结交齐国，亲近楚国，亲附晋国，厚待吴国。吴国的志向高远，必定轻忽战事。这样我们联合这些势力，三个国家讨伐吴国，越国趁吴国疲惫，就可以攻克它了。"勾践说："好。"

过了两年，吴王将要讨伐齐国。子胥劝谏说："不可以。我听说勾践吃饭不吃两样以上的菜，与百姓同甘共苦。这个人不死，必定成为吴国的祸患。越国对吴国来说，是心腹之患；齐国对吴国来说，只是癣疥之类的小病。希望大王能放弃齐国，先攻打越国。"吴王不听，最终讨伐齐国，在艾陵打败齐军，俘虏齐国的高昭子、国惠子回国。吴王责怪子胥。子胥说："大王不要太高兴！"吴王恼怒，子胥想自杀，吴王听说后制止了他。越国大夫文种说："我观察到吴王当政骄横了，请试着向吴王借粮，来估计他对越国的态度。"越国请求借粮，吴王想给，子胥劝谏不要给，吴王最终给了越国，越王于是窃喜。子胥

进言说："大王不听劝谏，三年后吴国将成为一片废墟了！"太宰嚭听说这话，就多次与子胥就越国之事争议，乘机诬陷子胥说："伍员相貌忠厚而实属残忍之人，他连父兄都不顾，怎么会顾念大王呢？大王先前想讨伐齐国，伍员强行劝谏，后来作战有功，因此反而怨恨大王。大王不防备伍员，伍员一定作乱。"嚭与逢同一同谋划，在吴王面前说子胥的坏话。吴王开始不听信，就派子胥去齐国，听说他把儿子托付给了鲍氏，吴王才大怒，说："伍员果然欺骗寡人！"子胥办完事回国，吴王派人赐给子胥属镂剑让他自杀。子胥大笑说："我辅佐你父亲称霸，我又立你为王，你当初要把吴国一半的领土分给我，我都没有接受，罢了，如今你反而听信谗言诛杀我。啊呀！啊呀！你一个人根本不能独自担起国家！"伍子胥告诉使者说："一定要取出我的眼睛悬挂在吴都东门，让我看着越军攻入都城！"此后吴王任用伯嚭执掌国政。

过了三年，勾践召来范蠡说："吴王已经杀了子胥，阿谀奉承之人众多，可以讨伐吴国了吗？"范蠡回答说："不可以。"

到第二年春天，吴王北上在黄池与诸侯会盟，吴国精兵跟随吴王，只有老弱之人和太子留守。勾践又问范蠡，范蠡说："可以了。"于是派遣熟悉水战的士兵两

宰嚭闻之，乃数与子胥争越议，因谗子胥曰："伍员貌忠而实忍人，其父兄不顾，安能顾王？王前欲伐齐，员强谏，已而有功，用是反怨王。王不备伍员，员必为乱。"与逢同共谋，谗之王。王始不从，乃使子胥于齐，闻其托子于鲍氏，王乃大怒，曰："伍员果欺寡人。"役反，使人赐子胥属镂剑以自杀。子胥大笑曰："我令而父霸，我又立若。若初欲分吴国半予我，我不受，已，今若反以谗诛我。嗟乎，嗟乎，一人固不能独立！"报使者曰："必取吾眼置吴东门，以观越兵入也！"于是吴任嚭政。

居三年，句践召范蠡曰："吴已杀子胥，导谀者众，可乎？"对曰："未可。"

至明年春，吴王北会诸侯于黄池，吴国精兵从王，惟独老弱与太子留守。句践复问范蠡，蠡曰"可矣"。乃发习流

二千人，教士四万人，君子六千人，诸御千人，伐吴。吴师败，遂杀吴太子。吴告急于王，王方会诸侯于黄池，惧天下闻之，乃秘之。吴王已盟黄池，乃使人厚礼以请成越。越自度亦未能灭吴，乃与吴平。

其后四年，越复伐吴。吴士民罢弊，轻锐尽死于齐、晋。而越大破吴，因而留围之三年，吴师败，越遂复栖吴王于姑苏之山。吴王使公孙雄肉袒膝行而前，请成越王曰："孤臣夫差敢布腹心，异日尝得罪于会稽，夫差不敢逆命，得与君王成以归。今君王举玉趾而诛孤臣，孤臣惟命是听，意者亦欲如会稽之赦孤臣之罪乎？"句践不忍，欲许之。范蠡曰："会稽之事，天以越赐吴，吴不取。今天以吴赐越，越其可逆天乎？且夫君王蚤朝晏罢，非为吴邪？谋之二十二年，一旦而弃之，可乎？且夫天与弗取，反受其咎。'伐柯者其则不远'，君忘会稽之厄乎？"句践曰："吾欲听子言，吾不忍

千人，受过训练的士兵四万人，由心腹组成的近卫军六千人，各种理事军官一千人，讨伐吴国。打败吴军，而且杀了吴太子。吴国人向吴王告急，吴王正在黄池与诸侯会晤，害怕诸侯听到，就隐瞒此事。吴王在黄池会盟后，就派人用厚礼向越国求和。越王自己估计也不能灭亡吴国，就与吴国和解了。

这以后四年，越国又讨伐吴国。吴国兵民疲倦，精锐士兵全部死在与齐国、晋国的战争中。越国大破吴军，就留下围困吴国三年，吴军战败，越军于是又把吴王围困在姑苏山上。吴王派公孙雄赤裸上身膝行前去与越王讲和，说："孤臣夫差斗胆向大王坦露心扉，曾经在会稽山得罪了您，夫差不敢违背命令，能够与大王讲和再回国。如今大王举着玉足来诛杀孤臣，孤臣我唯命是听，料想您也会如在会稽山赦免您那样赦免孤臣的罪吧？"句践不忍，想答应他。范蠡说："会稽山的事，是上天把越国赐给吴国，吴国不取。如今上天把吴国赐给越国，越国难道可以违逆天命吗？况且大王早早上朝很晚休息，不是因为吴国吗？谋划了二十二年，却一下子就放弃了它，可以吗？上天给予我们，我们却不取走，反而会受到上天的惩罚。'伐木做斧柄，前后斧柄的式样相差不远'，大王忘记会稽山的苦难了吗？"句践说：

"我想听从您的建议，但我不忍拒绝吴国的使者。"范蠡于是击鼓进军，说："大王已经把国政交予我了，使者回去，否则就要获罪了。"吴国使者哭着离开。勾践怜悯他，就派人对吴王说："我安置大王在甬东，统领一百家。"吴王谢绝说："我老了，不能为君王做事了！"于是吴王自杀，死前蒙住自己的脸，说："我没有脸面去见伍子胥啊！"越王于是埋葬吴王并诛杀了太宰嚭。

勾践平定吴国后，就率军北渡淮水，与齐国、晋国诸侯在徐州会晤，向周王室进贡。周元王派人赏赐勾践祭肉，封他为伯。勾践离开，渡过淮河南去时，将淮河上游的土地送给楚国，将吴国所侵占的宋国土地归还宋国，送给鲁国泗水东部的方圆一百里土地。这个时期，越兵横行于长江、淮东一带，诸侯都来祝贺，越王号称霸王。

范蠡于是离开，从齐国送给大夫文种书信说："飞鸟没有了，良弓就会被收起来；狡兔死光了，猎狗就会被烹杀。越王这人脖颈长，长了张鸟嘴，可以与他共患难，不可以与他共享乐。您为什么不离开呢？"文种见到书信，称病不上朝。有人诬陷文种将要作乱，越王就赐给文种一把剑说："您教给了寡人讨伐吴国的七个谋略，寡人用了其中三条就击败了吴国，剩下四条还在您那里，您为我去跟着先王试

其使者。"范蠡乃鼓进兵，曰："王已属政于执事，使者去，不者且得罪。"吴使者泣而去。句践怜之，乃使人谓吴王曰："吾置王甬东，君百家。"吴王谢曰："吾老矣，不能事君王！"遂自杀。乃蔽其面，曰："吾无面以见子胥也！"越王乃葬吴王而诛太宰嚭。

句践已平吴，乃以兵北渡淮，与齐、晋诸侯会于徐州，致贡于周。周元王使人赐句践胙，命为伯。句践已去，渡淮南，以淮上地与楚，归吴所侵宋地于宋，与鲁泗东方百里。当是时，越兵横行于江、淮东，诸侯毕贺，号称霸王。

范蠡遂去，自齐遗大夫种书曰："蜚鸟尽，良弓藏；狡兔死，走狗烹。越王为人长颈鸟喙，可与共患难，不可与共乐。子何不去？"种见书，称病不朝。人或谗种且作乱，越王乃赐种剑曰："子教寡人伐吴七术，寡人用其三而败吴，其四在子，子为我从先王试之。"种遂自杀。

句践卒，子王鼫与立。王鼫与卒，子王不寿立。王不寿卒，子王翁立。王翁卒，子王翳立。王翳卒，子王之侯立。王之侯卒，子王无彊立。

王无彊时，越兴师北伐齐，西伐楚，与中国争强。当楚威王之时，越北伐齐，齐威王使人说越王曰："越不伐楚，大不王，小不伯。图越之所为不伐楚者，为不得晋也。韩、魏固不攻楚。韩之攻楚，覆其军，杀其将，则叶、阳翟危；魏亦覆其军，杀其将，则陈、上蔡不安。故二晋之事越也，不至于覆军杀将，马汗之力不效。所重于得晋者何也？"越王曰："所求于晋者，不至顿刃接兵，而况于攻城围邑乎？愿魏以聚大梁之下，愿齐之试兵南阳、莒地，以聚常、郯之境，则方城之外不南，淮、泗之间不东，商、於、析、郦、宗胡之地，夏路以左，不足以备秦，江南、泗上不足以待越矣。则齐、秦、韩、魏得志于楚也，是二晋不战而分地，不

试吧。"文种于是自杀了。

勾践去世，儿子鼫与即位。王鼫与去世，儿子不寿即位。王不寿去世，儿子翁即位。王翁去世，儿子翳即位。王翳去世，儿子之侯即位。王之侯去世，儿子无彊即位。

王无彊时，越国兴兵北伐齐国，向西讨伐楚国，与中原国家争强。正当楚威王时，越国向北讨伐齐国，齐威王派人游说越王道："越国不讨伐楚国，往大了说不能称王，往小了说不能称霸。估计越国不攻打楚国，是因为得不到三晋的帮助。韩国、魏国本来就不会攻打楚国。韩国攻打楚国，楚国会使韩军覆没，杀了它的将领，那么叶邑、阳翟就危险了；魏国的军队也会被灭，杀死它的将领，那么陈、上蔡就不安定了。所以二晋为越国做事，不达到覆灭军队、将领被杀的地步，汗马功劳也不会显现。您重视得到晋地的支援是为什么呢？"越王说："我向晋要求的事，还不至于是短兵相接，更何况攻城围邑呢？我希望魏国聚兵在大梁城下，希望齐国在南阳、莒地练兵，聚兵在常邑、郯邑的边境，那么方城以外的楚军不再南下，淮水、泗水之间的楚军不再向东，商邑、於邑、析邑、郦邑、宗胡地区，及夏路以西的楚军，不足以防备秦国，江南、泗上的楚军就不足以抵挡越国了。那么齐国、秦国、韩

国、魏国就可以从楚国得到想要的，这样魏国、韩国不用作战就能分得土地，不用耕种就可以获取粮食了。韩、魏不这样做，却在黄河、华山作战，被齐国、秦国所利用，造成此局面的人如此失策，如何能在这种局面下称王呢！"齐国使者说："越国没有亡国真是侥幸啊！我不看重他们所用的智谋，就如眼睛能见到毫毛却见不到睫毛。如今大王知晓二晋的失策，而不知越国的过失，这就是所说的眼睛之论。大王所期待的二晋，并非要有汗马功劳，也并非要与他们联合，却期待他们分散楚国兵力。现在楚军已经分散，还期待二晋什么呢？"越王说："该怎么办？"齐国使者说："楚国三位大夫，展开他们九军的兵力，向北围了曲沃、於中，直到无假之关有三千七百里，景翠的军队向北聚结在鲁国、齐国、南阳，有比这分散兵力的吗？而且大王所求的，是晋、楚争斗；晋、楚不斗，越兵不能发动，是只知道两个五，不知道一个十。此时不攻打楚国，臣因此判断越国大不能称王，小不能称霸。再说隹邑、庞邑、长沙，是楚国的粮仓；竟泽陵，是楚国的木材产区。越国出兵打通无假之关，这四邑就不能往郢都进贡。臣听说，图谋王业却不能称王，那就只好称霸。然而不能称霸也一定失去了王道。所以希望大王转攻楚国。"

耕而获之。不此之为，而顿刃于河山之间以为齐秦用，所待者如此其失计，奈何其以此王也！"齐使者曰："幸也越之不亡也！吾不贵其用智之如目，见豪毛而不见其睫也。今王知晋之失计，而不自知越之过，是目论也。王所待于晋者，非有马汗之力也，又非可与合军连和也，将待之以分楚众也。今楚众已分，何待于晋？"越王曰："奈何？"曰："楚三大夫张九军，北围曲沃、於中，以至无假之关者三千七百里，景翠之军北聚鲁、齐、南阳，分有大此者乎？且王之所求者，斗晋楚也；晋楚不斗，越兵不起，是知二五而不知十也。此时不攻楚，臣以是知越大不王，小不伯。复隹、庞、长沙，楚之粟也；竟泽陵，楚之材也。越窥兵通无假之关，此四邑者不上贡事于郢矣。臣闻之，图王不王，其敝可以伯。然而不伯者，王道失也。故愿大王之转攻楚也。"

于是越遂释齐而伐楚。楚威王兴兵而伐之，大败越，杀王无疆，尽取故吴地至浙江，北破齐于徐州。而越以此散，诸族子争立，或为王，或为君，滨于江南海上，服朝于楚。

后七世，至闽君摇，佐诸侯平秦。汉高帝复以摇为越王，以奉越后。东越，闽君，皆其后也。

范蠡事越王句践，既苦身戮力，与句践深谋二十余年，竟灭吴，报会稽之耻，北渡兵于淮以临齐、晋，号令中国，以尊周室，句践以霸，而范蠡称上将军。还反国，范蠡以为大名之下，难以久居，且句践为人可与同患，难与处安，为书辞句践曰："臣闻主忧臣劳，主辱臣死。昔者君王辱于会稽，所以不死，为此事也。今既以雪耻，臣请从会稽之诛。"句践曰："孤将与子分国而有之。不然，将加诛于子。"范蠡曰："君行令，臣行意。"乃装其轻宝珠玉，自与其私徒属乘舟浮海以行，终不反。于是句践

于是越国舍弃齐国而讨伐楚国。楚威王兴兵迎战，大败越军，杀死王无疆，尽数夺取原来吴国的土地，直到浙江，向北在徐州大破齐军。越国从此分崩离析，各族子弟争权夺位，有的称王，有的称君，处在临近长江以南沿海一带，归附楚国。

后来历经七世，到闽君摇即位，辅佐诸侯推翻了秦王朝。汉高祖又封摇为越王，以供奉越国的祭祀。东越、闽君，都是他的后代。

范蠡侍奉越王勾践，苦心尽力，与勾践精心谋划二十多年，终于灭掉吴国，报了会稽山的耻辱，发兵北渡淮河，兵临齐国、晋国边境，号令中原，尊奉周王室，勾践因此称霸，而范蠡号称上将军。回国后，范蠡认为盛名之下，难以久居，且勾践为人可以与他共患难，难以与他平安相处，写信辞别勾践说："臣听说君主忧愁，臣子应该劳苦，君主受辱，臣子应该赴死。昔日君王在会稽山受辱，我之所以没有死，就为报复此事。如今既已雪耻，臣请求接受会稽时受辱的罪责。"勾践说："我将与你分权并享越国。否则，就给你加罪。"范蠡说："君王可以下命令，臣子要实行自己的意愿。"于是装上细软珠宝，带着他的侍从，乘船浮海而去，最终也没有回去。于是勾践划分会稽山作为范蠡的

封地。

范蠡渡海来到齐国，更名改姓，自称鸱夷子皮，在海边耕种，吃苦耐劳，努力生产，父子共同治理产业。没多久，就积累了数十万家产。齐国人听说他的才能，让他做国相。范蠡喟然叹息说："在家里能够取得千金，身居官位能达到卿相，这是平民能达到的顶点。久负盛名，不是好事。"于是他归还相印，散尽家财，将其分给好友和乡亲，带上贵重的珍宝，悄然离去，留在了陶地，他认为这里是天下的中心，交易往来的道路通畅，经营生意可以致富。于是自称陶朱公。还约定父子耕种放牧，囤积货物，等待时机，转手卖出，追求十分之一的利润。过了不久，就积累了亿万资产。天下人都称道陶朱公。

朱公居住在陶地，生下幼子。幼子长大后，朱公排行中间的儿子杀了人，被囚禁在楚国。朱公说："杀人偿命乃是常理。但是我听说家有千金的儿子不能死在闹市。"告诉他的幼子让他前去探视，并让他装上一千镒黄金，放在褐色的器皿中，用一辆牛车拉着。正要打发他的幼子上路，朱公的长子坚决请求前去，朱公不答应。长子说："家中的长子叫家督，如今弟弟犯罪，父亲不让我去，却让小弟前往，是我不孝。"想自杀。他的母亲替他说情，说："现在派幼子去，未必能让他

表会稽山以为范蠡奉邑。

范蠡浮海出齐，变姓名，自谓鸱夷子皮，耕于海畔，苦身戮力，父子治产。居无几何，致产数十万。齐人闻其贤，以为相。范蠡喟然叹曰："居家则致千金，居官则至卿相，此布衣之极也。久受尊名，不祥。"乃归相印，尽散其财，以分与知友乡党，而怀其重宝，间行以去，止于陶，以为此天下之中，交易有无之路通，为生可以致富矣。于是自谓陶朱公。复约要父子耕畜，废居，候时转物，逐什一之利。居无何，则致资累巨万。天下称陶朱公。

朱公居陶，生少子。少子及壮，而朱公中男杀人，囚于楚。朱公曰："杀人而死，职也。然吾闻千金之子不死于市。"告其少子往视之。乃装黄金千溢，置褐器中，载以一牛车。且遣其少子，朱公长男固请欲行，朱公不听。长男曰："家有长子曰家督，今弟有罪，大人不遣，乃遣少弟，是吾不肖。"欲自杀。其母为言曰："今遣少子，未必能生中子也，

而先空亡长男，奈何？"朱公不得已而遣长子，为一封书遗故所善庄生。曰："至则进千金于庄生所，听其所为，慎无与争事。"长男既行，亦自私赍数百金。

至楚，庄生家负郭，披藜藋到门，居甚贫。然长男发书进千金，如其父言。庄生曰："可疾去矣，慎毋留！即弟出，勿问所以然。"长男既去，不过庄生而私留，以其私赍献遗楚国贵人用事者。

庄生虽居穷阎，然以廉直闻于国，自楚王以下皆师尊之。及朱公进金，非有意受也，欲以成事后复归之以为信耳。故金至，谓其妇曰："此朱公之金。有如病不宿诫，后复归，勿动。"而朱公长男不知其意，以为殊无短长也。

庄生间时入见楚王，言"某星宿某，此则害于楚"。楚王素信庄生，曰："今为奈何？"庄生曰："独以德为可以除之。"楚王曰："生休矣，寡

的哥哥活命，却先白白没了长子，怎么办呢？"朱公不得已，就派长子前去，写了书信给他的故交庄生，对长子说："到了那里先把一千镒黄金给庄生，听从他的安排，千万不要和他发生争执。"长子出发了，还私自带了数百镒黄金。

到了楚国，庄生的家背靠外城墙，拨开周围的荒草才到门口，住所非常贫寒。但是长子还是送上书信、进献千镒黄金，像父亲所说的那样。庄生说："你赶紧离去，千万不要停留！即使你弟弟被放出来，也不要询问原因。"长子离开后，不再去看望庄生，自作主张留下，并将自己私下带的黄金进献给了楚国掌事的贵族。

庄生虽然居住在穷乡陋室，但因清廉正直闻名于楚国，自楚王以下都尊他为师。等到朱公进献黄金，他并非有意接受，而是想事成之后再退还给他，作为信物。所以接受黄金后，就对他的妻子说："这是朱公的黄金。就好像生病不能提前告诫，事后你再归还给朱公，不要使用。"而朱公长子不知他的用意，认为他完全起不到作用。

庄生择机觐见楚王，说"某星移到某处，这会对楚国有害"。楚王素来相信庄生，说："如今该怎么办呢？"庄生说："只有施布仁德可以解除灾祸。"楚王说："先生不必说了，寡人将按您说的办。"楚王

于是派人查封存放三钱的府库。楚国贵人惊讶地告诉朱公的长子说："大王将要大赦天下了。"朱公的长子问："何以见得呢？"回答说："每次大王要大赦，常常要查封三钱的府库。昨晚大王派使者查封了三钱府库。"朱公长子认为大赦时他的弟弟一定会被释放，贵重的一千金相当于白白给了庄生，没起什么作用，于是又去见庄生。庄生惊讶地说："你没有离开吗？"长子说："我根本没走。当初我为弟弟的事情而来，弟弟如今在所议之事中自会被赦免，所以来向先生辞别。"庄生知道他的意图是想收回那些黄金，就说："你自己进屋取走黄金吧。"长子就自己进屋取出黄金离去，独自欢乐庆幸。

庄生羞愧于被小辈出卖，就进宫见楚王，说："我上次说的某星的事情，大王说想用修养仁德来应对灾祸。今天我出门，路人都议论说陶地的富人朱公的儿子杀人被囚禁在楚国，他的家人拿许多黄金贿赂大王左右的人，所以君王不是在体恤楚国而大赦，而是因为朱公的儿子。"楚王大怒说："寡人虽然没有德行，怎么会因为朱公的儿子而施布恩惠呢！"下令论罪斩杀朱公的儿子，第二天就下发了赦令。朱公长子最后带着他弟弟的尸身回家了。

到家后，他的母亲及邑中人全都为此悲哀，只有朱公独自发笑，说："我本来

人将行之。"王乃使使者封三钱之府。楚贵人惊告朱公长男曰："王且赦。"曰："何以也？"曰："每王且赦，常封三钱之府。昨暮王使使封之。"朱公长男以为赦，弟固当出也，重千金虚弃庄生，无所为也，乃复见庄生。庄生惊曰："若不去邪？"长男曰："固未也。初为事弟，弟今议自赦，故辞生去。"庄生知其意欲复得其金，曰："若自入室取金。"长男即自入室取金持去，独自欢幸。

庄生羞为儿子所卖，乃入见楚王曰："臣前言某星事，王言欲以修德报之。今臣出，道路皆言陶之富人朱公之子杀人囚楚，其家多持金钱略王左右，故王非能恤楚国而赦，乃以朱公子故也。"楚王大怒曰："寡人虽不德耳，奈何以朱公之子故而施惠乎！"令论杀朱公子，明日遂下赦令。朱公长男竟持其弟丧归。

至，其母及邑人尽哀之，唯朱公独笑，曰："吾固知必

杀其弟也! 彼非不爱其弟,顾有所不能忍者也。是少与我俱,见苦,为生难,故重弃财。至如少弟者,生而见我富,乘坚驱良逐狡兔,岂知财所从来,故轻弃之,非所惜吝。前日吾所为欲遣少子,固为其能弃财故也。而长者不能,故卒以杀其弟,事之理也,无足悲者。吾日夜固以望其丧之来也。”

故范蠡三徙,成名于天下,非苟去而已,所止必成名。卒老死于陶,故世传曰陶朱公。

太史公曰:禹之功大矣,渐九川,定九州,至于今诸夏艾安。及苗裔句践,苦身焦思,终灭强吴,北观兵中国,以尊周室,号称霸王。句践可不谓贤哉! 盖有禹之遗烈焉。范蠡三迁,皆有荣名,名垂后世。臣主若此,欲毋显,得乎!

就知道他一定会杀了他的弟弟,他不是不爱他的弟弟,只是有不能忍受的事。他从小和我在一起,经受苦难,深知谋生的艰难,所以他很难放弃钱财。至于他的幼弟,从出生就见到了我的富有,乘坐坚固的车子驱赶骏马、追逐狡兔,怎么知道钱财从哪里来的呢? 所以能轻易放弃财物,不会惋惜吝啬。前日我之所以派幼子去,就是因为他能舍弃钱财。而长子不能,所以他最终杀了他的弟弟,这合乎事理,没什么悲伤的。我本来就在日夜等着他的尸身归来。”

所以范蠡三次搬迁,闻名天下,他不会随便离开某地,在所到之处必定成名。最终老死在陶地,所以世人传称他为陶朱公。

太史公曰:禹的功劳很大了,疏导九川,安定九州,直到今天中原诸国仍然安宁。等到他的后裔句践,身体辛劳,苦心思虑,终于灭了强大的吴国,向北在中原国家阅兵,得以尊奉周室,号称霸王。句践能说不贤能吗! 大概具有禹的遗风吧。范蠡三次搬迁都有荣耀的名声,名垂后世。臣子和君主都像这样,即使想不显赫,可能吗?

史记卷四十二
世家第十二

郑世家

郑桓公友，是周厉王的小儿子，周宣王的庶弟。宣王即位二十二年，友被封在郑邑。受封三十三年，百姓都很爱戴他。幽王任命他为司徒，他能使周地百姓和睦相处，周地百姓都生活愉悦。黄河、洛水一带，人们都很思念他。

担任司徒一年，幽王因为王后褒姒，处理朝政多有邪僻，有的诸侯背叛了幽王。这时候郑桓公问太史伯说："王室多有变故，我能躲过致命的灾难吗？"太史伯回答说："唯独洛水的东边地区，黄河、济水以南可以居住。"桓公说："为什么？"太史伯回答说："那一带邻近虢国、郐国，虢国、郐国的国君贪婪重利，百姓不亲附。如今您担任司徒，百姓都爱戴您，您若真的请求居守那里，虢国、郐国的国君见您正掌权，会容易分给您土地。您真的居住在那里，虢国、郐国的百姓都会是您的百姓。"郑桓公说："我想往南到长江沿岸，怎么样？"太史伯回答说："昔日祝融担任高辛氏的火正，功劳很大，但是他

郑桓公友者，周厉王少子而宣王庶弟也。宣王立二十二年，友初封于郑。封三十三岁，百姓皆便爱之。幽王以为司徒。和集周民，周民皆说，河雒之间，人便思之。

为司徒一岁，幽王以褒后故，王室治多邪，诸侯或畔之。于是桓公问太史伯曰："王室多故，予安逃死乎？"太史伯对曰："独雒之东土，河济之南可居。"公曰："何以？"对曰："地近虢、郐，虢、郐之君贪而好利，百姓不附。今公为司徒，民皆爱公，公诚请居之，虢、郐之君见公方用事，轻分公地。公诚居之，虢、郐之民皆公之民也。"公曰："吾欲南之江上，何如？"对曰："昔祝融为高辛氏火正，其功大矣，而其于周未有兴者，楚

其后也。周衰，楚必兴。兴，非郑之利也。"公曰："吾欲居西方，何如？"对曰："其民贪而好利，难久居。"公曰："周衰，何国兴者？"对曰："齐、秦、晋、楚乎？夫齐，姜姓，伯夷之后也。伯夷佐尧典礼。秦，嬴姓，伯翳之后也。伯翳佐舜怀柔百物。及楚之先，皆尝有功于天下。而周武王克纣后，成王封叔虞于唐，其地阻险，以此有德与周衰并，亦必兴矣。"桓公曰："善。"于是卒言王，东徙其民雒东，而虢、郐果献十邑，竟国之。

二岁，犬戎杀幽王于骊山下，并杀桓公。郑人共立其子掘突，是为武公。

武公十年，娶申侯女为夫人，曰武姜。生太子寤生，生之难，及生，夫人弗爱。后生少子叔段，段生易，夫人爱之。二十七年，武公疾。夫人请公，欲立段为太子，公弗听。是岁，武公卒，寤生立，是为庄公。

庄公元年，封弟段于京，

后代在周朝没有兴起的，楚国就是他的后代。周朝衰微，楚国必定兴盛。楚国兴盛，对郑国不利。"桓公说："我想住到西边，怎么样？"太史伯回答说："那边的百姓贪婪好利，难以久居。"桓公说："周王朝衰败，哪个国家会兴盛？"太史伯回答说："齐国、秦国、晋国、楚国吧？齐国是姜姓，伯夷的后代，伯夷辅佐尧帝掌管礼仪。秦国是嬴姓，伯翳的后代，伯翳辅佐舜帝安抚万物。还有楚国的祖先，都曾经对天下有功劳。周武王伐纣后，成王把叔虞封在唐邑，那里地势险阻，这些有贤德的后人与衰落的周王室并存，他们也一定会兴盛了。"桓公说："好。"于是去请示幽王，东迁他的百姓到洛水东部，虢国、郐国果然献出十个邑，最终在那里建立郑国。

两年后，犬戎在骊山下杀了周幽王，并杀了郑桓公。郑国人共同立他的儿子掘突为君，就是武公。

武公十年，娶申侯的女儿为夫人，叫武姜。生下太子寤生，生时难产，等到生下，夫人不爱他。后来生下小儿子叔段，段出生时容易，夫人喜爱他。武公二十七年，武公患病，夫人请求武公，想立叔段为太子，武公不听。这年，武公去世，寤生即位，就是庄公。

庄公元年，封弟弟叔段在京城，号

称太叔。祭仲说："京邑大于国都，不能封给弟弟。"庄公说："武姜想这样做，我不敢违背。"叔段到达京邑，整顿军备，与他的母亲武姜合谋袭击郑都。庄公二十二年，段果然袭击郑都，武姜做内应。庄公发兵讨伐叔段，叔段出逃。讨伐京邑，京邑人背叛叔段，叔段出逃到鄢邑。鄢邑溃散，叔段出逃到共国。在这时庄公把他的母亲武姜迁到城颍，发誓说："不到黄泉，不要相见。"过了一年多，庄公后悔，思念母亲。颍谷的考叔向庄公进献贡物，庄公赐食物给他。考叔说："我有母亲，请允许我把食物带给我的母亲。"庄公说："我非常思念母亲，怕违背誓言，怎么办？"考叔说："挖地挖到黄泉，就可以相见了。"于是就听从他的话，见到了母亲。

庄公二十四年，宋穆公去世，公子冯出逃到郑国。郑国侵占周王室田地，夺取粮食。庄公二十五年，卫国州吁弑杀卫国国君桓公自立为君，与宋国讨伐郑国，是出于公子冯的缘故。庄公二十七年，开始朝见周桓王。桓王恼怒郑国夺取粮食，对郑君无礼。庄公二十九年，庄公恼怒周桓王无礼，用祊邑与鲁国交换许田。庄公三十三年，宋国杀死孔父。庄公三十七年，庄公不朝见周王，周桓王率领陈国、蔡国、虢国、卫国讨伐郑国。庄公与祭仲、高渠

号太叔。祭仲曰："京大于国，非所以封庶也。"庄公曰："武姜欲之，我弗敢夺也。"段至京，缮治甲兵，与其母武姜谋袭郑。二十二年，段果袭郑，武姜为内应。庄公发兵伐段，段走。伐京，京人畔段，段出走鄢。鄢溃，段出奔共。于是庄公迁其母武姜于城颍，誓言曰："不至黄泉，毋相见也。"居岁余，已悔思母。颍谷之考叔有献于公，公赐食。考叔曰："臣有母，请君食赐臣母。"庄公曰："我甚思母，恶负盟，奈何？"考叔曰："穿地至黄泉，则相见矣。"于是遂从之，见母。

二十四年，宋缪公卒，公子冯奔郑。郑侵周地，取禾。二十五年，卫州吁弑其君桓公自立，与宋伐郑，以冯故也。二十七年，始朝周桓王。桓王怒其取禾，弗礼也。二十九年，庄公怒周弗礼，与鲁易祊、许田。三十三年，宋杀孔父。三十七年，庄公不朝周，周桓王率陈、蔡、虢、卫伐郑。庄公与祭仲、高渠弥发兵自救，王师大败。祝

瞻射中王臂。祝瞻请从之，郑伯止之，曰："犯长且难之，况敢陵天子乎？"乃止。夜令祭仲问王疾。

三十八年，北戎伐齐，齐使求救，郑遣太子忽将兵救齐。齐釐公欲妻之，忽谢曰："我小国，非齐敌也。"时祭仲与俱，劝使取之，曰："君多内宠，太子无大援将不立，三公子皆君也。"所谓三公子者，太子忽，其弟突，次弟子亹也。

四十三年，郑庄公卒。初，祭仲甚有宠于庄公，庄公使为卿；公使娶邓女，生太子忽，故祭仲立之，是为昭公。

庄公又娶宋雍氏女，生厉公突。雍氏有宠于宋。宋庄公闻祭仲之立忽，乃使人诱召祭仲而执之，曰："不立突，将死。"亦执突以求赂焉。祭仲许宋，与宋盟。以突归，立之。昭公忽闻祭仲以宋要立其弟突，九月丁亥，忽出奔卫。己亥，突至郑，立，是为厉公。

厉公四年，祭仲专国政。

弥发兵自救，周桓王的军队大败。祝瞻射中周桓王的臂膀。祝瞻请求追击周桓王，郑伯阻止他，说："侵犯长辈况且要遭到责难，何况欺辱天子呢？"于是停下了。夜间派祭仲问候周王伤情。

庄公三十八年，北戎讨伐齐国，齐国派使者向郑国求救，郑国派太子忽领兵救齐。齐釐公想把女儿嫁给他为妻，忽谢绝说："我们是小国，与齐国不匹配。"当时祭仲和忽一起，他劝忽娶齐女，说："郑君有很多宠妾，太子没有大国支持不能继位，三位公子都有可能做国君。"所说的三位公子，是太子忽，忽的弟弟突，更小的弟弟子亹。

庄公四十三年，郑庄公去世。当初，祭仲很受庄公的宠信，庄公任他为卿；庄公让他为自己迎娶邓国女子，生下太子忽，所以祭仲立忽为君，就是昭公。

庄公又迎娶宋国雍氏女子，生下厉公突。雍氏受宋君宠爱。宋庄公听说祭仲立忽为君，就派人诱骗召见祭仲，将他抓了起来，说："不拥立突，就杀了你。"也抓了突，借以索取财物。祭仲答应了宋国，与宋国盟约。带着突回国，拥立他为国君。昭公忽听说宋国胁迫祭仲立他的弟弟突，九月丁亥日，忽出奔卫国。己亥日，突到达郑国，即位，就是厉公。

厉公四年，祭仲独揽国政。厉公担心，

暗中派了祭仲的女婿雍纠去杀祭仲。雍纠的妻子是祭仲的女儿，她得知此事，对母亲说："父亲与丈夫谁更亲近？"母亲说："父亲只有一个，人人都能成丈夫。"女儿于是将阴谋告知祭仲，祭仲反过来杀了雍纠，在街市上陈尸示众。厉公对祭仲无可奈何，怨恨雍纠说："与妇人谋事，死本就是应该的了！"夏天，厉公被迫出宫去边界城邑栎邑居住。祭仲迎接昭公忽，六月乙亥日，忽又回到郑国，即位。

秋天，郑厉公突依靠栎人杀死栎邑大夫单伯，于是定居在那里。诸侯听说厉公出逃，讨伐郑国，没能攻克就撤退了。宋国拨给厉公很多兵力，让他在栎邑据守，郑国因此也不敢讨伐栎邑。

昭公二年，自昭公做太子时，父亲庄公想任高渠弥为卿，太子忽厌恶他，庄公不听太子的意见，最终任高渠弥为卿。等到昭公即位，高渠弥惧怕昭公杀死自己。冬天十月辛卯日，高渠弥与昭公出外狩猎，在郊外射死昭公。祭仲与高渠弥不敢接回厉公，就改立昭公的弟弟子亹为国君，就是子亹，没有谥号。

子亹元年七月，齐襄公在首止会晤诸侯，郑国子亹前去参加，高渠弥跟随前去，祭仲称病不去。祭仲之所以这样做，是因为子亹自齐襄公为公子时，曾经与齐襄公

厉公患之，阴使其婿雍纠欲杀祭仲。纠妻，祭仲女也，知之，谓其母曰："父与夫孰亲？"母曰："父一而已，人尽夫也。"女乃告祭仲，祭仲反杀雍纠，戮之于市。厉公无奈祭仲何，怒纠曰："谋及妇人，死固宜哉！"夏，厉公出居边邑栎。祭仲迎昭公忽，六月乙亥，复入郑，即位。

秋，郑厉公突因栎人杀其大夫单伯，遂居之。诸侯闻厉公出奔，伐郑，弗克而去。宋颇予厉公兵自守于栎，郑以故亦不伐栎。

昭公二年，自昭公为太子时，父庄公欲以高渠弥为卿，太子忽恶之，庄公弗听，卒用渠弥为卿。及昭公即位，惧其杀己，冬十月辛卯，渠弥与昭公出猎，射杀昭公于野。祭仲与渠弥不敢入厉公，乃更立昭公弟子亹为君，是为子亹也，无谥号。

子亹元年七月，齐襄公会诸侯于首止。郑子亹往会，高渠弥相，从，祭仲称疾不行。所以然者，子亹自齐襄公为公

子之时，尝会斗，相仇。及会诸侯，祭仲请子亹无行。子亹曰："齐强，而厉公居栎，即不往，是率诸侯伐我，内厉公。我不如往，往何遽必辱，且又何至是！"卒行。于是祭仲恐齐并杀之，故称疾。子亹至，不谢齐侯，齐侯怒，遂伏甲而杀子亹。高渠弥亡归，归与祭仲谋，召子亹弟公子婴于陈而立之，是为郑子。是岁，齐襄公使彭生醉拉杀鲁桓公。

郑子八年，齐人管至父等作乱，弑其君襄公。十二年，宋人长万弑其君湣公。郑祭仲死。

十四年，故郑亡厉公突在栎者使人诱劫郑大夫甫瑕，要以求入。瑕曰："舍我，我为君杀郑子而入君。"厉公与盟，乃舍之。六月甲子，瑕杀郑子及其二子而迎厉公突，突自栎复入即位。初，内蛇与外蛇斗于郑南门中，内蛇死。居六年，厉公果复入。入而让其伯父原曰："我亡国外居，伯父无意入我，亦甚矣。"原曰："事君无二心，人臣之职也。原知罪矣。"遂自杀。厉公于是谓

争斗，二人仇恨彼此，等到齐襄公会晤诸侯，祭仲请求子亹不要去。子亹说："齐国强大，而厉公居住在栎邑，若不前去，齐国就会率领诸侯讨伐我，拥立厉公。我不如前往，去了怎么就一定会受欺辱呢，而且又怎么会到那种地步！"子亹最终前去。当时祭仲担心齐侯一并杀了自己，所以推说有病。子亹到了首止，不向齐侯道歉，齐侯恼怒，就埋伏士兵杀死了子亹。高渠弥逃回国，回来就与祭仲商量，从陈国召回子亹的弟弟公子婴，立他为国君，就是郑子。这年，齐襄公派彭生灌醉并击杀鲁桓公。

郑子八年，齐国人管至父等人作乱，弑杀了齐国国君襄公。郑子十二年，宋国人长万弑杀宋国国君湣公。郑国祭仲去世。

郑子十四年，原来郑国出逃的厉公突在栎邑派人诱劫郑国大夫甫瑕，要挟他助厉公回国。甫瑕说："放了我，我为您杀死郑子助您复位。"厉公与他盟誓，就放他回去。六月甲子日，甫瑕杀了郑子以及他的两个儿子，迎接厉公突，突从栎邑回国即位。起先，有门内的蛇和门外的蛇在郑国南门相斗，门内的蛇死去。过了六年，厉公果然重新回国。回宫后责备他的伯父原说："我逃离国家居守在外，伯父无意接我回国，也是过分了。"原说："侍奉国君不能怀有二心，这是为人臣子的职责。我知罪了。"于是原自杀了。厉公就对甫

瑕说："你侍奉国君怀有二心。"于是厉公诛杀了他。甫瑕说："恩德太大不会得到回报，确实是这样啊！"

厉公突复位后元年，齐桓公开始称霸。

厉公五年，燕国、卫国与周惠王的弟弟颓讨伐周王，周王出逃到温国，拥立弟弟颓为王。厉公六年，惠王向郑国告急，厉公发兵迎击周王子颓，没有取胜，于是厉公与周惠王回国，让惠王留守在栎邑。厉公七年春天，郑厉公与虢叔一起袭杀周王子颓而助惠王回周。

秋天，厉公去世，儿子文公踕即位。厉公即位四年，出逃居住在栎邑，居住在栎邑十七年，又回国即位，即位七年，加上逃亡共二十八年。

文公十七年，齐桓公率军攻破蔡国，便讨伐楚国，直达召陵。

文公二十四年，文公有个贱妾叫燕姞，她梦见上天送她一株兰草，说："我是伯儵，是你的祖先。我把这个作为你的儿子，兰草有国香。"燕姞就把梦告诉文公，文公宠幸了她，送她兰草作为信物。不久她生了个儿子，名叫兰。

文公三十六年，晋公子重耳路过，文公对他无礼。文公的弟弟叔詹说："重耳贤能，而且又是我们的同姓，在穷困之时拜访您，不可对他无礼。"文公说："诸侯逃亡的公子路过郑国的太多了，怎能全

甫瑕曰："子之事君有二心矣。"遂诛之。瑕曰："重德不报，诚然哉！"

厉公突后元年，齐桓公始霸。

五年，燕、卫与周惠王弟颓伐王，王出奔温，立弟颓为王。六年，惠王告急郑，厉公发兵击周王子颓，弗胜，于是与周惠王归，王居于栎。七年春，郑厉公与虢叔袭杀王子颓而入惠王于周。

秋，厉公卒，子文公踕立。厉公初立四岁，亡居栎，居栎十七岁，复入，立七岁，与亡凡二十八年。

文公十七年，齐桓公以兵破蔡，遂伐楚，至召陵。

二十四年，文公之贱妾曰燕姞，梦天与之兰，曰："余为伯儵。余，尔祖也。以是为而子，兰有国香。"以梦告文公，文公幸之，而予之草兰为符。遂生子，名曰兰。

三十六年，晋公子重耳过，文公弗礼。文公弟叔詹曰："重耳贤，且又同姓，穷而过君，不可无礼。"文公曰："诸侯亡公子过者多矣，安能尽礼

之！"詹曰："君如弗礼，遂杀之；弗杀，使即反国，为郑忧矣。"文公弗听。

三十七年春，晋公子重耳反国，立，是为文公。秋，郑入滑，滑听命，已而反与卫，于是郑伐滑。周襄王使伯牖请滑。郑文公怨惠王之亡在栎，而文公父厉公入之，而惠王不赐厉公爵禄，又怨襄王之与卫滑，故不听襄王请而囚伯牖。王怒，与翟人伐郑，弗克。冬，翟攻伐襄王，襄王出奔郑，郑文公居王于氾。三十八年，晋文公入襄王成周。

四十一年，助楚击晋。自晋文公之过无礼，故背晋助楚。四十三年，晋文公与秦缪公共围郑，讨其助楚攻晋者，及文公过时之无礼也。初，郑文公有三夫人，宠子五人，皆以罪蚤死。公怒，溉逐群公子。子兰奔晋，从晋文公围郑。时兰事晋文公甚谨，爱幸之，乃私于晋，以求入郑为太子。晋于是欲得叔詹为僇。郑文公恐，不敢谓叔詹言。詹闻，言于郑君曰："臣谓君，君不听

都礼遇呢！"叔詹说："您如果对他无礼，就杀掉他；不杀他，假使他返国，就是郑国的祸患。"文公不听。

文公三十七年春天，晋公子重耳回到晋国，即位，就是晋文公。秋天，郑国侵犯滑国，滑国听命顺从，不久，又背叛郑国归附卫国，于是郑国讨伐滑国。周襄王派伯牖去替滑国求情。郑文公怨恨惠王出逃栎邑时，是文公父亲厉公送他回朝，惠王却没有赏赐厉公爵禄，又怨恨襄王帮助卫国、滑国，所以不听襄王的请求并囚禁伯牖。襄王发怒，与翟国人讨伐郑国，没有攻克。冬天，翟国讨伐襄王，襄王出奔到郑国，郑文公让襄王居住在氾邑。文公三十八年，晋文公送襄王回周。

文公四十一年，郑国帮助楚国讨伐晋国。晋文公经过时对晋文公无礼，所以郑国背叛晋国帮助楚国。文公四十三年，晋文公与秦穆公共同围困郑国，因为郑国援助楚国攻打晋国，以及晋文公经过时对晋文公无礼。当初，郑文公有三位夫人，受宠的儿子有五人，都因为有罪早死。郑文公恼怒，驱赶了众公子。子兰出奔晋国，随从晋文公讨伐郑国。当时子兰侍奉晋文公非常谨慎，晋文公十分宠爱他，他就在晋国暗中活动，以求回郑国做太子。晋国这时想得到叔詹并杀掉他。郑文公害怕，不敢告诉叔詹。叔詹听说，就对郑君说：

"臣当初劝谏您，您不听臣的话，晋国终于成为郑国祸患。然而晋国之所以围困郑国，是因为詹，詹死而能赦免郑国，是詹的心愿。"于是自杀。郑国人把叔詹的尸体交予晋国，晋文公说："一定要见郑君一面，侮辱他后才能离去。"郑国人害怕，就派人私下对秦国说："攻破郑国让晋国强大，对秦国不利。"于是秦国撤兵。晋文公想送子兰回国做太子，就告知了郑国。郑国大夫石癸说："我听说姞姓之女是后稷的夫人，他的后代定当兴盛。子兰的母亲就是他的后代。况且夫人和儿子都已经死了，其余庶子不如子兰贤能。如今被围告急，晋国为子兰请求回国，没有比这更好的了！"于是答应了晋国，与晋国结盟，最后立子兰为太子，晋兵才罢兵离去。

文公四十五年，文公去世，子兰即位，就是穆公。

穆公元年春天，秦穆公派遣三位将军率军将偷袭郑国，到了滑国，遇上郑国商人弦高使诈用十二头牛犒劳秦军，所以秦军没有到达就撤回了，晋军在崤山打败秦军。当初，郑文公去世之时，郑国守城缯贺把郑国军情出卖给秦国，秦军所以来攻。穆公三年，郑国发兵跟随晋国讨伐秦国，在汪邑打败秦军。

穆公二年，楚国太子商臣弑杀他的父亲成王自立。穆公二十一年，与宋国华元

臣，晋卒为患。然晋所以围郑，以詹，詹死而赦郑国，詹之愿也。"乃自杀。郑人以詹尸与晋。晋文公曰："必欲一见郑君，辱之而去。"郑人患之，乃使人私于秦曰："破郑益晋，非秦之利也。"秦兵罢。晋文公欲入兰为太子，以告郑。郑大夫石癸曰："吾闻姞姓乃后稷之元妃，其后当有兴者。子兰母，其后也。且夫人子尽已死，余庶子无如兰贤。今围急，晋以为请，利孰大焉！"遂许晋，与盟，而卒立子兰为太子，晋兵乃罢去。

四十五年，文公卒，子兰立，是为缪公。

缪公元年春，秦缪公使三将将兵欲袭郑，至滑，逢郑贾人弦高诈以十二牛劳军，故秦兵不至而还，晋败之于崤。初，往年郑文公之卒也，郑司城缯贺以郑情卖之，秦兵故来。三年，郑发兵从晋伐秦，败秦兵于汪。

往年楚太子商臣弑其父成王代立。二十一年，与宋华元

伐郑。华元杀羊食士，不与其御羊斟，怒以驰郑，郑囚华元。宋赎华元，元亦亡去。晋使赵穿以兵伐郑。

二十二年，郑缪公卒，子夷立，是为灵公。

灵公元年春，楚献鼋于灵公。子家、子公将朝灵公，子公之食指动，谓子家曰："佗日指动，必食异物。"及入见灵公，进鼋羹。子公笑曰："果然！"灵公问其笑故，具告灵公。灵公召之，独弗予羹。子公怒，染其指，尝之而出。公怒，欲杀子公。子公与子家谋先。夏，弑灵公。郑人欲立灵公弟去疾，去疾让曰："必以贤，则去疾不肖；必以顺，则公子坚长。"坚者，灵公庶弟，去疾之兄也。于是乃立子坚，是为襄公。

襄公立，将尽去缪氏。缪氏者，杀灵公子公之族家也。去疾曰："必去缪氏，我将去之。"乃止。皆以为大夫。

襄公元年，楚怒郑受宋赂纵华元，伐郑。郑背楚，与晋亲。五年，楚复伐郑，晋来救之。

讨伐郑国。华元杀羊犒劳将士，没有犒劳他的车夫羊斟，羊斟恼怒，就驱车驰入郑国军中，郑国囚禁华元。宋国来赎华元，华元已经出逃。晋国派赵穿率军讨伐郑国。

穆公二十二年，郑穆公去世，儿子子夷即位，就是灵公。

灵公元年春天，楚国进献鼋给灵公。子家、子公将要朝见灵公，子公的食指颤动，对子家说："往日食指颤动，一定能吃到珍异的食物。"等到他们进入，看见灵公正在品尝鼋羹，子公笑说："果然如此！"灵公问他为什么发笑，子公就详细说给灵公。灵公召来他们，唯独不给子公羹吃。子公恼怒，用食指沾羹，尝过就出去了。灵公恼怒，要杀子公。子公与子家谋划在先。夏天，弑杀灵公。郑人想立灵公的弟弟去疾为君，去疾辞让说："要用贤德之人，而我不贤德；要按长幼顺序，那么公子坚比我年长。"公子坚是灵公的庶弟，去疾的兄长。于是就立子坚为君，就是襄公。

襄公即位，要尽数清除缪氏。缪氏弑杀灵公，是子公的家族。去疾说："如果一定要清除缪氏，那我也将离开。"于是作罢。将子公家族的人都任命为大夫。

郑襄公元年，楚国恼怒郑国接受宋国贿赂放走华元，讨伐郑国。郑国背叛楚国，与晋国亲近。襄公五年，楚国又来讨伐郑国，晋国前去救援。襄公六年，子家去世，国人又驱逐他的家族，因为他弑杀了灵公。

襄公七年，郑国与晋国在鄢陵结盟。襄公八年，楚庄王因郑国与晋国结盟，来讨伐郑国，围困郑国三个月，郑国整座都城都投降了楚国。楚王从皇门进入，郑襄公赤裸上身，牵着羊前来迎接，说："我没有管理好边邑，使您心怀怒火来到敝国，是我的罪过。我不敢不唯命是听。您把我驱赶到长江以南，或把郑国赐给其他诸侯，我也唯命是听。若您不忘记周厉王、周宣王，郑桓公、郑武公，怜悯他们，不忍心断绝他们的社稷，赐我不毛之地，使我得以改为您做事，这是我的愿望，但这是我不敢奢望的。只是斗胆说说心里话，我一切听您安排。"庄王为此撤退三十里后驻军。楚国众臣说："从郢都到此，将士们也已久经劳苦。如今攻下郑国又放弃它，为什么？"庄王说："之所以发兵讨伐，是因为他不服从。如今郑国已经降服，还要求什么呢？"楚军最终离去。晋国听说楚国讨伐郑国，发兵救援郑国。晋国人意见不一致，犹豫不决，所以来迟，等晋军到达黄河时，楚兵已经撤离。晋国将领有的想要渡河，有的想要返回，最后还是渡河。庄王听说，回击晋军。郑国反而援助楚军，在黄河边大破晋军。襄公十年，晋国前来讨伐郑国，因它背叛晋国而结交楚国。

六年，子家卒，国人复逐其族，以其弑灵公也。

七年，郑与晋盟鄢陵。八年，楚庄王以郑与晋盟，来伐，围郑三月，郑以城降楚。楚王入自皇门，郑襄公肉袒擎羊以迎，曰："孤不能事边邑，使君王怀怒以及弊邑，孤之罪也。敢不惟命是听。君王迁之江南，及以赐诸侯，亦惟命是听？若君王不忘厉、宣王，桓、武公，哀不忍绝其社稷，锡不毛之地，使复得改事君王，孤之愿也，然非所敢望也。敢布腹心，惟命是听。"庄王为却三十里而后舍。楚群臣曰："自郢至此，士大夫亦久劳矣。今得国舍之，何如？"庄王曰："所为伐，伐不服也。今已服，尚何求乎？"卒去。晋闻楚之伐郑，发兵救郑。其来持两端，故迟，比至河，楚兵已去。晋将率或欲渡，或欲还，卒渡河。庄王闻，还击晋。郑反助楚，大破晋军于河上。十年，晋来伐郑，以其反晋而亲楚也。

十一年，楚庄王伐宋，宋告急于晋。晋景公欲发兵救宋，伯宗谏晋君曰："天方开楚，未可伐也。"乃求壮士，得霍人解扬，字子虎，诳楚，令宋毋降。过郑，郑与楚亲，乃执解扬而献楚。楚王厚赐与约，使反其言，令宋趣降，三要乃许。于是楚登解扬楼车，令呼宋。遂负楚约而致其晋君命曰："晋方悉国兵以救宋，宋虽急，慎毋降楚，晋兵今至矣！"楚庄王大怒，将杀之。解扬曰："君能制命为义，臣能承命为信。受吾君命以出，有死无陨。"庄王曰："若之许我，已而背之，其信安在？"解扬曰："所以许王，欲以成吾君命也。"将死，顾谓楚军曰："为人臣无忘尽忠得死者！"楚王诸弟皆谏王赦之，于是赦解扬使归。晋爵之为上卿。

十八年，襄公卒，子悼公沸立。

悼公元年，鄎公恶郑于楚，悼公使弟睔于楚自讼。讼不直，楚囚睔。于是郑悼公来与晋平，

襄公十一年，楚庄王讨伐宋国，宋国告诉晋国情况紧急。晋景公想发兵救援宋国，伯宗劝谏晋君说："上天正在庇护楚国，不可讨伐。"于是寻求勇士，得到霍人解扬，字子虎，去诓骗楚国，让宋国不要投降。经过郑国，郑国与楚国亲近，就抓住解扬送给了楚国。楚王用厚礼相赐，与他盟誓，让他反着传话，让宋国投降楚国，再三要求后解扬才答应。于是楚王让解扬登上楼车，让他向宋国传话。解扬还是违背与楚王的约定而传达晋君的命令说："晋国率领全部兵力救援宋国，宋国虽然情况紧急，千万不要投降，晋军今天就会到！"楚庄王大怒，要杀死解扬。解扬说："国君能执行天命叫作义，臣子能服从命令叫作信。接受国君的命令出使，宁死不负君命。"庄王说："你也许诺过我，又马上背叛，你的信何在？"解扬说："之所以许诺大王，是因为我想完成我们君王的命令。"将要赴死时，他回过头来对楚军说："身为臣子不要忘记尽忠而被处死之人！"楚王的弟弟们都劝楚王赦免解扬，于是楚王赦免解扬让他回国。晋国封他爵位为上卿。

襄公十八年，襄公去世，儿子悼公沸即位。

悼公元年，鄎公在楚国诬陷郑国，悼公派弟弟睔去楚国辩解。辩解不成，楚国囚禁睔。这时郑悼公前去与晋国和解，于

是两国和好。䁥与楚国子反有私交，子反进言，放䁥回了郑国。

悼公二年，楚国讨伐郑国，晋军前来救援。这年，悼公去世，立他的弟弟䁥为国君，就是成公。

成公三年，楚共王说："我对郑成公有恩德"，于是派使者与成公盟约。成公私下与楚国盟誓。秋天，成公朝见晋国，晋人说"郑国与楚国私下和好"，于是抓了成公。并派栾书讨伐郑国。成公四年春天，郑国担心晋国的围困，公子如就拥立成公庶兄繻为国君。这年四月，晋国听说郑国立新君，就放回成公。郑国人听说成公归来，也就杀死新君繻，迎接成公。晋军撤退。

成公十年，郑国违背与晋国的盟约，与楚国结盟。晋厉公发怒，发兵讨伐郑国。楚共王援救郑国。晋国与楚国在鄢陵交战，楚军战败，晋军射伤楚共王的眼睛，两国都撤军返回。成公十三年，晋悼公讨伐郑国，在洧上陈列军队。郑国固守城池，晋军也就撤退了。

成公十四年，成公去世，儿子恽即位，就是釐公。

釐公五年，郑国国相子驷朝见釐公，釐公对他无礼。子驷发怒，指使厨师毒杀釐公，向诸侯通告说"釐公暴病而死"。拥立釐公的儿子嘉为国君，嘉当时五岁，就是简公。

遂亲。䁥私于楚子反，子反言归䁥于郑。

二年，楚伐郑，晋兵来救。是岁，悼公卒，立其弟䁥，是为成公。

成公三年，楚共王曰："郑成公，孤有德焉。"使人来与盟。成公私与盟。秋，成公朝晋，晋曰"郑私平于楚"，执之。使栾书伐郑。四年春，郑患晋围，公子如乃立成公庶兄繻为君。其四月，晋闻郑立君，乃归成公。郑人闻成公归，亦杀君繻，迎成公。晋兵去。

十年，背晋盟，盟于楚。晋厉公怒，发兵伐郑。楚共王救郑。晋楚战鄢陵，楚兵败，晋射伤楚共王目，俱罢而去。十三年，晋悼公伐郑，兵于洧上。郑城守，晋亦去。

十四年，成公卒，子恽立。是为釐公。

釐公五年，郑相子驷朝釐公，釐公不礼。子驷怒，使厨人药杀釐公，赴诸侯曰"釐公暴病卒"。立釐公子嘉，嘉时年五岁，是为简公。

简公元年，诸公子谋欲诛相子驷，子驷觉之，反尽诛诸公子。二年，晋伐郑，郑与盟，晋去。冬，又与楚盟。子驷畏诛，故两亲晋、楚。三年，相子驷欲自立为君，公子子孔使尉止杀相子驷而代之。子孔又欲自立。子产曰："子驷为不可，诛之，今又效之，是乱无时息也。"于是子孔从之而相郑简公。

四年，晋怒郑与楚盟，伐郑，郑与盟。楚共王救郑，败晋兵。简公欲与晋平，楚又囚郑使者。

十二年，简公怒相子孔专国权，诛之，而以子产为卿。十九年，简公如晋请卫君还，而封子产以六邑。子产让，受其三邑。二十二年，吴使延陵季子于郑，见子产如旧交，谓子产曰："郑之执政者侈，难将至，政将及子。子为政，必以礼；不然，郑将败。"子产厚遇季子。二十三年，诸公子争宠相杀，又欲杀子产。公子或谏曰："子产仁人，郑所以存者子产也，勿杀！"乃止。

简公元年，众公子密谋想除掉国相子驷，子驷察觉，反而把众公子全部杀掉。简公二年，晋国讨伐郑国，郑国与晋国结盟，晋军撤退。冬天，郑国又与楚国结盟。子驷害怕被杀，所以亲近晋楚双方。简公三年，国相子驷想自立为国君，公子子孔指派尉止杀掉国相子驷取代了他。子孔也想自立为国君。子产说："子驷这样做不对，遭到诛杀，如今您又效仿他，这样动乱没有停息的时候了。"于是子孔听从了他，辅佐郑简公。

简公四年，晋国恼怒郑国与楚国结盟，讨伐郑国，郑国与晋国结盟。楚共王救援郑国，打败晋军。简公想与晋国和解，楚王又囚禁郑国使者。

简公十二年，简公恼怒国相子孔独断专权，杀了他，任用子产为卿。简公十九年，简公到晋国请求接卫君回国，封给子产六个邑。子产辞让，接受了三个邑。简公二十二年，吴国派延陵季子出使郑国，见到子产，就像老朋友一样，对子产说："郑国国君奢侈，灾难将来临，政权将落到您的手里。您若执政，一定要遵循礼法；不然，郑国将衰落。"子产厚待了季子。简公二十三年，众公子争宠相互杀害，又想杀掉子产。有公子劝谏说："子产是仁德的人，郑国之所以存续至今是因为子产在，不要杀他！"于是作罢。

简公二十五年，郑国派子产出使晋国，探望晋平公的病情。晋平公说："占卜说是实沈、台骀作祟。史官不了解他们的底细，我想斗胆请教您。"子产回答说："高辛氏有两个儿子，长子叫阏伯，幼子叫实沈，居住在广阔的树林里，他们互不相让，每天拿着兵器互相攻击。尧帝认为他们不善，就把阏伯迁移到商丘，主祀辰星，商人继承下来，所以辰星称作商星。把实沈迁移到大夏，主祀参星，唐地人继承下来，为夏朝、商朝服务，唐地末代君主是唐叔虞。正当武王妻子邑姜身怀大叔时，她梦见天帝对自己说：'你有儿子叫虞，赐予他唐地，让他祭祀参星，繁衍子孙。'等到儿子降生，掌心有个'虞'字，于是命名叫虞。等到成王灭亡唐国后，就把唐国封给大叔。所以参星为晋星。由此来看，实沈，是参星之神。从前金天氏有个幼子叫昧，是水官之师，生了允格、台骀。台骀能够接任父亲的职务，疏导汾水、洮水，修筑堤坝拦截湖泽，居住在太原。颛顼帝因此嘉奖他，让他在汾水流域建国。沈、姒、蓐、黄四国供奉他的祭祀。现今晋国占有汾水流域灭掉了他们。由此看来，那位台骀是汾水、洮水的神灵。但是这二位神灵不会伤害您的身体。山川之神，在水旱的时候祭祀祈求消灾；日月星辰之神，雪霜风雨不合时令时祭祀祈求消灾；像您所患的这种疾病，是

二十五年，郑使子产于晋，问平公疾。平公曰："卜而曰实沈、台骀为祟，史官莫知，敢问？"对曰："高辛氏有二子，长曰阏伯，季曰实沈，居旷林，不相能也，日操干戈以相征伐。后帝弗臧，迁阏伯于商丘，主辰，商人是因，故辰为商星。迁实沈于大夏，主参，唐人是因，服事夏、商，其季世曰唐叔虞。当武王邑姜方娠大叔，梦帝谓己：'余命而子曰虞，乃与之唐，属之参而蕃育其子孙。'及生有文在其掌曰'虞'，遂以命之。及成王灭唐而国大叔焉。故参为晋星。由是观之，则实沈，参神也。昔金天氏有裔子曰昧，为玄冥师，生允格、台骀。台骀能业其官，宣汾、洮，障大泽，以处太原。帝用嘉之，国之汾川。沈、姒、蓐、黄实守其祀。今晋主汾川而灭之。由是观之，则台骀，汾、洮神也。然是二者不害君身。山川之神，则水旱之灾禜之；日月星辰之神，则雪霜风雨不时禜之；若君疾，饮食哀乐女色所生也。"

平公及叔向曰："善，博物君子也！"厚为之礼于子产。

二十七年夏，郑简公朝晋。冬，畏楚灵王之强，又朝楚，子产从。二十八年，郑君病，使子产会诸侯，与楚灵王盟于申，诛齐庆封。

三十六年，简公卒，子定公宁立。秋，定公朝晋昭公。

定公元年，楚公子弃疾弑其君灵王而自立，为平王。欲行德诸侯，归灵王所侵郑地于郑。

四年，晋昭公卒，其六卿强，公室卑。子产谓韩宣子曰："为政必以德，毋忘所以立。"

六年，郑火，公欲禳之。子产曰："不如修德。"

八年，楚太子建来奔。十年，太子建与晋谋袭郑。郑杀建，建子胜奔吴。

十一年，定公如晋。晋与郑谋，诛周乱臣，入敬王于周。

十三年，定公卒，子献公虿立。献公十三年卒，子声公胜立。当是时，晋六卿强，侵夺郑，郑遂弱。

由饮食、悲喜、女色所产生的。"平公对叔向说："很好，真是博学多闻的君子！"赏赐给子产丰厚的礼物。

简公二十七年夏天，郑简公朝见晋君。冬天，畏惧楚灵王的强大，又朝见楚君，子产跟随。简公二十八年，郑君病重，派子产会见诸侯，与楚灵王在申邑结盟，诛杀齐国庆封。

简公三十六年，郑简公去世，儿子定公宁即位。秋天，定公朝见晋昭公。

定公元年，楚国公子弃疾弑杀他的国君灵王而自立，就是平王。平王想要在诸侯国中施惠以求感谢，归还灵王所侵占的郑国土地给郑国。

定公四年，晋昭公去世，晋国六卿强大，公室衰弱。子产对韩宣子说："执政一定要以德为本，不要忘记立国之基。"

定公六年，郑国发生火灾，定公想禳除灾祸。子产说："不如施行德政。"

定公八年，楚太子建投奔郑国。定公十年，太子建与晋国合谋攻打郑国。郑国杀太子建，建的儿子胜逃奔到吴国。

定公十一年，定公到晋国。晋君与郑君谋划，诛杀周王室乱臣，送周敬王回周。

定公十三年，定公去世，儿子献公虿即位。献公在位十三年去世，儿子声公胜即位。这时，晋国六卿强大，侵夺郑国土地，郑国由此衰弱。

声公五年，郑国国相子产去世，郑国人都哭泣，悲伤得如同至亲死亡。子产是郑成公的小儿子，为人仁慈，关爱他人，对待君主忠厚老实。孔子曾路过郑国，与子产如同兄弟。等到听说子产死去，孔子为他哭泣说："他真是有古代仁人的遗风啊！"

声公八年，晋国的范氏、中行氏背叛晋国，向郑国告急，郑国救援他们。晋国讨伐郑国，在铁丘打败郑军。声公十四年，宋景公灭曹国。声公二十年，齐国田常弑杀他的国君简公，而田常任齐国国相。声公二十二年，楚惠王灭亡陈国。孔子去世。声公三十六年，晋国智伯讨伐郑国，夺取九座城邑。

声公三十七年，声公去世，儿子哀公易即位。哀公八年，郑国人杀死哀公而立声公的弟弟丑为君，就是共公。

共公三年，晋国韩、赵、魏三家灭掉智伯。共公三十一年，共公去世，儿子幽公已即位。幽公元年，韩武子讨伐郑国，杀死幽公。郑国人立幽公的弟弟骀为君，就是缪公。

缪公十五年，韩景侯讨伐郑国，攻取雍丘。郑国在京邑修建都城。缪公十六年，郑国讨伐韩国，在负黍打败韩军。缪公二十年，韩国、赵国、魏国列为诸侯。缪公二十三年，郑国围攻韩国的阳翟。缪公

声公五年，郑相子产卒，郑人皆哭泣，悲之如亡亲戚。子产者，郑成公少子也。为人仁爱人，事君忠厚。孔子尝过郑，与子产如兄弟云。及闻子产死，孔子为泣曰："古之遗爱也！"

八年，晋范、中行氏反晋，告急于郑，郑救之。晋伐郑，败郑军于铁。十四年，宋景公灭曹。二十年，齐田常弑其君简公，而常相于齐。二十二年，楚惠王灭陈。孔子卒。三十六年，晋知伯伐郑，取九邑。

三十七年，声公卒，子哀公易立。哀公八年，郑人弑哀公而立声公弟丑，是为共公。

共公三年，三晋灭知伯。三十一年，共公卒，子幽公已立。幽公元年，韩武子伐郑，杀幽公。郑人立幽公弟骀，是为缪公。

缪公十五年，韩景侯伐郑，取雍丘。郑城京。十六年，郑伐韩，败韩兵于负黍。二十年，韩、赵、魏列为诸侯。二十三年，郑围韩之阳翟。二十五年，郑

君杀其相子阳。二十七年，子阳之党共弑繻公骀而立幽公弟乙为君，是为郑君。

郑君乙立二年，郑负黍反，复归韩。十一年，韩伐郑，取阳城。二十一年，韩哀侯灭郑，并其国。

太史公曰：语有之，"以权利合者，权利尽而交疏"，甫瑕是也。甫瑕虽以劫杀郑子内厉公，厉公终背而杀之，此与晋之里克何异？守节如荀息，身死而不能存奚齐。变所从来，亦多故矣！

二十五年，郑君杀了他的国相子阳。繻公二十七年，子阳的党羽共同弑杀繻公骀而立幽公的弟弟乙为君，就是郑君。

郑君乙即位二年，被郑国占领的负黍的民众反叛，负黍又回归韩国。郑君乙十一年，韩国讨伐郑国，夺取阳城。郑君乙二十一年，韩哀侯灭了郑国，吞并郑国。

太史公说：有这样一句话，"因权势和利益结合在一起的，权势和利益终止，交情就疏远了"，甫瑕就是这样。甫瑕虽然劫持并杀了郑子，迎接厉公回国，厉公最终还是背弃并杀了他，这与晋国的里克有什么不同呢？坚守节操如荀息，身死也不能保全奚齐。所以变乱的产生，也有许多原因了！

赵世家

赵氏的先祖，与秦人是同一祖先。传到中衍，给殷帝大戊做车夫。他的后代蜚廉有两个儿子，给其中一个儿子取名叫恶来，恶来为纣王做事，被周人所杀，他的后代就是秦人。恶来的弟弟叫季胜，他的后代就是赵人。

季胜生下孟增。孟增受到周成王的宠信，就是宅皋狼。皋狼生下衡父，衡父生下造父。造父受到周穆王的宠信。造父选取八匹骏马，与桃林一带的盗骊、骅骝、绿耳，献给周穆王。穆王让造父做车夫，向西巡狩，见到西王母，快乐得忘了返回。徐偃王反叛，穆王乘坐日行千里的马车，去攻打徐偃王，大败徐偃王。于是把赵城赐给造父，从此成为赵氏。

从造父以下经六代传到奄父，奄父称为公仲，周宣王的时候讨伐戎人，奄父做车夫。等到在千亩交战时，奄父帮助宣王脱险。奄父生下叔带。叔带时，周幽王荒淫无道，叔带离开周王室到了晋国，侍奉晋文侯，开始在晋国建立赵氏家族。

赵氏之先，与秦共祖。至中衍，为帝大戊御。其后世蜚廉有子二人，而命其一子曰恶来，事纣，为周所杀，其后为秦。恶来弟曰季胜，其后为赵。

季胜生孟增。孟增幸于周成王，是为宅皋狼。皋狼生衡父，衡父生造父。造父幸于周缪王。造父取骥之乘匹，与桃林盗骊、骅骝、绿耳，献之缪王。缪王使造父御，西巡狩，见西王母，乐之忘归。而徐偃王反，缪王日驰千里马，攻徐偃王，大破之。乃赐造父以赵城，由此为赵氏。

自造父已下六世至奄父，曰公仲，周宣王时伐戎，为御。及千亩战，奄父脱宣王。奄父生叔带。叔带之时，周幽王无道，去周如晋，事晋文侯，始建赵氏于晋国。

自叔带以下，赵宗益兴，五世而至赵夙。

赵夙。晋献公之十六年伐霍、魏、耿，而赵夙为将伐霍。霍公求奔齐。晋大旱，卜之，曰"霍太山为祟"。使赵夙召霍君于齐，复之，以奉霍太山之祀，晋复穣。晋献公赐赵夙耿。

夙生共孟，当鲁闵公之元年也。共孟生赵衰，字子馀。

赵衰卜事晋献公及诸公子，莫吉；卜事公子重耳，吉，即事重耳。重耳以骊姬之乱亡奔翟，赵衰从。翟伐廧咎如，得二女，翟以其少女妻重耳，长女妻赵衰而生盾。初，重耳在晋时，赵衰妻亦生赵同、赵括、赵婴齐。赵衰从重耳出亡，凡十九年，得反国。重耳，为晋文公，赵衰为原大夫，居原，任国政。文公所以反国及霸，多赵衰计策。语在晋事中。

赵衰既反晋，晋之妻固要迎翟妻，而以其子盾为适嗣，晋妻三子皆下事之。晋襄公之六年，而赵衰卒，谥为成季。

自叔带以下，赵氏宗族日益兴旺，历经五代传到赵夙。

赵夙。晋献公十六年时晋国讨伐霍国、魏国、耿国，赵夙担任将军讨伐霍国。霍公求逃奔到齐国。晋国发生大旱，占卜旱情，卦辞显示"霍国太山作祟"。派赵夙从齐国召回霍君，恢复他的国家，以供奉霍国太山的祭祀，晋国才又丰收。晋献公赐给赵夙耿邑。

赵夙生下共孟，正当鲁闵公元年。共孟生下赵衰，赵衰字子馀。

赵衰占卜侍奉晋献公及众公子，不吉利；占卜侍奉公子重耳，吉利，就去侍奉重耳。重耳因骊姬之乱逃奔到翟国，赵衰跟随。翟国讨伐廧咎如，得到两个女子，翟君把其中年少的女子嫁给重耳为妻，年长的女子嫁给赵衰，她生下了赵盾。当初，重耳在晋国时，赵衰的妻子也生下赵同、赵括、赵婴齐。赵衰跟随重耳出逃，共十九年，然后回国。重耳做晋文公，赵衰做原城大夫，居住在原城，执掌国政。晋文公能回国并成就霸业，大多是因为采纳了赵衰的计策。这些事记在《晋世家》中。

赵衰返回晋国后，他在晋国的妻子坚决要迎回他在翟国娶的妻子，并让她的儿子赵盾做嫡子，晋国妻子的三个儿子都居下位对待他。晋襄公六年，赵衰去世，谥号成季。

赵盾代替成季执掌国政。两年后晋襄公去世，太子夷皋年幼。赵盾考虑国家多难，想立襄公的弟弟雍为君。雍当时在秦国，派使者去迎接他。太子的母亲日夜啼哭，对着赵盾磕头说："先君有什么罪过，要抛弃他的嫡子而改求别人当国君呢？"赵盾担忧此事，害怕她的宗室和大夫们来袭击杀死自己，于是就立太子为君，就是灵公，并发兵阻拦前去秦国迎接襄公弟弟的人。灵公即位后，赵盾更加专擅国政。

灵公即位十四年，日益骄横。赵盾多次劝谏，灵公不听。有一天灵公吃熊掌，熊掌没有煮熟，灵公就杀了厨师，让人把厨师的尸体抬出去，赵盾看见了这番情景。灵公由此害怕，想杀赵盾。赵盾平素仁慈，关爱他人，他曾送食物给一个饿倒在桑树下的人，这人回击救了赵盾，赵盾得以逃脱。他没有逃出国境，赵穿就弑杀灵公而立襄公的弟弟黑臀为君，就是成公。赵盾又返回，执掌国政。君子讥讽赵盾"作为正卿，逃亡不出境，返回也不讨伐逆贼"，所以太史记载道"赵盾弑杀国君"。晋景公时赵盾去世，谥号为宣孟，儿子赵朔继承爵位。

赵朔。晋景公三年时，赵朔为晋国率领下军援救郑国，与楚庄王在黄河边上交战。赵朔娶了晋成公的姐姐为夫人。

晋景公三年，大夫屠岸贾想诛杀赵氏。当初，赵盾在世时，梦见叔带抱腰而

赵盾代成季任国政。二年而晋襄公卒，太子夷皋年少，盾为国多难，欲立襄公弟雍。雍时在秦，使使迎之。太子母日夜啼泣，顿首谓赵盾曰："先君何罪，释其适子而更求君？"赵盾患之，恐其宗与大夫袭诛之，乃遂立太子，是为灵公，发兵距所迎襄公弟于秦者。灵公既立，赵盾益专国政。

灵公立十四年，益骄。赵盾骤谏，灵公弗听。及食熊蹯，胹不熟，杀宰人，持其尸出，赵盾见之。灵公由此惧，欲杀盾。盾素仁爱人，尝所食桑下饿人反扞救盾，盾以得亡。未出境，而赵穿弑灵公而立襄公弟黑臀，是为成公。赵盾复反，任国政。君子讥盾"为正卿，亡不出境，反不讨贼"，故太史书曰"赵盾弑其君"。晋景公时而赵盾卒，谥为宣孟，子朔嗣。

赵朔。晋景公之三年，朔为晋将下军救郑，与楚庄王战河上。朔娶晋成公姊为夫人。

晋景公之三年，大夫屠岸贾欲诛赵氏。初，赵盾在时，

梦见叔带持要而哭，甚悲；已而笑，拊手且歌。盾卜之，兆绝而后好。赵史援占之，曰："此梦甚恶，非君之身，乃君之子，然亦君之咎。至孙，赵将世益衰。"屠岸贾者，始有宠于灵公，及至于景公而贾为司寇，将作难，乃治灵公之贼以致赵盾，遍告诸将曰："盾虽不知，犹为贼首。以臣弑君，子孙在朝，何以惩罪？请诛之。"韩厥曰："灵公遇贼，赵盾在外，吾先君以为无罪，故不诛。今诸君将诛其后，是非先君之意而今妄诛。妄诛谓之乱。臣有大事而君不闻，是无君也。"屠岸贾不听。韩厥告赵朔趣亡。朔不肯，曰："子必不绝赵祀，朔死不恨。"韩厥许诺，称疾不出。贾不请而擅与诸将攻赵氏于下官，杀赵朔、赵同、赵括、赵婴齐，皆灭其族。

赵朔妻成公姊，有遗腹，走公官匿。赵朔客曰公孙杵臼，杵臼谓朔友人程婴曰："胡不死？"程婴曰："朔之妇有遗腹，若幸而男，吾奉之；即女

哭，很是悲伤；过了一会儿又笑，拍手唱歌。赵盾占卜这个梦，龟甲上兆纹中断后又连了起来。赵国叫援的史官观看占卜兆纹，说："此梦很凶险，不应验在您的身上，而是应验在您儿子的身上，但也对您不利。到您的孙子，赵氏将一代比一代衰败。"屠岸贾，之前受到灵公宠幸，等到了景公时屠岸贾做司寇，将要作乱，就惩治刺杀灵公的逆贼，牵连到赵盾，遍告众将领说："赵盾虽然不知情，仍为逆贼之首。做臣子的弑杀君主，子孙在朝为官，如何治罪？请诛灭赵氏。"韩厥说："灵公被杀时，赵盾逃亡在外，我们的先君认为他无罪，所以没有杀他。如今众将军诛杀他的后代，这是有违先君之意而恣意诛杀。恣意诛杀就是作乱。臣子有大事而国君不知，是无视君王。"屠岸贾不听。韩厥告诉赵朔赶紧逃离。赵朔不肯，说："您必不会使赵氏祭祀断绝，我死而无怨。"韩厥答应了他，称病不出。屠岸贾不请君命而擅自与众将领到下宫攻打赵氏，杀了赵朔、赵同、赵括、赵婴齐，诛灭了赵氏家族。

赵朔的妻子是成公的姐姐，有遗腹子在身，逃到景公宫中藏匿。赵朔有个门客叫公孙杵臼，杵臼对赵朔的友人程婴说："您为什么没死？"程婴说："赵朔的妻子有身孕，若有幸得男，我抚养他；若是

个女孩，我到时候会死。"没过多久，赵朔妻子分娩，生下男孩。屠岸贾听说这件事，就去宫中搜寻。夫人把小孩藏在裤子中，祈祷道："赵氏若会灭绝，你就哭吧；若不会灭绝，你就不要出声。"等到屠岸贾来搜时，小孩竟没有发出声音。脱险后，程婴对公孙杵臼说："今天一次没有搜到，以后必定再来搜寻，该怎么办呢？"公孙杵臼说："抚立遗孤与死亡哪个更难？"程婴说："死亡容易，抚立遗孤难。"公孙杵臼说："赵氏先君待您不薄，您就勉为其难，我做容易之事，请让我先死吧。"于是二人想办法找到别人家的一个婴儿背着，用漂亮的被子包着，藏在山中。程婴出来，欺骗众将军说："程婴无能，不能抚立赵氏孤儿。谁能赐予我千金，我就告诉他赵氏孤儿藏身之处。"众将军都很高兴，答应了他，发兵跟随程婴攻杀公孙杵臼。杵臼假意骂道："程婴你真是个小人！当初下宫之难没能死去，和我密谋藏匿赵氏孤儿，如今又出卖我。纵使无力抚养，你怎么能忍心出卖他呢！"又抱着婴儿呼叫说："天啊，天啊！赵氏孤儿何罪之有？请让他活着吧，唯独杀我杵臼就是。"众将军不答应，于是杀了杵臼及婴儿。众将军认为赵氏孤儿确实已经死去，都很高兴。然而真正的赵氏孤儿却还活着，程婴最后和他一起藏匿到山中。

也，吾徐死耳。"居无何，而朔妇免身，生男。屠岸贾闻之，索于宫中。夫人置儿绔中，祝曰："赵宗灭乎，若号；即不灭，若无声。"及索，儿竟无声。已脱，程婴谓公孙杵臼曰："今一索不得，后必且复索之，奈何？"公孙杵臼曰："立孤与死孰难？"程婴曰："死易，立孤难耳。"公孙杵臼曰："赵氏先君遇子厚，子强为其难者，吾为其易者，请先死。"乃二人谋取他人婴儿负之，衣以文葆，匿山中。程婴出，谬谓诸将军曰："婴不肖，不能立赵孤。谁能与我千金，吾告赵氏孤处。"诸将皆喜，许之，发师随程婴攻公孙杵臼。杵臼谬曰："小人哉程婴！昔下宫之难不能死，与我谋匿赵氏孤儿，今又卖我。纵不能立，而忍卖之乎！"抱儿呼曰："天乎天乎！赵氏孤儿何罪？请活之，独杀杵臼可也。"诸将不许，遂杀杵臼与孤儿。诸将以为赵氏孤儿良已死，皆喜。然赵氏真孤乃反在，程婴卒与俱匿山中。

居十五年，晋景公疾，卜之，大业之后不遂者为祟。景公问韩厥，厥知赵孤在，乃曰："大业之后在晋绝祀者，其赵氏乎？夫自中衍者皆嬴姓也。中衍人面鸟噣，降佐殷帝大戊，及周天子，皆有明德。下及幽厉无道，而叔带去周适晋，事先君文侯，至于成公，世有立功，未尝绝祀。今吾君独灭赵宗，国人哀之，故见龟策。唯君图之。"景公问："赵尚有后子孙乎？"韩厥具以实告。于是景公乃与韩厥谋立赵孤儿，召而匿之宫中。诸将入问疾，景公因韩厥之众以胁诸将而见赵孤。赵孤名曰武。诸将不得已，乃曰："昔下宫之难，屠岸贾为之，矫以君命，并命群臣。非然，孰敢作难！微君之疾，群臣固且请立赵后。今君有命，群臣之愿也。"于是召赵武、程婴遍拜诸将，诸将遂反与程婴、赵武攻屠岸贾，灭其族。复与赵武田邑如故。

及赵武冠，为成人，程婴乃辞诸大夫，谓赵武曰："昔下宫之难，皆能死。我非不能

过了十五年，晋景公患病，占卜病情，卜辞说大业的后代因不顺利而作祟。景公问韩厥，韩厥知道赵氏孤儿还在，就说："大业的后代在晋国断绝祭祀的，不就是赵氏吗？从中衍以后都姓嬴。中衍人面鸟嘴，辅佐殷帝大戊以及周天子，都有明德。往下到了幽王、厉王昏庸无道，叔带离开周王室来到晋国，侍奉先君文侯，直到成公，世代立功，不曾绝祀。如今您独灭赵氏宗族，国人哀怜他，所以显现在龟策上。希望您考虑这件事。"景公问："赵氏还有子孙吗？"韩厥据实以告。这时候景公就与韩厥密谋立赵氏孤儿，将他带回并藏在宫中。众将军进宫探视景公病情，景公凭借韩厥军力胁迫众将军会见赵氏孤儿。赵氏孤儿名叫赵武。众将军不得已，就说："昔日下宫的祸难，是屠岸贾所为，假传君命并命令群臣。不然谁敢作乱！若不是您有病在身，我们这些大臣本来就要向您请求立赵氏后代了。如今您下令，正是我们臣子所愿。"于是景公让赵武、程婴一一拜见众将军，众将领就反过来与程婴、赵武攻杀屠岸贾，诛灭他的家族。重新赐予赵武田邑，如同从前给赵氏的一样。

到了赵武行冠礼时，已经成年，程婴于是辞别大夫们，对赵武说："从前下宫的祸难，他人都能死。我不是不能死，我

是想抚养赵氏后代长大。如今赵武已经成人，继承祖业，恢复旧位，我将到九泉禀报赵宣孟和公孙杵臼。"赵武跪泣叩拜坚决请求，说："我甘愿竭尽劳苦报答您至死，而您忍心离我而去吗！"程婴说："不可不这样。杵臼认为我能成就大事，所以先我而死；现在我不去向他报告，他会认为事情还没办成。"于是自杀。赵武守丧三年，为他设置祭祀之邑，春秋两季祭祀，世代不绝。

赵氏恢复爵位十一年，晋厉公杀了三郤大夫。栾书害怕祸及自己，就弑杀国君厉公，改立襄公的曾孙周，就是悼公。自此晋国大夫的势力渐渐强大。

赵武接续赵氏宗庙二十七年，晋平公即位。平公十二年，赵武担任正卿。平公十三年，吴国延陵季子出使晋国，说："晋国政权终将归于赵武子、韩宣子、魏献子的后代啊。"赵武去世，谥号为文子。

文子生景叔。景叔之时，齐景公派晏婴出使晋国，晏婴与晋国叔向交谈。晏婴说："齐国的政权终将归于田氏。"叔向也说："晋国政权终将归属于六卿。六卿肆无忌惮，而我们的国君却不担忧。"

赵景叔去世，生赵鞅，就是简子。

死，我思立赵氏之后。今赵武既立，为成人，复故位，我将下报赵宣孟与公孙杵臼。"赵武啼泣顿首固请，曰："武愿苦筋骨以报子至死，而子忍去我死乎！"程婴曰："不可。彼以我为能成事，故先我死；今我不报，是以我事为不成。"遂自杀。赵武服齐衰三年，为之祭邑，春秋祠之，世世勿绝。

赵氏复位十一年，而晋厉公杀其大夫三郤。栾书畏及，乃遂弑其君厉公，更立襄公曾孙周，是为悼公。晋由此大夫稍强。

赵武续赵宗二十七年，晋平公立。平公十二年，而赵武为正卿。十三年，吴延陵季子使于晋，曰："晋国之政卒归于赵武子、韩宣子、魏献子之后矣。"赵武死，谥为文子。

文子生景叔。景叔之时，齐景公使晏婴于晋，晏婴与晋叔向语。婴曰："齐之政后卒归田氏。"叔向亦曰："晋国之政将归六卿。六卿侈矣，而吾君不能恤也。"

赵景叔卒，生赵鞅，是为

简子。

赵简子在位，晋顷公之九年，简子将合诸侯戍于周。其明年，入周敬王于周，辟弟子朝之故也。

晋顷公之十二年，六卿以法诛公族祁氏、羊舌氏，分其邑为十县，六卿各令其族为之大夫。晋公室由此益弱。

后十三年，鲁贼臣阳虎来奔，赵简子受赂，厚遇之。

赵简子疾，五日不知人，大夫皆惧。医扁鹊视之，出，董安于问。扁鹊曰："血脉治也，而何怪！在昔秦缪公尝如此，七日而寤。寤之日，告公孙支与子舆曰：'我之帝所甚乐。吾所以久者，适有学也。帝告我："晋国将大乱，五世不安；其后将霸，未老而死；霸者之子且令而国男女无别。"'公孙支书而藏之，秦谶于是出矣。献公之乱，文公之霸，而襄公败秦师于崤而归纵淫，此子之所闻。今主君之疾与之同，不出三日疾必间，间必有言也。"

居二日半，简子寤。语大夫曰："我之帝所，甚乐。与

赵简子在位时，是晋顷公九年，简子打算联合诸侯辅佐周王室。第二年，送周敬王回周都，出于躲避弟弟子朝作乱的缘故。

晋顷公十二年，六卿用法律诛杀公族人祁氏、羊舌氏，把他们的封邑分为十个县，六卿各自命令其族人做大夫。晋国公室由此更加衰落。

又过了十三年，鲁国乱臣阳虎来投奔，赵简子收受他的贿赂，厚待他。

赵简子患病，五日不省人事，大夫们都很担心。名医扁鹊诊视赵简子病情，出来，董安于询问，扁鹊说："血脉平稳，有什么可奇怪的！从前秦穆公也是如此，七日才醒。醒来那天，告诉公孙支和子舆说：'我去了天帝那里，非常开心。我之所以去了那么久，是因为在聆听教导。天帝对我说："晋国将大乱，五世不得安宁；它的后代将要称霸，没到年老就死去；称霸者的孩子将会使国内男女无别。"'公孙支记载并收藏起来，秦国谶言于是传开。献公之乱，文公称霸，襄公在崤山打败秦军回来后就恣意放纵了，这是您所知道的。如今您主君的病情与秦穆公相似，不出三日病情必定好转，病好必有话说。"

过了两天半，简子醒过来了，告诉大夫们说："我到天帝那里去了，很开心，

与百神在天的中央遨游，盛大的音乐反复演奏，欣赏好多种舞蹈，不同于三代时的乐曲，那乐声激动人心。有一只熊要向我扑来，天帝命我射它，我射中了熊，熊死了。又有一只罴扑来，我又射它，射中了，罴死了。天帝非常高兴，赐我两个竹筐，都有小筐相配。我看见一个小孩在天帝身边，天帝送我一只翟犬，说：'等到你儿子长大了，就把这只狗给他。'天帝告诉我：'晋国将要世代衰落，七世而亡，嬴姓人将在范魁西部打败周朝，但他不能占据那里。我顾念虞舜的功勋，到时我将他的后裔之女孟姚许配给你的七世孙。'"董安于听到这话记载并收藏起来。把扁鹊的话告诉简子，简子赏赐扁鹊四万亩田地。

另一天，简子外出，有人挡道，怎么驱赶也赶不走，随从发怒，要杀了他。挡道者说："我想拜谒主君。"随从把话告诉简子。简子召见他，说："嘻，是我梦中所见的子晰。"挡道者说："请屏退左右侍从，我有事要和您谈。"简子屏退随从。挡路的人说："主君生病之时，臣在天帝身边。"简子说："是，有这回事。您看见我时，我在做什么呢？"挡道者说："天帝令您射杀熊和罴，都射死了。"简子说："是的，然后呢？"挡道者说："晋国将有大难，您首当其冲。天帝命令您灭掉二卿，熊和罴就是他们的祖先。"简子说："天

百神游于钧天，广乐九奏万舞，不类三代之乐，其声动人心。有一熊欲来援我，帝命我射之，中熊，熊死。又有一罴来，我又射之，中罴，罴死。帝甚喜，赐我二笥，皆有副。吾见儿在帝侧，帝属我一翟犬，曰：'及而子之壮也以赐之。'帝告我：'晋国且世衰，七世而亡。嬴姓将大败周人于范魁之西，而亦不能有也。今余思虞舜之勋，适余将以其胄女孟姚配而七世之孙。'"董安于受言而书藏之。以扁鹊言告简子，简子赐扁鹊田四万亩。

他日，简子出，有人当道，辟之不去，从者怒，将刃之。当道者曰："吾欲有谒于主君。"从者以闻。简子召之，曰："嘻，吾有所见子晰也。"当道者曰："屏左右，愿有谒。"简子屏人。当道者曰："主君之疾，臣在帝侧。"简子曰："然，有之。子之见我何为？"当道者曰："帝令主君射熊与罴，皆死。"简子曰："是，且何也？"当道者曰："晋国且有大难，主君首之。帝令主君灭二卿，夫

熊与黑皆其祖也。"简子曰：
"帝赐我二笥皆有副，何也？"
当道者曰："主君之子将克二
国于翟，皆子姓也。"简子曰：
"吾见儿在帝侧，帝属我一翟
犬，曰'及而子之长以赐之'。
夫儿何谓以赐翟犬？"当道者
曰："儿，主君之子也。翟犬
者，代之先也。主君之子且必
有代。及主君之后嗣，且有革
政而胡服，并二国于翟。"简
子问其姓而延之以官。当道者
曰："臣野人，致帝命耳。"
遂不见。简子书藏之府。

异日，姑布子卿见简子，
简子遍召诸子相之。子卿曰：
"无为将军者。"简子曰："赵
氏其灭乎？"子卿曰："吾尝
见一子于路，殆君之子也。"
简子召子毋卹。毋卹至，则子
卿起曰："此真将军矣！"简
子曰："此其母贱，翟婢也，
奚道贵哉？"子卿曰："天所授，
虽贱必贵。"自是之后，简子
尽召诸子与语，毋卹最贤。简
子乃告诸子曰："吾藏宝符于
常山上，先得者赏。"诸子驰
之常山上，求，无所得。毋卹还，

帝赐我两个竹筐，都有小筐相配，是什么
意思？"挡道者说："您儿子将要在翟国
攻克两个国家，都是子姓。"简子说："我
见到一个小孩在天帝身边，天帝赐我一只
翟犬，并说'等你儿子长大后把狗赐给他'。
为什么要赐给小儿翟犬呢？"挡道者说：
"那个小孩，是您的儿子。翟犬，是代国
的祖先。您的儿子将来一定拥有代国。到
您的后代时，将会改革，穿胡服，在翟地
吞并二国。"简子问他姓氏，要给他官位
延揽他。挡道者说："臣是郊野之人，带
来天帝之命罢了。"于是就不见了。简子
把这些话记载下来收藏在府库中。

又有一天，姑布子卿来求见简子，简
子把他的儿子全部召来相面。子卿说：
"没有可做将军的人。"简子说："赵氏
会灭亡吗？"子卿说："我曾在路上见到
一个孩子，大概是您的儿子吧。"简子召
来儿子毋卹。毋卹来了，子卿起身说："这
位真是将军啊！"简子说："这孩子母亲
身份卑微，是翟国的婢女，怎么说他尊贵
呢？"子卿说："上天授命，虽然卑贱但
必定尊贵。"从这以后，简子召见所有儿
子，与他们交谈，毋卹最贤德。简子就对
儿子们说："我藏了宝贝在常山之上，先
得到的人有赏。"儿子们奔向常山，寻找，
没有得到。毋卹回来，说："已经得到宝

贝了。"简子说："说说过程。"毋恤说："从常山上俯视代国，代国可以得到。"简子在这件事中知道毋恤果然贤能，就废掉太子伯鲁，而立毋恤为太子。

过了两年，晋定公十四年，范氏、中行氏作乱。第二年春天，简子对邯郸大夫午说："归还我卫国人五百家，我将把他们安置在晋阳。"午答应了，回去后午的父兄却不答应，违背了诺言。简子逮捕了午，囚禁在晋阳，于是对邯郸人说："我准备杀死午，各位谁想继位呢？"于是杀死午。赵稷、涉宾趁机在邯郸反叛。晋君派籍秦围住邯郸。荀寅、范吉射与午交好，不肯帮助籍秦作乱，董安于知道了这件事。十月，范氏、中行氏讨伐赵鞅，简子逃往晋阳，晋人围攻晋阳。范吉射、荀寅的仇人魏襄等人，谋划驱逐荀寅，用梁婴父取代他；驱逐吉射，用范皋绎取代他。荀栎向晋侯献言道："君主命令大臣，开始作乱的人处死。如今三位大臣作乱而唯独驱逐赵鞅，用刑有失公平，请把他们全部驱逐。"十一月，荀栎、韩不佞、魏哆奉君命讨伐范氏、中行氏，没有攻克。范氏、中行氏反过来讨伐晋君，定公迎击，范氏、中行氏大败逃跑。丁未日，范吉射、荀寅出奔朝歌。韩氏、魏氏给赵氏求情。十二月辛未日，赵鞅进入绛城，在定公宫中盟

曰："已得符矣。"简子曰："奏之。"毋恤曰："从常山上临代，代可取也。"简子于是知毋恤果贤，乃废太子伯鲁，而以毋恤为太子。

后二年，晋定公之十四年，范、中行作乱。明年春，简子谓邯郸大夫午曰："归我卫士五百家，吾将置之晋阳。"午许诺，归而其父兄不听，倍言。赵鞅捕午，囚之晋阳。乃告邯郸人曰："我私有诛午也，诸君欲谁立？"遂杀午。赵稷、涉宾以邯郸反。晋君使籍秦围邯郸。荀寅、范吉射与午善，不肯助秦而谋作乱，董安于知之。十月，范、中行氏伐赵鞅，鞅奔晋阳，晋人围之。范吉射、荀寅仇人魏襄等谋逐荀寅，以梁婴父代之；逐吉射，以范皋绎代之。荀栎言于晋侯曰："君命大臣，始乱者死。今三臣始乱而独逐鞅，用刑不均，请皆逐之。"十一月，荀栎、韩不佞、魏哆奉公命以伐范、中行氏，不克。范、中行氏反伐公，公击之，范、中行败走。丁未，二子奔朝歌。韩、魏以赵

氏为请。十二月辛未，赵鞅入绛，盟于公宫。其明年，知伯文子谓赵鞅曰："范、中行虽信为乱，安于发之，是安于与谋也。晋国有法，始乱者死。夫二子已伏罪而安于独在。"赵鞅患之。安于曰："臣死，赵氏定，晋国宁，吾死晚矣。"遂自杀。赵氏以告知伯，然后赵氏宁。

孔子闻赵简子不请晋君而执邯郸午，保晋阳，故书《春秋》曰"赵鞅以晋阳畔"。

赵简子有臣曰周舍，好直谏。周舍死，简子每听朝，常不悦，大夫请罪。简子曰："大夫无罪。吾闻千羊之皮不如一狐之腋。诸大夫朝，徒闻唯唯，不闻周舍之鄂鄂，是以忧也。"简子由此能附赵邑而怀晋人。

晋定公十八年，赵简子围范、中行于朝歌，中行文子奔邯郸。明年，卫灵公卒。简子与阳虎送卫太子蒯聩于卫，卫不内，居戚。

晋定公二十一年，简子拔邯郸，中行文子奔柏人。简子又围柏人，中行文子、范昭子

誓。第二年，智伯文子对简子说："范氏、中行氏虽然确实作乱，但这是董安于发起的，这是董安于和他们谋划的。晋国法令，开始作乱的人处死。这二人已经伏法而董安于还留着。"赵鞅担心此事。董安于说："若我死能让赵氏安定，让晋国安宁，那我死得太晚了。"于是董安于自杀。赵氏把他的话告知智伯，这以后赵氏就安全了。

孔子听说赵简子不请示晋君，擅自抓捕邯郸午，留守晋阳，所以在《春秋》记载说"赵鞅凭借晋阳反叛"。

赵简子有位大臣叫周舍，喜好直谏。周舍死了，简子每次临朝听政时，常常不高兴，大夫们请罪。简子说："大夫们无罪。我听说千张羊皮不如一件狐的腋皮。大夫们上朝，我只听见唯唯诺诺的应承声，听不到周舍那样鄂鄂的争辩声，因此担心啊。"简子从此能亲附赵邑人民，而且能安抚晋人。

晋定公十八年，赵简子在朝歌讨伐范氏、中行氏，中行文子逃奔到邯郸。第二年，卫灵公去世。简子与阳虎护送卫太子蒯聩入卫，卫人不接纳，便居住在戚城。

晋定公二十一年，简子攻取邯郸，中行文子逃奔到柏人。简子又围攻柏人，中行文子、范昭子于是逃奔到齐国。赵氏最

终占据了邯郸、柏人。范氏、中行氏的其余封邑归入晋国。赵简子名义上是晋国的卿，实际上专擅晋国政权，占有的城邑数量和诸侯差不多。

晋定公三十年，定公与吴王夫差在黄池争做盟长，赵简子随从晋定公，最后吴国成为盟长。定公三十七年去世，简子废除三年国丧，只守一年。这年，越王勾践灭吴。

晋出公十一年，智伯讨伐郑国。赵简子患病，派太子毋卹率军攻打郑国。智伯酒醉，用酒浇灌并袭击毋卹。毋卹群臣请求杀死智伯。毋卹说："国君之所以立毋卹，是因为我能忍辱负重。"然而也对智伯生气。智伯回到国都，把这件事告知简子，让他废掉毋卹，简子不听。毋卹因此怨恨智伯。

晋出公十七年，简子去世，太子毋卹即位，就是襄子。

赵襄子元年，越国包围吴国。襄子降丧食级别，派楚隆慰问吴王。

襄子姐姐原是代王夫人。简子下葬后，襄子未脱去丧服，就北登夏屋，宴请代王。令厨师手持长柄的铜勺招待代王及其随从，斟酒时，暗中令厨师各用铜勺击杀代王及其随从，于是兴兵平定代地。他的姐姐听说这件事，号哭喊天，磨尖簪子自杀。代人怜悯她，把其身死之地命名为摩笄之山。

遂奔齐。赵竟有邯郸、柏人。范、中行余邑入于晋。赵名晋卿，实专晋权，奉邑侔于诸侯。

晋定公三十年，定公与吴王夫差争长于黄池，赵简子从晋定公，卒长吴。定公三十七年卒，而简子除三年之丧，期而已。是岁，越王句践灭吴。

晋出公十一年，知伯伐郑。赵简子疾，使太子毋卹将而围郑。知伯醉，以酒灌击毋卹。毋卹群臣请死之。毋卹曰："君所以置毋卹，为能忍诟。"然亦愠知伯。知伯归，因谓简子，使废毋卹，简子不听。毋卹由此怨知伯。

晋出公十七年，简子卒，太子毋卹代立，是为襄子。

赵襄子元年，越围吴。襄子降丧食，使楚隆问吴王。

襄子姊前为代王夫人。简子既葬，未除服，北登夏屋，请代王。使厨人操铜科以食代王及从者，行斟，阴令宰人各以科击杀代王及从官，遂兴兵平代地。其姊闻之，泣而呼天，摩笄自杀。代人怜之，所死地名之为摩笄之山。遂以代封伯鲁子周为代成君。伯鲁者，襄子兄，故太子。太子蚤死，故封其子。

襄子立四年，知伯与赵、韩、魏尽分其范、中行故地。晋出公怒，告齐、鲁，欲以伐四卿。四卿恐，遂共攻出公。出公奔齐，道死。知伯乃立昭公曾孙骄，是为晋懿公。知伯益骄，请地韩、魏，韩、魏与之。请地赵，赵不与，以其围郑之辱。知伯怒，遂率韩、魏攻赵。赵襄子惧，乃奔保晋阳。

原过从，后，至于王泽，见三人，自带以上可见，自带以下不可见。与原过竹二节，莫通。曰："为我以是遗赵毋卹。"原过既至，以告襄子。襄子齐三日，亲自剖竹，有朱书曰："赵毋卹，余霍泰山山阳侯天使也。三月丙戌，余将使女反灭知氏。女亦立我百邑，余将赐女林胡之地。至于后世，且有伉王，赤黑，龙面而鸟噣，鬓麋髭髯，大膺大胸，修下而冯，左衽界乘，奄有河宗，至于休溷、

襄子于是将代地封给伯鲁之子周为代成君。伯鲁，是襄子兄长，原来的太子。太子早死，所以分封了他的儿子。

襄子即位四年，智伯与赵氏、韩氏、魏氏瓜分了全部范氏、中行氏原来的封地。晋出公发怒，告诉齐国、鲁国，想让它们讨伐晋国四卿。四卿害怕，就共同攻杀出公。出公逃奔到齐国，在半路去世。智伯就拥立昭公曾孙骄为国君，就是晋懿公。智伯更加骄横，向韩氏、魏氏索要土地，韩氏、魏氏给了他。向赵氏索地，赵氏不给，因为围攻郑国时受到的耻辱。智伯恼怒，就率领韩氏、魏氏进攻赵氏。赵襄子恐惧，就逃到晋阳自保。

原过跟随出逃，落在后面，路经王泽，见到三个人，腰带以上可见，腰带以下看不见。他们送给原过一根两节的竹筒，中间不通，说："帮我们把这个献给赵毋卹。"原过赶到后，把此事转告襄子。襄子斋戒三天，亲自剖开竹筒，有封红字书信说："赵毋卹，我们是霍泰山山阳侯的神灵。三月丙戌日，我们将让你反过来消灭智氏。你也要在百邑为我们修建祠庙，我们将赐你林胡之地。到你的子孙，将有位强悍的君主，面色赤黑，龙面鸟嘴，面部胡须茂盛，大腹大胸，下身修长，上身魁梧，他衣襟左开，披甲乘马，将占有河

宗一带，直到休溷诸貉地区，向南讨伐晋国其他城邑，往北消灭黑姑。"襄子再三叩拜，接受三位神灵的指令。

三国围攻晋阳，一年以后，引汾水冲灌攻城，城墙没被淹没的只有三版之高。城内只好把锅吊起来做饭，交换孩子充饥。群臣都有异心，礼节越发怠慢，只有高共不敢失礼。襄子害怕，就夜派国相张孟同在暗中联合韩氏、魏氏。韩氏、魏氏与赵氏合谋，在三月丙戌日，三家反过来消灭智氏，共同瓜分其土地。这时襄子进行犒赏，高共得到上等赏赐。张孟同说："晋阳受难时，只有高共没有立功。"襄子说："当初晋阳危急，群臣懈怠，只有高共不敢有失人臣之礼，因此他受上等赏赐。"这时赵氏在北部拥有代地，南部吞并智氏，势力强于韩氏、魏氏。于是在百邑中修建祠堂祭祀三位神灵，让原过主管霍泰山祭祀。

此后襄子迎娶空同氏，生了五个儿子。襄子因为伯鲁没能承继君位，不肯立自己的儿子，一定要传位于伯鲁之子代成君。成君之前去世了，于是就立代成君之子浣为太子。襄子即位三十三年去世，浣即位，就是献侯。

献侯年少即位，都城在中牟。

襄子弟弟桓子驱逐了献侯，在代地自立为君，一年后去世。国人说桓子即位不是襄子的意思，于是一起杀死桓子的儿子，

诸貉，南伐晋别，北灭黑姑。"襄子再拜，受三神之令。

三国攻晋阳，岁余，引汾水灌其城，城不浸者三版。城中悬釜而炊，易子而食。群臣皆有外心，礼益慢，唯高共不敢失礼。襄子惧，乃夜使相张孟同私于韩、魏。韩、魏与合谋，以三月丙戌，三国反灭知氏，共分其地。于是襄子行赏，高共为上。张孟同曰："晋阳之难，唯共无功。"襄子曰："方晋阳急，群臣皆懈，惟共不敢失人臣礼，是以先之。"于是赵北有代，南并知氏，强于韩、魏。遂祠三神于百邑，使原过主霍泰山祠祀。

其后娶空同氏，生五子。襄子为伯鲁之不立也，不肯立子，且必欲传位与伯鲁子代成君。成君先死，乃取代成君子浣立为太子。襄子立三十三年卒，浣立，是为献侯。

献侯少即位，治中牟。

襄子弟桓子逐献侯，自立于代，一年卒。国人曰桓子立非襄子意，乃共杀其子而复迎

立献侯。

十年，中山武公初立。十三年，城平邑。十五年，献侯卒，子烈侯籍立。

烈侯元年，魏文侯伐中山，使太子击守之。六年，魏、韩、赵皆相立为诸侯，追尊献子为献侯。

烈侯好音，谓相国公仲连曰："寡人有爱，可以贵之乎？"公仲曰："富之可，贵之则否。"烈侯曰："然。夫郑歌者枪、石二人，吾赐之田，人万亩。"公仲曰："诺。"不与。居一月，烈侯从代来，问歌者田。公仲曰："求，未有可者。"有顷，烈侯复问。公仲终不与，乃称疾不朝。番吾君自代来，谓公仲曰："君实好善，而未知所持。今公仲相赵，于今四年，亦有进士乎？"公仲曰："未也。"番吾君曰："牛畜、荀欣、徐越皆可。"公仲乃进三人。及朝，烈侯复问："歌者田何如？"公仲曰："方使择其善者。"牛畜侍烈侯以仁义，约以王道，烈侯逌然。明日，荀欣侍

重新拥立献侯。

献侯十年，中山武公即位。献侯十三年，在平邑建都城。献侯十五年，献侯去世，儿子烈侯籍即位。

烈侯元年，魏文侯讨伐中山，派太子击驻守那里。烈侯六年，魏氏、韩氏、赵氏都相互尊立为诸侯，追尊献子为献侯。

烈侯喜好音乐，对相国公仲连说："寡人有喜爱之人，可以使他尊贵吗？"公仲说："可以使他富有，但不可以使他尊贵。"烈侯说："好。郑国有枪、石两位歌者，我赐他们田地，每人万亩。"公仲说："好吧。"公仲实际没有给。过了一个月，烈侯从代地回来，询问给歌者田地之事。公仲说："正在寻求，没有合适的地方。"不久，烈侯又询问此事。公仲始终不给，于是称病不上朝。番吾君从代地来，告诉公仲说："国君确实好善，但不知如何去做。如今公仲做赵国国相，至今四年，可曾引荐贤士？"公仲说："没有。"番吾君说："牛畜、荀欣、徐越都可以。"公仲于是引荐三人。等到上朝时，烈侯又问："歌者的田地如何了？"公仲说："正在派人选择上好土地。"牛畜凭借仁义为烈侯做事，用王道约束他，烈侯很高兴。第二天，荀欣以选拔和举荐贤德之人辅佐烈侯，任用官吏发挥作用。次日，

徐越以节省财用、考察臣下的功劳德行辅佐烈侯。他们所讲的无不充分允当，烈侯很高兴。烈侯派使者对相国说："给歌者田地之事暂且停止。"任命牛畜为师，荀欣为中尉，徐越为内史，赐给相国两套衣服。

烈侯九年，烈侯去世，弟弟武公即位。武公在位十三年去世，赵国重新拥立烈侯太子章，就是敬侯。这年，魏文侯去世。

敬侯元年，武公之子朝作乱，没有取胜，出奔魏国。赵国开始在邯郸建都。

敬侯二年，赵军在灵丘打败齐军。敬侯三年，赵军在廪丘援救魏国，大败齐军。敬侯四年，魏国在兔台打败赵军。修筑刚平邑来侵犯卫国。敬侯五年，齐国、魏国帮卫国攻打赵国，攻取赵国刚平。敬侯六年，向楚国借兵讨伐魏国，攻取棘蒲。敬侯八年，攻占魏国的黄城。敬侯九年，讨伐齐国，齐国讨伐燕国，赵国援救燕国。敬侯十年，与中山国在房子交战。

敬侯十一年，魏、韩、赵三国共同灭掉晋国，瓜分晋国土地。讨伐中山，又在中人交战。敬侯十二年，敬侯去世，儿子成侯种即位。

成侯元年，公子胜与成侯争夺君位，引发内乱。成侯二年六月，天降大雪。成侯三年，太戊午担任国相。讨伐卫国，攻

以选练举贤，任官使能。明日，徐越侍以节财俭用，察度功德。所与无不充，君说。烈侯使使谓相国曰："歌者之田且止。"官牛畜为师，荀欣为中尉，徐越为内史，赐相国衣二袭。

九年，烈侯卒，弟武公立。武公十三年卒，赵复立烈侯太子章，是为敬侯。是岁，魏文侯卒。

敬侯元年，武公子朝作乱，不克，出奔魏。赵始都邯郸。

二年，败齐于灵丘。三年，救魏于廪丘，大败齐人。四年，魏败我兔台。筑刚平以侵卫。五年，齐、魏为卫攻赵，取我刚平。六年，借兵于楚伐魏，取棘蒲。八年，拔魏黄城。九年，伐齐。齐伐燕，赵救燕。十年，与中山战于房子。

十一年，魏、韩、赵共灭晋，分其地。伐中山，又战于中人。十二年，敬侯卒，子成侯种立。

成侯元年，公子胜与成侯争立，为乱。二年六月，雨雪。三年，太戊午为相。伐卫，取

乡邑七十三。魏败我蔺。四年，与秦战高安，败之。五年，伐齐于鄄。魏败我怀。攻郑，败之，以与韩，韩与我长子。六年，中山筑长城。伐魏，败涿泽，围魏惠王。七年，侵齐，至长城。与韩攻周。八年，与韩分周以为两。九年，与齐战阿下。十年，攻卫，取甄。十一年，秦攻魏，赵救之石阿。十二年，秦攻魏少梁，赵救之。十三年，秦献公使庶长国伐魏少梁，虏其太子、痤。魏败我浍，取皮牢。成侯与韩昭侯遇上党。十四年，与韩攻秦。十五年，助魏攻齐。

十六年，与韩、魏分晋，封晋君以端氏。

十七年，成侯与魏惠王遇葛孽。十九年，与齐、宋会平陆，与燕会阿。二十年，魏献荣椽，因以为檀台。二十一年，魏围我邯郸。二十二年，魏惠王拔我邯郸，齐亦败魏于桂陵。二十四年，魏归我邯郸，与魏盟漳水上。秦攻我蔺。二十五年，

取七十三个乡邑。魏国在蔺邑打败赵军。成侯四年，与秦军在高安交战，打败秦军。成侯五年，在鄄邑讨伐齐国。魏军在怀邑打败赵军。攻打郑国，打败郑国，把抢占的郑国土地分给韩国，韩国把长子邑给赵国。成侯六年，中山修筑长城。赵军讨伐魏国，在涿泽战胜魏军，围困魏惠王。成侯七年，赵国侵犯齐国，到长城。与韩国攻打周王室。成侯八年，与韩国把周地分为两部分。成侯九年，与齐军在阿下交战。成侯十年，攻占卫国，夺取甄邑。成侯十一年，秦国攻打魏国，赵国在石阿救援魏国。成侯十二年，秦国攻打魏国少梁，赵国救援魏国。成侯十三年，秦献公令庶长国讨伐魏国少梁，俘虏魏太子和公孙痤。魏军在浍地打败赵军，夺取皮牢。成侯与韩昭侯在上党相遇。成侯十四年，与韩国攻打秦国。成侯十五年，帮助魏国攻打齐国。

成侯十六年，与韩国、魏国瓜分晋国，把端氏封给晋君。

成侯十七年，成侯与魏惠王在葛孽相遇。成侯十九年，与齐君、宋君在平陆会晤，与燕君在阿地会晤。成侯二十年，魏国进献修饰过的椽子，赵国用它修建檀台。成侯二十一年，魏国围攻赵国邯郸。成侯二十二年，魏惠王攻取邯郸，齐国在桂陵打败魏国。成侯二十四年，魏国归还邯郸，与魏在漳水边结盟。秦国攻取赵国蔺邑。

成侯二十五年，成侯去世。公子緤与太子肃侯争夺君位，緤战败，逃奔到韩国。

肃侯元年，夺取晋君所居的端氏，将其迁徙到屯留。肃侯二年，赵君与魏惠王在阴晋会晤。肃侯三年，公子范袭击邯郸，兵败而死。肃侯四年，朝见周天子。肃侯六年，攻打齐国，夺取高唐。肃侯七年，公子刻攻打魏国首垣。肃侯十一年，秦孝公派商君讨伐魏国，俘虏魏国大将公子卬。赵国讨伐魏国。肃侯十二年，秦孝公去世，商君死。肃侯十五年，修建寿陵，魏惠王去世。

肃侯十六年，肃侯去游观大陵，从鹿门出城，大戊午拦下马说："耕作的事情紧急，一天不耕作，一百天就没了食物。"肃侯下车道歉。

肃侯十七年，围攻魏国黄邑，失败。修筑长城。

肃侯十八年，齐国、魏国讨伐赵国，赵国让黄河决口来淹灌，齐国、魏国军队撤退。肃侯二十二年，张仪担任秦国国相。赵疵与秦军交战，战败，秦军在河西杀死赵疵，夺取赵国蔺和离石两地。肃侯二十三年，韩举与齐国、魏国交战，死在桑丘。

肃侯二十四年，肃侯去世。秦、楚、燕、齐、魏各派精兵一万人前去参加葬礼。儿子武灵王即位。

成侯卒。公子緤与太子肃侯争立，緤败，亡奔韩。

肃侯元年，夺晋君端氏，徙处屯留。二年，与魏惠王遇于阴晋。三年，公子范袭邯郸，不胜而死。四年，朝天子。六年，攻齐，拔高唐。七年，公子刻攻魏首垣。十一年，秦孝公使商君伐魏，虏其将公子卬。赵伐魏。十二年，秦孝公卒，商君死。十五年，起寿陵。魏惠王卒。

十六年，肃侯游大陵，出于鹿门，大戊午扣马曰："耕事方急，一日不作，百日不食。"肃侯下车谢。

十七年，围魏黄，不克。筑长城。

十八年，齐、魏伐我，我决河水灌之，兵去。二十二年，张仪相秦。赵疵与秦战，败，秦杀疵河西，取我蔺、离石。二十三年，韩举与齐、魏战，死于桑丘。

二十四年，肃侯卒。秦、楚、燕、齐、魏出锐师各万人来会葬。子武灵王立。

武灵王元年，阳文君赵豹相。梁襄王与太子嗣，韩宣王与太子仓来朝信宫。武灵王少，未能听政，博闻师三人，左右司过三人。及听政，先问先王贵臣肥义，加其秩；国三老年八十，月致其礼。

三年，城鄗。四年，与韩会于区鼠。五年，娶韩女为夫人。

八年，韩击秦，不胜而去。五国相王，赵独否，曰："无其实，敢处其名乎！"令国人谓己曰"君"。

九年，与韩、魏共击秦，秦败我，斩首八万级。齐败我观泽。十年，秦取我中都及西阳。齐破燕。燕相子之为君，君反为臣。十一年，王召公子职于韩，立以为燕王，使乐池送之。十三年，秦拔我蔺，虏将军赵庄。楚、魏王来，过邯郸。十四年，赵何攻魏。

十六年，秦惠王卒。王游大陵。他日，王梦见处女鼓琴而歌诗曰："美人荧荧兮，颜若苕之荣。命乎命乎，曾无我

武灵王元年，阳文君赵豹任国相。梁襄王和太子嗣、韩宣王与太子仓到信宫拜见。武灵王年幼，不能听政，设有博闻师三人、左右司过三人。在处理政事时，先请教先王贵臣肥义，增加他的俸禄；国内年满八十岁的三老，每月赠送礼物。

武灵王三年，修筑鄗城。武灵王四年，与韩君在区鼠会盟。武灵王五年，迎娶韩国女子为夫人。

武灵王八年，韩国攻击秦国，没有战胜，然后离开。五国相互称王，只有赵国没有称王，赵君说："没有称王的实力，怎敢用它的虚名！"命令赵人称自己为"君"。

武灵王九年，赵国与韩国、魏国共同讨伐秦国，秦国打败赵国，杀死八万人。齐国在观泽战胜赵国。武灵王十年，秦国攻取赵国中都和西阳。齐国攻破燕国。燕国国相子之为君，国君反而做了臣子。武灵王十一年，武灵王从韩国召回公子职，立他为燕王，派乐池护送。武灵王十三年，秦国攻占赵国蔺邑，俘虏将军赵庄。楚王、魏王来，到邯郸。武灵王十四年，赵何攻打魏国。

武灵王十六年，秦惠王去世。武灵王游观大陵。一天，武灵王梦见一位少女弹着琴唱歌："美人光彩艳丽啊，容颜有如水苕花般美好，是命运啊，是命运啊，不

曾有人欣赏我的美好！"又一天，武灵王饮酒作乐，数次提及梦中情形，描绘其容貌。吴广听说，就通过夫人把自己的女儿娃嬴送进宫去，就是孟姚。孟姚深受武灵王宠爱，就是惠后。

武灵王十七年，武灵王到九门，修筑野台，用以瞭望齐国、中山国境内。

武灵王十八年，秦武王与孟说举龙纹赤鼎，腿折而死。赵王派代相赵固从燕国接回公子稷，送回秦国，立他为秦王，就是秦昭王。

武灵王十九年正月，在信宫举行盛大朝会。召见肥义商议天下大事，五天才完毕。武灵王往北侵占中山之地，直到房子邑，于是前往代地，向北到达无穷，向西到达黄河，登上黄华山。召见楼缓商议说："先王审时度势，占据南藩地区，依靠漳水和滏水之险，修筑长城，又夺取蔺邑、郭狼邑，在荏邑打败林人，但功业尚未完成。如今中山国处在我们心腹的位置，北临燕国，东接东胡，西面接壤林胡、楼烦、秦国、韩国边境，如果没有强大的援兵，是会被灭亡的，该怎么办呢？有高出世人的名声，一定有世俗的牵绊。我想让国人都穿胡服。"楼缓说："好吧。"但群臣都不同意。

在肥义陪侍灵王时，武灵王说："简子、襄子二位主君的功业，在于考虑了胡、

赢！"异日，王饮酒乐，数言所梦，想见其状。吴广闻之，因夫人而内其女娃赢。孟姚也。孟姚甚有宠于王，是为惠后。

十七年，王出九门，为野台，以望齐、中山之境。

十八年，秦武王与孟说举龙文赤鼎，绝膑而死。赵王使代相赵固迎公子稷于燕，送归，立为秦王，是为昭王。

十九年春正月，大朝信宫。召肥义与议天下，五日而毕。王北略中山之地，至于房子，遂之代，北至无穷，西至河，登黄华之上。召楼缓谋曰："我先王因世之变，以长南藩之地，属阻漳、滏之险，立长城，又取蔺、郭狼，败林人于荏，而功未遂。今中山在我腹心，北有燕，东有胡，西有林胡、楼烦、秦、韩之边，而无强兵之救，是亡社稷，奈何？夫有高世之名，必有遗俗之累。吾欲胡服。"楼缓曰："善。"群臣皆不欲。

于是肥义侍，王曰："简、襄主之烈，计胡、翟之利。为

人臣者，宠有孝弟长幼顺明之节，通有补民益主之业，此两者臣之分也。今吾欲继襄主之迹，开于胡、翟之乡，而卒世不见也。为敌弱，用力少而功多，可以毋尽百姓之劳，而序往古之勋。夫有高世之功者，负遗俗之累；有独智之虑者，任骜民之怨。今吾将胡服骑射以教百姓，而世必议寡人，奈何？"肥义曰："臣闻疑事无功，疑行无名。王既定负遗俗之虑，殆无顾天下之议矣。夫论至德者不和于俗，成大功者不谋于众。昔者舜舞有苗，禹袒裸国，非以养欲而乐志也，务以论德而约功也。愚者暗成事，智者睹未形，则王何疑焉。"王曰："吾不疑胡服也，吾恐天下笑我也。狂夫之乐，智者哀焉；愚者所笑，贤者察焉。世有顺我者，胡服之功未可知也。虽驱世以笑我，胡地中山吾必有之。"于是遂胡服矣。

翟的利益。做臣子的，受到恩宠就要有孝悌、顺从、明理的节操，仕途顺利时要做既有助于百姓又有利于君主的事业。这两者是做臣子的本分。如今我想继承襄王的功业，开拓胡人、翟人所住之地，可寻遍世间，不见有这样的贤臣。为了削弱敌人，用力少而能取得更多的功效，可以不耗尽百姓的劳力，延续先世的功业。凡是有高出世上功业的人，就要承受背弃世俗的非议；有独特智慧而深谋远虑的人，就要听任傲慢民众怨恨。如今我将穿胡服、骑马射箭来教导百姓，然而世俗必会议论寡人，怎么办？"肥义说："我听说做事犹豫就不会成功，行动犹豫就不会成名。您既然决定承受背弃世俗的非议，那么就不要顾虑天下的议论了。追求最高德行的人不附和世俗；成就大功的人不与众人相谋。昔日虞舜在有苗跳舞，夏禹在裸国脱去上衣，他们不是为了满足欲望和愉悦自己，而是致力于以德服人，成就功业。愚蠢的人事情成功了还不明白，而聪明的人在事情尚未有迹象时就能看清楚，那么您还怀疑什么呢？"武灵王说："我不怀疑穿胡服，我恐怕天下人讥笑我。疯狂的人快乐，智者对此感到悲哀；愚者所笑的事，贤者便要仔细思量。世上有顺从我的人，穿胡服的作用是不可估量的。即便让天下人都来讥笑我，胡地和中山我也一定要占有。"

于是就改穿胡服了。

武灵王派王绁告诉公子成说：“寡人改穿胡服，将这样上朝，也想让叔父穿上胡服。家事听从双亲而国事要听从国君，这是古今公认的道理。子女不反对双亲，臣子不忤逆国君，这是先王时就遵行的道理。如今寡人推行改穿胡服而叔父不穿，我担心天下人议论此事。治理国家有常规，以利民为根本；处理政事有常法，有令必行最为重要。修明德政先要晓谕平民百姓，而推行政令要先取信于贵族。如今穿胡服的目的，不是满足欲望和愉悦心志；要达到一定目的功业才能完成，事情办成，功业建立，然后才会有好的结果。如今寡人恐怕叔父违背处理政事的原则，所以帮助叔父解释此事。况且寡人听说，做有利于国的事，行为不会偏邪；依靠贵戚的人，名声不会受损害，所以希望仰仗叔父的忠义，来成就胡服的功效。派王绁拜谒叔父，请您穿上胡服。”公子成拜了两拜叩头说：“我本就听说君王穿胡服。我没有才能，卧病在床，不能奔走效力多多进言。君王命令我，我直言回答，是为了尽自己的愚忠。是这么说的：我听说中原国家是聪明睿智的人居住的地方，万物财用集聚的地方，圣贤推行教化的地方，施行仁义的地方，《诗》《书》和礼乐得以应用的地方，奇特的技能得以尝试的地方，远方

使王绁告公子成曰：“寡人胡服，将以朝也，亦欲叔服之。家听于亲而国听于君，古今之公行也。子不反亲，臣不逆君，先王之通义也。今寡人作教易服而叔不服，吾恐天下议之也。制国有常，利民为本；从政有经，令行为上。明德先论于贱，而行政先信于贵。今胡服之意，非以养欲而乐志也；事有所止而功有所出，事成功立，然后善也。今寡人恐叔之逆从政之经，以辅叔之议。且寡人闻之，事利国者行无邪，因贵戚者名不累，故愿慕公叔之义，以成胡服之功。使绁谒之叔，请服焉。”公子成再拜稽首曰：“臣固闻王之胡服也。臣不佞，寝疾，未能趋走以滋进也。王命之，臣敢对，因竭其愚忠。曰：臣闻中国者，盖聪明徇智之所居也，万物财用之所聚也，贤圣之所教也，仁义之所施也，《诗》《书》礼乐之所用也，异敏技能之所试也，远方之所观赴也，蛮夷之所义行也。今王舍此而袭远方之服，变古之教，易古

之道，逆人之心，而怫学者，离中国，故臣愿王图之也。"使者以报。王曰："吾固闻叔之疾也，我将自往请之。"

王遂往之公子成家，因自请之，曰："夫服者，所以便用也；礼者，所以便事也。圣人观乡而顺宜，因事而制礼，所以利其民而厚其国也。夫剪发文身，错臂左衽，瓯越之民也。黑齿雕题，却冠秫绌，大吴之国也。故礼服莫同，其便一也。乡异而用变，事异而礼易。是以圣人果可以利其国，不一其用；果可以便其事，不同其礼。儒者一师而俗异，中国同礼而教离，况于山谷之便乎？故去就之变，智者不能一；远近之服，贤圣不能同。穷乡多异，曲学多辩。不知而不疑，异于己而不非者，公焉而众求尽善也。今叔之所言者俗也，吾所言者所以制俗也。吾国东有河、薄洛之水，与齐、中山同之，无舟楫之用。自常山以至

之人愿来观览的地方，蛮夷认为行为仁义的地方。如今君王放弃这些而穿远方衣服，改变自古以来的政教，变换自古以来的常道，违逆众人心意，违背学者，远离中原传统，所以臣希望君王三思这件事。"使者如实回报。武灵王说："我早听说叔父患病，我要亲自前去请求他。"

武灵王于是前往公子成家，就亲自请求他，说："衣服，在于方便使用；礼节，在于方便行事。圣人观察乡俗而因俗制宜，根据实际情况制定礼仪，是为了有利于他的人民，而使他的国家殷实。剪发文身，饰画臂膀，衣襟左开，这是瓯越的民俗。涂黑牙齿，雕饰前额，戴鱼皮帽，穿粗布衣，这是吴国的风俗。所以礼节、服饰虽然不同，而为了方便是一致的。由于乡俗不同，穿戴就不一样，事情各异，而礼节也会改变。所以圣人认为如果真的可以利于他的国家，不要求做法一致；果真可以方便行事，不要求礼节相同。天下儒生同一师承而习俗各异，中原国家礼节相同而教化各异，何况是偏远地区为了方便呢？所以取舍的变化，智者不会强求一致；远处与近处的衣服，圣贤不能强求一样。穷僻之乡的风俗多且奇特，学识浅鄙而多诡辩。不知之事不去妄加怀疑，与自己不同不去妄加非议，公开广泛地征求众人的意见而求完善。现在叔父所说的是习俗，我

所说的是破除习俗的偏见。我国东面有黄河、薄洛等河，与齐国、中山国共有，但是没有舟楫可用。从常山直到代地、上党，东面是燕国、东胡边境，而西面是楼烦、秦国和韩国边境，如今我们没有骑射装备。所以寡人没有舟楫可用，依水而居的百姓，将用什么守住黄河、薄洛等河？改变服装，学习骑射，是为了防守燕国、三胡、秦国、韩国的边界。况且先王简主不在晋阳以及上党修塞，而襄主兼并戎地、占领代地用以抗击胡人，愚人和智者都知道这些事。从前中山国依仗齐国的强兵，肆意侵犯我国领地，俘虏百姓，引水围困鄗城，如果不是社稷神灵庇护，鄗城几乎失守。先王以此为耻，怨恨不能报仇。如今有骑射的准备，近可以利用上党地势，远可以报中山之仇。而叔父顺从中原习俗而违逆简主、襄主的意愿，厌恶胡服习俗而忘记鄗城的耻辱，这不是寡人所希望的。"公子成拜了两拜说："臣愚钝，不能理解君王的用意，竟敢称道世俗的见识，是臣的罪过。如今君王将要继承简主、襄主心愿，遵从先王的意愿，臣岂敢不听命！"拜了两拜，叩头。于是赐他胡服。第二天，公子成身穿胡服上朝。这时候武灵王开始颁布胡服令。

赵文、赵造、周袑、赵俊都劝谏武灵王不要穿胡服，按照旧法更便利。武灵王说："各先王风俗都不同，哪种古俗可效

代、上党，东有燕、东胡之境，而西有楼烦、秦、韩之边，今无骑射之备。故寡人无舟楫之用，夹水居之民，将何以守河、薄洛之水；变服骑射，以备燕、三胡、秦、韩之边。且昔者简主不塞晋阳以及上党，而襄主并戎取代以攘诸胡，此愚智所明也。先时中山负齐之强兵，侵暴吾地，系累吾民，引水围鄗，微社稷之神灵，则鄗几于不守也。先王丑之，而怨未能报也。今骑射之备，近可以便上党之形，而远可以报中山之怨。而叔顺中国之俗以逆简、襄之意，恶变服之名以忘鄗事之丑，非寡人之所望也。"公子成再拜稽首曰："臣愚，不达于王之义，敢道世俗之闻，臣之罪也。今王将继简、襄之意以顺先王之志，臣敢不听命乎！"再拜稽首。乃赐胡服。明日，服而朝。于是始出胡服令也。

赵文、赵造、周袑、赵俊皆谏止王毋胡服，如故法便。王曰："先王不同俗，何

古之法？帝王不相袭，何礼之循？虑戏、神农教而不诛，黄帝、尧、舜诛而不怒。及至三王，随时制法，因事制礼。法度制令各顺其宜，衣服器械各便其用。故礼也不必一道，而便国不必古。圣人之兴也不相袭而王，夏、殷之衰也不易礼而灭。然则反古未可非，而循礼未足多也。且服奇者志淫，则是邹、鲁无奇行也；俗辟者民易，则是吴、越无秀士也。且圣人利身谓之服，便事谓之礼。夫进退之节，衣服之制者，所以齐常民也，非所以论贤者也。故齐民与俗流，贤者与变俱。故谚曰'以书御者不尽马之情，以古制今者不达事之变'。循法之功，不足以高世；法古之学，不足以制今。子不及也。"遂胡服招骑射。

二十年，王略中山地，至宁葭；西略胡地，至榆中。林胡王献马。归，使楼缓之秦，仇液之韩，王贲之楚，富丁之魏，

法呢？各帝王都不互相因袭，哪种礼制可遵循呢？虑戏、神农实行教化而不诛罚，黄帝、尧帝、舜帝使用刑罚但不暴虐。到了夏王、商王、周王，因时代的变化而制定法令，根据事物变化制定礼仪。法令政策要顺应实际情况，衣服器械要便于使用。所以礼制不必一个模式，只要利于国家，不必仿效古法。圣人的兴起也不互相因袭，却能称王。夏朝、殷商的衰落灭亡也不是因为改变礼制。那么违反古制未必要非议，遵循礼制未必可褒扬。如果说服装奇异之人心志淫邪，那么邹国、鲁国就没有行为怪异之人了；如果地处偏僻而习俗怪异的人都不庄重，那么吴国、越国就没有贤人秀士了。况且对圣人来说，利于身体的称之为服，便于行事的称之为礼。进退的礼节，衣服的制度，是为了教化寻常百姓，并不是约束贤者的。所以百姓与习俗同流，贤人与变革同道。所以谚语说，'用书本知识驾御马车之人无法懂得马的性情，用古法治理今世之人不能理解事物的变化'。因循守旧不能高出世人；照搬古法不能治理当今天下。你们还不了解啊。"赵国人于是穿胡服，招募能骑射的人。

武灵王二十年，赵武灵王攻占中山土地，到宁葭；向西夺取胡地，到榆中。林胡王进献马匹。回国，派楼缓出使秦国，仇液出使韩国，王贲出使楚国，富丁出使

魏国，赵爵出使齐国。让代相赵固主管胡地事宜，征调胡兵。

武灵王二十一年，攻打中山国。赵袑为右军，许钧为左军，公子章为中军，武灵王统领军队。牛翦率领车骑，赵希统领胡地和代地兵马。赵国将陉地给胡人，和胡人在曲阳会师，攻取丹丘、华阳、鸱上关塞。王军攻取鄗地、石邑、封龙、东垣。中山国献出四个邑讲和，武灵王答应和解，罢兵。武灵王二十三年，攻打中山国。武灵王二十五年，惠后去世。让周袑身穿胡服教导王子赵何。武灵王二十六年，再次攻打中山国，侵占北方直到燕国、代国，西方领土到云中、九原。

武灵王二十七年五月戊申日，武灵王在东宫举行盛大朝会，传国君之位，立王子何为赵王。新国王到祖庙祭祀完毕，临朝听政。大夫们都称臣，肥义任相国，并辅佐君王，就是惠文王。惠文王，是惠后吴娃的儿子。武灵王自号为主父。

主父想让儿子主治国政，而自己身穿胡服率领士大夫到西北侵略胡人土地，想从云中、九原直接南下袭击秦国，主父就谎称自己是使者进入秦国。秦昭王不知，谈话后对此人相貌伟岸，不是臣子的气度感到奇怪，就派人追赶他，可是主父早已驰马离开秦国边境了。仔细查问后，才知道是主父。秦人非常惊讶。主父之所以入

赵爵之齐。代相赵固主胡，致其兵。

二十一年，攻中山。赵袑为右军，许钧为左军，公子章为中军，王并将之。牛翦将车骑，赵希并将胡、代。赵与之陉，合军曲阳，攻取丹丘、华阳、鸱之塞。王军取鄗、石邑、封龙、东垣。中山献四邑和，王许之，罢兵。二十三年，攻中山。二十五年，惠后卒。使周袑胡服傅王子何。二十六年，复攻中山，攘地北至燕、代，西至云中、九原。

二十七年五月戊申，大朝于东宫，传国，立王子何以为王。王庙见礼毕，出临朝。大夫悉为臣，肥义为相国，并傅王。是为惠文王。惠文王，惠后吴娃子也。武灵王自号为主父。

主父欲令子主治国，而身胡服将士大夫西北略胡地，而欲从云中、九原直南袭秦，于是诈自为使者入秦。秦昭王不知，已而怪其状甚伟，非人臣之度，使人逐之，而主父驰已脱关矣。审问之，乃主父也。秦人大惊。主父所以入秦者，

欲自略地形，因观秦王之为
人也。

惠文王二年，主父行新地，
遂出代，西遇楼烦王于西河而
致其兵。

三年，灭中山，迁其王于
肤施。起灵寿，北地方从，代
道大通。还归，行赏，大赦，
置酒酺五日，封长子章为代安
阳君。章素侈，心不服其弟所立。
主父又使田不礼相章也。

李兑谓肥义曰："公子章
强壮而志骄，党众而欲大，殆
有私乎？田不礼之为人也，忍
杀而骄。二人相得，必有谋阴
贼起，一出身徼幸。夫小人有欲，
轻虑浅谋，徒见其利而不顾其
害，同类相推，俱入祸门。以
吾观之，必不久矣。子任重而
势大，乱之所始，祸之所集也，
子必先患。仁者爱万物而智者
备祸于未形，不仁不智，何以
为国？子奚不称疾毋出，传政
于公子成？毋为怨府，毋为祸
梯。"肥义曰："不可。昔者
主父以王属义也，曰：'毋
变而度，毋异而虑，坚守一心，

秦，是想亲自考察秦国地形，顺便观察秦
王是什么样的人。

惠文王二年，主父巡视新侵夺的土地，
于是到代地，在西方遇见楼烦王正在西河
征调军队。

惠文王三年，赵国灭亡中山国，把中
山王迁移到肤施。修筑灵寿宫，北地刚刚
归附，通往代地的道路畅通无阻。主父回
到国都，行赏，大赦天下，大设宴席五日，
封长子赵章为代地安阳君。赵章素来骄奢，
内心不服他弟弟即王位。主父又派田不礼
为相辅佐赵章。

李兑对肥义说："公子章体格健壮
而心志骄横，党羽众多而欲望很大，会
有阴谋吧？田不礼的为人，残忍好杀而且
骄横。二人相投，必会密谋叛乱之事，一
旦行动，就希望侥幸成功。小人有了私欲，
就会轻虑浅谋，只顾眼前利益而不顾危害，
同类相互推动，俱入灾祸之门。依我看
来，这不会太久了。您责任重大而且权势
强大，大乱从您这里开始，大祸在您身上
出现，您必定最先受害。仁者爱惜万物而
智者防患于未然，不仁不智，如何治理国
家呢？您何不称病不出门，把政务交给公
子成呢？不要做众怨所归之人，不要让灾
祸上身。"肥义说："不可以。当初主父
把新王委托给我，说：'不要改变你的做法，
不要改变你的想法，坚守一心，直到你去

世。'我拜了两拜并记录下来。现在畏惧不礼的叛乱而忘记我记录的话，有什么罪过比这更大呢！当面接受王命，退下却不全力执行，有什么过错比这更严重呢？变心负义的臣子，用刑罚都不够惩罚。俗语说'死的人复生，活着的人见到他也不惭愧'。我的话已经说在前头了，我要尽力执行我的诺言，怎么能保全自身呢！况且忠臣在祸难降临时才显露出节操，在祸及自身时才彰显出德行。您的赐教是对我诚恳，虽然如此，我有言在先，无论如何不敢违背。"李兑说："好吧，您尽力而为吧！我见到您也只有今年了。"流着泪出门了。李兑多次求见公子成，以防备田不礼谋反。

另一天，肥义对信期说："公子章与田不礼很是让人担忧。他们表面仁义，名声好听但实际恶毒，为人不忠不孝。我听说，奸臣在朝中，是国家的祸害；谗臣在宫中，是国家的蠹虫。此人贪婪而且野心大，在朝廷内得到君主的宠爱就到朝廷外面蛮横行凶。假托君命，肆意妄为，专擅一日王命，是不难做到的，而灾祸将会危及国家。现在我担忧此事，夜不能寐，不思饮食。盗贼出入不可不防。从现在开始，若有求见君王的人，一定先来见我，我将先用自身抵挡，没有变故王才能入内。"信期说："好啊，我居然能听到这样的话！"

以殁而世。'义再拜受命而籍之。今畏不礼之难而忘吾籍，变孰大焉。进受严命，退而不全，负孰甚焉。变负之臣，不容于刑。谚曰'死者复生，生者不愧'。吾言已在前矣，吾欲全吾言，安得全吾身！且夫贞臣也难至而节见，忠臣也累至而行明。子则有赐而忠我矣，虽然，吾有语在前者也，终不敢失。"李兑曰："诺，子勉之矣！吾见子已今年耳。"涕泣而出。李兑数见公子成，以备田不礼之事。

异日，肥义谓信期曰："公子与田不礼甚可忧也。其于义也声善而实恶，此为人也不子不臣。吾闻之也，奸臣在朝，国之残也；谗臣在中，主之蠹也。此人贪而欲大，内得主而外为暴。矫令为慢，以擅一旦之命，不难为也，祸且逮国。今吾忧之，夜而忘寐，饥而忘食。盗贼出入，不可不备。自今以来，若有召王者必见吾面，我将先以身当之，无故而王乃入。"信期曰："善哉，吾得闻此也！"

四年，朝群臣，安阳君亦来朝。主父令王听朝，而自从旁观窥群臣宗室之礼。见其长子章傫然也，反北面为臣，诎于其弟，心怜之，于是乃欲分赵而王章于代，计未决而辍。

主父及王游沙丘，异官，公子章即以其徒与田不礼作乱，诈以主父令召王。肥义先入，杀之。高信即与王战。公子成与李兑自国至，乃起四邑之兵入距难，杀公子章及田不礼，灭其党贼而定王室。公子成为相，号安平君，李兑为司寇。公子章之败，往走主父，主父开之，成、兑因围主父宫。公子章死，公子成、李兑谋曰："以章故围主父，即解兵，吾属夷矣。"乃遂围主父。令宫中人"后出者夷"，宫中人悉出。主父欲出不得，又不得食，探爵鷇而食之，三月余而饿死沙丘宫。主父定死，乃发丧赴诸侯。

是时王少，成、兑专政，畏诛，故围主父。主父初以长子章为太子，后得吴娃，爱之，为不出者数岁，生子何，

惠文王四年，召见群臣，安阳君也来朝见。主父命令赵王掌管朝政，而他自己从旁窥看群臣和宗室之人的礼节。他发现长子赵章萎靡不振，反而北面称臣，屈尊于弟弟之下，心里怜悯他，于是就想分出赵国，让章在代地称王，计划还没有决定就中止了。

主父和赵王游览沙丘，分开居住，公子章就派其党羽与田不礼作乱，假借主父命令召见赵王。肥义先去，被杀。高信就与赵王交战。公子成和李兑从国都赶到，就调集四周城邑兵力前去平定祸难，想杀死公子章和田不礼，诛灭他们的党羽，而安定了王室。公子成被封为相国，号安平君，李兑被任命为司寇。公子章战败，逃到主父宫中，主父开门掩护他，公子成、李兑因而包围了主父的宫殿。公子章死去，公子成和李兑商议说："因为赵章包围主父，即便撤兵，我们也是要被灭族的。"于是仍旧包围主父。对宫中人说"后出宫者灭族"，宫中人全都出来。主父想出来又出不来，又没有食物吃，只好捉捕雏鸟充饥，三个多月后就饿死在沙丘宫。主父确实已死，才发讣告给各诸侯。

这时赵王年幼，公子成、李兑专政，害怕被诛杀，所以围困主父。主父最初立长子章为太子，后来得到吴娃，宠爱她，因为宠爱她，为了她多年不去别的妃嫔处，

生下儿子赵何，于是废掉太子章而立赵何为王。吴娃死后，不再宠爱赵何，可怜原太子，想让两个儿子都称王，犹豫未决，导致祸乱兴起，以致父子俱亡，被天下人嘲笑，难道不令人悲痛吗！

惠文王五年，把鄚邑、易邑给燕国。惠文王八年，赵国在南行唐建城。惠文王九年，赵梁担任大将，与齐国联合讨伐韩国，直到鲁关之下返回。惠文王十年，秦王自称西帝。惠文王十一年，董叔与魏氏讨伐宋国，从魏国得到河阳。秦国攻占梗阳。惠文王十二年，赵梁率军攻打齐国。惠文王十三年，韩徐担任大将，攻打齐国。公主去世。惠文王十四年，相国乐毅率领赵、秦、韩、魏、燕攻打齐国，攻占灵丘。赵王与秦王在中阳会晤。惠文王十五年，燕昭王前来拜见。赵国与韩、魏、秦共同讨伐齐国，齐王战败逃跑，燕军独自深入，夺取临淄。

惠文王十六年，秦国又与赵国数次攻击齐国，齐人担忧。苏厉为齐国写信给赵王说：

我听说古代的贤君，其德行并不遍布于海内，教化并不合于民心，按季节祭祀而不是随时祭祀鬼神。甘露降临，及时下雨，五谷丰收，百姓没有疾苦，众人称善，贤主您要好好思考。

乃废太子章而立何为王。吴娃死，爱弛，怜故太子，欲两王之，犹豫未决，故乱起，以至父子俱死，为天下笑，岂不痛乎！

五年，与燕鄚、易。八年，城南行唐。九年，赵梁将，与齐合军攻韩，至鲁关下，反。十年，秦自置为西帝。十一年，董叔与魏氏伐宋，得河阳于魏。秦取梗阳。十二年，赵梁将攻齐。十三年，韩徐为将，攻齐。公主死。十四年，相国乐毅将赵、秦、韩、魏、燕攻齐，取灵丘。与秦会中阳。十五年，燕昭王来见。赵与韩、魏、秦共击齐，齐王败走，燕独深入，取临菑。

十六年，秦复与赵数击齐，齐人患之。苏厉为齐遗赵王书曰：

臣闻古之贤君，其德行非布于海内也，教顺非洽于民人也，祭祀时享非数常于鬼神也，甘露降，时雨至，年谷丰孰，民不疾疫，众人善之，然而贤主图之。

今足下之贤行功力，非数加于秦也；怨毒积怒，非素深于齐也。秦赵与国，以强征兵于韩，秦诚爱赵乎？其实憎齐乎？物之甚者，贤主察之。秦非爱赵而憎齐也，欲亡韩而吞二周，故以齐啖天下。恐事之不合，故出兵以劫魏、赵。恐天下畏己也，故出质以为信。恐天下亟反也，故征兵于韩以威之。声以德与国，实而伐空韩，臣以秦计为必出于此。夫物固有势异而患同者，楚久伐而中山亡，今齐久伐而韩必亡。破齐，王与六国分其利也。亡韩，秦独擅之。收二周，西取祭器，秦独私之。赋田计功，王之获利孰与秦多？

说士之计曰："韩亡三川，魏亡晋国，市朝未变而祸已及矣。"燕尽齐之北地，去沙丘、钜鹿敛三百里，韩之上党去邯郸百里，燕、秦谋王之河山，间三百里而通矣。秦之上郡近挺关，至于榆中者千五百里，秦以三郡攻王之上党，羊

如今您的贤德功业，并非经常有利于秦国，和齐国一向也没多大仇恨。秦国、赵国联合，迫使韩国出兵，秦国真的对赵国友好吗？确实憎恨齐国吗？事情过了度，贤主就要深思。秦国不是爱赵恨齐，是想灭掉韩国而吞并二周，所以把齐国当作诱饵引诱天下。秦国担心事情不成功，所以出兵威胁魏国、赵国。担心天下人畏惧自己，所以派出人质以取得信任。担心天下人很快背叛自己，所以向韩国征兵来威胁他们。名义上施恩德给盟国，实则为了讨伐兵力虚空的韩国，臣认为秦国的计谋定是如此。事物本来就有形势相异而祸患相同的，楚国长期被讨伐而中山国灭亡，如今齐国长期被讨伐而韩国必定灭亡。攻破齐国，大王与六国瓜分其利。灭掉韩国，秦国独吞它。攻下二周，周王室的祭器被夺走西去，被秦国独自占有。就赋税与土地计算，大王获利与秦国相比谁多呢？

游说之士议论说："韩国失去三川土地，魏国失去晋国土地，集市还没有结束灾祸就到来了。"燕国占有齐国北部地区，距沙丘、钜鹿不足三百里，韩国的上党距离邯郸一百里，燕国、秦国觊觎大王的河山，他们的间隔只有三百里。秦国的上郡靠近挺关，到榆中共有一千五百里，秦国以三郡的兵力攻取大王的上党，羊肠以西

和句注以南就不归大王所有了。翻越句注山，占据常山并防守那里，走三百里就能到达燕国，代地的骏马、胡地的走狗不会东下，昆山之玉不会运出，这三种宝物也不归大王所有了。大王长期讨伐齐国，跟随强秦攻打韩国，那么灾祸定会危及自身。希望大王好好考虑这件事。

况且齐国之所以遭到秦国讨伐，是因为事奉大王；天下联合行动，是为的图谋大王。燕国、秦国盟约订立而出兵指日可待。五国瓜分大王土地，齐王背叛五国盟约而以身殉大王之难，向西派兵来阻止强秦，秦国停止称帝请求屈服，把高平、根柔两县还给魏国，将㙟分、先俞还给赵国。齐国事奉大王，是最好的，而如今却向齐国问罪，臣恐怕后面事奉大王的人不敢再那么坚决了。希望大王好好考虑一下。

若现在大王不与天下讨伐齐国，天下必会认为大王仗义。齐国用社稷尽心为大王做事，天下必定敬重大王的正义。大王依仗天下结交秦国，秦国残暴，大王就依仗天下制约它，这样天下的名誉尊宠都将集于大王一身。

于是赵国撤军，拒绝秦国，不再讨伐齐国。

赵王与燕王相会。廉颇率军攻打齐国昔阳，夺取了昔阳。

肠之西，句注之南，非王有已。逾句注，斩常山而守之，三百里而通于燕，代马胡犬不东下，昆山之玉不出，此三宝者亦非王有已。王久伐齐，从强秦攻韩，其祸必至于此。愿王孰虑之。

且齐之所以伐者，以事王也；天下属行，以谋王也。燕秦之约成而兵出有日矣。五国三分王之地，齐倍五国之约而殉王之患，西兵以禁强秦，秦废帝请服，反高平、根柔于魏，反㙟分、先俞于赵。齐之事王，宜为上佼，而今乃抵罪，臣恐天下后事王者之不敢自必也。愿王孰计之也。

今王毋与天下攻齐，天下必以王为义。齐抱社稷而厚事王，天下必尽重王义。王以天下善秦，秦暴，王以天下禁之，是一世之名宠制于王也。

于是赵乃辍，谢秦不击齐。

王与燕王遇。廉颇将，攻齐昔阳，取之。

十七年，乐毅将赵师攻魏伯阳。而秦怨赵不与己击齐，伐赵，拔我两城。十八年，秦拔我石城。王再之卫东阳，决河水，伐魏氏。大潦，漳水出。魏冉来相赵。十九年，秦取我二城。赵与魏伯阳。赵奢将，攻齐麦丘，取之。二十年，廉颇将，攻齐。王与秦昭王遇西河外。二十一年，赵徙漳水武平西。二十二年，大疫。置公子丹为太子。

二十三年，楼昌将，攻魏几，不能取。十二月，廉颇将，攻几，取之。二十四年，廉颇将，攻魏房子，拔之，因城而还。又攻安阳，取之。二十五年，燕周将，攻昌城、高唐，取之。与魏共击秦。秦将白起破我华阳，得一将军。二十六年，取东胡欧代地。

二十七年，徙漳水武平南。封赵豹为平阳君。河水出，大潦。二十八年，蔺相如伐齐，至平邑。罢城北九门大城。燕将成安君公孙操弑其王。二十九年，秦

惠文王十七年，乐毅率领赵军攻打魏国伯阳。而秦国记恨赵国不与自己讨伐齐国，就讨伐赵国，攻取赵国两座城池。惠文王十八年，秦国攻取赵国石城。赵王两次到达卫地东阳，决黄河，攻打魏氏。大水泛滥，漳水涨出。魏冉担任赵国相国。惠文王十九年，秦国又攻取赵国两座城池。赵国把伯阳归还魏国。赵奢率军，攻打并夺取了齐国麦丘。惠文王二十年，廉颇率军，讨伐齐国。赵王与秦昭王在西河外会晤。惠文王二十一年，赵国改漳水水道到武平西边。惠文王二十二年，出现瘟疫。立公子丹为太子。

惠文王二十三年，楼昌率军，攻打魏国几邑，没能攻下。十二月，廉颇率军，攻打几邑，夺取了它。惠文王二十四年，廉颇率军，攻打魏国房子，攻下了房子，乘胜修筑城池后返回。又攻占安阳。惠文王二十五年，燕周率军攻打昌城、高唐，夺取了这两座城。赵国与魏国共同讨伐秦国。秦国将军白起攻破赵国华阳，俘虏一名将军。惠文王二十六年，攻取被东胡驱赶叛变的代地。

惠文王二十七年，改漳水水道到武平的南边。封赵豹为平阳君。黄河水溢出，发生大水灾。惠文王二十八年，蔺相如讨伐齐国，到达平邑。停止修筑城北的九门大城。燕国将领成安君公孙操弑杀燕王。

惠文王二十九年，秦国、韩国联合讨伐赵国，并包围阏与。赵国派赵奢率军，抗击秦军，在阏与城下大破秦军，赐他封号为马服君。

惠文王三十三年，惠文王去世，太子丹即位，就是孝成王。

孝成王元年，秦国讨伐赵国，攻取三座城池。赵王刚即位，太后执掌国政，秦国趁机攻击赵国。赵国向齐国求救，齐王说："一定要让长安君做人质我们才出兵。"太后不肯，大臣极力劝谏。太后明确对左右大臣说："再说让长安君做人质的，老妇必定往他脸上吐唾沫。"左师触龙说愿意求见太后，太后满怀怒气地等待他。触龙进宫，小步慢走，坐下，自行谢罪说："老臣脚上有疾，不能快走，好久没有拜见太后了。我私下宽恕了自己，还是担心太后身体有恙，所以请求来拜望太后。"太后说："老妇只能靠车辇出行了。"触龙说："饮食没有减少吧？"太后说："就靠着吃粥罢了。"触龙说："老臣有时特别不想吃东西，于是强迫自己散步，每日三四里，这样能稍微多吃些东西，对身体就好一些。"太后说："老妇做不到。"太后不和悦的脸色稍有缓和。左师公说："老臣的儿子舒祺最小，没出息，而臣老了，私心里疼爱他，希望能让他补任宫廷黑衣侍卫的空缺，让他保卫王宫，臣冒死向太后请示。"太后说："好吧。

韩相攻，而围阏与。赵使赵奢将，击秦，大破秦军阏与下，赐号为马服君。

三十三年，惠文王卒，太子丹立，是为孝成王。

孝成王元年，秦伐我，拔三城。赵王新立，太后用事，秦急攻之。赵氏求救于齐，齐曰："必以长安君为质，兵乃出。"太后不肯，大臣强谏。太后明谓左右曰："复言长安君为质者，老妇必唾其面。"左师触龙言愿见太后，太后盛气而胥之。入，徐趋而坐，自谢曰："老臣病足，曾不能疾走，不得见久矣。窃自恕，而恐太后体之有所苦也，故愿望见太后。"太后曰："老妇恃辇而行耳。"曰："食得毋衰乎？"曰："恃粥耳。"曰："老臣间者殊不欲食，乃强步，日三四里，少益嗜食，和于身也。"太后曰："老妇不能。"太后不和之色少解。左师公曰："老臣贱息舒祺最少，不肖，而臣衰，窃怜爱之，愿得补黑衣之缺以卫王宫，昧死以闻。"太后曰："敬诺。年几何矣？"对曰：

"十五岁矣。虽少，愿及未填沟壑而托之。"太后曰："丈夫亦爱怜少子乎？"对曰："甚于妇人。"太后笑曰："妇人异甚。"对曰："老臣窃以为媪之爱燕后贤于长安君。"太后曰："君过矣，不若长安君之甚。"左师公曰："父母爱子，则为之计深远。媪之送燕后也，持其踵，为之泣，念其远也，亦哀之矣。已行，非不思也，祭祀则祝之曰'必勿使反'，岂非计长久，为子孙相继为王也哉？"太后曰："然。"左师公曰："今三世以前，至于赵主之子孙为侯者，其继有在者乎？"曰："无有。"曰："微独赵，诸侯有在者乎？"曰："老妇不闻也。"曰："此其近者祸及其身，远者及其子孙。岂人主之子侯则不善哉？位尊而无功，奉厚而无劳，而挟重器多也。今媪尊长安君之位，而封之以膏腴之地，多与之重器，而不及今令有功于国，一旦山陵崩，长安君何以自托于赵？老臣以媪为长安君之计短也，故以为爱之不若燕后。"

今年几岁了？"触龙回答说："十五岁了。虽然年幼，希望趁老臣在还没被埋进土里时将他托付给您。"太后说："大男人也疼爱小儿子吗？"触龙回答说："比妇人还要疼爱呢。"太后笑着说："还是妇人更疼爱。"左师公回答说："老臣私下认为您疼爱燕后深于长安君。"太后说："您错了，照疼爱长安君差得远呢。"左师公说："父母疼爱儿子，就会为他作深远打算。您送燕后出嫁时，抱着她的脚跟，为她流泪，想到她远去出嫁，也是很哀伤了。她走了以后，并非不思念，祭祀时却为她祈祷说'一定不要让她回来'，难道不是为她长远打算，让她的子孙能继任为王吗？"太后说："是的。"左师公说："现在往上三代，赵主的子孙为侯的里面，其继承人有在位的吗？"太后说："没有了。"触龙说："不单是赵国，其他诸侯国里面有在位的吗？"太后说："老妇没有听说过。"触龙说："这就是说得近了自己被废，说得远了祸及子孙。难道是君主的子孙被封侯就变坏了吗？地位尊贵却没有功勋，俸禄优厚而没有功劳，却拥有贵重的器物。现今您赐长安君尊贵的爵位，把肥沃的土地封给他，送他很多贵重宝器，却不趁现在让他有功于国，一旦您离开人世，长安君凭什么在赵国立足？老臣认为您为长安君做的打算短浅了，所以认为您疼爱他不如燕后。"太后说:"好吧,就听您安排吧。"于是给长安君准备了一百辆车,到齐国去当人质,齐国于是出兵。子义听说此事,说:"君主的儿子是他的骨肉之亲,都不能无功保持尊位,无劳持有俸禄,只是守着金钱玉器,更何况是我们呢?"

齐国安平君田单率领赵军攻打燕国的中阳,攻取了中阳。又讨伐韩国注人邑,攻取了它。孝成王二年,惠文后去世。田单做了相国。

孝成王四年,赵王梦见自己身穿从背中间分开左右两色的衣服,乘着飞龙上天,没有到达就坠落下来,看见黄金、玉器堆积如山。第二天,赵王召见卜筮官员敢占卜此梦,敢说:"梦见身穿左右两色的衣服,象征残破。乘着龙上天没有到达就坠落,象征有气势却没有实力。梦见黄金、玉器堆积如山,象征忧患。"

过了三天,韩国上党郡守冯亭派使者到来,说:"韩国不能守住上党了,上党要归入秦国。韩国的官吏百姓都愿意并入赵国,不愿归入秦国。上党有十七座城邑,我愿意请求将其归入赵国,请大王决断,满足官吏百姓的意愿。"孝成王很高兴,召见平阳君赵豹,对他说:"冯亭献来十七座城邑,接受了如何?"赵豹回答说:"圣人都视无缘无故的利益为祸害。"孝成王说:"人家感念我的仁德,怎么能

太后曰:"诺,恣君之所使之。"于是为长安君约车百乘,质于齐,齐兵乃出。子义闻之,曰:"人主之子,骨肉之亲也,犹不能持无功之尊,无劳之奉,而守金玉之重也,而况于予乎?"

齐安平君田单将赵师而攻燕中阳,拔之。又攻韩注人,拔之。二年,惠文后卒。田单为相。

四年,王梦衣偏裻之衣,乘飞龙上天,不至而坠,见金玉之积如山。明日,王召筮史敢占之,曰:"梦衣偏裻之衣者,残也。乘飞龙上天不至而坠者,有气而无实也。见金玉之积如山者,忧也。"

后三日,韩氏上党守冯亭使者至,曰:"韩不能守上党,入之于秦。其吏民皆安为赵,不欲为秦。有城市邑十七,愿再拜入之赵,财王所以赐吏民。"王大喜,召平阳君豹告之曰:"冯亭入城市邑十七,受之何如?"对曰:"圣人甚祸无故之利。"王曰:"人怀吾德,何谓无故乎?"对

曰："夫秦蚕食韩氏地,中绝不令相通,固自以为坐而受上党之地也。韩氏所以不入于秦者,欲嫁其祸于赵也。秦服其劳而赵受其利,虽强大不能得之于小弱,小弱顾能得之于强大乎?岂可谓非无故之利哉!且夫秦以牛田之水通粮,蚕食,上乘倍战者,裂上国之地,其政行,不可与为难,必勿受也。"王曰:"今发百万之军而攻,逾年历岁未得一城也。今以城市邑十七币吾国,此大利也。"

赵豹出,王召平原君与赵禹而告之。对曰:"发百万之军而攻,逾岁未得一城,今坐受城市邑十七,此大利,不可失也。"王曰:"善。"乃令赵胜受地,告冯亭曰:"敝国使者臣胜,敝国君使胜致命,以万户都三封太守,千户都三封县令,皆世世为侯,吏民皆益爵三级,吏民能相安,皆赐之六金。"冯亭垂涕不见使者,曰:"吾不处三不义也:为主

说是无缘无故呢?"赵豹回答说:"秦国蚕食韩国的土地,中断道路不让两边相通,本来自以为坐着就能取得上党的土地。韩国之所以不归入秦国,是想把韩国的灾难嫁祸给赵国。秦国付出辛劳而赵国却享受其中的好处,即使是强大之国也不能轻易从弱小之国那里得到这种好处,弱小之国反倒能从强大之国那里得到吗?难道能说这不是无缘无故的利益吗!况且秦国利用牛田水运运粮蚕食韩国,用上等的战马与韩国奋力作战,分割韩国的土地。秦国有令必行,不可以对其发难,一定不要接受上党的土地。"孝成王说:"如今发出一百万人的军队去攻打,经年历岁没得到一座城池。现在冯亭把十七座城邑赠送给我国,这是大利啊。"

赵豹出去,孝成王召见平原君和赵禹,告诉了他们。他们答道:"发出一百万人的军队去攻打,过了一年没得到一座城池,如今坐收十七座城邑,这样大的利益,不能失去。"孝成王说:"好。"于是让赵胜接受土地,告诉冯亭说:"敝国使臣赵胜,受敝国国君指派传达命令,以三座万户城邑封赏太守,以三座千户城邑封赏县令,世代为侯,官吏百姓都增加爵位三级,官吏百姓能平安相处的,都赐给他们黄金六斤。"冯亭落泪,不见使者,说:"我不能处于三不义的境地:为君主镇守

土地，不能拼死固守，这是一不义；归入秦国，不听从君主的命令，这是二不义；出卖土地而享受俸禄，这是三不义。"赵国于是发兵取得上党。廉颇率军驻扎长平。

七月，廉颇被罢免而赵括取代他统领军队。秦军围困赵括，赵括率军投降，四十多万士兵都被活埋。孝成王后悔没有听取赵豹的计策，因而招致长平之祸。

孝成王回来，不听秦国的话，秦国围攻邯郸。武垣命令傅豹、王容、苏射率领燕国众人返回燕地。赵国把灵丘封给楚国相国春申君。

孝成王八年，平原君到楚国请求援救。返回后楚军前来援救，接着魏国公子无忌也来援救，秦国才解除对邯郸的围困。

孝成王十年，燕国攻打昌壮邑，五个月攻克。赵国将军乐乘、庆舍攻打秦国信梁军队，攻破了他们。太子去世。秦国攻打西周，攻下了。徒父祺率军离开赵国。孝成王十一年，修筑元氏城池，设置上原县。武阳君郑安平去世，收回其封地。孝成王十二年，邯郸草料库着火。孝成王十四年，平原君赵胜去世。

孝成王十五年，把尉文邑给相国廉颇，封他为信平君。燕王派丞相栗腹与赵国相约友好，以五百两黄金作为给赵王的祝酒钱，回国报告燕王说："赵国的青

守地，不能死国，不义一矣；入之秦，不听主令，不义二矣；卖主地而食之，不义三矣。"赵遂发兵取上党。廉颇将军军长平。

七月，廉颇免而赵括代将。秦人围赵括，赵括以军降，卒四十余万皆坑之。王悔不听赵豹之计，故有长平之祸焉。

王还，不听秦，秦围邯郸。武垣令傅豹、王容、苏射率燕众反燕地。赵以灵丘封楚相春申君。

八年，平原君如楚请救。还，楚来救，及魏公子无忌亦来救，秦围邯郸乃解。

十年，燕攻昌壮，五月拔之。赵将乐乘、庆舍攻秦信梁军，破之。太子死。而秦攻西周，拔之。徒父祺出。十一年，城元氏，县上原。武阳君郑安平死，收其地。十二年，邯郸廥烧。十四年，平原君赵胜死。

十五年，以尉文封相国廉颇为信平君。燕王令丞相栗腹约欢，以五百金为赵王酒，还归，报燕王曰："赵氏壮者皆死长

平，其孤未壮，可伐也。"王
召昌国君乐间而问之。对曰：
"赵，四战之国也，其民习兵，
伐之不可。"王曰："吾以众
伐寡，二而伐一，可乎？"对
曰："不可。"王曰："吾即
以五而伐一，可乎？"对曰：
"不可。"燕王大怒。群臣皆
以为可。燕卒起二军，车二千乘，
栗腹将而攻鄗，卿秦将而攻代。
廉颇为赵将，破杀栗腹，虏卿秦、
乐间。

十六年，廉颇围燕。以乐
乘为武襄君。十七年，假相大
将武襄君攻燕，围其国。十八
年，延陵钧率师从相国信平君
助魏攻燕。秦拔我榆次三十七
城。十九年，赵与燕易土：以
龙兑、汾门、临乐与燕；燕以葛、
武阳、平舒与赵。

二十年，秦王政初立。秦
拔我晋阳。

二十一年，孝成王卒。子
偃立，是为悼襄王。廉颇将，
攻繁阳，取之。使乐乘代之，
廉颇攻乐乘，乐乘走，廉颇亡
入魏。

悼襄王元年，大备魏。欲

壮年都死在了长平，幼小之人还没有长大，
可以讨伐。"燕王召见昌国君乐间并询问
他。乐间回答说："赵国，是四面受敌的
国家，那里的民众都熟悉兵事，不可以讨
伐。"燕王说："我以多攻少，用两个打
一个，可以吗？"回答说："不可以。"
燕王说："那就用五个打一个，可以吗？"
回答说："不可以。"燕王大怒。群臣都
认为可以。燕国最终派出两支军队，两千
乘兵车，栗腹率领一军攻打鄗邑，卿秦率
领一军攻打代地。廉颇任赵国大将，击败
并杀死栗腹，俘虏卿秦、乐间。

孝成王十六年，廉颇围困燕国。封
乐乘为武襄君。孝成王十七年，代理相
国大将军武襄君攻打燕国，围困燕国。孝
成王十八年，延陵钧率军跟随相国信平君
帮助魏国攻打燕国。秦国攻占赵国榆次等
三十七座城池。孝成王十九年，赵国与燕
国交换土地，把龙兑、汾门、临乐给燕国，
燕国将葛城、武阳城、平舒城给赵国。

孝成王二十年，秦王政即位。秦国攻
占赵国晋阳。

孝成王二十一年，孝成王去世。儿子
偃即位，就是悼襄王。廉颇率军，攻打繁
阳，夺取了它。派乐乘代替廉颇，廉颇攻
打乐乘，乐乘逃跑，廉颇出逃到魏国。

悼襄王元年，为防范魏国入侵作准备。

想打通平邑到中牟的道路，没能成功。

悼襄王二年，李牧率军攻打燕国，攻取武遂、方城。秦王召见春平君，趁机扣留了他。泄钧替他对文信侯说："春平君，赵王非常喜爱他而郎中妒忌他，所以一起谋划说'春平君进入秦国，秦国必定扣留他'，所以设计让他进入秦国。现在您果然扣留了他，这是得罪赵国而中了郎中之计。您不如放回春平君，扣留平都侯。春平君言行受到赵王信任，赵王一定会割让很多土地来赎回平都侯。"文信侯说："好。"就放了春平君。赵国在韩皋建筑城池。

悼襄王三年，庞煖领军，攻打燕国，擒获燕国大将剧辛。悼襄王四年，庞煖率领赵国、楚国、魏国、燕国的精锐部队，攻打秦国的蕞邑，没有攻下；移兵攻打齐国，攻取饶安。悼襄王五年，傅抵领军，驻守平邑；庆舍率领东阳、河外的军队，驻守黄河的桥梁。悼襄王六年，封长安君于饶邑。魏国把邺城送给赵国。

悼襄王九年，赵国攻打燕国，夺取狸、阳城。军队尚未撤回，秦国攻打邺城，攻占了邺。悼襄王去世，儿子幽缪王迁即位。

幽缪王迁元年，在柏人筑城。幽缪王迁二年，秦军攻打武城，扈辄率军援救，兵败战死。

幽缪王迁三年，秦国攻打赤丽、宜安，

通平邑、中牟之道，不成。

二年，李牧将，攻燕，拔武遂、方城。秦召春平君，因而留之。泄钧为之谓文信侯曰："春平君者，赵王甚爱之而郎中妒之，故相与谋曰'春平君入秦，秦必留之'，故相与谋而内之秦也。今君留之，是绝赵而郎中之计中也。君不如遣春平君而留平都。春平君者言行信于王，王必厚割赵而赎平都。"文信侯曰："善。"因遣之。城韩皋。

三年，庞煖将，攻燕，禽其将剧辛。四年，庞煖将赵、楚、魏、燕之锐师，攻秦蕞，不拔；移攻齐，取饶安。五年，傅抵将，居平邑；庆舍将东阳河外师，守河梁。六年，封长安君以饶。魏与赵邺。

九年，赵攻燕，取狸、阳城。兵未罢，秦攻邺，拔之。悼襄王卒，子幽缪王迁立。

幽缪王迁元年，城柏人。二年，秦攻武城，扈辄率师救之，军败，死焉。

三年，秦攻赤丽、宜安，

李牧率师与战肥下，却之。封牧为武安君。四年，秦攻番吾，李牧与之战，却之。

五年，代地大动，自乐徐以西，北至平阴，台屋墙垣太半坏，地坼东西百三十步。六年，大饥，民讹言曰："赵为号，秦为笑。以为不信，视地之生毛。"

七年，秦人攻赵，赵大将李牧、将军司马尚将，击之。李牧诛，司马尚免，赵忽及齐将颜聚代之。赵忽军破，颜聚亡去。以王迁降。

八年十月，邯郸为秦。

太史公曰：吾闻冯王孙曰："赵王迁，其母倡也，嬖于悼襄王。悼襄王废适子嘉而立迁。迁素无行，信谗，故诛其良将李牧，用郭开。"岂不缪哉！秦既虏迁，赵之亡大夫共立嘉为王，王代六岁，秦进兵破嘉，遂灭赵以为郡。

李牧率军与秦军在肥城下交战，击退秦军。封李牧为武安君。幽缪王迁四年，秦军攻打番吾城，李牧与秦军交战，击退秦军。

幽缪王迁五年，代地发生大地震，自乐徐以西，北到平阴，楼台、房屋、墙垣大半毁坏，地面裂开，东西宽一百三十步。幽缪王迁六年，发生大饥荒，民间有传言说："赵人号哭，秦人发笑。你要是不信，看看地里长出的野草。"

幽缪王迁七年，秦国攻打赵国，赵国大将李牧、将军司马尚领兵，迎击秦军。李牧被杀，司马尚被免职，赵忽和齐国将领颜聚接替他们。赵忽的军队被击败，颜聚逃跑。因此赵王迁投降。

幽缪王迁八年十月，邯郸归属秦国。

太史公说：我听冯王孙说："赵王迁，他的母亲是歌女，受到悼襄王的宠爱。悼襄王废黜嫡子嘉而立赵迁为太子。赵迁素来没有德行，听信谗言，所以诛杀他的良将李牧，任用郭开。"这难道不荒谬吗！秦国俘虏赵迁后，赵国逃亡的大夫共同立赵嘉为王，在代地称王六年，秦国进兵攻破赵嘉，最终灭了赵国，将其地设为郡。

史记卷四十四
世家第十四

魏世家

魏国的祖先，是毕公高的后代。毕公高与周天子同姓。武王讨伐纣王后，高被封在毕邑，这以后就以毕为姓。他的后代封地被取消，成为平民，有的在中原国家，有的在夷狄。他的后裔有个人叫毕万，为晋献公做事。

献公十六年，赵夙做车夫，毕万做车右护卫，去讨伐霍国、耿国、魏国，灭了它们。把耿地封给赵夙，把魏地封给毕万，毕万做了大夫。卜偃说："毕万的后代一定要强大了。万，是满数；魏，是高大的名称。以这样的名称开始受封，是上天在为他开路。天子统治的叫兆民，诸侯统治的叫万民。如今他的封地是大的意思，后面跟着满数，他一定拥有民众。"当初，毕万占卜去晋国做事，遇到《屯》卦变为《比》卦。辛廖推断卦象，说："吉利。《屯》卦象征坚固，《比》卦象征进入，没有比这更吉利的了。他的后代一定繁荣昌盛。"

毕万受封十一年，晋献公去世，四个儿子争夺君位，晋国内乱。而毕万的后世

魏之先，毕公高之后也。毕公高与周同姓。武王之伐纣，而高封于毕，于是为毕姓。其后绝封，为庶人，或在中国，或在夷狄。其苗裔曰毕万，事晋献公。

献公之十六年，赵夙为御，毕万为右，以伐霍、耿、魏，灭之。以耿封赵夙，以魏封毕万，为大夫。卜偃曰："毕万之后必大矣。万，满数也；魏，大名也。以是始赏，天开之矣。天子曰兆民，诸侯曰万民。今命之大，以从满数，其必有众。"初，毕万卜事晋，遇《屯》之《比》。辛廖占之，曰："吉。《屯》固，《比》入，吉孰大焉，其必蕃昌。"

毕万封十一年，晋献公卒，四子争更立，晋乱。而毕万之

世弥大，从其国名为魏氏。生武子。魏武子以魏诸子事晋公子重耳。晋献公之二十一年，武子从重耳出亡。十九年反，重耳立，为晋文公，而令魏武子袭魏氏之后封，列为大夫，治于魏。

生悼子。魏悼子徙治霍。生魏绛。

魏绛事晋悼公。悼公三年，会诸侯。悼公弟杨干乱行，魏绛僇辱杨干。悼公怒曰："合诸侯以为荣，今辱吾弟！"将诛魏绛。或说悼公，悼公止。卒任魏绛政，使和戎、翟，戎、翟亲附。悼公之十一年，曰："自吾用魏绛，八年之中，九合诸侯，戎、翟和，子之力也。"赐之乐，三让，然后受之。徙治安邑。魏绛卒，谥为昭子。生魏嬴。嬴生魏献子。

献子事晋昭公。昭公卒而六卿强，公室卑。

晋顷公之十二年，韩宣子老，魏献子为国政。晋宗室祁氏、羊舌氏相恶，六卿诛之，尽取其邑为十县，六卿各令其子为

越来越强大，随他们的国名称为魏氏。毕万生下武子。魏武子以魏氏诸子的身份侍奉晋公子重耳。晋献公二十一年，武子随从重耳外出逃亡。十九年后回国，重耳被立为晋文公，而命令魏武子承袭魏氏后代的封爵，列为大夫，官署设在魏邑。生下悼子。

魏悼子把官署迁到霍邑。生下魏绛。

魏绛为晋悼公做事。悼公三年，会盟诸侯。悼公的弟弟杨干扰乱军纪，魏绛杀死杨干的仆人羞辱他。悼公发怒说："会盟诸侯是想以此为荣，这时候却侮辱我的弟弟！"将要诛杀魏绛。有人劝悼公，悼公才作罢。后来任用魏绛执政，派他去与戎人、翟人和好，戎人、翟人亲附晋国。悼公十一年，悼公说："自从我任用你魏绛，八年之间，九次会盟诸侯，与戎人、翟人和睦，这是您的力量啊。"赐他乐舞，魏绛再三辞让，然后接受了。魏绛把魏氏都城迁到安邑。魏绛去世，谥号为昭子。他生下魏嬴，魏嬴生下魏献子。

献子为晋昭公做事。昭公去世后六卿强大，晋公室卑弱。

晋顷公十二年，韩宣子年事已高，魏献子执掌国政。晋宗室祁氏、羊舌氏交恶，六卿诛杀了他们，把他们的封邑分为十个县，六卿各自任命他们的儿子为大夫。献

子与赵简子、中行文子、范献子都被任为晋国的卿。

此后十四年，孔子担任鲁国相国。又过了四年，赵简子因晋阳之乱，而与韩氏、魏氏共同攻打范氏、中行氏。魏献子生下魏侈。魏侈与赵鞅共同攻击范氏、中行氏。

魏侈的孙子叫魏桓子，他与韩康子、赵襄子共同讨伐并灭掉智伯，瓜分了他的土地。

桓子的孙子叫文侯都。魏文侯元年，也是秦灵公元年。魏文侯与韩武子、赵桓子、周威王同一时代。

魏文侯六年，在少梁筑城。魏文侯十三年，派子击围困繁地、庞地，驱逐那里的民众。魏文侯十六年，讨伐秦国，修筑临晋、元里。

魏文侯十七年，讨伐中山国，派子击驻守中山国，赵仓唐辅佐他。子击在朝歌遇上文侯的师傅田子方，就驱车避让，下车拜见。田子方没有还礼。子击因而问道："是富贵之人待人傲慢？还是贫贱之人待人傲慢呢？"子方说："也就是贫贱之人待人傲慢罢了。诸侯待人傲慢会失去他们的封国，大夫对人傲慢就会失去他们的家族。贫贱之人，如果行为不相投合，意见不被采纳，就会去楚国、越国，如同脱掉草鞋一般，富贵之人和贫贱之人怎么会相

之大夫。献子与赵简子、中行文子、范献子并为晋卿。

其后十四岁而孔子相鲁。后四岁，赵简子以晋阳之乱也，而与韩、魏共攻范、中行氏。魏献子生魏侈。魏侈与赵鞅共攻范、中行氏。

魏侈之孙曰魏桓子，与韩康子、赵襄子共伐灭知伯，分其地。

桓子之孙曰文侯都。魏文侯元年，秦灵公之元年也。与韩武子、赵桓子、周威王同时。

六年，城少梁。十三年，使子击围繁、庞，出其民。十六年，伐秦，筑临晋、元里。

十七年，伐中山，使子击守之，赵仓唐傅之。子击逢文侯之师田子方于朝歌，引车避，下谒。田子方不为礼。子击因问曰："富贵者骄人乎？且贫贱者骄人乎？"子方曰："亦贫贱者骄人耳。夫诸侯而骄人则失其国，大夫而骄人则失其家。贫贱者，行不合，言不用，则去之楚、越，若脱躧然，奈何其同之哉！"子击不怿而

去。西攻秦，至郑而还，筑雒阴、合阳。

二十二年，魏、赵、韩列为诸侯。

二十四年，秦伐我，至阳狐。

二十五年，子击生子䓨。

文侯受子夏经艺，客段干木，过其闾，未尝不轼也。秦尝欲伐魏，或曰："魏君贤人是礼，国人称仁，上下和合，未可图也。"文侯由此得誉于诸侯。

任西门豹守邺，而河内称治。

魏文侯谓李克曰："先生尝教寡人曰'家贫则思良妻，国乱则思良相。'今所置非成则璜，二子何如？"李克对曰："臣闻之，卑不谋尊，疏不谋戚。臣在阙门之外，不敢当命。"文侯曰："先生临事勿让。"李克曰："君不察故也。居视其所亲，富视其所与，达视其所举，穷视其所不为，贫视其所不取。五者足以定之矣，何待克哉！"文侯曰："先生就舍，寡人之相定矣。"李克趋而出，过翟璜之家。翟璜曰：

同呢！"子击不高兴地离开了。魏国攻打秦国，直达郑地返回，修筑洛阴、合阳。

魏文侯二十二年，魏国、赵国、韩国列为诸侯。

魏文侯二十四年，秦国讨伐魏国，抵达阳狐。

魏文侯二十五年，子击生下子䓨。

文侯师从子夏学习经书，以客礼对待段干木，经过他的乡里，没有一次不靠在车前的横木上行礼的。秦国曾想讨伐魏国，有人说："魏君待贤人有礼，国人称赞他仁厚，上下和睦同心，是不能讨伐的。"文侯因此得到诸侯的赞誉。

任命西门豹驻守邺城，河内得到治理。

魏文侯对李克说："先生曾经教导寡人说'家里贫穷就想得到贤良的妻子，国家混乱就想得到贤良的宰相'。如今能任命为相国的不是成子就是翟璜，这两个人怎么样？"李克回答说："我听说，卑贱的人不替尊贵的人谋划，疏远的人不替亲近的人谋划。我的职责在宫门以外，不敢担当这个使命。"文侯说："先生不要推辞。"李克说："这是您不观察的缘故。平时留意他所亲近之人，富贵时留意他所结交之人，显达时留意他所举荐之人，穷困时留意他不做之事，贫贱时留意他不取之物，这五点足以确定他的为人了，何必等我李克说呢！"文侯说："先生请回吧，寡人的相国已经确定了。"李克小步快走而出，经过翟璜的家。翟璜说："今天听说君主召见先生商议相国人选，结果由谁担任呢？"李克说："魏成子做了相国。"翟璜愤怒地变了脸色说："凭借所见所闻，臣哪一点比不上魏成子？西河的太守是臣举荐的。国君担心邺城，臣举荐西门豹。国君谋划着想讨伐中山，臣举荐乐羊。中山攻克以后，没有人镇守那里，臣举荐先生您。太子没有师傅，臣举荐屈侯鲋。臣哪一点比不上魏成子！"李克说："您把我举荐给君主，难道是要结党营私求取大官吗？君主问相国人选'能任命为相国的不是成子就是翟璜，这两个人怎么样'？李克回答说：'这是您不观察的缘故。平时留意他所亲近之人，富贵时留意他所结交之人，显达时留意他所举荐之人，穷困时留意他不做之事，贫贱时留意他不取之物，这五点足以确定他的为人了，何必等我李克说呢！'因此知道魏成子做了相国。况且您怎么能与魏成子相比呢？魏成子有俸禄千钟，十分之九用在外面，十分之一用在家里，因此从东方得到卜子夏、田子方、段干木。这三人，君主都奉为老师。您所举荐的五人，君主都封为臣子。您怎么能与魏成子相比呢？"翟璜后退几步，恭敬地拜了两拜说："翟璜是粗鄙之人，说话不当，愿意终身做您的弟子。"

"今者闻君召先生而卜相，果谁为之？"李克曰："魏成子为相矣。"翟璜忿然作色曰："以耳目之所睹记，臣何负于魏成子？西河之守，臣之所进也。君内以邺为忧，臣进西门豹。君谋欲伐中山，臣进乐羊。中山以拔，无使守之，臣进先生。君之子无傅，臣进屈侯鲋。臣何以负于魏成子！"李克曰："且子之言克于子之君者，岂将比周以求大官哉？君问而置相'非成则璜，二子何如'？克对曰：'君不察故也。居视其所亲，富视其所与，达视其所举，穷视其所不为，贫视其所不取。五者足以定之矣，何待克哉！'是以知魏成子之为相也。且子安得与魏成子比乎？魏成子以食禄千钟，什九在外，什一在内，是以东得卜子夏、田子方、段干木。此三人者，君皆师之。子之所进五人者，君皆臣之。子恶得与魏成子比也？"翟璜逡巡再拜曰："璜，鄙人也，失对，愿卒为弟子。"

二十六年，虢山崩，壅河。

三十二年，伐郑。城酸枣。败秦于注。三十五年，齐伐取我襄陵。三十六年，秦侵我阴晋。

三十八年，伐秦，败我武下，得其将识。是岁，文侯卒，子击立，是为武侯。

魏武侯元年，赵敬侯初立，公子朔为乱，不胜，奔魏，与魏袭邯郸，魏败而去。

二年，城安邑、王垣。

七年，伐齐，至桑丘。

九年，翟败我于浍。使吴起伐齐，至灵丘。齐威王初立。

十一年，与韩、赵三分晋地，灭其后。

十三年，秦献公县栎阳。十五年，败赵北蔺。

十六年，伐楚，取鲁阳。武侯卒，子䓨立，是为惠王。

惠王元年。初，武侯卒也，子䓨与公中缓争为太子。公孙颀自宋入赵，自赵入韩，谓韩懿侯曰："魏䓨与公中缓争为太子，君亦闻之乎？今魏䓨得王错，挟上党，固半国也。因

魏文侯二十六年，虢山崩塌，堵塞黄河。

魏文侯三十二年，讨伐郑国。修筑酸枣城。魏军在注城下打败秦军。三十五年，齐军攻取魏国的襄陵。三十六年，秦国入侵魏国阴晋。

魏文侯三十八年，讨伐秦国，秦国在武下打败魏军，魏军俘获秦国将领识。这年，文侯去世，子击即位，就是武侯。

魏武侯元年，赵敬侯刚即位，公子朔作乱，没有成功，逃奔到魏国，与魏国一起袭击邯郸，魏军兵败后离去。

魏武侯二年，修筑安邑、王垣。

魏武侯七年，魏军讨伐齐国，到达桑丘。

魏武侯九年，翟军在浍水打败魏军。魏国派吴起讨伐齐国，抵达灵丘。齐威王即位。

魏武侯十一年，魏国与韩国、赵国三分晋国土地，灭绝晋国后代。

魏武侯十三年，秦献公迁都栎阳。魏武侯十五年，魏军在北蔺打败赵军。

魏武侯十六年，魏国讨伐楚国，取得鲁阳。武侯去世，儿子䓨继位，就是惠王。

惠王元年，当初，武侯去世，子䓨与公中缓争立太子。公孙颀从宋国进入赵国，从赵国进入韩国，对韩懿侯说："魏䓨与公中缓争立太子，您也听说这件事了吧？现在魏䓨得到王错辅佐，占据上党，算是拥有半个魏国了。趁此内乱除掉他们，必

定攻破魏国，不能失去机会呀。"懿侯高兴，就与赵成侯集合军队来讨伐魏国，双方在浊泽交战，魏氏大败，魏君被围困。赵国告诉韩国："除掉魏君，拥立公中缓，割地撤军，对我们有利。"韩侯说："不可以。杀死魏君，天下人必定说我们残暴；割地撤军，天下人必定说我们贪婪。不如把魏国一分为二，魏国不如宋国、卫国强盛，那永远不会给我们带来忧患了。"赵侯不听。韩侯不高兴，带领他的一部分军队连夜撤退。魏惠王之所以没死，国家没有被瓜分，是因为韩、赵两家意见不合。若听从一家的意见，那么魏国一定会被分裂了。所以说"国君死去若没有嫡子继承，这个国家可以被攻破"。

惠王二年，魏国在马陵击败韩军，在怀邑击败赵军。惠王三年，齐军在观邑击败魏军。惠王五年，魏君与韩君在宅阳会晤。修筑武堵城。魏军被秦军打败。惠王六年，攻取宋国仪台。惠王九年，魏军在浍水击败韩军。秦军魏军在少梁交战，俘虏魏将公孙痤，夺取庞城。秦献公去世，儿子孝公即位。

惠王十年，讨伐并夺取赵国的皮牢。彗星出现。惠王十二年，白天陨星坠落，有声响。

惠王十四年，与赵侯在鄗邑会晤。惠王十五年，鲁、卫、宋、郑四国君主朝见

而除之，破魏必矣，不可失也。"懿侯说，乃与赵成侯合军并兵以伐魏，战于浊泽，魏氏大败，魏君围。赵谓韩曰："除魏君，立公中缓，割地而退，我且利。"韩曰："不可。杀魏君，人必曰暴；割地而退，人必曰贪。不如两分之。魏分为两，不强于宋、卫，则我终无魏之患矣。"赵不听。韩不说，以其少卒夜去。惠王之所以身不死，国不分者，二家谋不和也。若从一家之谋，则魏必分矣。故曰："君终无适子，其国可破也。"

二年，魏败韩于马陵，败赵于怀。三年，齐败我观。五年，与韩会宅阳。城武堵。为秦所败。六年，伐取宋仪台。九年，伐败韩于浍。与秦战少梁，虏我将公孙痤，取庞。秦献公卒，子孝公立。

十年，伐取赵皮牢。彗星见。十二年，星昼坠，有声。

十四年，与赵会鄗。十五年，鲁、卫、宋、郑君来朝。十六

年，与秦孝公会杜平。侵宋黄池，宋复取之。

十七年，与秦战元里，秦取我少梁。围赵邯郸。十八年，拔邯郸。赵请救于齐，齐使田忌、孙膑救赵，败魏桂陵。

十九年，诸侯围我襄陵。筑长城，塞固阳。

二十年，归赵邯郸，与盟漳水上。二十一年，与秦会彤。赵成侯卒。二十八年，齐威王卒。中山君相魏。

三十年，魏伐赵，赵告急齐。齐宣王用孙子计，救赵击魏。魏遂大兴师，使庞涓将，而令太子申为上将军。过外黄，外黄徐子谓太子曰："臣有百战百胜之术。"太子曰："可得闻乎？"客曰："固愿效之。"曰："太子自将攻齐，大胜并莒，则富不过有魏，贵不益为王。若战不胜齐，则万世无魏矣。此臣之百战百胜之术也。"太子曰："诺，请必从公之言而还矣。"客曰："太子虽欲还，不得矣。彼劝太子战攻，欲啜汁者众。太子虽欲还，恐不得矣。"太子因欲还，其御曰："将

魏惠王。惠王十六年，与秦孝公在杜平会晤。侵占宋国的黄池，宋国又夺了回去。

惠王十七年，与秦军在元里交战，秦国攻取魏国少梁。围困赵国邯郸。惠王十八年，夺取邯郸。赵国向齐国求援，齐国派田忌、孙膑救援赵国，在桂陵击败魏军。

惠王十九年，诸侯围攻魏国襄陵。修筑长城，以固阳为关塞。

惠王二十年，归还赵国邯郸，与赵国在漳水边订盟。惠王二十一年，与秦国在彤城会晤。赵成侯去世。惠王二十八年，齐威王去世。中山君担任魏国相国。

惠王三十年，魏国讨伐赵国，赵国向齐国告急。齐宣王采纳孙子的计策，为了援救赵国而攻打魏国。魏国于是大举兴兵，派庞涓领军，而命令太子申为上将军。经过外黄，外黄徐子对太子说："臣有百战百胜的战术。"太子说："可以让我听听吗？"徐子说："原本就是献给您的。"他接着说："太子亲自率军攻齐，大胜并占有莒地，那么富也不过是拥有魏国了，贵也不过是做了君王。若不能战胜齐国，那么您的万世子孙也不会有魏国了。这是臣百战百胜的战术。"太子说："好吧，我听从您的话回军。"徐子说："太子虽然想回去，已经不行了。劝太子作战，想从中获益之人太多。太子虽然想回军，恐怕不行了。"太子想回军，他的驾车人说：

"将帅刚出兵就回去，与败北一样。"太子最后与齐国人交战，在马陵战败。齐军俘虏魏太子申，杀了将军庞涓，魏军于是大败。

惠王三十一年，秦国、赵国、齐国共同讨伐魏国，秦将商君欺骗魏国将军公子卬而袭击夺取了他的军队，打败魏军。秦国任用商君，东边领土到了黄河，而齐国、赵国多次打败魏国。安邑靠近秦国，于是魏国迁都大梁。立公子赫为太子。

惠王三十三年，秦孝公去世，商君逃出秦国投奔魏国，魏王发怒，不收留他。惠王三十五年，魏王与齐王在平阿南边会晤。

惠王屡次遭受军事上的失败，就以谦卑的礼节和优厚的礼物来招纳贤士。邹衍、淳于髡、孟轲都来到大梁。梁惠王说："寡人没有才能，军队多次在外受挫，太子被俘虏，上将战死，国内空虚，使先君宗庙社稷蒙辱，寡人对此非常惭愧。先生不远千里，屈尊亲临敝国朝廷，将用什么方法使我国得利呢？"孟轲说："君主不可以像这样谈论利益。君主贪求利益，那么大夫也贪求利益；大夫贪求利益，那么百姓也贪求利益，上下都争利，国家就危险了。作为国君，讲求仁义就行了，怎么能贪求利益！"

惠王三十六年，又与齐王在甄邑会晤。

出而还，与北同。"太子果与齐人战，败于马陵。齐虏魏太子申，杀将军涓，军遂大破。

三十一年，秦、赵、齐共伐我，秦将商君诈我将军公子卬而袭夺其军，破之。秦用商君，东地至河，而齐、赵数破我，安邑近秦，于是徙治大梁。以公子赫为太子。

三十三年，秦孝公卒。商君亡秦归魏，魏怒，不入。三十五年，与齐宣王会平阿南。

惠王数被于军旅，卑礼厚币以招贤者。邹衍、淳于髡、孟轲皆至梁。梁惠王曰："寡人不佞，兵三折于外，太子虏，上将死，国以空虚，以羞先君宗庙社稷，寡人甚丑之。叟不远千里，辱幸至弊邑之廷，将何利吾国？"孟轲曰："君不可以言利若是。夫君欲利则大夫欲利，大夫欲利则庶人欲利，上下争利，国则危矣。为人君，仁义而已矣，何以利为！"

三十六年，复与齐王会甄。

是岁，惠王卒，子襄王立。

襄王元年，与诸侯会徐州，相王也。追尊父惠王为王。

五年，秦败我龙贾军四万五千于雕阴，围我焦、曲沃。予秦河西之地。

六年，与秦会应。秦取我汾阴、皮氏、焦。魏伐楚，败之陉山。七年，魏尽入上郡于秦。秦降我蒲阳。八年，秦归我焦、曲沃。

十二年，楚败我襄陵。诸侯执政与秦相张仪会啮桑。十三年，张仪相魏。魏有女子化为丈夫。秦取我曲沃、平周。

十六年，襄王卒，子哀王立。张仪复归秦。

哀王元年，五国共攻秦，不胜而去。

二年，齐败我观津。五年，秦使樗里子伐取我曲沃，走犀首岸门。六年，秦来立公子政为太子。与秦会临晋。七年，攻齐。与秦伐燕。

八年，伐卫，拔列城二。卫君患之。如耳见卫君曰："请

这年，惠王去世，儿子襄王即位。

襄王元年，在徐州与诸侯会晤，相互称王。追尊父亲惠王为王。

襄王五年，秦军在雕阴打败魏国龙贾率领的军队四万五千人，围攻魏国焦邑、曲沃。把河西之地割给秦国。

襄王六年，魏王与秦王在应邑会晤。秦国夺取魏国汾阴、皮氏、焦邑。魏国讨伐楚国，在陉山打败楚军。襄王七年，魏国把上郡全部划给秦国。秦国占领魏国蒲阳。襄王八年，秦国把焦邑、曲沃归还魏国。

襄王十二年，楚国在襄陵打败魏军。各诸侯执政大臣与秦国国相张仪在啮桑会晤。襄王十三年，张仪担任魏国相国。魏国有位女子变成男子。秦国夺取魏国曲沃、平周。

襄王十六年，襄王去世，儿子哀王即位。张仪又回到秦国。

哀王元年，五国共同攻打秦国，没有胜利就撤兵了。

哀王二年，齐国在观津打败魏军。哀王五年，秦国派樗里子讨伐并夺取魏国曲沃，犀首逃到岸门。哀王六年，秦国派人来要求立公子政为太子。魏王与秦王在临晋会晤。哀王七年，攻打齐国。与秦国讨伐燕国。

哀王八年，讨伐卫国，攻下两城。卫君忧虑此事。如耳拜见卫君说："让我去

劝魏国撤军并罢黜成陵君，可以吗？"卫君说："先生果真能做到，我愿意世世代代用卫国侍奉先生。"如耳求见成陵君说："昔日魏国讨伐赵国，切断羊肠通道，夺取阏与，准备分裂赵国，把赵国一分为二，但赵国之所以没有灭亡，是因为魏国为合纵盟主。如今卫国已濒临灭亡，将要向西请求侍奉秦国。与其秦国来解救卫国，不如魏国来解救卫国，而卫国将永远铭记魏国的恩德。"成陵君说："好吧。"如耳拜见魏王说："我拜见过卫君。卫国原是周王室的分支，虽说是小国，但宝器众多。如今国家濒临危难，却还不献出宝器，他们心里认为灭亡卫国或宽释卫国不由大王做主，所以宝器即使献出也一定不会到大王手里。我私下推测，最先提出宽释卫国之人必是接受卫国贿赂之人。"如耳出宫，成陵君进宫，用如耳之言说服魏王。魏王听了他的意见，撤兵，罢免成陵君，终身不见他。

哀王九年，与秦王在临晋会晤。张仪、魏章都归附魏国。魏国国相田需去世，楚国害怕张仪、犀首、薛公做魏国国相。楚相昭鱼对苏代说："田需已死，我恐怕张仪、犀首、薛公有一人成为魏相。"苏代说："那么谁做魏相会对您有好处呢？"昭鱼说："我想让太子自任相国。"苏代说："请让我为您北上，一定让他做相国。"

罢魏兵，免成陵君，可乎？"卫君曰："先生果能，孤请世世以卫事先生。"如耳见成陵君曰："昔者魏伐赵，断羊肠，拔阏与，约斩赵，赵分而为二，所以不亡者，魏为从主也。今卫已迫亡，将西请事于秦。与其以秦醳卫，不如以魏醳卫，卫之德魏，必终无穷。"成陵君曰："诺。"如耳见魏王曰："臣有谒于卫。卫故周室之别也，其称小国，多宝器。今国迫于难而宝器不出者，其心以为攻卫醳卫不以王为主，故宝器虽出必不入于王也。臣窃料之，先言醳卫者必受卫者也。"如耳出，成陵君入，以其言见魏王。魏王听其说，罢其兵，免成陵君，终身不见。

九年，与秦王会临晋。张仪、魏章皆归于魏。魏相田需死，楚害张仪、犀首、薛公。楚相昭鱼谓苏代曰："田需死，吾恐张仪、犀首、薛公有一人相魏者也。"代曰："然相者欲谁而君便之？"昭鱼曰："吾欲太子之自相也。"代曰："请为君北，必相之。”昭鱼曰：
“奈何？”对曰：“君其为梁王，
代请说君。”昭鱼曰：“奈何？”
对曰：“代也从楚来，昭鱼甚忧，
曰：‘田需死，吾恐张仪、犀
首、薛公有一人相魏者也。’
代曰：‘梁王，长主也，必不
相张仪。张仪相，必右秦而左魏。
犀首相，必右韩而左魏。薛公相，
必右齐而左魏。梁王，长主也，
必不便也。’王曰：‘然则寡
人孰相？’代曰：‘莫若太
子之自相。太子之自相，是三
人者皆以太子为非常相也，皆
将务以其国事魏，欲得丞相玺
也。以魏之强，而三万乘之国
辅之，魏必安矣。故曰莫若太
子之自相也。’”遂北见梁王，
以此告之。太子果相魏。

十年，张仪死。十一年，
与秦武王会应。十二年，太子
朝于秦。秦来伐我皮氏，未
拔而解。十四年，秦来归武王
后。十六年，秦拔我蒲反、阳
晋、封陵。十七年，与秦会临晋。
秦予我蒲反。十八年，与秦伐楚。
二十一年，与齐、韩共败秦军

昭鱼说：“怎么做呢？”回答说：“您现
在假装是魏王，我来游说您。”昭鱼说：
“怎样游说？”苏代回答说：“我也是从
楚国前来，昭鱼很担忧，他说：‘田需已
死，我担心张仪、犀首、薛公有一人成为
魏相。’我回答说：‘魏王是位贤君，一定
不会让张仪做相国。张仪做了相国，必定
帮助秦国而不帮助魏国。犀首做了相国，
必定帮助韩国而不帮助魏国。薛公做了相
国，必定帮助齐国而不帮助魏国。魏王是
位贤君，必定知道这样不利。’魏王说：‘那
寡人让谁担任相国？’苏代说：‘不如太子
自己担任相国。太子亲自担任相国，这三
人都会认为太子不会长久为相，都会尽力
让他原来的国家侍奉魏国，以此来争得丞
相之位。以魏国的强大，又有三个万乘大
国辅佐，魏国必然安定。所以说不如太子
自己担任相国。’”于是苏代北上拜见魏王，
把这些话告诉他。最后太子果然担任魏国
相国。

哀王十年，张仪去世。哀王十一年，
与秦武王在应邑会晤。哀王十二年，魏太
子朝见秦王。秦军来讨伐魏国皮氏，没有
攻克而撤退。哀王十四年，秦国把武王后
送回魏国。哀王十六年，秦国夺取魏国蒲
反、阳晋、封陵。哀王十七年，与秦王在
临晋会晤。秦王归还魏国蒲反。哀王十八
年，与秦国一起讨伐楚国。哀王二十一年，

与齐国、韩国共同在函谷关打败秦军。

哀王二十三年，秦国又归还魏国的河外及封陵来讲和。哀王去世，儿子昭王即位。

昭王元年，秦国夺取魏国襄城。昭王二年，与秦军交战，魏国没有取胜。昭王三年，帮助韩国攻打秦国，秦将白起在伊阙打败魏军二十四万人。昭王六年，给秦国黄河以东方圆四百里的土地。芒卯以欺诈的手段得到魏国重用。昭王七年，秦军攻取魏国大小城池六十一座。昭王八年，秦昭王称为西帝，齐湣王称为东帝，一个多月后，又都称王去掉帝号。昭王九年，秦军攻取魏国新垣、曲阳二城。

昭王十年，齐国灭了宋国，宋王死在魏国温邑。昭王十二年，与秦国、赵国、韩国、燕国共同讨伐齐国，在济西打败齐军，湣王出外逃亡。燕军独自深入临淄。昭王与秦王在西周会见。

昭王十三年，秦国攻取魏国安城。军队到了大梁，离去。昭王十八年，秦国攻取郢都，楚王迁都陈地。

昭王十九年，昭王去世，儿子安釐王即位。

安釐王元年，秦国攻取魏国两城。安釐王二年，又攻取魏国两座城，驻军大梁城下，韩国前来救援，魏国把温邑割给秦国求和。安釐王三年，秦军攻取魏国四城，杀死魏国四万人。安釐王四年，秦军攻破

函谷。

二十三年，秦复予我河外及封陵为和。哀王卒，子昭王立。

昭王元年，秦拔我襄城。二年，与秦战，我不利。三年，佐韩攻秦，秦将白起败我军伊阙二十四万。六年，予秦河东地方四百里。芒卯以诈重。七年，秦拔我城大小六十一。八年，秦昭王为西帝，齐湣王为东帝，月余，皆复称王归帝。九年，秦拔我新垣、曲阳之城。

十年，齐灭宋，宋王死我温。十二年，与秦、赵、韩、燕共伐齐，败之济西，湣王出亡。燕独入临菑。与秦王会西周。

十三年，秦拔我安城。兵到大梁，去。十八年，秦拔郢，楚王徙陈。

十九年，昭王卒，子安釐王立。

安釐王元年，秦拔我两城。二年，又拔我二城，军大梁下，韩来救，予秦温以和。三年，秦拔我四城，斩首四万。四年，秦破我及韩、赵，杀十五万人，

走我将芒卯。魏将段干子请予秦南阳以和。苏代谓魏王曰："欲玺者段干子也，欲地者秦也。今王使欲地者制玺，使欲玺者制地，魏氏地不尽则不知已。且夫以地事秦，譬犹抱薪救火，薪不尽，火不灭。"王曰："是则然也。虽然，事始已行，不可更矣。"对曰："王独不见夫博之所以贵枭者，便则食，不便则止矣。今王曰'事始已行，不可更'，是何王之用智不如用枭也？"

九年，秦拔我怀。十年，秦太子外质于魏死。十一年，秦拔我郪丘。

秦昭王谓左右曰："今时韩、魏与始孰强？"对曰："不如始强。"王曰："今时如耳、魏齐与孟尝、芒卯孰贤？"对曰："不如。"王曰："以孟尝、芒卯之贤，率强韩、魏以攻秦，犹无奈寡人何也。今以无能之如耳、魏齐而率弱韩、魏以伐秦，其无奈寡人何亦明矣。"左右皆曰："甚然。"中旗冯琴而对曰："王之料天下过矣。

魏国及韩国、赵国，杀死十五万人，赶走魏国将军芒卯。魏将段干子请求给秦国南阳以求和。苏代对魏王说："想得到印玺的是段干子，想得到土地的是秦国。现在大王让想得到地的人控制印玺，想得到印玺的人控制土地，魏国领土不丧失殆尽就不会停止。况且用土地来侍奉秦国，犹如抱着薪柴去救火，薪不尽，火不灭。"魏王说："是这样的。但是事情已经开始实行，不可更改。"苏代回答说："大王难道没有看见博戏的人之所以看重枭子，是因为有利就可以吃掉棋子，不利就不吃。如今大王说'事情已经实行，不能更改'，为什么大王使用智谋还不如使用枭子的呢？"

安釐王九年，秦国攻取魏国怀邑。安釐王十年，秦太子做人质死在魏国。安釐王十一年，秦国攻取魏国郪丘。

秦昭王对身边的侍臣说："现在韩国、魏国和它们开始时相比哪个更强？"侍臣回答说："不如开始时强。"昭王说："现在如耳、魏齐与孟尝、芒卯谁更贤能？"侍臣回答说："如耳、魏齐不如孟尝、芒卯贤能。"昭王说："以孟尝、芒卯的贤能，率领强大的韩国、魏国来攻打秦国，还是对寡人无可奈何。如今用无能的如耳、魏齐而率领衰弱的韩国、魏国来讨伐秦国，他们对寡人无可奈何已经是很明显的了。"侍臣都说："非常正确。"中旗抚着琴回答说："大王对天下的形势估计不够准确。当初晋国六卿掌权时，智氏最强，灭了范氏、中行氏，又率领韩国、魏国的军队在晋阳围攻赵襄子，决开晋水来淹灌晋阳城，只剩三版高没有淹没。智伯指挥淹灌，魏桓子御车，韩康子为参乘。智伯说：'我当初不知道水可以灭他国，如今知道了。汾水可以灌淹安邑，绛水可以灌平阳。'魏桓子用手肘碰韩康子，韩康子用脚碰魏桓子，互相在车上用手肘和脚给信号，结果智氏土地被瓜分，身死国亡，被天下人嘲笑。现在秦国虽然强大，但不能超过智氏；韩国、魏国虽然弱，但还是强于当初在晋阳之时。现在正是他们动用手肘和脚给信号的时候，希望大王不要轻视！"这时候秦王害怕了。

齐国、楚国相约攻打魏国，魏国派人向秦国求救，派出的使者往来不绝，而秦国的救兵却不到。魏国有位叫唐雎的人，九十多岁了，对魏王说："老臣请求向西去游说秦王，让秦国军队在我离秦之前出发。"魏王拜了两拜，于是准备好车辆派他前往。唐雎到达，入宫拜见秦王。秦王说："老人家从远处来到这里，太辛苦了！魏国已经数次来求救了，寡人已经知道魏国的危急。"唐雎回答说："大王已经知道魏国的危急而不发救兵，我私下认为是出谋划策之臣无能。魏国是万乘之国，然

当晋六卿之时，知氏最强，灭范、中行，又率韩、魏之兵以围赵襄子于晋阳，决晋水以灌晋阳之城，不湛者三版。知伯行水，魏桓子御，韩康子为参乘。知伯曰：'吾始不知水之可以亡人之国也，乃今知之。汾水可以灌安邑，绛水可以灌平阳。'魏桓子肘韩康子，韩康子履魏桓子，肘足接于车上，而知氏地分，身死国亡，为天下笑。今秦兵虽强，不能过知氏；韩、魏虽弱，尚贤其在晋阳之下也。此方其用肘足之时也，愿王之勿易也！"于是秦王恐。

齐、楚相约而攻魏，魏使人求救于秦，冠盖相望也，而秦救不至。魏人有唐雎者，年九十余矣，谓魏王曰："老臣请西说秦王，令兵先臣出。"魏王再拜，遂约车而遣之。唐雎到，入见秦王。秦王曰："丈人芒然乃远至此，甚苦矣！夫魏之来求救数矣，寡人知魏之急已。"唐雎对曰："大王已知魏之急而救不发者，臣窃以为用策之臣无任矣。夫魏，

一万乘之国也，然所以西面而事秦，称东藩，受冠带，祠春秋者，以秦之强足以为与也。今齐、楚之兵已合于魏郊矣，而秦救不发，亦将赖其未急也。使之大急，彼且割地而约从，王尚何救焉？必待其急而救之，是失一东藩之魏而强二敌之齐、楚，则王何利焉？”于是秦昭王遽为发兵救魏。魏氏复定。

赵使人谓魏王曰：“为我杀范痤，吾请献七十里之地。”魏王曰：“诺。”使吏捕之，围而未杀。痤因上屋骑危，谓使者曰：“与其以死痤市，不如以生痤市。有如痤死，赵不予王地，则王将奈何？故不若与先定割地，然后杀痤。”魏王曰：“善。”痤因上书信陵君曰：“痤，故魏之免相也，赵以地杀痤而魏王听之，有如强秦亦将袭赵之欲，则君且奈何？”信陵君言于王而出之。

魏王以秦救之故，欲亲秦而伐韩，以求故地。无忌谓魏王曰：

而之所以向西侍奉秦国，自称东藩，接受冠带，春秋两季给秦国供奉祭品，是因为秦国的强大足以结为盟国。如今齐国、楚国的军队已经在魏国郊野会合，而秦国不发兵援救，也是认为魏国没到危急之时。假使魏国情势危急，就要割地而约定合纵，大王还如何援救呢？必须魏国危急才来救，是失去东藩的魏国而强大齐、楚两个敌国，那么大王有什么利可图呢？”于是秦昭王立刻发兵救援魏国。魏国又安定了。

赵王派人对魏王说：“替我杀了范痤，我愿意献出七十里土地。”魏王说："好。"派官吏逮捕范痤，包围了他的家但还没有杀他。范痤趁机爬上屋顶骑在房脊上，对使臣说："与其拿死的范痤去做交易，不如拿活的范痤去做交易。如果范痤死了，赵王不给大王土地，那么大王将如何？所以不如先与赵国划定要割让的土地，然后杀范痤。"魏王说："好。"范痤趁机上书给信陵君说："我原是魏国被罢黜的宰相，赵王以割地为条件来杀我而魏王听从了他，假如强秦也沿用赵国的办法对待您，那么您将怎么办呢？"信陵君向魏王进谏之后释放了范痤。

魏王因为秦国的援救，想亲近秦国而讨伐韩国，以求取原来的土地。无忌对魏王说：

秦国与戎、翟习俗相同，有虎狼一样的心肠，贪婪、好利、不讲信用，不懂得礼义德行。若有利，不顾亲戚兄弟之情，像禽兽一样，这是天下人都知道的，他们不曾施恩积德。所以太后是秦王的母亲，而竟忧愁而死；穰侯是秦王的舅舅，功劳没有比他大的，而竟然被驱逐；两个弟弟无罪，却一再被削夺封国。对于亲戚尚且如此，何况对仇敌之国呢？如今大王与秦国共同讨伐韩国就会更加接近秦国这一祸患，我对此非常疑惑不解。大王不识此理就是不明智，群臣不奏明让您了解就是不忠诚。

如今韩国依靠一个女人辅佐一个幼弱的君主，国内有大乱，对外与强大的秦国、魏国作战，大王认为韩国不会灭亡吗？韩国灭亡，秦国拥有郑国土地，与大梁接壤，大王认为会安宁吗？大王想得到以前的失地，就要和强秦接壤亲近，大王认为这样有利可图吗？

秦国不是安分的国家，韩国灭亡以后必然会再挑起事端，那时必定选择容易的和有利可图的，容易和有利可图必定不会讨伐楚国与赵国了。为什么呢？翻山越岭，渡河涉水，穿过韩国的上党去攻打强大的赵国，这是将重复阏与之事，秦王一定不这样做；如果经过河内，背向邺城、朝歌，

秦与戎翟同俗，有虎狼之心，贪戾好利无信，不识礼义德行。苟有利焉，不顾亲戚兄弟，若禽兽耳，此天下之所识也，非有所施厚积德也。故太后母也，而以忧死；穰侯舅也，功莫大焉，而竟逐之；两弟无罪，而再夺之国。此于亲戚若此，而况于仇雠之国乎？今王与秦共伐韩而益近秦患，臣甚惑之。而王不识则不明，群臣莫以闻则不忠。

今韩氏以一女子奉一弱主，内有大乱，外交强秦魏之兵，王以为不亡乎？韩亡，秦有郑地，与大梁邻，王以为安乎？王欲得故地，今负强秦之亲，王以为利乎？

秦非无事之国也，韩亡之后，必将更事，更事，必就易与利，就易与利，必不伐楚与赵矣。是何也？夫越山逾河，绝韩上党而攻强赵，是复阏与之事，秦必不为也。若道河内，倍邺、朝歌，绝漳滏水，与赵

兵决于邯郸之郊，是知伯之祸也，秦又不敢。伐楚，道涉谷，行三千里而攻冥厄之塞，所行甚远，所攻甚难，秦又不为也。若道河外，倍大梁，右上蔡召陵，与楚兵决于陈郊，秦又不敢。故曰秦必不伐楚与赵矣，又不攻卫与齐矣。

夫韩亡之后，兵出之日，非魏无攻已。秦固有怀、茅、邢丘，城垝津以临河内，河内共、汲必危；有郑地，得垣雍，决荥泽水灌大梁，大梁必亡。王之使者出过而恶安陵氏于秦，秦之欲诛之久矣。秦叶阳、昆阳与舞阳邻，听使者之恶之，随安陵氏而亡之，绕舞阳之北，以东临许，南国必危，国无害乎？

夫憎韩不爱安陵氏可也，夫不患秦之不爱南国非也。异日者，秦在河西，晋国去梁千里，有河山以阑之，有周韩以间之。从林乡军以至于今，秦七攻魏，五入圉中，边城尽拔，文台堕，垂都焚，林木伐，麋鹿尽，而国继以围。又长驱梁北，东至

横渡漳水、滏水，与赵兵在邯郸郊外决战，这是重演智伯之祸，秦国又不敢这样做；讨伐楚国，取路涉谷，行三千里，攻打冥厄之塞，所行走的路太远，所进攻的目标太难，秦国又不会这样做；如果取道河外，跨过大梁，右边有上蔡、召陵，与楚军在陈城郊野交战，秦国又不敢。所以说秦国一定不会讨伐楚国和赵国，也不会攻打卫国和齐国。

韩国灭亡之后，秦国出兵的时候，除去魏国就没有可进攻的。秦国本就占有怀邑、茅邑、邢丘，在垝津筑城逼近河内，河内的共邑、汲邑必然危险；秦国占据郑地，得到垣雍，决开荥泽的水淹灌大梁，大梁一定灭亡。大王的使臣去秦已成过失，而又在秦国诽谤安陵氏，秦国想诛灭安陵氏已经很久了。秦国的叶阳、昆阳与舞阳相邻，听任使臣诽谤安陵氏，任由安陵氏被灭亡。绕过舞阳北边，从东面逼近许邑，南方必然危险，这对魏国无害吗？

憎恶韩国、不在乎安陵氏是可以的，不忧患秦国、不在乎南国是不可以的。以前，秦国在河西的晋国土地上，距离大梁一千里，有黄河高山阻挡，还有周国、韩国相间。从林乡用兵至今，秦国七次攻打魏国，五次进入圉中，边境城邑全被侵占，文台被毁，垂都被焚，林木被伐，麋鹿杀尽，继而国都被围。又长驱大梁城北，东面直

达陶邑、卫城的郊外，向北直达东平监地。被秦国侵占的土地，有山南山北，河外河内，几十个大县，数百座名都。那时秦国边界还在河西，晋国西部边界距大梁一千里时，祸患就如此了。更何况让秦国灭韩国，拥有郑国故地，没有了河山的拦挡，没有了周国、韩国相阻隔。秦国距大梁一百里，祸患必定由此开始。

以前，合纵没有成功，是由于楚国、魏国互相猜疑而韩国又不能参加。如今韩国遭受战乱已有三年，秦国使韩国屈从与它媾和，韩国自知要灭亡，不肯听从，反而送人质到赵国，请求做天下诸侯的先锋与秦国死战，楚国、赵国一定集结兵力，他们都能看出来秦国的欲望是无穷的，不消灭天下所有国家使海内的百姓臣服，必不罢休。所以臣愿意用合纵的办法为大王做事，大王立即接受楚国、赵国的盟约，依靠上党地区来保全韩国，以求得故地，韩国必会归还。这样士民不受劳苦而得到故地，这样做的作用大过与秦国共同讨伐韩国，而又没有与强秦为近邻的祸患。

保存韩国、安定魏国有利于天下，这也是上天赐给大王的良机。开通韩国上党到共邑、甯邑的道路，使道路经过安成，进出的商贾都交纳赋税，这就等于是魏国又把韩国的上党作为抵押。如今有了这些赋税，足以使国家富足。韩国必定感激魏

陶卫之郊，北至平监。所亡于秦者，山南山北，河外、河内，大县数十，名都数百。秦乃在河西，晋去梁千里，而祸若是矣。又况于使秦无韩，有郑地，无河山而阑之，无周韩而间之，去大梁百里，祸必由此矣。

异日者，从之不成也，楚、魏疑而韩不可得也。今韩受兵三年，秦桡之以讲，识亡不听，投质于赵，请为天下雁行顿刃，楚赵必集兵，皆识秦之欲无穷也，非尽亡天下之国而臣海内，必不休矣。是故臣愿以从事王，王速受楚、赵之约，而挟韩之质以存韩，而求故地，韩必效之。此士民不劳而故地得，其功多于与秦共伐韩，而又与强秦邻之祸也。

夫存韩安魏而利天下，此亦王之天时已。通韩上党于共、甯，使道安成，出入赋之，是魏重质韩以其上党也。今有其赋，足以富国。韩必德魏爱魏重魏畏魏，韩必不敢反魏，是

韩则魏之县也。魏得韩以为县，卫大梁，河外必安矣。今不存韩，二周、安陵必危，楚、赵大破，卫、齐甚畏，天下西乡而驰秦入朝而为臣不久矣。

国，爱戴魏国，尊崇魏国，畏惧魏国，韩国必定不敢反叛魏国，相当于韩国是魏国的县。魏国得到韩国作为郡县，大梁、河外必会安宁了。如今不保全韩国，东西二周、安陵必定危险，楚国、赵国大败，卫国、齐国非常惧怕，天下诸侯都向西奔赴秦国去朝拜称臣的日子没多久了。

二十年，秦围邯郸，信陵君无忌矫夺将军晋鄙兵以救赵，赵得全。无忌因留赵。二十六年，秦昭王卒。

三十年，无忌归魏，率五国兵攻秦，败之河外，走蒙骜。魏太子增质于秦，秦怒，欲囚魏太子增。或为增谓秦王曰："公孙喜固谓魏相曰：'请以魏疾击秦，秦王怒，必囚增。魏王又怒，击秦，秦必伤。'今王囚增，是喜之计中也。故不若贵增而合魏，以疑之于齐、韩。"秦乃止增。

三十一年，秦王政初立。

三十四年，安釐王卒，太子增立，是为景湣王。信陵君无忌卒。

景湣王元年，秦拔我二十

安釐王二十年，秦军围攻邯郸，信陵君无忌假借君命夺去将军晋鄙的军队去救赵国，赵国得以保全。无忌因此留在赵国。安釐王二十六年，秦昭王去世。

安釐王三十年，无忌返回魏国，率领五国军队攻打秦国，在河外打败秦军，赶走蒙骜。魏太子增在秦国做人质，秦王恼怒，想囚禁魏太子增。有人为太子增对秦王说："公孙喜本就对魏相说：'请用魏军快速袭击秦国，秦王发怒，一定囚禁太子增。魏王又会发怒，袭击秦国，秦国必定伤害太子增。'如今大王囚禁增，是中了公孙喜的计策。所以不如使太子增显贵而与魏国联合，让魏国受到齐国、韩国的猜疑。"秦王才不打算囚禁太子增。

安釐王三十一年，秦王政即位。

安釐王三十四年，安釐王去世，太子增即位，就是景湣王。信陵君无忌去世。

景湣王元年，秦国攻下魏国二十座城

邑，设置为秦国东郡。景湣王二年，秦国攻取魏国朝歌。卫国迁到野王。景湣王三年，秦国攻取魏国汲邑。景湣王五年，秦军攻取魏国的垣邑、蒲阳、衍邑。景湣王十五年，景湣王去世，儿子王假即位。

王假元年，燕太子丹派荆轲刺杀秦王，被秦王察觉。

王假三年，秦军用水灌大梁，俘虏王假，最终灭了魏国，在其地设置郡县。

太史公说：我到过以前大梁的旧墟，旧墟中的人说："秦军攻破大梁，引河沟之水来淹灌大梁，经过三个月城池毁坏，魏王请求投降，秦军于是灭了魏国。"议论的人都说是因为魏王不重用信陵君，国家才削弱以至于灭亡，我认为不对。上天正是让秦国平定海内，它的功业尚未完成，魏国即使得到阿衡的辅佐，又有什么用呢？

城，以为秦东郡。二年，秦拔我朝歌。卫徙野王。三年，秦拔我汲。五年，秦拔我垣、蒲阳、衍。十五年，景湣王卒，子王假立。

王假元年，燕太子丹使荆轲刺秦王，秦王觉之。

三年，秦灌大梁，虏王假，遂灭魏以为郡县。

太史公曰：吾适故大梁之墟，墟中人曰："秦之破梁，引河沟而灌大梁，三月城坏，王请降，遂灭魏。"说者皆曰魏以不用信陵君故，国削弱至于亡，余以为不然。天方令秦平海内，其业未成，魏虽得阿衡之佐，曷益乎？

史记卷四十五
世家第十五

韩世家

韩氏的祖先与周天子同姓，姓姬氏。他的后代为晋国做事，在韩原得到封地，叫韩武子。韩武子之后传三代有韩厥，随封地而姓韩氏。

韩厥，在晋景公三年时，晋国司寇屠岸贾将要作乱，要诛杀贼杀灵公的大臣赵盾。赵盾已经死了，想除掉他的儿子赵朔。韩厥阻止屠岸贾，屠岸贾不听。韩厥告诉赵朔，让他逃亡。赵朔说："您一定能不让赵氏宗庙祭祀断绝，我死了也没有遗憾了。"韩厥答应了他。等到屠岸贾杀掉赵氏，韩厥称病不出。程婴、公孙杵臼藏匿赵氏孤儿赵武，韩厥知道此事。

景公十一年，韩厥与郤克率八百乘兵车讨伐齐国，在鞍城打败齐顷公，俘获逢丑父。在这时晋国设置六卿，韩厥位居一卿，号称献子。

晋景公十七年，晋景公生病，占卜，是大业后代的断绝祭祀者在作祟。韩厥称赞赵成季的功勋，说他如今却没有后祀，

韩之先与周同姓，姓姬氏。其后苗裔事晋，得封于韩原，曰韩武子。武子后三世有韩厥，从封姓为韩氏。

韩厥，晋景公之三年，晋司寇屠岸贾将作乱，诛灵公之贼赵盾。赵盾已死矣，欲诛其子赵朔。韩厥止贾，贾不听。厥告赵朔令亡。朔曰："子必能不绝赵祀，死不恨矣。"韩厥许之。及贾诛赵氏，厥称疾不出。程婴、公孙杵臼之藏赵孤赵武也，厥知之。

景公十一年，厥与郤克将兵八百乘伐齐，败齐顷公于鞌，获逢丑父。于是晋作六卿，而韩厥在一卿之位，号为献子。

晋景公十七年，病，卜，大业之不遂者为祟。韩厥称赵成季之功，今后无祀，以感景

公。景公问曰："尚有世乎？"厥于是言赵武，而复与故赵氏田邑，续赵氏祀。

晋悼公之七年，韩献子老。献子卒，子宣子代。宣子徙居州。

晋平公十四年，吴季札使晋，曰："晋国之政卒归于韩、魏、赵矣。"晋顷公十二年，韩宣子与赵、魏共分祁氏、羊舌氏十县。晋定公十五年，宣子与赵简子侵伐范、中行氏。宣子卒，子贞子代立。贞子徙居平阳。

贞子卒，子简子代。简子卒，子庄子代。庄子卒，子康子代。康子与赵襄子、魏桓子共败知伯，分其地，地益大，大于诸侯。

康子卒，子武子代。武子二年，伐郑，杀其君幽公。十六年，武子卒，子景侯立。

景侯虔元年，伐郑，取雍丘。二年，郑败我负黍。

六年，与赵、魏俱得列为诸侯。

九年，郑围我阳翟。景侯卒，子列侯取立。

列侯三年，聂政杀韩相侠累。九年，秦伐我宜阳，取六

以此来触动景公。景公问道："他还有后代在世吗？"韩厥就说有赵武，于是恢复原来赵氏的田邑，延续赵氏祭祀。

晋悼公七年，韩献子告老。献子去世，儿子宣子嗣位。宣子迁居州地。

晋平公十四年，吴国季札出使晋国，说："晋国政权最终归于韩氏、魏氏、赵氏。"晋顷公十二年，韩宣子与赵氏、魏氏共同瓜分祁氏、羊舌氏十个县。晋定公十五年，宣子与赵简子侵伐范氏、中行氏。韩宣子去世，儿子贞子继承爵位。贞子迁居平阳。

贞子去世，儿子简子即位。简子去世，儿子庄子即位。庄子去世，儿子康子即位。康子与赵襄子、魏桓子共同打败智伯，瓜分他的土地，韩康子领地逐渐广大，比诸侯的还大。

康子去世，儿子武子即位。武子二年，讨伐郑国，杀掉郑国国君幽公。十六年，武子去世，儿子景侯即位。

景侯虔元年，讨伐郑国，夺取雍丘。景侯二年，郑国在负黍打败韩国。

景侯六年，与赵国、魏国一同被列为诸侯。

景侯九年，郑国围困韩国阳翟。景侯去世，儿子列侯取即位。

列侯三年，聂政杀死韩国丞相侠累。列侯九年，秦国讨伐韩国宜阳，夺取六座

城邑。列侯十三年，列侯去世，儿子文侯即位。这年魏文侯去世。

韩文侯二年，讨伐郑国，夺取阳城。讨伐宋国，到彭城，俘虏宋君。韩文侯七年，讨伐齐国，到桑丘。郑国背叛晋国。韩文侯九年，讨伐齐国，到灵丘。韩文侯十年，文侯去世，儿子哀侯即位。

哀侯元年，与赵国、魏国瓜分晋国。哀侯二年，灭掉郑国，并迁都郑地。

哀侯六年，韩严弑杀国君哀侯，哀侯的儿子懿侯即位。

懿侯二年，魏国在马陵打败韩军。懿侯五年，与魏惠王在宅阳会晤。懿侯九年，魏军在浍水打败韩军。懿侯十二年，懿侯去世，儿子昭侯即位。

昭侯元年，秦军在西山打败韩军。昭侯二年，宋国夺取韩国黄池。魏国夺取朱邑。昭侯六年，讨伐东周，夺取陵观、邢丘。

昭侯八年，申不害担任韩国丞相，制定刑名法术，推行强国政道，国内得到治理，诸侯国不敢前来侵犯。

昭侯十年，韩姬弑杀晋君悼公。昭侯十一年，昭侯去秦国。昭侯二十二年，申不害去世。昭侯二十四年，秦国攻取韩国宜阳。

昭侯二十五年，发生旱灾，修筑高门。屈宜臼说："昭侯出不了这座门。为什么？不合时宜。我所说的'时'，不是时日，

邑。十三年，列侯卒，子文侯立。是岁魏文侯卒。

文侯二年，伐郑，取阳城。伐宋，到彭城，执宋君。七年，伐齐，至桑丘。郑反晋。九年，伐齐，至灵丘。十年，文侯卒，子哀侯立。

哀侯元年，与赵、魏分晋国。二年，灭郑，因徙都郑。

六年，韩严弑其君哀侯，而子懿侯立。

懿侯二年，魏败我马陵。五年，与魏惠王会宅阳。九年，魏败我浍。十二年，懿侯卒，子昭侯立。

昭侯元年，秦败我西山。二年，宋取我黄池。魏取朱。六年，伐东周，取陵观、邢丘。

八年，申不害相韩，修术行道，国内以治，诸侯不来侵伐。

十年，韩姬弑其君悼公。十一年，昭侯如秦。二十二年，申不害死。二十四年，秦来拔我宜阳。

二十五年，旱，作高门。屈宜臼曰："昭侯不出此门。何也？不时。吾所谓时者，非

时日也，人固有利不利时。昭侯尝利矣，不作高门。往年秦拔宜阳，今年旱，昭侯不以此时恤民之急，而顾益奢，此谓'时绌举赢'。"二十六年，高门成，昭侯卒，果不出此门。子宣惠王立。

宣惠王五年，张仪相秦。八年，魏败我将韩举。十一年，君号为王。与赵会区鼠。十四年，秦伐败我鄢。

十六年，秦败我脩鱼，虏得韩将鲠、申差于浊泽。韩氏急，公仲谓韩王曰："与国非可恃也。今秦之欲伐楚久矣，王不如因张仪为和于秦，赂以一名都，具甲，与之南伐楚，此以一易二之计也。"韩王曰："善。"乃警公仲之行，将西购于秦。楚王闻之大恐，召陈轸告之。陈轸曰："秦之欲伐楚久矣，今又得韩之名都一而具甲，秦、韩并兵而伐楚，此秦所祷祀而求也。今已得之矣，楚国必伐矣。王听臣为之警四境之内，起师言救韩，命战车满道路，发信臣，多其车，重其币，使信王之救己也。纵韩

人本来有吉利和不吉利的时候。昭侯曾经顺利时，没有修建高门。去年秦军攻取宜阳，今年发生旱灾，昭侯此时不体恤百姓的危急，救济安抚，反而更加奢侈，这叫作'时运衰败时反而做豪奢的事'。"昭侯二十六年，高门建成，昭侯去世，果然没有出这座门。儿子宣惠王即位。

宣惠王五年，张仪任秦国丞相。宣惠王八年，魏军打败韩将韩举。宣惠王十一年，韩君称王。与赵国在区鼠会晤。宣惠王十四年，秦军在鄢邑击败韩国。

宣惠王十六年，秦军在脩鱼打败韩军，在浊泽俘虏韩国将领鲠、申差。韩国告急，公仲对韩王说："盟国是不可靠的。如今秦国想讨伐楚国很久了，大王不如通过张仪与秦国交好，用一座名都贿赂他们，连同甲胄，和它向南讨伐楚国，这是用一换二的计谋。"韩王说："好。"于是为公仲出行做好警戒准备，准备让他西去与秦王讲和。楚王听说后非常担忧，召见陈轸，告诉他。陈轸说："秦国想讨伐楚国已经很久了。现在又得到韩国的名都和甲胄，秦国、韩国联合军力讨伐楚国，这是秦国祈祷祭祀都希望得到的。如今已经得到，楚国一定被伐。大王听从我的计策，严防楚国四面边境，兴兵声称救援韩国，让战车排满道路，派遣使臣，配备很多车辆，携带贵重礼物，让韩国相信大王援救他们。

纵使韩国不能听信我们，韩国必定感恩大王，必不会列阵前来，这样秦国、韩国就会不和，即使大军前来，楚国也不会有大的危险。如果韩国听从我们而与秦国绝交，秦王必定恼怒，将会痛恨韩国。韩国向南结交楚国，必定轻视秦国；轻视秦国，就会对秦国不恭敬，这样可以利用秦国、韩国的矛盾来免除楚国的祸患。"楚王说："好吧。"于是严防楚国四面边境，兴兵声称救援韩国。命令战车排满道路，派遣使臣，配备很多车辆，携带贵重礼物。对韩王说："敝国虽小，已经发动全部兵力了。愿贵国肆意与秦国作战，敝国将让楚军为韩国死战。"韩王听了非常高兴，于是停止了公仲西去秦国的行动。公仲说："不可以。实际讨伐我们的是秦国，以虚名救我们的是楚国。大王依靠楚国的虚名，而轻易与强敌秦国断交，大王必会被天下人嘲笑。况且楚国、韩国并非兄弟国家，也不是早有盟约共同讨伐秦国。已经有了讨伐楚国的迹象，楚国才乘机发兵声称援救韩国，这必是陈轸的计谋。而且大王已经派人告知秦国，现在不去是欺骗秦国。轻易欺骗强大的秦国而听信楚国谋臣，恐怕大王必会后悔。"韩王不听，之后与秦国断交。秦国因此大怒，增派兵力讨伐韩国，发生大战，楚国救兵没有到达韩国。韩宣王十九年，秦军攻破韩国岸门。韩太子仓

不能听我，韩必德王也，必不为雁行以来，是秦、韩不和也，兵虽至，楚不大病也。为能听我绝和于秦，秦必大怒，以厚怨韩。韩之南交楚，必轻秦；轻秦，其应秦必不敬：是因秦、韩之兵而免楚国之患也。"楚王曰："善。"乃警四境之内，兴师言救韩。命战车满道路，发信臣，多其车，重其币。谓韩王曰："不谷国虽小，已悉发之矣。愿大国遂肆志于秦，不谷将以楚殉韩。"韩王闻之大说，乃止公仲之行。公仲曰："不可。夫以实伐我者秦也，以虚名救我者楚也。王恃楚之虚名，而轻绝强秦之敌，王必为天下大笑。且楚韩非兄弟之国也，又非素约而谋伐秦也。已有伐形，因发兵言救韩，此必陈轸之谋也。且王已使人报于秦矣，今不行，是欺秦也。夫轻欺强秦而信楚之谋臣，恐王必悔之。"韩王不听，遂绝于秦。秦因大怒，益甲伐韩，大战，楚救不至韩。十九年，大破我岸门。太子仓质于秦以和。

二十一年，与秦共攻楚，败楚将屈匄，斩首八万于丹阳。是岁，宣惠王卒，太子仓立，是为襄王。

襄王四年，与秦武王会临晋。其秋，秦使甘茂攻我宜阳。五年，秦拔我宜阳，斩首六万。秦武王卒。六年，秦复与我武遂。九年，秦复取我武遂。十年，太子婴朝秦而归。十一年，秦伐我，取穰。与秦伐楚，败楚将唐眛。

十二年，太子婴死。公子咎、公子虮虱争为太子。时虮虱质于楚。苏代谓韩咎曰："虮虱亡在楚，楚王欲内之甚。今楚兵十余万在方城之外，公何不令楚王筑万室之都雍氏之旁，韩必起兵以救之，公必将矣。公因以韩、楚之兵奉虮虱而内之，其听公必矣，必以楚、韩封公也。"韩咎从其计。

楚围雍氏，韩求救于秦。秦未为发，使公孙昧入韩。公仲曰："子以秦为且救韩乎？"对曰："秦王之言曰'请道南郑、蓝田，出兵于楚以待

去秦国做人质双方才讲和。

宣惠王二十一年，与秦国共同讨伐楚国，打败楚将屈匄，在丹阳斩首八万楚军。这年，宣惠王去世，太子仓即位，就是襄王。

襄王四年，与秦武王在临晋会晤。这年秋天，秦王派甘茂攻打韩国宜阳。襄王五年，秦国夺取宜阳，斩首六万。秦武王去世。襄王六年，秦国归还韩国武遂。襄王九年，秦国再次夺取韩国武遂。襄王十年，太子婴朝见秦王而回。襄王十一年，秦国讨伐韩国，夺取穰邑。与秦军讨伐楚国，楚将唐眛战败。

襄王十二年，太子婴去世。公子咎、公子虮虱争夺太子之位。当时虮虱在楚国做人质。苏代对韩咎说："虮虱流亡在楚国，楚王非常想送他回国即位。如今十多万楚军驻扎在方城外面，您何不让楚王在雍氏旁建筑万户以上的大城，韩国一定发兵相救，您一定做大将。您趁机用韩国和楚国兵力护送虮虱回国，虮虱一定听从您，一定把楚、韩之地分封给您。"韩咎听从了他的计策。

楚军围攻雍氏，韩国向秦国求救。秦国没有发兵，派公孙昧前往韩国。公仲说："您认为秦国会救韩国吗？"公孙昧回答："秦王说'请求取道南郑、蓝田，出兵楚国等待您的军队'，恐怕不能会合了。"

公仲说："您认为果真这样吗？"回答说："秦王必采纳张仪的老计策。楚威王讨伐大梁时，张仪对秦王说：'与楚国攻打魏国，魏国战败而归附楚国，韩国本来就是魏国的盟国，这样秦国就被孤立了。不如出兵迷惑他们，魏国、楚国大战，秦国夺取西河外的土地回师。'现在的情况是秦国表面上声称支持韩国，实际上暗中交好楚国。您等待秦军到来，必会轻率地与楚国交战。楚国若知道秦军不会救援韩国，必会轻易与您展开对抗。如果您战胜楚国，秦国就会与韩国一起趁势攻打楚国，夺取三川而归。如果您战胜不了楚国，楚国阻塞三川而据守，您还是不能相救。我为您感到担忧。司马庚三次往返郢都，甘茂与楚国在商於会见，说是收回印玺，实则另有密约。"公仲害怕了，说："那该怎么办呢？"公孙昧说："您一定先要考虑韩国自身实力，然后再考虑秦国的援救，先想好自救的谋略，然后对付张仪的计谋。您不如尽快与齐国、楚国联合，齐国、楚国必会把国事委托给您。您所厌恶的是张仪，其实没有不重视秦国。"于是楚军解除对雍氏的包围。

苏代又对秦太后的弟弟芈戎说："公叔、伯婴唯恐秦国、楚国送虮虱回国，您为什么不替韩国前往楚国去要回质子呢？楚王答应把虮虱送回韩国，公叔、伯婴就知道秦国和楚国不把虮虱当回事，一定

公'，殆不合矣。"公仲曰："子以为果乎？"对曰："秦王必祖张仪之故智。楚威王攻梁也，张仪谓秦王曰：'与楚攻魏，魏折而入于楚，韩固其与国也，是秦孤也。不如出兵以到之，魏楚大战，秦取西河之外以归。'今其状阳言与韩，其实阴善楚。公待秦而到，必轻与楚战。楚阴得秦之不用也，必易与公相支也。公战而胜楚，遂与公乘楚，施三川而归。公战不胜楚，楚塞三川守之，公不能救也。窃为公患之。司马庚三反于郢，甘茂与昭鱼遇于商於，其言收玺，实类有约也。"公仲恐，曰："然则奈何？"曰："公必先韩而后秦，先身而后张仪。公不如亟以国合于齐楚，齐楚必委国于公。公之所恶者张仪也，其实犹不无秦也。"于是楚解雍氏围。

苏代又谓秦太后弟芈戎曰："公叔、伯婴恐秦楚之内虮虱也，公何不为韩求质子于楚？楚王听入质子于韩，则公叔伯婴知秦楚之不以虮虱为事，

必以韩合于秦楚。秦楚挟韩以窘魏，魏氏不敢合于齐，是齐孤也。公又为秦求质子于楚，楚不听，怨结于韩。韩挟齐魏以围楚，楚必重公。公挟秦楚之重以积德于韩，公叔、伯婴必以国待公。"于是虮虱竟不得归韩。韩立咎为太子。齐、魏王来。

十四年，与齐、魏王共击秦，至函谷而军焉。十六年，秦与我河外及武遂。襄王卒，太子咎立，是为釐王。

釐王三年，使公孙喜率周、魏攻秦。秦败我二十四万，虏喜伊阙。五年，秦拔我宛。六年，与秦武遂地二百里。十年，秦败我师于夏山。十二年，与秦昭王会西周而佐秦攻齐。齐败，湣王出亡。十四年，与秦会两周间。二十一年，使暴鸢救魏，为秦所败，鸢走开封。

二十三年，赵、魏攻我华阳。韩告急于秦，秦不救。韩相国谓陈筮曰："事急，愿公虽病，为一宿之行。"陈筮见穰侯。穰侯曰："事急乎？故

使韩国与秦国、楚国联合。秦国、楚国挟制韩国来侵扰魏国，魏国不敢与齐国联合，这样齐国就被孤立了。您再为秦国向楚国要求质子，楚国不听，就会与韩国结怨。韩国依靠齐国、魏国来围困楚国，楚国一定看重您。您就靠秦国、楚国的尊重对韩国施加恩惠，公叔、伯婴必用整个韩国为您做事。"于是虮虱最终没能回归韩国。韩国立咎为太子。齐王、魏王前往韩国。

襄王十四年，与齐王、魏王共同进攻秦国，到达函谷关并驻军那里。襄王十六年，秦国把河外及武遂归还给韩国。襄王去世，太子咎即位，就是釐王。

韩釐王三年，派公孙喜率领周室、魏国的军队攻打秦国。秦军打败韩军二十四万人，在伊阙俘虏公孙喜。釐王五年，秦国攻占韩国宛邑。釐王六年，把武遂地区二百里送给秦国。釐王十年，秦国在夏山打败韩军。釐王十二年，与秦昭王在西周会晤并帮助秦国攻打齐国。齐国战败，湣王出逃。釐王十四年，与秦王在两周之间会晤。釐王二十一年，派暴鸢救援魏国，被秦军打败，暴鸢逃到开封。

釐王二十三年，赵国、魏国攻打韩国华阳。韩国向秦国告急，秦国不援救。韩国相国对陈筮说："事态紧急，虽然有病，请您也连夜去趟秦国。"陈筮会见穰侯。穰侯说："事态紧急了所以派您来吗？"

陈筮说:"还不急。"穰侯发怒说:"这样的话您的君主还能派您做使臣吗?韩国派出的使臣一个接着一个,告诉我们事态非常着急,您来说不着急,为什么呢?"陈筮说:"韩国如果危急就要改变立场追随他国,因为不紧急,所以我又来了。"穰侯说:"您不必去见秦王了,我现在就请求发兵援救韩国。"八日后秦国军队到达,在华阳山下打败赵军、魏军。这年,釐王去世,儿子桓惠王即位。

桓惠王元年,讨伐燕国。桓惠王九年,秦国攻取韩国陉邑,在汾水旁修建城池。桓惠王十年,秦军在太行山攻打韩军,韩国的上党郡守将上党郡献给赵国。桓惠王十四年,秦国攻取赵国上党,在长平杀死马服君儿子的士卒四十多万人。桓惠王十七年,秦国攻取韩国的阳城、负黍。桓惠王二十二年,秦昭王去世。桓惠王二十四年,秦国攻取韩国的城皋、荥阳。桓惠王二十六年,秦国攻下韩国全部上党郡。桓惠王二十九年,秦国攻取韩国十三座城池。

桓惠王三十四年,桓惠王去世,儿子王安即位。

韩王安五年,秦国攻打韩国,韩国告急,派韩非出使秦国,秦国扣留韩非,之后杀了他。

韩王安九年,秦国俘虏王安,吞并全

使公来。"陈筮曰:"未急也。"穰侯怒曰:"是可以为公之主使乎?夫冠盖相望,告敝邑甚急,公来言未急,何也?"陈筮曰:"彼韩急则将变而佗从,以未急,故复来耳。"穰侯曰:"公无见王,请今发兵救韩。"八日而至,败赵、魏于华阳之下。是岁,釐王卒,子桓惠王立。

桓惠王元年,伐燕。九年,秦拔我陉,城汾旁。十年,秦击我于太行,我上党郡守以上党郡降赵。十四年,秦拔赵上党,杀马服子卒四十余万于长平。十七年,秦拔我阳城、负黍。二十二年,秦昭王卒。二十四年,秦拔我城皋、荥阳。二十六年,秦悉拔我上党。二十九年,秦拔我十三城。

三十四年,桓惠王卒,子王安立。

王安五年,秦攻韩,韩急,使韩非使秦,秦留非,因杀之。

九年,秦虏王安,尽入其地,

为颍川郡。韩遂亡。

太史公曰：韩厥之感晋景公，绍赵孤之子武，以成程婴、公孙杵臼之义，此天下之阴德也。韩氏之功，于晋未睹其大者也。然与赵、魏终为诸侯十余世，宜乎哉！

部韩国的土地，将其设为颍川郡。韩国最终灭亡。

太史公说：韩厥感动了晋景公，让赵氏孤儿赵武继承赵氏的爵位，来成全程婴、公孙杵臼的大义，这在天下也是积阴德的大事。韩氏的功劳，在晋国没有看到有什么大的了。然而与赵氏、魏氏最终列为诸侯，历经十多代，也是应该的吧！

史记卷四十六 世家第十六

田敬仲完世家

陈完，是陈厉公他的儿子。陈完出生时，周朝太史路过陈国，陈厉公请太史为陈完卜卦，得到卦象是《观》卦变《否》卦："意思是观看国家风俗民情，利于做君王的上宾。这是说他将取代陈国拥有国家吧？不在陈国就在其他国家吧？不是应验在他本身，就是应验在他的子孙身上。若在其他国家，必定是姜姓国。姜姓，是帝尧时四岳的后代。事物不可能在两个方面同时强大，陈国衰落，他这一支将会昌盛起来吧？"

陈厉公，是陈文公的小儿子，他的母亲是蔡国女子。文公去世，厉公的兄长陈鲍即位，就是桓公。桓公和陈他不是一个母亲。等到桓公患病，蔡国人替陈他杀死桓公鲍和太子免而立陈他为君，就是厉公。厉公即位后，娶蔡国女子。蔡国女子与蔡国人淫乱，多次回蔡国，厉公也多次到蔡国。桓公的小儿子陈林怨恨厉公杀了他的父亲与兄长，就命令蔡国人诱骗厉公而杀了他。陈林自立为君，就是庄公。所以陈完不能即位，做了陈国大夫。厉公的被杀，

陈完者，陈厉公他之子也。完生，周太史过陈，陈厉公使卜完，卦得《观》之《否》："是为观国之光，利用宾于王。此其代陈有国乎？不在此而在异国乎？非此其身也，在其子孙。若在异国，必姜姓。姜姓，四岳之后。物莫能两大，陈衰，此其昌乎？"

厉公者，陈文公少子也，其母蔡女。文公卒，厉公兄鲍立，是为桓公。桓公与他异母。及桓公病，蔡人为他杀桓公鲍及太子免而立他，为厉公。厉公既立，娶蔡女。蔡女淫于蔡人，数归，厉公亦数如蔡。桓公之少子林怨厉公杀其父与兄，乃令蔡人诱厉公而杀之。林自立，是为庄公。故陈完不得立，为陈大夫。厉公之杀，以淫出国，

故《春秋》曰"蔡人杀陈他"，罪之也。

庄公卒，立弟杵臼，是为宣公。宣公二十一年，杀其太子御寇。御寇与完相爱，恐祸及己，完故奔齐。齐桓公欲使为卿，辞曰："羁旅之臣，幸得免负檐，君之惠也，不敢当高位。"桓公使为工正。齐懿仲欲妻完，卜之，占曰："是谓凤皇于蜚，和鸣锵锵。有妫之后，将育于姜。五世其昌，并于正卿。八世之后，莫之与京。"卒妻完。完之奔齐，齐桓公立十四年矣。

完卒，谥为敬仲。仲生稚孟夷。敬仲之如齐，以陈字为田氏。

田稚孟夷生湣孟庄，田湣孟庄生文子须无。田文子事齐庄公。

晋之大夫栾逞作乱于晋，来奔齐，齐庄公厚客之。晏婴与田文子谏，庄公弗听。

文子卒，生桓子无宇。田桓子无宇有力，事齐庄公，甚有宠。

是由于淫乱出国，所以《春秋》说"蔡国人杀死陈他"，这就是在指责他的罪过。

庄公去世，立弟弟杵臼为君，就是宣公。宣公二十一年，杀死他的太子御寇。御寇与陈完关系好，陈完害怕祸事波及自己，所以逃到齐国。齐桓公想任他为卿，他推辞说："我这个寄居在外的小臣有幸得以免除种种负担，已经是您的恩惠，不敢担任高位。"桓公任他为工正。齐懿仲想把女儿嫁给陈完为妻，占卜此事，卜辞说："这叫作凤凰飞翔，相和而鸣，锵锵声清越响亮。有妫的后代，将在姜姓国成长。五代后他的子孙昌盛，和正卿并列。八世以后，没有人比他强大了。"最终把女儿嫁给陈完为妻。陈完投奔齐国时，齐桓公已经即位十四年了。

陈完去世，谥号是敬仲。敬仲生下稚孟夷。敬仲到了齐国，把陈氏改为田氏。

田稚孟夷生下湣孟庄，田湣孟庄生下文子须无。田文子为齐庄公做事。

晋国大夫栾逞在晋国作乱，来投奔齐国，齐庄公厚待他。晏婴与田文子劝谏，庄公不听。

文子去世，生下桓子无宇。田桓子无宇有力气，为齐庄公做事，很受宠信。

无宇去世，生下武子开与釐子乞。田釐子乞在齐景公手下任大夫，他向百姓征收赋税时用小斗收赋，他借给百姓粮食时用大斗，暗中向百姓施以恩德，而齐景公没有禁止。由此田氏得到齐国民心，宗族更加强大，百姓心向田氏。晏子多次进谏景公，景公不听。不久晏子出使到晋国，和叔向私下说："齐国的政权最终要归于田氏了。"

晏婴去世后，范氏、中行氏反叛晋国。国君加紧攻打他们，范氏、中行氏向齐国请求借粮。田乞想作乱，在诸侯中结党，就劝说景公道："范氏、中行氏多次对齐国有恩德，齐国不能不救。"齐国派田乞去援救并运输粮食给他们。

景公的太子去世，后来景公有个叫芮子的宠姬，生下儿子姜荼。景公病重，授命他的相国国惠子和高昭子立儿子姜荼为太子。景公去世，两位相国高昭子和国惠子立姜荼为国君，就是晏孺子。而田乞不高兴，想立景公另一个儿子阳生为国君。阳生素来与田乞交好。晏孺子即位后，阳生投奔鲁国。田乞假意为高昭子、国惠子做事，每次上朝都作为参乘在车上陪侍，对他们说："开始大夫们不想立孺子为国君。孺子即位后，你们做相国，大夫们都觉得自己危险，图谋作乱。"又欺骗大夫们说："高昭子让人害怕，趁他尚未出手

无宇卒，生武子开与釐子乞。田釐子乞事齐景公为大夫，其收赋税于民以小斗受之，其禀予民以大斗，行阴德于民，而景公弗禁。由此田氏得齐众心，宗族益强，民思田氏。晏子数谏景公，景公弗听。已而使于晋，与叔向私语曰："齐国之政其卒归于田氏矣。"

晏婴卒后，范、中行氏反晋。晋攻之急，范、中行请粟于齐。田乞欲为乱，树党于诸侯，乃说景公曰："范、中行数有德于齐，齐不可不救。"齐使田乞救之而输之粟。

景公太子死，后有宠姬曰芮子，生子荼。景公病，命其相国惠子与高昭子以子荼为太子。景公卒，两相高、国立荼，是为晏孺子。而田乞不说，欲立景公他子阳生。阳生素与乞欢。晏孺子之立也，阳生奔鲁。田乞伪事高昭子、国惠子者，每朝代参乘，言曰："始诸大夫不欲立孺子。孺子既立，君相之，大夫皆自危，谋作乱。"又绐大夫曰："高昭子可畏也，及未发先之。"诸大夫从之。

田乞、鲍牧与大夫以兵入公室，攻高昭子。昭子闻之，与国惠子救公。公师败。田乞之众追国惠子，惠子奔莒，遂返杀高昭子。晏圉奔鲁。

田乞使人之鲁，迎阳生。阳生至齐，匿田乞家。请诸大夫曰："常之母有鱼菽之祭，幸而来会饮。"会饮田氏。田乞盛阳生橐中，置坐中央。发橐，出阳生，曰："此乃齐君矣。"大夫皆伏谒，将盟立之。田乞诬曰："吾与鲍牧谋共立阳生也。"鲍牧怒曰："大夫忘景公之命乎？"诸大夫欲悔，阳生乃顿首曰："可则立之，不可则已。"鲍牧恐祸及己，乃复曰："皆景公之子，何为不可！"遂立阳生于田乞之家，是为悼公。乃使人迁晏孺子于骀，而杀孺子荼。悼公既立，田乞为相，专齐政。

四年，田乞卒，子常代立，是为田成子。

鲍牧与齐悼公有郤，弑悼公。齐人共立其子壬，是为简公。田常成子与监止俱为左右相，相简

先除掉他。"大夫们听从了他。田乞、鲍牧和大夫们率军攻入王室，攻打高昭子。昭子听说此事，与国惠子搭救国君。国君的军队战败。田乞的军队追逐国惠子，惠子逃奔到莒国，就返回杀死高昭子。晏孺子逃奔到鲁国。

田乞派人到鲁国接回阳生。阳生到齐国，藏匿在田乞家中。田乞邀请大夫们说："田常的母亲准备了祭祀的鱼菽食物，有幸请大夫们前来会饮。"大夫们在田氏家会饮。田乞把阳生放到袋子里，放置在席位中央。打开口袋，阳生出来，田乞说："这就是齐国的君主了。"大夫们都俯身拜见，将要盟誓拥立阳生，田乞假意说："我与鲍牧商议共同立阳生为国君。"鲍牧发怒说："大夫你忘记景公的遗命了吗？"大夫们想反悔，阳生于是叩头说："可以的话就立我，不可以就算了。"鲍牧担心祸及己身，就又说："都是景公的儿子，有什么不可以的！"于是在田乞家立阳生为国君，就是悼公。于是派人把晏孺子迁居到骀邑，并杀死孺子荼。悼公即位后，田乞担任相国，独揽齐国政权。

悼公四年，田乞去世，儿子田常嗣位，就是田成子。

鲍牧与齐悼公有矛盾，杀了悼公。齐国人共同拥立悼公的儿子壬为国君，就是简公。田常成子与监止共同担任左右相国，

辅佐简公。田常心里嫉恨监止，监止被简公宠幸，不能夺取监止的权力。于是田常又重新实施釐子的政事措施，用大斗放粮，用小斗收回。齐人歌颂他说："老妪采芑菜，都给田成子！"齐国大夫上朝，御鞅劝谏简公说："田氏、监氏不能并任相国，您选择其中一人吧。"简公不听。

子我，是监止的族人，平时与田氏有仇怨。田氏远房族人田豹辅佐子我，受宠信。子我说："我想杀尽田氏直系子孙，用田豹取代田氏宗族。"田豹说："我是田氏远支。"没有同意。不久田豹对田氏说："子我将要诛灭田氏，田氏不先动手，灾祸就要降临。"子我住在简公宫中，田常兄弟四人乘车到简公宫中，要杀子我。子我关闭宫门。简公与妇人在檀台饮酒，打算攻打田常。太史子馀说："田常不敢作乱，他是要除掉祸害。"简公于是作罢。田常退出，听说简公发怒，害怕被杀，想出逃。田子行说："疑虑，是做事的敌人。"田常于是攻打子我。子我率领他的党羽攻打田氏，没能获胜，出逃。田氏党徒追杀子我和监止。

简公出逃，田氏党徒追赶并在徐州捉住简公。简公说："早先听从御鞅的话，不会遭此灾难。"田氏党徒害怕简公重新继位而诛杀他们，于是杀死简公。简公即

公。田常心害监止，监止幸于简公，权弗能去。于是田常复修釐子之政，以大斗出贷，以小斗收。齐人歌之曰："妪乎采芑，归乎田成子！"齐大夫朝，御鞅谏简公曰："田、监不可并也，君其择焉。"君弗听。

子我者，监止之宗人也，常与田氏有郤。田氏疏族田豹事子我有宠。子我曰："吾欲尽灭田氏適，以豹代田氏宗。"豹曰："臣于田氏疏矣。"不听。已而豹谓田氏曰："子我将诛田氏，田氏弗先，祸及矣。"子我舍公宫，田常兄弟四人乘如公宫，欲杀子我。子我闭门。简公与妇人饮檀台，将欲击田常。太史子馀曰："田常非敢为乱，将除害。"简公乃止。田常出，闻简公怒，恐诛，将出亡。田子行曰："需，事之贼也。"田常于是击子我。子我率其徒攻田氏，不胜，出亡。田氏之徒追杀子我及监止。

简公出奔，田氏之徒追执简公于徐州。简公曰："蚤从御鞅之言，不及此难。"田氏之徒恐简公复立而诛己，遂杀

简公。简公立四年而杀。于是田常立简公弟骜，是为平公。平公即位，田常为相。

田常既杀简公，惧诸侯共诛己，乃尽归鲁、卫侵地，西约晋韩、魏、赵氏，南通吴、越之使，修功行赏，亲于百姓，以故齐复定。

田常言于齐平公曰："德施人之所欲，君其行之；刑罚人之所恶，臣请行之。"行之五年，齐国之政皆归田常。田常于是尽诛鲍、晏、监止及公族之强者，而割齐自安平以东至琅邪，自为封邑。封邑大于平公之所食。

田常乃选齐国中女子长七尺以上为后宫，后宫以百数，而使宾客舍人出入后宫者不禁。及田常卒，有七十余男。

田常卒，子襄子盘代立，相齐。常谥为成子。

田襄子既相齐宣公，三晋杀知伯，分其地。襄子使其兄弟宗人尽为齐都邑大夫，与三晋通使，且以有齐国。

襄子卒，子庄子白立。田庄子相齐宣公。宣公四十三年，

位四年后被杀。于是田常拥立简公弟弟骜为国君，就是平公。平公即位，田常担任相国。

田常杀死简公以后，惧怕诸侯联合诛杀自己，就尽数归还侵占的鲁国、卫国土地，向西与晋国韩氏、魏氏、赵氏盟约，向南派遣使者与吴国、越国交往，论功行赏，亲近百姓，因此，齐国又重新安定。

田常对齐平公说："施行仁德是人们所希望的，您去实行；刑罚是人们所憎恶的，请让臣去执行。"执行五年，齐国政权都归于田常。田常于是把鲍氏、晏氏、监止及公族势力中强大的全部诛杀，并把齐国从安平以东直到琅邪的土地，划作自己的封邑。封邑比平公的食邑还大。

田常于是挑选齐国身长七尺以上的女子充入后宫，后宫女子有数百，而且不禁止宾客、舍人出入后宫。直到田常去世，他有七十多个儿子。

田常去世，儿子襄子盘接替他的职位，做齐国国相。田常谥号为成子。

田襄子担任齐宣公相国以后，三晋杀死智伯，瓜分他的土地。襄子让他的兄弟族人全部做了齐国都邑大夫，与三晋互通使者，将要得到齐国。

襄子去世，儿子庄子白即位。田庄子担任齐宣公相国。宣公四十三年，讨伐晋国，

摧毁黄城，围困阳狐。第二年，讨伐鲁国、葛城和安陵。次年，夺取鲁国一座城池。

庄子去世，儿子太公和即位。田太公担任齐宣公的相国。宣公四十八年，夺取鲁国郕邑。第二年，宣公与郑国人在西城会晤。讨伐卫国，夺取毌丘。宣公在位五十一年去世，田会在廪丘叛乱。

宣公去世，儿子康公贷即位。贷即位十四年，沉溺于酒和女色，不理朝政。太公于是将康公迁到海上，食邑只有一座城，给他用来供奉先祖祭祀。第二年，鲁国在平陆打败齐国。

康公三年，太公与魏文侯在浊泽会晤，请求被立为诸侯。魏文侯于是派使者告知周天子和诸侯，请求立齐相田和为诸侯。周天子答应了这个请求。康公十九年，田和被立为齐侯，列名于周王室，开始使用自己的纪年。

齐侯太公和即位二年，和去世，儿子桓公午即位。桓公午五年，秦国、魏国攻打韩国，韩国向齐国求救。齐桓公召见大臣商议道："早点救好还是晚点救好？"驺忌说："不如不救。"段干朋说："不救，那么韩国就会战败而归入魏国，不如救它。"田臣思说："你们的计谋都错了！秦国、魏国攻打韩国，楚国、赵国必定会救，是上天把燕国给了齐国。"桓

伐晋，毁黄城，围阳狐。明年，伐鲁、葛及安陵。明年，取鲁之一城。

庄子卒，子太公和立。田太公相齐宣公。宣公四十八年，取鲁之郕。明年，宣公与郑人会西城。伐卫，取毌丘。宣公五十一年卒，田会自廪丘反。

宣公卒，子康公贷立。贷立十四年，淫于酒、妇人，不听政。太公乃迁康公于海上，食一城，以奉其先祀。明年，鲁败齐平陆。

三年，太公与魏文侯会浊泽，求为诸侯。魏文侯乃使使言周天子及诸侯，请立齐相田和为诸侯。周天子许之。康公之十九年，田和立为齐侯，列于周室，纪元年。

齐侯太公和立二年，和卒，子桓公午立。桓公午五年，秦、魏攻韩，韩求救于齐。齐桓公召大臣而谋曰："蚤救之孰与晚救之？"驺忌曰："不若勿救。"段干朋曰："不救，则韩且折而入于魏，不若救之。"田臣思曰："过矣君之谋也！秦、魏攻韩，楚、赵必救之，

是天以燕予齐也。"桓公曰：
"善。"乃阴告韩使者而遣
之。韩自以为得齐之救，因与秦、
魏战。楚、赵闻之，果起兵而
救之。齐因起兵袭燕国，取桑丘。

六年，救卫。桓公卒，子
威王因齐立。是岁，故齐康公卒，
绝无后，奉邑皆入田氏。

齐威王元年，三晋因齐丧
来伐我灵丘。三年，三晋灭晋
后而分其地。六年，鲁伐我，
入阳关。晋伐我，至博陵。七年，
卫伐我，取薛陵。九年，赵伐我，
取甄。

威王初即位以来，不治，
委政卿大夫，九年之间，诸侯
并伐，国人不治。于是威王
召即墨大夫而语之曰："自子
之居即墨也，毁言日至。然吾
使人视即墨，田野辟，民人给，
官无留事，东方以宁。是子不
事吾左右以求誉也。"封之万
家。召阿大夫语曰："自子之
守阿，誉言日闻。然使使视阿，
田野不辟，民贫苦。昔日赵攻甄，
子弗能救。卫取薛陵，子弗知。
是子以币厚吾左右以求誉也。"
是日，烹阿大夫，及左右尝誉

公说："好吧。"于是暗中告知韩国使
者发兵援救。韩国自以为得到齐国救援，
就与秦国、魏国交战。楚国、赵国听说后，
果然发兵救援韩国。齐国趁机发兵袭击
燕国，夺取桑丘。

桓公六年，救援卫国。桓公去世，儿
子威王因齐即位。这年，原来的国君齐康
公去世，没有后人，封邑全归入田氏。

齐威王元年，三晋趁齐国国丧来讨伐
齐国灵丘。齐威王三年，三晋灭掉晋国后
瓜分晋国的土地。齐威王六年，鲁国讨伐
齐国，进入阳关。魏国讨伐齐国，到达博
陵。齐威王七年，卫国讨伐齐国，夺取薛陵。
齐威王九年，赵国讨伐齐国，夺取甄邑。

威王从开始即位以来，不理朝政，把
国政委托给卿大夫，九年之间，诸侯同时
讨伐齐国，国中百姓不能得到治理。在这
时威王召见即墨大夫并对他说："自从您
住到即墨以来，毁谤您的言论每天都能传
来。然而我派人去视察即墨，田野得到开拓，
百姓丰衣足食，官府没有积留的事务，东
方地区得到安宁。这是因为您不贿赂我身
边的侍臣以求赞誉吧。"封他一万户食邑。
召见阿邑大夫说："自从您掌管阿邑以
来，关于您的美言每天都能听到。然而派
使者去视察阿邑，田野没有开拓，百姓贫
苦。之前赵国攻打甄邑，您不去相救。卫
国夺取薛陵，您不知晓。这就是您在用重

礼收买我的左右大臣以求得赞誉吧。"这天，烹杀了阿邑大夫，包括曾经赞誉他的左右侍臣也都被一并烹杀。于是发兵向西攻打赵国、卫国，在浊泽打败魏国并围困惠王。惠王请求献出观邑以求得和解，赵国归还齐国的长城。这时齐国人害怕惊恐，每个人都不敢粉饰过错，竭尽忠诚。齐国大治。诸侯听说后，二十年里不敢向齐国发兵。

驺忌子通过擅长弹琴拜见威王，威王高兴，就让他居住在王宫右室。没过多久，威王弹琴，驺忌子推门而入说："琴弹得真好！"威王变得不高兴起来，放下琴，手握宝剑说："先生只看到我弹奏的样子，并未仔细甄别琴音，如何知道琴弹得好呢？"驺忌子说："大弦浑厚而且像春天般温和，象征国君；小弦高洁曲折而且清亮，象征相国；手指按弦沉着有力，放弦轻快舒缓，象征政令；乐调和谐响亮，大弦小弦相辅相成，回旋曲折而不相冲突，象征四时。因此我知道大王琴弹得好。"威王说："您善于谈论音乐。"驺忌子说："何止谈论音乐，治理国家、安定百姓的奥秘都在这乐声中。"威王又变得不高兴起来，说："要是谈论五音的乐理准则，确实没有谁能比得上先生。要是谈论治理国家、安定百姓，这怎么能和音乐联系起来呢？"驺忌子说："那大弦浑厚而且像春天般温和，象征国君；小弦高洁曲

者皆并烹之。遂起兵西击赵、卫，败魏于浊泽而围惠王。惠王请献观以和解，赵人归我长城。于是齐国震惧，人人不敢饰非，务尽其诚。齐国大治。诸侯闻之，莫敢致兵于齐二十余年。

驺忌子以鼓琴见威王，威王说而舍之右室。须臾，王鼓琴，驺忌子推户入曰："善哉鼓琴！"王勃然不说，去琴按剑曰："夫子见容未察，何以知其善也？"驺忌子曰："夫大弦浊以春温者，君也；小弦廉折以清者，相也；攫之深，醳之愉者，政令也；钧谐以鸣，大小相益，回邪而不相害者，四时也：吾是以知其善也。"王曰："善语音。"驺忌子曰："何独语音，夫治国家而弭人民皆在其中。"王又勃然不说曰："若夫语五音之纪，信未有如夫子者也。若夫治国家而弭人民，又何为乎丝桐之间？"驺忌子曰："夫大弦浊以春温者，君也；小弦廉折以清者，相也；攫之深而舍之愉者，政

令也；钧谐以鸣，大小相益，回邪而不相害者，四时也。夫复而不乱者，所以治昌也；连而径者，所以存亡也：故曰琴音调而天下治。夫治国家而弭人民者，无若乎五音者。"王曰："善。"

骐忌子见三月而受相印。淳于髡见之曰："善说哉！髡有愚志，愿陈诸前。"骐忌子曰："谨受教。"淳于髡曰："得全全昌，失全全亡。"骐忌子曰："谨受令，请谨毋离前。"淳于髡曰："豨膏棘轴，所以为滑也，然而不能运方穿。"骐忌子曰："谨受令，请谨事左右。"淳于髡曰："弓胶昔干，所以为合也，然而不能傅合疏罅。"骐忌子曰："谨受令，请谨自附于万民。"淳于髡曰："狐裘虽敝，不可补以黄狗之皮。"骐忌子曰："谨受令，请谨择君子，毋杂小人其间。"淳于髡曰："大车不较，不能载其常任；琴瑟不较，不能成其五音。"骐忌子曰："谨受令，请谨修法律而督奸吏。"淳于

折而且清亮，象征相国；手指按弦沉着有力，放弦轻快舒缓，象征政令；乐调和谐完美，大弦小弦相辅相成，回旋曲折而不相冲突，象征四时。反复而不混乱，是因为政治清明；音乐回环通畅，是因为拯救了危难：所以说琴音协调，天下就能治理好。治理国家与安定百姓，都在五音之中了。"威王说："很好。"

骐忌子拜见威王三个月后就接受了相印。淳于髡见到骐忌子说："您善于言谈呀！我有愚昧的见解，想在您面前陈述。"骐忌子说："谨听教诲。"淳于髡说："对待君主的礼仪周全，就会身名昌盛；对待君主的礼仪有失周全，就会身败名裂。"骐忌子说："谨听教诲，我将把它谨记在心。"淳于髡说："把猪油涂抹在棘轴上，是为了使它润滑，然而不能在方形轴孔中运转。"骐忌子说："谨遵教诲，我将谨慎地在左右侍奉。"淳于髡说："用胶去粘旧的弓，是为了使它黏合在一起，然而不能黏合裂缝。"骐忌子说："谨遵教诲，我将谨慎地亲附万民。"淳于髡说："狐裘虽然破损，不可以用黄狗的皮修补。"骐忌子说："谨遵教诲，我将谨慎地选择君子，不让小人混杂其中。"淳于髡说："大车不加以矫正，就不能担负平常的载重任务；琴瑟不加以校正，就不能发出和谐的五音。"骐忌子说："谨遵教诲，我将慎

重地制定法律来监管奸诈的官吏。"淳于髡说完,快步走出,到门口时,面向仆人说:"这个人,我和他讲了五句精深微妙的话,他回应我犹如响亮的回声,此人必定会在不久后享有封邑。"一年后,就被封在下邳,号称成侯。

威王二十三年,与赵王在平陆会晤。威王二十四年,与魏王在郊外会猎。魏王问道:"大王也有宝器吗?"威王说:"没有。"魏王说:"像寡人的国家这样小,还有十颗宝珠,每颗直径一寸,可以照亮前后十二辆车,为什么万乘之国却没有宝器?"威王说:"寡人所认为的宝器与大王的不同。我的臣子有位叫檀子的,令他驻守南城,楚国人不敢为寇向东侵略,泗水一带十二个诸侯都前来朝见我。我的臣子有位叫盼子的,派他驻守高唐,赵国人不敢往东去黄河捕鱼。我的官吏有位名叫黔夫的,派他把守徐州,则燕国人遥祭北门以求保佑,赵人遥祭西门祈祷福运,迁移追随他的有七千多户。我的大臣有位叫种首的,派他去防备盗贼,那路上没有人把别人丢失的东西拾走。他们照耀千里,何止十二辆车啊!"梁惠王惭愧,不高兴地离去。

威王二十六年,魏惠王围攻邯郸,赵国向齐国求救。齐威王召见大臣商议说:"救不救赵国?"驺忌子说:"不如不

髡说毕,趋出,至门,而面其仆曰:"是人者,吾语之微言五,其应我若响之应声,是人必封不久矣。"居期年,封以下邳,号曰成侯。

威王二十三年,与赵王会平陆。二十四年,与魏王会田于郊。魏王问曰:"王亦有宝乎?"威王曰:"无有。"梁王曰:"若寡人国小也,尚有径寸之珠照车前后各十二乘者十枚,奈何以万乘之国而无宝乎?"威王曰:"寡人之所以为宝与王异。吾臣有檀子者,使守南城,则楚人不敢为寇东取,泗上十二诸侯皆来朝。吾臣有盼子者,使守高唐,则赵人不敢东渔于河。吾吏有黔夫者,使守徐州,则燕人祭北门,赵人祭西门,徙而从者七千余家。吾臣有种首者,使备盗贼,则道不拾遗。将以照千里,岂特十二乘哉!"梁惠王惭,不怿而去。

二十六年,魏惠王围邯郸,赵求救于齐。齐威王召大臣而谋曰:"救赵孰与勿救?"驺

忌子曰："不如勿救。"段干朋曰："不救则不义，且不利。"威王曰："何也？"对曰："夫魏氏并邯郸，其于齐何利哉？且夫救赵而军其郊，是赵不伐而魏全也。故不如南攻襄陵以弊魏，邯郸拔而乘魏之弊。"威王从其计。

其后成侯驺忌与田忌不善，公孙阅谓成侯忌曰："公何不谋伐魏，田忌必将。战胜有功，则公之谋中也；战不胜，非前死则后北，而命在公矣。"于是成侯言威王，使田忌南攻襄陵。十月，邯郸拔，齐因起兵击魏，大败之桂陵。于是齐最强于诸侯，自称为王，以令天下。

三十三年，杀其大夫牟辛。

三十五年，公孙阅又谓成侯忌曰："公何不令人操十金卜于市，曰'我田忌之人也。吾三战而三胜，声威天下。欲为大事，亦吉乎不吉乎'？"卜者出，因令人捕为之卜者，验其辞于王之所。田忌闻之，因率其徒袭攻临淄，求成侯，不胜而奔。

救。"段干朋说："不救则不义，而且不救对我们不利。"威王说："为什么？"回答说："魏国吞并邯郸，这对齐国有什么利益呢？况且救援赵国并且在赵国郊外陈军，这样赵国就不会被攻伐，而魏国也能保全。所以不如向南攻打襄陵以使魏军疲惫，邯郸即使被攻破，齐国可以趁魏国的疲惫得胜。"威王听从了他的计策。

此后，成侯驺忌与田忌不和，公孙阅对成侯驺忌说："您为什么不谋划讨伐魏国，田忌一定会统率军队。若战胜有功，就是您的计谋正确；如果战而不胜，田忌不是进军战死就是退军败北，他的命就在您手里了。"于是成侯向威王进言，派田忌向南攻打襄陵。十月，邯郸被攻下，齐国乘机发兵攻打魏国，在桂陵打败魏军。这时齐国在诸侯中实力最强，自称为王，号令天下。

威王三十三年，杀了大夫牟辛。

威王三十五年，公孙阅又对成侯驺忌说："您为什么不让人带着十两黄金到市上占卜呢，就说'我是田忌的人。我三战三胜，声名威震天下。想做更大的事业，是吉利还是不吉利呢？'"待他走后，成侯派人捉捕占卜的人，到威王面前验证卜辞。田忌听说此事，就率领部下袭击攻打临淄，想捉住成侯，没有取胜，就逃走了。

威王三十六年，威王去世，儿子宣王辟疆即位。

宣王元年，秦国任用商鞅。周天子把霸主称号授予秦孝公。

宣王二年，魏国讨伐赵国。赵国与韩国亲近，共同抗击魏国。赵国战事失利，在南梁战败，宣王召回田忌，恢复他原来的职位。韩国向齐国求救。宣王召见大臣谋划说："早救与晚救哪个好？"驺忌子说："不如不救。"田忌说："不救，那韩国将战败而并入魏国，不如早救。"孙子说："韩、魏的军队尚未疲惫就去救援，是我们替韩国承受魏国军队的冲击，到时候反而要听命于韩国。况且魏国要攻破韩国，韩国被灭亡，必会向东请求齐国援救。我们趁机与韩国结交深厚的友谊，还可以趁战役后期赶上魏国的疲惫阶段，那么我们既能得利又能得到尊名。"宣王说："好吧。"于是暗中告诉韩国使者并遣他回去。韩国因倚仗齐国的支持，五次战斗都没有得胜，只好向东把国家委托给齐国。齐国趁势发兵，派田忌、田婴为将军，孙子做军师，救援韩国、赵国以抗击魏国，在马陵大败魏军，杀死魏国大将庞涓，俘虏魏太子申。这以后三晋的君王都通过田婴在博望朝见齐王，盟誓而去。

宣王七年，与魏王在平阿南会晤。第二年，又在甄邑会晤。魏惠王去世。第二

三十六年，威王卒，子宣王辟疆立。

宣王元年，秦用商鞅。周致伯于秦孝公。

二年，魏伐赵。赵与韩亲，共击魏。赵不利，战于南梁。宣王召田忌复故位。韩氏请救于齐。宣王召大臣而谋曰："蚤救孰与晚救？"驺忌子曰："不如勿救。"田忌曰："弗救，则韩且折而入于魏，不如蚤救之。"孙子曰："夫韩、魏之兵未弊而救之，是吾代韩受魏之兵，顾反听命于韩也。且魏有破国之志，韩见亡，必东面而愬于齐矣。吾因深结韩之亲而晚承魏之弊，则可重利而得尊名也。"宣王曰："善。"乃阴告韩之使者而遣之。韩因恃齐，五战不胜，而东委国于齐。齐因起兵，使田忌、田婴将，孙子为师，救韩、赵以击魏，大败之马陵，杀其将庞涓，虏魏太子申。其后三晋之王皆因田婴朝齐王于博望，盟而去。

七年，与魏王会平阿南。明年，复会甄。魏惠王卒。明年，

田敬仲完世家

与魏襄王会徐州，诸侯相王也。十年，楚围我徐州。十一年，与魏伐赵，赵决河水灌齐、魏，兵罢。十八年，秦惠王称王。

宣王喜文学游说之士，自如驺衍、淳于髡、田骈、接予、慎到、环渊之徒七十六人，皆赐列第，为上大夫，不治而议论。是以齐稷下学士复盛，且数百千人。

十九年，宣王卒，子湣王地立。

湣王元年，秦使张仪与诸侯执政会于啮桑。三年，封田婴于薛。四年，迎妇于秦。七年，与宋攻魏，败之观泽。

十二年，攻魏。楚围雍氏，秦败屈匄。苏代谓田轸曰："臣愿有谒于公，其为事甚完，便楚利公，成为福，不成亦为福。今者臣立于门，客有言曰魏王谓韩冯、张仪曰：'煮枣将拔，齐兵又进，子来救寡人则可矣；不救寡人，寡人弗能拔。'此特转辞也。秦、韩之兵毋东，旬余，则魏氏转韩从秦，秦逐张仪，交臂而事齐楚，

年，与魏襄王在徐州会晤，诸侯互相称王。宣王十年，楚国围攻齐国徐州。宣王十一年，与魏国讨伐赵国，赵国决开黄河水淹灌齐军、魏军，齐、魏罢兵。宣王十八年，秦惠王称王。

宣王喜爱博学和能言善辩的士人，像驺衍、淳于髡、田骈、接予、慎到、环渊等七十六人，都赐予府第，任命为上大夫，让他们不治理政务，只是议论。所以齐国的稷下学士又兴盛起来了，有数百至上千人。

宣王十九年，宣王去世，儿子湣王地即位。

湣王元年，秦国派张仪与各诸侯国的执政大臣在啮桑会晤。湣王三年，封田婴于薛邑。湣王四年，从秦国迎娶新妇。湣王七年，与宋国攻打魏国，在观泽打败魏军。

湣王十二年，攻打魏国。楚国围攻雍氏，秦国击败屈匄。苏代对田轸说："我有事希望拜谒您，这件事做成非常完满，对楚国和您都有好处，成功有好处，不成功也有好处。今天我站在门口，有客人说魏王对韩冯、张仪说：'煮枣将被攻占，齐军又来进犯，你们来救寡人那魏国就可以不败了；不来救寡人，寡人不能阻挡它被攻取。'这只是婉转之辞。秦国、韩国的军队不向东救魏，十多天后，魏国就会转变策略随韩国跟随秦国，秦国驱逐张仪，拱

手侍奉齐、楚，这样您的事就能成功了。"田轸说："怎样才能使秦国、韩国的军队不往东呢？"回答说："韩冯的救魏说辞，必定不会对韩王说'我是为了魏国'，一定说'我将用秦国、韩国的兵力向东击退齐国、宋国，我趁势聚集三国兵力，趁屈匄疲乏之际，向南要求楚国割地，原来的失地必将全部收复了'。张仪救魏的言辞，一定不会对秦王说'我是为了魏国'，一定说'我将用秦国、韩国的兵力向东抵抗齐国、宋国，我趁势聚集三国兵力，趁屈匄疲乏之际，向南要求楚国割地，名义上是保存将亡的国家，实际上是攻打三川后返回，这是王者的事业'。您让楚王给韩国土地，让秦国主持两国议和，对秦王说'请给韩国土地，而大王可以在三川提高威势，韩国的军队没有动用就从楚国得到了土地'。韩冯向东用兵将怎样对秦国讲呢？说的是'秦兵不用出动就得到了三川，讨伐楚国、韩国来使魏国困窘，魏国不敢向东，这样就孤立了齐国'。张仪向东出兵的说辞又如何呢？说的是'秦国、韩国想得到土地又按兵不动，声势会威慑到魏国，魏国不想失去齐国、楚国的人就有理由了'。魏国离开秦国、韩国转而亲近齐国、楚国，楚王想也不必再给韩国土地，您让秦国、韩国不出兵就得到土地，您对秦国、韩国有很大恩德啊。秦王、韩王不必再被

此公之事成也。"田轸曰："奈何使无东？"对曰："韩冯之救魏之辞，必不谓韩王曰'冯以为魏'，必曰'冯将以秦韩之兵东却齐宋，冯因抟三国之兵，乘屈匄之弊，南割于楚，故地必尽得之矣'。张仪救魏之辞，必不谓秦王曰'仪以为魏'，必曰'仪且以秦韩之兵东距齐宋，仪将抟三国之兵，乘屈匄之弊，南割于楚，名存亡国，实伐三川而归，此王业也'。公令楚王与韩氏地，使秦制和，谓秦王曰'请与韩地，而王以施三川，韩氏之兵不用而得地于楚'。韩冯之东兵之辞且谓秦何？曰'秦兵不用而得三川，伐楚韩以窘魏，魏氏不敢东，是孤齐也'。张仪之东兵之辞且谓何？曰'秦韩欲地而兵有案，声威发于魏，魏氏之欲不失齐楚者有资矣'。魏氏转秦韩争事齐楚，楚王欲而无与地，公令秦韩之兵不用而得地，有一大德也。秦韩之王劫于韩冯、张仪而东兵以徇服魏，公常执左券以责于秦、韩，此其善于公而恶张子多资矣。"

田敬仲完世家

1345

韩冯、张仪影响而向东出兵控制魏国，您成了拿着左券可以向秦国、韩国要债的人，这样，就对您有利而对张仪非常不利了。"

湣王十三年，秦惠王去世。湣王二十三年，与秦国在重丘击败楚国。湣王二十四年，秦国派泾阳君到齐国做人质。湣王二十五年，送泾阳君回秦国。孟尝君薛文去秦国，就任秦国相国。薛文逃离秦国。湣王二十六年，齐国与韩国、魏国共同攻打秦国，到函谷关驻扎。湣王二十八年，秦国把河外地区给韩国以求和，各国撤兵。湣王二十九年，赵国人杀害主父。齐国帮助赵国灭了中山国。

湣王三十六年，齐湣王当东帝，秦昭王当西帝。苏代从燕国到来，进入齐国，在章华东门朝见齐王。齐王说："啊，好啊，您来了！秦国派魏冉送来帝号，您认为怎么样？"苏代回答说："大王对臣的提问太仓促了，而祸患都是从细微处来的，希望大王接受但不要称帝。秦王称帝，天下都安定，大王再称帝也不算晚。况且在争称帝名时谦让，是没有损害的。秦王称帝，天下人厌恶他，大王因此不称帝，以收拢天下人心，这是很大的资本。况且天下并立两帝，大王认为天下是尊崇齐国还是尊崇秦国呢？"湣王说："尊崇秦国。"苏代说："放弃称帝，天下是敬爱齐国还是敬爱秦国呢？"湣王说："敬爱齐国且

十三年，秦惠王卒。二十三年，与秦击败楚于重丘。二十四年，秦使泾阳君质于齐。二十五年，归泾阳君于秦。孟尝君薛文入秦，即相秦。文亡去。二十六年，齐与韩魏共攻秦，至函谷军焉。二十八年，秦与韩河外以和，兵罢。二十九年，赵杀其主父。齐佐赵灭中山。

三十六年，王为东帝，秦昭王为西帝。苏代自燕来，入齐，见于章华东门。齐王曰："嘻，善，子来！秦使魏冉致帝，子以为何如？"对曰："王之问臣也卒，而患之所从来微，愿王受之而勿备称也。秦称之，天下安之，王乃称之，无后也。且让争帝名，无伤也。秦称之，天下恶之，王因勿称，以收天下，此大资也。且天下立两帝，王以天下为尊齐乎？尊秦乎？"王曰："尊秦。"曰："释帝，天下爱齐乎？爱秦乎？"王曰："爱齐而憎秦。"曰：

憎恶秦国。"苏代说："两帝订立盟约讨伐赵国，与讨伐桀宋相比哪个有利？"湣王说："讨伐桀宋有利。"苏代回答说："盟约本是平等的，然而与秦国同时称帝，天下独尊秦国而轻视齐国；放弃帝号则天下敬爱齐国而憎恶秦国，讨伐赵国不如讨伐桀宋有利，所以希望大王明确放弃帝号以收聚天下人心，背弃盟约，远离秦国，不争帝号，而大王可以趁此时机讨伐宋国。占领宋国，卫国的阳地就危急了；占领济西，赵国的阿地东面就危急了；占领淮北，楚国的东面就危急了；占领陶邑、平陆，魏国大梁城门就打不开了。放弃称帝而用攻打桀宋之事取代，这样国家地位提高而名声受人尊崇，燕国、楚国就因形势而归附，天下没有人敢不听从，这是商汤和周武王的举动。以敬重秦国称帝为名，然后使天下都憎恶他，这就是所谓的由卑变尊的方法。希望大王好好考虑此事。"于是齐国放弃帝号，重新称王，秦国也放弃帝号。

湣王三十八年，齐国讨伐宋国。秦昭王发怒说："我爱宋国和爱新城、阳晋一样。韩聂和我是朋友，而他却攻打我喜爱的地方，为什么呢？"苏代为齐国对秦王说："韩聂攻打宋国是为了大王。齐国强大，再有宋国的辅佐，楚国、魏国必定惧怕，惧怕必定向西为秦国做事，这样大王不劳

"两帝立约伐赵，孰与伐桀宋之利？"王曰："伐桀宋利。"对曰："夫约钧，然与秦为帝而天下独尊秦而轻齐，释帝则天下爱齐而憎秦，伐赵不如伐桀宋之利，故愿王明释帝以收天下，倍约宾秦，无争重，而王以其间举宋。夫有宋，卫之阳地危；有济西，赵之阿东国危；有淮北，楚之东国危；有陶、平陆，梁门不开。释帝而贷之以伐桀宋之事，国重而名尊，燕楚所以形服，天下莫敢不听，此汤武之举也。敬秦以为名，而后使天下憎之，此所谓以卑为尊者也。愿王孰虑之。"于是齐去帝复为王，秦亦去帝位。

三十八年，伐宋。秦昭王怒曰："吾爱宋与爱新城、阳晋同。韩聂与吾友也，而攻吾所爱，何也？"苏代为齐谓秦王曰："韩聂之攻宋，所以为王也。齐强，辅之以宋，楚魏必恐，恐必西事秦，是王不烦

一兵，不伤一士，无事而割安邑也，此韩聂之所祷于王也。"秦王曰："吾患齐之难知。一从一衡，其说何也？"对曰："天下国令齐可知乎？齐以攻宋，其知事秦以万乘之国自辅，不西事秦则宋治不安。中国白头游敖之士皆积智欲离齐秦之交，伏式结轶西驰者，未有一人言善齐者也；伏式结轶东驰者，未有一人言善秦者也。何则？皆不欲齐秦之合也。何晋楚之智而齐秦之愚也？晋楚合必议齐秦，齐秦合必图晋楚，请以此决事。"秦王曰："诺。"于是齐遂伐宋，宋王出亡，死于温。齐南割楚之淮北，西侵三晋，欲以并周室，为天子。泗上诸侯邹鲁之君皆称臣，诸侯恐惧。

三十九年，秦来伐，拔我列城九。

四十年，燕、秦、楚、三晋合谋，各出锐师以伐，败我济西。王解而却。燕将乐毅遂入临淄，尽取齐之宝藏器。湣王出亡，之卫。卫君辟宫舍之，

一兵，不伤一卒，不用战事就能割取安邑，这是韩聂在为大王祈福。"秦王说："我担心齐国难以看透。时而合纵，时而连横，这该如何解释呢？"苏代回答说："天下各国的情况能让齐国都知道吗？齐国攻打宋国，它知道侍奉秦国用万乘之国的力量辅佐自己，不向西去侍奉秦国宋国就不会安宁。中原各国那些白发苍苍的游说之士都绞尽脑汁想离间齐国和秦国，那些驾车纷纷向西奔驰的人们，没有一人谈论与齐国交好的；那些驾车纷纷向东奔驰的人们，没有一人谈论与秦国交好的。为什么呢？都不想齐国、秦国联合。为什么晋、楚明智而齐、秦愚钝呢！晋、楚联合必定议论讨伐齐、秦，齐、秦联合必定图谋进攻晋、楚，请大王根据这些情况决定行事。"秦王说："好吧。"于是齐国就讨伐宋国，宋王外出逃亡，死在温城。齐国向南割取了楚国淮水以北的土地，向西侵犯三晋，想乘势吞并周室，立为天子。泗水边上的诸侯如邹国、鲁国的国君都向秦称臣，诸侯恐惧。

湣王三十九年，秦国讨伐齐国，攻取齐国九座城邑。

湣王四十年，燕国、秦国、楚国、三晋合谋，各国派出精锐兵力讨伐齐国，在济水以西打败齐军。齐国军队战败退却。燕国将领乐毅于是攻入临淄，全部掠取齐国收藏的珍宝器物。湣王外出逃亡到卫国。

卫君让出宫殿让他住，向他称臣并与他共用器具。湣王不知谦让，卫国人攻击他。湣王逃走，到邹国、鲁国，仍然傲慢，邹国、鲁国的国君都不收留他，于是他跑到莒邑。楚国派淖齿领兵救援齐国，因而做了齐湣王的国相。淖齿于是杀死湣王而与燕国共同瓜分侵占齐国的土地和掠夺的宝器。

湣王遇害后，他的儿子法章更名改姓做了莒太史敫家的佣人。太史敫的女儿觉得法章的相貌不凡，认为他不是平常之人，怜爱他因而常常偷着送他一些衣食，并与他私通。淖齿离开莒邑后，莒城中人和齐国逃亡的大臣相聚寻找湣王的儿子，想立他为君。法章惧怕他们诛杀自己，过了很久，才敢自己说出"我是湣王的儿子"。于是莒国人共同立法章为齐君，就是襄王。因为保有莒城而在齐国中发出布告："新王已经在莒地即位了。"

襄王即位后，立太史氏的女儿为王后，就是君王后，生下子建。太史敫说："女儿不经媒人而私自嫁人，不是我的后代，玷污了我们的家风。"他终身不见君王后。君王后贤德，不因父亲不见她就失去做子女的礼节。

襄王在莒地住了五年，田单依靠即墨的军民攻破燕军，从莒地迎接襄王进入临淄。齐国原来的土地又全部回归齐国。齐王封田单为安平君。

称臣而共具。湣王不逊，卫人侵之。湣王去，走邹、鲁，有骄色，邹、鲁君弗内，遂走莒。楚使淖齿将兵救齐，因相齐湣王。淖齿遂杀湣王而与燕共分齐之侵地卤器。

湣王之遇杀，其子法章变名姓为莒太史敫家庸。太史敫女奇法章状貌，以为非恒人，怜而常窃衣食之，而与私通焉。淖齿既以去莒，莒中人及齐亡臣相聚求湣王子，欲立之。法章惧其诛己也，久之，乃敢自言"我湣王子也"。于是莒人共立法章，是为襄王。以保莒城而布告齐国中："王已立在莒矣。"

襄王既立，立太史氏女为王后，是为君王后，生子建。太史敫曰："女不取媒因自嫁，非吾种也，污吾世。"终身不睹君王后。君王后贤，不以不睹故失人子之礼。

襄王在莒五年，田单以即墨攻破燕军，迎襄王于莒，入临菑。齐故地尽复属齐。齐封田单为安平君。

十四年，秦击我刚、寿。十九年，襄王卒，子建立。

王建立六年，秦攻赵，齐、楚救之。秦计曰："齐、楚救赵，亲则退兵，不亲遂攻之。"赵无食，请粟于齐，齐不听。周子曰："不如听之以退秦兵，不听则秦兵不却，是秦之计中而齐、楚之计过也。且赵之于齐、楚，捍蔽也，犹齿之有唇也，唇亡则齿寒。今日亡赵，明日患及齐、楚。且救赵之务，宜若奉漏瓮沃焦釜也。夫救赵，高义也；却秦兵，显名也。义救亡国，威却强秦之兵，不务为此而务爱粟，为国计者过矣。"齐王弗听。秦破赵于长平四十余万，遂围邯郸。

十六年，秦灭周。君王后卒。二十三年，秦置东郡。二十八年，王入朝秦，秦王政置酒咸阳。三十五年，秦灭韩。三十七年，秦灭赵。三十八年，燕使荆轲刺秦王，秦王觉，杀轲。明年，秦破燕，燕王亡走辽东。明年，秦灭魏，秦兵次于历下。

襄王十四年，秦军袭击齐国的刚寿。襄王十九年，襄王去世，儿子建即位。

齐王建即位六年，秦国攻打赵国，齐国、楚国援救赵国。秦国计划说："齐国、楚国援救赵国，他们关系亲近那我们就撤军；不亲近我们就攻打赵国。"赵国没有粮食，向齐国请求粟米，齐国不答应。周子说："不如答应赵国使秦军退兵，不答应的话秦军不会退却，这是秦国的计谋成功而齐国、楚国的计谋失败啊。况且赵国对于齐国、楚国来说是屏障，犹如牙齿外面的嘴唇，嘴唇没了牙齿就寒冷。今天赵国灭亡，明日灾祸就到了齐国、楚国。而且救赵的事，应该像捧着漏水的瓮去浇灭烧焦的锅一样。救援赵国是高尚的义举；击退秦军可以显扬威名。以道义救助将亡的国家，击退强大秦国的军队扬威，不尽力去做这些事却只吝惜粟米，为国家出谋划策的人错了。"齐王不听。秦军在长平攻破赵军四十多万人，于是包围邯郸。

齐王建十六年，秦国灭了周室。君王后去世。齐王建二十三年，秦国设置东郡。齐王建二十八年，齐王入秦朝拜秦王，秦王政在咸阳设置酒宴。齐王建三十五年，秦国灭了韩国。齐王建三十七年，秦国灭了赵国。齐王建三十八年，燕国派荆轲刺杀秦王，被秦王发觉，杀了荆轲。第二年，秦国攻破燕国，燕王逃到辽东。次年，秦国灭了魏国，秦军在历下驻扎。齐王建四十二年，秦国灭了楚国。第二年，俘虏代王嘉，灭了燕王喜。

齐王建四十四年，秦军进攻齐国。齐王听从国相后胜的计谋，没有交战，就率军投降秦国。秦国俘虏齐王建，把他迁到共城。最终灭了齐国改设为郡。天下由秦统一，秦王政建立称号为皇帝。起初，君王后贤能，对待秦国谨小慎微，与诸侯相交有信用，齐国地处东部海滨，秦国日夜攻打三晋、燕国、楚国，这五国在秦国的进攻中分别忙于自救，因此齐王建在位四十多年没有经历战乱。君王后去世，后胜任齐国国相，多次收受秦国间谍的金钱，派很多宾客到秦国，秦国又给予他们很多金钱，宾客们都进行反间活动，劝说齐王放弃合纵朝贡秦国，不修整攻战的军备，不帮助五国攻打秦国，秦国因此得以灭掉五国。五国灭亡后，秦军终于进入临淄，没有百姓敢反抗。齐王建于是投降，迁到共城。所以齐国人怨恨齐王建不早点与诸侯合纵攻打秦国，听信奸臣宾客的话以致亡国，人们歌唱道："是松树还是柏树呢？让齐王建住到共城的不是宾客吗？"意思是痛恨齐王建任用宾客不加详察。

太史公说：孔子晚年喜欢读《易经》。《易经》作为一门学问，所表达的有形和

四十二年，秦灭楚。明年，虏代王嘉，灭燕王喜。

四十四年，秦兵击齐。齐王听相后胜计，不战，以兵降秦。秦虏王建，迁之共。遂灭齐为郡。天下壹并于秦，秦王政立号为皇帝。始，君王后贤，事秦谨，与诸侯信，齐亦东边海上，秦日夜攻三晋、燕、楚，五国各自救于秦，以故王建立四十余年不受兵。君王后死，后胜相齐，多受秦间金，多使宾客入秦，秦又多予金，客皆为反间，劝王去从朝秦，不修攻战之备，不助五国攻秦，秦以故得灭五国。五国已亡，秦兵卒入临淄，民莫敢格者。王建遂降，迁于共。故齐人怨王建不蚤与诸侯合从攻秦，听奸臣宾客以亡其国，歌之曰："松耶柏耶？住建共者客耶？"疾建用客之不详也。

太史公曰：盖孔子晚而喜《易》。《易》之为术，幽

明远矣，非通人达才孰能注意焉！故周太史之卦田敬仲完，占至十世之后；及完奔齐，懿仲卜之亦云。田乞及常所以比犯二君，专齐国之政，非必事势之渐然也，盖若遵厌兆祥云。

无形的事物是很深远的了，不是学识通达的人才谁能专注于此呢！所以周朝太史为田敬仲完卜卦，能占卜到十代以后；等到田完投奔齐国，懿仲为他占卜也是这么说。田乞和田常之所以接连杀害两位国君，独揽齐国政权，不一定是事情的形势逐渐发展到这种地步，也许是遵循和符合了注定的结果吧。

孔子世家

孔子出生在鲁国昌平乡的陬邑。他的祖先是宋国人，叫孔防叔。防叔生下伯夏，伯夏生下叔梁纥。叔梁纥与颜姓女子不合常礼地结合而生下孔子，他们在尼丘山向神灵祈祷后生了孔子。鲁襄公二十二年孔子出生。孔子生下来头顶中间是凹下的，所以就起名叫丘，字仲尼，姓孔。

孔丘生下不久叔梁纥就死了，葬在防山。防山在鲁国的东部，孔子不清楚他父亲的坟墓所在，因为母亲没有告诉他。孔子在幼年玩耍时，常摆设各种祭器，模仿大人祭祀时的礼仪动作。孔子在母亲死后，就把灵柩暂时安置在五父之衢的路旁，大概是他行事谨慎的缘故吧。陬邑人挽父的母亲告知孔子他父亲的墓地所在，然后孔子前去将母亲和父亲合葬在防山。

孔子腰间系着孝麻，季氏设宴招待士人，孔子准备前往。阳虎拒绝他说："季氏设宴招待士人，不敢招待你啊。"孔子于是退出离开。

孔子十七岁时，鲁国大夫孟釐子病

孔子生鲁昌平乡陬邑。其先宋人也，曰孔防叔。防叔生伯夏，伯夏生叔梁纥。纥与颜氏女野合而生孔子，祷于尼丘得孔子。鲁襄公二十二年而孔子生。生而首上圩顶，故因名曰丘云。字仲尼，姓孔氏。

丘生而叔梁纥死，葬于防山。防山在鲁东，由是孔子疑其父墓处，母讳之也。孔子为儿嬉戏，常陈俎豆，设礼容。孔子母死，乃殡五父之衢，盖其慎也。陬人挽父之母诲孔子父墓，然后往合葬于防焉。

孔子要经，季氏飨士，孔子与往。阳虎绌曰："季氏飨士，非敢飨子也。"孔子由是退。

孔子年十七，鲁大夫孟釐

子病且死,诚其嗣懿子曰:"孔丘,圣人之后,灭于宋。其祖弗父何始有宋而嗣让厉公。及正考父佐戴、武、宣公,三命兹益恭,故鼎铭云:'一命而偻,再命而伛,三命而俯,循墙而走,亦莫敢余侮。饘于是,粥于是,以糊余口。'其恭如是。吾闻圣人之后,虽不当世,必有达者。今孔丘年少好礼,其达者欤?吾即没,若必师之。"及釐子卒,懿子与鲁人南宫敬叔往学礼焉。是岁,季武子卒,平子代立。

孔子贫且贱,及长,尝为季氏史,料量平;尝为司职吏而畜蕃息。由是为司空。已而去鲁,斥乎齐,逐乎宋、卫,困于陈蔡之间,于是反鲁。孔子长九尺有六寸,人皆谓之"长人"而异之。

鲁南宫敬叔言鲁君曰:"请与孔子适周。"鲁君与之一乘车,两马,一竖子俱,适周问礼,盖见老子云。辞去,

重将死,告诫他的继承人懿子说:"孔丘,是圣人的后裔,孔氏家族在宋国被灭。他的祖先弗父何当初拥有宋国而把继承权让给了厉公。等到正考父辅佐戴公、武公、宣公,三次被任命,一次比一次恭谨,所以正考父鼎的铭文说:'第一次受命时鞠躬致敬,第二次受命时折腰弓背,第三次受命时俯身更低,沿着墙边走,也没有人敢来侮慢我。我就用这个鼎做面糊,煮稀粥,来糊口度日。'他就是这样恭谨。我听说圣人的后裔,虽然不做国君,但必有飞黄腾达之人。如今孔丘年少就好礼,他就是飞黄腾达之人吧?我死后,你一定要拜他为师。"等到釐子去世,懿子与鲁国人南宫敬叔前往向孔子学礼。这年,季武子去世,平子即位。

孔子出身贫寒而且地位低下。等到他长大,曾做季氏的仓库管理员,出纳钱粮算得准确清楚;曾做管理牧场的小吏,而使牲畜繁衍很多。孔子由此做了司空。过了不久离开鲁国,在齐国受到排斥,在宋国、卫国受到驱逐,在陈国、蔡国间遭遇困厄,于是返回鲁国。孔子身高九尺六寸,人们都叫他"长人"而觉得他与众不同。

鲁国南宫敬叔告诉鲁君说:"请让我与孔子到周都去。"鲁君给予他们一辆车,两匹马,一个童仆随从,送他们到周都去学礼,据说见到了老子。告辞离去时,老

子送别孔子说："我听说富贵的人送人财物，仁德的人送人话语。我不富贵，却窃取了仁人的名号，就送给你几句话：'聪明能深察而险些丧命的人，是喜欢议论别人的人。博学善辩、见识广大却使自己身处险境的人，是好揭发别人丑行的人。做子女的人不要只想着自己，做臣子的人不要只想着自己。'"孔子从周都返回鲁国，门下学生逐渐增多了。

这时，晋平公淫乱，六卿专擅政权，向东讨伐诸侯；楚灵王军队强大，侵犯中原国家；齐是大国又靠近鲁国。鲁国弱小，归附楚国就会使晋国恼怒；归附晋国那楚国会前来讨伐；防范齐国不周到，齐国军队就会侵犯鲁国。

鲁昭公二十年，孔子大约三十岁了。齐景公与晏婴来到鲁国，景公问孔子说："昔日秦穆公的国家既小又偏僻，他是如何称霸的呢？"回答说："秦，国家虽小，它的志向远大；地方虽偏僻，施政却中正。秦穆公亲自举任用五张黑羊皮赎来的百里奚，封给他大夫的官爵，把他从囚禁中解救出来，与他交谈三天，把政权交给他。以这种方法称霸，即使统治整个天下也是可以的，他称霸主还算小的了。"景公很高兴。

孔子三十五岁时，季平子与郈昭伯因斗鸡得罪了鲁昭公，昭公率军攻打平

而老子送之曰："吾闻富贵者送人以财，仁人者送人以言。吾不能富贵，窃仁人之号，送子以言，曰：'聪明深察而近于死者，好议人者也。博辩广大危其身者，发人之恶者也。为人子者毋以有己，为人臣者毋以有己。'"孔子自周反于鲁，弟子稍益进焉。

是时也，晋平公淫，六卿擅权，东伐诸侯；楚灵王兵强，陵轹中国；齐大而近于鲁。鲁小弱，附于楚则晋怒；附于晋则楚来伐；不备于齐，齐师侵鲁。

鲁昭公之二十年，而孔子盖年三十矣。齐景公与晏婴来适鲁，景公问孔子曰："昔秦缪公国小处辟，其霸何也？"对曰："秦，国虽小，其志大；处虽辟，行中正。身举五羖，爵之大夫，起累绁之中，与语三日，授之以政。以此取之，虽王可也，其霸小矣。"景公说。

孔子年三十五，而季平子与郈昭伯以斗鸡故得罪鲁昭公，

昭公率师击平子，平子与孟氏、叔孙氏三家共攻昭公，昭公师败，奔于齐，齐处昭公乾侯。其后顷之，鲁乱。孔子适齐，为高昭子家臣，欲以通乎景公。与齐太师语乐，闻《韶》音，学之，三月不知肉味，齐人称之。

景公问政孔子，孔子曰："君君，臣臣，父父，子子。"景公曰："善哉！信如君不君，臣不臣，父不父，子不子，虽有粟，吾岂得而食诸！"他日又复问政于孔子，孔子曰："政在节财。"景公说，将欲以尼谿田封孔子。晏婴进曰："夫儒者滑稽而不可轨法；倨傲自顺，不可以为下；崇丧遂哀，破产厚葬，不可以为俗；游说乞贷，不可以为国。自大贤之息，周室既衰，礼乐缺有间。今孔子盛容饰，繁登降之礼、趋详之节，累世不能殚其学，当年不能究其礼。君欲用之以移齐俗，非所以先细民也。"后，景公敬见孔子，不问其礼。异日，景公止孔子曰："奉子以季氏，吾不能。"以季孟之间待之。齐大夫欲害孔子，孔子

子，平子与孟氏、叔孙氏三家共同攻打昭公，昭公战败，逃到齐国，齐国把昭公安置在乾侯。这以后不久，鲁国内乱。孔子到齐国，做高昭子的家臣，想通过高昭子见到景公。孔子与齐太师探讨音乐，听到了《韶》乐，学习它，沉迷其中，三个月辨不出肉味，齐国人称赞他。

景公向孔子问为政之道，孔子说："国君要像国君，臣子要像臣子，父亲要像父亲，儿子要像儿子。"景公说："太好了！如果国君不像国君，臣子不像臣子，父亲不像父亲，儿子不像儿子，即使有粮食，我哪能吃得到呢！"改日又向孔子问为政之道，孔子说："为政最要紧的在于节省钱财。"景公很高兴，将要把尼谿的田地封给孔子。晏婴进谏说："那些儒者善辩，不能用法来约束他；态度高傲自大，不可任为臣下；崇尚丧礼，竭尽哀情，挥霍家产实行厚葬之礼，不能使这种做法成为礼俗；到处游说求官，不可用来治理国家。自从上古大贤去世，周王室衰败后，礼乐缺失有些时间了。如今孔子推崇盛装仪容，详细制定进退上下的礼仪，快慢行走的规矩，这些繁文缛节就是连续几代人也学不完，一整年也弄不清它的诀窍。国君想用这些来改变齐国的风俗，这不是教导治理百姓的办法。"后来，景公只是很恭敬地接见孔子，不向他问礼。另一天，景公留

下孔子说："以季氏的待遇来侍奉您，我做不到。"就以介于季氏、孟氏之间的待遇对待孔子。齐国大夫想谋害孔子，孔子听说了此事。景公说："我老了，不能任用您了。"孔子于是出发，返回了鲁国。

孔子四十二岁时，鲁昭公死在乾侯，定公即位。定公即位五年，夏天，季平子去世，桓子即位。季桓子挖井得到一个瓦罐，罐中有个像羊的东西，他询问孔子那是什么，说自己得到了一只狗。孔子说："据我所知，这是一只羊。我听说，山林中的怪物是夔、魍魉，水中的怪物是夔龙、罔象，土中的怪物是坟羊。"

吴国讨伐越国，把越都会稽城给拆毁了，得到车身那么长的骨节。吴国派使者问孔子："什么的骨节最大？"孔子说："禹召集群神到会稽山，防风氏最后到达，禹杀死他并陈尸在那里，他的骨节同车子一样长，这是最大的骨节了。"吴国客人说："那谁是神呢？"孔子说："山川的神灵能够兴云致雨以利天下，奉守山川祭祀的诸侯君长就叫神，只奉守祭祀土神和谷神的叫公侯，都隶属于王者。"客人说："防风氏是奉守什么的？"仲尼说："汪罔氏的君长奉守封山、禺山，是釐姓。在虞、夏、商三代叫汪罔，在周代叫长翟，如今称作大人。"客人说："人的身高有多少？"孔子说："僬侥氏身长三尺，是

闻之。景公曰："吾老矣，弗能用也。"孔子遂行，反乎鲁。

孔子年四十二，鲁昭公卒于乾侯，定公立。定公立五年，夏，季平子卒，桓子嗣立。季桓子穿井得土缶，中若羊，问仲尼，云得狗。仲尼曰："以丘所闻，羊也。丘闻之，木石之怪夔、罔阆，水之怪龙、罔象，土之怪坟羊。"

吴伐越，堕会稽，得骨节专车。吴使使问仲尼："骨何者最大？"仲尼曰："禹致群神于会稽山，防风氏后至，禹杀而戮之，其节专车，此为大矣。"吴客曰："谁为神？"仲尼曰："山川之神，足以纲纪天下，其守为神，社稷为公侯，皆属于王者。"客曰："防风何守？"仲尼曰："汪罔氏之君守封、禺之山，为釐姓。在虞、夏、商为汪罔，于周为长翟，今谓之大人。"客曰："人长几何？"仲尼曰："僬侥氏三尺，短之至也。长者不过十之，

数之极也。"于是吴客曰："善哉圣人！"

桓子嬖臣曰仲梁怀，与阳虎有隙。阳虎欲逐怀，公山不狃止之。其秋，怀益骄，阳虎执怀。桓子怒，阳虎因囚桓子，与盟而醳之。阳虎由此益轻季氏。季氏亦僭于公室，陪臣执国政，是以鲁自大夫以下皆僭离于正道。故孔子不仕，退而修《诗》《书》《礼》《乐》，弟子弥众，至自远方，莫不受业焉。

定公八年，公山不狃不得意于季氏，因阳虎为乱，欲废三桓之适，更立其庶孽阳虎素所善者，遂执季桓子。桓子诈之，得脱。定公九年，阳虎不胜，奔于齐。是时孔子年五十。

公山不狃以费畔季氏，使人召孔子。孔子循道弥久，温温无所试，莫能己用，曰："盖周文武起丰镐而王，今费虽小，傥庶几乎！"欲往。子路不说，止孔子。孔子曰："夫召我者岂徒哉？如用我，其为东周乎！"然亦卒不行。其后定公

最矮的。高的不超过他的十倍，是最高的了。"于是吴国客人说："太好了，真是圣人啊！"

桓子的宠臣叫仲梁怀，与阳虎有嫌隙。阳虎想驱逐仲梁怀，公山不狃阻止他。这年秋天，仲梁怀更加骄横，阳虎抓了仲梁怀。桓子发怒，阳虎乘机囚禁桓子，与他订立盟约后才放了他。阳虎由此更加轻视季氏。季氏也僭越公室，作为陪臣执掌国政，因此鲁国自大夫以下都僭越偏离正道。所以孔子不做官，隐退而钻研整理《诗》《书》《礼》《乐》，弟子越来越多，不远千里来向孔子学习。

定公八年，公山不狃对季氏不满，趁着阳虎作乱，想废掉三桓的嫡子，改立阳虎平时所喜欢的三桓的庶子为继承人，于是捉住了季桓子。桓子欺骗他，得以逃脱。定公九年，阳虎没有战胜，逃奔到齐国。这时孔子五十岁。

公山不狃凭借费城反叛季氏，派人召请孔子。孔子遵行正道很久了，但无处施展，没有人任用他，他说："周文王、周武王起于丰、镐而称王，如今费城虽小，也与丰、镐差不多吧！"孔子打算前往。子路不高兴，阻止孔子。孔子说："人家请我难道他们会白跑一趟吗？如果任用我，大概可在东方建一个周朝！"然而最终也没

去成。这以后定公任命孔子为中都宰，一年时间，各地诸侯都在效法他。孔子由中都宰升任司空，由司空升任大司寇。

定公十年春天，鲁国与齐国和好。夏天，齐国大夫犁钮对齐景公说："鲁国重用孔丘，这种形势会危及齐国。"就派使者告诉鲁君举行友好会盟，在夹谷会盟。鲁定公将要乘车毫无防备地前往。孔子代理宰相之事，说："臣听说举行文事活动一定要有军事防备，举行军事活动一定要有文事准备。古代诸侯出境，必定文武官员都要随从。请求您让左右司马跟从。"定公说："好吧。"就命令左右司马一同前往。与齐侯在夹谷相会，修筑了盟会坛台，有三等土阶，用简略的会遇之礼相见，拱手揖让登入台上。献酬之礼完毕后，齐国的官员快步进前说："请奏四方之乐。"景公说："好吧。"于是旌、旄、羽、被、矛、戟、剑、盾蜂拥而至。孔子快步行进，一步一个台阶登上去，到最后一阶时，衣袖一挥说道："我们两国君主举行友好相会，夷狄之乐为什么出现在这个场合！请命令主管官员让他们下去！"主管官员令乐队下去，乐队不退，而是左右看着晏子和景公。景公惭愧，挥手让他们退下。过了一会儿，齐国主管官员快步进前说："请奏宫中乐曲。"景公说："好吧。"一群戏子侏儒上前表演。孔子又快步前行，一步

以孔子为中都宰，一年，四方皆则之。由中都宰为司空，由司空为大司寇。

定公十年春，及齐平。夏，齐大夫犁钮言于景公曰："鲁用孔丘，其势危齐。"乃使使告鲁为好会，会于夹谷。鲁定公且以乘车好往。孔子摄相事，曰："臣闻有文事者必有武备，有武事者必有文备。古者诸侯出疆，必具官以从，请具左右司马。"定公曰："诺。"具左右司马。会齐侯夹谷，为坛位，土阶三等，以会遇之礼相见，揖让而登。献酬之礼毕，齐有司趋而进曰："请奏四方之乐。"景公曰："诺。"于是旄旌羽被矛戟剑拨鼓噪而至。孔子趋而进，历阶而登，不尽一等，举袂而言曰："吾两君为好会，夷狄之乐何为于此！请命有司！"有司却之，不去，则左右视晏子与景公。景公心怍，麾而去之。有顷，齐有司趋而进曰："请奏宫中之乐。"景公曰："诺。"优倡侏儒为戏而前。孔子趋而进，历阶而登，不尽一等，曰："匹夫而营惑

诸侯者罪当诛！请命有司！”
有司加法焉，手足异处。景公
惧而动，知义不若，归而大恐，
告其群臣曰：“鲁以君子之道
辅其君，而子独以夷狄之道教
寡人，使得罪于鲁君，为之奈
何？”有司进对曰：“君子有
过则谢以质，小人有过则谢以
文。君若悼之，则谢以质。”
于是齐侯乃归所侵鲁之郓、汶
阳、龟阴之田以谢过。

定公十三年夏，孔子言于
定公曰：“臣无藏甲，大夫毋
百雉之城。”使仲由为季氏宰，
将堕三都。于是叔孙氏先堕郈。
季氏将堕费，公山不狃、叔孙
辄率费人袭鲁。公与三子入于
季氏之官，登武子之台。费人
攻之，弗克，入及公侧。孔子
命申句须、乐顺下伐之，费人北。
国人追之，败诸姑蔑。二子奔齐，
遂堕费。将堕成，公敛处父谓
孟孙曰：“堕成，齐人必至于
北门。且成，孟氏之保障，无
成，是无孟氏也。我将弗堕。”
十二月，公围成，弗克。

一个台阶登上去，到最后一阶时，说："匹
夫来迷惑诸侯的，论罪当诛！请求主管官
员执行！"主管官员对他们执行刑罚，他
们身首异处。景公恐惧，受到惊动，知道
自己在道义上不如鲁国，回去后非常恐惧，
告知群臣说："鲁国用君子之道辅佐他的
国君，而你们却用夷狄之道来教导寡人，
使我得罪了鲁君，这该怎么办呢？"有官
员上前回答说："君子有过错就用行动谢
罪；小人有过错就用文辞谢罪。您若真的
痛心，就用实际行动谢罪。"于是齐侯归
还侵占鲁国的郓、汶阳、龟阴的田地以谢罪。

定公十三年夏天，孔子告诉定公说：
"大臣不能私藏兵甲，大夫不能有百丈的
城墙。"于是令仲由做季氏家的总管，打
算拆毁季孙、孟孙、叔孙三家的封邑城墙。
在这时叔孙氏首先拆毁郈邑的城墙。季氏
将要拆毁费邑的城墙，公山不狃、叔孙辄
率领费邑人袭击鲁国。定公与季孙、孟孙、
叔孙三人进入季氏的府中，登上武子的高
台。费邑人攻打他们，没有取胜，有人进
入武子台侧。孔子命令申句须、乐顺下台
讨伐，费人败逃。鲁国人追杀他们，在姑
蔑城击败他们。公山不狃、叔孙辄逃到齐
国，于是拆毁费邑的城墙。将要拆成邑的
城墙时，公敛处父对孟孙说："若拆毁成
邑城墙，齐国人必定到达鲁国北门。况且
成邑是孟氏的保障，没有成邑就没有孟氏

了。我不能拆毁它。"十二月，定公围攻成邑，没有取胜。

定公十四年，孔子五十六岁，以大司寇的身份代理相国事务，面有喜色。门人说："听说君子灾祸降临也不恐惧，福运降临也不喜形于色。"孔子说："是有这句话。不也说'乐在身居高位而能礼贤下士'吗？"这时候孔子诛杀了扰乱鲁国政务的大夫少正卯。孔子参与执政才三个月，贩卖猪羊的商人不敢哄抬物价；男女行人分开走路；路上掉的东西也没人拾取；四方客人到达城邑的不用向官吏们请托，都能得到很好的礼遇，使他们满意而归。

齐国人听说后很恐惧，说："孔子执政鲁国一定称霸，我们的土地最靠近鲁国，鲁国称霸我们最先将被吞并了。为什么不先给鲁国一些土地呢？"犁钽说："请先试着阻止他们；阻止他们不成再送土地，也不迟啊！"于是从齐国挑选了八十个美貌女子，都身穿华丽衣裳，跳《康乐》舞，身上有花纹的骏马一百二十四，把这些送给鲁君。把歌伎舞女和有花纹的马摆置在鲁国城南高门外面。季桓子身穿便服再三前去观赏，将要接受，就报告鲁君说外出巡视事务，终日前往观赏，怠于政事。子路说："老师可以离开了。"孔子说："鲁国如今将举行郊祭，如果祭祀后国君能把祭肉分给大夫，那我还可以留下。"桓子

定公十四年，孔子年五十六，由大司寇行摄相事，有喜色。门人曰："闻君子祸至不惧，福至不喜。"孔子曰："有是言也。不曰'乐其以贵下人'乎？"于是诛鲁大夫乱政者少正卯。与闻国政三月，粥羔豚者弗饰贾，男女行者别于涂，涂不拾遗；四方之客至乎邑者不求有司，皆予之以归。

齐人闻而惧，曰："孔子为政必霸，霸则吾地近焉，我之为先并矣，盍致地焉？"犁钽曰："请先尝沮之；沮之而不可则致地，庸迟乎！"于是选齐国中女子好者八十人，皆衣文衣而舞《康乐》，文马三十驷，遗鲁君。陈女乐文马于鲁城南高门外。季桓子微服往观再三，将受，乃语鲁君为周道游，往观终日，怠于政事。子路曰："夫子可以行矣。"孔子曰："鲁今且郊，如致膰乎大夫，则吾犹可以止。"桓子卒受齐女乐，三日不听政；

郊，又不致膰俎于大夫。孔子遂行，宿乎屯。而师己送，曰："夫子则非罪。"孔子曰："吾歌可夫？"歌曰："彼妇之口，可以出走；彼妇之谒，可以死败。盖优哉游哉，维以卒岁！"师己反，桓子曰："孔子亦何言？"师己以实告。桓子喟然叹曰："夫子罪我以群婢故也夫！"

孔子遂适卫，主于子路妻兄颜浊邹家。卫灵公问孔子："居鲁得禄几何？"对曰："奉粟六万。"卫人亦致粟六万。居顷之，或谮孔子于卫灵公。灵公使公孙余假一出一入。孔子恐获罪焉，居十月，去卫。

将适陈，过匡，颜刻为仆，以其策指之曰："昔吾入此，由彼缺也。"匡人闻之，以为鲁之阳虎。阳虎尝暴匡人，匡人于是遂止孔子。孔子状类阳虎，拘焉五日。颜渊后，子曰："吾以汝为死矣。"颜渊曰："子在，回何敢死！"匡人拘孔子益急，弟子惧。孔子曰："文王既没，文不在兹乎？天之将

最终接受了齐国女乐，三日不问朝政；郊祭后，又不分给大夫祭肉。孔子于是离开鲁国，在屯邑留宿。师己给他送行，说："老师是没有过错的。"孔子说："我唱首歌可以吗？"歌辞说："那美人的口，可以使大臣出走；那美人的拜谒，可以使你身败名裂。何不悠游自得，就这样安度余生！"师己返回，桓子说："孔子说过什么吗？"师己如实以告。桓子喟然叹息说："先生怪罪我是因为接受那群婢女了呀！"

孔子于是来到卫国，住在子路妻子的兄长颜浊邹家里。卫灵公问孔子说："在鲁国的俸禄多少？"回答说："俸米六万斗。"卫国人也给他六万斗俸米。过了不久，有人在卫灵公面前诬陷孔子。灵公派公孙余假带着兵仗在那里进进出出。孔子恐怕惹祸上身，住了十个月，离开了卫国。

孔子将要到陈国去，经过匡城，颜刻做仆从，用鞭子指着一处说："昔日我进入这座城，就是从那个缺口进去的。"匡城人听说这个消息，以为是鲁国的阳虎。阳虎曾经欺虐匡人，匡人于是就留住孔子。孔子外貌类似阳虎，把他扣留五天。颜渊后来赶到，孔子说："我以为你死了。"颜渊说："老师在，颜回怎敢死去！"匡人围困孔子更加紧急，弟子们惧怕。孔子说："文王已死，其文明礼仪难道不在我

身上吗？上天真要灭绝此文明礼仪，就不会让我来传承它。上天还没有要灭绝文明礼仪，匡人能拿我怎么样呢！"孔子派随从到卫国做甯武子的家臣，然后才得以离开。

孔子离开匡城就到了蒲乡。一个多月后，返回卫国，住在蘧伯玉家。灵公的夫人有位叫南子的，派人对孔子说："四方君子只要不以为辱想与我们的国君结为兄弟的，必先来见我们夫人。我们夫人愿意见您。"孔子推辞谢绝，迫不得已而去见她。夫人坐在帷帐中。孔子进门，面向北面叩头。夫人在帷帐中拜了两拜，身上的佩玉互相碰触发出清脆的响声。孔子说："我本不想拜见她，见了就得以礼答谢。"子路不高兴。孔子发誓道："我如果不是不得已的话，就让上天厌弃我！就让上天厌弃我！"在卫国居住一个多月后，灵公与夫人同乘一辆车，宦官雍渠在车上陪同，出宫，让孔子坐在第二辆车上，招摇过市。孔子说："我没见过爱好德行如爱好美色的。"于是对此感到羞耻，离开卫国，去曹国。这年，鲁定公去世。

孔子离开曹国来到宋国，与弟子在大树下习礼。宋国司马桓魋想杀孔子，砍倒了那棵树。孔子离去。弟子说："可以快点离开了。"孔子说："上天授予我传播道德的使命，桓魋能把我怎样呢！"

丧斯文也，后死者不得与于斯文也。天之未丧斯文也，匡人其如予何！"孔子使从者为甯武子臣于卫，然后得去。

去即过蒲。月余，反乎卫，主蘧伯玉家。灵公夫人有南子者，使人谓孔子曰："四方之君子不辱欲与寡君为兄弟者，必见寡小君。寡小君愿见。"孔子辞谢，不得已而见之。夫人在绨帷中。孔子入门，北面稽首。夫人自帷中再拜，环珮玉声璆然。孔子曰："吾乡为弗见，见之礼答焉。"子路不说。孔子矢之曰："予所不者，天厌之！天厌之！"居卫月余，灵公与夫人同车，宦者雍渠参乘，出，使孔子为次乘，招摇市过之。孔子曰："吾未见好德如好色者也。"于是丑之，去卫，过曹。是岁，鲁定公卒。

孔子去曹适宋，与弟子习礼大树下。宋司马桓魋欲杀孔子，拔其树。孔子去。弟子曰："可以速矣。"孔子曰："天生德于予，桓魋其如予何！"

孔子适郑，与弟子相失，孔子独立郭东门。郑人或谓子贡曰："东门有人，其颡似尧，其项类皋陶，其肩类子产，然自要以下不及禹三寸，累累若丧家之狗。"子贡以实告孔子。孔子欣然笑曰："形状，末也。而谓似丧家之狗，然哉！然哉！"

孔子遂至陈，主于司城贞子家。岁余，吴王夫差伐陈，取三邑而去。赵鞅伐朝歌。楚围蔡，蔡迁于吴。吴败越王句践会稽。

有隼集于陈廷而死，楛矢贯之，石砮，矢长尺有咫。陈湣公使使问仲尼。仲尼曰："隼来远矣，此肃慎之矢也。昔武王克商，通道九夷百蛮，使各以其方贿来贡，使无忘职业。于是肃慎贡楛矢，石砮，长尺有咫。先王欲昭其令德，以肃慎矢分大姬，配虞胡公而封诸陈。分同姓以珍玉，展亲；分异姓以远方职，使无忘服。故分陈以肃慎矢。"试求之故府，果得之。

孔子来到郑国，与弟子失散了，孔子独自站在外城的东门口。郑国有人对子贡说："东门有个人，他的前额像唐尧，他的脖颈像皋陶，他的肩膀像子产，然而自腰以下比禹短三寸，垂头丧气的样子好像流浪狗。"子贡把这话如实告诉孔子，孔子高兴地笑着说："外形，无所谓，而说的像流浪狗，太对了！太对了！"

孔子于是到达陈国，寄住在司城贞子家里。过了一年多，吴王夫差讨伐陈国，夺取三个城邑后离开。赵鞅讨伐朝歌。楚国围攻蔡国，蔡国迁移到吴地。吴国在会稽打败越王勾践。

有一只鹰隼落在陈国宫廷前死去，楛木做的箭贯穿了它，箭头是石制的，箭身长一尺八寸。陈湣公派使者问孔子。孔子说："鹰隼是从很远的地方飞来的，这是肃慎部族的箭。昔日武王攻克商纣，就与四方蛮夷民族沟通交往，使各地民族把自己的地方特产进贡给周王室，让他们不忘记职责和义务。于是肃慎部族进贡楛木做的箭和石制的箭头，箭身长一尺八寸。先王想昭显自己的功德，把肃慎部族的箭分给长女，将她许配给虞胡公，将他封在陈地。把珍宝玉器分给同姓诸侯，以表达亲近；把远方的贡品分给异姓诸侯，让他们不忘服从。所以分给陈国的是肃慎的箭。"陈湣公试着去旧府库搜寻，果然得到了楛木箭。

孔子在陈国居住三年，恰逢晋国、楚国争霸，轮番讨伐陈国，后来吴国也侵犯陈国，陈国经常遭受侵犯。孔子说："回去吧，回去吧！我家乡的那些小子志气都大只是行事简略，有进取心而不忘初衷。"于是孔子离开陈国。

路过蒲乡时，正遇上公叔氏占据蒲乡反叛，蒲人就留住孔子。弟子中有位叫公良孺的，带着自己的五辆车跟随孔子。他这人身材高大，贤德，有勇力，对孔子说："我昔日跟随老师在匡城遇困，如今又在此处遇困，这是命吧。我与老师再次遭难，我宁愿战斗而死。"战斗非常激烈。蒲乡人惧怕，对孔子说："若你不去卫国，我们就放你走。"孔子与蒲乡人盟誓，他们送孔子出东门。孔子于是到卫国。子贡说："盟约可以违背吗？"孔子说："要挟下订立的盟约，神灵是不认可的。"

卫灵公听说孔子来了，很高兴，到郊外迎接。他问道："蒲乡可以讨伐吗？"孔子回答说："可以。"灵公说："我的大臣认为不可以。如今蒲乡是卫国抵御晋国、楚国的屏障，用卫军讨伐它，恐怕不可以吧？"孔子说："蒲乡的男子有以死效忠卫国的志向，妇女有保卫西河的决心。我所讨伐的不过四五人。"灵公说："好的。"然而没有讨伐蒲乡。

孔子居陈三岁，会晋楚争强，更伐陈，及吴侵陈，陈常被寇。孔子曰："归与，归与！吾党之小子狂简，进取不忘其初。"于是孔子去陈。

过蒲，会公叔氏以蒲畔，蒲人止孔子。弟子有公良孺者，以私车五乘从孔子。其为人长贤，有勇力，谓曰："吾昔从夫子遇难于匡，今又遇难于此，命也已。吾与夫子再罹难，宁斗而死。"斗甚疾。蒲人惧，谓孔子曰："苟毋适卫，吾出子。"与之盟，出孔子东门。孔子遂适卫。子贡曰："盟可负邪？"孔子曰："要盟也，神不听。"

卫灵公闻孔子来，喜，郊迎。问曰："蒲可伐乎？"对曰："可。"灵公曰："吾大夫以为不可。今蒲，卫之所以待晋楚也，以卫伐之，无乃不可乎？"孔子曰："其男子有死之志，妇人有保西河之志。吾所伐者不过四五人。"灵公曰："善。"然不伐蒲。

灵公老,怠于政,不用孔子。孔子喟然叹曰:"苟有用我者,期月而已,三年有成。"孔子行。

佛肸为中牟宰,赵简子攻范、中行,伐中牟。佛肸畔,使人召孔子,孔子欲往。子路曰:"由闻诸夫子,'其身亲为不善者,君子不入也'。今佛肸亲以中牟畔,子欲往,如之何?"孔子曰:"有是言也。不曰坚乎,磨而不磷;不曰白乎,涅而不淄。我岂匏瓜也哉,焉能系而不食?"

孔子击磬。有荷蒉而过门者,曰:"有心哉,击磬乎!硁硁乎,莫己知也夫而已矣!"

孔子学鼓琴师襄子,十日不进。师襄子曰:"可以益矣。"孔子曰:"丘已习其曲矣,未得其数也。"有间,曰:"已习其数,可以益矣。"孔子曰:"丘未得其志也。"有间,曰:"已习其志,可以益矣。"孔子曰:"丘未得其为人也。"有间,曰有所穆然深思焉,有

灵公老了,怠于政务,不重用孔子。孔子喟然叹息说:"若有重用我的人,一个月就能初见成效,三年就会有大的成效。"孔子就离开了。

佛肸做中牟的长官。赵简子攻打范氏、中行氏,讨伐中牟。佛肸背叛,派人召见孔子。孔子想要前往。子路说:"我听老师说过,'那些亲身做坏事的人那里,君子是不会去的'。如今佛肸亲自占据中牟反叛,您想前往,这作何解释呢?"孔子说:"有这样的话。但我不也说过真正坚硬的东西,怎么磨也不会磨损;真正精白的东西,怎么抹也不会变黑吗?我难道是一只匏瓜吗,怎么能只供人系挂而不让人食用呢?"

孔子敲击着磬。有个背着草篓的人经过门前,说:"有心思啊,这位击磬的人!声音硁硁的,既然世上没有人赏识你,那就算了吧!"

孔子向师襄子学弹琴,一连十天都没有进展。师襄子说:"可以进一步了。"孔子说:"我已经学会那些曲子了,但还没有掌握弹奏技巧。"过了一段时间,师襄子说:"你已经掌握弹奏技巧,可以进一步了。"孔子说:"我还没有领悟曲中的精髓。"过了一段时间,师襄子说:"你已经领悟曲中精髓了,可以进一步了。"孔子说:"我还没有感受到作曲者

的为人。"过了一段时间，孔子很虔诚恭敬地深思着什么，继而心旷神怡地抬头远望，显示出志向高远的样子。他说："我知道他是什么样的人了：他的皮肤暗沉黝黑，高高的个子，眼睛如汪洋大海，像统治四方的王者，不是周文王又有谁能够如此呢！"师襄子离席拜了两拜，说："我的老师说过，这首曲子正是《文王操》。"

孔子既已不被卫国重用，将要西行去见赵简子。到了黄河边听到窦鸣犊、舜华被杀死的消息，面对黄河而叹息说："壮美啊黄河水，浩浩荡荡呀！我不能渡过这条河，也是命吧！"子贡疾步上前说："敢问这说的是什么意思？"孔子说："窦鸣犊、舜华，是晋国的贤士大夫。赵简子还没有得志的时候，是等着依靠这两人后才执政的；等到他已经得志，就杀死他们来掌管政权。我听说过，剖腹取胎、杀害幼体，那麒麟就不会到郊外；排干湖水来捉鱼，那蛟龙就不会调合阴阳兴云致雨；倾覆鸟巢、毁坏鸟卵，那凤凰就不会飞来。为什么呢？君子忌讳伤害自己的同类。鸟兽对于不义的行为都知道躲避，何况我呢！"于是返回陬乡休养，作了《陬操》来哀悼他们两人。而后返回卫国，入住到蘧伯玉家里。

有一天，灵公问起陈兵列阵之事。孔子说："祭祀典礼的事我曾听说过，军旅

所怡然高望而远志焉。曰："丘得其为人：黯然而黑，幾然而长，眼如望羊，如王四国，非文王其谁能为此也！"师襄子辟席再拜，曰："师盖云《文王操》也。"

孔子既不得用于卫，将西见赵简子。至于河而闻窦鸣犊、舜华之死也，临河而叹曰："美哉水，洋洋乎！丘之不济此，命也夫！"子贡趋而进曰："敢问何谓也？"孔子曰："窦鸣犊、舜华，晋国之贤大夫也。赵简子未得志之时，须此两人而后从政；及其已得志，杀之乃从政。丘闻之也，刳胎杀夭则麒麟不至郊，竭泽涸渔则蛟龙不合阴阳，覆巢毁卵则凤凰不翔。何则？君子讳伤其类也。夫鸟兽之于不义也尚知辟之，而况乎丘哉！"乃还息乎陬乡，作为《陬操》以哀之。而反乎卫，入主蘧伯玉家。

他日，灵公问兵陈。孔子曰："俎豆之事则尝闻之，军

旅之事未之学也。"明日，与
孔子语，见蜚雁，仰视之，色
不在孔子。孔子遂行，复如陈。

夏，卫灵公卒，立孙辄，
是为卫出公。六月，赵鞅内
太子蒯聩于戚。阳虎使太子绖，
八人衰绖，伪自卫迎者，哭而入，
遂居焉。冬，蔡迁于州来。是
岁鲁哀公三年，而孔子年六十
矣。齐助卫围戚，以卫太子蒯
聩在故也。

夏，鲁桓釐庙燔，南宫敬
叔救火。孔子在陈，闻之，曰：
"灾必于桓釐庙乎？"已而果然。

秋，季桓子病，辇而见鲁
城，喟然叹曰："昔此国几兴
矣，以吾获罪于孔子，故不兴
也。"顾谓其嗣康子曰："我
即死，若必相鲁；相鲁，必召
仲尼。"后数日，桓子卒，康
子代立。已葬，欲召仲尼。公
之鱼曰："昔吾先君用之不终，
终为诸侯笑。今又用之，不能
终，是再为诸侯笑。"康子曰：
"则谁召而可？"曰："必召
冉求。"于是使使召冉求。冉

之事却是未曾学过。"第二天，灵公与孔
子交谈，见到飞翔的大雁，仰头观看，神
色间并不注意孔子。孔子于是离去，又到
陈国。

夏天，卫灵公去世，立孙子辄为君，
就是卫出公。六月，赵鞅把太子蒯聩送到
戚邑。阳虎让太子取下帽子露出发髻，另
外八人披麻戴孝，假装是从卫都来迎接太
子的人，哭着进入戚邑，就住在那里。冬
天，蔡国迁都到州来。这年是鲁哀公三年，
而孔子六十岁了。齐国帮助卫国围攻戚邑，
出于卫太子蒯聩在那里的缘故。

夏天，祭祀鲁桓公、鲁釐公的宗庙起
火，南宫敬叔救火。孔子在陈国，听说此
事，说："火灾一定在桓公、釐公的宗庙
吧？"后来果然如他所言。

秋天，季桓子生病，乘辇车望见鲁国
城池，喟然叹息说："昔日这个国家几乎
要兴盛了，因我得罪了孔子，所以没有兴
盛起来啊。"回过头对他的继承人康子说：
"我死后，你一定做鲁国国相；做了鲁国
国相，一定要召回仲尼。"数日后，桓子
去世，康子即位。安葬完毕后，他想召回
仲尼。公之鱼说："昔日我们的先君任用
他没有用到底，最终被诸侯耻笑。如今又
任用他，若不能用到底，就是再次被诸侯
耻笑。"康子说："那召请谁可以呢？"
公之鱼说："一定要召请冉求。"于是派

使者召请冉求。冉求将要前往，孔子说："鲁人召请冉求，不是小用他，是将要大用他。"这天，孔子说："回去吧，回去吧！我家乡的这些小子志气都大只是行事简略，他们的质地文采都很美，我已经不知如何剪裁教导他们。"子赣知道孔子想回鲁国，他送别冉求时，乘机告诫了"受重用了，就把孔子召请回去"的话。

冉求离开后，第二年，孔子从陈国到蔡国。蔡昭公将要到吴国去，吴王召见他。此前昭公欺骗他的臣子迁都州来，这次又要前往，大夫们惧怕再次迁都，公孙翩射杀了昭公。楚国侵犯蔡国。秋天，齐景公去世。

第二年，孔子从蔡国到叶国。叶公问孔子为政之道，孔子说："为政在于使远方和近处的人都归附。"有一天，叶公向子路询问孔子，子路没有回答。孔子听说此事，说："仲由，你为什么不回答说'他为人嘛，学习正道不知疲倦，教诲别人不知厌烦，发愤起来忘记吃饭，高兴起来就忘记忧愁，不知衰老就要到来了'？"

孔子离开叶国，返回蔡国。长沮、桀溺一起耕作，孔子以为他们是隐士，派子路询问渡口所在。长沮说："那拉着缰绳的人是谁？"子路说："是孔丘。"长沮说："是鲁国的孔丘吗？"子路说："是的。"长沮说："他该知道渡口在哪里

求将行，孔子曰："鲁人召求，非小用之，将大用之也。"是日，孔子曰："归乎归乎！吾党之小子狂简，斐然成章，吾不知所以裁之。"子赣知孔子思归，送冉求，因诫曰"即用，以孔子为招"云。

冉求既去，明年，孔子自陈迁于蔡。蔡昭公将如吴，吴召之也。前昭公欺其臣迁州来，后将往，大夫惧复迁，公孙翩射杀昭公。楚侵蔡。秋，齐景公卒。

明年，孔子自蔡如叶。叶公问政，孔子曰："政在来远附迩。"他日，叶公问孔子于子路，子路不对。孔子闻之，曰："由，尔何不对曰'其为人也，学道不倦，诲人不厌，发愤忘食，乐以忘忧，不知老之将至云尔'？"

去叶，反于蔡。长沮、桀溺耦而耕，孔子以为隐者，使子路问津焉。长沮曰："彼执舆者为谁？"子路曰："为孔丘。"曰："是鲁孔丘与？"曰："然。"曰："是知津矣。"

桀溺谓子路曰："子为谁？"曰："为仲由。"曰："子，孔丘之徒与？"曰："然。"桀溺曰："悠悠者天下皆是也，而谁以易之？且与其从辟人之士，岂若从辟世之士哉！"耰而不辍。子路以告孔子，孔子怃然曰："鸟兽不可与同群，天下有道，丘不与易也。"

他日，子路行，遇荷蓧丈人，曰："子见夫子乎？"丈人曰："四体不勤，五谷不分，孰为夫子！"植其杖而芸。子路以告，孔子曰："隐者也。"复往，则亡。

孔子迁于蔡三岁，吴伐陈。楚救陈，军于城父。闻孔子在陈蔡之间，楚使人聘孔子。孔子将往拜礼，陈蔡大夫谋曰："孔子贤者，所刺讥皆中诸侯之疾。今者久留陈蔡之间，诸大夫所设行皆非仲尼之意。今楚，大国也，来聘孔子。孔子用于楚，则陈蔡用事大夫危矣。"于是乃相与发徒役围孔子于野。不得行，绝粮。从者病，莫能兴，孔子讲诵弦歌不衰。子路愠，见曰："君子亦

啊。"桀溺对子路说："你是谁？"说："是仲由。"桀溺说："你是孔丘的徒弟吗？"子路说："是的。"桀溺说："世俗的天下都是一样的动荡啊，但谁又能改变它呢？况且与其跟随那躲避暴君乱臣的人，哪如跟随躲避乱世的隐士呢！"说完继续耕作起来。子路把这话告知孔子，孔子怅然说："我们不可与鸟兽同群，避世隐居。如果天下有道，我就不去改变它了。"

有一天，子路走着，遇到一位扛蓧的老人，就问他说："你见到我的老师了吗？"老人说："四体不勤，五谷不分，谁是你的老师呢？"就竖起他的拐杖除草。子路把这话告知孔子，孔子说："是位隐士。"子路又前去，那老人已不在了。

孔子到蔡国三年，吴国讨伐陈国。楚国救援陈国，在城父驻军。听说孔子在陈国、蔡国之间，楚国派人聘请孔子。孔子将要前往参见，陈国、蔡国的大夫商议说："孔子贤能，所讽刺的都能切中诸侯弊病所在。现今他久留陈、蔡之间，众大夫的所作所为都不合仲尼的意思。如今楚国是大国，却聘请孔子来。孔子被楚国重用，那么陈国、蔡国掌权的大夫就危险了。"于是就一起发动人徒把孔子围困在郊野。孔子不能前进，断绝了粮食。随从的人生病，都不能站起来。孔子却照样讲学、诵书、弹琴、歌唱不停止。子路愠怒地见孔子说："君

子也有困窘的时候吗？"孔子说："君子困窘时能固守节操，小人困窘时就胡作非为了。"

子贡的脸色变了。孔子说："赐啊，你以为我是从多处学习而把所学牢记在心里的吗？"子贡说："是的。难道不对吗？"孔子说："不是。我是以一个基本道理贯穿所有知识。"

孔子知道弟子们有怨恨之心，就召来子路而问道："《诗》说'不是犀牛不是老虎，而徘徊巡行于旷野之中'。我的学说不对吗？我为什么沦落到如此地步呢？"子路说："想必是我们的仁德还不够吧？人家不信任我们。想必是我们的智谋不足吧？人家不让我们通行。"孔子说："有这种情况吗？仲由，假使有仁德就必定能受到信任，哪里会有伯夷、叔齐呢？假使有智谋的人就必定能通行无阻，哪里会有王子比干呢？"

子路出去，子贡进入相见。孔子说："赐啊，《诗》说'不是犀牛不是老虎，而徘徊巡行于旷野之中'。我的学说不对吗？我为什么沦落到如此地步呢？"子贡说："老师的学问极其伟大，所以天下不能容纳老师。老师何不稍微降低一点要求呢？"孔子说："赐啊，好的农夫能够耕耘而不能保证丰收；好的工匠技艺精巧但不能尽合人意。君子能修明他的学术，以

有穷乎？"孔子曰："君子固穷，小人穷斯滥矣。"

子贡色作。孔子曰："赐，尔以予为多学而识之者与？"曰："然。非与？"孔子曰："非也。予一以贯之。"

孔子知弟子有愠心，乃召子路而问曰："《诗》云'匪兕匪虎，率彼旷野'。吾道非邪？吾何为于此？"子路曰："意者吾未仁邪？人之不我信也。意者吾未知邪？人之不我行也。"孔子曰："有是乎！由，譬使仁者而必信，安有伯夷、叔齐？使知者而必行，安有王子比干？"

子路出，子贡入见。孔子曰："赐，《诗》云'匪兕匪虎，率彼旷野'。吾道非邪？吾何为于此？"子贡曰："夫子之道至大也，故天下莫能容夫子。夫子盖少贬焉？"孔子曰："赐，良农能稼而不能为穑，良工能巧而不能为顺。君子能修其道，纲而纪之，统而理之，

而不能为容。今尔不修尔道而求为容。赐，而志不远矣！”

子贡出，颜回入见。孔子曰：“回，《诗》云‘匪兕匪虎，率彼旷野’。吾道非邪？吾何为于此？”颜回曰：“夫子之道至大，故天下莫能容。虽然，夫子推而行之，不容何病，不容然后见君子！夫道之不修也，是吾丑也。夫道既已大修而不用，是有国者之丑也。不容何病？不容然后见君子！”孔子欣然而笑曰：“有是哉颜氏之子！使尔多财，吾为尔宰。”

于是使子贡至楚，楚昭王兴师迎孔子，然后得免。

昭王将以书社地七百里封孔子，楚令尹子西曰：“王之使使诸侯有如子贡者乎？”曰：“无有。”“王之辅相有如颜回者乎？”曰：“无有。”“王之将率有如子路者乎？”曰：“无有。”“王之官尹有如宰予者乎？”曰：“无有。”“且楚之祖封于周，号

纲常约束人们，能统筹治理国家，但也不一定能被天下容纳。如今你不修明你的道义而追求被世人所容纳。赐啊，你的志向太不远大了！”

子贡出来，颜回进入相见。孔子说：“回啊，《诗》说‘不是犀牛不是老虎，而徘徊巡行于旷野之中’。我的学说不对吗？我为什么沦落到如此地步呢？”颜回说：“老师的学问极其伟大，所以天下不能容纳老师。虽然这样，老师推广施行它，不被世人容纳又有何妨，不被容纳方才显出君子本色呢！学术不去修明，是我们的耻辱。学术既已修明而不推行所用，是国君的耻辱。不被容纳又有何妨，不被容纳方才显出君子本色呢！”孔子欣然而笑说：“是这样啊，颜氏小子！假使你有许多钱财，我做你的管家。”

于是派子贡到楚国。楚昭王率军迎接孔子，然后孔子得以脱身。

昭王将把七百里有居民里籍的地方封给孔子。楚国令尹子西说：“大王的使者出使诸侯国的有像子贡的吗？”楚王说：“没有。”“大王的辅臣国相有像颜回的吗？”“没有。”“大王的将帅有像子路的吗？”“没有。”“大王的官尹有像宰予的吗？”“没有。”“楚国的祖先受封于周王室，爵位是子男，封地五十里。如今孔丘讲求的是三皇五帝的遗制，昭明周

公、召公的功业，大王如果任用他，那么楚国还能够世世代代堂堂正正拥有方圆数千里的领地吗？文王在丰城，武王在镐城，方圆百里的君主最后统治天下。若孔丘得到封地，贤能弟子辅佐，并非楚国福运。"昭王才作罢。这年秋天，楚昭王死在城父。

楚国狂人接舆唱着歌经过孔子身边，说："凤凰啊，凤凰啊，为什么德运如此衰落！过去的事无法挽回补正啊，将来的事还可以追求！罢了，罢了！如今从政的人都岌岌可危啊！"孔子下车，想与他交谈。而接舆疾步离开了，没能与他说上话。

于是孔子从楚国返回卫国。这年，孔子六十三岁，是鲁哀公六年。

第二年，吴国与鲁国在缯地会晤，吴王向鲁国索要百牢祭品。太宰嚭召见季康子。康子派子贡前往，然后吴国才罢休。

孔子说："鲁国、卫国的政事，情况像兄弟一般。"这时，卫国君辄的父亲不能即位，流亡在外，诸侯多次加以指责。孔子的弟子很多在卫国为官，卫君想请孔子执政。子路说："卫君等待您去治理国政，您将要先做什么呢？"孔子说："一定先要正名分吧！"子路说："有这种想法啊，您太迂腐了！有什么名分可正呢？"孔

为子男五十里。今孔丘述三五之法，明周召之业，王若用之，则楚安得世世堂堂方数千里乎？夫文王在丰，武王在镐，百里之君，卒王天下。今孔丘得据土壤，贤弟子为佐，非楚之福也。"昭王乃止。其秋，楚昭王卒于城父。

楚狂接舆歌而过孔子，曰："凤兮凤兮，何德之衰！往者不可谏兮，来者犹可追也！已而已而，今之从政者殆而！"孔子下，欲与之言。趋而去，弗得与之言。

于是孔子自楚反乎卫。是岁也，孔子年六十三，而鲁哀公六年也。

其明年，吴与鲁会缯，征百牢。太宰嚭召季康子，康子使子贡往，然后得已。

孔子曰："鲁卫之政，兄弟也。"是时，卫君辄父不得立，在外，诸侯数以为让。而孔子弟子多仕于卫，卫君欲得孔子为政。子路曰："卫君待子而为政，子将奚先？"孔子曰："必也正名乎！"子路曰："有是哉，子之迂也！何其正也？"

孔子曰："野哉由也！夫名不
正则言不顺，言不顺则事不成，
事不成则礼乐不兴，礼乐不兴
则刑罚不中，刑罚不中则民无
所错手足矣。夫君子为之必可
名，言之必可行。君子于其言，
无所苟而已矣。"

其明年，冉有为季氏将师，
与齐战于郎，克之。季康子曰：
"子之于军旅，学之乎？性之
乎？"冉有曰："学之于孔子。"
季康子曰："孔子何如人哉？"
对曰："用之有名；播之百姓、
质诸鬼神而无憾。求之至于此
道，虽累千社，夫子不利也。"
康子曰："我欲召之，可乎？"
对曰："欲召之，则毋以小人
固之，则可矣。"而卫孔文子
将攻太叔，问策于仲尼。仲尼
辞不知，退而命载而行，曰：
"鸟能择木，木岂能择鸟乎！"
文子固止。会季康子逐公华、
公宾、公林，以币迎孔子，孔
子归鲁。

孔子之去鲁凡十四岁而反
乎鲁。

说："你太粗野了，仲由！名分不正那么
说出的话就不顺当，说出的话不顺当那么
事情就不会成功，事情不成功那么礼乐就
不会兴盛，礼乐不兴盛那么刑罚就会不适
中，刑罚不适中百姓就不知道该怎么做才
好了。君子做事必须符合名分，说出的话
必须切实可行。君子对于自己的言语，不
得苟且随意。"

第二年，冉有为季氏率领军队，与齐
国在郎邑交战，攻克齐军。季康子说："您
对于军旅之事，是后天学习的呢，还是天
生就会呢？"冉有说："向孔子学的。"
季康子说："孔子是怎样的人呢？"回答
说："任用他要有正当的名分；他的学说
推行于百姓，质证于鬼神，都是没有遗憾
的。我就是致力于用这种原则去做事，否
则即使把千社这么大的地方给他，老师也
不会接受。"康子说："我想召见孔子，
可以吗？"回答说："想召见他，就不要
让小人阻碍他，那就可以。"卫国的孔文
子将要讨伐太叔疾，向孔子询问计策。孔
子推辞说不知道，就告辞并招呼备车离开
了，说："鸟能选择树木，树木岂能选择
鸟呢！"文子坚决挽留孔子。正好季康子
驱逐公华、公宾、公林，带着礼物迎接孔
子，孔子回到鲁国。

孔子离开鲁国后一共过了十四年才返
回鲁国。

鲁哀公向孔子问为政之道，孔子回答说："为政主要在于选任好的大臣。"季康子问为政之道，孔子说："举荐正直的人，矫治邪曲的人，这样邪曲的人也会变成正直的人。"康子忧虑盗贼，孔子说："如果您不贪，即使给予奖赏，他们也不会行窃。"然而鲁国终究没有任用孔子，孔子也不求做官。

孔子之时，周王室衰微而礼乐荒废，《诗》《书》残缺。孔子追溯探究夏、商、周三代的礼仪制度，编定《书传》的篇次，上至唐尧、虞舜之间，下至秦穆公，依照事件次序加以编撰。孔子说："夏朝的礼制我还能论述，只是夏朝的后代杞国已经不足以取证了。殷朝的礼制我还能论述，只是殷朝的后代宋国已经不足以取证了。文献足够的话，那我就能验证它了。"考察殷、夏的礼制增损后，孔子说："以后即使过了百世，礼仪制度也是可以知道的，因为一个是质朴一个是文华。周礼参照夏代、殷代的礼制而制订，所以是那么盛美啊！我推崇周朝礼制。"所以《书传》《礼记》是出自孔子的。

孔子对鲁国乐官说："乐律是可以知道的。开始演奏时五音要和谐配合，慢慢行进起来后清浊高低和谐一致，节奏分明清晰，首尾贯通，直到乐曲演奏完成。""我从卫国返回鲁国，然后订正音乐，使《雅》

鲁哀公问政，对曰："政在选臣。"季康子问政，曰："举直错诸枉，则枉者直。"康子患盗，孔子曰："苟子之不欲，虽赏之不窃。"然鲁终不能用孔子，孔子亦不求仕。

孔子之时，周室微而礼乐废，《诗》《书》缺。追迹三代之礼，序《书传》，上纪唐虞之际，下至秦缪，编次其事。曰："夏礼吾能言之，杞不足征也。殷礼吾能言之，宋不足征也。足，则吾能征之矣。"观殷夏所损益，曰："后虽百世可知也，以一文一质。周监二代，郁郁乎文哉。吾从周。"故《书传》《礼记》自孔氏。

孔子语鲁太师："乐其可知也，始作翕如，纵之纯如，皦如，绎如也，以成。""吾自卫反鲁，然后乐正，《雅》《颂》各得其所。"

古者《诗》三千余篇，及至孔子，去其重，取可施于礼义，上采契后稷，中述殷周之盛，至幽厉之缺，始于衽席，故曰"《关雎》之乱以为《风》始，《鹿鸣》为《小雅》始，《文王》为《大雅》始，《清庙》为《颂》始"。三百五篇孔子皆弦歌之，以求合《韶》《武》《雅》《颂》之音。礼乐自此可得而述，以备王道，成六艺。

孔子晚而喜《易》，序《彖》《系》《象》《说卦》《文言》。读《易》，韦编三绝。曰："假我数年，若是，我于《易》则彬彬矣。"

孔子以诗书礼乐教，弟子盖三千焉，身通六艺者七十有二人。如颜浊邹之徒，颇受业者甚众。

孔子以四教：文，行，忠，信。绝四：毋意，毋必，毋固，毋我。所慎：齐，战，疾。子罕言利与命与仁。不愤不启，举一隅不以三隅反，则弗复也。

《颂》都得以配入原来应有的乐部。"

古代留传下来的《诗》有三千多篇，直到孔子，去掉它重复的内容，选取可施于礼仪教化的部分，上采殷始祖契、周始祖后稷的诗，中间采录叙述殷、周盛世的诗，直到讽刺周幽王、周厉王政治缺失的诗，把男女情爱的诗放在首篇，所以说"《关雎》的曲调是《国风》的开篇，《鹿鸣》是《小雅》的开篇，《文王》是《大雅》的开篇，《清庙》是《颂》的开篇"。三百零五篇诗孔子都配乐歌唱它，以求合乎《韶》《武》《雅》《颂》的音律。礼乐自此可以得到称述，王道完备了，六艺也齐全了。

孔子晚年喜欢《周易》，编排《彖》《系》《象》《说卦》《文言》的次序。他研读《易》，多次翻断编穿竹简的绳子。孔子说："给我数年时间，若能这样，我对《易》的研究就兼备文华与质朴了。"

孔子用《诗》《书》《礼》《乐》教导弟子，弟子大约有三千人，精通六艺的七十二人。像颜浊邹等人，受到过孔子教诲但没有正式入籍的学生还有很多。

孔子从四个方面教导弟子：文学、品行、忠恕、信义。杜绝四个方面：不揣测、不武断、不固执、不自以为是。所谨慎的事：斋戒、战争、疾病。孔子很少谈论利益、命运、仁德。不发愤的人孔子不去启发，举一方作为示例不能反过来举三方的，就不费辞启发了。

孔子在乡里时，谦恭温和好似不大会说话。他在宗庙朝廷时，言辞却明晰通达，只不过态度还是恭谨小心罢了。上朝时，与上大夫交谈，态度中正自然；与下大夫交谈，态度和乐安详。

孔子进入宫门，低头弯腰以示恭敬；小步疾行，态度恭敬有礼。国君召他接待贵宾，他神色庄重严肃。国君有命召见，他不等车驾就立即出发了。

鱼不新鲜，肉已变味，或切割不合规矩，孔子不吃。座席不端正，孔子不坐。在有丧事的人旁边吃饭，孔子从不吃饱。

这一天里哭过，孔子就不唱歌。见到服丧的人、盲人，即使对方是小孩，孔子也必会改变脸色表示同情。

"三人同行，一定有可以做我老师的。""德行不加以修养，学业不加以考究，听到道义之事不去奔赴，有了错误不能改正，是我所忧虑的。"孔子请人唱歌，唱得好，就让他再唱，然后与他唱和。

孔子不谈论怪异、暴力、悖乱、鬼神的事情。

子贡说："老师的礼乐诗书等知识，我们还可以学到。老师讲述天道与性命，我们就无法理解了。"颜渊喟然叹息说："老师的学问，越是敬仰越是觉得无比高尚，越钻研探究越觉得坚实深厚。看着它

其于乡党，恂恂似不能言者。其于宗庙朝廷，辩辩言，唯谨尔。朝，与上大夫言，訚訚如也；与下大夫言，侃侃如也。

入公门，鞠躬如也；趋进，翼如也。君召使傧，色勃如也。君命召，不俟驾行矣。

鱼馁，肉败，割不正，不食。席不正，不坐。食于有丧者之侧，未尝饱也。

是日哭，则不歌。见齐衰、瞽者，虽童子必变。

"三人行，必得我师。""德之不修，学之不讲，闻义不能徙，不善不能改，是吾忧也。"使人歌，善，则使复之，然后和之。

子不语：怪，力，乱，神。

子贡曰："夫子之文章，可得闻也；夫子言天道与性命，弗可得闻也已。"颜渊喟然叹曰："仰之弥高，钻之弥坚，瞻之在前，忽焉在后。夫

子循循然善诱人，博我以文，约我以礼，欲罢不能。既竭我才，如有所立，卓尔。虽欲从之，蔑由也已。"达巷党人曰："大哉孔子，博学而无所成名。"子闻之曰："我何执？执御乎？执射乎？我执御矣。"牢曰："子云：'不试，故艺。'"

鲁哀公十四年春，狩大野。叔孙氏车子锄商获兽，以为不祥。仲尼视之，曰："麟也。"取之。曰："河不出图，雒不出书，吾已矣夫！"颜渊死，孔子曰："天丧予！"及西狩见麟，曰："吾道穷矣！"喟然叹曰："莫知我夫！"子贡曰："何为莫知子？"子曰："不怨天，不尤人，下学而上达，知我者其天乎！"

"不降其志，不辱其身，伯夷、叔齐乎！"谓："柳下惠、少连降志辱身矣。"谓："虞仲、夷逸隐居放言，行中清，废中权。""我则异于是，无可无不可。"

在眼前，忽然又觉得在后面。老师循循善诱，用典籍丰富我的知识，用礼仪约束我的言行，使我想停止学习也不可能。竭尽我的才能，老师的道仍然高高直立。虽然想追上他，但却无从追得上。"达巷党人说："伟大啊，孔子！博学不以专一的学问出名。"孔子听了这话说："我要专于什么呢？专于驾车吗？专于射箭吗？我就专于驾车吧。"子牢说："老师说过'我不为世人所任用，所以学习了这些技艺'。"

鲁哀公十四年春天，在大野狩猎。叔孙氏的车夫锄商捕获一只野兽，认为不祥。孔子看了野兽，说："这是麒麟。"运走了它。孔子说："黄河中没有神龙负图出现，洛水中没有神龟负书出现，我没有希望了！"颜渊死了，孔子说："天要亡我啊！"等到西去狩猎看见麒麟，说："我的道走到尽头了！"他喟然长叹说："没有人了解我啊！"子贡说："为什么没有人了解您呢？"孔子说："我不怨天，不尤人，下学人事力求上达天理，知晓我的只有上天了吧！"

"不降低自己的志向，不辱没自己的身体，只有伯夷、叔齐两人了吧！"孔子说："柳下惠、少连降低志向、辱没身体了。"又说："虞仲、夷逸隐居在野，不言世务，行事清高纯洁，自废免祸合乎权变。""我却与他们的做法不同，没有绝对的可以，没有绝对的不可以。"

孔子说："不是啊，不是啊！君子最担心的是死后名声不被后世称颂。我的思想不能被推行了，我用什么让后世知道我呢？"孔子就根据鲁国的史书作了《春秋》，上自鲁隐公，下至鲁哀公十四年，共十二位国君。以鲁国史料为主体，尊封周王室为正统，参酌殷代制度，推而上承三代法统。文辞简练而义旨博大。所以吴国、楚国的国君自称为王，而《春秋》就贬称他们为"子"；践土会盟实则是晋文公召令周天子，而《春秋》则避讳这事说"天子狩猎于河阳"：推行这类原则作为当世准绳。这种贬斥的文义，后世有王者加以倡导而推广它。《春秋》大义的推行，使天下的乱臣贼子感到恐惧。

孔子任官审理案件时，文辞上有可以与别人共同斟酌的，从不独自判决。至于作《春秋》时，该写就写，该删就删，子夏这些弟子不能修改一个字。弟子们学习《春秋》，孔子说："后世知道我的人都是通过《春秋》，而怪罪我的人也是通过《春秋》。"

第二年，子路死在卫国。孔子患病，子贡请求拜见。孔子正拄着拐杖在门口慢步排遣，说："赐，你来得为什么这么晚呢？"孔子就叹息了一声，唱道："太山崩坏了！梁柱摧折了！哲人枯萎了！"

子曰："弗乎弗乎，君子病没世而名不称焉。吾道不行矣，吾何以自见于后世哉？"乃因史记作《春秋》，上至隐公，下讫哀公十四年，十二公。据鲁，亲周，故殷，运之三代。约其文辞而指博。故吴、楚之君自称王，而《春秋》贬之曰"子"；践土之会实召周天子，而《春秋》讳之曰"天王狩于河阳"：推此类以绳当世。贬损之义，后有王者举而开之。《春秋》之义行，则天下乱臣贼子惧焉。

孔子在位听讼，文辞有可与人共者，弗独有也。至于为《春秋》，笔则笔，削则削，子夏之徒不能赞一辞。弟子受《春秋》，孔子曰："后世知丘者以《春秋》，而罪丘者亦以《春秋》。"

明岁，子路死于卫。孔子病，子贡请见。孔子方负杖逍遥于门，曰："赐，汝来何其晚也？"孔子因叹，歌曰："太山坏乎！梁柱摧乎！哲人萎乎！"因以涕下。谓子贡曰："天下无道久矣，莫能宗予。夏人殡于东阶，周人于西阶，殷人两柱间。昨暮予梦坐奠两柱之间，予始，殷人也。"后七日卒。

孔子年七十三，以鲁哀公十六年四月己丑卒。

哀公诔之曰："旻天不吊，不憗遗一老，俾屏余一人以在位，茕茕余在疚。呜呼哀哉！尼父，毋自律！"子贡曰："君其不没于鲁乎！夫子之言曰：'礼失则昏，名失则愆。失志为昏，失所为愆。'生不能用，死而诔之，非礼也。称'余一人'，非名也。"

孔子葬鲁城北泗上，弟子皆服三年。三年心丧毕，相诀而去，则哭，各复尽哀；或复留。唯子赣庐于冢上，凡六年，然后去。弟子及鲁人往从冢而家者百有余室，因命曰孔里。鲁世世相传以岁时奉祠孔子冢，而诸儒亦讲礼乡饮大射于孔子冢。孔子冢大一顷。故所居堂、弟子内，后世因庙，藏孔子衣

因而流下了眼泪。对子贡说："天下失去常道已经很久了，没有人能尊崇我的主张。夏朝人死后停柩在东阶，周朝人死后停柩在西阶，殷人死后停柩在两柱之间。昨晚我梦见自己坐在两柱之间受人祭奠，我原本就是殷人啊。"过了七天，孔子去世了。

孔子享年七十三岁，在鲁哀公十六年四月己丑日去世。

哀公写给孔子的悼文说："上天不仁慈，不肯留下这一位老人，使他抛开我，留我一人在位，我在忧病中孤独无依。唉，真是伤心啊！尼父，我不再以礼法自拘了！"子贡说："鲁君你难道不能终老于鲁国吗！老师的话说：'礼法丧失就会昏乱，名分缺失就会出错。失去志向就是昏乱，失去所宜就是过错。'生前不任用他，死后才来哀悼他，这是不合礼的。诸侯自称'余一人'，是不合名分的。"

孔子葬在鲁城北面的泗水边上，弟子们都为他服丧三年。三年的心丧服完，相互诀别而去，就痛哭，各自又竭尽哀思；有的又留下来。只有子赣在墓旁搭建屋子居住，共居住六年，然后离去。弟子和鲁国人前往孔子墓旁居住的有一百多家，因此把那里命名为孔里。鲁国世世相传每年按时节祭祀孔子墓，而儒生们也在孔子墓前讲习礼仪，举行乡饮礼和大射礼。孔子墓地有一顷大。孔子故居的堂屋及弟子所

住的屋室，后世就地改成庙堂，收藏孔子的衣、冠、琴、车、书，直到汉朝二百多年没有断绝。高皇帝路过鲁地，用太牢之礼祭祀孔子。诸侯、卿相一到任，常常先去拜谒孔子庙，然后上任理政。

孔子生下孔鲤，字伯鱼。伯鱼五十岁时，先于孔子死去。

伯鱼生下孔伋，字子思，享年六十二岁。曾经受困于宋国。子思作了《中庸》。

子思生下孔白，字子上，享年四十七岁。子上生下孔求，字子家，享年四十五岁。子家生下孔箕，字子京，享年四十六岁。子京生下孔穿，字子高，享年五十一岁。子高生下子慎，享年五十七岁，曾做魏国国相。

子慎生下孔鲋，享年五十七岁，做陈王涉的博士，死在陈下。

孔鲋的弟弟子襄，享年五十七岁。他曾做孝惠皇帝的博士，升任长沙太守。身高九尺六寸。

子襄生下孔忠，享年五十七岁。孔忠生下孔武。孔武生下孔延年和孔安国。安国担任当今皇帝的博士，官至临淮太守，早早去世。安国生下孔卬，孔卬生下孔驩。

太史公说：《诗经》中有这样的话："像高山一样高尚的品行，让人仰视；像

冠琴车书，至于汉二百余年不绝。高皇帝过鲁，以太牢祠焉。诸侯卿相至，常先谒，然后从政。

孔子生鲤，字伯鱼。伯鱼年五十，先孔子死。

伯鱼生伋，字子思，年六十二。尝困于宋。子思作《中庸》。

子思生白，字子上，年四十七。子上生求，字子家，年四十五。子家生箕，字子京，年四十六。子京生穿，字子高，年五十一。子高生子慎，年五十七，尝为魏相。

子慎生鲋，年五十七，为陈王涉博士，死于陈下。

鲋弟子襄，年五十七。尝为孝惠皇帝博士，迁为长沙太守。长九尺六寸。

子襄生忠，年五十七。忠生武，武生延年及安国。安国为今皇帝博士，至临淮太守，蚤卒。安国生卬，卬生驩。

太史公曰：《诗》有之："高山仰止，景行行止。"虽

不能至，然心乡往之。余读孔氏书，想见其为人。适鲁，观仲尼庙堂车服礼器，诸生以时习礼其家，余祗回留之不能去云。天下君王至于贤人众矣，当时则荣，没则已焉，孔子布衣，传十余世，学者宗之。自天子王侯，中国言六艺者折中于夫子，可谓至圣矣！

大道一样的光明正大，可以让人行走。"虽然我不能到达这个境界，但是心中总是向往它。我读孔子的书，可以想到他的为人。到鲁地，观览仲尼的庙堂中陈列的车、服、礼器，儒生们按时到孔子老家演习礼仪时，我徘徊留恋不肯离去。天下的君王以及贤人有很多了，在世时都很荣耀，去世后就什么也没有了。孔子是个平民，他的学说传承十几代，学者都尊奉他。从天子到王侯，凡是中原各国探讨《六艺》的人都以孔子的言论作为最高衡量标准，孔子可以说是至高无上的圣人了！

史记卷四十八
世家第十八

陈涉世家

陈胜，是阳城人，字涉。吴广，是阳夏人，字叔。陈涉年轻时，曾经与别人一起被雇佣耕种，休息时站在田埂上，惆怅怨恨了好一会儿，说："如果有人富贵了，不要相互忘记。"同受雇佣的人笑着回答说："你是被雇佣耕种的，有什么富贵的呢？"陈涉叹息说："唉，燕雀怎么能懂得鸿鹄的志向呢！"

秦二世元年七月，征发穷苦百姓去渔阳戍守，九百人驻扎在大泽乡。陈胜、吴广都被编入队伍里面，担任屯长。恰逢天降大雨，道路不通，估计已经延误期限。延误期限，依法都应当斩首。陈胜、吴广于是谋划说："如今逃亡也是死，举事起义也是死，同样是死，可以为国事而死吗？"陈胜说："天下苦于秦朝的残暴统治已经很久了。我听说二世是始皇的小儿子，不应当即位，应当即位的是公子扶苏。扶苏因多次劝谏，皇上派他到外面领兵。如今有人听说他无罪，二世却杀了他。百姓大多听说他贤能，不知道他已经死了。

陈胜者，阳城人也，字涉。吴广者，阳夏人也，字叔。陈涉少时，尝与人佣耕，辍耕之垄上，怅恨久之，曰："苟富贵，无相忘。"庸者笑而应曰："若为庸耕，何富贵也？"陈涉太息曰："嗟乎，燕雀安知鸿鹄之志哉！"

二世元年七月，发闾左适戍渔阳九百人，屯大泽乡。陈胜、吴广皆次当行，为屯长。会天大雨，道不通，度已失期。失期，法皆斩。陈胜、吴广乃谋曰："今亡亦死，举大计亦死，等死，死国可乎？"陈胜曰："天下苦秦久矣。吾闻二世少子也，不当立，当立者乃公子扶苏。扶苏以数谏故，上使外将兵。今或闻无罪，二世杀之。百姓多闻其贤，未知其死也。项燕为楚将，数有功，爱士卒，楚人怜之。或以为死，或以为亡。今诚以吾众诈自称公子扶苏、项燕，为天下唱，宜多应者。"吴广以为然。

乃行卜。卜者知其指意，曰："足下事皆成，有功。然足下卜之鬼乎！"陈胜、吴广喜，念鬼，曰："此教我先威众耳。"乃丹书帛曰"陈胜王"，置人所罾鱼腹中。卒买鱼烹食，得鱼腹中书，固以怪之矣。又间令吴广之次所旁丛祠中，夜篝火，狐鸣呼曰"大楚兴，陈胜王"，卒皆夜惊恐。旦日，卒中往往语，皆指目陈胜。

吴广素爱人，士卒多为用者。将尉醉，广故数言欲亡，忿恚尉，令辱之，以激怒其众。尉果笞广。尉剑挺，广起，夺而杀尉。陈胜佐之，并杀两尉。召令徒属曰："公等遇雨，皆已失期，失期当斩。借弟令毋斩，而戍死者固十六七。且壮士不死即已，死即举大名耳，王侯

项燕做楚国的将领，多次立下战功，爱护士卒，楚人可怜他。有的人认为他死了，有的人认为他逃走了。现在如果我们假称是公子扶苏、项燕的队伍，在天下首先倡导起义，应该有很多响应的人。"吴广认为很对。

于是进行占卜。占卜的人知道他们的意图，说："你们的事情都能成功，会建功立业。然而你们向鬼神卜问过吗？"陈胜、吴广很高兴，开始考虑鬼神的事，说："这是教我们先利用鬼神来威慑众人罢了。"于是用朱砂在帛布上写下"陈胜王"，放入别人所捕的鱼的腹中。士卒买鱼来烹食，发现鱼腹中的帛书，本来已经对此事感到奇怪了。陈胜又暗中派吴广到驻地旁丛林的祠庙里，在夜里燃起篝火，学狐狸呼叫道："大楚将会兴起，陈胜要做大王。"士卒都整夜惊恐不安。第二天，士卒中间议论纷纷，都指指点点目视陈胜。

吴广向来爱护别人，士卒大多为他所用。将尉喝醉，吴广故意数次说想逃跑，以激怒将尉，让他侮辱自己，以此来激怒其他戍卒。将尉果然鞭笞吴广。将尉拔出剑，吴广站起，夺剑杀了将尉。陈胜帮助他，一并杀死两个将尉。他们召集号令部属说："大家遇上大雨，都已经延误期限了，延误期限应当斩首。假使不被斩首，戍边而死的也有十分之六七。况且壮士不死就

罢了，要死就应当举大事扬名。王侯将相难道是天生的贵种吗？"部属都说："我们恭敬地听从命令。"于是他们假称是公子扶苏、项燕的队伍，顺从人民的意愿。袒露右臂，号称大楚。筑坛盟誓，用将尉的头祭天。陈胜自立为将军，吴广做都尉。攻打大泽乡，收编大泽乡的义军后攻打蕲城。攻下蕲城后，就命令符离人葛婴领军攻占蕲城以东的地方。攻打铚城、酂城、苦城、柘城、谯城，都攻下了。行军中招收兵马。等到达陈县，已经拥有六七百乘战车，一千多名骑兵，数万士卒。攻打陈县，陈郡郡守、陈县县令都不在，唯独守丞领兵与义军在谯门内交战。没有取胜，守丞战死，于是占据陈县。过了几天，陈胜号令召集城中德高望重的三老、豪杰都来集会议事。三老、豪杰们都说："将军您亲身披着铠甲，手持锐器，讨伐无道，诛灭暴秦，恢复建立楚国的社稷，按功劳应当称王。"陈涉就自立为王，国号"张楚"。

正当这时，各郡县中受尽秦朝官吏苦头的人，都惩罚当地的郡县长吏，杀死他们来响应陈涉。于是就以吴广为代理王，监督各将领向西攻打荥阳。命令陈县人武臣、张耳、陈馀攻打赵国辖地，命令汝阴人邓宗攻打九江郡。这时，楚兵几千人聚在一起起义的，不可胜数。

葛婴到达东城，立襄彊为楚王。葛婴

将相宁有种乎！"徒属皆曰："敬受命。"乃诈称公子扶苏、项燕，从民欲也。袒右，称大楚。为坛而盟，祭以尉首。陈胜自立为将军，吴广为都尉。攻大泽乡，收而攻蕲。蕲下，乃令符离人葛婴将兵徇蕲以东。攻铚、酂、苦、柘、谯皆下之。行收兵。比至陈，车六七百乘，骑千余，卒数万人。攻陈，陈守令皆不在，独守丞与战谯门中。弗胜，守丞死，乃入据陈。数日，号令召三老、豪杰与皆来会计事。三老、豪杰皆曰："将军身被坚执锐，伐无道，诛暴秦，复立楚国之社稷，功宜为王。"陈涉乃立为王，号为"张楚"。

当此时，诸郡县苦秦吏者，皆刑其长吏，杀之以应陈涉。乃以吴叔为假王，监诸将以西击荥阳。令陈人武臣、张耳、陈馀徇赵地，令汝阴人邓宗徇九江郡。当此时，楚兵数千人为聚者，不可胜数。

葛婴至东城，立襄彊为楚

王。婴后闻陈王已立，因杀襄
彊还报。至陈，陈王诛杀葛婴。
陈王令魏人周市北徇魏地。吴
广围荥阳。李由为三川守，守
荥阳，吴叔弗能下。陈王征国
之豪杰与计，以上蔡人房君蔡
赐为上柱国。

　　周文，陈之贤人也，尝为
项燕军视日，事春申君，自言
习兵，陈王与之将军印，西击
秦。行收兵至关，车千乘，卒
数十万。至戏，军焉。秦令少
府章邯免郦山徒、人奴产子生，
悉发以击楚大军，尽败之。周
文败，走出关，止次曹阳二三月。
章邯追败之，复走次渑池十余
日。章邯击，大破之。周文自到，
军遂不战。

　　武臣到邯郸，自立为赵王，
陈馀为大将军，张耳、召骚为
左右丞相。陈王怒，捕系武臣
等家室，欲诛之。柱国曰："秦
未亡而诛赵王将相家属，此生
一秦也。不如因而立之。"陈
王乃遣使者贺赵，而徙系武臣
等家属宫中，而封耳子张敖为
成都君，趣赵兵亟入关。赵王

后来听说陈胜已经自立为王，就杀了襄彊，
回去向陈王报告。到达陈后，陈王诛杀了
葛婴。陈王命令魏人周市向北攻打魏地。
吴广围攻荥阳。李由做三川郡守，驻守荥阳，
吴广不能攻下。陈王征召国内的豪杰一起
商讨计策，任命上蔡人房君蔡赐为上柱国。

　　周文，是陈县的贤人，曾在项燕军队
占卜日期，在春申君手下做事，自称熟习
用兵，陈王授予他将军印，向西攻打秦军。
行军中招兵买马到达函谷关，已经拥有兵
车千乘，士卒几十万人，到达戏亭，驻军。
秦朝命令少府章邯赦免郦山的刑徒、家奴
所生的儿子，全部发动抗击张楚大军，把
周文的军队全部打败。周文战败，逃出
函谷关，在曹阳驻留两三个月。章邯追击
打败他们，周文又逃到渑池驻留了十几天。
章邯追击，大破周文。周文自刎，军队就
不作战了。

　　武臣到达邯郸，自立为赵王，陈馀做
大将军，张耳、召骚担任左右丞相。陈王
恼怒，逮捕拘禁武臣等人的家属，想杀死
他们。柱国说："秦朝尚未灭亡而诛杀
赵王将相的家属，这是又多出一个秦国
啊。不如顺势先拥立他。"陈王于是派遣
使者恭贺赵王，而把武臣等人的家属迁移
到宫中软禁，并封张耳的儿子张敖为成都
君，催促赵兵赶快入关。赵王将相互相谋

划说："大王在赵地称王，并非张楚的本意。等楚诛灭秦朝，一定会对赵用兵。最好的计策莫过于不向西出兵，派人向北攻占燕地来扩大自己的领地。赵南部据守黄河，北部有燕地、代地，楚即便战胜秦朝，也不敢制衡赵。如果楚不能战胜秦朝，必定重视赵。赵趁着秦国疲惫，就可以得志于天下了。"赵王认为有道理，因而不向西出兵，而派遣原来上谷的卒史韩广领兵向北攻打燕地。

燕地原来的贵族豪杰对韩广说："楚已经立了王，赵也已经立了王。燕地虽小，也是拥有万乘战车的国家，希望将军自立为燕王。"韩广说："我的母亲在赵国，不行。"燕人说："赵国正在西面忧虑秦朝，南面忧虑楚国，它的兵力不能压制我们。况且凭借楚国的强大，不敢谋害赵王及其将相的家属，怎么会唯独赵国敢加害将军的家属呢！"韩广认为他说得对，于是自立为燕王。过了几个月，赵国护送燕王母亲及其他家属回归燕国。

正当这时，到各地去攻占领地的将领不可胜数。周市向北攻占领地到达狄县，狄县人田儋杀死狄县县令，自立为齐王，凭借齐地力量反叛，攻打周市。周市军队溃散，撤回到魏地，想拥立魏王的后代原来的甯陵君咎为魏王。当时咎在陈王那里，不能回到魏地。魏地已经平定，大

将相相与谋曰："王王赵，非楚意也。楚已诛秦，必加兵于赵。计莫如毋西兵，使使北徇燕地以自广也。赵南据大河，北有燕、代，楚虽胜秦，不敢制赵。若楚不胜秦，必重赵。赵乘秦之弊，可以得志于天下。"赵王以为然，因不西兵，而遣故上谷卒史韩广将兵北徇燕地。

燕故贵人豪杰谓韩广曰："楚已立王，赵又已立王。燕虽小，亦万乘之国也，愿将军立为燕王。"韩广曰："广母在赵，不可。"燕人曰："赵方西忧秦，南忧楚，其力不能禁我。且以楚之强，不敢害赵王将相之家，赵独安敢害将军之家！"韩广以为然，乃自立为燕王。居数月，赵奉燕王母及家属归之燕。

当此之时，诸将之徇地者，不可胜数。周市北徇地至狄，狄人田儋杀狄令，自立为齐王，以齐反，击周市。市军散，还至魏地，欲立魏后故甯陵君咎为魏王。时咎在陈王所，不得之魏。魏地已定，欲相与立周

市为魏王，周市不肯。使者五反，陈王乃立甯陵君咎为魏王，遣之国。周市卒为相。

将军田臧等相与谋曰："周章军已破矣，秦兵旦暮至，我围荥阳城弗能下，秦军至，必大败。不如少遗兵，足以守荥阳，悉精兵迎秦军。今假王骄，不知兵权，不可与计，非诛之，事恐败。"因相与矫王令以诛吴叔，献其首于陈王。陈王使使赐田臧楚令尹印，使为上将。田臧乃使诸将李归等守荥阳城，自以精兵西迎秦军于敖仓。与战，田臧死，军破。章邯进兵击李归等荥阳下，破之，李归等死。

阳城人邓说将兵居郯，章邯别将击破之，邓说军散走陈。铚人伍徐将兵居许，章邯击破之，伍徐军皆散走陈。陈王诛邓说。

陈王初立时，陵人秦嘉、铚人董緤、符离人朱鸡石、取虑人郑布、徐人丁疾等皆特起，将兵围东海守庆于郯。陈王闻，乃使武平君畔为将军，监郯下军。秦嘉不受命，嘉自立为大

将军田臧等人相互谋划说："周章的军队已经被攻破了，秦兵早晚到达，我们围攻荥阳城不能攻下，秦军到达，一定使我们大败。不如留下少量兵力，足以守住荥阳，派出全部精兵迎击秦军。如今假王骄横，不懂用兵权谋，不可与他商议计事，不杀死他，事情恐怕会失败。"于是便一起假冒陈王的命令杀死吴广，把他的头献给陈王。陈王派使者赐予田臧楚国令尹的印信，让他做上将军。田臧于是派部将李归等人留守荥阳城，自己率领精兵向西在敖仓迎战秦军。与秦军交战，田臧战死，军队被攻破。章邯进兵到荥阳城下攻打李归等人，打败了他们，李归等人战死。

阳城人邓说率军驻守郯地，章邯的一个将领打败他，邓说军队溃散逃到陈县。铚人伍徐率军驻守许地，章邯打败他，伍徐军队都溃散逃到陈地。陈王诛杀邓说。

陈王刚自立时，陵人秦嘉、铚人董緤、符离人朱鸡石、取虑人郑布、徐人丁疾等人都分别起兵反秦，率军在郯城围攻东海郡守庆。陈王听说后，就派武平君畔为将军，督率郯城下的各路军队。秦嘉不接受陈王的命令，秦嘉自立为大司马，不想隶

属于武平君。告诉军吏说："武平君年少，不懂兵事，不要听他的！"趁机假托陈王的命令杀死武平君畔。

章邯已经攻破伍徐，攻打陈县，柱国房君战死。章邯又进军进攻陈县以西的张贺军队。陈王亲自出来督战，楚军被攻破，张贺战死。

腊月，陈王退到汝阴，返回到下城父，他的车夫庄贾杀了他来投降秦朝。陈胜葬在砀地，谥号隐王。

陈王原来的侍臣，将军吕臣组织了一支青巾裹头的仓头军，在新阳起兵，攻打并占领了陈县，杀死庄贾，又以陈为楚都。

当初，陈王到达陈，命令铚人宋留率军平定南阳，进入武关。宋留攻占南阳后，听说陈王死了，南阳又归入秦朝。宋留不能进入武关，就向东到达新蔡，遭遇秦军，宋留领军投降秦军。秦军押送宋留到咸阳，车裂宋留以示众。

秦嘉等人听说陈王的军队被攻破逃亡，就立景驹为楚王，引兵到达方与，想在定陶城下袭击秦军。派公孙庆出使齐国会见齐王，想与齐王合力一起进兵。齐王说："听说陈王战败，不知他的生死，楚国怎么不请示我就自立为王！"公孙庆说："齐国不请示楚就自立为王，楚国为什么要请示齐国才可以立王呢！况且楚国首先起义，应当号令天下。"田儋诛杀公孙庆。

司马，恶属武平君，告军吏曰："武平君年少，不知兵事，勿听！"因矫以王命杀武平君畔。

章邯已破伍徐，击陈，柱国房君死。章邯又进兵击陈西张贺军。陈王出监战，军破，张贺死。

腊月，陈王之汝阴，还至下城父，其御庄贾杀以降秦。陈胜葬砀，谥曰隐王。

陈王故涓人将军吕臣为仓头军，起新阳，攻陈，下之，杀庄贾，复以陈为楚。

初，陈王至陈，令铚人宋留将兵定南阳，入武关。留已徇南阳，闻陈王死，南阳复为秦。宋留不能入武关，乃东至新蔡，遇秦军，宋留以军降秦。秦传留至咸阳，车裂留以徇。

秦嘉等闻陈王军破出走，乃立景驹为楚王，引兵之方与，欲击秦军定陶下。使公孙庆使齐王，欲与并力俱进。齐王曰："闻陈王战败，不知其死生，楚安得不请而立王！"公孙庆曰："齐不请楚而立王，楚何故请齐而立王！且楚首事，当令于天下。"田儋诛杀公孙庆。

秦左右校复攻陈，下之。吕将军走，收兵复聚。鄱盗当阳君黥布之兵相收，复击秦左右校，破之青波，复以陈为楚。会项梁立怀王孙心为楚王。

陈胜王凡六月，已为王，王陈。其故人尝与庸耕者闻之，之陈，扣宫门曰："吾欲见涉。"宫门令欲缚之。自辩数，乃置，不肯为通。陈王出，遮道而呼涉。陈王闻之，乃召见，载与俱归。入宫，见殿屋帷帐，客曰："夥颐！涉之为王沈沈者！"楚人谓多为夥，故天下传之，夥涉为王，由陈涉始。客出入愈益发舒，言陈王故情。或说陈王曰："客愚无知，颛妄言，轻威。"陈王斩之。诸陈王故人皆自引去，由是无亲陈王者。陈王以朱房为中正，胡武为司过，主司群臣。诸将徇地，至，令之不是者，系而罪之，以苛察为忠。其所不善者，弗下吏，辄自治之。陈王信用之。诸将以其故不亲附，此其所以败也。

秦朝的左右校尉又攻打陈县，占领了它。吕将军逃走，收兵重新集结兵马。与在鄱阳为盗后被封为当阳君的黥布的军队联合起来，又抗击秦国的左右校尉，在青波攻破秦军，又以陈为楚都。正赶上项梁立楚怀王的孙子心为楚王。

陈胜称王共六个月。称王后，以陈为国都。曾与他一起受雇给人家耕田的故人听说他做了王，来到陈县，扣着宫门说："我想见陈涉。"守宫门的长官想捆绑他。那人反复自我辩解，才放开他，但不肯替他通报。陈王出来，他拦路呼叫陈涉。陈王听到声音后，才召见他，与他同乘一辆车回宫。入宫，见到殿堂室内帐幔，客人说："夥啊！陈涉做了国王，宫殿真是高大深邃啊！"楚人称"多"为"夥"，所以天下流传一句话，夥涉为王，就是从陈涉开始的。客人出入宫殿越发放肆，经常跟人说陈王的一些旧事。有人劝说陈王："客人愚昧无知，语言狂妄，有损威严。"陈王就斩杀了这位故人。陈王的很多故人都自行离去，因此没有再亲近陈王的人。陈王任朱房做中正，胡武做司过，主管督察群臣。各将领攻占土地，回来有稍不服从命令的，就拘囚治他的罪，以严苛审察为忠诚。凡是他们不喜欢的，不交给官吏治罪，总是自行处置他们。陈王信任重用他们。各将士因此不再亲附陈涉。这是陈王失败的原因。

陈胜虽然已经死了，他所设立派遣的王侯将相终于灭了秦朝，这是陈涉首先起义的结果。汉高祖时在砀县安置三十户人家为陈涉守墓，至今仍按时杀牲祭祀他。

陈胜虽已死，其所置遣侯王将相竟亡秦，由涉首事也。高祖时为陈涉置守冢三十家砀，至今血食。

褚先生说：地势险阻，可以以此作为屏障固守；武器装备和刑法，可以用来治理国家。但这些还不足以依赖。先王以仁义为本，把巩固要塞、制定法律作为枝叶，难道不是这样吗！我听贾生的评论说：

褚先生曰：地形险阻，所以为固也；兵革刑法，所以为治也。犹未足恃也。夫先王以仁义为本，而以固塞文法为枝叶，岂不然哉！吾闻贾生之称曰：

秦孝公据守崤山、函谷关的险固地势，拥有雍州地区，君臣坚定驻守，以窥探周王室政权。有席卷天下、包举宇内、囊括四海的志向，并吞八荒的野心。正当那时，商君辅佐他，对内建立法度，致力于耕作纺织，修缮守卫和作战装备；对外实行连横促使诸侯相互争斗。在这时秦国拱手取得黄河以西的土地。

秦孝公据崤函之固，拥雍州之地，君臣固守，以窥周室。有席卷天下，包举宇内，囊括四海之意，并吞八荒之心。当是时也，商君佐之，内立法度，务耕织，修守战之备；外连衡而斗诸侯，于是秦人拱手而取西河之外。

秦孝公去世后，秦惠文王、秦武王、秦昭王继承先王基业，秉承先王遗策，向南取得汉中，向西攻取巴蜀，向东割取肥沃的土地，攻占要害郡县。诸侯恐惧，会盟谋划削弱秦国。不吝惜珍器重宝肥饶的土地，用来招致天下贤士。诸侯合纵缔结，互相联合为一体。此时，齐国有孟尝君，赵国有平原君，楚国有春申君，魏国有信陵君：这四位君子，都明智而忠信，宽厚

孝公既没，惠文王、武王、昭王蒙故业，因遗策，南取汉中，西举巴蜀，东割膏腴之地，收要害之郡。诸侯恐惧，会盟而谋弱秦。不爱珍器重宝肥饶之地，以致天下之士。合从缔交，相与为一。当此之时，齐有孟尝，赵有平原，楚有春申，魏有信陵：此四君者，皆明知

而忠信，宽厚而爱人，尊贤而重士。约从连衡，兼韩、魏、燕、赵、宋、卫、中山之众。于是六国之士有宁越、徐尚、苏秦、杜赫之属为之谋，齐明、周最、陈轸、邵滑、楼缓、翟景、苏厉、乐毅之徒通其意，吴起、孙膑、带他、兒良、王廖、田忌、廉颇、赵奢之伦制其兵。尝以什倍之地、百万之师仰关而攻秦。秦人开关而延敌，九国之师遁逃而不敢进。秦无亡矢遗镞之费，而天下固已困矣。于是从散约败，争割地而赂秦。秦有余力而制其弊，追亡逐北，伏尸百万，流血漂橹，因利乘便，宰割天下，分裂山河，强国请服，弱国入朝。

施及孝文王、庄襄王，享国之日浅，国家无事。

及至始皇，奋六世之余烈，振长策而御宇内，吞二周而亡诸侯，履至尊而制六合，执敲朴以鞭笞天下，威振四海。南取百越之地，以为桂林、象郡，百越之君俯首系颈，委命下吏。乃使蒙恬北筑长城而守藩篱，却匈奴七百余里，胡人不

而爱人，尊贤而重士。缔约合纵，联合韩国、魏国、燕国、赵国、宋国、卫国、中山国的军队。这时候六国谋士有宁越、徐尚、苏秦、杜赫这类人为他们出谋划策；齐明、周最、陈轸、邵滑、楼缓、翟景、苏厉、乐毅这类人为他们沟通想法；吴起、孙膑、带他、兒良、王廖、田忌、廉颇、赵奢这类人统率他们的军队。曾以十倍的土地，一百万的军队，挺进函谷关攻打秦国。秦国打开关口迎战敌人，九国的军队逃跑不敢入关。秦国没有耗费一支箭矢，而天下诸侯就已经陷入困境了。这时候合纵解散，盟约毁坏，诸侯争相割地贿赂秦国。秦国有余力来制服疲惫的他们，追击逃走的败兵，横尸百万，血流可以漂起盾牌，秦国依靠有利地形，利用便利时机，屠宰分割天下，分裂山河，强国请求臣服，弱国入秦朝拜。

直到孝文王、庄襄王执政时，他们在位的日子短，国家没有什么事。

直到始皇，发扬六世遗留功业，挥动长鞭主宰天下，吞并二周而灭亡诸侯，登上至尊之位来统一六国，手持刑杖来鞭笞天下人，威震四海。向南攻取百越之地，设置桂林郡和象郡，百越的君长低下头系住脖颈，把性命交给小吏。秦始皇于是派蒙恬在北边修筑长城，守卫边疆，使匈奴退走七百多里，胡人不敢南下牧马，对方

的士兵也不敢拉弓而来报仇。于是废弃先王的治世之道，焚烧诸子百家著作，从而使百姓愚钝。摧毁著名城池，杀死天下豪杰俊秀，没收天下兵器，聚集到咸阳，销熔兵刃箭头，铸造十二铜人，来削弱天下的百姓。然后依靠华山为城墙，利用黄河为护城河，据有亿丈的城邑，临守深不可测的黄河，以此作为坚固的屏障。良将执劲弩，守卫要害之地，忠臣精兵摆出锐利兵器呵问路人。天下已经平定，秦始皇的内心，自认为关中坚固，是千里金城，是子孙万世做帝王的基业。

秦始皇死后，余威震慑着习俗不同的边远地区。然而陈涉这个用瓮当窗、以草绳拴门轴的贫家子弟，是为别人当佃农，被发配戍边之人。才能够不上中等人，没有仲尼、墨翟的贤德，陶朱、猗顿的富有。跻身于戍卒行伍之间，兴起于乡野之中，率领疲惫的戍卒，统领几百人的队伍，转而攻打秦朝。斩下木棍作为武器，高举竹竿作为旗帜，天下人云集响应，背着粮食如影子一般跟随他，崤山以东的豪侠俊杰一起起来把秦朝灭亡了。

况且天下并没有缩小减弱；雍州的土地，崤山、函谷关的坚固和以前一样。陈涉的地位，并没有比齐国、楚国、燕国、赵国、韩国、魏国、宋国、卫国、中山国的国君尊贵；锄头棍棒，不比钩戟长矛锋

敢南下而牧马，士亦不敢贯弓而报怨。于是废先王之道，燔百家之言，以愚黔首。堕名城，杀豪俊，收天下之兵聚之咸阳，销锋镝，铸以为金人十二，以弱天下之民。然后践华为城，因河为池，据亿丈之城，临不测之谿以为固。良将劲弩，守要害之处，信臣精卒，陈利兵而谁何。天下已定，始皇之心，自以为关中之固，金城千里，子孙帝王万世之业也。

始皇既没，余威振于殊俗。然而陈涉瓮牖绳枢之子，甿隶之人，而迁徙之徒也。材能不及中人，非有仲尼、墨翟之贤，陶朱、猗顿之富也。蹑足行伍之间，俯仰仟佰之中，率罢散之卒，将数百之众，转而攻秦。斩木为兵，揭竿为旗，天下云会响应，赢粮而景从，山东豪俊遂并起而亡秦族矣。

且天下非小弱也；雍州之地，殽函之固自若也。陈涉之位，非尊于齐、楚、燕、赵、韩、魏、宋、卫、中山之君也；锄耰棘矜，非铦于句戟长铩也；谪戍之众，

非俦于九国之师也；深谋远虑，行军用兵之道，非及乡时之士也。然而成败异变，功业相反也。尝试使山东之国与陈涉度长絜大，比权量力，则不可同年而语矣。然而秦以区区之地，致万乘之权，抑八州而朝同列，百有余年矣。然后以六合为家，殽函为宫。一夫作难而七庙堕，身死人手，为天下笑者，何也？仁义不施，而攻守之势异也。

利；戍卒队伍，不比九国之师强盛；深谋远虑、行军作战的战术，不及从前的谋士。然而成败结局不同，功业完全相反。假使用崤山、函谷关以东的各国诸侯与陈涉较量长短，比权势、量威力，那就不可以同年而语了。可是秦国凭借区区之地，获得万乘战车大国的权柄，抑制八州，使同等地位的诸侯向其朝拜，有一百多年了。然后把六国合为一家，把崤山、函谷关作为宫墙。一人发难而使七代宗庙堕毁，连秦王子婴也身死他人之手，被天下人耻笑，为什么呢？因为不施行仁义，而攻取天下与坐守天下的形势是不同的。

史记卷四十九
世家第十九

外戚世家

自古以来，受天命的开国帝王和继承正统遵守先帝法度的国君，不仅仅内在品德美好，也有外戚的帮助。夏朝的兴起是因为有涂山之女；而夏桀被流放是因为有末喜。殷朝的兴起是因为有娀氏之女；纣王被杀是因为宠幸妲己。周朝的兴起是因为有姜原和大任；而幽王被擒是因为过度宠幸褒姒。所以《易》以《乾》《坤》两卦为基础，《诗》以《关雎》为开篇，《书》赞美尧帝把女儿嫁给舜，《春秋》讥讽娶妻不亲自迎接。夫妇之间的关系，是人道中最大的伦理关系。礼的应用，唯有婚姻特别谨慎。乐声协调而四时和顺，阴阳的变化，是万物变化的根本。怎么能不慎重呢？人能弘扬人伦之道，却对天命无可奈何。确实啊，夫妇之爱，即使是国君也不能夺大臣所爱，即使是父亲也不能夺儿子所爱，何况是地位卑下的人呢！夫妇欢爱结合，有的不能繁育子孙；能繁育子孙的，有的不能有好的结局。这难道不是命吗？孔子极少谈论命运，大概是因为很难说清

自古受命帝王及继体守文之君，非独内德茂也，盖亦有外戚之助焉。夏之兴也以涂山，而桀之放也以末喜。殷之兴也以有娀，纣之杀也嬖妲己。周之兴也以姜原及大任，而幽王之禽也淫于褒姒。故《易》基《乾》《坤》，《诗》始《关雎》，《书》美釐降，《春秋》讥不亲迎。夫妇之际，人道之大伦也。礼之用，唯婚姻为兢兢。夫乐调而四时和，阴阳之变，万物之统也。可不慎与？人能弘道，无如命何。甚哉，妃匹之爱，君不能得之于臣，父不能得之于子，况卑下乎！既欢合矣，或不能成子姓；能成子姓矣，或不能要其终：岂非命也哉？孔子罕称命，盖难言之也。非通幽明之变，恶能识乎性命哉？

吧。不通晓阴阳的变化，怎么能认识人的天性与命运呢？

太史公曰：秦以前尚略矣，其详靡得而记焉。汉兴，吕娥姁为高祖正后，男为太子。及晚节色衰爱弛，而戚夫人有宠，其子如意几代太子者数矣。及高祖崩，吕后夷戚氏，诛赵王，而高祖后宫唯独无宠疏远者得无恙。

吕后长女为宣平侯张敖妻，敖女为孝惠皇后。吕太后以重亲故，欲其生子万方，终无子，诈取后宫人子为子。及孝惠帝崩，天下初定未久，继嗣不明。于是贵外家，王诸吕以为辅，而以吕禄女为少帝后，欲连固根本牢甚，然无益也。

高后崩，合葬长陵。禄、产等惧诛，谋作乱。大臣征之，天诱其统，卒灭吕氏。唯独置孝惠皇后居北宫。迎立代王，是为孝文帝，奉汉宗庙。此岂非天邪？非天命孰能当之？

太史公说：秦以前的情况太简略，那些详情没能记载下来。汉朝兴起，吕娥姁是高祖的正宫皇后，儿子是太子。等到晚年容颜衰老宠爱弛淡；而戚夫人受宠，她的儿子如意好几次差点就取代太子之位了。等到高祖驾崩，吕后夷灭戚氏，诛杀赵王，而高祖后宫的妃子只有不受宠爱被疏远的人得以不被伤害。

吕后长女是宣平侯张敖的妻子，张敖的女儿是孝惠皇后。吕太后出于亲上加亲的缘故，想了各种办法想让她生儿子，始终没有儿子，最后就用欺诈手段夺取后宫里别人的儿子作为孝惠皇后的儿子。等到孝惠帝驾崩，天下刚刚安定不久，继承皇位的人还不明确。于是提高外戚地位，封吕氏兄弟为王来辅佐朝政，而让吕禄的女儿做少帝的皇后，想固结根基，然而没有帮助。

高后崩逝，与高祖合葬在长陵。吕禄、吕产等人害怕被诛杀，图谋作乱。大臣征讨他们，上天庇护汉王朝的皇统，最终消灭吕氏。唯独将孝惠皇后安置在北宫。迎接拥立代王，就是孝文帝，奉祀汉家宗庙。这难道不是天命吗？不是天命谁能担任这样的使命？

薄太后，父亲是吴地人，姓薄，秦朝时与原魏王宗室女魏媪私通，生下薄姬，薄姬的父亲死在山阴，就埋葬在那里。

等到诸侯反叛秦王朝的时候，魏豹被立为魏王，魏媪就把她的女儿送入魏王宫。魏媪到许负那里看相，给薄姬相面，说她应当生天子。这时项羽正与汉王在荥阳相持作战，天下归谁还未确定。魏豹最初与汉王攻打楚王，听说许负的话，内心独自欢喜，因此背离汉王而反叛，起初中立，转而与楚王联合。汉王派曹参等人攻击俘虏魏王豹，把他的诸侯国废除改设为郡，把薄姬送入织室。魏豹死后，汉王进入织室，见薄姬有姿色，下诏纳入后宫，一年多没宠幸她。当初薄姬年少时，与管夫人、赵子儿交好，相约说："先富贵的不要忘记别人。"后来管夫人、赵子儿先得到汉王宠幸。汉王坐在河南宫成皋台上时，这两位美人说起与薄姬当初的约定而相互嬉笑。汉王听到了，问她们原因，两人具实告诉汉王。汉王内心悲痛，可怜薄姬，当日召见宠幸薄姬。薄姬说："昨晚，妾身梦见苍龙盘踞在我的腹部。"高帝说："这是尊贵的征兆，我就成全你吧。"一次宠幸就生下男孩，就是代王。此后，薄姬很少见到高祖。

高祖驾崩后，那些侍寝受宠的妃嫔如

薄太后，父吴人，姓薄氏，秦时与故魏王宗家女魏媪通，生薄姬。而薄父死山阴，因葬焉。

及诸侯畔秦，魏豹立为魏王，而魏媪内其女于魏宫。媪之许负所相，相薄姬，云当生天子。是时项羽方与汉王相距荥阳，天下未有所定。豹初与汉击楚，及闻许负言，心独喜，因背汉而畔，中立，更与楚连和。汉使曹参等击虏魏王豹，以其国为郡，而薄姬输织室。豹已死，汉王入织室，见薄姬有色，诏内后宫，岁余不得幸。始姬少时，与管夫人、赵子儿相爱，约曰："先贵无相忘。"已而管夫人、赵子儿先幸汉王。汉王坐河南宫成皋台，此两美人相与笑薄姬初时约。汉王闻之，问其故，两人具以实告汉王。汉王心惨然，怜薄姬，是日召而幸之。薄姬曰："昨暮夜妾梦苍龙据吾腹。"高帝曰："此贵征也，吾为女遂成之。"一幸生男，是为代王。其后薄姬希见高祖。

高祖崩，诸御幸姬戚夫人

之属，吕太后怒，皆幽之，不得出宫。而薄姬以希见故，得出，从子之代，为代王太后。太后弟薄昭从如代。

代王立十七年，高后崩。大臣议立后，疾外家吕氏强，皆称薄氏仁善，故迎代王，立为孝文皇帝，而太后改号曰皇太后，弟薄昭封为轵侯。

薄太后母亦前死，葬栎阳北。于是乃追尊薄父为灵文侯，会稽郡置园邑三百家，长丞已下吏奉守冢寝庙上食祠如法。而栎阳北亦置灵文侯夫人园，如灵文侯园仪。薄太后以为母家魏王后，早失父母，其奉薄太后诸魏有力者，于是召复魏氏，赏赐各以亲疏受之。薄氏侯者凡一人。

薄太后后文帝二年，以孝景帝前二年崩，葬南陵。以吕后会葬长陵，故特自起陵，近孝文皇帝霸陵。

窦太后，赵之清河观津人也。吕太后时，窦姬以良家子入宫侍太后。太后出宫人以赐

戚夫人一类的，吕太后愤怒，把她们都幽禁起来，不得出宫。而薄姬因为极少见到高祖，得以出宫，跟随儿子去往代地，做了代王太后。太后的弟弟薄昭也跟随去了代地。

代王执政十七年，高后崩逝。大臣商议拥立新君，痛恨外戚吕氏势力强大，都称赞薄氏仁善，所以迎接代王，立为孝文皇帝，而太后改尊号为皇太后，弟弟薄昭封为轵侯。

薄太后的母亲在这之前去世，葬在栎阳北。于是追尊薄太后父亲为灵文侯，在会稽郡设置园邑三百户，长丞以下的官吏侍奉守陵，宗庙祭品及祭礼都按礼制进行。在栎阳城北也设置灵文侯夫人陵园，所有礼仪与灵文侯陵园相同。薄太后认为母家是魏王的后代，父母早逝，魏氏家族侍奉薄太后很尽力，于是下令恢复魏氏地位，按照亲疏程度接受赏赐。薄氏家族中封侯的只有一人。

薄太后在文帝死后二年，孝景帝前元二年崩逝，葬在南陵。因为吕后与高祖合葬在长陵，所以特地为自己单独修建陵墓，紧挨孝文皇帝的霸陵。

窦太后，赵地清河观津人。吕太后时，窦姬以良家子选入宫侍奉太后。太后把宫女遣送出宫赐给诸王，各五人，窦姬

也在此列中。窦姬家住清河，想到赵国靠近家乡，就请求主管派遣的宦官："一定把我的籍册记入赵国的队伍里。"宦官忘了，误把她的籍册记入代国的队伍里。籍册上奏，下诏执行，应当启程。窦姬伤心哭泣，怨恨那位宦官，不想前往，强制她走，才肯行动。到了代国，代王只宠幸窦姬，生下女儿嫖，后来又生了两个男孩。而代王王后生了四个男孩。在代王未入朝立为皇帝时，王后就死了。等到代王立为皇帝，王后所生四个儿子相继病死。孝文帝即位几个月后，公卿请求立太子，而窦姬长子最为年长，立为太子。立窦姬为皇后，女儿嫖为长公主。第二年，立幼子武为代王，后来又迁封到梁国，就是梁孝王。

窦皇后父母早亡，葬在观津。在这时薄太后诏令主管官员，追尊窦后父亲为安成侯，母亲为安成夫人。下令清河设置园邑二百户，由长丞奉守陵墓，按照灵文侯陵园的礼仪。

窦皇后的兄长是窦长君，弟弟叫窦广国，字少君。少君在四五岁时，家境贫寒，被人拐卖，家人不知他在哪里。转卖了十几家，到了宜阳，为他的主人进山烧炭，晚上一百多人睡在山崖下，山崖崩塌，熟睡的人全部被压死，只有少君一人得以

诸王，各五人，窦姬与在行中。窦姬家在清河，欲如赵近家，请其主遣宦者吏："必置我籍赵之伍中。"宦者忘之，误置其籍代伍中。籍奏，诏可，当行。窦姬涕泣，怨其宦者，不欲往，相强，乃肯行。至代，代王独幸窦姬，生女嫖，后生两男。而代王王后生四男，先代王未入立为帝而王后卒。及代王立为帝，而王后所生四男更病死。孝文帝立数月，公卿请立太子，而窦姬长男最长，立为太子。立窦姬为皇后，女嫖为长公主。其明年，立少子武为代王，已而又徙梁，是为梁孝王。

窦皇后亲蚤卒，葬观津。于是薄太后乃诏有司，追尊窦后父为安成侯，母曰安成夫人。令清河置园邑二百家，长丞奉守，比灵文园法。

窦皇后兄窦长君，弟曰窦广国，字少君。少君年四五岁时，家贫，为人所略卖，其家不知其处。传十余家，至宜阳，为其主入山作炭，暮卧岸下百余人，岸崩，尽压杀卧者，少君

独得脱，不死。自卜数日当为侯，从其家之长安。闻窦皇后新立，家在观津，姓窦氏。广国去时虽小，识其县名及姓，又常与其姊采桑堕，用为符信，上书自陈。窦皇后言之于文帝，召见，问之，具言其故，果是。又复问他何以为验，对曰："姊去我西时，与我决于传舍中，丏沐沐我，请食饭我，乃去。"于是窦后持之而泣，泣涕交横下。侍御左右皆伏地泣，助皇后悲哀。乃厚赐田宅金钱，封公昆弟，家于长安。

绛侯、灌将军等曰："吾属不死，命乃且县此两人。两人所出微，不可不为择师傅宾客，又复效吕氏大事也。"于是乃选长者士之有节行者与居。窦长君、少君由此为退让君子，不敢以尊贵骄人。

窦皇后病，失明。文帝幸邯郸慎夫人、尹姬，皆毋子。孝文帝崩，孝景帝立，乃封广国为章武侯。长君前死，封其子彭祖为南皮侯。吴楚反时，窦太后从昆弟子窦婴，任

脱险，没有死。自己占卜数日后会被封为侯，就跟随他的主人家去了长安。听说窦皇后新立，家在观津，姓窦。广国离家时虽然年幼，但记得家乡县名及姓氏，又曾与他的姐姐采桑，从树上摔下，就把这些记忆作为信物，上书自陈。窦皇后把这件事告诉了孝文帝，召见询问他，他详细地说出经过，果然如此。皇后又问他还有什么可以验证。他回答说："姐姐离我西去时，与我在客栈中诀别，还乞讨了米汤为我沐浴，又求得食物给我吃，然后才离去。"这时候窦后抱住他而哭泣，涕泪纵横。左右侍从都伏地哭泣，一起陪皇后悲伤。于是厚赐少君田宅金钱，封赏窦氏兄弟，给他们在长安安家。

绛侯、灌将军等人说："我们这些人不死，命就悬在这二人手里。这二人出身低微，不可不为他们选择师傅和宾客，否则他们又会效法吕氏发动祸乱。"于是选择年长有节操的士人与他们居住。窦长君、少君由此成为恭敬谦让的君子，不敢凭借尊贵傲视他人。

窦皇后病重，失明。文帝宠幸邯郸慎夫人、尹姬，她们都没有儿子。孝文帝驾崩，孝景帝即位，于是封广国为章武侯。长君之前就已经去世，封他的儿子彭祖为南皮侯。吴楚造反时，窦太后堂弟的儿子窦婴，喜欢行侠仗义，率军打仗，凭借军功被封

为魏其侯。窦氏共有三人封侯。

窦太后爱好黄帝、老子的学说，皇帝、太子及窦氏子弟不得不读《黄帝》《老子》，尊崇黄老学说。

窦太后在孝景帝死后六年崩逝，与文帝合葬在霸陵。遗诏把东宫全部金钱财物赐给长公主嫖。

王太后，槐里人，母亲叫臧儿。臧儿，原燕王臧荼的孙女。臧儿嫁给槐里王仲为妻，生男孩叫信，还有两个女儿。王仲死后，臧儿改嫁长陵田氏，生男孩田蚡、田胜。臧儿长女嫁金王孙为妻，生下一个女儿。臧儿为她们占卜，说两个女儿都是贵人。臧儿因此想依仗两个女儿，把长女从金氏处夺回。金氏恼怒，不肯与她断绝，臧儿就把她送进太子宫中。太子很宠爱她，生下三女一男。当男孩还在肚子里时，王美人梦见太阳落入她的怀中。她把梦境告诉太子，太子说："这是尊贵的征兆。"还没有出生而孝文帝驾崩了，孝景帝即位，王夫人生下男孩。

先前臧儿又把小女儿儿姁送入宫中，儿姁生下四个男孩。

景帝做太子时，薄太后选薄氏女为太子妃。等到景帝即位，立太子妃为薄皇后。皇后没有儿子，不受宠爱。薄太后崩逝，

侠自喜，将兵，以军功为魏其侯。窦氏凡三人为侯。

窦太后好黄帝、老子言，帝及太子诸窦不得不读《黄帝》《老子》，尊其术。

窦太后后孝景帝六岁，建元六年崩，合葬霸陵。遗诏尽以东宫金钱财物赐长公主嫖。

王太后，槐里人，母曰臧儿。臧儿者，故燕王臧荼孙也。臧儿嫁为槐里王仲妻，生男曰信，与两女。而仲死，臧儿更嫁长陵田氏，生男蚡、胜。臧儿长女嫁为金王孙妇，生一女矣。而臧儿卜筮之，曰两女皆当贵。因欲奇两女，乃夺金氏。金氏怒，不肯予决，乃内之太子宫。太子幸爱之，生三女一男。男方在身时，王美人梦日入其怀。以告太子，太子曰："此贵征也。"未生而孝文帝崩，孝景帝即位，王夫人生男。

先是臧儿又入其少女儿姁，儿姁生四男。

景帝为太子时，薄太后以薄氏女为妃。及景帝立，立妃曰薄皇后。皇后毋子，毋宠。

薄太后崩,废薄皇后。

景帝长男荣,其母栗姬。栗姬,齐人也。立荣为太子。长公主嫖有女,欲予为妃。栗姬妒,而景帝诸美人皆因长公主见景帝,得贵幸,皆过栗姬,栗姬日怨怒,谢长公主,不许。长公主欲予王夫人,王夫人许之。长公主怒,而日谗栗姬短于景帝曰:"栗姬与诸贵夫人幸姬会,常使侍者祝唾其背,挟邪媚道。"景帝以故望之。

景帝尝体不安,心不乐,属诸子为王者于栗姬,曰:"百岁后,善视之。"栗姬怒,不肯应,言不逊。景帝恚,心嗛之而未发也。

长公主日誉王夫人男之美,景帝亦贤之,又有曩者所梦日符,计未有所定。王夫人知帝望栗姬,因怒未解,阴使人趣大臣立栗姬为皇后。大行奏事毕,曰:"'子以母贵,母以子贵',今太子母无号,宜立为皇后。"景帝怒曰:"是而所宜言邪!"遂案诛大行,而废太子为临江王。栗姬愈恚恨,不得见,以忧死。卒立王夫人

废了薄皇后。

景帝长子叫荣,母亲是栗姬。栗姬,齐国人。景帝立荣为太子。长公主嫖有个女儿,想让她嫁给他为妃。栗姬好妒,而景帝各美人都依靠长公主见到景帝,受到宠幸,并都超过栗姬,栗姬终日怨怒,谢绝长公主的请求,没有答应。长公主又想嫁女给王夫人儿子,王夫人答应了她。长公主恼怒,每日对景帝说栗姬的缺点,说:"栗姬每次与各位贵夫人和宠姬聚会,常指使侍者在背后诅咒唾骂,施用邪术蛊惑人心。"景帝因此憎恨栗姬。

景帝曾身体不好,心中不高兴,把那些已经封王的儿子托付给栗姬,说:"我百年以后,请善待他们。"栗姬愤怒,不肯答应,出言不逊。景帝愤怒,内心怨恨但没有发作。

长公主每日赞誉王夫人的儿子贤能,景帝也认为他贤能,又有从前梦日的预兆,主意还没确定。王夫人知道景帝怨恨栗姬,趁着他怒气未解,暗中派人催促大臣建言立栗姬为皇后。大行礼官奏事完毕,说:"'子以母贵,母以子贵',如今太子母亲尚无封号,应立为皇后。"景帝愤怒说:"这是你所应讲的话吗!"于是论罪处死大行礼官,并废太子为临江王。栗姬更加怨恨,不能见到景帝,因此忧郁而死。最后立王夫人为皇后,她的儿子为太子,封

皇后兄长王信为盖侯。

景帝驾崩，太子承袭为皇帝。尊封皇太后母亲臧儿为平原君。封田蚡为武安侯，田胜为周阳侯。

景帝有十三个儿子，一个儿子做了皇帝，十二个儿子都封为王。兄姁早亡，她的四个儿子都封为王。王太后长女为平阳公主，次女为南宫公主，小女为林虑公主。

盖侯王信好酒。田蚡、田胜贪婪，善弄文辞。王仲早亡，葬在槐里，追尊为共侯，设置园邑二百户。等到平原君死后，随田氏葬在长陵，设置堪比共侯园的陵园。而王太后在孝景帝死后十六年，元朔四年崩逝，与景帝合葬在阳陵。王太后家族共三人被封为侯。

卫皇后字子夫，出身卑微。大概她家号卫氏，在平阳侯封地内。子夫是平阳公主的歌女。武帝刚即位，几年没有儿子。平阳公主挑选良家女子十多人，打扮她们后将其安置在家中。武帝在霸上祭祀回来，顺道看望平阳公主。公主让美人侍奉，武帝不喜欢。饮酒后，歌女进来，皇上望见，唯独喜欢卫子夫。这天，武帝起身更衣，子夫在尚衣轩侍奉，得到宠幸。皇上回到

为皇后，其男为太子，封皇后兄信为盖侯。

景帝崩，太子袭号为皇帝。尊皇太后母臧儿为平原君。封田蚡为武安侯，胜为周阳侯。

景帝十三男，一男为帝，十二男皆为王。而兄姁早卒，其四子皆为王。王太后长女号曰平阳公主，次为南宫公主，次为林虑公主。

盖侯信好酒。田蚡、胜贪，巧于文辞。王仲蚤死，葬槐里，追尊为共侯，置园邑二百家。及平原君卒，从田氏葬长陵，置园比共侯园。而王太后孝景帝十六岁，以元朔四年崩，合葬阳陵。王太后家凡三人为侯。

卫皇后字子夫，生微矣。盖其家号曰卫氏，出平阳侯邑。子夫为平阳主讴者。武帝初即位，数岁无子。平阳主求诸良家子女十余人，饰置家。武帝祓霸上还，因过平阳主。主见所侍美人，上弗说。既饮，讴者进，上望见，独说卫子夫。是日，武帝起更衣，子夫侍尚

衣轩中，得幸。上还坐，欢甚，赐平阳主金千斤。主因奏子夫奉送入宫。子夫上车，平阳主拊其背曰：“行矣，强饭，勉之！即贵，无相忘。”入宫岁余，竟不复幸。武帝择宫人不中用者，斥出归之。卫子夫得见，涕泣请出。上怜之，复幸，遂有身，尊宠日隆。召其兄卫长君、弟青为侍中。而子夫后大幸，有宠，凡生三女一男。男名据。

初，上为太子时，娶长公主女为妃。立为帝，妃立为皇后，姓陈氏，无子。上之得为嗣，大长公主有力焉，以故陈皇后骄贵。闻卫子夫大幸，恚，几死者数矣。上愈怒。陈皇后挟妇人媚道，其事颇觉，于是废陈皇后，而立卫子夫为皇后。

陈皇后母大长公主，景帝姊也，数让武帝姊平阳公主曰：“帝非我不得立，已而弃捐吾女，壹何不自喜而倍本乎！”平阳公主曰：“用无子故废耳。”陈皇后求子，与医钱凡九千万，然竟无子。

卫子夫已立为皇后。先是卫长君死，乃以卫青为将军，

席间，非常高兴，赏赐平阳公主黄金千斤。公主趁机奏请送子夫入宫。子夫上车时，平阳公主抚摸她的背说：“去吧，好好吃饭，努力吧！如果尊贵了，别忘记我。”子夫入宫一年多，没有再得到宠幸。武帝选择不中用的宫人打发回家。卫子夫得以见到皇上，哭泣着请求出宫。皇上怜悯她，再次宠幸了她，于是她有了身孕，尊宠日益深厚。召请她的兄长卫长君、弟弟卫青为侍中。而子夫后来大受宠幸，倍受宠爱，共生下三女一男。男孩名叫刘据。

当初，皇上做太子时，娶长公主女儿为妃。即位为皇帝时，妃子立为皇后，姓陈，没有儿子。皇上能得以继位，大长公主出力不小，因此陈皇后骄纵自贵。听说卫子夫大受宠幸，十分恼怒，气得几次差点死去。皇上越发愤怒。陈皇后采用妇人取悦的媚道，皇上对此事微有察觉，于是废掉陈皇后，并立卫子夫为皇后。

陈皇后的母亲是大长公主，是景帝的姐姐，多次斥责武帝的姐姐平阳公主说：“皇帝没有我不得即位，即位后就抛弃我的女儿，怎么能不自爱而忘本呢！”平阳公主说：“她是因为没有儿子才被废的。”陈皇后求子，给予医者钱财共九千万，然而最终还是没有生下儿子。

卫子夫便被立为皇后。之前卫长君去世，于是命令卫青做将军，卫青因抗击胡

人有功，封他为长平侯。卫青的三个儿子尚在襁褓中，都被封为侯。至于卫皇后所说的姐姐卫少儿，少儿生的儿子霍去病，因军功被封为冠军侯，号骠骑将军。卫青号称大将军。卫皇后的儿子刘据被立为太子。卫氏家族以军功起家，五人被封为侯。

等到卫皇后姿色衰老，赵国的王夫人得到宠幸，有一个儿子，被封为齐王。

王夫人早亡。中山李夫人得到宠幸，生下一个男孩，被封为昌邑王。

李夫人早亡，她的兄长李延年因通晓音律得宠，号协律。协律，就是从前的倡人。兄弟都因通奸而被灭族。这时李夫人的长兄李广利为贰师将军，讨伐大宛，没有被诛杀，征战回来，皇上已经诛灭了李氏，之后可怜他的家族，于是封他为海西侯。

其他妃子的两个儿子为燕王、广陵王。他们的母亲没有得到宠爱，忧郁而死。

直到李夫人去世，又有尹婕妤等人，相继受宠。然而她们都是歌女身份，不是有封地的王侯之女，不能与皇上相配。

褚先生说：臣做侍郎时，问过熟习汉家旧事的锺离生。他说：王太后在民间时所生的一个女儿的父亲是金王孙。金王孙已经死了，景帝驾崩后，武帝即位，王

击胡有功，封为长平侯。青三子在襁褓中，皆封为列侯。及卫皇后所谓姊卫少儿，少儿生子霍去病，以军功封冠军侯，号骠骑将军。青号大将军。立卫皇后子据为太子。卫氏枝属以军功起家，五人为侯。

及卫后色衰，赵之王夫人幸，有子，为齐王。

王夫人蚤卒。而中山李夫人有宠，有男一人，为昌邑王。

李夫人蚤卒，其兄李延年以音幸，号协律。协律者，故倡也。兄弟皆坐奸，族。是时其长兄广利为贰师将军，伐大宛，不及诛，还，而上既夷李氏，后怜其家，乃封为海西侯。

他姬子二人为燕王、广陵王。其母无宠，以忧死。

及李夫人卒，则有尹婕妤之属，更有宠。然皆以倡见，非王侯有土之士女，不可以配人主也。

褚先生曰：臣为郎时，问习汉家故事者锺离生。曰：王太后在民间时，所生子女者，父为金王孙。王孙已死，景帝

崩后，武帝已立，王太后独在。而韩王孙名嫣，素得幸武帝，承间白言太后有女在长陵也。武帝曰："何不蚤言！"乃使使往先视之，在其家。武帝乃自往迎取之。跸道，先驱旄骑出横城门，乘舆驰至长陵。当小市西入里，里门闭，暴开门，乘舆直入此里，遌至金氏门外止，使武骑围其宅，为其亡走，身自往取不得也。即使左右群臣入呼求之。家人惊恐，女亡匿内中床下。扶持出门，令拜谒。武帝下车泣曰："嗟！大姊，何藏之深也！"诏副车载之，回车驰还，而直入长乐宫。行诏门著引籍，通到谒太后。太后曰："帝倦矣，何从来？"帝曰："今者至长陵得臣姊，与俱来。"顾曰："谒太后！"太后曰："女某邪？"曰："是也。"太后为下泣，女亦伏地泣。武帝奉酒前为寿，奉钱千万，奴婢三百人，公田百顷，甲第，以赐姊。太后谢曰："为帝费焉。"于是召平阳主、南宫主、林虑主三人俱来谒见姊，因号曰脩成

太后还在世。而韩王孙名嫣，素来得武帝宠爱，趁机坦白说太后有一个女儿在长陵。武帝说："怎么不早说！"于是派人前去看望，正好在家。武帝于是亲自前去迎接她。道路戒严，先派先驱骑兵出横城门，武帝乘坐车舆驰至长陵。从小市西边进入里巷，里门关闭，用力打开门，乘舆直入这条里巷，直到金家门外停下，让武装骑兵包围金氏住宅，因为怕她逃跑，亲自前往时接不着。随即派左右群臣进门呼唤求见。金家人惊恐，那个女子就藏匿在屋内床下。搀扶她出门，让她拜见皇上。武帝下车哭泣说："哎，大姐，为什么藏得这么深啊！"下令用副车载着她，回车驰返，直入长乐宫。途中令门吏写好出入名帖。通报太后后，皇帝带着姐姐拜见太后。太后说："皇帝受累了，这是从哪里来啊？"武帝说："今天到长陵找到了我的姐姐，与她一同前来了。"他回头说："拜见太后吧！"太后说："你就是某某吗？"回答说："是的。"太后落泪哭泣，金氏女也伏地哭泣。武帝捧着酒上前祝寿，出了一千万钱，奴婢三百人，公田百顷、上等宅第，赐予姐姐。太后谢道："让皇帝破费了。"于是召平阳公主、南宫公主、林虑公主都来拜见姐姐，封她为修成君。修成君有一个儿子，一个女儿。儿子号为修成子仲，女儿为诸侯王王后。这二

人不出自刘氏，因此太后怜惜他们。修成子仲骄横放纵，欺凌官吏百姓，人们都为此忧虑苦恼。卫子夫被立为皇后，皇后弟弟卫青字仲卿，以大将军的身份被封为长平侯。卫青有四个儿子，长子伉为侯世子，侯世子为皇帝侍中，深受宠爱。其余三个弟弟都封为侯，各有食邑一千三百户，一个叫阴安侯，一个叫发干侯，一个叫宜春侯，富贵震动天下。天下流传的歌谣说："生男不要喜，生女不要悲，难道没有看见卫子夫称霸天下吗！"这时平阳公主孤身一人，应选列侯作为丈夫。公主与左右侍从议论长安城中列侯可作为丈夫的人选时，人们都说大将军可以。公主笑道："他出自我家，常令他骑马随我出入，怎能作为我的丈夫呢？"左右侍从说："如今大将军的姐姐做了皇后，三个儿子都被封为侯，富贵震动天下，公主怎能轻视他呢？"这时公主才答应。把这件事告诉皇后，请皇后把此事禀明武帝，于是下诏让卫将军娶了平阳公主。褚先生说：丈夫像龙一样变化。典籍中说："蛇变为龙，不改变它的花纹；家变为国，不改变主人的姓氏。"大丈夫富贵的时候，百般罪恶全被掩盖消除，光耀荣华，贫贱的时候怎能牵累于他！

君。有子男一人，女一人。男号为修成子仲，女为诸侯王王后。此二子非刘氏，以故太后怜之。修成子仲骄恣，陵折吏民，皆患苦之。卫子夫立为皇后，后弟卫青字仲卿，以大将军封为长平侯。四子，长子伉为侯世子，侯世子常侍中，贵幸。其三弟皆封为侯，各千三百户。一曰阴安侯，二曰发干侯，三曰宜春侯，贵震天下。天下歌之曰："生男无喜，生女无怒，独不见卫子夫霸天下！"是时平阳主寡居，当用列侯尚主。主与左右议长安中列侯可为夫者，皆言大将军可。主笑曰："此出吾家，常使令骑从我出入耳，奈何用为夫乎？"左右侍御者曰："今大将军姊为皇后，三子为侯，富贵振动天下，主何以易之乎？"于是主乃许之。言之皇后，令白之武帝，乃诏卫将军尚平阳公主焉。褚先生曰：丈夫龙变。传曰："蛇化为龙，不变其文；家化为国，不变其姓。"丈夫当时富贵，百恶灭除，光耀荣华，贫贱之时何足累之哉！

武帝时，幸夫人尹婕妤。邢夫人号娙娥，众人谓之娙何。娙何秩比中二千石，容华秩比二千石，婕妤秩比列侯。常从婕妤迁为皇后。

尹夫人与邢夫人同时并幸，有诏不得相见。尹夫人自请武帝，愿望见邢夫人，帝许之。即令他夫人饰，从御者数十人，为邢夫人来前。尹夫人前见之，曰："此非邢夫人身也。"帝曰："何以言之？"对曰："视其身貌形状，不足以当人主矣。"于是帝乃诏使邢夫人衣故衣，独身来前。尹夫人望见之，曰："此真是也。"于是乃低头俯而泣，自痛其不如也。谚曰："美女入室，恶女之仇。"

褚先生曰：浴不必江海，要之去垢；马不必骐骥，要之善走；士不必贤世，要之知道；女不必贵种，要之贞好。《传》曰："女无美恶，入室见妒；士无贤不肖，入朝见嫉。"美女者，恶女之仇。岂不然哉！

钩弋夫人姓赵氏，河间人

武帝时，宠幸夫人尹婕妤。邢夫人号娙娥，众人称她为"娙何"。娙何的品级相当于中二千石的官员，容华的品级相当于二千石的官员，婕妤的品级相当于列侯。常常从婕妤中选人升为皇后。

尹夫人与邢夫人同时受宠幸，有命令二人不得相见。尹夫人亲自请求武帝，希望能见到邢夫人，武帝答应了她。就令其他夫人装扮，几十人侍从，假扮邢夫人前来。尹夫人上前见到她，说："这位不是邢夫人。"武帝说："为什么这么说？"尹夫人回答说："看她的身材容貌，不够配皇上。"这时候武帝下令让邢夫人穿旧衣独自前来。尹夫人望见她，说："这位才是真的。"于是低头而哭泣，自悲不如她。谚语说："美女入室，便是丑女的仇人。"

褚先生说：沐浴不必去江海里，只需要能洗去污垢；马不必是千里马，只要善于奔驰；士人不必比世人贤良，只要他通情达理；女子不必出身贵族，只要她贞洁美好。《传》说："女子不论美丑，进入宫室就会遭人嫉妒；士人不论贤不贤，进入朝堂就要被人嫉妒。"美丽的女子，是丑女的仇人。难道不是这样吗！

钩弋夫人姓赵，河间人。得武帝宠幸，

生有一个儿子，就是昭帝。武帝七十岁时，才生下昭帝。昭帝即位时，刚刚五岁。

卫太子被废后，没有重新立太子。因此燕王旦上书，希望回宫担任护卫。武帝愤怒，立即在北阙斩杀燕王使者。

武帝居住在甘泉宫，召来画工画一幅周公背负成王的图。这时候左右群臣知道武帝想立幼子了。过了几天，武帝斥责钩弋夫人。夫人摘下簪珥首饰，叩头。武帝说："拉出去，送掖庭狱！"夫人回头，武帝说："快去吧，你不能活着！"夫人在云阳宫去世。当时暴风扬尘，百姓感伤。使者夜间抬着棺材前去埋葬，并在埋葬处做了标记。

此后武帝闲居，问左右侍从说："人们说了些什么？"左右侍从回答说："人们说将要立她的儿子了，为什么杀掉他的母亲呢？"武帝说："是的。这不是你们这些愚人所能理解的。自古国家之所以出现祸乱，正是因为君主年少而母亲年壮。女主独居，骄横无忌，淫乱自恣，没有人能制止她。你们没有听说过吕后吗？"所以凡是为武帝生过孩子的，无论男女，他们的母亲无不被处死，难道可以说不圣贤吗！透彻的远见，为后世考虑，绝不是浅闻愚钝的儒生所能赶上的。谥号为"武"，难道是虚名吗！

也。得幸武帝，生子一人，昭帝是也。武帝年七十，乃生昭帝。昭帝立时，年五岁耳。

卫太子废后，未复立太子。而燕王旦上书，愿归国入宿卫。武帝怒，立斩其使者于北阙。

上居甘泉宫，召画工图画周公负成王也。于是左右群臣知武帝意欲立少子也。后数日，帝谴责钩弋夫人。夫人脱簪珥叩头。帝曰："引持去，送掖庭狱！"夫人还顾，帝曰："趣行，女不得活！"夫人死云阳宫。时暴风扬尘，百姓感伤。使者夜持棺往葬之，封识其处。

其后帝闲居，问左右曰："人言云何？"左右对曰："人言且立其子，何去其母乎？"帝曰："然。是非儿曹愚人所知也。往古国家所以乱也，由主少母壮也。女主独居骄蹇，淫乱自恣，莫能禁也。女不闻吕后邪？"故诸为武帝生子者，无男女，其母无不谴死，岂可谓非贤圣哉！昭然远见，为后世计虑，固非浅闻愚儒之所及也。谥为"武"，岂虚哉！

史记卷五十
世家第二十

楚元王世家

楚元王刘交,是高祖的同母弟弟,字游。

高祖兄弟四人,长兄刘伯,刘伯早亡。当初高祖微贱时,为了躲避难事,常常与宾客到大嫂家吃饭。大嫂厌恶他,他与客人来,大嫂就假装羹汤已经吃完,用饭勺碰刮锅边,宾客因此离去。后来看到锅中还有羹汤,高祖由此怨恨大嫂。等到高祖称帝,分封兄弟,唯独长兄刘伯的儿子没有得到封赏。太上皇为孙子求情,高祖说:"我不是忘记封他了,而是因为他母亲不厚道。"于是封刘伯的儿子刘信为羹颉侯,封二哥刘仲为代王。

高祖六年,在陈地擒获楚王韩信后,就封弟弟刘交为楚王,建都彭城。刘交在位二十三年去世,儿子夷王刘郢即位。夷王在位四年去世,儿子王戊即位。

王戊即位二十年,冬天,在为薄太后守丧时犯通奸罪,被削去东海郡封邑。春天,王戊与吴王联合谋反,他的丞相张尚、太傅赵夷吾劝谏,不听。王戊就杀死张尚、

楚元王刘交者,高祖之同母少弟也,字游。

高祖兄弟四人,长兄伯,伯蚤卒。始高祖微时,尝辟事,时时与宾客过巨嫂食。嫂厌叔,叔与客来,嫂详为羹尽,栎釜,宾客以故去。已而视釜中尚有羹,高祖由此怨其嫂。及高祖为帝,封昆弟,而伯子独不得封。太上皇以为言,高祖曰:"某非忘封之也,为其母不长者耳。"于是乃封其子信为羹颉侯,而王次兄仲于代。

高祖六年,已禽楚王韩信于陈,乃以弟交为楚王,都彭城。即位二十三年卒,子夷王郢立。夷王四年卒,子王戊立。

王戊立二十年,冬,坐为薄太后服私奸,削东海郡。春,戊与吴王合谋反,其相张尚、太傅赵夷吾谏,不听。戊则杀尚、

夷吾，起兵与吴西攻梁，破棘
壁。至昌邑南，与汉将周亚夫战。
汉绝吴、楚粮道，士卒饥，吴
王走，楚王戊自杀，军遂降汉。

汉已平吴、楚，孝景帝欲
以德侯子续吴，以元王子礼续
楚。窦太后曰："吴王，老人也，
宜为宗室顺善。今乃首率七国，
纷乱天下，奈何续其后！"不
许吴，许立楚后。是时礼为汉
宗正。乃拜礼为楚王，奉元王
宗庙，是为楚文王。

文王立三年卒，子安王道
立。安王二十二年卒，子襄王
注立。襄王立十四年卒，子王
纯代立。王纯立，地节二年，
中人上书告楚王谋反，王自杀，
国除，入汉为彭城郡。

赵王刘遂者，其父高祖中
子，名友，谥曰幽。幽王以忧死，
故为"幽"。高后王吕禄于赵，
一岁而高后崩。大臣诛诸吕吕
禄等，乃立幽王子遂为赵王。

孝文帝即位二年，立遂弟
辟彊，取赵之河间郡为河间王，
是为文王。立十三年卒，子哀
王福立。一年卒，无子，绝后，
国除，入于汉。

夷吾，起兵与吴王向西攻打梁国，攻破棘
壁。抵达昌邑南边，与汉朝大将周亚夫交
战。汉军断绝吴军、楚军粮道，士兵饥饿，
吴王败走，楚王刘戊自杀，军队投降汉朝。

汉朝平定吴、楚以后，孝景帝想让
德侯的儿子接任吴王，让元王的儿子刘
礼接任楚王。窦太后说："吴王是老一辈
人，理应为宗室效忠行善。如今竟带头率
领七国，扰乱天下，为什么还要接续他的
后代！"她不允许立吴王后代，允许立楚
王后代。这时刘礼任汉朝宗正。于是封刘
礼为楚王，奉祭元王宗庙，就是楚文王。

文王即位三年后去世，儿子安王刘道
即位。安王在位二十二年去世，儿子襄王
刘注即位。襄王在位十四年去世，儿子王
刘纯即位。王刘纯即位后，地节二年，宦
官上书告发楚王谋反，楚王自杀，封国被
废除，并入汉朝为彭城郡。

赵王刘遂，他父亲是高祖居中的儿子，
名友，谥号为"幽"。幽王忧郁而死，所
以为"幽"。高后封吕禄为赵王，一年后
高后崩逝。大臣诛灭吕氏家族如吕禄等，
于是立幽王之子刘遂为赵王。

孝文帝即位的第二年，立刘遂的弟弟
辟彊，割取赵国的河间郡为河间王，就是
文王。辟彊在位十三年去世，儿子哀王福
即位。哀王在位一年去世，没有子嗣，断
绝后嗣，封国被废除，并入汉朝。

刘遂做赵王二十六年后，在孝景帝时获罪受晁错惩罚，被削去常山郡。吴国、楚国叛乱，赵王就与他们合谋起兵。他的丞相建德、内史王悍劝谏，他不听。刘遂烧死建德、王悍，发兵驻扎赵国西部边界，想等待吴军一同西征。往北方匈奴派使者，想联合他们攻打汉朝。汉朝派曲周侯郦寄攻击他们。赵王撤退，据守邯郸，双方对峙七个月。吴、楚军队在梁地被打败，不能西去。匈奴听说后也停止进攻，不敢进入汉朝边界。栾布攻破齐军返回，于是合兵引水灌淹赵城。赵城毁坏，赵王自杀，邯郸于是投降汉军。赵幽王绝后。

太史公说：国家将要兴盛，必有吉祥的征兆，君子被重用，小人被斥退。国家将要灭亡，贤人隐退，乱臣尊贵。假使楚王戊不惩治申公，而是遵从他的建议，赵王任用防与先生，怎会有篡位的阴谋，遭天下杀戮呢？贤人啊，贤人啊！不是内在本质有德的君主，怎能重用他们呢？太重要了，"国家的安危在于发出的政令，社稷的存亡在于所任用的大臣"，这话确实对啊！

遂既王赵二十六年，孝景帝时坐晁错以適削赵王常山之郡。吴、楚反，赵王遂与合谋起兵。其相建德、内史王悍谏，不听。遂烧杀建德、王悍，发兵屯其西界，欲待吴与俱西。北使匈奴，与连和攻汉。汉使曲周侯郦寄击之。赵王遂还，城守邯郸，相距七月。吴、楚败于梁，不能西。匈奴闻之，亦止，不肯入汉边。栾布自破齐还，乃并兵引水灌赵城。赵城坏，赵王自杀，邯郸遂降。赵幽王绝后。

太史公曰：国之将兴，必有祯祥，君子用而小人退；国之将亡，贤人隐，乱臣贵。使楚王戊毋刑申公，遵其言，赵任防与先生，岂有篡杀之谋，为天下僇哉？贤人乎，贤人乎！非质有其内，恶能用之哉？甚矣！"安危在出令，存亡在所任"，诚哉是言也！

荆燕世家

荆王刘贾，是刘氏宗族的人，但不知他属于哪一支。初起事的时候，是汉王元年。汉王还军平定三秦，刘贾做将军，让他平定塞地，随从汉王向东进击项籍。

汉王四年，汉王在成皋战败，向北渡过黄河，得到张耳、韩信的军队，驻军修武，深挖壕沟，高筑营垒，让刘贾领两万人，骑兵数百人，渡过白马津口进入楚地，烧毁那里囤积的粮草，来破坏那里的产业，使其无法给项王供应军粮。不久楚军出击刘贾，刘贾总是坚守壁垒不肯与楚军交战，而与彭越互相救援。

汉王五年，汉王追击项籍到达固陵，派刘贾向南渡过淮水围攻寿春。刘贾还军时，派人寻找机会招降楚大司马周殷。周殷反叛楚王，辅佐刘贾攻取九江，迎接武王黥布的军队，都在垓下会合，共同攻打项籍。刘邦因此派刘贾带领九江军队，与太尉卢绾向西南进击临江王共尉。共尉死后，把临江设为南郡。

汉王六年春天，汉王在陈县会见诸侯，

荆王刘贾者，诸刘，不知其何属。初起时，汉王元年，还定三秦，刘贾为将军，定塞地，从东击项籍。

汉四年，汉王之败成皋，北渡河，得张耳、韩信军，军修武，深沟高垒，使刘贾将二万人，骑数百，渡白马津入楚地，烧其积聚，以破其业，无以给项王军食。已而楚兵击刘贾，贾辄壁不肯与战，而与彭越相保。

汉五年，汉王追项籍至固陵，使刘贾南渡淮围寿春。还至，使人间招楚大司马周殷。周殷反楚，佐刘贾举九江，迎武王黥布兵，皆会垓下，共击项籍。汉王因使刘贾将九江兵，与太尉卢绾西南击临江王共尉。共尉已死，以临江为南郡。

汉六年春，会诸侯于陈，

废楚王信,囚之,分其地为二国。当是时也,高祖子幼,昆弟少,又不贤,欲王同姓以镇天下,乃诏曰:"将军刘贾有功,及择子弟可以为王者。"群臣皆曰:"立刘贾为荆王,王淮东五十二城;高祖弟交为楚王,王淮西三十六城。"因立子肥为齐王。始王昆弟刘氏也。

高祖十一年秋,淮南王黥布反,东击荆。荆王贾与战,不胜,走富陵,为布军所杀。高祖自击破布。十二年,立沛侯刘濞为吴王,王故荆地。

燕王刘泽者,诸刘远属也。高帝三年,泽为郎中。高帝十一年,泽以将军击陈豨,得王黄,为营陵侯。

高后时,齐人田生游乏资,以画干营陵侯泽。泽大说之,用金二百斤为田生寿。田生已得金,即归齐。二年,泽使人谓田生曰:"弗与矣。"田生如长安,不见泽,而假大宅,令其子求事吕后所幸大谒者张子卿。居数月,田生子请张卿临,亲修具。张卿许往。田生

废黜楚王韩信,囚禁了他,把他的领地分为两国。当时,高祖的儿子年幼,兄弟少,又不贤能,想封同姓为王来镇抚天下,就下诏说:"将军刘贾有战功,应挑选刘氏子弟中可以封王的人。"群臣都说:"立刘贾为荆王,统治淮东五十二座城;高祖的弟弟刘交为楚王,统治淮西三十六座城。"于是立儿子刘肥为齐王。开始封刘氏兄弟为王。

高祖十一年秋天,淮南王黥布谋反,向东攻打荆国。荆王刘贾与他交战,没有取胜,逃到富陵,被黥布的军队所杀。高祖亲自攻破黥布。高祖十二年,立沛侯刘濞为吴王,统治原来荆王的领地。

燕王刘泽,是刘氏远房宗亲。高帝三年,刘泽做郎中。高帝十一年,刘泽以将军的身份攻打陈豨,俘虏王黄,被封为营陵侯。

高后当政时,齐人田生出游缺乏资金,以出谋划策干谒营陵侯刘泽。刘泽对他非常满意,用黄金二百斤为田生祝寿。田生得到黄金后,就返回齐国。第二年,刘泽派人对田生说:"不要与我交往了。"田生到长安,不去见刘泽,却借了一所大宅院,让他的儿子请求为吕后宠信的大谒者张子卿做事。过了几个月,田生的儿子请求张卿光临做客,亲自准备宴席。张卿答

应前往。田生张挂盛美的帷帐，摆设精美的用具，好像诸侯一般。张卿很惊讶。酒兴正浓时，田生就屏退旁人劝说张卿道："我观察诸侯王的宅邸有一百多座，那些人都是高祖时候的功臣。如今吕氏本来就辅助高祖完成了统一天下的大业，功劳非常大，又是位高权重的太后。太后年事已高，吕氏家族势力微弱，太后想立吕产为王，统治代地。太后又对提出此事感到为难，唯恐大臣不听。如今您最受太后宠幸，大臣敬重您，何不婉言劝说大臣向太后提出此事，太后一定高兴。吕氏众人封王后，万户侯的身份也为您所有了。太后心里想着此事，而您作为内臣，不赶快提出，恐怕祸患要降临在你身上了。"张卿非常赞同，于是婉言劝说大臣将此事上奏太后。太后上朝，就询问大臣这件事。大臣请求立吕产为吕王。太后赐给张卿一千斤黄金，张卿把其中一半送给田生。田生不肯接受，趁机又提议说："吕产称王，众大臣不是完全心服。如今营陵侯刘泽，是刘氏宗族，担当大将军，唯独他还在为没有封王不满。如今您去奏请太后，划出十多个县封刘泽为王，他得到王位，高兴地离去，吕氏家族的王位就更加稳固了。"张卿入宫奏请，太后认为很对。就封营陵侯刘泽为琅邪王。琅邪王就与田生前往封国。田生劝说刘泽速速出发，不要停留。出了函谷关，太后

盛帷帐共具，譬如列侯。张卿惊。酒酣，乃屏人说张卿曰："臣观诸侯王邸弟百余，皆高祖一切功臣。今吕氏雅故本推毂高帝就天下，功至大，又亲戚太后之重。太后春秋长，诸吕弱，太后欲立吕产为吕王，王代。太后又重发之，恐大臣不听。今卿最幸，大臣所敬，何不风大臣以闻太后，太后必喜。诸吕已王，万户侯亦卿之有。太后心欲之，而卿为内臣，不急发，恐祸及身矣。"张卿大然之，乃风大臣语太后。太后朝，因问大臣。大臣请立吕产为吕王。太后赐张卿千斤金，张卿以其半与田生。田生弗受，因说之曰："吕产王也，诸大臣未大服。今营陵侯泽，诸刘，为大将军，独此尚觖望。今卿言太后，列十余县王之，彼得王，喜去，诸吕王益固矣。"张卿入言，太后然之。乃以营陵侯刘泽为琅邪王。琅邪王乃与田生之国。田生劝泽急行毋留。出关，太后果使人追止之，已出，即还。

及太后崩，琅邪王泽乃曰："帝少，诸吕用事，刘氏孤弱。"乃引兵与齐王合谋西，欲诛诸吕。至梁，闻汉遣灌将军屯荥阳，泽还兵备西界，遂跳驱至长安。代王亦从代至。诸将相与琅邪王共立代王为天子。天子乃徙泽为燕王，乃复以琅邪予齐，复故地。

泽王燕二年，薨，谥为敬王。传子嘉，为康王。

至孙定国，与父康王姬奸，生子男一人。夺弟妻为姬。与子女三人奸。定国有所欲诛杀臣肥如令郢人，郢人等告定国，定国使谒者以他法劾捕格杀郢人以灭口。至元朔元年，郢人昆弟复上书具言定国阴事，以此发觉。诏下公卿，皆议曰："定国禽兽行，乱人伦，逆天，当诛。"上许之。定国自杀，国除为郡。

太史公曰：荆王王也，由汉初定，天下未集，故刘贾虽属疏，然以策为王，填江淮之间。

果然派人来追赶阻止他们，但他们已经出关，追赶的人只好回去了。

等到太后崩逝，琅邪王刘泽就说："皇帝年幼，吕氏当权，刘氏势力孤弱。"于是引兵与齐王合谋向西，想诛灭吕氏。到达梁地，听说汉朝派遣灌将军屯兵荥阳，刘泽就回师加强自己西部边界的守备，随即迅速赶到长安。代王也从代地到达长安。众将相与琅邪王共同拥立代王为天子。天子于是改立刘泽为燕王，就又把琅邪归还给齐王，恢复齐王旧地。

刘泽统治燕地二年去世，谥号敬王。传位给儿子刘嘉，就是康王。

王位传到孙子刘定国，他与父亲康王的姬妾通奸，生下一个男孩。又强夺弟弟的妻子为姬妾，还与自己的三个女儿通奸。定国打算杀死肥如县令郢人，郢人等人告发定国，定国派谒者以其他法令弹劾逮捕并杀了郢人灭口。到元朔元年，郢人的兄弟再次上书全部揭发定国的恶事，因此朝廷才发觉他的事。皇帝诏令公卿论处，都议论说："定国做出禽兽之行，败坏人伦，违背天理，应当诛灭。"皇上同意他们的意见。定国自杀，封国被除，设郡。

太史公说：荆王为王，是由于汉朝刚建立，天下还未稳定，所以刘贾虽属于远亲，但以战功封为王，镇抚江淮之间。刘泽为王，是以权谋激发吕氏的结果，然而刘泽最终南面称王三世。发生的事情会互相联系，这难道不伟大吗！

刘泽之王，权激吕氏，然刘泽卒南面称孤者三世。事发相重，岂不为伟乎！

史记卷五十二
世家第二十二

齐悼惠王世家

齐悼惠王刘肥，是高祖的长庶子。他的母亲是外室，姓曹。高祖六年，封刘肥为齐王，食邑七十座城，百姓中能说齐语的都归属齐王。

齐王是孝惠帝的兄长。孝惠帝二年，齐王入朝觐见。惠帝与齐王宴饮，礼节平等，犹如平常百姓一样。吕太后恼怒，要诛杀齐王。齐王害怕不能逃脱，就采用齐内史勋的计谋，献出城阳郡，作为鲁元公主的封地。吕太后欢喜，齐王才得以辞别回国。

悼惠王在位十三年，在惠帝六年去世。儿子刘襄即位，就是齐哀王。

哀王元年，孝惠帝驾崩，吕太后执掌朝政，天下大事都由高后决断。哀王二年，高后立她兄长的儿子郦侯吕台为吕王，划分齐国的济南郡为吕王封地。

哀王三年，他的弟弟刘章进入汉宫值宿护卫，吕太后封他为朱虚侯，把吕禄的女儿嫁给他为妻。四年后，封刘章的弟弟

齐悼惠王刘肥者，高祖长庶男也。其母外妇也，曰曹氏。高祖六年，立肥为齐王，食七十城，诸民能齐言者皆予齐王。

齐王，孝惠帝兄也。孝惠帝二年，齐王入朝。惠帝与齐王燕饮，亢礼如家人。吕太后怒，且诛齐王。齐王惧不得脱，乃用其内史勋计，献城阳郡，以为鲁元公主汤沐邑。吕太后喜，乃得辞就国。

悼惠王即位十三年，以惠帝六年卒。子襄立，是为哀王。

哀王元年，孝惠帝崩，吕太后称制，天下事皆决于高后。二年，高后立其兄子郦侯吕台为吕王，割齐之济南郡为吕王奉邑。

哀王三年，其弟章入宿卫于汉，吕太后封为朱虚侯，以吕禄女妻之。后四年，封章弟

兴居为东牟侯，皆宿卫长安中。

哀王八年，高后割齐琅邪郡立营陵侯刘泽为琅邪王。

其明年，赵王友入朝，幽死于邸。三赵王皆废。高后立诸吕为三王，擅权用事。

朱虚侯年二十，有气力，忿刘氏不得职。尝入侍高后燕饮，高后令朱虚侯刘章为酒吏。章自请曰：“臣，将种也，请得以军法行酒。”高后曰：“可。”酒酣，章进饮歌舞。已而曰：“请为太后言耕田歌。”高后儿子畜之，笑曰：“顾而父知田耳。若生而为王子，安知田乎？”章曰：“臣知之。”太后曰：“试为我言田。”章曰：“深耕概种，立苗欲疏；非其种者，锄而去之。”吕后默然。顷之，诸吕有一人醉，亡酒，章追，拔剑斩之而还，报曰：“有亡酒一人，臣谨行法斩之。”太后左右皆大惊。业已许其军法，无以罪也。因罢。自是之后，诸吕惮朱虚侯，虽大臣皆依朱虚侯，刘氏为益强。

其明年，高后崩。赵王吕禄为上将军，吕王产为相

兴居为东牟侯，他们兄弟都在长安值宿护卫。

哀王八年，高后划分齐国琅邪郡封营陵侯刘泽为琅邪王。

次年，赵王刘友入朝，在府邸被幽禁至死。三任赵王都被废黜。高后封三位吕氏宗亲为王，独揽大权。

朱虚侯刘章二十岁，有力气，气愤刘氏得不到要职。他曾经入宫侍奉高后宴饮，高后命朱虚侯刘章为酒吏。刘章自己请求说：“我是将领的后代，请允许我用军法行酒。”高后说：“可以。”酒兴正浓，刘章以歌舞进酒。过了一会儿说道：“请让我为太后唱耕田歌吧。”高后把他当作小孩，笑着说：“你父亲通晓耕田之事还差不多。你出生就是王子，怎么知道耕田之事呢？”刘章说：“我知道。”太后说：“试着给我说说耕田之事吧。”刘章说：“深耕密种，留苗稀疏；不是同类的，坚决铲除。”吕后沉默。过了一会儿，吕氏中有一人醉酒，逃离酒宴，刘章追上，挥剑斩杀而回，禀报说：“有一人逃离宴席，我谨行军法斩了他。”太后和左右大臣都非常惊讶。但既然已经允许他行军法，就无法治罪。酒宴因此停止。从此之后，吕氏族人忌惮朱虚侯，即使是大臣也都依附朱虚侯，刘氏日益强大。

第二年，高后崩逝。赵王吕禄担任上将军，吕王吕产担任相国，都居住在长安

城中，他们聚集军队来震慑大臣，预谋作乱。朱虚侯刘章娶了吕禄的女儿为妻，知道他的阴谋，于是派人暗中告诉他的兄长齐王，想让他发兵西进，自己和东牟侯做内应，来诛灭吕氏，趁机立齐王为帝。

齐王听说这个计谋后，就与他的舅父驷钧、郎中令祝午、中尉魏勃密谋发兵。齐国国相召平听说此事，就发兵护卫王宫。魏勃欺骗召平说："大王想发兵，没有汉朝虎符作为凭信。而国相包围王宫，这本是好事。魏勃请求为您领兵保卫王宫。"召平相信了他，就派魏勃领兵包围王宫。魏勃领兵后，派兵包围相府。召平说："唉！道家的话'当断不断，反受其乱'，确实如此啊。"于是自杀。这时，齐王封驷钧为相国，魏勃为将军，祝午为内史，发动国中全部兵力。派祝午东去欺诈琅邪王说："吕氏作乱，齐王发兵打算向西去诛灭他们。齐王自认为是小孩子，年纪小，不懂作战的事情，愿意把国家委托给大王。大王自高帝时就是将军，熟习战事。齐王不敢离开军队，派臣恭请大王驾临临淄，会见齐王谋划大事，并率领齐兵西进平定关中的战乱。"琅邪王相信他，认为没问题，赶着去见齐王。齐王与魏勃等人乘机扣留琅邪王，而派祝午发动琅邪国全部兵力并且统率了他们的军队。

国，皆居长安中，聚兵以威大臣，欲为乱。朱虚侯章以吕禄女为妇，知其谋，乃使人阴出告其兄齐王，欲令发兵西，朱虚侯、东牟侯为内应，以诛诸吕，因立齐王为帝。

齐王既闻此计，乃与其舅父驷钧、郎中令祝午、中尉魏勃阴谋发兵。齐相召平闻之，乃发卒卫王宫。魏勃绐召平曰："王欲发兵，非有汉虎符验也。而相君围王，固善。勃请为君将兵卫卫王。"召平信之，乃使魏勃将兵围王宫。勃既将兵，使围相府。召平曰："嗟乎！道家之言'当断不断，反受其乱'，乃是也。"遂自杀。于是齐王以驷钧为相，魏勃为将军，祝午为内史，悉发国中兵。使祝午东诈琅邪王曰："吕氏作乱，齐王发兵欲西诛之。齐王自以儿子，年少，不习兵革之事，愿举国委大王。大王自高帝将也，习战事。齐王不敢离兵，使臣请大王幸之临菑见齐王计事，并将齐兵以西平关中之乱。"琅邪王信之，以为然，乃驰见齐王。齐王与魏勃等因

留琅邪王，而使祝午尽发琅邪
国而并将其兵。

琅邪王刘泽既见欺，不得
反国，乃说齐王曰："齐悼惠
王高皇帝长子，推本言之，而
大王高皇帝適长孙也，当立。
今诸大臣狐疑未有所定，而泽
于刘氏最为长年，大臣固待泽
决计。今大王留臣无为也，不
如使我入关计事。"齐王以为然，
乃益具车送琅邪王。

琅邪王既行，齐遂举兵西
攻吕国之济南。于是齐哀王遗
诸侯王书曰："高帝平定天下，
王诸子弟，悼惠王于齐。悼惠
王薨，惠帝使留侯张良立臣为
齐王。惠帝崩，高后用事，春
秋高，听诸吕擅废高帝所立，
又杀三赵王，灭梁、燕、赵以
王诸吕，分齐国为四。忠臣进谏，
上惑乱不听。今高后崩，皇帝
春秋富，未能治天下，固待大
臣诸侯。今诸吕又擅自尊官，
聚兵严威，劫列侯忠臣，矫制
以令天下，宗庙所以危。今寡
人率兵入诛不当为王者。"

汉闻齐发兵而西，相国吕
产乃遣大将军灌婴东击之。灌

琅邪王刘泽知道被骗后，不能回国，
就劝说齐王道："齐悼惠王是高祖皇帝的
长子，归根结底来说，大王是高皇帝的嫡
长孙，应当即位。如今大臣们犹豫没有
确定拥立谁，而我在刘氏宗族中最为年长，
大臣们一定在等待我做决定。如今大王
扣留我也没用，不如让我入关计议大事。"
齐王认为他说得对，就准备车辆护送琅
邪王。

琅邪王走后，齐王就举兵向西攻打吕
国的济南。这时候齐哀王给诸侯王送书信
说："高帝平定天下，封刘氏子弟为王，
悼惠王封在齐国。悼惠王薨逝，惠帝派留
侯张良封我为齐王。惠帝驾崩，高后主事，
年事已高，任凭吕氏擅自废黜高帝所封的
王，又杀害三个赵王，消灭梁国、燕国、
赵国来封吕氏为王，把齐国分为四个小国。
忠臣进谏，统治者昏惑不听。如今高后崩
逝，皇帝年少，不能治理天下，一定要依
仗大臣诸侯。如今吕氏诸人又擅自高居尊
官，聚兵扬威，胁迫列侯忠臣，假传圣旨
来号令天下，宗庙社稷因此危险。现在我
率军入关诛杀那些不应为王的人。"

朝廷听说齐国发兵西进，相国吕产就
派遣大将军灌婴向东抗击。灌婴到达荥阳，

谋划说："吕氏率军据守关中，想危害刘氏而自立为帝。我如今攻破齐兵回去禀报，这是增加吕氏的资本。"于是驻兵荥阳，派使者禀报齐王及诸侯，与他们联合，来等待吕氏叛变后共诛灭他们。齐王听说此事，就向西攻取原来的济南郡，也驻兵在齐国的西界上以等待盟约。

吕禄、吕产想在关中作乱，朱虚侯与太尉周勃、丞相陈平等人诛杀了他们。朱虚侯首先斩杀吕产，于是太尉周勃等人才得以尽数诛杀吕氏宗族。而琅邪王也从齐国赶到长安。

大臣们商议想拥立齐王，琅邪王及一些大臣说："齐王母家的驷钧，骄横暴戾，像戴着帽子的老虎。不久前才因吕氏几乎天下大乱，如今再立齐王，是又出现了一个吕氏啊！代王母家薄氏，都是厚道的君子，并且代王又是高帝的亲儿子，如今还在，且最年长。亲子继位则顺理成章，用善人大臣才安宁。"于是大臣们就商议迎立代王，而派朱虚侯把诛灭吕氏的事情报告齐王，令他撤兵。

灌婴在荥阳，听说魏勃原本教齐王谋反，诛灭吕氏后，齐王撤兵，他就派使者召见责问魏勃。魏勃说："家中失火，岂能先通报大人而后再去救火呢！"然后他退后站立，两腿战栗，恐惧得不能说话，

婴至荥阳，乃谋曰："诸吕将兵居关中，欲危刘氏而自立。我今破齐还报，是益吕氏资也。"乃留兵屯荥阳，使使喻齐王及诸侯，与连和，以待吕氏之变而共诛之。齐王闻之，乃西取其故济南郡，亦屯兵于齐西界以待约。

吕禄、吕产欲作乱关中，朱虚侯与太尉勃、丞相平等诛之。朱虚侯首先斩吕产，于是太尉勃等乃得尽诛诸吕。而琅邪王亦从齐至长安。

大臣议欲立齐王，而琅邪王及大臣曰："齐王母家驷钧，恶戾，虎而冠者也。方以吕氏故几乱天下，今又立齐王，是欲复为吕氏也。代王母家薄氏，君子长者；且代王又亲高帝子，于今见在，且最为长。以子则顺，以善人则大臣安。"于是大臣乃谋迎立代王，而遣朱虚侯以诛吕氏事告齐王，令罢兵。

灌婴在荥阳，闻魏勃本教齐王反，既诛吕氏，罢齐兵，使使召责问魏勃。勃曰："失火之家，岂暇先言大人而后救火乎！"因退立，股战而栗，

恐不能言者，终无他语。灌将军熟视笑曰："人谓魏勃勇，妄庸人耳，何能为乎！"乃罢魏勃。魏勃父以善鼓琴见秦皇帝。及魏勃少时，欲求见齐相曹参，家贫无以自通，乃常独早夜埽齐相舍人门外。相舍人怪之，以为物，而伺之，得勃。勃曰："愿见相君，无因，故为子埽，欲以求见。"于是舍人见勃曹参，因以为舍人。一为参御，言事，参以为贤，言之齐悼惠王。悼惠王召见，则拜为内史。始，悼惠王得自置二千石。及悼惠王卒而哀王立，勃用事，重于齐相。

王既罢兵归，而弋王来立，是为孝文帝。

孝文帝元年，尽以高后时所割齐之城阳、琅邪、济南郡复与齐，而徙琅邪王王燕，益封朱虚侯、东牟侯各二千户。

是岁，齐哀王卒，太子则立，是为文王。

齐文王元年，汉以齐之城阳郡立朱虚侯为城阳王，以齐济北郡立东牟侯为济北王。

最终没有别的话。灌将军看了半天，笑着说："人们都说魏勃勇猛，不过是个平庸之人，有什么作为呢！"于是罢免了魏勃。魏勃的父亲因善于弹琴被秦皇帝召见。魏勃年少时，想求见齐国相国曹参，家境贫穷，无法自己打通关系，就常常独自一人半夜在齐国相国的舍人门外打扫。舍人很奇怪，以为有怪物，就暗中观察，发现了魏勃。魏勃说："我希望见到相国，没有别的办法，所以替您扫地，想以此求见。"于是舍人把魏勃引见给曹参，就让他担任舍人。有一次他为曹参驾车，谈论事情，曹参认为魏勃贤能，就向齐悼惠王说起他。悼惠王召见魏勃，就封他为内史。当初，悼惠王可以自己任命二千石官吏。等到悼惠王去世而哀王即位，魏勃掌权，权势比齐国相国还大。

齐王已经罢兵归国，而代王来到长安即位，就是孝文帝。

孝文帝元年，把高后时所割取的齐国城阳、琅邪、济南重新归还齐国，改封琅邪王为燕王，加封朱虚侯、东牟侯各二千户。

这年，齐哀王去世，太子刘则即位，就是文王。

齐文王元年，汉朝割齐国的城阳郡立朱虚侯为城阳王，割齐国的济北郡立东牟侯为济北王。

齐文王二年，济北王谋反，汉朝诛杀了他，封地归入汉朝。

过了两年，孝文帝封齐悼惠王的儿子罢军等七人全都为列侯。

齐文王在位十四年去世，没有儿子，封国被废除，封地归入汉朝。

过了一年，孝文帝分割齐国来封悼惠王的儿子为王，齐孝王将闾以悼惠王儿子杨虚侯的身份被封为齐王。原齐国的其他郡全部封给齐悼惠王的儿子为王，儿子刘志为济北王，儿子刘辟光为济南王，儿子刘贤为淄川王，儿子刘卬为胶西王，儿子刘雄渠为胶东王，与城阳王、齐王共为七王。

齐孝王十一年，吴王刘濞、楚王刘戊造反，起兵西进，通告诸侯说："要诛杀汉朝贼臣晁错来安定宗庙。"胶西王、胶东王、淄川王、济南王都擅自发兵响应吴王、楚王。想与齐王联合，齐孝王犹豫，坚守城池没有听从，三国军队共同围困齐国。齐王派路中大夫报告天子。天子又命令路中大夫回去报告齐王："好好坚守城池，我的大军如今攻破吴、楚的叛军了。"路中大夫来到齐国时，三国军队把临淄包围了好几层，无法进入。三国将领劫持路中大夫和他盟约，说："你反说汉朝已被攻破，齐国赶快投降三国吧，否则将被屠城。"路中大夫只好答应他们，来到城下，

二年，济北王反，汉诛杀之，地入于汉。

后二年，孝文帝尽封齐悼惠王子罢军等七人皆为列侯。

齐文王立十四年卒，无子，国除，地入于汉。

后一岁，孝文帝以所封悼惠王子分齐为王，齐孝王将闾以悼惠王子杨虚侯为齐王。故齐别郡尽以王悼惠王子：子志为济北王，子辟光为济南王，子贤为菑川王，子卬为胶西王，子雄渠为胶东王，与城阳、齐凡七王。

齐孝王十一年，吴王濞、楚王戊反，兴兵西，告诸侯曰"将诛汉贼臣晁错以安宗庙"。胶西、胶东、菑川、济南皆擅发兵应吴楚。欲与齐，齐孝王狐疑，城守不听，三国兵共围齐。齐王使路中大夫告于天子。天子复令路中大夫还告齐王："善坚守，吾兵今破吴楚矣。"路中大夫至，三国兵围临菑数重，无从入。三国将劫与路中大夫盟，曰："若反言汉已破矣，齐趣下三国，不且见屠。"路中大夫既许之，至城下，望

见齐王，曰："汉已发兵百万，使太尉周亚夫击破吴楚，方引兵救齐，齐必坚守无下！"三国将诛路中大夫。

齐初围急，阴与三国通谋，约未定，会闻路中大夫从汉来，喜，及其大臣乃复劝王毋下三国。居无何，汉将栾布、平阳侯等兵至齐，击破三国兵，解齐围。已而复闻齐初与三国有谋，将欲移兵伐齐。齐孝王惧，乃饮药自杀。景帝闻之，以为齐首善，以迫劫有谋，非其罪也，乃立孝王太子寿为齐王，是为懿王，续齐后。而胶西、胶东、济南、菑川王咸诛灭，地入于汉。徙济北王王菑川。齐懿王立二十二年卒，子次景立，是为厉王。

齐厉王，其母曰纪太后。太后取其弟纪氏女为厉王后。王不爱纪氏女。太后欲其家重宠，令其长女纪翁主入王宫，正其后宫，毋令得近王，欲令爱纪氏女。王因与其姊翁主奸。

齐有宦者徐甲，入事汉皇太后。皇太后有爱女曰脩成君，脩成君非刘氏，太后怜之。脩

望见齐王，说："汉朝已经发兵百万，派太尉周亚夫击破吴、楚叛军，正在领兵救援齐国，齐国一定要坚守，不要投降！"三国将领诛杀路中大夫。

齐国起初被围困告急，暗中与三国通谋，盟约还没定，听说路中大夫从汉朝归来，齐王欢喜，大臣们就再次劝谏齐王不要投降三国。没过多久，汉将栾布、平阳侯等发兵来到齐国，击破三国军队，解除对齐国的围困。后来又听说齐国当初与三国有密谋，就要移兵讨伐齐国。齐孝王恐惧，就饮药自杀。景帝听说此事，认为齐王一开始忠诚，因胁迫才与三国通谋，不是他的罪过，就立孝王太子刘寿为齐王，就是懿王，接续齐国后嗣。而胶西王、胶东王、济南王、淄川王全部诛灭，封地归入汉朝。改封济北王为淄川王。齐懿王在位二十二年去世，儿子次景即位，就是厉王。

齐厉王，他的母亲是纪太后。太后封她弟弟纪氏的女儿为厉王后。厉王不喜爱纪氏女子。太后想让纪氏家族累世宠贵，就让她的长女纪翁主进入王宫，整顿后宫，不让其他妃嫔接近齐厉王，想让厉王宠爱纪氏女。厉王趁机与他的姐姐纪翁主通奸。

齐国有宦官徐甲，入宫侍奉汉皇太后。皇太后有爱女叫脩成君，脩成君不是刘氏，太后怜爱她。脩成君有个女儿叫娥，太后

想把她嫁给诸侯，宦官徐甲就请求出使齐国，一定让齐王上书求娶娥。皇太后高兴，派徐甲前往齐国。这时齐人主父偃得知徐甲出使齐国是为了让齐王迎娶王后的事，也趁机对徐甲说："事情若办成，希望说下我的女儿愿意充填大王的后宫。"徐甲到达齐国后，就在暗中传出此事。纪太后大怒，说："齐王有王后，后宫嫔妃齐备。况且徐甲是齐国的贫民，穷困至极才做了宦官，进入汉室做事，没有什么用，就想祸乱我齐王家！况且主父偃是什么人？也想把女儿充入后宫！"徐甲十分困窘，回京禀报皇太后说："齐王已经愿意迎娶娥，然而有一个害处，恐怕会像燕王一样。"燕王与他的女儿姐妹们通奸，刚被论罪处死，亡国，所以徐甲用燕王的事暗示太后。太后说："不要再说把外孙女嫁给齐王的事了。"事情逐渐传到天子耳中。主父偃从此也与齐国有了嫌隙。

主父偃正受到天子的宠信，专权，于是对天子说："齐国临淄有十万户，集市上的租税每日千金，人多殷富，超过了长安，这个地方不是天子的亲弟弟或儿子不能在此为王。如今齐王与汉朝的亲属关系日益疏远。"然后假装不经意地说："吕太后的时候齐国想造反，吴、楚作乱时孝王几乎叛乱了。如今又听说齐王与他的姐姐淫乱。"于是天子就拜主父偃为齐国国

成君有女名娥，太后欲嫁之于诸侯，宦者甲乃请使齐，必令王上书请娥。皇太后喜，使甲之齐。是时齐人主父偃知甲之使齐以取后事，亦因谓甲："即事成，幸言偃女愿得充王后宫。"甲既至齐，风以此事。纪太后大怒，曰："王有后，后宫具备。且甲，齐贫人，急乃为宦者，入事汉，无补益，乃欲乱吾王家！且主父偃何为者？乃欲以女充后宫！"徐甲大穷，还报皇太后曰："王已愿尚娥，然有一害，恐如燕王。"燕王者，与其子昆弟奸，新坐以死，亡国，故以燕感太后。太后曰："无复言嫁女齐事。"事浸浔闻于天子。主父偃由此亦与齐有郤。

主父偃方幸于天子，用事，因言："齐临菑十万户，市租千金，人众殷富，巨于长安，此非天子亲弟爱子不得王此。今齐王于亲属益疏。"乃从容言："吕太后时齐欲反，吴楚时孝王几为乱。今闻齐王与其姊乱。"于是天子乃拜主父偃为齐相，且正其事。主父偃既

至齐，乃急治王后宫宦者为王通于姊翁主所者，令其辞证皆引王。王年少，惧大罪为吏所执诛，乃饮药自杀。绝无后。

是时赵王惧主父偃一出废齐，恐其渐疏骨肉，乃上书言偃受金及轻重之短。天子亦既囚偃。公孙弘言：“齐王以忧死毋后，国入汉，非诛偃无以塞天下之望。”遂诛偃。

齐厉王立五年死，毋后，国入于汉。

齐悼惠王后尚有二国，城阳及菑川。菑川地比齐。天子怜齐，为悼惠王冢园在郡，割临菑东环悼惠王冢园邑尽以予菑川，以奉悼惠王祭祀。

城阳景王章，齐悼惠王子，以朱虚侯与大臣共诛诸吕，而章身首先斩相国吕王产于未央宫。孝文帝既立，益封章二千户，赐金千斤。孝文二年，以齐之城阳郡立章为城阳王。立二年卒，子喜立，是为共王。

共王八年，徙王淮南。四

相，并且派他查办这件事。主父偃到达齐国后，就加紧审问齐王后宫宦官中协助齐王去姐姐翁主住所的人，命令他们在供词和旁证中都牵涉齐王。齐王年少，害怕因大罪被官吏逮捕诛杀，就饮毒药自杀。子嗣断绝，没有后代。

这时赵王看到主父偃一出任齐国国相就废除了齐国，害怕他会离间刘氏骨肉，就上书告发主父偃收受贿赂及恶语中伤他人。天子也就囚禁了主父偃。公孙弘说：“齐王因忧郁而死没有后代，封国归入汉朝，不诛杀主父偃无法平息天下人的愤恨。”于是杀了主父偃。

齐厉王在位五年死去，没有后代，封国归入汉朝。

齐悼惠王的后代还有两个封国，城阳国和淄川国。淄川土地毗连齐国。天子怜悯齐国，因为悼惠王的陵园在郡城，就划割临淄以东环绕悼惠王陵园的城邑全部给淄川国，以供奉悼惠王的祭祀。

城阳景王刘章，是齐悼惠王的儿子，以朱虚侯的身份与大臣共同诛灭吕氏，而刘章亲身在未央宫首先斩杀相国吕王吕产。孝文帝即位后，加封刘章二千户，赏赐黄金千斤。孝文帝二年，把齐国的城阳郡封给刘章为城阳王。刘章在位二年去世，儿子刘喜即位，就是共王。

共王八年，迁封为淮南王。四年后，

又封回城阳王。共在位三十三年去世，儿子刘延即位，就是顷王。

顷王在位二十六年去世，儿子刘义即位，就是敬王。敬王在位九年去世，儿子刘武即位，就是惠王。惠王在位十一年去世，儿子刘顺即位，就是荒王。荒王在位四十六年去世，儿子刘恢即位，就是戴王。戴王在位八年去世，儿子刘景即位，直到建始三年，十五岁时，去世。

济北王兴居，是齐悼惠王的儿子，以东牟侯的身份辅助大臣诛灭吕氏众人，功劳不大。等到文帝从代国来到长安，兴居说："请让我与太仆夏侯婴入宫清理余党。"废黜少帝，共同与大臣尊立孝文帝。

孝文帝二年，把齐国的济北郡封给兴居为济北王，与城阳王一同即王位。即位两年后谋反。当初大臣们诛灭吕氏时，朱虚侯功劳特别大，答应把赵地全部封给朱虚侯为王，把梁地全部封给东牟侯为王。等到孝文帝即位，听说朱虚侯、东牟侯起初想立齐王为帝，所以削减了他们的功劳。等到文帝二年，封诸子为王，才划分齐国的两个郡封给刘章、刘兴居为王。刘章、刘兴居都认为因自己失职而被夺去了功劳。刘章死后，刘兴居听说匈奴大举入侵汉朝，汉朝大举发兵，派丞相灌婴抗击匈奴，文帝亲自驾临太原，刘兴居因为天子亲自抗击胡人，于是发兵在济北造反。天子听说

年，复还王城阳。凡三十三年卒，子延立，是为顷王。

顷王二十六年卒，子义立，是为敬王。敬王九年卒，子武立，是为惠王。惠王十一年卒，子顺立，是为荒王。荒王四十六年卒，子恢立，是为戴王。戴王八年卒，子景立，至建始三年，十五岁，卒。

济北王兴居，齐悼惠王子，以东牟侯助大臣诛诸吕，功少。及文帝从代来，兴居曰："请与太仆婴入清宫。"废少帝，共与大臣尊立孝文帝。

孝文帝二年，以齐之济北郡立兴居为济北王，与城阳王俱立。立二年，反。始大臣诛吕氏时，朱虚侯功尤大，许尽以赵地王朱虚侯，尽以梁地王东牟侯。及孝文帝立，闻朱虚、东牟之初欲立齐王，故绌其功。及二年，王诸子，乃割齐二郡以王章、兴居。章、兴居自以失职夺功。章死，而兴居闻匈奴大入汉，汉多发兵，使丞相灌婴击之，文帝亲幸太原，以为天子自击胡，遂发兵反于济北。天子闻之，罢丞相及行兵，

皆归长安。使棘蒲侯柴将军击破虏济北王，王自杀，地入于汉，为郡。

后十三年，文帝十六年，复以齐悼惠王子安都侯志为济北王。十一年，吴楚反时，志坚守，不与诸侯合谋。吴楚已平，徙志王菑川。

济南王辟光，齐悼惠王子，以勒侯孝文十六年为济南王。十一年，与吴楚反。汉击破，杀辟光，以济南为郡，地入于汉。

菑川王贤，齐悼惠王子，以武城侯文帝十六年为菑川王。十一年，与吴楚反，汉击破，杀贤。

天子因徙济北王志王菑川。志亦齐悼惠王子，以安都侯王济北。菑川王反，毋后，乃徙济北王王菑川。凡立三十五年卒，谥为懿王。子建代立，是为靖王。二十年卒，子遗代立，是为顷王。三十六年卒，子终古立，是为思王。二十八年卒，子尚立，是为孝王。五年卒，子横立，至建始三年，十一岁卒。

胶西王卬，齐悼惠王子，

此事后，叫停丞相和派出的军队，都返回长安。派棘蒲侯柴将军击破并俘虏了济北王，济北王自杀，封地归入汉朝，设为郡。

十三年后，文帝十六年，又封齐悼惠王的儿子安都侯刘志为济北王。十一年后，吴王、楚王反叛时，刘志坚守城池，不与七国诸侯合谋。吴、楚叛乱平定后，迁封刘志为淄川王。

济南王刘辟光，是齐悼惠王的儿子，孝文帝十六年由勒侯晋封为济南王。十一年后，与吴王、楚王谋反。汉朝击败叛军，杀死刘辟光，把济南设为郡，封地归入汉朝。

淄川王刘贤，是齐悼惠王的儿子，孝文帝十六年由武城侯晋封为淄川王。十一年后，与吴王、楚王谋反。汉朝击败叛军，杀死刘贤。

天子于是迁封济北王刘志为淄川王。刘志也是齐悼惠王的儿子，由安都侯封为济北王。淄川王谋反，没有后嗣，就迁封济北王为淄川王。共在位三十五年去世，谥号为懿王。儿子刘建即位，就是靖王。靖王在位二十年去世，儿子刘遗即位，就是顷王。顷王在位三十六年去世，儿子终古即位，就是思王。思王在位二十八年去世，儿子刘尚即位，就是孝王。孝王在位五年去世，儿子刘横即位，到建始三年，十一岁时去世。

胶西王刘卬，是齐悼惠王的儿子，孝

文帝十六年由昌平侯封为胶西王。十一年后，与吴王、楚王谋反。汉朝击败叛军，杀死刘卬，封地归入汉朝，设为胶西郡。

胶东王刘雄渠，是齐悼惠王的儿子，孝文帝十六年由白石侯封为胶东王。十一年后，与吴王、楚王谋反，汉朝击败叛军，杀死雄渠，封地归入汉朝，设为胶东郡。

太史公曰：诸侯中的大国没有超过齐悼惠王时的齐国的。由于天下初定，刘氏子弟少，天子有感于秦朝对宗亲没有尺寸土地的封赏，所以大封同姓，以镇抚百姓之心。等到以后被分裂为好几个国家，本来就是应该的了。

以昌平侯文帝十六年为胶西王。十一年，与吴楚反。汉击破，杀卬，地入于汉，为胶西郡。

胶东王雄渠，齐悼惠王子，以白石侯文帝十六年为胶东王。十一年，与吴楚反，汉击破，杀雄渠，地入于汉，为胶东郡。

太史公曰：诸侯大国无过齐悼惠王。以海内初定，子弟少，激秦之无尺土封，故大封同姓，以填万民之心。及后分裂，固其理也。

萧相国世家

相国萧何，是沛县丰邑人。他因为通晓法律公正廉平而做了沛县的功曹掾。

高祖还是平民时，萧何多次凭借官吏的职权庇护高祖。高祖做亭长，萧何常常回护他。高祖作为小吏去咸阳服役，官吏都送他三百钱，唯独萧何送他五百钱。

秦朝御史督察郡政时，萧何跟着他办事，常常把事情办得有条不紊。萧何于是做了泗水郡卒史，政绩考核第一。秦朝御史想上言征调萧何，萧何执意谢绝，才没被调走。

等到高祖起事做了沛公，萧何常常做他的丞督办公务。沛公到达咸阳，将领们都争相奔向金帛财物的府库瓜分财物，唯独萧何首先入宫收集秦朝丞相御史掌管的律令图籍文书藏起来。沛公做了汉王，任萧何为丞相。项王与诸侯屠杀烧毁咸阳城而离去。汉王之所以能详细知道天下关口要塞，户口多少，人力物力强弱的地方，百姓的疾苦等，都是因为萧何得到了秦朝的地图和簿籍。萧何向汉王进言推荐韩信，

萧相国何者，沛丰人也。以文无害为沛主吏掾。

高祖为布衣时，何数以吏事护高祖。高祖为亭长，常左右之。高祖以吏繇咸阳，吏皆送奉钱三，何独以五。

秦御史监郡者与从事，常辨之。何乃给泗水卒史事，第一。秦御史欲入言征何，何固请，得毋行。

及高祖起为沛公，何常为丞督事。沛公至咸阳，诸将皆争走金帛财物之府分之，何独先入收秦丞相御史律令图书藏之。沛公为汉王，以何为丞相。项王与诸侯屠烧咸阳而去。汉王所以具知天下厄塞，户口多少，强弱之处，民所疾苦者，以何具得秦图书也。何进言韩信，汉王以信为大将军。语在

淮阴侯事中。

汉王引兵东定三秦，何以丞相留收巴蜀，填抚谕告，使给军食。汉二年，汉王与诸侯击楚，何守关中，侍太子，治栎阳。为法令约束，立宗庙社稷宫室县邑，辄奏上，可，许以从事；即不及奏上，辄以便宜施行，上来以闻。关中事计户口转漕给军，汉王数失军遁去，何常兴关中卒，辄补缺。上以此专属任何关中事。

汉三年，汉王与项羽相距京、索之间，上数使使劳苦丞相。鲍生谓丞相曰："王暴衣露盖，数使使劳苦君者，有疑君心也。为君计，莫若遣君子孙昆弟能胜兵者悉诣军所，上必益信君。"于是何从其计，汉王大说。

汉五年，既杀项羽，定天下，论功行封。群臣争功，岁余功不决。高祖以萧何功最盛，封为酂侯，所食邑多。功臣皆曰："臣等身被坚执锐，多者百余战，少者数十合，攻城略地，大小各有差。今萧何未尝有汗马之劳，徒持文墨议论，不战，

汉王任韩信为大将军。这些事记载在《淮阴侯列传》中。

汉王领兵向东平定三秦，萧何以丞相的身份留守巴蜀，镇抚百姓，晓谕政令，让百姓供给将士粮食。汉王二年，汉王与诸侯攻打楚国，萧何驻守关中，侍奉太子，治理栎阳。制定法律规章，建立宗庙、社稷、宫室、县邑，每次都上奏汉王，得到同意，准许实施这些事；若来不及上奏，总是酌情实施，待汉王回来再报告。萧何在关中管理户口，转运漕粮给将士。汉王多次弃军败逃，萧何经常征调关中兵力，总是能补上员缺。汉王因此让萧何专管关中政事。

汉王三年，汉王与项羽对峙于京县、索城之间，汉王多次派使者慰劳丞相。鲍生对丞相说："汉王风餐露宿，多次派使者来慰劳您，是对您有疑心了。为您考虑，不如派遣您的子孙兄弟中能打仗的人全部到军营中效力，汉王必定更加信任您。"于是萧何听从他的计策，汉王非常高兴。

汉王五年，杀死项羽后，平定天下，论功行赏。群臣争功，一年多功劳大小也没有决定下来。高祖认为萧何功劳最大，封为酂侯，所受食邑最多。功臣都说："我们身披铠甲，手执兵器，多的身经百战，少的也与敌人交战数十回合，攻城略地，各有差别。如今萧何不曾有汗马功劳，只是舞文弄墨发表议论，不参加战斗，回

头来反而功居我们之上，为什么？"高祖说："各位知道打猎吗？"大臣们说："知道。"高祖说："知道猎狗吗？"回答说："知道。"高帝说："打猎的时候，追杀野兽兔子的是狗，而发现踪迹指出野兽所在的是人。如今各位只能追获走兽，功劳如同猎狗。至于萧何，是发现踪迹的，功劳如同猎人。况且各位只是单独跟随我，多的带了亲属两三人。如今萧何举宗族数十人都跟随我，功不可没啊。"群臣都不敢再言。

列侯都已经接受封赏，到了奏请位次时，都说："平阳侯曹参身上负有七十处创伤，攻城略地，功劳最多，应该第一。"高祖已经委屈功臣多封了萧何，到了位次没有理由再阻拦他们，但内心还是想让萧何第一。关内侯鄂君进言说："群臣的议论都错了。曹参虽有转战各处、夺取地盘的功劳，但这只是一时的事情。皇上与楚军相持五年，常常丢失兵众，只身逃走了好几次，而萧何常常从关中派遣军队补充汉军的缺额，皇上没有下令，就有数万兵众在皇上困乏的境况下集合，这样好多次了。汉军与楚军在荥阳相持数年，军队看不见粮食，萧何从关中转运，粮食没有短缺。皇上虽然数次丢失山东，萧何常常保全关中以等待陛下，这是万世的功劳。如今即使失去上百个曹参，对于

顾反居臣等上，何也？"高帝曰："诸君知猎乎？"曰："知之。""知猎狗乎？"曰："知之。"高帝曰："夫猎，追杀兽兔者狗也，而发踪指示兽处者人也。今诸君徒能得走兽耳，功狗也。至如萧何，发踪指示，功人也。且诸君独以身随我，多者两三人；今萧何举宗族数十人皆随我，功不可忘也。"群臣皆莫敢言。

列侯毕已受封，及奏位次，皆曰："平阳侯曹参身被七十创，攻城略地，功最多，宜第一。"上已桡功臣多封萧何，至位次未有以复难之，然心欲何第一。关内侯鄂君进曰："群臣议皆误。夫曹参虽有野战略地之功，此特一时之事。夫上与楚相距五岁，常失军亡众，逃身遁者数矣。然萧何常从关中遣军补其处，非上所诏令召，而数万众会上之乏绝者数矣。夫汉与楚相守荥阳数年，军无见粮，萧何转漕关中，给食不乏。陛下虽数亡山东，萧何常全关中以待陛下，此万世之功也。今虽亡曹参等百数，何缺

于汉？汉得之不必待以全。奈何欲以一旦之功而加万世之功哉！萧何第一，曹参次之。"高祖曰："善。"于是乃令萧何第一，赐带剑履上殿，入朝不趋。

上曰："吾闻进贤受上赏。萧何功虽高，得鄂君乃益明。"于是因鄂君故所食关内侯邑封为安平侯。是日，悉封何父子兄弟十余人，皆有食邑。乃益封何二千户，以帝尝繇咸阳时何送我独赢奉钱二也。

汉十一年，陈豨反，高祖自将，至邯郸。未罢，淮阴侯谋反关中，吕后用萧何计，诛淮阴侯，语在淮阴事中。上已闻淮阴侯诛，使使拜丞相何为相国，益封五千户，令卒五百人一都尉为相国卫。诸君皆贺，召平独吊。召平者，故秦东陵侯。秦破，为布衣，贫，种瓜于长安城东，瓜美，故世俗谓之"东陵瓜"，从召平以为名也。召平谓相国曰："祸自此始矣。上暴露于外而君守于中，非被矢石之事而益君封置卫者，以今者淮阴侯新反于中，疑君心

汉朝有什么缺失？得到这些人汉朝不一定得以保全。怎么能让一日之功凌驾于万世之功呢！所以萧何第一，曹参第二。"高祖说："好。"于是下令萧何第一，赐他带剑穿履上殿的资格，入朝也不必小步快走。

皇上说："我听说推荐贤士应受上赏。萧何功劳虽高，得到鄂君的讲说才更加明白。"于是鄂君以原关内侯的食邑封为安平侯。这天，萧何父子兄弟十多人全部受到封赏，都有食邑。又加封萧何二千户，因为皇帝当初去咸阳服役时，唯独萧何多送给他二百钱。

汉王十一年，陈豨造反，高祖亲自率军，抵达邯郸。还没平定，淮阴侯在关中谋反，吕后使用萧何的计策，诛杀淮阴侯，这些事记载在《淮阴侯列传》中。高祖听说淮阴侯被诛，派使者拜丞相萧何为相国，加封五千户，派五百名士兵和一名都尉担任相国护卫。大家都来贺喜，而召平独来哀悼。召平，原秦朝东陵侯。秦朝灭亡后，召平成为平民，家中贫穷，在长安城东种瓜。瓜很甜美，所以世俗称之为"东陵瓜"，以召平的封号命名。召平对相国说："灾祸从这时开始了。皇上在外作战，而您守在关中，没有遭受箭石战事的危险反而增加您的食邑并设置护卫，因为如今淮阴侯刚在关中谋反，皇上对您起了疑心。安置

护卫保护您，并不是因为宠信您。希望您辞让封赏不要接受，将您全部家产捐作军费，皇上就会心里喜悦。"萧相国听从他的计策，高帝果然很高兴。

汉王十二年秋天，黥布造反，皇上亲自率军攻打他，多次派使者问相国在做什么。相国因为皇上在军中，就安抚勉励百姓，先出全部钱财资助军队，就像在陈豨叛乱时那样。有位宾客劝说相国说："您离灭族不久了。您位居相国，功劳居第一，还能加封吗？然而您初入关中时就得到民心，至今有十多年了，百姓都亲附您，您常勤勉努力得到百姓拥戴。皇上多次派人询问您，是生怕您倾覆动摇关中。如今您何不多买田地，低利赊贷来玷污自己？这样皇上才能安心。"于是相国听从他的计策，皇上才大为喜悦。

皇上平定黥布回长安，百姓拦路上书，状告相国低价强买民田宅地数千万。皇上回宫，相国拜谒。皇上笑着说："相国竟是这样'利民'！"把百姓所上书都交给了相国，说："你自己向百姓谢罪吧。"相国趁机为百姓请求说："长安地方狭窄，上林苑中有很多空地被废弃，希望下令让百姓进入耕田，留下禾秆作为禽兽食料。"皇上大怒说："相国自己收受那么多商人财物，却替他们请求我的上林苑！"于是把相国交给廷尉，给他戴上刑具。过了几天，

矣。夫置卫卫君，非以宠君也。愿君让封勿受，悉以家私财佐军，则上心说。"相国从其计，高帝乃大喜。

汉十二年秋，黥布反，上自将击之，数使使问相国何为。相国为上在军，乃拊循勉力百姓，悉以所有佐军，如陈豨时。客有说相国曰："君灭族不久矣。夫君位为相国，功第一，可复加哉？然君初入关中，得百姓心，十余年矣，皆附君，常复孳孳得民和。上所为数问君者，畏君倾动关中。今君胡不多买田地，贱贳贷以自污？上心乃安。"于是相国从其计，上乃大说。

上罢布军归，民道遮行上书，言相国贱强买民田宅数千万。上至，相国谒。上笑曰："夫相国乃利民！"民所上书皆以与相国，曰："君自谢民。"相国因为民请曰："长安地狭，上林中多空地，弃，愿令民得入田，毋收稿为禽兽食。"上大怒曰："相国多受贾人财物，乃为请吾苑！"乃下相国廷尉，械系之。数日，王卫尉侍，前

问曰："相国何大罪，陛下系之暴也？"上曰："吾闻李斯相秦皇帝，有善归主，有恶自与。今相国多受贾竖金而为民请吾苑，以自媚于民，故系治之。"王卫尉曰："夫职事苟有便于民而请之，真宰相事，陛下奈何乃疑相国受贾人钱乎！且陛下距楚数岁，陈豨、黥布反，陛下自将而往，当是时，相国守关中，摇足则关以西非陛下有也。相国不以此时为利，今乃利贾人之金乎？且秦以不闻其过亡天下，李斯之分过，又何足法哉？陛下何疑宰相之浅也。"高帝不怿。是日，使使持节赦出相国。相国年老，素恭谨，入，徒跣谢。高帝曰："相国休矣！相国为民请苑，吾不许，我不过为桀、纣主，而相国为贤相。吾故系相国，欲令百姓闻吾过也。"

何素不与曹参相能，及何病，孝惠自临视相国病，因问曰："君即百岁后，谁可代君者？"对曰："知臣莫如主。"孝惠曰："曹参何如？"何顿首曰："帝得之矣！臣死不

王卫尉侍奉，上前询问说："相国有什么大罪，陛下如此严厉地关押他？"高祖说："我听说李斯做秦皇帝的相国时，把善事归功主上，把恶事归罪自己。如今相国多次收受商人钱财，却为百姓请求占用我的上林苑，以此讨好民众，所以将他关押治罪。"王卫尉说："要说职责，如有利于民而为他们请求，确实是宰相的事，陛下怎么会怀疑相国收受商人钱财呢！况且陛下与楚军相持数年，陈豨、黥布反叛，陛下亲自率军前往，就在那时，相国镇守关中，动动脚就能让函谷关以西不再归陛下所有。相国不在此时谋利，如今竟会贪图商人的钱财吗？况且秦朝因皇帝听不进过失而失去天下，李斯分担过错，又有什么值得效法的呢？陛下怎么如此浅薄地怀疑宰相呢？"高祖不太高兴。这天，派使者持节赦免相国。相国年老，素来恭谨，入殿，赤脚谢罪。高祖说："相国不要这样！相国为民请求苑林，我不答应，我不过是夏桀、殷纣那样的君主，而相国则是贤相。我关押相国，是想让百姓知道我的过错。"

萧何素来不与曹参相和睦，等到萧何患病，孝惠帝亲自去探望相国病情，趁机询问说："您百岁后，谁可以接替您呢？"萧何回答说："了解臣子的莫过于君主。"孝惠帝说："曹参怎么样？"萧何叩头说："皇上知道最合适的人选！我

死也不遗憾了！"

萧何购置田宅一定选在贫穷偏僻的地方，修建家宅不修筑带围墙的房子。他说："后代如果贤能，就效法我的节俭；如果不贤能，也不会被有权势的人家所侵夺。"

孝惠帝二年，相国萧何去世，谥号为文终侯。

萧何后嗣因罪失去侯爵封号的有四代，每次断绝，天子总是寻求萧何后人，续封为酂侯，功臣中没有人比得上他。

太史公说：相国萧何在秦朝时是个操刀执笔的文职小吏，碌碌无为没有惊人的事迹。等到汉朝兴建，如同仰仗日月的余光，萧何谨守自己的职责，根据民众痛恨秦朝律法的情况，顺应历史潮流，更改旧法。淮阴侯、黥布等人都被诛灭，而萧何的功勋如光辉般灿烂。他的地位为群臣之冠，声望延及后世，可以与闳夭、散宜生等人媲美了。

恨矣！"

何置田宅必居穷处，为家不治垣屋。曰："后世贤，师吾俭；不贤，毋为势家所夺。"

孝惠二年，相国何卒，谥为文终侯。

后嗣以罪失侯者四世，绝，天子辄复求何后，封续酂侯，功臣莫得比焉。

太史公曰：萧相国何于秦时为刀笔吏，录录未有奇节。及汉兴，依日月之末光，何谨守管籥，因民之疾秦法，顺流与之更始。淮阴、黥布等皆以诛灭，而何之勋烂焉。位冠群臣，声施后世，与闳夭、散宜生等争烈矣。

曹相国世家

平阳侯曹参，是沛县人，秦朝时担任沛县狱掾，而萧何担任主吏，在县里算是豪吏。

高祖做沛公起事时，曹参以中涓的身份跟随他。曹参率军攻击胡陵、方与，攻打秦朝御史监郡的军队，大破秦军。向东攻下薛县，在薛城以西击败泗水守军。又攻打胡陵，夺取了它。转移军队守卫方与。方与反过来投靠了魏国，攻打方与。丰邑反叛投降魏王，曹参攻打它。赐给曹参七大夫爵位。在砀城以东攻打秦朝司马尸的军队，击败秦军，夺取砀、狐父和祁善置。又攻取下邑以西，到达虞县，攻击章邯的战车骑兵。攻打爰戚及亢父，曹参最先登上这两座城池。晋升为五大夫。向北救援东阿，攻击章邯军，攻陷陈县，追击到濮阳。攻打定陶，夺取临济。向南援救雍丘，攻打李由的军队，击败对方的军队，杀死李由，俘虏秦朝的军候一人。秦将章邯攻破项梁大军并杀死项梁，沛公与项羽引兵向东。楚怀王任命沛公为砀郡长，率领砀

平阳侯曹参者，沛人也。秦时为沛狱掾，而萧何为主吏，居县为豪吏矣。

高祖为沛公而初起也，参以中涓从。将击胡陵、方与，攻秦监公军，大破之。东下薛，击泗水守军薛郭西。复攻胡陵，取之。徙守方与。方与反为魏，击之。丰反为魏，攻之。赐爵七大夫。击秦司马军尸砀东，破之，取砀、狐父、祁善置。又攻下邑以西，至虞，击章邯车骑。攻爰戚及亢父，先登。迁为五大夫。北救阿，击章邯军，陷陈，追至濮阳。攻定陶，取临济。南救雍丘，击李由军，破之，杀李由，虏秦候一人。秦将章邯破杀项梁也，沛公与项羽引而东。楚怀王以沛公为砀郡长，将砀郡兵。于是乃封参为执帛，号曰建成君。

迁为戚公，属砀郡。

其后从攻东郡尉军，破之
成武南。击王离军成阳南，复
攻之杠里，大破之。追北，西
至开封，击赵贲军，破之，围
赵贲开封城中。西击秦将杨熊
军于曲遇，破之，虏秦司马及
御史各一人。迁为执珪。从攻
阳武，下辕辕、缑氏，绝河津，
还击赵贲军尸北，破之。从南
攻犨，与南阳守齮战阳城郭东，
陷陈，取宛，虏齮，尽定南阳
郡。从西攻武关、峣关，取之。
前攻秦军蓝田南，又夜击其北，
秦军大破，遂至咸阳，灭秦。

项羽至，以沛公为汉王。
汉王封参为建成侯。从至汉
中，迁为将军。从还定三秦，
初攻下辩、故道、雍、斄。击
章平军于好畤南，破之，围好
畤，取壤乡。击三秦军壤东及
高栎，破之。复围章平，章平
出好畤走。因击赵贲、内史保军，
破之。东取咸阳，更名曰新城。

郡的军队。于是就封曹参为执帛，号称建
成君。升为戚公，隶属砀郡。

此后曹参跟随刘邦攻打东郡郡尉的军
队，在成武以南击败对方的军队。在成阳
以南攻击王离的军队，又在杠里攻打他们，
大破敌军。向北追击，向西到达开封，进
击赵贲的军队，击败敌军，将赵贲围困在
开封城中。向西在曲遇攻打秦朝将领杨熊
的军队，打败了他们，俘虏秦朝的司马及
御史各一人。曹参被升为执珪。跟随刘邦
攻打阳武，攻下辕辕、缑氏二县，断绝黄
河渡口，回击赵贲军于尸县以北，击败他
们。曹参随从刘邦向南攻打犨邑，与南阳
郡守齮在阳城郭以东交战，攻陷敌方阵地，
夺取宛县，俘虏南阳郡守齮，全部平定南
阳郡。跟随刘邦往西攻打武关、峣关，夺
取两地。向前在蓝田以南攻打秦军，又在
夜间袭击蓝田城北，大破秦军，于是直达
咸阳，灭了秦朝。

项羽到达咸阳，封沛公为汉王。汉王
封曹参为建成侯。跟随汉王到汉中，升为
将军。跟随汉王回军平定三秦，最初攻下
下辩、故道、雍、斄四县。曹参在好畤以
南攻击章平军，击败他们，包围好畤，夺
取壤乡。在壤乡以东及高栎追击三秦军，
打败了敌军。又包围了章平，章平从好畤
逃跑。趁势攻打赵贲、内史保军，打败了
他们。向东攻取咸阳，更名为新城。曹参

率军驻守景陵二十天，三秦派章平等人攻打曹参，曹参出击，大破秦军。将宁秦赐给曹参做食邑。曹参以将军身份引兵在废丘包围章邯。以中尉的身份跟随汉王出临晋关。到达河内，攻下修武，渡过围津，向东在定陶攻击龙且、项他的军队，打败了他们。向东攻取砀、萧、彭城。攻打项籍的军队，汉军大败而逃。曹参以中尉的身份围攻并夺取雍丘。王武在外黄反叛，程处在燕地反叛，曹参前往攻打，全部打败了他们。柱天侯在衍氏反叛，又前进击破并夺取衍氏。在昆阳攻打羽婴，追到了叶县。回军进攻武彊，趁势直抵荥阳。曹参自汉中做将军、中尉，跟随汉王攻打诸侯及项羽，兵败，回军到荥阳，一共两年。

　　高祖二年，任命曹参为代理左丞相，进入关中屯驻。过了一个多月，魏王豹反叛，曹参作为代理左丞相与韩信向东攻打驻扎东张的魏将军孙遫，大破魏军。乘势进攻安邑，俘虏魏将王襄。在曲阳攻击魏王，追到武垣，生擒魏王豹。攻取平阳，俘获魏王的母亲妻子儿女，平定全部魏地，共五十二城。把平阳赐给曹参作为食邑。乘势跟随韩信进击驻军坞东的赵相国夏说，大破赵军，斩杀夏说。韩信与原常山王张耳率军攻下井陉，攻击成安君，而命令曹参回军把赵国别将戚将军围困在邬城中。戚将军弃城逃跑，曹参追击斩杀了他。

参将兵守景陵二十日，三秦使章平等攻参，参出击，大破之。赐食邑于宁秦。参以将军引兵围章邯于废丘。以中尉从汉王出临晋关。至河内，下修武，渡围津，东击龙且、项他定陶，破之。东取砀、萧、彭城。击项籍军，汉军大败走。参以中尉围取雍丘。王武反于外黄，程处反于燕，往击，尽破之。柱天侯反于衍氏，又进破取衍氏。击羽婴于昆阳，追至叶。还攻武彊，因至荥阳。参自汉中为将军、中尉，从击诸侯及项羽，败还至荥阳，凡二岁。

　　高祖二年，拜为假左丞相，入屯兵关中。月余，魏王豹反，以假左丞相别与韩信东攻魏将军孙遫军东张，大破之。因攻安邑，得魏将王襄。击魏王于曲阳，追至武垣，生得魏王豹。取平阳，得魏王母妻子，尽定魏地，凡五十二城。赐食邑平阳。因从韩信击赵相国夏说军于邬东，大破之，斩夏说。韩信与故常山王张耳引兵下井陉，击成安君，而令参还围赵别将戚将军于邬城中。戚将军出走，追斩之。乃引兵诣敖仓汉王之所。韩信已破赵，为相国，东击齐。参以右丞相属韩信，攻破齐历下军，遂取临菑。还定济北郡，攻著、漯阴、平原、鬲、卢。已而从韩信击龙且军于上假密，大破之，斩龙且，虏其将军周兰。定齐，凡得七十余县。得故齐王田广相田光，其守相许章，及故齐胶东将军田既。韩信为齐王，引兵诣陈，与汉王共破项羽，而参留平齐未服者。

项籍已死，天下定，汉王为皇帝，韩信徙为楚王，齐为郡。参归汉相印。高帝以长子肥为齐王，而以参为齐相国。以高祖六年赐爵列侯，与诸侯剖符，世世勿绝。食邑平阳万六百三十户，号曰平阳侯，除前所食邑。

以齐相国击陈豨将张春军，破之。黥布反，参以齐相国从悼惠王将兵车骑十二万人，与高祖会击黥布军，大破之。南至蕲，还定竹邑、相、萧、留。

参功：凡下二国，县一百二十二；得王二人，相三

曹参领兵前往敖仓汉王的住所。韩信攻破赵国后，担任相国，向东攻击齐国。曹参以右丞相身份隶属韩信，攻破齐国历下军队，于是攻取临淄。回军平定济北郡，攻打著、漯阴、平原、鬲、卢。不久跟随韩信在上假密攻击龙且军队，大破龙且的军队，斩杀龙且，俘虏了他的将军周兰。平定齐国，共夺取七十多个县。俘虏原齐王田广的相国田光、他的守相许章以及原齐国胶东将军田既。韩信做了齐王，领兵抵达陈，与汉王共同击破项羽，而曹参留下平定齐国尚未降服的地方。

项籍死后，天下平定，汉王做了皇帝，韩信改封为楚王，齐国改设为郡。曹参归还汉相印。高帝封长子刘肥为齐王，而封曹参担任齐国的相国。在高祖六年被赐爵列侯，与诸侯剖分符节，世代不断绝。食邑平阳共一万零六百三十户，封号为平阳侯，收回以前所拥有的食邑。

曹参以齐国相国的身份抗击陈豨部将张春，攻破他们。黥布谋反，曹参以齐国相国的身份跟随悼惠王率领车骑十二万人，与高祖会合抗击黥布叛军，大破叛军。向南抵达蕲县，回师平定竹邑、相县、萧县、留县。

曹参功绩：共攻克两个诸侯国，一百二十二个县；俘虏诸侯王两人，丞相

三人，将军六人，大莫敖、郡守、司马、候、御史各一人。

孝惠帝元年，废除诸侯国设置相国的法令，改封曹参为齐国丞相。曹参担任齐国丞相，齐国有七十城。天下刚刚平定，悼惠王年少，曹参召来全部长者、儒生，询问如何安抚百姓并使百姓和睦，而齐国原有数以百计的儒生，他们众说纷纭，曹参不知道要如何定夺。听说胶西有个叫盖公的人，擅长黄老学说，曹参派人用重礼邀请他。见到盖公后，盖公对他说治理国家的办法贵在清静无为而百姓自行安定，都是这样的话，详细地讲述了其中的道理。曹参于是让出正堂，留给盖公居住。曹参治理国家的要领就是采用黄老学说，所以担任齐国丞相九年，齐国安定和睦，有很多人称赞他为贤相。

孝惠帝二年，萧何去世。曹参听说此事，告诉他的门客赶紧整理行装，说"我将要入朝为相了"。没过多久，使者果然来请曹参。曹参离开时，叮嘱他的继任丞相说："注意齐国的狱市，要慎重对待，不要去打扰。"继任丞相说："治理国家没有比这更重要的了吗？"曹参说："不能这样讲。狱市可以善恶并容，现在您去打扰它，奸人何处容身呢？因此我把它放在首位。"

曹参当初微贱时，和萧何交好，等到各自为相国将军时，二人有了嫌隙。到萧

人，将军六人，大莫敖、郡守、司马、候、御史各一人。

孝惠帝元年，除诸侯相国法，更以参为齐丞相。参之相齐，齐七十城。天下初定，悼惠王富于春秋，参尽召长老诸生，问所以安集百姓如齐故俗，诸儒以百数，言人人殊，参未知所定。闻胶西有盖公，善治黄老言，使人厚币请之。既见盖公，盖公为言治道贵清静而民自定，推此类具言之。参于是避正堂，舍盖公焉。其治要用黄老术，故相齐九年，齐国安集，大称贤相。

惠帝二年，萧何卒。参闻之，告舍人趣治行，"吾将入相"。居无何，使者果召参。参去，属其后相曰："以齐狱市为寄，慎勿扰也。"后相曰："治无大于此者乎？"参曰："不然。夫狱市者，所以并容也，今君扰之，奸人安所容也？吾是以先之。"

参始微时，与萧何善；及为将相，有郤。至何且死，所

推贤唯参。参代何为汉相国，举事无所变更，一遵萧何约束。

择郡国吏木讷于文辞，重厚长者，即召除为丞相史。吏之言文刻深，欲务声名者，辄斥去之。日夜饮醇酒。卿大夫已下吏及宾客见参不事事，来者皆欲有言。至者，参辄饮以醇酒，间之，欲有所言，复饮之，醉而后去，终莫得开说，以为常。

相舍后园近吏舍，吏舍日饮歌呼。从吏恶之，无如之何，乃请参游园中，闻吏醉歌呼，从吏幸相国召按之。乃反取酒张坐饮，亦歌呼与相应和。

参见人之有细过，专掩匿覆盖之，府中无事。

参子窋为中大夫。惠帝怪相国不治事，以为"岂少朕与"？乃谓窋曰："若归，试私从容问而父曰：'高帝新弃群臣，帝富于春秋，君为相，日饮，无所请事，何以忧天下乎？'然无言吾告若也。"窋

何临终时，推荐的贤臣只有曹参。曹参接替萧何担任汉朝相国，治理政务没有什么变更，一律遵循萧何制定的法令。

选拔各郡国官吏中不善文辞而又持重忠厚的人，立即召来任命为丞相史。对于官吏中言辞苛刻一味追求名誉的人，总是斥退驱逐他们。曹参日夜饮用美酒。卿大夫以下官吏以及宾客见到曹参不理政事，来了都想要进言。曹参总是用美酒招待来的人饮用，稍有空隙要进言时，曹参又让他们饮酒，直到喝醉后离去，最终不能开口劝说，情况经常是这样。

相国宅邸后园靠近官吏住所，官吏的住所中整天饮酒唱歌喧闹。侍从官吏厌恶他们，又无可奈何，于是请曹参游览园中，听到了官吏们醉酒唱歌呼喊，侍从官吏希望相国叫来他们审讯。可是曹参反而取来美酒，铺上席子坐下同饮，也高歌呼喊与他们相应和。

曹参看到别人有细微过错，一味地掩饰遮盖，所以相府中安然无事。

曹参的儿子曹窋做了中大夫。惠帝指责相国不理政事，认为"莫非看不起我吗？"于是对曹窋说："你如果回家，试着私下问你的父亲：'高帝刚刚抛弃群臣，皇帝年纪正轻，您身为相国，终日饮酒，没有事情上奏，如何考虑天下大事呢？'但是不要说是我告诉你的。"曹窋休假回

家，闲暇侍奉时，按照惠帝的话劝谏曹参。曹参大怒，鞭笞曹窋二百下，说："赶紧入宫侍奉，天下事不是你所应当谈论的。"等到上朝时，惠帝责备曹参说："为什么惩治曹窋？是我让他劝谏你的。"曹参摘下帽子谢罪说："陛下自己认为您与高帝，谁更圣明威武呢？"皇上说："朕怎敢与先帝相比！"曹参说："陛下看臣与萧何谁更贤能呢？"皇上说："你好像不及他。"曹参说："陛下说得对。况且高帝与萧何平定天下，法令已经明确了，如今陛下垂衣拱手，我等奉守职责，遵守而不变更，不也可以吗？"惠帝说："好吧。您退下吧！"

曹参担任汉朝相国，出入朝廷三年。去世，谥号为懿侯。儿子曹窋接替侯位。百姓歌颂曹参说："萧何制定法令，明确划一；曹参接替相位，遵守而不去改变。在清静无为的政策下，百姓得以安宁和睦。"

平阳侯曹窋，在高后时担任御史大夫。孝文帝即位，免职为侯。在位二十九年去世，谥号为静侯。儿子曹奇继承侯位，在位七年去世，谥号为简侯。儿子曹时继承侯位。曹时迎娶平阳公主，生儿子曹襄。曹时患病，返回封国。在位二十三年去世，谥号为夷侯。儿子曹襄继承侯位。曹襄迎娶卫长公主，生儿子曹宗。在位十六年去世，谥号为共侯。儿子曹宗继承侯位。征和二年时，

既洗沐归，闲侍，自从其所谏参。参怒，而答窋二百，曰："趣入侍，天下事非若所当言也。"至朝时，惠帝让参曰："与窋胡治乎？乃者我使谏君也。"参免冠谢曰："陛下自察圣武孰与高帝？"上曰："朕乃安敢望先帝乎！"曰："陛下观臣能孰与萧何贤？"上曰："君似不及也。"参曰："陛下言之是也。且高帝与萧何定天下，法令既明，今陛下垂拱，参等守职，遵而勿失，不亦可乎？"惠帝曰："善。君休矣！"

参为汉相国，出入三年。卒，谥懿侯。子窋代侯。百姓歌之曰："萧何为法，顜若画一；曹参代之，守而勿失。载其清净，民以宁一。"

平阳侯窋，高后时为御史大夫。孝文帝立，免为侯。立二十九年卒，谥为静侯。子奇代侯，立七年卒，谥为简侯。子时代侯。时尚平阳公主，生子襄。时病疠，归国。立二十三年卒，谥夷侯。子襄代侯。襄尚卫长公主，生子宗。立十六年卒，谥为共侯。子宗代侯。

征和二年中，宗坐太子死，国除。

太史公曰：曹相国参攻城野战之功所以能多若此者，以与淮阴侯俱。及信已灭，而列侯成功，唯独参擅其名。参为汉相国，清静极言合道。然百姓离秦之酷后，参与休息无为，故天下俱称其美矣。

曹宗因太子的事受牵连而死，封国被废除。

太史公说：相国曹参攻城野战的功劳之所以能有这么多，是因为与淮阴侯韩信一起。等到韩信被灭，而列侯中成就功业的，只有曹参最出名。曹参担任汉朝相国，极力主张清静无为，合乎道家学说。百姓遭受秦朝的残酷统治后，曹参使他们休养生息，无为而治，所以天下都称赞他的美德。

史记卷五十五
世家第二十五

留侯世家

留侯张良，他的祖先是韩国人。祖父张开地，做过韩昭侯、宣惠王、襄哀王的相国。父亲张平，做过釐王、悼惠王的相国。悼惠王二十三年，张平去世。张平死后二十年，秦国灭韩国。张良年少，未曾在韩国做官。韩国灭亡后，张良家有僮仆三百人，他的弟弟死了都没有安葬，而是用全部家财募求刺客刺杀秦王，为韩国报仇，因为他的祖父、父亲做过五代韩国国君的相国。

张良曾在淮阳学礼。往东拜见仓海君。得到有力之士，为他打造了一个一百二十斤重的大铁锤。秦始皇向东巡游，张良与刺客在博浪沙中伺机袭击秦皇帝，误中副车。秦皇帝大怒，大搜全国，捉拿刺客很是急迫，就是因为张良。张良于是更名改姓，逃匿到下邳。

张良曾在闲暇时信步游玩到下邳的一座桥上，有一位老者身穿粗布短衣，走到张良面前，故意把鞋子掉到桥下，回头对张良说：“小子，下去把鞋子捡上来！”

留侯张良者，其先韩人也。大父开地，相韩昭侯、宣惠王、襄哀王。父平，相釐王、悼惠王。悼惠王二十三年，平卒。卒二十岁，秦灭韩。良年少，未宦事韩。韩破，良家僮三百人，弟死不葬，悉以家财求客刺秦王，为韩报仇，以大父、父五世相韩故。

良尝学礼淮阳。东见仓海君。得力士，为铁椎重百二十斤。秦皇帝东游，良与客狙击秦皇帝博浪沙中，误中副车。秦皇帝大怒，大索天下，求贼甚急，为张良故也。良乃更名姓，亡匿下邳。

良尝闲从容步游下邳圯上，有一老父，衣褐，至良所，直堕其履圯下，顾谓良曰：“孺子，下取履！”良鄂然，欲殴之。为其老，强忍，下取履。父曰："履我！"良业为取履，因长跪履之。父以足受，笑而去。良殊大惊，随目之。父去里所，复还，曰："孺子可教矣。后五日平明，与我会此。"良因怪之，跪曰："诺。"五日平明，良往。父已先在，怒曰："与老人期，后，何也？"去，曰："后五日早会！"五日鸡鸣，良往。父又先在，复怒曰："后，何也？"去，曰："后五日复早来。"五日，良夜未半往。有顷，父亦来，喜曰："当如是。"出一编书，曰："读此则为王者师矣。后十年兴。十三年，孺子见我济北，谷城山下黄石即我矣。"遂去，无他言，不复见。旦日视其书，乃《太公兵法》也。良因异之，常习诵读之。

居下邳，为任侠。项伯常杀人，从良匿。

后十年，陈涉等起兵，良亦聚少年百余人。景驹自立为楚假王，在留。良欲往从之，

张良愕然，想揍他。看他年老，就强忍怒气，下去捡鞋子。老父说："替我穿上！"张良已经替他捡来鞋子，也就跪下帮他穿上。老父把脚伸过去让他穿上，笑着离开。张良特别惊讶，目视着老父离去。老父离去一里多路，又返回说："孺子可教啊！五天后天刚亮时，与我在此会面。"张良因而对他感到奇怪，跪下说："是。"五天后天刚亮，张良前往。老父已经在那里了，生气地说："与老人约会却迟到，为什么呢？"离开时说："五天后早点来相会。"五天后，鸡打鸣时，张良前往。老父又已经在那里了，又生气地说："迟到了，为什么呢？"离开时说："五天后再早点来。"五天后，张良还不到半夜就前往了。过了一会儿，老父也来了，高兴地说："就应当这样。"拿出一本书，说："读了这本书就能做帝王的老师了。十年后会有出息。十三年后你小子来济北见我，谷城山下的黄石就是我了。"于是离去，没有说其他的话，从此张良再没见过他。天亮后一看那本书，原来是《太公兵法》。张良因而觉得它不平常，就经常学习诵读。

张良居住在下邳，行侠仗义。项伯曾经杀了人，藏匿到张良那里。

十年后，陈涉等人起兵，张良也聚集少年一百多人。景驹自立为楚假王，在留县。张良想前往跟从他，在路上遇到沛公。

沛公率领数千人，夺取了下邳以西的地方，张良于是跟随了沛公。沛公拜张良为厩将。张良多次把《太公兵法》讲给沛公听，沛公很赏识他，经常采用他的计策。张良对别人讲兵法，别人都不能领悟。张良说："沛公大概是天授之才。"因此就追随沛公，没有去见景驹。

等到沛公来到薛县，见到项梁。项梁拥立楚怀王。张良于是游说项梁道："您已经立了楚王的后代，而韩国诸公子中横阳君成贤能，可以立他为王，楚国就会有更多同党。"项梁派张良寻找韩成，拥立他为韩王。让张良做韩国申徒，与韩王率领一千多人向西攻取原韩国土地，夺得数座城池，秦军总是又将其夺回，韩军就来回游荡于颍川一带。

沛公从洛阳向南经过辕辕关时，张良带兵跟从沛公，攻下韩国十多座城邑，击破杨熊军队。沛公于是让韩王成留守阳翟，与张良一起南下，攻下宛城，西入武关。沛公想用二万士兵攻打秦朝峣关的守军，张良劝说道："秦军仍然强大，不能轻视。我听说峣关守将是位屠夫的儿子，商贾小人易于用利益打动。希望沛公暂且留下坚守营垒，派人先行，为五万人准备粮食，再在各山头张挂旗帜，作为疑兵，派郦食其携带贵重财宝前去收买秦朝守将。"秦将果然背叛，想与沛公联合，一道向西

道遇沛公。沛公将数千人，略地下邳西，遂属焉。沛公拜良为厩将。良数以《太公兵法》说沛公，沛公善之，常用其策。良为他人言，皆不省。良曰："沛公殆天授。"故遂从之，不去见景驹。

及沛公之薛，见项梁。项梁立楚怀王。良乃说项梁曰："君已立楚后，而韩诸公子横阳君成贤，可立为王，益树党。"项梁使良求韩成，立以为韩王。以良为韩申徒，与韩王将千余人西略韩地。得数城，秦辄复取之，往来为游兵颍川。

沛公之从雒阳南出辕辕，良引兵从沛公，下韩十余城，击破杨熊军。沛公乃令韩王成留守阳翟，与良俱南，攻下宛，西入武关。沛公欲以兵二万人击秦峣下军，良说曰："秦兵尚强，未可轻。臣闻其将屠者子，贾竖易动以利。愿沛公且留壁，使人先行，为五万人具食，益为张旗帜诸山上，为疑兵，令郦食其持重宝啖秦将。"秦将果畔，欲连和俱西袭咸阳，沛

公欲听之。良曰："此独其将欲叛耳，恐士卒不从。不从必危，不如因其解击之。"沛公乃引兵击秦军，大破之。逐北至蓝田，再战，秦兵竟败。遂至咸阳，秦王子婴降沛公。

沛公入秦宫，宫室帷帐狗马重宝妇女以千数，意欲留居之。樊哙谏沛公出舍，沛公不听。良曰："夫秦为无道，故沛公得至此。夫为天下除残贼，宜缟素为资。今始入秦，即安其乐，此所谓'助桀为虐'。且'忠言逆耳利于行，毒药苦口利于病'，愿沛公听樊哙言。"沛公乃还军霸上。

项羽至鸿门下，欲击沛公。项伯乃夜驰入沛公军，私见张良，欲与俱去。良曰："臣为韩王送沛公，今事有急，亡去不义。"乃具以语沛公。沛公大惊，曰："为将奈何？"良曰："沛公诚欲倍项羽邪？"沛公曰："鲰生教我距关无内诸侯，秦地可尽王，故听之。"良曰："沛公自度能却项羽乎？"沛公默然良久，曰："固

攻打咸阳，沛公想听从守将的意见。张良说："此次只是秦朝的守将想背叛秦朝罢了，恐怕士兵不会听从。不听从必定会有危险，不如趁他们懈怠之时攻打他们。"沛公于是引兵攻打秦军，大破秦军。一直追击秦军到蓝田，再次交战，秦军完全溃败。于是到达咸阳，秦王子婴投降了沛公。

沛公进入秦宫，宫殿、帷帐、狗马、珍宝、美女数以千计，沛公就想留下住在秦宫。樊哙劝沛公出宫，沛公不听。张良说："秦朝统治者昏庸无道，所以沛公才得以来到这里。替天下人铲除残暴的贼人，应当俭朴清廉。现在刚进入秦宫，就安于享乐，这就是所说的'助桀为虐'。况且'忠言逆耳利于行，良药苦口利于病'，希望沛公听取樊哙的话。"沛公于是回军霸上。

项羽来到鸿门下，想击杀沛公，项伯于是连夜骑马赶到沛公军营，私下会见张良，想让张良与他一起离开。张良说："我替韩王护送沛公，如今事情紧急，我只身逃走是不义之举。"于是将情况全部告诉沛公。沛公大惊，说："这要怎么办呢？"张良说："沛公确实想背叛项羽吗？"沛公说："是那些浅薄无知的小人让我把守函谷关不让其他诸侯入关，这样可以得到全部的秦地而称王，所以我才听了他们的。"张良说："沛公自己估计能打退项

羽吗？"沛公沉默良久，说："根本不能啊。如今该怎么办呢？"张良于是一再邀请项伯和沛公相见。项伯来见沛公。沛公与项伯饮酒，为他祝寿，和他约定姻亲关系。让项伯回去详细陈说沛公不敢背叛项羽，之所以把守函谷关，是为了防备其他盗寇。等到沛公见了项羽后两人就和解了。这些话记载在《项羽本纪》中。

汉王元年正月，沛公做了汉王，在巴地、蜀地为王。汉王赐给张良黄金百镒，珍珠二斗，张良把这些全献给了项伯。汉王也通过张良送很多礼物给项伯，让项伯为他向项羽请求以汉中作为封地。项王也就答应了汉王，汉王于是得到了汉中的土地。汉王前往封国，张良送他到褒中，汉王遣张良返回韩国。张良乘机劝说汉王道："大王何不烧毁所经过的栈道，向天下人表明您没有东还之意，以此稳固项王的心。"于是让张良返回。汉王等人一边前行一边烧毁了栈道。

张良到了韩国，因张良曾跟随汉王，项王不让韩王成到封国去，让他与自己一同东归。张良劝说项王道："汉王烧毁栈道，没有返回的心思了。"又把齐王田荣谋反的书信报告项王。项王因此不再担忧西边的汉王，而发兵向北攻击齐王。

项王终归不肯让韩王成到封国去，就把他改封为侯，又将他杀死在彭城。张良

不能也。今为奈何？"良乃固要项伯。项伯见沛公，沛公与饮为寿，结宾婚。令项伯具言沛公不敢倍项羽。所以距关者，备他盗也。及见项羽后解，语在项羽事中。

汉元年正月，沛公为汉王，王巴蜀。汉王赐良金百溢，珠二斗，良具以献项伯。汉王亦因令良厚遗项伯，使请汉中地。项王乃许之，遂得汉中地。汉王之国，良送至褒中，遣良归韩。良因说汉王曰："王何不烧绝所过栈道？示天下无还心，以固项王意。"乃使良还，行烧绝栈道。

良至韩，韩王成以良从汉王故，项王不遣成之国，从与俱东。良说项王曰："汉王烧绝栈道？无还心矣。"乃以齐王田荣反书告项王。项王以此无西忧汉心，而发兵北击齐。

项王竟不肯遣韩王，乃以为侯，又杀之彭城。良亡，间

行归汉王，汉王亦已还定三秦矣。复以良为成信侯，从东击楚。至彭城，汉败而还，至下邑，汉王下马踞鞍而问曰："吾欲捐关以东等弃之，谁可与共功者？"良进曰："九江王黥布，楚枭将，与项王有郄；彭越与齐王田荣反梁地：此两人可急使。而汉王之将独韩信可属大事，当一面。即欲捐之，捐之此三人，则楚可破也。"汉王乃遣随何说九江王布，而使人连彭越。及魏王豹反，使韩信将兵击之，因举燕、代、齐、赵。然卒破楚者，此三人力也。

张良多病，未尝特将也，常为画策臣，时时从汉王。

汉三年，项羽急围汉王荥阳，汉王恐忧，与郦食其谋桡楚权。食其曰："昔汤伐桀，封其后于杞。武王伐纣，封其后于宋。今秦失德弃义，侵伐诸侯社稷，灭六国之后，使无立锥之地。陛下诚能复立六国后世，毕已受印，此其君臣百姓必皆戴陛下之德，莫不乡风慕义，愿为臣妾。德义已

逃走，从小路投奔汉王，汉王也已经回军平定了三秦。汉王又封张良为成信侯，让他跟随自己向东攻击楚王。到了彭城，汉军战败而回。到了下邑，汉王下马靠着马鞍问道："我想捐出函谷关以东的土地作为封赏，谁能与我一起建功立业？"张良上前说："九江王黥布，是楚国的猛将，与项王有矛盾；彭越与齐王田荣在梁地反叛项王。这两人可供急用。而汉王的将领中只有韩信可以委以重用，独当一面。如果想放弃关东，就给这三人，那么楚国就可以攻破了。"汉王于是派遣随何游说九江王布，又派人去联络彭越。等到魏王豹反叛时，派韩信率军攻击他，趁势攻占了燕国、代国、齐国、赵国。最终攻破楚军，也是依靠了这三人的力量。

张良多病，未曾单独领兵作战，经常作为出谋划策的臣子，时时跟随汉王。

汉王三年，项羽把汉王紧紧围困在荥阳，汉王害怕，与郦食其谋划削弱楚王的势力。郦食其说："昔日商汤讨伐夏桀，封他的后代在杞地。武王伐纣，封他的后代在宋地。如今秦朝失德弃义，侵伐诸侯，灭六国之后，使他们的后代没有地方立足。陛下如果能再立六国后世，使他们都接受陛下印玺，那么这些国家的君臣百姓一定都会对陛下感恩戴德，没有谁不向风慕义，愿意做您的臣民。德义施行，陛下就可以

面南称霸，楚王必然整顿衣冠前来朝拜。"汉王说："好。赶快刻印，先生就可以带着印玺出发了。"

郦食其还没出发，张良从外面进来谒见汉王。汉王正在吃饭，说："子房进前来！有位客人为我献计用以削弱楚国权势。"把郦食其的话全都告诉了张良，说："在子房看来如何呢？"张良说："是谁为陛下谋划这个计策的？陛下的大事要完了。"汉王说："为什么呢？"张良回答说："我请求借助面前的筷子为大王筹谋当前的局势。"接着说："昔日商汤征伐夏桀，将他的后代封在杞地，是估计能够置夏桀于死地。如今陛下能置项籍于死地吗？"汉王说："不能。"张良说："这是第一个不能。武王伐纣，将纣的后代封在宋地，是估计自己能得到纣王的人头。如今陛下能得到项籍的人头吗？"汉王说："不能。"张良说："这是第二个不能。武王进入殷都后，到商容住过的里巷表彰他的德行，从监牢里释放出箕子，封高比干的坟墓。如今陛下能封高圣人的坟墓，到贤者的里巷表彰，到有才智的人门前向他致敬吗？"汉王说："不能。"张良说："这是第三个不能。武王能发放钜桥的粮食，散放鹿台的钱财，将其赐给贫穷之人。如今陛下能散发府库所存赐给贫穷的人吗？"汉王说："不能。"张良说：

行，陛下南乡称霸，楚必敛衽而朝。"汉王曰："善。趣刻印，先生因行佩之矣。"

食其未行，张良从外来谒。汉王方食，曰："子房前！客有为我计桡楚权者。"具以郦生语告，曰："於子房何如？"良曰："谁为陛下画此计者？陛下事去矣！"汉王曰："何哉？"张良对曰："臣请借前箸为大王筹之。"曰："昔者汤伐桀而封其后于杞者，度能制桀之死命也。今陛下能制项籍之死命乎？"曰："未能也。""其不可一也。武王伐纣封其后于宋者，度能得纣之头也。今陛下能得项籍之头乎？"曰："未能也。""其不可二也。武王入殷，表商容之闾，释箕子之拘，封比干之墓。今陛下能封圣人之墓，表贤者之闾，式智者之门乎？"曰："未能也。""其不可三也。发钜桥之粟，散鹿台之钱，以赐贫穷。今陛下能散府库以赐贫穷乎？"曰："未能也。""其不可四矣。殷事已毕，偃革为轩，倒置干戈，覆以虎

皮，以示天下不复用兵。今陛
下能偃武行文，不复用兵乎？"
曰："未能也。""其不可五
矣。休马华山之阳，示以无所
为。今陛下能休马无所用乎？"
曰："未能也。""其不可六矣。
放牛桃林之阴，以示不复输积。
今陛下能放牛不复输积乎？"
曰："未能也。""其不可七矣。
且天下游士离其亲戚，弃坟墓，
去故旧，从陛下游者，徒欲日
夜望咫尺之地。今复六国，立
韩、魏、燕、赵、齐、楚之后，
天下游士各归事其主，从其亲
戚，反其故旧坟墓，陛下与谁
取天下乎？其不可八矣。且夫
楚唯无强，六国立者复桡而从
之，陛下焉得而臣之？诚用客
之谋，陛下事去矣！"汉王辍
食吐哺，骂曰："竖儒，几败
而公事！"令趣销印。

汉四年，韩信破齐而欲自
立为齐王，汉王怒。张良说汉王，

"这是第四个不能。攻打殷朝结束后，武
王拆毁战车改为轩车，倒放兵器，盖上虎皮，
以示天下不再兴兵。如今陛下能停止武事，
振兴文教，不再用兵吗？"汉王说："不
能。"张良说："这是第五个不能。周武
王把马解放到华山的南坡，表示不再使用
了。如今陛下能放开马匹不再使用吗？"
汉王说："不能。"张良说："这是第六
个不能。武王将牛放牧在桃林的北边，以
示不再运输、聚积物资。如今陛下能放出
牛不再运输、聚积物资吗？"汉王说："不
能。"张良说："这是第七个不能。况且
天下游子谋士离开他们的亲戚，舍弃祖坟，
与故旧分别，跟随陛下奔波，只是日夜想
得到咫尺的封地。如今恢复六国，拥立韩
国、魏国、燕国、赵国、齐国、楚国的后
人，天下游子谋士各个回归故里为他们的
主子做事，跟随他们的亲人，回到他们的
故旧和祖坟所在的地方，陛下带谁去争夺
天下呢？这是第八个不能。况且只能使楚
国不再强大，否则六国被封立的后代会再
次屈服跟随楚王，陛下怎么能使他们臣服
呢？真要是采用了客人的计策，陛下的大
事就完了。"汉王不再吃饭，吐出口中的
食物，骂道："这书呆子，差点败坏了老
子的大事！"下令赶紧销毁印玺。

汉王四年，韩信攻破齐国后想自立为
齐王，汉王发怒。张良劝说汉王，汉王派

张良授予韩信齐王印玺,这些话记载在《淮阴侯列传》中。

这年秋天,汉王追击楚王到了阳夏以南,作战不利,坚守在固陵,诸侯到了约定的时间没有来。张良劝说汉王,汉王采用他的计策,诸侯都来了。这些话记载在《项羽本纪》中。

汉王六年正月,分封功臣。张良不曾立有战功,高帝说:"在帷帐中运筹谋划,在千里之外取得胜利,这是子房的功劳。你自己从齐地选择三万户作为封邑。"张良说:"当初我在下邳起事,与皇上在留地相识,这是上天将臣授予陛下。陛下采用臣的计策,侥幸时常说中,臣情愿受封留县也就满足了,不敢拥有三万户。"于是封张良为留侯,与萧何等人一同受封。

皇上已经封赏大功臣二十多人,其余的人日夜争辩功劳,不能决定,未能进行封赏。皇上在洛阳南宫,从阁道上望见众将领经常一起坐在沙地上议论。皇上说:"这是在说什么话?"留侯说:"陛下不知道吗?这是在谋反呢。"皇上说:"天下已经安定,为什么要谋反呢?"留侯说:"陛下平民出身,靠这些人取得天下,如今陛下做了天子,而所封赏的都是萧何、曹参这些亲近宠爱的故人,而所诛杀的都是生平有仇怨的人。如今军吏计算功绩,认为天下的土地不够封赏所有人,这

汉王使良授齐王信印,语在淮阴事中。

其秋,汉王追楚至阳夏南,战不利而壁固陵,诸侯期不至。良说汉王,汉王用其计,诸侯皆至。语在项籍事中。

汉六年正月,封功臣。良未尝有战斗功,高帝曰:"运筹策帷帐中,决胜千里外,子房功也。自择齐三万户。"良曰:"始臣起下邳,与上会留,此天以臣授陛下。陛下用臣计,幸而时中,臣愿封留足矣,不敢当三万户。"乃封张良为留侯,与萧何等俱封。

上已封大功臣二十余人,其余日夜争功不决,未得行封。上在雒阳南宫,从复道望见诸将往往相与坐沙中语。上曰:"此何语?"留侯曰:"陛下不知乎?此谋反耳。"上曰:"天下属安定,何故反乎?"留侯曰:"陛下起布衣,以此属取天下,今陛下为天子,而所封皆萧、曹故人所亲爱,而所诛者皆生平所仇怨。今军吏计功,以天下不足遍封,此属

畏陛下不能尽封,恐又见疑平生过失及诛,故即相聚谋反耳。”上乃忧曰:“为之奈何?”留侯曰:“上平生所憎,群臣所共知,谁最甚者?”上曰:“雍齿与我故,数尝窘辱我。我欲杀之,为其功多,故不忍。”留侯曰:“今急先封雍齿以示群臣,群臣见雍齿封,则人人自坚矣。”于是上乃置酒,封雍齿为什方侯,而急趣丞相、御史定功行封。群臣罢酒,皆喜曰:“雍齿尚为侯,我属无患矣!”

刘敬说高帝曰“都关中”。上疑之。左右大臣皆山东人,多劝上都雒阳:“雒阳东有成皋,西有崤黾,倍河,向伊雒,其固亦足恃。”留侯曰:“雒阳虽有此固,其中小,不过数百里,田地薄,四面受敌,此非用武之国也。夫关中左崤函,右陇蜀,沃野千里,南有巴蜀之饶,北有胡苑之利,阻三面而守,独以一面东制诸侯。诸侯安定,河渭漕挽天下,西给京师;诸侯有变,顺流而下,足以委输。此所谓‘金城千里,

些人担心陛下不能尽数封赏,恐怕又会被怀疑生平出现过失而遭到诛杀,所以就聚在一起谋反。”皇上于是担忧地说:“这下该怎么办呢?”留侯说:“皇上平生最憎恶的人,群臣都知道的,是谁呢?”皇上说:“雍齿与我有旧怨,曾多次使我陷入困窘并羞辱我。我想杀他,因为他的战功多,所以不忍心。”留侯说:“如今赶紧先封雍齿给群臣看,群臣见雍齿受到封赏,那么人人都坚信自己会受封了。”于是皇上就设酒宴,封雍齿为什方侯,而且急切地催促丞相、御史确定功劳进行封赏。群臣结束酒宴后,都欢喜地说:“雍齿还能封侯,我们这些人没有顾虑了。”

刘敬劝说高帝道:“建都关中。”皇上有所疑虑。左右大臣都是山东人,大多劝说皇上建都洛阳:“洛阳东有成皋,西有崤黾,背靠黄河,面向伊洛,地势坚固足够倚仗。”留侯说:“洛阳虽有这些地利,但它中间地方小,不过数百里,田地贫瘠,四面受敌,这里不是用武之国。关中左有崤山、函谷关,右有陇山、蜀山,沃野千里,南有巴、蜀这样的富饶之地,北有胡苑这样的牧马便利之地,三面地形险阻,可以防守,独以一面向东控制诸侯。诸侯安定,黄河、渭水能运输天下货物,向西供给京师;若诸侯生变,顺流而下,足以转运物资。这就是所说的千里金城、天府之国,刘敬

说的是对的。"于是高帝即日起驾，向西定都关中。

留侯跟随高帝入关。留侯生性多病，修炼道引之法，不吃谷物，闭门不出有一年多。

皇上想废太子，立戚夫人的儿子赵王如意。很多大臣谏诤，皇上没能打定主意。吕后恐惧，不知要怎么办。有人对吕后说："留侯善于出谋划策，皇上信任他。"吕后于是派建成侯吕泽劫持留侯，说："您一直是皇上的谋臣，如今皇上想换太子，您怎么能高枕而卧呢？"留侯说："当初皇上多次处于危急之境，才侥幸用了我的计策。如今天下安定，皇上以个人喜好想换太子，骨肉之间，即使是一百多个我这样的人又有什么用处呢？"吕泽强行要挟说："为我出谋划策。"留侯说："这是难以用口舌谏诤的。我看皇上不能招致的人，天下有四个。这四人都已年老，都认为皇上傲慢侮辱人，因此逃匿山中，坚持道义不做汉朝臣子。然而皇上很看重这四人。如今您如果能够不爱惜金玉璧帛，让太子写下书信，言辞谦卑，准备舒适的车驾，再派能言善辩之士恳切邀请，他们应该会来。来了，要当作太子的宾客，时时让他们跟随太子入朝，让皇上见到他们，皇上就必定会感到奇怪而问他们，一问，皇上就知道这四人贤能，这就对太子有帮助。"

天府之国'也，刘敬说是也。"于是高帝即日驾，西都关中。

留侯从入关。留侯性多病，即道引不食谷，杜门不出岁余。

上欲废太子，立戚夫人子赵王如意。大臣多谏争，未能得坚决者也。吕后恐，不知所为。人或谓吕后曰："留侯善画计策，上信用之。"吕后乃使建成侯吕泽劫留侯，曰："君常为上谋臣，今上欲易太子，君安得高枕而卧乎？"留侯曰："始上数在困急之中，幸用臣策。今天下安定，以爱欲易太子，骨肉之间，虽臣等百余人何益。"吕泽强要曰："为我画计。"留侯曰："此难以口舌争也。顾上有不能致者，天下有四人。四人者年老矣，皆以为上慢侮人，故逃匿山中，义不为汉臣。然上高此四人。今公诚能无爱金玉璧帛，令太子为书，卑辞安车，因使辩士固请，宜来。来，以为客，时时从入朝，令上见之，则必异而问之。问之，上知此四人贤，则一助也。"于是吕后令吕泽使人奉太子书，卑辞厚礼，迎此四人。四人至，客建成侯所。

汉十一年，黥布反，上病，欲使太子将，往击之。四人相谓曰："凡来者，将以存太子。太子将兵，事危矣。"乃说建成侯曰："太子将兵，有功则位不益太子；无功还，则从此受祸矣。且太子所与俱诸将，皆尝与上定天下枭将也，今使太子将之，此无异使羊将狼也，皆不肯为尽力，其无功必矣。臣闻'母爱者子抱'，今戚夫人日夜侍御，赵王如意常抱居前，上曰'终不使不肖子居爱子之上'，明乎其代太子位必矣。君何不急请吕后承间为上泣言：'黥布，天下猛将也，善用兵，今诸将皆陛下故等夷，乃令太子将此属，无异使羊将狼，莫肯为用，且使布闻之，则鼓行而西耳。上虽病，强载辎车，卧而护之，诸将不敢不尽力。上虽苦，为妻子自强。'"于是吕泽立夜见吕后，吕后承间为上泣涕而言，如四人意。上曰："吾惟竖子固不

于是吕后让吕泽派人带着太子的书信，言辞谦卑，带着厚礼，迎来这四人。四人到来，作为宾客住在建成侯吕泽家里。

汉王十一年，黥布造反，皇上患病，想派太子率军，前往攻击叛军。四位老人互相商议说："我们之所以前来，是要保住太子，太子率军，事态就危险了。"于是游说建成侯道："太子率军，即使有功，地位也不会比现在更高；如果无功而还，就会从此受祸了。况且与太子一起出征的各位将领，都是曾跟随皇上平定天下的猛将，如今派太子统领他们，这无异于使羊率领狼，他们都不肯为太子尽力，太子无功是必然的了。听说'母亲受宠爱，她的儿子就会被人抱'，如今戚夫人日夜侍奉皇上，赵王如意常被抱到皇上面前，皇上说'终归不能使那个不肖子居于我所喜爱的儿子之上'，很明显如意代替太子之位是必然的了。您赶紧请吕后找个机会对着皇上哭泣着说：'黥布是天下猛将，善于用兵，如今众将领都是陛下原来的同辈，而派太子率领这些人，这无异于使羊率领狼，没有谁肯为太子所用，而且让黥布听到了，就会大张旗鼓向西进犯了。皇上虽然有病，也要强打精神乘坐辎车，卧在车上保护太子，众将领就不敢不尽力了。皇上虽然辛苦，但为了妻子儿子也要勉强起身出征。'"于是吕泽立即趁夜去见吕后，

吕后找了个机会在皇上面前哭诉了一番，果然如四人所料。皇上说："我就知道原本不该派这小子去，只好我亲自前往了。"于是皇上亲自率军东去，群臣留守，都送到灞上。留侯病重，勉强打起精神，到曲邮，拜见皇上说："臣应当跟随，但病得严重。楚人强悍敏捷，希望皇上不要与楚人交兵作战。"趁机劝导皇上说："令太子做将军，监护关中军队。"皇上说："子房虽患病，也要强撑病体辅佐太子。"这时叔孙通做太傅，留侯处理少傅之事。

汉王十二年，皇上击破黥布的军队归来，病情越发严重，更加想换太子。留侯劝谏，他不听，留侯因此称病不处理政事。叔孙太傅援引古今之事劝说皇上，为保太子以死谏诤。皇上假意答应了他，但还是想换掉太子。等到设宴置酒时，太子侍奉。四位老人跟随太子，年龄都有八十多岁，须眉全白，衣冠非常奇特。皇上对他们感到奇怪，问道："你们是什么人？"四人上前回答，各说了姓名，是东园公、角里先生、绮里季、夏黄公。皇上于是大惊，说："我寻求先生们好几年，先生们躲着我，如今先生们为什么自愿与我的儿子交游呢？"四人都说："陛下轻视士人而好骂人，臣等遵行道义不肯受辱，因此恐惧而逃匿起来。私下听说太子为人仁慈孝顺，恭敬而爱惜士人，天下人没有谁不伸长脖子想

足遣，而公自行耳。"于是上自将兵而东，群臣居守，皆送至灞上。留侯病，自强起，至曲邮，见上曰："臣宜从，病甚。楚人剽疾，愿上无与楚人争锋。"因说上曰："令太子为将军，监关中兵。"上曰："子房虽病，强卧而傅太子。"是时叔孙通为太傅，留侯行少傅事。

汉十二年，上从击破布军归，疾益甚，愈欲易太子。留侯谏，不听，因疾不视事。叔孙太傅称说引古今，以死争太子。上详许之，犹欲易之。及燕，置酒，太子侍。四人从太子，年皆八十有余，须眉皓白，衣冠甚伟。上怪之，问曰："彼何为者？"四人前对，各言名姓，曰东园公、角里先生、绮里季、夏黄公。上乃大惊，曰："吾求公数岁，公辟逃我，今公何自从吾儿游乎？"四人皆曰："陛下轻士善骂，臣等义不受辱，故恐而亡匿。窃闻太子为人仁孝，恭敬爱士，天下莫不延颈欲为太子死者，故臣等来耳。"

上曰："烦公幸卒调护太子。"

四人为寿已毕，趋去。上目送之，召戚夫人指示四人者曰："我欲易之，彼四人辅之，羽翼已成，难动矣。吕后真而主矣。"戚夫人泣，上曰："为我楚舞，吾为若楚歌。"歌曰："鸿鹄高飞，一举千里。羽翮已就，横绝四海。横绝四海，当可奈何！虽有矰缴，尚安所施！"歌数阕，戚夫人嘘唏流涕，上起去，罢酒。竟不易太子者，留侯本招此四人之力也。

留侯从上击代，出奇计马邑下，及立萧何相国。所与上从容言天下事甚众，非天下所以存亡，故不著。留侯乃称曰："家世相韩，及韩灭，不爱万金之资，为韩报仇强秦，天下振动。今以三寸舌为帝者师，封万户，位列侯，此布衣之极，于良足矣。愿弃人间事，欲从赤松子游耳。"乃学辟谷，道引轻身。会高帝崩，吕后德留侯，乃强食之，曰："人生一世间，如白驹过隙，何至自苦如此乎！"留侯不得已，强听而食。

为太子效命的，因此臣等就来了。"皇上说："烦劳诸公善始善终调教保护太子。"

四人祝寿完毕，小步快走离去。皇上目送他们，召来戚夫人指着四人对她说："我想换太子，可有这四人辅佐，太子羽翼已经长成，难以动他了。吕后真成了你的主人了。"戚夫人哭泣，皇上说："为我跳个楚舞，我为你唱个楚歌。"歌唱道："鸿鹄高飞，一展千里。翅羽已丰，横越四海。横越四海，该当如何！虽有短箭，还有何用！"唱了好几遍，戚夫人唏嘘流涕，皇上起身离去，酒宴结束。最终没能更换太子，是因为留侯招来的那四人的力量。

留侯跟随皇上攻击代国，献奇计攻下马邑，又劝说皇上立萧何为相国，他与皇上闲暇时谈论了很多天下的事情，不关系到天下存亡，所以没有记载。留侯称说："我家世代做韩国丞相，等到韩国灭亡，不惜万金的资本，为了韩国向强大的秦国报仇，天下震动。如今凭着三寸之舌成为帝王的老师，得封万户，位居列侯，这是平民能到达的顶点，对我张良来说已经足够了。我希望舍弃人间的事，跟随赤松子去遨游。"于是学习辟谷的方术，用道引之法使身体轻健。正逢高帝驾崩，吕后感恩留侯，就强留他吃饭，说："人生一世，如白驹过隙，何至于这般自找苦吃呢！"

留侯不得已，勉强边听边吃饭。

八年后留侯去世，谥号文成侯。儿子不疑继承侯位。

关于子房当初所见到的下邳桥上给他《太公书》的老人，十三年后张良跟随高帝路过济北时，果然见到谷城山下有块黄石，就取了黄石，奉作珍宝，并祭祀着它。留侯死了，与黄石葬在一起。每到夏季伏日和冬季腊月上坟时，张良家人也祭祀黄石。

留侯张不疑，在孝文帝五年因不敬获罪，封国被废除。

太史公说：学者大都说没有鬼神，却说有精怪。至于像留侯所见到的老父赠书，也可以算得上奇怪了。高祖多次遭遇困境，而留侯经常在这些时候出力建功，难道可以说这不是天意吗？皇上说："论起在帷帐之中运筹谋划，在千里之外取得胜利，我不如张子房。"我以为子房这个人大概是非常魁梧伟岸的，等到见了他的画像，发现他的相貌如同妇人美女。孔子说过："通过面貌判断人，我对子羽的判断有所失误。"我对留侯也得这样说。

后八年卒，谥为文成侯。子不疑代侯。

子房始所见下邳圯上老父与《太公书》者，后十三年从高帝过济北，果见谷城山下黄石，取而葆祠之。留侯死，并葬黄石。每上冢伏腊，祠黄石。

留侯不疑，孝文帝五年坐不敬，国除。

太史公曰：学者多言无鬼神，然言有物。至如留侯所见老父予书，亦可怪矣。高祖离困者数矣，而留侯常有功力焉，岂可谓非天乎？上曰："夫运筹策帷帐之中，决胜千里外，吾不如子房。"余以为其人计魁梧奇伟，至见其图，状貌如妇人好女。盖孔子曰："以貌取人，失之子羽。"留侯亦云。

史记卷五十六
世家第二十六

陈丞相世家

丞相陈平，是阳武户牖乡人。少时家贫，喜好读书，有三十亩田，独自跟兄长陈伯居住。陈伯平时耕田，让陈平出去游学。陈平长得身材高大，相貌美好。有人对陈平说："你家中穷苦，为什么吃得如此强壮呢？"他的嫂嫂恼恨陈平对家中生产视而不见，说："也就是吃的麸糠罢了。有这样的小叔子，还不如没有。"陈伯听说后，赶走他的妻子，将她休了。

等到陈平长大，可以娶妻了，富人家的女子没有人肯嫁给他，贫穷人家的女子陈平也对娶她们感到耻辱。过了很久，户牖有个富人叫张负，张负的孙女五次嫁人后丈夫都死了，没有人敢娶她。陈平想得到她。邑中有丧事，陈平贫穷，去帮人家办丧事。他给人提供帮助就去得早走得晚。张负在办丧事的人家已经见过陈平，看中陈平高大，陈平也因为想讨好张负，就最后离开丧家。张负跟随陈平到了他家，他家在靠着城墙的偏僻巷子里，用破席子做门，然而门外却有许多贤人的车辙。张负

陈丞相平者，阳武户牖乡人也。少时家贫，好读书，有田三十亩，独与兄伯居。伯常耕田，纵平使游学。平为人长大美色。人或谓陈平曰："贫何食而肥若是？"其嫂嫉平之不视家生产，曰："亦食糠覈耳。有叔如此，不如无有。"伯闻之，逐其妇而弃之。

及平长，可娶妻，富人莫肯与者，贫者平亦耻之。久之，户牖富人有张负，张负女孙五嫁而夫辄死，人莫敢娶。平欲得之。邑中有丧，平贫，侍丧，以先往后罢为助。张负既见之丧所，独视伟平，平亦以故后去。负随平至其家，家乃负郭穷巷，以弊席为门，然门外多有长者车辙。张负归，谓其子仲曰："吾欲以女孙予陈平。"张仲曰："平贫不事事，一县中尽

笑其所为，独奈何予女乎？"
负曰："人固有好美如陈平而
长贫贱者乎？"卒与女。为平贫，
乃假贷币以聘，予酒肉之资以
内妇。负诫其孙曰："毋以贫故，
事人不谨。事兄伯如事父，事
嫂如母。"平既娶张氏女，赍
用益饶，游道日广。

里中社，平为宰，分肉食
甚均。父老曰："善，陈孺子
之为宰！"平曰："嗟乎，使
平得宰天下，亦如是肉矣！"

陈涉起而王陈，使周市略
定魏地，立魏咎为魏王，与秦
军相攻于临济。陈平固已前谢
其兄伯，从少年往事魏王咎于
临济。魏王以为太仆。说魏王
不听，人或谗之，陈平亡去。

久之，项羽略地至河上，
陈平往归之，从入破秦，赐平
爵卿。项羽之东王彭城也，汉

回去，对他的儿子张仲说："我想把孙女
嫁给陈平。"张仲说："陈平贫穷且不从
事生产，全县的人都在笑话他，为什么要
把女儿嫁给他呢？"张负说："像陈平这
样相貌美好的人怎么会长期贫贱呢？"张
负最终把孙女嫁给了陈平。由于陈平贫穷，
张家就借他钱币用作聘礼，给他置办酒肉
的钱财让他娶妻。张负告诫他的孙女说：
"不要因为陈平贫穷，就对人家不恭谨。
侍奉兄长陈伯要像侍奉父亲一样，侍奉嫂
嫂要像侍奉母亲一样。"陈平娶了张氏的
女儿后，花费用度越来越宽裕，交游也日
益广泛。

里内举行社祭，陈平做社宰，主持分
割祭肉，非常合理。父老们说："好，陈
家小子做社宰公平！"陈平说："唉，要
是让我陈平分天下，也会像分祭肉一样公
平啊！"

陈涉起义并在陈地称王，派周市去平
定原先魏国的土地，立魏咎为魏王，与秦
军在临济交战。陈平此前就已经辞别他的
兄长陈伯，带着一些年轻人前往临济为魏
王做事。魏王任用陈平为太仆。陈平给魏
王献计策，魏王不听，有人对魏王说陈平
坏话，陈平就逃走了。

过了很长时间，项羽攻占地盘到达黄
河边上，陈平前去归附项羽，随项羽入关
攻破秦军，赐给陈平卿一级的爵位。项羽

东去，在彭城称王，汉王回师平定三秦后向东，殷王背叛项羽。项羽于是封陈平为信武君，率领魏王魏咎客居在楚国的部下前往，打败降服殷王后返回。项王派项悍拜陈平为都尉，赐他黄金二十镒。过了没多久，汉王攻下殷地。项王恼怒，要诛杀平定殷地的将军官吏。陈平怕被诛，就封好项羽赐给他的黄金与印章，派使者归还给项王，独身从小路持剑逃跑了。渡黄河时，船夫见他是个美男子，独自行走，怀疑他是个逃亡的将军，腰中应该有金玉宝器，眼睛盯着陈平，想杀死陈平。陈平害怕，就解开衣服裸露身体，帮助船夫撑船。船夫知道他一无所有，才没谋害他。

陈平于是到达修武投降汉王，通过魏无知求见汉王，汉王召他进去。这时万石君石奋担任汉王中涓，接受陈平的拜谒，引陈平进去见汉王。陈平等七人都进去，汉王赐给他们食物。汉王说："吃了饭，去休息吧。"陈平说："我因有事而来，所说的话不可以过今日说。"于是汉王与他交谈并且喜欢他，问道："你在楚国居于何官？"陈平说："做都尉。"这天汉王就拜陈平为都尉，让他做参乘，掌管护军事务。众将领都喧哗着说："大王得到楚国的逃兵不到一天，还不知道他的好坏，就与他同乘一车，反而让他监护我们这些老将！"汉王听了这件事，更加宠

王还定三秦而东，殷王反楚。项羽乃以平为信武君，将魏王咎客在楚者以往，击降殷王而还。项王使项悍拜平为都尉，赐金二十溢。居无何，汉王攻下殷。项王怒，将诛定殷者将吏。陈平惧诛，乃封其金与印，使使归项王，而平身间行杖剑亡。渡河，船人见其美丈夫独行，疑其亡将，要中当有金玉宝器，目之，欲杀平。平恐，乃解衣裸而佐刺船。船人知其无有，乃止。

平遂至修武降汉，因魏无知求见汉王，汉王召入。是时万石君奋为汉王中涓，受平谒，入见平。平等七人俱进，赐食。王曰："罢，就舍矣。"平曰："臣为事来，所言不可以过今日。"于是汉王与语而说之，问曰："子之居楚何官？"曰："为都尉。"是日乃拜平为都尉，使为参乘，典护军。诸将尽喧，曰："大王一日得楚之亡卒，未知其高下，而即与同载，反使监护军长者！"汉王闻之，愈益幸平。遂与东伐项王。至

彭城，为楚所败。引而还，收
散兵至荥阳，以平为亚将，属
于韩王信，军广武。

绛侯、灌婴等咸谗陈平
曰："平虽美丈夫，如冠玉耳，
其中未必有也。臣闻平居家时，
盗其嫂；事魏不容，亡归楚；
归楚不中，又亡归汉。今日大
王尊官之，令护军。臣闻平受
诸将金，金多者得善处，金少
者得恶处。平，反覆乱臣也，
愿王察之。"汉王疑之，召让
魏无知。无知曰："臣所言者，
能也；陛下所问者，行也。今
有尾生、孝己之行而无益于胜
负之数，陛下何暇用之乎？楚
汉相距，臣进奇谋之士，顾其
计诚足以利国家不耳。且盗嫂
受金又何足疑乎？"汉王召让
平曰："先生事魏不口，遂事
楚而去，今又从吾游，信者固
多心乎？"平曰："臣事魏王，
魏王不能用臣说，故去，事项
王。项王不能信人，其所任
爱，非诸项即妻之昆弟，虽有
奇士不能用，平乃去楚。闻汉
王之能用人，故归大王。臣裸

信陈平。于是就让陈平跟随汉王向东讨伐
项王。到了彭城，被楚军打败。引军返回，
收集散兵去荥阳，任用陈平为亚将，隶属
韩王信，驻军广武。

绛侯、灌婴等人都说陈平坏话道：
"陈平虽然是美男子，就像是冠上的玉
罢了，他未必有学识。我听说陈平在家时，
和他的嫂子通奸；不被魏王容纳，逃亡到
楚；归附楚王不成，又逃归到汉。如今大
王尊他为官，让他监护军中将领。我听说
陈平收受众将领的金钱，送他金钱多的就
能得到好处，送金钱少的就得到不好的待
遇。陈平是个反复无常的作乱之臣，希望
大王考察这个人。"汉王怀疑他，召见魏
无知并斥责他。无知说："臣所说的是他
的才能，陛下所问的是他的品行。现在如
果有人有尾生、孝己的好品行，可是对打
仗没有任何益处，陛下还有时间任用这样
的人吗？楚汉相争，臣举荐有奇谋的士人，
只看他的计谋是否确实足以有利于国家。
至于和嫂子通奸、收受金钱又有什么必要
怀疑呢？"汉王召见陈平斥责说："先生
在魏国做事不成，就又去楚国，却又离开，
如今又跟从了我，讲信用的人会这么不忠
心吗？"陈平说："我为魏王做事，魏王
不能采用我的计策，所以离开他去帮助项
王。项王不能信任别人，他所任用宠爱的，
不是那些项氏之人就是他妻家兄弟，虽然

是有奇谋的士人也不被任用，我才离开楚王。听说汉王能用人，所以归顺大王。臣裸身而来，不接受金钱就没有办事的资本。如果我的计划有可采纳的，大王就用它；假使没有可用的，金钱都在，请封好送入府库，允许我告老还乡。"汉王于是向他道歉，赐予厚礼，拜为护军中尉，监护所有将领。众将领于是不敢再说什么。

这以后，楚王急于进攻，断绝汉军的甬道，把汉王围困在荥阳城。过了很长时间，汉王对此忧虑，请求割荥阳以西的土地以讲和。项王不同意。汉王对陈平说："天下扰攘，何时能安定呢？"陈平说："项王为人恭敬爱人，很多有廉节又好礼仪的士人归顺了他。至于论功行赏，赐爵封邑，他看得重，不肯封赏，士人也因此不再归附他。如今大王您傲慢而缺少礼节，有廉节的士人不会来；然而大王能够大方地给人赐爵封邑，士人中那些圆滑无耻嗜求私利的人也就有很多归顺于汉。如果你们谁能改正自己的短处，发扬自己的长处，天下挥手间就平定了。然而大王您恣意侮辱人，不能得到廉节的士人。只是楚军也有可以扰乱的地方，项王的骨干之臣亚父、锺离眜、龙且、周殷等人，不过几人罢了。大王如果能捐弃数万斤黄金，使用反间之计，离间他们君臣，让他们心中生疑，项王为人有猜忌之心，听信谗言，他们内部

身来，不受金无以为资。诚臣计画有可采者，愿大王用之；使无可用者，金具在，请封输官，得请骸骨。"汉王乃谢，厚赐，拜为护军中尉，尽护诸将。诸将乃不敢复言。

其后，楚急攻，绝汉甬道，围汉王于荥阳城。久之，汉王患之，请割荥阳以西以和。项王不听。汉王谓陈平曰："天下纷纷，何时定乎？"陈平曰："项王为人，恭敬爱人，士之廉节好礼者多归之。至于行功爵邑，重之，士亦以此不附。今大王慢而少礼，士廉节者不来；然大王能饶人以爵邑，士之顽钝嗜利无耻者亦多归汉。诚各去其两短，袭其两长，天下指麾则定矣。然大王恣侮人，不能得廉节之士。顾楚有可乱者，彼项王骨鲠之臣亚父、锺离眜、龙且、周殷之属，不过数人耳。大王诚能出捐数万斤金，行反间，间其君臣，以疑其心，项王为人意忌信谗，必内相诛。汉因举兵而攻之，破

楚必矣。"汉王以为然，乃出黄金四万斤，与陈平，恣所为，不问其出入。

陈平既多以金纵反间于楚军，宣言诸将锺离眜等为项王将，功多矣，然而终不得裂地而王，欲与汉为一，以灭项氏而分王其地。项羽果意不信锺离眜等。项王既疑之，使使至汉。汉王为太牢具，举进。见楚使，即详惊曰："吾以为亚父使，乃项王使！"复持去，更以恶草具进楚使。楚使归，具以报项王。项王果大疑亚父。亚父欲急攻下荥阳城，项王不信，不肯听。亚父闻项王疑之，乃怒曰："天下事大定矣，君王自为之！愿请骸骨归！"归未至彭城，疽发背而死。陈平乃夜出女子二千人荥阳城东门，楚因击之，陈平乃与汉王从城西门夜出去。遂入关，收散兵复东。

其明年，淮阴侯破齐，自立为齐王，使使言之汉王。汉

必定会互相诛杀。汉王趁机举兵攻打他们，攻破楚军是必然的了。"汉王认为有道理，于是拿出黄金四万斤，交给陈平，随意他做什么，不问用在了什么地方。

陈平用了许多黄金在楚军中大肆策反离间，在众将领中扬言锺离眜等人作为项王的将领，功劳很多，可始终不能封地为王，他们想和汉王联合起来，灭掉项氏一族，瓜分楚国的土地，各自称王。项羽果然心里不再信任锺离眜等人。项王既然对他们有所怀疑，就派使者到汉军中打探。汉王备下牛羊猪三牲齐备的宴席，端了进来。见到楚王使者，汉王就佯装惊讶地说："我以为是亚父的使者，原来是项王的使者！"又将宴席端了出去，换上粗劣的饭菜端给项王的使者。楚王使者回去后，把情况全部禀报给项王，项王果然非常怀疑亚父了。亚父想急速攻下荥阳城，项王不信任他，不肯听从。亚父听说项王怀疑自己，就生气地说："天下之事大体已经确定，君王自己处理剩下的事吧！我请求告老还乡！"亚父回去还没有到达彭城，就因背上毒疮发作而死。陈平于是夜里从荥阳城东门放出两千名女子，楚军就攻击她们，陈平就与汉王从城西门连夜出逃。于是入关，收集散兵再次东进。

第二年，淮阴侯攻破齐国，自立为齐王，派使者告知汉王。汉王大怒并且咒骂，

陈平就踩了踩汉王的脚。汉王也明白过来，于是优厚地招待齐国使者，派张良立即去立韩信为齐王。把户牖乡封给陈平。汉王刘邦采用陈平的奇计，最终灭亡楚国。陈平曾以护军中尉的身份跟随汉王平定燕王臧荼。

汉高祖六年，有人上书告发楚王韩信谋反。高祖询问众将领，众将领说："赶紧发兵活埋这小子。"高帝沉默着不说话，去问陈平，陈平一再推辞，说："众将领说了什么？"皇上把众将领的话都告诉了他。陈平说："有人上书说韩信谋反，还有知道这件事的人吗？"皇上说："没有。"陈平说："韩信知道吗？"皇上说："不知道。"陈平说："陛下的精兵与楚军相比哪个强？"皇上说："不能超过楚军。"陈平说："陛下的将领中用兵有能超过韩信的吗？"皇上说："没有谁比得上他。"陈平说："如今陛下的军队不如楚王精锐，将领的才干又比不上韩信，却去发兵攻打韩信，这是催着他与我们作战，我个人为陛下的安危担忧。"皇上说："那该怎么办呢？"陈平说："古时天子巡行视察，会见诸侯。南方有云梦泽，陛下假装出游云梦，在陈地会见诸侯。陈是楚国的西部边界，韩信听说天子出游，势必认为没有变故并到郊外迎接拜见陛下。拜见时，陛下趁机将他擒住，这只不过是一个

王大怒而骂，陈平蹑汉王。汉王亦悟，乃厚遇齐使，使张子房卒立信为齐王。封平以户牖乡。用其奇计策，卒灭楚。常以护军中尉从定燕王臧荼。

汉六年，人有上书告楚王韩信反。高帝问诸将，诸将曰："亟发兵坑竖子耳。"高帝默然。问陈平，平固辞谢，曰："诸将云何？"上具告之。陈平曰："人之上书言信反，有知之者乎？"曰："未有。"曰："信知之乎？"曰："不知。"陈平曰："陛下精兵孰与楚？"上曰："不能过。"平曰："陛下将用兵有能过韩信者乎？"上曰："莫及也。"平曰："今兵不如楚精，而将不能及，而举兵攻之，是趣之战也，窃为陛下危之。"上曰："为之奈何？"平曰："古者天子巡狩，会诸侯。南方有云梦，陛下弟出伪游云梦，会诸侯于陈。陈，楚之西界，信闻天子以好出游，其势必无事而郊迎谒。谒，而陛下因禽之，此特一力士之事耳。"高帝以为然，

乃发使告诸侯会陈，"吾将南游云梦"。上因随以行。行未至陈，楚王信果郊迎道中。高帝豫具武士，见信至，即执缚之，载后车。信呼曰："天下已定，我固当烹！"高帝顾谓信曰："若毋声！而反，明矣！"武士反接之。遂会诸侯于陈，尽定楚地。还至雒阳，赦信以为淮阴侯，而与功臣剖符定封。

于是与平剖符，世世勿绝，为户牖侯。平辞曰："此非臣之功也。"上曰："吾用先生谋计，战胜克敌，非功而何？"平曰："非魏无知，臣安得进？"上曰："若子可谓不背本矣。"乃复赏魏无知。其明年，以护军中尉从攻反者韩王信于代。卒至平城，为匈奴所围，七日不得食。高帝用陈平奇计，使单于阏氏，围以得开。高帝既出，其计秘，世莫得闻。

高帝南过曲逆，上其城，望见其屋室甚大，曰："壮哉

力士就能做到的事。"高帝认为他说得对，于是派遣使者告知诸侯在陈地会见，说"我将要向南巡游云梦泽"。皇上随即出发。还没到陈，楚王韩信果然在郊外的道路上迎接。高帝预先安排好了武士，见韩信到了，立即抓住他捆绑起来，载在后车上。韩信高呼道："天下已经安定，我本来就该被烹杀了！"高帝回头对韩信说："你别高声喊叫了！你谋反的事，已经很清楚了！"武士将他双手反绑起来。高帝于是在陈地会见诸侯，全部平定了楚地。回到洛阳，赦免了韩信，降封他为淮阴侯，又与功臣剖分符节确定封赏。

与陈平剖分符节，世代不断绝，封他为户牖侯。陈平辞谢说："这不是我的功劳。"皇上说："我采用先生的计谋，克敌制胜，这不是功劳又是什么？"陈平说："没有魏无知臣怎么会得以进身呢？"皇上说："像您这样可以说是不忘本了。"于是又赏赐了魏无知。第二年，陈平以护军中尉的身份随从高帝到代地攻打谋反的韩王信。匆忙行军到达平城，被匈奴包围，七天没有食物。高帝采用陈平的奇计，派人到单于阏氏那里沟通，得以解围。高帝脱困以后，陈平所献之计是个秘密，世间没人知道此事。

高帝南归经过曲逆，登上城墙，望见那里的屋室很大，说："这个县真壮观！

我行走天下，只见到洛阳和这个县是这样的。"回头问御史说："曲逆户口有多少？"御史回答说："当初秦朝时有三万多户，后来连年发生战事，许多人都逃亡藏匿，如今还有五千户。"当时高帝便命令御史，改封陈平为曲逆侯，尽享全县的赋税收入，废除他以前所封的户牖乡。

这之后陈平还以护军中尉的身份随从高帝攻打过陈豨及黥布。他一共出过六次奇计，每次都增加了食邑，一共增封了六次。有的计策很是隐秘，世间没人知道。

高帝击败黥布的军队返回，因受伤而患病，缓慢地回到长安。燕王卢绾反叛，皇上派樊哙以相国的身份率军攻打他。樊哙出发后，有人向高帝说樊哙坏话。高帝发怒说："樊哙见我有病，开始希望我死了。"采用陈平的计谋，召见绛侯周勃在床前接受诏令，说："陈平速速乘传车和周勃代替樊哙统兵，陈平到了军中立刻斩下樊哙的人头！"二人受诏后，驾传车急行，没到军营时，路上商议说："樊哙是皇帝的老朋友，战功很多，而且又是吕后妹妹吕嬃的丈夫，与皇室有亲戚关系且身份尊贵，皇帝因一时愤怒想杀了他，只怕他会后悔。我们不如把他囚禁起来交给皇上，让皇上自己杀他。"还没到军营，堆土筑坛，用符节召来樊哙。樊哙接到诏命，立即被反绑起来装上囚车，由传车送到长

县！吾行天下，独见洛阳与是耳。"顾问御史曰："曲逆户口几何？"对曰："始秦时三万余户，间者兵数起，多亡匿，今见五千户。"于是乃诏御史，更以陈平为曲逆侯，尽食之，除前所食户牖。

其后常以护军中尉从攻陈豨及黥布。凡六出奇计，辄益邑，凡六益封。奇计或颇秘，世莫能闻也。

高帝从破布军还，病创，徐行至长安。燕王卢绾反，上使樊哙以相国将兵攻之。既行，人有短恶哙者。高帝怒曰："哙见吾病，乃冀我死也。"用陈平谋而召绛侯周勃受诏床下，曰："陈平亟驰传载勃代哙将，平至军中即斩哙头！"二人既受诏，驰传未至军，行计之曰："樊哙，帝之故人也，功多，且又乃吕后弟吕嬃之夫，有亲且贵，帝以忿怒故，欲斩之，则恐后悔。宁囚而致上，上自诛之。"未至军，为坛，以节召樊哙。哙受诏，即反接载槛车，传诣长安，而令绛侯勃代将，将兵定燕反县。

平行闻高帝崩，平恐吕太后及吕媭谗怒，乃驰传先去。逢使者诏平与灌婴屯于荥阳。平受诏，立复驰至宫，哭甚哀，因奏事丧前。吕太后哀之，曰："君劳，出休矣。"平畏谗之就，因固请得宿卫中。太后乃以为郎中令，曰："傅教孝惠。"是后吕媭谗乃不得行。樊哙至，则赦复爵邑。

孝惠帝六年，相国曹参卒，以安国侯王陵为右丞相，陈平为左丞相。

王陵者，故沛人，始为县豪，高祖微时，兄事陵。陵少文，任气，好直言。及高祖起沛，入至咸阳，陵亦自聚党数千人，居南阳，不肯从沛公。及汉王之还攻项籍，陵乃以兵属汉。项羽取陵母置军中，陵使至，则东乡坐陵母，欲以招陵。陵母既私送使者，泣曰："为老妾语陵，谨事汉王。汉王，长者也，无以老妾故，持二心。妾以死送使者。"遂伏剑

安，而令绛侯周勃代替樊哙为将，率军平定燕地反叛的县。

陈平在返回时听说高帝驾崩，他恐怕吕太后及吕媭听信谗言而发怒，就急驾传车先行。恰逢使者诏陈平与灌婴驻守荥阳。陈平受诏，立即又驾传车赶至宫中，哭得很哀伤，趁机在高帝灵前向吕后奏告奉命处理樊哙的事。吕太后可怜他，说："你辛苦了，出宫休息吧。"陈平害怕谗言加身，因此执意请求留在宫中宿卫。太后就封他为郎中令，说："辅佐教导孝惠帝。"此后吕媭进的谗言才没能中伤他。樊哙到长安后就被赦免，恢复了爵位和封邑。

孝惠帝六年，相国曹参去世，任命安国侯王陵为右丞相，陈平任左丞相。

王陵原是沛县人，当初是县里的豪强，高祖微贱时，像对待兄长一样对待王陵。王陵缺少文才，意气用事，喜欢直言。等到高祖在沛县起事，入关到了咸阳，王陵也自发聚集徒党数千人，留在南阳，不肯跟从沛公。等到汉王回军攻打项籍时，王陵才率军归顺汉王。项羽抓了王陵的母亲安置在军营中，王陵的使者到来时，项羽就让王陵的母亲朝东坐着，想以此招降王陵。王陵的母亲私下送使者时哭着说："请替我告诉王陵，要谨慎侍奉汉王。汉王是个有德之人，不要因为我持有二心。我用

死来给使者送行。"于是用剑自刎而死。项王大怒，烹煮了王陵的母亲。王陵最终跟从汉王平定天下。他与雍齿关系很好，雍齿是高帝的仇人，加上王陵原本无意跟从高帝，因此受封较晚，被封为安国侯。

安国侯做右丞相后，过了两年，孝惠帝驾崩。高后想立吕氏众人为王，问王陵，王陵说："不可以。"问陈平，陈平说："可以。"吕太后发怒，就名义上升任王陵为皇帝的太傅，实际上架空了他。王陵发怒，称病辞职，闭门不出，始终不上朝，七年后去世。

王陵被免丞相职位后，吕太后就封陈平为右丞相，任命辟阳侯审食其做左丞相。左丞相不管政务，经常在宫中侍奉。

审食其也是沛县人。汉王在彭城战败后向西逃去，楚王抓了太上皇、吕后作为人质，食其以舍人的身份侍奉吕后。这以后跟从汉王打败项羽被封为侯，受到吕太后宠幸。等到他做了左丞相，身居宫中，百官都要靠他决断事务。

吕嬃因从前陈平为高帝出谋捉拿樊哙，多次进谗言说："陈平做丞相不理政事，终日酗酒，玩弄妇女。"陈平听说后，饮酒作乐得更过分。吕太后听说后，暗自高兴。当着吕嬃的面质问陈平说："俗语说'妇孺的话不可信'，只是看你和我怎么

而死。项王怒，烹陵母。陵卒从汉王定天下。以善雍齿，雍齿，高帝之仇，而陵本无意从高帝，以故晚封，为安国侯。

安国侯既为右丞相，二岁，孝惠帝崩。高后欲立诸吕为王，问王陵，王陵曰："不可。"问陈平，陈平曰："可。"吕太后怒，乃详迁陵为帝太傅，实不用陵。陵怒，谢疾免，杜门竟不朝请，七年而卒。

陵之免丞相，吕太后乃徙平为右丞相，以辟阳侯审食其为左丞相。左丞相不治，常给事于中。

食其亦沛人。汉王之败彭城西，楚取太上皇、吕后为质，食其以舍人侍吕后。其后从破项籍为侯，幸于吕太后。及为相，居中，百官皆因决事。

吕嬃常以前陈平为高帝谋执樊哙，数谗曰："陈平为相非治事，日饮醇酒，戏妇女。"陈平闻，日益甚。吕太后闻之，私独喜。面质吕嬃于陈平曰："鄙语曰'儿妇人口不可用'，

顾君与我何如耳。无畏吕媭之
谗也。"

吕太后立诸吕为王，陈平
伪听之。及吕太后崩，平与太
尉勃合谋，卒诛诸吕，立孝
文皇帝，陈平本谋也。审食其
免相。

孝文帝立，以为太尉勃亲
以兵诛吕氏，功多；陈平欲让
勃尊位，乃谢病。孝文帝初立，
怪平病，问之。平曰："高祖
时，勃功不如臣平。及诛诸吕，
臣功亦不如勃。愿以右丞相让
勃。"于是孝文帝乃以绛侯勃
为右丞相，位次第一；平徙为
左丞相，位次第二。赐平金千斤，
益封三千户。

居顷之，孝文皇帝既益明
习国家事，朝而问右丞相勃
曰："天下一岁决狱几何？"
勃谢曰："不知。"问："天
下一岁钱谷出入几何？"勃又
谢不知，汗出沾背，愧不能
对。于是上亦问左丞相平。平
曰："有主者。"上曰："主
者谓谁？"平曰："陛下即问
决狱，责廷尉；问钱谷，责治
粟内史。"上曰："苟各有主者，

处理罢了。不要怕吕媭说你的坏话。"

吕太后立吕氏众人为王，陈平假意听
从她的命令。等到吕太后驾崩，陈平与太
尉周勃合谋，终于诛灭了吕氏众人，立孝
文皇帝，这件事陈平是主谋。审食其被免
除相位。

孝文帝即位，认为太尉周勃亲自率军
诛灭吕氏，功劳多，陈平想把尊位让给周
勃，就称病告假。孝文帝刚刚即位，对陈
平有病感到奇怪，就问他。陈平说："高
祖时，周勃的功劳不如我陈平。等到诛灭
吕氏众人，我的功劳也不如周勃。希望把
右丞相的职位让给周勃。"于是孝文帝就
任命绛侯周勃为右丞相，位次第一；陈平
降为左丞相，位次第二。赐陈平黄金千斤，
增封食邑三千户。

过了一段时间，孝文皇帝已经逐渐
熟悉了国家大事，上朝时就问右丞相周
勃说："天下一年要判决多少案件？"周
勃请罪说："不知道。"又问："天下一
年钱财谷物出入多少？"周勃又谢罪说不
知道，汗流浃背，对自己回答不上来感到
惭愧。在这时皇上又问左丞相陈平。陈平
说："有主管官吏。"皇上说："主管官
吏是谁？"陈平说："陛下要是问判决案件，
就询问廷尉；要是问钱粮情况，就询问治
粟内史。"皇上说："倘若事务各有主管

官吏，那么您主管的是什么事情呢？"陈平谢罪说："臣惶恐！陛下不知我的才能低劣，使我在宰相之位上等候治罪。宰相，对上辅佐天子调理阴阳，顺应四时，对下抚育万物生长，对外镇抚四夷与诸侯，对内亲附百姓，使卿大夫各个得以胜任他们的职位。"孝文帝于是赞赏他。右丞相深感惭愧，出宫后就责备陈平说："您为什么不在平时教我这些应对的话呢！"陈平笑着说："您身居丞相的职位，难道不知道丞相的职责吗？若陛下接着问长安城中盗贼有多少，您能勉强回答吗？"这以后绛侯自知他的才能远不如陈平。过了一段时间，绛侯称病请求免去丞相的职位，陈平一个人做了丞相。

孝文帝二年，丞相陈平去世，谥号献侯。儿子共侯陈买继承侯位。共侯两年后去世，儿子简侯陈恢继承侯位，在位二十三年去世。儿子陈何继承侯位，在位二十三年，陈何因抢夺别人的妻子获罪，被处死刑，封国被除。

一开始陈平说："我用过很多阴谋，这是道家所禁忌的。我的后世如果被废黜，也就完了，最终不能再崛起，这是我冥冥之中要承受的祸患。"然而这以后他的曾孙陈掌靠着卫氏亲戚的身份显贵，希望能够接续陈氏的封号，但始终没能实现。

而君所主者何事也？"平谢曰："主臣！陛下不知其驽下，使待罪宰相。宰相者，上佐天子理阴阳，顺四时，下育万物之宜，外镇抚四夷诸侯，内亲附百姓，使卿大夫各得任其职焉。"孝文帝乃称善。右丞相大惭，出而让陈平曰："君独不素教我对！"陈平笑曰："君居其位，不知其任邪？且陛下即问长安中盗贼数，君欲强对邪？"于是绛侯自知其能不如平远矣。居顷之，绛侯谢病请免相，陈平专为一丞相。

孝文帝二年，丞相陈平卒，谥为献侯。子共侯买代侯。二年卒，子简侯恢代侯。二十三年卒，子何代侯。二十三年，何坐略人妻，弃市，国除。

始陈平曰："我多阴谋，是道家之所禁。吾世即废，亦已矣，终不能复起，以吾多阴祸也。"然其后曾孙陈掌以卫氏亲贵戚，愿得续封陈氏，然终不得。

太史公曰：陈丞相平少时，本好黄帝、老子之术。方其割肉俎上之时，其意固已远矣。倾侧扰攘楚魏之间，卒归高帝。常出奇计，救纷纠之难，振国家之患。及吕后时，事多故矣，然平竟自脱，定宗庙，以荣名终，称贤相，岂不善始善终哉！非知谋孰能当此者乎？

太史公说：丞相陈平年少时，原本喜爱黄帝、老子的学说。当他在砧板上分割祭肉时，他的志向就已经很远大了。后来他摇摆周旋于楚王、魏王之间，最终归附高帝。常出奇计，解救纷繁的危难，消除国家的祸患。等到吕后执政时期，事情就多有变故，然而陈平竟能让自己脱身，安定宗庙社稷，终身保有荣誉和名声，被称为贤相，这难道不是善始善终吗！没有才智谋略的话，谁能做到这样呢？

史记卷五十七
世家第二十七

绛侯周勃世家

绛侯周勃是沛县人。他的祖上是卷县人，迁徙到了沛县。周勃靠编织养蚕的器具谋生，常常给办丧事的人家吹箫，后来做了拉引强弓的士兵。

高祖在做沛公刚起兵时，周勃作为中涓跟随高祖攻打胡陵，攻下方与。方与造反，周勃与他们交战，击退敌军。攻打丰县，在砀县东面攻打秦军，回军到留县及萧县。再次进攻砀县，攻下了它。攻下下邑时，周勃最先登上城楼。高祖赐封他五大夫爵位。周勃进攻蒙、虞，夺取了这两地。刘邦攻击章邯的战车骑兵，周勃取得下等功。攻打爰戚、东缗，直抵栗县，占领了它。刘邦攻打啮桑时，周勃最先登上城楼。在东阿下攻打秦军，打败了他们。追击到濮阳，占领甄城。攻打都关、定陶，袭击夺取宛朐，俘虏了单父县令。夜袭夺取了临济，攻打张，前进抵达卷县，攻破城池。在雍丘城下攻打李由军队。攻打开封时，周勃的士卒率先抵达城下的多。后来章邯打败并杀死了项梁，刘邦与项羽领兵东撤到砀县。自高

绛侯周勃者，沛人也。其先卷人，徙沛。勃以织薄曲为生，常为人吹箫给丧事，材官引强。

高祖之为沛公初起，勃以中涓从攻胡陵，下方与。方与反，与战，却適。攻丰，击秦军砀东。还军留及萧。复攻砀，破之。下下邑，先登。赐爵五大夫。攻蒙、虞，取之。击章邯车骑，殿。攻爰戚、东缗，以往至栗，取之。攻啮桑，先登。击秦军阿下，破之。追至濮阳，下甄城。攻都关、定陶，袭取宛朐，得单父令。夜袭取临济，攻张，以前至卷，破之。击李由军雍丘下。攻开封，先至城下为多。后章邯破杀项梁，沛公与项羽引兵东如砀。自初起沛还至砀，一岁二月。楚怀王封沛公号安武侯，为砀郡长。沛公拜勃为虎

贲令，以令从沛公定魏地。攻东郡尉于城武，破之。击王离军，破之。攻长社，先登。攻颍阳、缑氏，绝河津。击赵贲军尸北。南攻南阳守齮，破武关、峣关。破秦军于蓝田，至咸阳，灭秦。

项羽至，以沛公为汉王。汉王赐勃爵为威武侯。从入汉中，拜为将军。还定三秦，至秦，赐食邑怀德。攻槐里、好畤，最。击赵贲、内史保于咸阳，最。北攻漆。击章平、姚卬军。西定汧。还下郿、频阳。围章邯废丘。破西丞。击盗巴军，破之。攻上邽。东守峣关。转击项籍。攻曲逆，最。还守敖仓，追项籍。籍已死，因东定楚地泗川、东海郡，凡得二十二县。还守雒阳、栎阳，赐与颍阴侯共食锺离。以将军从高帝击反者燕王臧荼，破之易下。所将卒当驰道为多。赐爵列侯，剖符世世勿绝。食绛八千一百八十户，号绛侯。

祖沛县起兵到返回砀县，有一年零两个月。楚怀王封刘邦为安武侯，担任砀郡长。刘邦拜封周勃为虎贲令，周勃以虎贲令的身份跟随刘邦平定魏地。刘邦在城武攻打东郡尉的军队，打败了敌人；攻打王离的军队，击败了对方；攻打长社县时，周勃最先登上城池；攻打颍阳、缑氏，切断黄河渡口；在尸乡北边攻打赵贲的军队；向南攻打南阳郡太守齮，攻破武关、峣关。在蓝田击破秦军，到达咸阳，灭掉了秦王朝。

项羽到达咸阳，封刘邦为汉王。汉王封周勃为威武侯。周勃跟随汉王进入汉中，汉王封他为将军。汉王回军平定三秦，到达秦地后，把怀德封给周勃作食邑。汉军攻打槐里、好畤时，周勃取得上等功。汉军在咸阳攻打赵贲、内史保，周勃取得上等功。汉军向北攻打漆县。攻打章平、姚卬的军队。向西平定汧县，又回军攻取了郿城、频阳。在废丘围困章邯。打败西县县丞的军队。攻打盗巴军队，击败了他们。攻打上邽。向东镇守峣关。转而攻打项籍。攻打曲逆，周勃立上等功。回军镇守敖仓，追击项籍。项籍死后，汉军趁势向东占领楚地泗水和东海郡，共取得二十二个县。回军镇守洛阳、栎阳。汉王把锺离县赏赐给周勃和颍阴侯，作为他们共同的食邑。周勃以将军身份跟随高帝攻打造反的燕王臧荼，在易县城下击败了叛军。周勃的士兵在驰道阻击叛军的最多。刘邦赐给周勃列侯的爵位，剖分符节，让周勃的爵位世代不断绝。把绛县八千一百八十户封给周勃作食邑，号称绛侯。

周勃以将军身份跟随高帝在代地讨伐叛乱的韩王信，降服了霍人县；一直进军到武泉，在武泉北边击败了胡人骑兵；在铜鞮转而攻打韩信的军队，击败了他们。回军降服太原六座城池；在晋阳城下攻打韩信的军队和胡人骑兵，打败了他们，夺得晋阳。后来在硰石进攻韩信军队，打败了他们，向北追击八十里。回军攻打楼烦三座城，趁势在平城下攻打胡人骑兵，周勃率领的士兵在驰道阻击叛军的功劳最多。周勃被提升为太尉。

汉军讨伐陈豨，在马邑屠城。周勃率领的士卒斩杀了陈豨的将军乘马绤。在楼烦攻打韩信、陈豨、赵利的军队，打败了他们。周勃俘虏陈豨的将领宋最、雁门守将圂。趁势转攻云中并俘虏守将遬、韩信的丞相箕肆、将领勋。平定雁门郡十七个县，云中郡十二个县。顺势又在灵丘攻打陈豨，攻下了灵丘，斩杀陈豨，俘获陈豨的丞相程纵、将军陈武、都尉高肆。平定代郡九个县。

燕王卢绾叛乱，周勃以相国身份取代樊哙率领军队，攻下蓟县，俘获卢绾的大将抵、丞相偃、郡守陉、太尉弱、御史大

以将军从高帝击反韩王信于代，降下霍人。以前至武泉，击胡骑，破之武泉北。转攻韩信军铜鞮，破之。还，降太原六城。击韩信胡骑晋阳下，破之，下晋阳。后击韩信军于硰石，破之，追北八十里。还攻楼烦三城，因击胡骑平城下，所将卒当驰道为多。勃迁为太尉。

击陈豨，屠马邑。所将卒斩豨将军乘马绤。击韩信、陈豨、赵利军于楼烦，破之。得豨将宋最、雁门守圂。因转攻得云中守遬、丞相箕肆、将勋。定雁门郡十七县，云中郡十二县。因复击豨灵丘，破之，斩豨，得豨丞相程纵、将军陈武、都尉高肆。定代郡九县。

燕王卢绾反，勃以相国代樊哙将，击下蓟，得绾大将抵、丞相偃、守陉、太尉弱、御史

大夫施，屠浑都。破绾军上兰，复击破绾军沮阳，追至长城，定上谷十二县，右北平十六县，辽西、辽东二十九县，渔阳二十二县。最从高帝得相国一人，丞相二人，将军、二千石各三人；别破军二，下城三，定郡五，县七十九，得丞相、大将各一人。

勃为人木强敦厚，高帝以为可属大事。勃不好文学，每召诸生说士，东乡坐而责之："趣为我语。"其椎少文如此。

勃既定燕而归，高祖已崩矣，以列侯事孝惠帝。孝惠帝六年，置太尉官，以勃为太尉。十岁，高后崩。吕禄以赵王为汉上将军，吕产以吕王为汉相国，秉汉权，欲危刘氏。勃为太尉，不得入军门。陈平为丞相，不得任事。于是勃与平谋，卒诛诸吕而立孝文皇帝。其语在吕后、孝文事中。

文帝既立，以勃为右丞相，赐金五千斤，食邑万户。居月余，人或说勃曰："君既诛诸吕，立代王，威震天下，而君受厚赏，

夫施，屠戮浑都县。在上兰击败燕王卢绾，又在沮阳击破卢绾的军队，追击叛军到长城，平定上谷郡十二个县，右北平十六个县，辽西、辽东二十九个县，渔阳郡的二十二个县。周勃跟从高帝总计俘获相国一人，丞相二人，将军和食邑二千石的官吏各三人；另外他还击败两支军队，攻下三座城池，平定五个郡，七十九个县，俘获丞相、大将各一人。

周勃为人质直刚强、老实敦厚，高帝认为可以委任给他大事。周勃不喜好文学，每次召见诸儒生和游说之士，他就面向东坐而责令他们说："赶紧直接跟我讲吧。"他的朴实而没有文采就是这个样子。

周勃平定燕国以后班师回朝，高祖已经驾崩，他以列侯的身份侍奉孝惠帝。孝惠帝六年，设置太尉，任命周勃做太尉。十年后，高后去世。吕禄以赵王的身份担任汉朝上将军，吕产以吕王的身份担任汉朝相国，吕氏把持汉朝权柄，想要危害刘氏。周勃身为太尉，不能进入军营。陈平身为丞相，不能处理政事。于是周勃与陈平谋划，终于诛灭了吕氏而拥立孝文皇帝。这些事记载在《吕太后本纪》和《孝文本纪》中。

文帝即位后，封周勃为右丞相，赐给他金五千斤，食邑一万户。过了一个多月，有人劝周勃道："您已经诛灭了诸吕，拥立代王为皇帝，威势震动天下，而您受到

厚赏，处于尊位，受到皇帝的宠信，时间长了，灾祸便要降临您身上了。"周勃害怕，自己也感到危险，就向皇帝辞相并请求归还相印。皇帝同意了他的请求。过了一年多，丞相陈平去世，皇帝又封周勃为丞相。十个多月后，皇帝说："前些天我下诏让列侯回到封国，有人还没有动身，丞相是我所倚重的人，您带头回到封国去吧。"于是周勃被免去丞相职务前往封国了。

周勃回到封国一年多后，每次遇到河东郡守、郡尉巡查到达绛县时，绛侯周勃自己害怕会遭到诛杀，常常身披铠甲，命令家里人拿着兵器才见郡守、郡尉。这以后有人上书告发周勃想谋反，皇上就把此事交给廷尉。廷尉又把此事交给长安令，周勃被逮捕治罪。周勃害怕，不知怎样辩解。狱吏也开始欺辱他，周勃拿出千金给狱吏，于是狱吏在木简背面写字给他看："请公主作证。"公主是孝文帝的女儿，嫁给了周勃的长子胜之为妻，所以狱吏示意周勃请公主作证。周勃把增加的封邑、受赐的财物，全都给了薄昭。等到周勃遇到危机，薄昭便替他向薄太后进言求情，太后也认为周勃不会谋反。文帝上朝时，薄太后拿起头巾向文帝扔去，说："绛侯手持皇帝赐给的印玺，在北军率领兵众，他没在那时谋反，如今身处一个小县，反倒要谋反吗！"文帝已经看过周勃在狱中的供词，

处尊位，以宠，久之即祸及身矣。"勃惧，亦自危，乃谢请归相印。上许之。岁余，丞相平卒，上复以勃为丞相。十余月，上曰："前日吾诏列侯就国，或未能行，丞相吾所重，其率先之。"乃免相就国。

岁余，每河东守尉行县至绛，绛侯勃自畏恐诛，常被甲、令家人持兵以见之。其后人有上书告勃欲反，下廷尉。廷尉下其事长安，逮捕勃治之。勃恐，不知置辞。吏稍侵辱之。勃以千金与狱吏，狱吏乃书牍背示之，曰"以公主为证"。公主者，孝文帝女也，勃太子胜之尚之，故狱吏教引为证。勃之益封受赐，尽以予薄昭。及系急，薄昭为言薄太后，太后亦以为无反事。文帝朝，太后以冒絮提文帝，曰："绛侯绾皇帝玺，将兵于北军，不以此时反，今居一小县，顾欲反邪！"文帝既见绛侯狱辞，乃谢曰："吏方验而出之。"于是使使持节赦绛侯，复爵邑。绛侯既出，

曰："吾尝将百万军，然安知狱吏之贵乎！"

绛侯复就国。孝文帝十一年卒，谥为武侯。子胜之代侯。六岁，尚公主，不相中，坐杀人，国除。绝一岁，文帝乃择绛侯勃子贤者河内守亚夫，封为条侯，续绛侯后。

条侯亚夫自未侯为河内守时，许负相之，曰："君后三岁而侯。侯八岁为将相，持国秉，贵重矣，于人臣无两。其后九岁而君饿死。"亚夫笑曰："臣之兄已代父侯矣，有如卒，子当代，亚夫何说侯乎？然既已贵如负言，又何说饿死？指示我。"许负指其口曰："有从理入口，此饿死法也。"居三岁，其兄绛侯胜之有罪，孝文帝择绛侯子贤者，皆推亚夫，乃封亚夫为条侯，续绛侯后。

文帝之后六年，匈奴大入边。乃以宗正刘礼为将军，军

于是向太后请罪说："狱吏们刚查清楚了，这就放他出来。"于是派使臣持符节赦免了周勃，恢复他的爵位和封地。周勃出狱后说："我曾经统率百万军队，这才知道狱吏的尊贵呀！"

绛侯回到封国。孝文帝十一年去世，谥号武侯。儿子周胜之继承侯位。过了六年，周胜之迎娶的公主与他有矛盾，他因杀人被治罪，封国被废除。除国一年后，文帝才从周勃儿子中挑选了贤能的河内守周亚夫，封他为条侯，延续绛侯的爵位。

条侯亚夫尚未封侯担任河内守时，许负为他相面说："您三年后就会受封侯爵了。封侯八年后将会担任将军、丞相的职位，大权在握，位高权重啊，在臣子里再没有第二个人比得上您。再过九年，您将会饿死。"亚夫笑着说："我的兄长已经继任父亲的爵位，若他去世，他有其他儿子应当继任，我怎么会为侯呢？还有我既然已经像你说的那样尊贵，又为什么会饿死呢？请您指教我。"许负指着他的嘴巴说："嘴有竖纹入口，这是饿死的面相。"过了三年，他的兄长绛侯胜之被治罪，孝文帝挑选绛侯贤能的儿子，大家都推荐亚夫，于是亚夫受封为条侯，延续绛侯的爵位。

文帝后元六年，匈奴大举入侵汉朝边境。文帝于是任命宗正刘礼为将军，屯军

霸上；祝兹侯徐厉为将军，驻军棘门；任命河内守周亚夫为将军，驻守细柳：以防御匈奴入侵。文帝亲自去慰劳军队。到了霸上和棘门，军营可直接驱车而入，将军和他下面的官吏都骑马迎送。之后来到细柳军营，营中将士各个披着铠甲，兵刃锐利，张开弓弩，拉满弓弦。文帝的先行官员驱车到来，不能进入。先行官说："天子将要到了！"守卫军门的都尉说："将军有令说'军中只听从将军命令，不听天子的诏令'。"没过一会儿，文帝到了，还是不能入营。于是文帝派使臣持符节诏告将军："我想入营慰劳军队。"周亚夫这才传令打开营门。守卫营门的士兵对皇帝的随从车马说："将军有令，军营中车马不得飞驰。"于是文帝的车马便控着缰绳慢慢地走。到了营中，将军亚夫持兵器向文帝拱手说："身披甲胄的将士不便行拜跪礼，请允许我以军礼参见。"天子为之动容，整理仪容，靠在车前横木上示以敬意。派人对周亚夫称谢说："皇帝郑重地慰劳将军。"劳军仪式完成后离去。出了军门之后，群臣都很震惊。文帝称赞道："啊！这才是真正的将军啊！先前去过的霸上和棘门的军营，如同儿戏一样。那里的将军都是可以通过偷袭被俘虏的。至于周亚夫，谁能侵犯得了他呢！"文帝对周亚夫赞美了很久。一个多月后，三支军队都被撤除。

霸上；祝兹侯徐厉为将军，军棘门；以河内守亚夫为将军，军细柳：以备胡。上自劳军。至霸上及棘门军，直驰入，将以下骑送迎。已而之细柳军，军士吏被甲，锐兵刃，彀弓弩，持满。天子先驱至，不得入。先驱曰："天子且至！"军门都尉曰："将军令曰'军中闻将军令，不闻天子之诏'。"居无何，上至，又不得入。于是上乃使使持节诏将军："吾欲入劳军。"亚夫乃传言开壁门。壁门士吏谓从属车骑曰："将军约，军中不得驱驰。"于是天子乃按辔徐行。至营，将军亚夫持兵揖曰："介胄之士不拜，请以军礼见。"天子为动，改容式车，使人称谢："皇帝敬劳将军。"成礼而去。既出军门，群臣皆惊。文帝曰："嗟乎，此真将军矣！曩者霸上、棘门军，若儿戏耳，其将固可袭而虏也。至于亚夫，可得而犯邪！"称善者久之。月余，三军皆罢。乃拜亚夫为中尉。

孝文且崩时，诫太子曰："即有缓急，周亚夫真可任将兵。"文帝崩，拜亚夫为车骑将军。

孝景三年，吴、楚反。亚夫以中尉为太尉，东击吴、楚。因自请上曰："楚兵剽轻，难与争锋。愿以梁委之，绝其粮道，乃可制。"上许之。

太尉既会兵荥阳，吴方攻梁，梁急，请救。太尉引兵东北走昌邑，深壁而守。梁日使使请太尉，太尉守便宜，不肯往。梁上书言景帝，景帝使使诏救梁。太尉不奉诏，坚壁不出，而使轻骑兵弓高侯等绝吴、楚兵后食道。吴兵乏粮，饥，数欲挑战，终不出。夜，军中惊，内相攻击扰乱，至于太尉帐下。太尉终卧不起。顷之，复定。后吴奔壁东南陬，太尉使备西北。已而其精兵果奔西北，不得入。吴兵既饿，乃引而去。太尉出精兵追击，大破之。吴王濞弃其军，而与壮士数千人亡走，保于江南丹徒。汉兵因

于是任命亚夫为中尉。

孝文帝将要去世时，告诫太子说："如果有紧急情况发生，周亚夫是真正能够被任用率领军队的。"文帝驾崩，孝景帝命周亚夫为车骑将军。

孝景帝三年，吴国、楚国叛变。周亚夫以中尉代行太尉之职，向东讨伐吴国、楚国。周亚夫便自己去向皇上请示说："楚军强悍轻捷，难以和他们正面交锋。希望舍弃梁国给他们，再断绝他们的运粮通道，这样可以制服叛军。"皇上同意了他的意见。

太尉在荥阳调集军队后，吴国正攻打梁国，梁国形势危急，请求救援。太尉领兵往东北走到昌邑，修筑壁垒坚守。梁国每天派使者请求太尉援救，太尉防守有利，不肯前去。梁王上书告知景帝，景帝派使者诏令太尉援救梁国，太尉不听，坚壁不出，而派轻骑兵弓高侯等人去断绝吴、楚军队后方的粮道。吴军缺乏粮食，士兵饥饿，多次挑战，太尉始终不肯出战。夜间，汉军营中惊乱，营内军士互相攻击扰乱，到达太尉帐下。太尉始终躺着没有起身，过了一会儿，又平静下来。后来吴军偷袭汉军营垒的东南角，太尉派人防守西北角。后来吴军的精兵果然偷袭西北角，没能进入。吴军饥饿，于是退兵离开。太尉派出精兵追击，大败吴军。吴王刘濞丢下他的大军，只与几千壮士逃亡而去，跑到江南

丹徒自保。汉军于是乘胜追击，最终全数俘虏叛军，降服叛军兵众，又悬赏千金收买吴王人头。一个多月后，越人斩了吴王头报告太尉。此次作战双方攻守共三个月，吴、楚叛军全部被击败平定。于是众将领才认为太尉的计谋是对的。从此梁孝王与太尉结下了仇怨。

太尉回朝，朝廷重新设置太尉的职位。五年后，周亚夫升为丞相，景帝很倚重他。景帝想废黜栗太子，丞相力保太子，没能成功。景帝因为这件事疏远了亚夫。而梁孝王每次朝见，经常与太后说条侯的过失。

窦太后说："皇后的哥哥王信可以封侯。"景帝推辞说："先帝当初没有封南皮侯、章武侯为侯，待到我即位后才封他们为侯。王信现在还不到封侯的时候。"窦太后说："人主理应按照各自时代的情况决断事情。窦长君在世时，一直得不到封侯，死后他的儿子彭祖得到侯爵。我对此事很是遗憾。皇帝尽快封王信为侯吧！"景帝说："请让我和丞相商议一下。"景帝与丞相商讨王信封侯之事，亚夫说："高祖皇帝有规定'非刘氏不得封王，非有功之人不得封侯。谁不遵守这个规则，天下人共同讨伐他'。现今王信虽是皇后兄长，但并没有立下功劳，封他为侯，是不符合规定的。"景帝无话可说，不再议论此事。

之后匈奴王唯徐卢等五人归降汉朝，

乘胜，遂尽虏之，降其兵，购吴王千金。月余，越人斩吴王头以告。凡相攻守三月，而吴、楚破平。于是诸将乃以太尉计谋为是。由此梁孝王与太尉有郤。

归，复置太尉官。五岁，迁为丞相，景帝甚重之。景帝废栗太子，丞相固争之，不得。景帝由此疏之。而梁孝王每朝，常与太后言条侯之短。

窦太后曰："皇后兄王信可侯也。"景帝让曰："始南皮、章武侯先帝不侯，及臣即位乃侯之。信未得封也。"窦太后曰："人主各以时行耳。自窦长君在时，竟不得侯，死后乃其子彭祖顾得侯。吾甚恨之。帝趣侯信也！"景帝曰："请得与丞相议之。"丞相议之，亚夫曰："高皇帝约'非刘氏不得王，非有功不得侯。不如约，天下共击之'。今信虽皇后兄，无功，侯之，非约也。"景帝默然而止。

其后匈奴王唯徐卢等五人

降，景帝欲侯之以欢后。丞相
亚夫曰："彼背其主降陛下，
陛下侯之，则何以责人臣不守
节者乎？"景帝曰："丞相议
不可用。"乃悉封唯徐卢等为
列侯。亚夫因谢病。景帝中三年，
以病免相。

顷之，景帝居禁中，召条侯，
赐食。独置大胾，无切肉，又
不置箸。条侯心不平，顾谓尚
席取箸。景帝视而笑曰："此
不足君所乎？"条笑免冠谢。
上起，条侯因趋出。景帝以目
送之，曰："此怏怏者非少主
臣也！"

居无何，条侯子为父买工
官尚方甲楯五百被可以葬者。
取庸苦之，不予钱。庸知其盗
买县官器，怒而上变告子，事
连污条侯。书既闻上，上下吏。
吏簿责条侯，条侯不对。景帝
骂之曰："吾不用也。"召诣
廷尉。廷尉责曰："君侯欲反
邪？"亚夫曰："臣所买器，
乃葬器也，何谓反邪？"吏曰：
"君侯纵不反地上，即欲反地
下耳。"吏侵之益急。初，吏
捕条侯，条侯欲自杀，夫人止之，

景帝想封他们为侯，以此激励后人。丞
相亚夫说："他们背弃了他们的君主归顺
陛下，封他们为侯，那还如何斥责人臣不
遵守节操呢？"景帝说："丞相的建议不
可取。"于是悉数封唯徐卢等五人为列侯。
亚夫因此称病休假。景帝中三年，亚夫因
病被免去丞相的职位。

不久，景帝在宫中召见条侯，赏赐他
食物，桌上只放了一大块没有切的肉，也
没有筷子。条侯内心不平，回头叫主管酒
席的官员取筷子来。景帝看到后笑着说：
"这些还不能满足你的需要吗？"条侯摘
下帽子请罪。皇帝起身，条侯就快步走出
宫去。景帝目送他出去后，说："这个愤
愤不平的人，不能当少主的大臣啊！"

过了不久，条侯的儿子为父亲从工官
尚方处购买了五百具作为殉葬用的盔甲盾
牌。搬运这些重物的雇工很辛苦，却不发
给他们工钱。雇工们得知这是在偷偷购买
皇上用的器物，一怒之下，上书告发周亚
夫的儿子要谋反，事情牵连到了条侯。上
书呈报给景帝后，景帝将此事交给官吏去
办。官吏按照文书所列罪状责问条侯，条
侯拒不回答。景帝骂他说："我不用你了。"
景帝下令把亚夫交给廷尉审讯。廷尉质问
说："您想造反吗？"亚夫说："我所买
的器物是殉葬品，为什么说我造反呢？"
狱吏说："您纵然在人间不反，也是想在

地下造反吧。"狱吏对周亚夫的迫害越来越严重。刚开始狱吏抓捕条侯时，条侯想自杀，他的夫人阻止了他，因此没有死成，而被带到了廷尉那里。周亚夫绝食五日，呕血而死。他的封国被废除。

废除一年后，景帝改封绛侯周勃的另一个儿子周坚为平曲侯，延续绛侯的爵位。平曲侯在位十九年去世，谥号共侯，他的儿子建德继任侯位，在位十三年，做了太子太傅。他因供奉给朝廷祭祀用的金子品相不好获罪，在元鼎五年被判有罪，封国被废除。

条侯周亚夫最后果然是饿死的。他死后，景帝封王信为盖侯。

太史公说：绛侯周勃当初为平民时，只是个粗俗朴实的人，才能不高于凡人。等到他跟随高祖平定天下，处于将相之位，吕氏想要作乱，周勃匡救国家于危难中，使皇权恢复正统。即使是伊尹、周公，谁又能超过他呢！周亚夫用兵，保持威严庄重，利刃在手，就是司马穰苴又怎么能超过他呢！他满足于自己的智谋而不学习古人经验，坚守节操而不能谦恭顺从，最终导致穷困的结局。令人悲痛啊！

以故不得死，遂入廷尉。因不食五日，呕血而死。国除。

绝一岁，景帝乃更封绛侯勃他子坚为平曲侯，续绛侯后。十九年卒，谥为共侯。子建德代侯，十三年，为太子太傅。坐酎金不善，元鼎五年，有罪，国除。

条侯果饿死。死后，景帝乃封王信为盖侯。

太史公曰：绛侯周勃始为布衣时，鄙朴人也，才能不过凡庸。及从高祖定天下，在将相位。诸吕欲作乱，勃匡国家难，复之乎正。虽伊尹、周公，何以加哉！亚夫之用兵，持威重，执坚刃，穰苴曷有加焉！足己而不学，守节不逊，终以穷困。悲夫！

史记卷五十八
世家第二十八

梁孝王世家

梁孝王刘武，是孝文皇帝的儿子，与孝景帝是同一位母亲。他们的母亲是窦太后。

孝文帝共有四个儿子：长子为太子，就是孝景帝；次子刘武；三子刘参；四子刘胜。孝文帝即位第二年，封刘武为代王，封刘参为太原王，封刘胜为梁王。两年后，改封代王为淮阳王。把代地全部给了太原王，封号为代王。刘参在位十七年，在孝文帝后元二年去世，谥号是孝王。儿子刘登继承王位，就是代共王。代共王在位二十九年，元光二年去世。儿子刘义即位，就是代王。代王十九年，汉王朝扩充关隘，以常山为界，把代王刘义迁封到清河为王。清河王被迁封是在元鼎三年。

当初，刘武做淮阳王的第十年时，梁王刘胜去世，谥号是梁怀王。怀王是孝文帝最小的儿子，文帝宠他胜过宠其他的儿子。梁怀王死后第二年，改封刘武为梁王。梁王开始在梁地称王时，是孝文帝十二年。

梁孝王武者，孝文皇帝子也，而与孝景帝同母。母，窦太后也。

孝文帝凡四男：长子曰太子，是为孝景帝；次子武；次子参；次子胜。孝文帝即位二年，以武为代王，以参为太原王，以胜为梁王。二岁，徙代王为淮阳王。以代尽与太原王，号曰代王。参立十七年，孝文后二年卒，谥为孝王。子登嗣立，是为代共王。立二十九年，元光二年卒。子义立，是为代王。十九年，汉广关，以常山为限，而徙代王王清河。清河王徙以元鼎三年也。

初，武为淮阳王十年，而梁王胜卒，谥为梁怀王。怀王最少子，爱幸异于他子。其明年，徙淮阳王武为梁王。梁王之初王梁，孝文帝之十二年也。梁王自初王通历已十一年矣。

梁王十四年，入朝。十七年，十八年，比年入朝，留，其明年，乃之国。二十一年，入朝。二十二年，孝文帝崩。二十四年，入朝。二十五年，复入朝。是时上未置太子也。上与梁王燕饮，尝从容言曰："千秋万岁后传于王。"王辞谢。虽知非至言，然心内喜。太后亦然。

其春，吴楚齐赵七国反。吴楚先击梁棘壁，杀数万人。梁孝王城守睢阳，而使韩安国、张羽等为大将军，以距吴楚。吴楚以梁为限，不敢过而西，与太尉亚夫等相距三月。吴楚破，而梁所破杀虏略与汉中分。明年，汉立太子。其后梁最亲，有功，又为大国，居天下膏腴地。地北界泰山，西至高阳，四十余城，皆多大县。

孝王，窦太后少子也，爱之，赏赐不可胜道。于是孝王筑东苑，方三百余里。广睢阳城七十里。大治宫室，为复道，自宫连属于平台三十余里。得

刘武从开始受封为代王到淮阳王再到梁王总共有十一年了。

梁王十四年，入朝拜见皇上。十七年、十八年，每年都入朝，十八年留住宫中，第二年才回封国。二十一年，入朝。二十二年，孝文帝驾崩。二十四年，入朝。二十五年，又入朝。此时孝景帝还没有立太子。景帝与梁王在宴席上饮酒，曾经开玩笑说："我死之后，传帝位于你。"梁王拒绝，他虽然知道这不是皇上的真实想法，但是心里高兴。窦太后也同样高兴。

这年春天，吴、楚、齐、赵等七国反叛。吴、楚两军率先攻打梁国的棘壁，杀死几万人。梁孝王据守睢阳城，另派韩安国、张羽等人为大将军，去抵御吴、楚叛军。吴、楚进攻梁国受阻，不敢越过梁国西进，与太尉周亚夫等人相持三个月。吴、楚叛军被打败，而梁国军队与汉朝军队杀掉和俘虏的叛军大致相当。第二年，景帝立太子。这以后梁国与朝廷的关系最为亲密，立有战功，又是个大国，位于天下肥沃丰饶的地方。梁国北边地界为泰山，西边到高阳，拥有四十多座城池，大多为大县。

梁孝王是窦太后的小儿子，太后喜爱他，赏赐他的东西不可胜数。在这时孝王修筑东苑，方圆三百多里。把睢阳城扩建了七十里。大肆修筑宫室，修楼阁复道，从王宫连接到城外的平台，有三十多

里。梁王获得天子赏赐的旌旗，外出时带着成千上万的随从。到处驰骋狩猎，规模比照天子。出行称为"跸"，清道拦阻行人，回宫称为"警"，道路戒严。招揽四方豪杰，自崤山以东的游说之士没有不来的，如齐人羊胜、公孙诡、邹阳这样的人。公孙诡有很多奇诡邪僻的计策，第一次拜见梁王时，被赐赏金千两，官至中尉，在梁国号称公孙将军。梁国还大量制造兵器、弓弩、矛戟等几十万件，而府库里的金钱将近上百亿，珠玉宝物比朝廷的还多。

梁王二十九年十月，梁孝王入朝。景帝派使者持符节驾着驷马车舆，前去关前迎接梁王。梁王朝见完皇帝，上书请求留在宫中。因窦太后宠爱梁王，梁王入宫侍奉景帝，与景帝同乘一辆车辇，出宫就与景帝同乘一车出游狩猎，在上林苑中射猎禽兽。梁国的侍中、侍郎、谒者都登记名册，发通行证，出入天子的殿门，与朝廷的宦官无异。

十一月，皇上废黜栗太子，窦太后内心想立梁孝王为继承人。大臣及袁盎等人劝说景帝，窦太后的提议被阻止，从此景帝也不再说让梁王做继承人的事情了。这件事是机密，世上没有人知道。梁王于是离开京城回到封国。

这年夏季四月，皇上立胶东王刘彻为太子。梁王怨恨袁盎及参与议事的大臣，

赐天子旌旗，出从千乘万骑。东西驰猎，拟于天子。出言跸，入言警。招延四方豪桀，自山以东游说之士莫不毕至，齐人羊胜、公孙诡、邹阳之属。公孙诡多奇邪计，初见王，赐千金，官至中尉，梁号之曰公孙将军。梁多作兵器弩弓矛数十万，而府库金钱且百巨万，珠玉宝器多于京师。

二十九年十月，梁孝王入朝。景帝使使持节乘舆驷马，迎梁王于关下。既朝，上疏，因留。以太后亲故，王入则侍景帝同辇，出则同车游猎，射禽兽上林中。梁之侍中、郎、谒者著籍引出入天子殿门，与汉宦官无异。

十一月，上废栗太子，窦太后心欲以孝王为后嗣。大臣及袁盎等有所关说于景帝，窦太后义格，亦遂不复言以梁王为嗣事由此。以事秘，世莫知。乃辞归国。

其夏四月，上立胶东王为太子。梁王怨袁盎及议臣，乃

与羊胜、公孙诡之属，阴使人刺杀袁盎及他议臣十余人。逐其贼，未得也。于是天子意梁王，逐贼，果梁使之。乃遣使冠盖相望于道，覆按梁，捕公孙诡、羊胜。公孙诡、羊胜匿王后宫。使者责二千石急，梁相轩丘豹及内史韩安国进谏王，王乃令胜、诡皆自杀，出之。上由此怨望于梁王。梁王恐，乃使韩安国因长公主谢罪太后，然后得释。

上怒稍解，因上书请朝。既至关，茅兰说王，使乘布车，从两骑入，匿于长公主园。汉使使迎王，王已入关，车骑尽居外，不知王处。太后泣曰："帝杀吾子！"景帝忧恐。于是梁王伏斧质于阙下，谢罪，然后太后、景帝大喜，相泣，复如故。悉召王从官入关。然景帝益疏王，不同车辇矣。

三十五年冬，复朝。上疏欲留，上弗许。归国，意忽忽不乐。北猎良山，有献牛，足

于是与羊胜、公孙诡等人暗中谋划，派人刺杀了袁盎及其他十多位议臣。朝廷追拿杀人凶手，没能捉到。于是天子怀疑梁王，捉到凶手，果然是梁王主使的他们。于是朝廷派遣使者去梁国，官员的车马来往不断，到梁国查办刺杀案，抓捕公孙诡、羊胜。公孙诡、羊胜已被梁王藏匿在后宫。使臣急迫地责问二千石的官员，梁国丞相轩丘豹和内史韩安国进宫劝谏梁王，梁王于是命令羊胜、公孙诡自杀，交出了他们。皇上从此怨恨梁王。梁王恐惧，就派韩安国通过长公主向太后谢罪，这之后梁王才得以被宽恕。

皇上的怒气渐渐消除，梁王趁机上书请求入朝拜见皇上。到了函谷关，茅兰劝说梁王，让他改乘布幔车子，只带两位骑马的随从入城，躲到长公主的花园。朝廷派使者迎接梁王，梁王已经入关，随行车马全部留在关外，不知梁王在哪里。太后哭泣说："皇帝杀了我的儿子！"景帝忧虑恐惧。这时梁王背着刑具跪伏在宫门外，请求治罪，然后太后、景帝非常欢喜，相对哭泣，又和好如初了。皇上诏令梁王全部随从官员入关。然而景帝还是逐渐疏远梁王，不再与他共乘一辆车了。

梁王三十五年冬，梁王又入朝觐见，上书请求留住宫中，景帝不允许。梁王回到封国，神情恍惚，闷闷不乐。梁王北上

良山打猎，有人送他一头牛，牛脚长在背上，梁王厌恶它。六月中旬，梁王身患热病，六天后去世，定谥号为孝王。

梁孝王仁慈孝顺，每次听说太后生病，口中就不能进食，躺下不能安心睡觉，时常想留在长安侍奉太后。太后也疼爱他。等到听说梁王去世，窦太后哭得非常悲痛，不能进食，说："皇帝果然杀了我的儿子！"景帝哀伤惧怕，不知应当怎样做。皇上与长公主商议此事，于是划分梁国土地为五个小国，把孝王的五个儿子全部封为王，五个女儿也都封给汤沐邑。于是奏告太后，太后才高兴起来，为景帝吃了一顿饭。

梁孝王的长子刘买继承为梁王，就是共王；儿子刘明为济川王；儿子刘彭离为济东王；儿子刘定为山阳王；儿子刘不识为济阴王。

孝王没去世时，钱财数以亿计，不可胜数。等到梁孝王死后，府库所藏剩余黄金还有四十多万斤，其他财物也差不多有这么多。

梁共王三年，景帝驾崩。共王在位七年去世，儿子刘襄即位，就是平王。

梁平王刘襄十四年，他的母亲是陈太后。共王的母亲是李太后。李太后是平王的祖母。平王的王后姓任，是任王后。任王后很受平王刘襄的宠爱。当初，梁孝王

出背上，孝王恶之。六月中，病热，六日卒，谥曰孝王。

孝王慈孝，每闻太后病，口不能食，居不安寝，常欲留长安侍太后。太后亦爱之。及闻梁王薨，窦太后哭极哀，不食，曰："帝果杀吾子！"景帝哀惧，不知所为。与长公主计之，乃分梁为五国，尽立孝王男五人为王，女五人皆食汤沐邑。于是奏之太后，太后乃说，为帝加一餐。

梁孝王长子买为梁王，是为共王；子明为济川王；子彭离为济东王；子定为山阳王；子不识为济阴王。

孝王未死时，财以巨万计，不可胜数。及死，藏府余黄金尚四十余万斤，他财物称是。

梁共王三年，景帝崩。共王立七年卒，子襄立，是为平王。

梁平王襄十四年。母曰陈太后。共王母曰李太后。李太后，亲平王之大母也。而平王之后姓任，曰任王后。任王后

甚有宠于平王襄。初，孝王在
时，有罍樽，直千金。孝王诚
后世，善保罍樽，无得以与人。
任王后闻而欲得罍樽。平王大
母李太后曰："先王有命，无
得以罍樽与人。他物虽百巨万，
犹自恣也。"任王后绝欲得之。
平王襄直使人开府取罍樽，赐
任王后。李太后大怒，汉使者来，
欲自言，平王襄及任王后遮
止，闭门，李太后与争门，措指，
遂不得见汉使者。李太后亦私
与食官长及郎中尹霸等士通乱，
而王与任王后以此使人风止李
太后，李太后内有淫行，亦已。
后病薨。病时，任后未尝请病；
薨，又不持丧。

元朔中，睢阳人类犴反者，
人有辱其父。而与淮阳太守客
出同车，太守客出下车，类犴
反杀其仇于车上而去。淮阳太
守怒，以让梁二千石。二千石
以下求反甚急，执反亲戚。反
知国阴事，乃上变事，具告知
王与大母争樽状。时丞相以下
见知之，欲以伤梁长吏，其书
闻天子。天子下吏验问，有之。
公卿请废襄为庶人。天子曰：

在世时，有个罍樽，价值千金。孝王告诫
后代子孙，要妥善保管罍樽，不要送给他
人。任王后听说后很想得到罍樽。平王的
祖母李太后说："先王有命，不得把罍樽
送给他人。其他器物即使价值百亿，任你
自取。"任王后执意要得到罍樽。平王刘
襄直接派人打开府库取出罍樽，赐给了任
王后。李太后非常愤怒，汉王朝使者前来，
她想亲自把此事告诉使者，平王刘襄和任
王后从中阻拦，关上了门，李太后与他们
争门夺路，手指被门夹伤，最终没能见到
汉王朝使者。李太后也私下与食官长及郎
中尹霸等人通奸，于是平王与任王后借此
事派人讽劝阻止李太后，不让她公布罍樽
之事，李太后自己有淫乱行为，也就不再
追究了。后来李太后病死。生病时，任王
后不曾探望病情；死后，也没有为她守丧。

元朔年间，睢阳有个叫类犴反的人，
有人羞辱他的父亲，而他与淮阳太守的门
客外出同乘一车。太守的门客下车了，类
犴反在车上把他的仇人杀死后离去。淮阳
太守很愤怒，以此斥责梁国的二千石官
员。二千石以下的官员非常急切地寻找类
犴反，他们抓住了类犴反的亲戚。类犴反
知道梁国宫内的隐秘之事，于是上书给皇
帝，详细告知梁平王与祖母争夺罍樽的事
情。当时丞相以下的官吏知道了这件事，
想借此打击梁国的高级官吏，就上书让天

子得知此事。天子把此事下交给官吏检验查问，确实有这件事。公卿大臣请求把刘襄废黜为平民。天子说："李太后有淫乱行为，梁王刘襄没有好的师傅，所以陷入不义的境地。"于是削减了梁国八座城池，在集市斩下任王后的头。梁国还剩下十座城池。刘襄在位三十九年去世，定谥号为平王。儿子刘无伤被立为梁王。

济川王刘明是梁孝王的儿子，以桓邑侯的身份在孝景帝中元六年时被封为济川王。七年后，因射杀了梁国中尉获罪，汉朝的有关官员请求诛杀他，天子不忍心诛杀，废黜刘明为庶人，将他迁居到房陵，封地并入汉朝为郡。

济东王彭离，是梁孝王的儿子，在孝景帝中元六年被封为济东王。孝景帝二十九年，彭离骄横凶悍，没有做君主的礼仪，夜间偷偷与他的奴仆、亡命少年几十人去抢劫杀人，以夺取别人财物为乐事。他所杀死的人中被发觉的就有一百多人，国人都知道这件事，没人敢在夜里行走。他所杀死的人的儿子上书朝廷告发此事。汉朝的有关官员请求诛杀彭离，景帝不忍心，废黜他为平民，迁居上庸，封地并入汉朝，改为大河郡。

山阳哀王刘定是梁孝王的儿子，在孝景帝中元六年被封为山阳王。在位九年去世，没有儿子，封国被废除，封地并入汉

"李太后有淫行，而梁王襄无良师傅，故陷不义。"乃削梁八城，枭任王后首于市。梁余尚有十城。襄立三十九年卒，谥为平王。子无伤立为梁王也。

济川王明者，梁孝王子，以桓邑侯孝景中六年为济川王。七岁，坐射杀其中尉，汉有司请诛，天子弗忍诛，废明为庶人，迁房陵，地入于汉为郡。

济东王彭离者，梁孝王子，以孝景中六年为济东王。二十九年，彭离骄悍，无人君礼，昏暮私与其奴、亡命少年数十人行剽杀人，取财物以为好。所杀发觉者百余人，国皆知之，莫敢夜行。所杀者子上书言。汉有司请诛，上不忍，废以为庶人，迁上庸，地入于汉，为大河郡。

山阳哀王定者，梁孝王子，以孝景中六年为山阳王。九年卒，无子，国除，地入于汉，

为山阳郡。

济阴哀王不识者，梁孝王子，以孝景中六年为济阴王。一岁卒，无子，国除，地入于汉，为济阴郡。

太史公曰：梁孝王虽以亲爱之故，王膏腴之地，然会汉家隆盛，百姓殷富，故能植其财货，广宫室，车服拟于天子。然亦僭矣。

褚先生曰：臣为郎时，闻之于宫殿中老郎吏好事者称道之也。窃以为令梁孝王怨望，欲为不善者，事从中生。今太后，女主也，以爱少子故，欲令梁王为太子。大臣不时正言其不可状，阿意治小，私说意以受赏赐，非忠臣也。齐如魏其侯窦婴之正言也，何以有后祸？景帝与王燕见，侍太后饮，景帝曰："千秋万岁之后传王。"太后喜说。窦婴在前，据地言曰："汉法之约，传子适孙，今帝何以得传弟，擅乱高帝约乎！"于是景帝默然无声。太后意不说。

朝，改为山阳郡。

济阴哀王刘不识是梁孝王的儿子，在孝景帝中元六年被封为济阴王。一年后去世，没有儿子，封国被废除，封地并入汉朝，改为济阴郡。

太史公说：梁孝王虽然出于与皇上、太后亲爱的缘故，在肥沃富饶的土地上被封王，然而恰逢汉朝繁荣昌盛，百姓殷实富足，所以他得以积累财物，扩充宫室，车乘服饰比拟天子。然而这也是僭越了。

褚先生说：我做郎官时，从宫中那些好事的老郎吏口中听说过梁孝王的事迹。我个人认为，使梁孝王怨恨，想做坏事，这事是从宫中惹出来的。当时窦太后是女主，因为疼爱小儿子，想立梁王为太子。朝廷大臣不能及时直言说明不可以这样做的情由，却阿谀奉承，只管一些小事，私下取悦太后的心意来接受赏赐，这不是忠臣啊。假如都像魏其侯窦婴那样直言，怎么会发生后来的灾祸呢？景帝与梁王在宴会相见，侍奉太后饮酒，景帝说："我死之后，把帝位传给你。"太后喜悦。窦婴在酒席前，伏地劝谏说："汉朝法律规定，帝位要传给儿子传给嫡孙，如今皇帝怎能把帝位传给弟弟，擅自违反高祖的规定呢！"于是景帝默然无语。太后很不高兴。

从前周成王与年幼的弟弟站在树下，成王取到一片桐叶送给弟弟，说："我用这封你。"周公听说后，进见说："天子分封弟弟，很好啊。"成王说："我只不过与他闹着玩罢了。"周公说："君主不能有过分的举动，不应当说开玩笑的话，说过的话，一定要做到。"于是成王就把小弟封到应县。此后成王到死不敢说开玩笑的话，说过的话一定会做到。《孝经》上说："不合法度的话不说，不合道义的事不做。"这是圣人的格言。如今皇上不应该对梁王说好听的话。梁王在上有太后的倚重，骄奢放纵年深日久，多次听到景帝对他说的好话：死后传帝位给他。而实际景帝却没有这样做。

诸侯王朝见天子，汉朝法律规定应当一共见四次。刚到京城时，入宫小见；到正月初一早晨，诸侯王手捧着鹿皮垫、璧玉，向皇上道贺正月，按照礼仪觐见；再过三天，天子为诸侯王设酒宴，赏赐金钱财物；再过两天，再次入宫小见，而后辞谢离去。诸侯王总共留在长安不超过二十天。小见，就是天子在皇宫禁门之内设宴召见，在禁门以内宴饮，士人不能进入。如今梁王向西入京朝见，一留将近半年。进宫与皇上同乘一辇，出宫与皇帝同乘一车。皇帝用大话讽示梁王让他继承皇位而实际上又不这么，以致梁王生出怨言，谋反叛逆，于

故成王与小弱弟立树下，取一桐叶以与之，曰："吾用封汝。"周公闻之，进见曰："天王封弟，甚善。"成王曰："吾直与戏耳。"周公曰："人主无过举，不当有戏言，言之必行之。"于是乃封小弟以应县。是后成王没齿不敢有戏言，言必行之。《孝经》曰："非法不言，非道不行。"此圣人之法言也。今主上不宜出好言于梁王。梁王上有太后之重，骄蹇日久，数闻景帝好言，千秋万世之后传王，而实不行。

又诸侯王朝见天子，汉法凡当四见耳。始到，入小见；到正月朔旦，奉皮荐璧玉贺正月，法见；后三日，为王置酒，赐金钱财物；后二日，复入小见，辞去。凡留长安不过二十日。小见者，燕见于禁门内，饮于省中，非士人所得入也。今梁王西朝，因留，且半岁。入与人主同辇，出与同车。示风以大言而实不与，令出怨言，谋畔逆，乃随而忧之，不亦远乎！非大贤人，不知退让。今

汉之仪法，朝见贺正月者，常一王与四侯俱朝见，十余岁一至。今梁王常比年入朝见，久留。鄙语曰“骄子不孝”，非恶言也。故诸侯王当为置良师傅相忠言之士，如汲黯、韩长孺等，敢直言极谏，安得有患害！

盖闻梁王西入朝，谒窦太后，燕见，与景帝俱侍坐于太后前，语言私说。太后谓帝曰：“吾闻殷道亲亲，周道尊尊，其义一也。安车大驾，用梁孝王为寄。”景帝跪席举身曰：“诺。”罢酒出，帝召袁盎诸大臣通经术者曰：“太后言如是，何谓也？”皆对曰：“太后意欲立梁王为帝太子。”帝问其状，袁盎等曰：“殷道亲亲者，立弟。周道尊尊者，立子。殷道质，质者法天，亲其所亲，故立弟。周道文，文者法地，尊者敬也，敬其本始，故立长子。周道，太子死，立適孙。殷道，太子死，立其弟。”帝曰：“于公何如？”皆对曰：

是皇上就要跟着担忧，这不太背离事理了吗！不是大圣大贤，是不懂得退让的。现今汉朝的礼仪规定，朝见皇上道贺正月，通常是一王与四侯一同朝见，十多年朝见一次。可梁王经常连年入宫朝见，长久留居。俗话说“骄惯的孩子不孝顺”，这不是坏话啊。所以应当给诸侯王安排贤良的师傅，任用能进忠言之士为相，像汲黯、韩长孺等人，他们敢于说直言，极力劝谏，怎么会有祸患发生呢！

听说梁王西去入朝，拜见窦太后，在宴席会见，与景帝一起坐在太后面前侍奉，说着私密的话。太后对皇帝说：“我听说殷朝主张亲近兄弟，周朝主张尊敬祖上，他们的道义是一致的。我百年之后，把梁孝王托付给你。”景帝跪在席上起身说：“是。”宴席结束后出宫，皇帝召见袁盎等精通经书道义的大臣说：“太后说这样的话，是什么意思？”众位大臣都回答说：“太后是想立梁王为皇帝的太子。”皇帝询问其中原委，袁盎等人说：“殷朝的传统亲近兄弟，所以传位给兄弟。周朝的传统尊敬祖先，所以传位给儿子。殷朝的传统崇尚质朴，就是效法上天，亲近亲人，所以传位给兄弟。周朝的传统崇尚文采，文采就是效法大地，尊是敬的意思，敬其本原，所以传位给长子。周朝的制度，太子死了立嫡孙。殷朝的制度，太子死了立兄弟。"皇帝说："你们说要怎么做呢？"大臣们都回答说："如今汉朝的制度效法周朝，依照周朝的制度不能立兄弟，应当立儿子。所以《春秋》以此指责宋宣公。宋宣公死后，不立儿子却传位给弟弟。弟弟继位为国君，死后又把君位传给他哥哥的儿子。弟弟的儿子争夺君位，认为自己应当接替父亲之位，便杀死了宋宣公的儿子。因此国家混乱，祸患不断。所以《春秋》说'君子尊崇遵循正道，宋国的祸患是宋宣公造成的'。臣等请求谒见太后说明这个道理。"

袁盎等人入宫谒见太后说："太后说要立梁王为太子，若梁王死后，想立谁呢？"太后说："我再立皇帝的儿子。"袁盎等人便以宋宣公不立儿子，国家发生祸乱，祸乱延续了五代没有断绝，以及不克制小的私心便会妨害大义的道理向太后讲明。太后这才释然，随即让梁王回归封国。

而梁王听说立子不立弟的意见是出自袁盎等大臣，就怨恨他们，派人来杀袁盎。袁盎回头看到刺客说："我就是人们所说的袁将军，你不会弄错人了吧？"刺客说："就是你！"刺客杀了袁盎，丢弃了剑，剑插在袁盎身上。查看那把剑，是新铸造的。查问长安城中铸造刀剑的工匠，工匠说："梁国郎官某人曾来铸造此剑。"以此得知线索，查到刺客，皇帝派遣使者前

"方今汉家法周，周道不得立弟，当立子。故《春秋》所以非宋宣公。宋宣公死，不立子而与弟。弟受国死，复反之与兄之子。弟之子争之，以为我当代父后，即刺杀兄子。以故国乱，祸不绝。故《春秋》曰'君子大居正，宋之祸宣公为之'。臣请见太后白之。"

袁盎等入见太后："太后言欲立梁王，梁王即终，欲谁立？"太后曰："吾复立帝子。"袁盎等以宋宣公不立正，生祸，祸乱后五世不绝，小不忍害大义状报太后。太后乃解说，即使梁王归就国。

而梁王闻其义出于袁盎诸大臣所，怨望，使人来杀袁盎。袁盎顾之曰："我所谓袁将军者也，公得毋误乎？"刺者曰："是矣！"刺之，置其剑，剑着身。视其剑，新治。问长安中削厉工，工曰："梁郎某子来治此剑。"以此知而发觉之，发使者捕逐之。独梁王所欲杀

大臣十余人，文吏穷本之，谋反端颇见。太后不食，日夜泣不止。

　　景帝甚忧之，问公卿大臣，大臣以为遣经术吏往治之，乃可解。于是遣田叔、吕季主往治之。此二人皆通经术，知大礼。来还，至霸昌厩，取火悉烧梁之反辞，但空手来对景帝。景帝曰："何如？"对曰："言梁王不知也。造为之者，独其幸臣羊胜、公孙诡之属为之耳。谨以伏诛死，梁王无恙也。"景帝喜说，曰："急趋谒太后。"太后闻之，立起坐餐，气平复。故曰，不通经术知古今之大礼，不可以为三公及左右近臣。少见之人，如从管中窥天也。

　　去缉拿刺客。光是梁王所要暗杀的大臣就有十多人，执法官吏追究根源，梁王谋反的端倪一目了然。太后得知后不吃饭，日夜哭泣不止。

　　景帝为此很担忧，询问公卿大臣，大臣认为应该派遣精通经术的官吏前去处理此案，才可以化解。于是派田叔、吕季主前去梁国处理此案。这二人都精通经术，知晓大礼。结案归来，到达霸昌厩，取火把梁王谋反的证词全部烧掉，只是空手而回向景帝禀报。景帝问："案子办得怎么样？"二人回答说："据说梁王并不知情，制造这起祸患的，只有他的宠臣羊胜、公孙诡等人。臣等已经谨慎地按照律令诛杀了他们，梁王没有事。"景帝高兴，说："赶快去禀报太后。"太后听说后，立即起身吃饭，气色恢复了平顺。所以说，不精通经义，不懂古今大礼的人，不能胜任三公和左右近臣。见识浅薄的人，就如同从管中窥探天空一样。

五宗世家

孝景皇帝的儿子共有十三人受封为王，这十三人由五位母亲生养，同母所生的称为宗亲。栗姬的儿子叫刘荣、刘德、刘阏于。程姬的儿子叫刘馀、刘非、刘端。贾夫人的儿子叫刘彭祖、刘胜。唐姬的儿子叫刘发。王夫人兒姁的儿子叫刘越、刘寄、刘乘、刘舜。

河间献王刘德，于孝景帝前元二年以皇子的身份受封为河间王。他喜好儒学，衣着服饰、言谈举止一定效仿儒生。崤山以东的儒生们大多跟从他交游。

献王在位二十六年去世，儿子共王刘不害即位。共王在位四年去世，儿子刚王刘基即位。刚王在位十二年去世，儿子顷王刘授即位。

临江哀王刘阏于，在孝景帝前元二年以皇子的身份受封为临江王。他在位三年去世，没有后代，封国被废除改设为郡。

临江闵王刘荣，在孝景帝前元四年被立为皇太子，四年后被废黜，以原太子的

孝景皇帝子凡十三人为王，而母五人，同母者为宗亲。栗姬子曰荣、德、阏于。程姬子曰馀、非、端。贾夫人子曰彭祖、胜。唐姬子曰发。王夫人兒姁子曰越、寄、乘、舜。

河间献王德，以孝景帝前二年用皇子为河间王。好儒学，被服造次必于儒者。山东诸儒多从之游。

二十六年卒，子共王不害立。四年卒，子刚王基代立。十二年卒，子顷王授代立。

临江哀王阏于，以孝景帝前二年用皇子为临江王。三年卒，无后，国除为郡。

临江闵王荣，以孝景前四年为皇太子，四岁废，用故太

子为临江王。

　　四年，坐侵庙壖垣为宫，上征荣。荣行，祖于江陵北门。既已上车，轴折车废。江陵父老流涕窃言曰："吾王不反矣！"荣至，诣中尉府簿。中尉郅都责讯王，王恐，自杀。葬蓝田。燕数万衔土置冢上，百姓怜之。

　　荣最长，死无后，国除，地入于汉，为南郡。

　　右三国本王皆栗姬之子也。

　　鲁共王馀，以孝景前二年用皇子为淮阳王。二年，吴楚反破后，以孝景前三年徙为鲁王。好治宫室、苑囿、狗马。季年好音，不喜辞辩，为人吃。

　　二十六年卒，子光代为王。初好音舆马；晚节啬，惟恐不足于财。

　　江都易王非，以孝景前二年用皇子为汝南王。吴楚反时，非年十五，有材力，上书愿击吴。景帝赐非将军印，击吴。吴已破，

　　身份被封为临江王。

　　临江闵王在位四年，因为侵占宗庙墙外的空地扩建宫殿而获罪，皇上征召刘荣。刘荣应召出发，在江陵北门祭祀行路的神。他登上车后，车轴折断、车子毁坏。江陵父老流着眼泪私下谈论道："我们的大王不能返回了！"刘荣到达京城，前往中尉府接受审讯。中尉郅都责问审讯临江王，临江王畏惧，自杀。葬在蓝田。几万只燕子衔来土块放在他的坟墓上，百姓哀怜他。

　　刘荣在景帝诸子中年龄最大，死后没有后代，封国被除，封地归入汉朝，设为南郡。

　　以上三国第一代国王都是栗姬的儿子。

　　鲁共王刘馀，在孝景帝前元二年以皇子的身份受封为淮阳王。第二年，吴、楚七国叛乱被平定后，在孝景帝前元三年迁封为鲁王。他喜好建造宫殿、苑囿，蓄养狗马。他晚年喜爱音乐，不善言辞，说话口吃。

　　他在位二十六年去世，儿子刘光即位为王。刘光最初喜好音乐和车马，晚年却很吝啬，唯恐钱财不够用。

　　江都易王刘非，在孝景帝前元二年以皇子的身份受封为汝南王。吴、楚七国叛乱时，刘非十五岁，有勇力，上书天子希望攻打吴国。景帝赐给刘非将军印，让他

攻打吴国。吴国被击破两年后，刘非迁封为江都王，统治吴国原来的地方，因刘非有军功赐给他天子的旌旗。元光五年，匈奴大举入侵汉朝边境，刘非上书天子愿意攻打匈奴，天子没有答应。刘非喜欢用力气，喜好建造宫室台观，招揽四方豪杰，十分骄横奢侈。

刘非在位二十六年去世，儿子刘建即位为王。刘建在位七年自杀。淮南王、衡山王谋反时，刘建听到一些他们的阴谋，自认为封国靠近淮南，怕一旦事发，被淮南国所吞并，于是暗中制造兵器，而且时常佩带着天子赐给他父亲的将军印，载着天子的旌旗外出。易王去世尚未埋葬，刘建有个喜欢的易王宠爱的美人淖姬，夜晚他派人把淖姬接来，与她在守丧的房间里通奸。等到淮南王谋反一事败露，朝廷惩治党羽，牵连到江都王刘建。刘建恐惧，就派人拿很多金钱，通过贿赂平息这件事。他又相信巫祝，派人祭祀祷告、编造虚妄不经的话。刘建又与他所有的姐妹通奸。事情被朝廷听说后，汉朝公卿请求逮捕刘建治罪。天子不忍心，派大臣去审讯江都王刘建。江都王招认所犯的罪，于是自杀。封国被除，封地归入汉朝，设为广陵郡。

胶西于王刘端，于孝景帝前元三年，吴、楚七国叛乱被击破后，以皇子的身份受封为胶西王。刘端为人残暴凶狠，又患阳痿，

二岁，徙为江都王，治吴故国，以军功赐天子旌旗。元光五年，匈奴大入汉为贼，非上书愿击匈奴，上不许。非好气力，治宫观，招四方豪桀，骄奢甚。

立二十六年卒，子建立为王。七年自杀。淮南、衡山谋反时，建颇闻其谋，自以为国近淮南，恐一日发，为所并，即阴作兵器，而时佩其父所赐将军印，载天子旗以出。易王死未葬，建有所说易王宠美人淖姬，夜使人迎与奸服舍中。及淮南事发，治党与，颇及江都王建。建恐，因使人多持金钱，事绝其狱。而又信巫祝，使人祷祠妄言。建又尽与其姊弟奸。事既闻，汉公卿请捕治建。天子不忍，使大臣即讯王。王服所犯，遂自杀。国除，地入于汉，为广陵郡。

胶西于王端，以孝景前三年吴楚七国反破后，端用皇子为胶西王。端为人贼戾，又阴痿，

一近妇人，病之数月。而有爱幸少年为郎。为郎者顷之与后宫乱，端禽灭之，及杀其子母。数犯上法，汉公卿数请诛端，天子为兄弟之故不忍，而端所为滋甚。有司再请，削其国，去太半。端心愠，遂为无资省。府库坏漏，尽腐财物，以巨万计，终不得收徒。令吏毋得收租赋。端皆去卫，封其宫门，从一门出游。数变名姓，为布衣，之他郡国。

相、二千石往者，奉汉法以治，端辄求其罪告之，无罪者诈药杀之。所以设诈究变，强足以距谏，智足以饰非。相、二千石从王治，则汉绳以法。故胶西小国，而所杀伤二千石甚众。

立四十七年，卒，竟无男代后，国除，地入于汉，为胶西郡。

右三国本王皆程姬之子也。

一接触女人，就要病几个月。他有个宠爱的年轻人做了郎官。这个做郎官的人不久就与后宫有淫乱行为，刘端擒获并杀了他，还杀了他的儿子和母亲。刘端屡次触犯皇上的法令，汉朝公卿几次请求诛杀刘端，天子出于兄弟的缘故不忍心，刘端的所作所为越加过分了。有官员再次请求削减他的封国，封地被削去大半。刘端心中怀恨，于是不再管理封国内的钱财，府库全都倒塌破坏，腐坏的财物数以亿万计，最终也不去收拾打理。他命令官吏不得收取租税。刘端又全部撤除侍卫，封闭宫门，只留一个门出入游玩。他多次改变名姓，假扮成平民，到其他郡国去。

凡前往胶西国担任丞相、二千石级官员的人，如果奉行汉朝法令治理政事，刘端总是找出他们的罪过向朝廷告他们；没有罪过的人就以欺诈手段用药毒杀他们。所以他的欺诈手段穷极变化，强横足以拒绝别人的劝谏，智巧足以文过饰非。丞相、二千石级的官员如果遵从王法治理政务，就会被他陷害，被朝廷以法治罪。所以胶西虽是小国，但被杀害的二千石级官员非常多。

刘端在位四十七年去世，最终因没有儿子继承王位，封国被除，封地归入汉朝，设为胶西郡。

以上三国第一代国王都是程姬的儿子。

赵王彭祖，于孝景帝前元二年以皇子的身份受封为广川王。赵王刘遂谋反被击败后，彭祖统治广川。四年后，迁封为赵王。在位十五年，孝景帝驾崩。彭祖为人巧诈奸佞，谦卑谄媚，表面上对人顺从恭敬而内心却刻薄狠毒。他喜好法律，用诡辩中伤别人。彭祖宫内有很多宠爱的姬妾和子孙。丞相、二千石级的官员想奉行汉朝的法律治理政事，就会妨害王家。因此每当丞相、二千石级的官员到任，彭祖便会穿着黑色布衣，亲自出迎，清扫二千石级官员入住的舍馆，设下很多令人迷惑的事情来干扰他们，抓住二千石级官员言语失当，触犯朝廷禁忌的把柄，总是把这些记下来。二千石级官员想奉法治理政事，他就以此相威胁；如果不听从，就上书告发，并给他们扣上贪污谋利的罪名。彭祖在位五十多年，丞相、二千石级官员没有任满两年的，经常因罪去位，罪过大的被处死，罪过小的受刑罚，因此二千石级官员没有谁敢奉法治事。而赵王专擅大权，派使者到各县去做商人，做专营买卖，收入比王国正常的赋税还多。因此赵王家有很多金钱，然而这些金钱也都赏赐给了姬妾诸子，也全都花光了。彭祖娶了已故江都易王的宠姬，即被江都王刘建所夺而相奸淫的那位淖姬为姬妾，非常宠爱她。

赵王彭祖，以孝景前二年用皇子为广川王。赵王遂反破后，彭祖王广川。四年，徙为赵王。十五年，孝景帝崩。彭祖为人巧佞，卑谄足恭，而心刻深。好法律，持诡辩以中人。彭祖多内宠姬及子孙。相、二千石欲奉汉法以治，则害于王家。是以每相、二千石至，彭祖衣皂布衣，自行迎，除二千石舍，多设疑事以作动之，得二千石失言，中忌讳，辄书之。二千石欲治者，则以此迫劫；不听，乃上书告，及污以奸利事。彭祖立五十余年，相、二千石无能满二岁，辄以罪去，大者死，小者刑，以故二千石莫敢治。而赵王擅权，使使即县为贾人榷会，入多于国经租税。以是赵王家多金钱，然所赐姬诸子，亦尽之矣。彭祖取故江都易王宠姬王建所盗与奸淖姬者为姬，甚爱之。

彭祖不好治宫室、机祥，好为吏事。上书愿督国中盗贼。常夜从走卒行徼邯郸中。诸使过客以彭祖险陂，莫敢留邯郸。

其太子丹与其女及同产姊奸。与其客江充有郤。充告丹，丹以故废。赵更立太子。

中山靖王胜，以孝景前三年用皇子为中山王。十四年，孝景帝崩。胜为人乐酒好内，有子枝属百二十余人。常与兄赵王相非，曰："兄为王，专代吏治事。王者当日听音乐声色。"赵王亦非之，曰："中山王徒日淫，不佐天子拊循百姓，何以称为藩臣！"

立四十二年卒，子哀王昌立。一年卒，子昆侈代为中山王。

右二国本王皆贾夫人之子也。

长沙定王发，发之母唐姬，故程姬侍者。景帝召程姬，程姬有所辟，不愿进，而饰侍者唐儿使夜进。上醉不知，以为

彭祖不喜好营造宫室、迷信鬼神，而喜好处理狱案。上书天子希望督讨国中的盗贼。经常夜间带着走卒在邯郸城内巡查。往来使者及过路旅客都因刘彭祖阴险邪恶不敢留宿邯郸。

赵王彭祖的太子刘丹与他的女儿及同胞姐姐通奸。刘丹与他的门客江充有嫌隙。江充告发刘丹，刘丹因此被废黜。赵国改立太子。

中山靖王刘胜，于孝景帝前元三年以皇子的身份受封为中山王。在位十四年，孝景帝驾崩。刘胜为人嗜酒，喜好女色，有子孙一百二十多人。经常与兄长赵王互相批评，说："兄长为王，专门替代官吏治理政事。为王的人应当每日听音乐，享受歌舞女色。"赵王也批评他，说："中山王只是每天淫乐，不辅佐天子抚慰百姓，如何能称为藩臣呢！"

中山王刘胜在位四十二年去世，儿子哀王刘昌即位。刘昌在位一年去世，儿子刘昆侈即位为中山王。

以上二国第一代国王都是贾夫人的儿子。

长沙定王刘发。刘发的母亲唐姬是原来程姬的侍女。景帝召幸程姬，程姬有月事，不愿进侍，就把侍女唐儿加以装饰让她夜晚侍奉皇上。皇上酒醉不知内情，以为是

程姬就宠幸了她，于是她有了身孕。事后才发觉不是程姬。等到生下儿子，就命名为发。刘发于孝景帝前元二年以皇子的身份受封为长沙王。因为他的母亲身份低微，不受皇上宠爱，所以他被封在低湿贫困的小国为王。

刘发在位二十七年去世，儿子康王刘庸即位。刘庸在位二十八年去世，儿子刘鲋鮈即位为长沙王。

以上一国第一代国王是唐姬的儿子。

广川惠王刘越，于孝景帝中元二年以皇子的身份受封为广川王。

广川王刘越在位十二年去世，儿子刘齐即位为王。刘齐有位宠信的臣子桑距，后来犯了罪，想诛杀桑距，桑距逃跑，广川王于是抓走并灭了他的宗族。桑距怨恨广川王，于是上书告发广川王刘齐与同胞姐妹通奸。从此以后，广川王刘齐屡次上书告发汉朝公卿及宠臣所忠等人的罪行。

胶东康王刘寄，于孝景帝中元二年以皇子的身份受封为胶东王，在位二十八年去世。淮南王谋反时，刘寄暗中听说了此事，私下铸造楼车弓箭做好战斗、防守的准备，等候淮南王起事。等到官吏审讯淮南王谋反的事，供词中牵出了这件事。刘寄对于皇上来说最为亲密，心中为参与谋反而内疚不已，发病而死，不敢立子嗣继

程姬而幸之，遂有身。已乃觉非程姬也。及生子，因命曰发。以孝景前二年用皇子为长沙王。以其母微，无宠，故王卑湿贫国。

立二十七年卒，子康王庸立。二十八年卒，子鲋鮈立为长沙王。

右一国本王唐姬之子也。

广川惠王越，以孝景中二年用皇子为广川王。

十二年卒，子齐立为王。齐有幸臣桑距。已而有罪，欲诛距，距亡，王因禽其宗族。距怨王，乃上书告王齐与同产奸。自是之后，王齐数上书告言汉公卿及幸臣所忠等。

胶东康王寄，以孝景中二年用皇子为胶东王。二十八年卒。淮南王谋反时，寄微闻其事，私作楼车镞矢战守备，候淮南之起。及吏治淮南之事，辞出之。寄于上最亲，意伤之，发病而死，不敢置后。于是上闻寄有长子者名贤，母无宠；少子名

庆，母爱幸，寄常欲立之，为不次，因有过，遂无言。上怜之，乃以贤为胶东王奉康王嗣，而封庆于故衡山地，为六安王。

承王位。皇上听说刘寄有个长子名叫刘贤，母亲不受宠爱；小儿子名叫刘庆，母亲受宠爱，刘寄常想立刘庆为继承人，因为他不符合继承的次序，又因自己有罪过，于是没有提出。皇上怜悯他，就封刘贤为胶东王，做康王的继承人，而把刘庆封在原来衡山王的封地，称为六安王。

胶东王贤立十四年卒，谥为哀王。子通平为王。

胶东王刘贤在位十四年去世，定谥号为哀王。儿子刘通平即位为王。

六安王庆，以元狩二年用胶东康王子为六安王。

六安王刘庆，于元狩二年以胶东康王儿子的身份受封为六安王。

清河哀王乘，以孝景中三年用皇子为清河王。十二年卒，无后，国除，地入于汉，为清河郡。

清河哀王刘乘，于孝景帝中元三年以皇子的身份受封为清河王。在位十二年去世，没有后代，封国被除，封地归入汉朝，设为清河郡。

常山宪王舜，以孝景中五年用皇子为常山王。舜最亲，景帝少子。骄怠多淫，数犯禁，上常宽释之。立三十二年卒，太子勃代立为王。

常山宪王刘舜，于孝景帝中元五年以皇子的身份受封为常山王。刘舜与皇上最亲密，是景帝的小儿子，骄横怠惰，多有淫行，屡犯法禁，皇上常常宽宥他。他在位三十二年去世，太子刘勃即位为王。

初，宪王舜有所不爱姬生长男棁。棁以母无宠故，亦不得幸于王。王后脩生太子勃。王内多，所幸姬生子平、子商，王后希得幸。及宪王病甚，诸幸姬常侍病，故王后亦以妒媚不常侍病，辄归舍。医进药，太子勃不自尝药，又不宿留侍

当初，宪王刘舜有个不被他宠爱的姬妾所生的长子刘棁。刘棁因母亲不受宠爱，自己也不得宪王的喜爱。王后脩生下太子刘勃。宪王的姬妾很多，所宠幸的姬妾生下的儿子有刘平、刘商，王后很少得到宠幸。等到宪王病重，那些被宠幸的姬妾常去照料，所以王后也因嫉妒不常去照料，总是回到房中。医生呈进医药，太子刘勃不亲

自尝药，又不留宿王室陪护。等到宪王去世后，王后、太子才到。宪王向来不把刘棁当儿子看，等到死后，又不分给他财物。侍郎中有人劝说太子、王后，让诸子与长子刘棁共分财物，太子、王后不听。太子即位后，又不肯拉拢抚慰刘棁。刘棁怨恨王后、太子。汉朝使臣来吊丧，刘棁告诉汉朝使者宪王病重时，王后、太子不去侍奉，等到去世，六天后就离开服丧的屋子，太子刘勃偷着奸淫、饮酒、赌博嬉戏、击筑作乐，还与女子乘车奔驰，走街串巷，进入大牢看囚徒。天子派遣大行张骞查验王后的所作所为并审讯刘勃，请求逮捕与刘勃一起作恶的人来佐证，刘勃又藏匿起他们。官吏搜寻抓捕，刘勃非常着急，派人打击揭发检举的人，擅自放出汉朝所怀疑的被囚禁的人。有关官员请求诛杀宪王后脩和宪王刘勃。皇上认为脩一向品行不佳，致使刘棁告发她的罪行，刘勃没有好的师傅辅佐，不忍心诛杀。有关官员请求废黜王后脩，并将宪王刘勃及其家属迁居到房陵，皇上答应了这个请求。

刘勃为王几个月，就被迁到房陵，封国灭绝。一个多月后，天子因宪王是最宠爱的小弟，就下诏有关官员说："常山宪王早死，王后与姬妾不和，嫡子与庶子互相污蔑争斗，因而陷于不义以致封国灭绝，我很怜悯他。封给宪王的儿子刘平

病。及王薨，王后、太子乃至。宪王雅不以长子棁为人数，及薨，又不分与财物。郎或说太子、王后，令诸子与长子棁共分财物，太子、王后不听。太子代立，又不收恤棁，棁怨王后、太子。汉使者视宪王丧，棁自言宪王病时，王后、太子不侍，及薨，六日出舍，太子勃私奸，饮酒，博戏，击筑，与女子载驰，环城过市，入牢视囚。天子遣大行骞验王后及问王勃，请逮勃所与奸诸证左，王又匿之。吏求捕，勃大急，使人致击笞掠，擅出汉所疑囚者。有司请诛宪王后脩及王勃。上以脩素无行，使棁陷之罪，勃无良师傅，不忍诛。有司请废王后脩，徙王勃以家属处房陵，上许之。

勃王数月，迁于房陵，国绝。月余，天子为最亲，乃诏有司曰："常山宪王蚤夭，后妾不和，适孽诬争，陷于不义以灭国，朕甚闵焉。其封宪王子平三万户，为真定王；封子商三万户，

为泗水王。"

真定王平，元鼎四年用常
山宪王子为真定王。

泗水思王商，以元鼎四年
用常山宪王子为泗水王。十一
年卒，子哀王安世立。十一年卒，
无子。于是上怜泗水王绝，乃
立安世弟贺为泗水王。

右四国本王皆王夫人兒姁
子也。其后汉益封其支子为六
安王、泗水王二国。凡兒姁子孙，
于今为六王。

太史公曰：高祖时诸侯皆
赋，得自除内史以下，汉独为
置丞相，黄金印。诸侯自除御
史、廷尉正、博士，拟于天子。
自吴楚反后，五宗王世，汉为
置二千石，去"丞相"曰"相"，
银印。诸侯独得食租税，夺之权。
其后诸侯贫者或乘牛车也。

三万户，为真定王；封给儿子刘商三万户，
为泗水王。"

真定王刘平，于元鼎四年以常山宪王
儿子的身份被封为真定王。

泗水思王刘商，于元鼎四年以常山宪
王儿子的身份被封为泗水王。在位十一年
去世，儿子哀王安世即位。在位十一年去
世，没有子嗣。于是皇上可怜泗水王没有
后代，就立安世的弟弟刘贺为泗水王。

以上四国第一代国王都是王夫人兒姁
的儿子。这以后汉朝增封她的旁系子孙为
六安王、泗水王。兒姁的子孙，到如今共
有六位封王。

太史公说：高祖时诸侯国的赋税都归
诸侯王所有，可以自行任命内史以下的官
吏，汉朝只为诸侯国设置丞相，授予金印。
诸侯王自行任命御史、廷尉正、博士，与
天子相似。自吴、楚七国反叛后，在五宗
为王的时代，汉朝为诸侯王设置二千石级
的官员，撤除丞相，称作"相"，授予银印。
诸侯王只能享有租税，他们的权力被削夺。
此后贫穷的诸侯王中有的只能乘坐牛车。

三王世家

"大司马臣霍去病冒死再拜上疏皇帝陛下：承蒙陛下错信，使我霍去病在军中供职。本应专心思虑边塞事务，暴尸荒野也无法报答陛下的恩德，竟然胆敢议起别的事来干扰主管官员，实在是看到陛下为天下事忧心操劳，因哀怜百姓而忘了自己，还减少膳食，不奏音乐，裁减郎官。皇子们赖天保佑，已长大成人能行趋拜之礼，到现在还没有封号爵位和担任他们师傅的官员。陛下谦恭礼让，不想此事，群臣私下都希望早日予以皇子封号，不敢越职进言。臣自己克制不住犬马之心，冒死希望陛下向有关官员下诏，趁着盛夏吉时定下皇子爵位。希望陛下明察。臣霍去病冒死再拜，将此事上报皇帝陛下。"三月乙亥日，御史代尚书令光上奏未央宫。皇帝批示说："下交给御史办理。"

元狩六年三月戊申是初一日。乙亥日，御史代尚书令光、尚书丞非给御史的文书返回上奏，说："丞相臣庄青翟、御史大夫臣张汤、太常臣赵充、大行令臣李

"大司马臣去病昧死再拜上疏皇帝陛下：陛下过听，使臣去病待罪行间。宜专边塞之思虑，暴骸中野无以报，乃敢惟他议以干用事者，诚见陛下忧劳天下，哀怜百姓以自忘，亏膳贬乐，损郎员。皇子赖天，能胜衣趋拜，至今无号位师傅官。陛下恭让不恤，群臣私望，不敢越职而言。臣窃不胜犬马心，昧死愿陛下诏有司，因盛夏吉时定皇子位。唯陛下幸察。臣去病昧死再拜以闻皇帝陛下。"三月乙亥，御史臣光守尚书令奏未央宫。制曰："下御史。"

六年三月戊申朔。乙亥，御史臣光守尚书令、丞非，下御史，书到，言："丞相臣青翟、御史大夫臣汤、太常臣充、

大行令臣息、太子少傅臣安行宗正事昧死上言：大司马去病上疏曰：'陛下过听，使臣去病待罪行间。宜专边塞之思虑，暴骸中野无以报，乃敢惟他议以干用事者，诚见陛下忧劳天下，哀怜百姓以自忘，亏膳贬乐，损郎员。皇子赖天，能胜衣趋拜，至今无号位师傅官。陛下恭让不恤，群臣私望，不敢越职而言。臣窃不胜犬马心，昧死愿陛下诏有司，因盛夏吉时定皇子位。唯愿陛下幸察。'制曰'下御史'。臣谨与中二千石、二千石臣贺等议：古者裂地立国，并建诸侯以承天子，所以尊宗庙重社稷也。今臣去病上疏，不忘其职，因以宣恩；乃道天子卑让自贬以劳天下，虑皇子未有号位。臣青翟、臣汤等宜奉义遵职，愚憧而不逮事。方今盛夏吉时，臣青翟、臣汤等昧死请立皇子臣闳、臣旦、臣胥为诸侯王。昧死请所立国名。"

息、太子少傅兼行宗正事务臣任安冒死上奏：大司马霍去病上书道：'大司马臣霍去病冒死再拜上疏皇帝陛下：承蒙陛下错信，使我霍去病在军中供职。本应专心思虑边塞事务，暴尸荒野也无法报答陛下的恩德，竟然胆敢议起别的事来干扰主管官员，实在是看到陛下为天下事忧心操劳，因哀怜百姓而忘了自己，还减少膳食，不奏音乐，裁减郎官。皇子们赖天保佑，已长大成人能行趋拜之礼，到现在还没有封号爵位和担任他们师傅的官员。陛下谦恭礼让，不想此事，群臣私下都希望早日予以皇子封号，不敢越职进言。臣自己克制不住犬马之心，冒死希望陛下向有关官员下诏，趁着盛夏吉时定下皇子爵位。希望陛下明察。'皇帝批示说：'下交给御史办理。'臣谨与中二千石、二千石臣公孙贺等人商议：古代分地立国，并封立诸侯王来拱卫天子，这是尊崇宗庙、重视社稷。如今大臣霍去病上书天子，不忘记自己的职责，以此宣扬皇上圣恩，说天子谦让自贬，为天下事操劳，但他思虑皇子们尚无封号爵位。臣庄青翟、臣张汤等人应该奉守忠义履行职责，却愚蠢笨拙而没能完成这件事。现在正是盛夏吉时，臣庄青翟、臣张汤等人冒死请求立皇子臣刘闳、臣刘旦、臣刘胥为诸侯王。冒死请求确定所封给他们的国名。"

皇帝批示说："我听说周朝分封八百诸侯，姬姓也一同受封，有子爵、男爵、附庸。《礼》说：'支子不得奉祭宗庙'。你们所说封立诸侯王是重视社稷的说法，我没听说过。况且上天并不是为了君王而降生百姓。我德行浅薄，海内还未安定融洽，却让还没教养成人的皇子勉强做统治多个城邑的国君，那么股肱大臣该如何劝勉呢？你们改商议封赐他们为列侯。"

三月丙子日，上奏未央宫。"丞相臣庄青翟、御史大夫臣张汤冒死进言：臣谨与列侯臣婴齐、中二千石级、二千石级臣公孙贺，谏议大夫博士臣任安等人商议说：我们听说周朝分封八百诸侯，姬姓在其中，拱卫天子。康叔凭借祖父、父亲而显贵，而伯禽靠着周公而受封，他们都是建国的诸侯，有傅相辅佐。百官遵从法令，各司其职，而国家的纲纪就完备了。我们私下认为同时封立诸侯王之所以能稳重社稷，是因为四海诸侯能各自恪守职责进贡物品助祭。支子不得奉祭祖宗，这是礼法。封立皇子为诸侯王使他们守卫藩国，帝王就能借以扶育道德，实施教化。陛下奉承上天大统，光大圣业，尊奉贤士，彰显功勋，使灭亡的国家得以兴起，让断绝的祭祀得以延续。使萧文终的后代继续受封于酂，褒奖群臣如平津侯等人。昭示六亲的次序，表明这是上天所安排的人伦关系，

制曰："盖闻周封八百，姬姓并列，或子、男、附庸。《礼》：'支子不祭'。云并建诸侯所以重社稷，朕无闻焉。且天非为君生民也。朕之不德，海内未洽，乃以未教成者强君连城，即股肱何劝？其更议以列侯家之。"

三月丙子，奏未央宫。"丞相臣青翟、御史大夫臣汤昧死言：臣谨与列侯臣婴齐、中二千石二千石臣贺、谏大夫博士臣安等议曰：伏闻周封八百，姬姓并列，奉承天子。康叔以祖考显，而伯禽以周公立，咸为建国诸侯，以相傅为辅，百官奉宪，各遵其职，而国统备矣。窃以为并建诸侯所以重社稷者，四海诸侯各以其职奉贡祭。支子不得奉祭宗祖，礼也。封建使守藩国，帝王所以扶德施化。陛下奉承天统，明开圣绪，尊贤显功，兴灭继绝。续萧文终之后于酂，褒厉群臣平津侯等。昭六亲之序，明天施之属，使诸侯王封君得推私恩分子弟户邑，锡号尊建百有余国。而家

皇子为列侯,则尊卑相逾,列位失序,不可以垂统于万世。臣请立臣闳、臣旦、臣胥为诸侯王。"三月丙子,奏未央宫。

制曰:"康叔亲属有十而独尊者,褒有德也。周公祭天命郊,故鲁有白牡、骍刚之牲。群公不毛,贤不肖差也。'高山仰之,景行向之',朕甚慕焉。所以抑未成,家以列侯可。"

四月戊寅,奏未央宫。"丞相臣青翟、御史大夫臣汤昧死言:臣青翟等与列侯、吏二千石、谏大夫、博士臣庆等议:昧死奏请立皇子为诸侯王,制曰:'康叔亲属有十而独尊者,褒有德也。周公祭天命郊,故鲁有白牡、骍刚之牲。群公不毛,贤不肖差也。"高山仰之,景行向之",朕甚慕焉。所以抑未成,家以列侯可。'臣青翟、臣汤、博士臣将行等伏闻康叔亲属有十,武王继体,周

使诸侯王封君能推广私恩分封他们的子弟城邑,赐号封建一百多个诸侯国。而若把皇子封为列侯,就会使尊卑混乱,位次失去顺序,不能把基业垂留万世。臣等请求立臣刘闳、臣刘旦、臣刘胥为诸侯王。"三月丙子日,进奏未央宫。

皇帝批示说:"康叔的亲属有十人而唯独他被尊崇,是为了褒扬有德之人。周公在郊外祭祀天神,所以鲁国将白色公畜、赤色脊牛用作祭牲。其他公侯则用毛色不纯的祭牲,这就是贤者与不肖者的差别。'像高山一样高尚的品行令人仰视,像大道一样光明正大令人向往行走',我非常敬仰他们。所以要抑制未长成熟的皇子,封他们为列侯就可以了。"

四月戊寅日,进奏未央宫。"丞相臣庄青翟、御史大夫臣张汤冒死进言:臣庄青翟等人与列侯、二千石的官吏、谏大夫、博士臣庆等人商议:冒死上奏请求立皇子为诸侯王。皇帝批示说:'康叔的亲属有十人而唯独他被尊崇,是为了褒扬有德之人。周公在郊外祭祀天神,所以鲁国将白色公畜、赤色脊牛用作祭牲。其他公侯则用毛色不纯的祭牲,这就是贤者与不肖者的差别。"像高山一样高尚的品行令人仰视,像大道一样光明正大令人向往行走",我非常敬仰他们。所以要抑制未长成熟的皇子,封他们为列侯就可以了。'臣庄青

翟、臣张汤、博士臣将行等人听说康叔的亲属有十人，武王继承帝位，周公辅佐成王，其他八人都因为祖父和父亲尊贵而封有大国。康叔年幼时，周公身居三公之位，而伯禽受封于鲁地，封赐爵位时，应该也没有长大。康叔后来消弭禄父的祸难，伯禽平定淮夷的祸乱。昔日五帝各有不同的体制，周朝设有五等爵位，春秋时设三等，都是根据时事而设立的尊卑秩序。高祖皇帝对世道拨乱反正，彰显圣德，平定海内，封立诸侯，爵位分为两等。有的皇子尚在襁褓之中就封为诸侯王，以拱卫天子，作为万世法则，不可更改。陛下亲自践行仁义，亲自施行圣德，文治武功互相彰显。显扬慈爱孝顺的德行，开拓进用贤人的道路。对内褒奖有德之人，对外征讨强暴之徒。边境最远北到北海，西到月氏，匈奴、西域都举国来劳军。制造车舆兵械的费用，不加在百姓身上。用尽御府所藏奖赏有军功的将士，打开宫中的仓库来赈济贫穷百姓，裁减一半戍卒。百蛮君主，无不闻风向慕，承受汉朝的教化而臣服归心。远方不同风俗的民族，辗转翻译前来朝见，汉王朝的恩泽布及远方外族。所以珍禽异兽到来，嘉禾谷米丰收，天道感应更为显著。如今诸侯支子都被封诸侯王，而皇子却被封为列侯，臣庄青翟、臣张汤等人私下考虑此事，都认为有失尊卑礼制，使天下人

公辅成王，其八人皆以祖考之尊建为大国。康叔之年幼，周公在三公之位，而伯禽据国于鲁，盖爵命之时，未至成人。康叔后扞禄父之难，伯禽殄淮夷之乱。昔五帝异制，周爵五等，春秋三等，皆因时而序尊卑。高皇帝拨乱世反诸正，昭至德，定海内，封建诸侯，爵位二等。皇子或在襁褓而立为诸侯王，奉承天子，为万世法则，不可易。陛下躬亲仁义，体行圣德，表里文武。显慈孝之行，广贤能之路。内褒有德，外讨强暴。极临北海，西溱月氏，匈奴、西域，举国奉师，舆械之费，不赋于民。虚御府之藏以赏元戎，开禁仓以振贫穷，减戍卒之半。百蛮之君，靡不乡风，承流称意。远方殊俗，重译而朝，泽及方外。故珍兽至，嘉谷兴，天应甚彰。今诸侯支子封至诸侯王，而家皇子为列侯，臣青翟、臣汤等窃伏孰计之，皆以为尊卑失序，使天下失望，不可。臣请立臣闳、臣旦、臣胥为诸侯王。"四月癸未，奏未央宫，留中不下。

"丞相臣青翟、太仆臣贺行御史大夫事、太常臣充、太子少傅臣安行宗正事昧死言：臣青翟等前奏大司马臣去病上疏言，皇子未有号位，臣谨与御史大夫臣汤、中二千石、二千石、谏大夫、博士臣庆等昧死请立皇子臣闳等为诸侯王。陛下让文武，躬自切，及皇子未教。群臣之议，儒者称其术，或悖其心。陛下固辞弗许，家皇子为列侯。臣青翟等窃与列侯臣寿成等二十七人议，皆曰以为尊卑失序。高皇帝建天下，为汉太祖，王子孙，广支辅。先帝法则弗改，所以宣至尊也。臣请令史官择吉日，具礼仪上，御史奏舆地图，他皆如前故事。"制曰："可。"

四月丙申，奏未央宫。"太仆臣贺行御史大夫事昧死言：太常臣充言卜入四月二十八日乙巳，可立诸侯王。臣昧死奏舆地图，请所立国名。礼仪别奏。臣昧死请。"

失望，不可行。臣等请求立臣刘闳、臣刘旦、臣刘胥为诸侯王。"四月癸未日，进奏未央宫，奏章留在宫中没有批示下达。

"丞相臣庄青翟、太仆臣公孙贺行御史大夫事、太常臣赵充、太子少傅臣任安行宗正事冒死进言：臣庄青翟等人日前进奏大司马霍去病上疏说，皇子们没有封号爵位，臣谨与御史大夫臣张汤、中二千石、二千石、谏大夫、博士臣庆等人冒死请求立皇子臣刘闳等人为诸侯王。陛下谦让于文王、武王，责己恳切，以皇子没有完成教育为理由。群臣商议时，有的儒者称颂他们的学术，有的说话违心。陛下坚持推辞不答应，只封皇子为列侯。臣庄青翟等人私下与列侯臣寿成等二十七人商议，都认为会使尊卑失序。高皇帝建立天下，就是汉太祖，封子孙为王，是为了扩大旁支势力。先帝效法而不更改，是为了彰扬至尊之位。臣请求下令史官选择吉日，完备礼仪奉上，御史呈上地图，其他都遵照以前的旧例办理。"皇帝批示说："可以。"

四月丙申日，进奏未央宫。"太仆臣公孙贺行御史大夫事冒死进言：太常臣赵充说通过占卜得知四月二十八日乙巳日，可以立诸侯王。臣冒死呈上地图，请求定下所立封国名称。礼仪另行上奏。臣冒死请示。"

皇帝批示说："立皇子刘闳为齐王，刘旦为燕王，刘胥为广陵王。"

四月丁酉日，进奏未央宫。元狩六年四月戊寅是初一日。癸卯日，御史大夫张汤将皇帝的批示下达丞相，丞相下达到中二千石级官员，二千石级的官员下达到郡太守、诸侯国丞相，群臣收到诏书后按照诏书要求行事，下交有关办事人员。按照律令执行。

"元狩六年四月乙巳日，皇帝派御史大夫张汤在宗庙立皇子刘闳为齐王。皇帝说：啊，小子刘闳，接受这青色社土！我继承祖先的帝业，根据古制给你分封国家，封在东方，世代为汉朝藩国辅臣。啊，你要念此勿忘！谨遵我的诏令，要知道天命不是一成不变的。人能爱好德行，才能昭明显光。如不图德义，就会使君子懈怠。你要尽心尽力，真心实意地持中正之道，才能永保天禄。如有邪曲不善，就会给你的国家带来危难，从而伤害你自身。啊，保卫国家，养护人民，怎么能不敬慎呢！齐王要谨记告诫。"以上是封齐王的策文。

"元狩六年四月乙巳日，皇帝派御史大夫张汤在宗庙立皇子刘旦为燕王。皇帝说：呜呼，小子刘旦，接受这黑色社土！我继承祖先的帝业，根据古制给你分封国家，封在北方，世代为汉朝藩国辅臣。啊！荤粥氏有虐待老人的禽兽之心，到处侵犯

制曰："立皇子闳为齐王，旦为燕王，胥为广陵王。"

四月丁酉，奏未央宫。六年四月戊寅朔癸卯，御史大夫汤下丞相，丞相下中二千石，二千石下郡太守、诸侯相，丞书从事下当用者。如律令。

"维六年四月乙巳，皇帝使御史大夫汤庙立子闳为齐王。曰：於戏，小子闳，受兹青社！朕承祖考，维稽古建尔国家，封于东土，世为汉藩辅。於戏念哉！恭朕之诏，惟命不于常。人之好德，克明显光。义之不图，俾君子怠。悉尔心，允执其中，天禄永终。厥有愆不臧，乃凶于而国，害于尔躬。於戏，保国艾民，可不敬与！王其戒之。"右齐王策。

"维六年四月乙巳，皇帝使御史大夫汤庙立子旦为燕王。曰：於戏，小子旦，受兹玄社！朕承祖考，维稽古，建尔国家，封于北土，世为汉藩辅。於戏！荤粥氏虐老兽心，侵犯寇盗，

加以奸巧边萌。於戏！朕命将率徂征厥罪，万夫长，千夫长，三十有二君皆来，降期奔师。荤粥徙域，北州以绥。悉尔心，毋作怨，毋俷德，毋乃废备。非教士不得从征。於戏，保国艾民，可不敬与！王其戒之。"右燕王策。

"维六年四月乙巳，皇帝使御史大夫汤庙立子胥为广陵王。曰：於戏，小子胥，受兹赤社！朕承祖考，维稽古建尔国家，封于南土，世为汉藩辅。古人有言曰：'大江之南，五湖之间，其人轻心。扬州保疆，三代要服，不及以政。'於戏！悉尔心，战战兢兢，乃惠乃顺，毋侗好轶，毋迩宵人，维法维则。《书》云'臣不作威，不作福'，靡有后羞。於戏，保国艾民，可不敬与！王其戒之。"右广陵王策。

太史公曰：古人有言曰"爱之欲其富，亲之欲其贵"。故王者壃土建国，封立子弟，所以褒亲亲，序骨肉，尊先祖，

掠夺，又鼓动边民为乱。啊！我命令大将率兵前去征讨他们的罪行，他们的万夫长，千夫长，共有三十二位君长都来归降，降下旗帜，军队溃逃。荤粥氏迁到域外，北方州郡才得以安定。你要尽心尽力，不要与人结怨，不要做败德之事，不要废弃边防军备。士民未经训练不得从军出征。啊，保卫国家，养护人民，怎么能不敬慎呢！燕王要谨记告诫。"以上是封燕王的策文。

"元狩六年四月乙巳日，皇帝派御史大夫张汤在宗庙立皇子刘胥为广陵王。皇帝说：啊，小子刘胥，接受这包红社土！我继承祖先的帝业，根据古制给你分封国家，封在南方，世代为汉朝藩国辅臣。古人有言：'大江以南，五湖之间，那里人心浮躁。扬州是保卫中原的边疆，三代时属要服之地，政教不能到达。'啊！你要尽心尽力，战战兢兢，多施恩惠百姓才会顺从，不要贪图享乐，不要亲近小人，一切要遵守法则行事。《尚书》上说：'臣子不作威作福，日后才不会遭遇耻辱。'啊，保卫国家，养护人民，怎么能不敬慎呢！广陵王你要谨记告诫。"以上是封广陵王的策文。

太史公说：古人有言"宠爱他就希望他富有，亲近他就希望他尊贵"。所以帝王裂土建国，分封子弟，用来褒扬亲属，显扬骨肉，尊崇先祖，显贵宗族，使

同姓之人广布于天下。因此形势强大王室才能安定。从古至今，由来已久了。没有什么不同之处，所以不必论述。燕王、齐王受封的事，不值得采写。然而封立三王，天子谦恭礼让，群臣奉守道义，文辞华丽，很值得欣赏，因此我把它附在世家后面。

褚先生说：我有幸凭借文学成为侍郎，喜欢阅读太史公的列传。传中称道《三王世家》文辞可观，寻找后最终也没有找到。我从喜好故事的长者那里得到了那些策书，编列其中的事迹以便把它传下去，让后世之人能知道贤主的旨意。

听说孝武帝时，同一天一起拜封了三位皇子为王：一个皇子封在齐，一个皇子封在广陵，一个皇子封在燕。各自按皇子的才力智能，以及土地的薄厚，人民的轻浮和庄重，为他们作策文来告诫他们。对三王说："世代为汉朝藩国辅臣，保卫国家，养护人民，怎么能不敬慎呢！要谨记告诫。"贤明君主所作的策文，本来就不是知识浅薄的人所能理解的，不是博闻强记的君子就不能明白他的深意。至于策文中的次序划分，文字的上下行文，策文的参差长短，都有深意，别人是不能明白的。我小心论定编次这些真草诏书，编列于下，

贵支体，广同姓于天下也。是以形势强而王室安。自古至今，所由来久矣，非有异也，故弗论箸也。燕齐之事，无足采者。然封立三王，天子恭让，群臣守义，文辞烂然，甚可观也，是以附之世家。

褚先生曰：臣幸得以文学为侍郎，好览观太史公之列传。传中称《三王世家》文辞可观，求其《世家》终不能得。窃从长老好故事者取其封策书，编列其事而传之，令后世得观贤主之指意。

盖闻孝武帝之时，同日而俱拜三子为王：封一子于齐，一子于广陵，一子于燕。各因子才力智能，及土地之刚柔，人民之轻重，为作策以申戒之。谓王："世为汉藩辅，保国治民，可不敬与！王其戒之。"夫贤主所作，固非浅闻者所能知，非博闻强记君子者所不能究竟其意。至其次序分绝，文字之上下，简之参差长短，皆有意，人莫之能知。谨论次其真草诏书，编于左方，令览者

自通其意而解说之。

王夫人者，赵人也，与卫夫人并幸武帝，而生子闳。闳且立为王时，其母病，武帝自临问之。曰："子当为王，欲安所置之？"王夫人曰："陛下在，妾又何等可言者。"帝曰："虽然，意所欲，欲于何所王之？"王夫人曰："愿置之雒阳。"武帝曰："雒阳有武库敖仓，天下冲厄，汉国之大都也。先帝以来，无子王于雒阳者。去雒阳，余尽可。"王夫人不应。武帝曰："关东之国无大于齐者。齐东负海而城郭大，古时独临菑中十万户，天下膏腴地莫盛于齐者矣。"王夫人以手击头，谢曰："幸甚。"王夫人死而帝痛之，使使者拜之曰："皇帝谨使使太中大夫明奉璧一，赐夫人为齐王太后。"子闳王齐，年少，无有子，立，不幸早死，国绝，为郡。天下称齐不宜王云。

所谓"受此土"者，诸侯王始封者必受土于天子之社，归立之以为国社，以岁时祠之。《春秋大传》曰："天

使读者自己体会其中的深意来解读它。

王夫人是赵国人，与卫夫人一并受到武帝的宠幸，而且生下儿子刘闳。刘闳将封立为王时，他的母亲患病，武帝亲自去探问她，说："儿子应当封王，你想把他安置在哪里呢？"王夫人说："有陛下在，臣妾又有什么可说的呢。"武帝说："虽然如此，就你的意愿来说，想把他封在什么地方为王？"王夫人说："希望把他安置在洛阳。"武帝说："洛阳有朝廷的武库和敖仓，是天下要冲，是汉朝的大城邑。自先帝以来，没有哪个皇子被封在洛阳为王的。除了洛阳，其余地方都可以。"王夫人没有回应。武帝说："关东的国家没有比齐国更大的。齐国东临大海而且城郭高大，古时只临淄城就有十万户，天下没有比齐国肥沃土地更多的了。"王夫人用手拍着头，感谢道："不胜荣幸。"王夫人死后武帝哀痛，派使者拜祭她说："皇帝谨派使者太中大夫明奉上玉璧一块，赐封夫人为齐王太后。"皇子刘闳为齐王，年少，没有儿子，封王以后，不幸早死，封国废绝，改设为郡。天下人说齐地不宜封王。

所谓"受此土"的意思，即诸侯王在开始受封时一定要从天子祭祀土神之处受土，回到封国再建立自己的国社，每年和每个季度按时祭祀。《春秋大传》说："天

子的国家有泰社。东方土为青色，南方土为赤色，西方土为白色，北方土为黑色，中央的土为黄色。"所以封在东方的取青土，封在南方的取赤土，封在西方的取白土，封在北方的取黑土，封在中央的取黄土。各取自己颜色的土，用白茅草包裹起来，封好以后为国社。这就是最初受封于天子的情形。这就叫作主土。主土，要建立社坛祭祀。"朕承祖考"，祖是祖先，考是先父。"维稽古"，维是忖度、考虑，稽是应当，即应当顺从古时法则的意思。

齐地的人多诡变，不讲礼义，所以告诫齐王说："谨遵我的诏令，要知道天命不是一成不变的。人能爱好德行，才能昭明显光。如不图德义，就会使君子懈怠。你要尽心尽力，真心实意地持中正之道，才能永保天禄。如有邪曲不善，就会给你的国家带来危难，从而伤害你自身。"齐王到了封国，左右大臣能以礼义维系护持。不幸齐王中年早夭。但他一生没有过失，就像给他的策文中所说的一样。

古书上说"青色从蓝草中提取，颜色却比蓝草更青"，教育也是如此。贤主有远见啊，独到的眼光看得通透：告诫齐王对内要谨慎；告诫燕王不要与人结怨，不要做败德之事；告诫广陵王对外要谨慎，不要作威作福。

子之国有泰社。东方青，南方赤，西方白，北方黑，上方黄。"故将封于东方者取青土，封于南方者取赤土，封于西方者取白土，封于北方者取黑土，封于上方者取黄土。各取其色物，裹以白茅，封以为社。此始受封于天子者也。此之为主土。主土者，立社而奉之也。"朕承祖考"，祖者先也，考者父也。"维稽古"，维者度也，念也，稽者当也，当顺古之道也。

齐地多变诈，不习于礼义，故戒之曰："恭朕之诏，唯命不可为常。人之好德，能明显光。不图于义，使君子怠慢。悉若心，信执其中，天禄长终。有过不善，乃凶于而国，而害于若身。"齐王之国，左右维持以礼义，不幸中年早夭。然全身无过，如其策意。

传曰"青采出于蓝，而质青于蓝"者，教使然也。远哉贤主，昭然独见：诚齐王以慎内；诚燕王以无作怨，无俾德；诚广陵王以慎外，无作威与福。

夫广陵在吴越之地，其民精而轻，故诫之曰"江湖之间，其人轻心。杨州葆疆，三代之时，迫要使从中国俗服，不大及以政教，以意御之而已。无伺好侠，无迹宵人，维法是则。无长好佚乐驰骋弋猎淫康，而近小人。常念法度，则无羞辱矣。"三江、五湖有鱼盐之利，铜山之富，天下所仰。故诫之曰"臣不作福"者，勿使行财币，厚赏赐，以立声誉，为四方所归也。又曰"臣不作威"者，勿使因轻以倍义也。

会孝武帝崩，孝昭帝初立，先朝广陵王胥，厚赏赐金钱财币，直三千余万，益地百里，邑万户。会昭帝崩，宣帝初立，缘恩行义，以本始元年中，裂汉地，尽以封广陵王胥四子：一子为朝阳侯；一子为平曲侯；一子为南利侯；最爱少子弘，立以为高密三。

其后胥果作威福，通楚王使者。楚王宣言曰："我先元王，高帝少弟也，封三十二城。今地邑益少，我欲与广陵王共发兵云。立广陵王为上，我复王

广陵处在吴越之地，那里的人民精明而浮躁，所以告诫广陵王说："大江以南，五湖之间，那里人心浮躁。扬州是保卫中原的边疆，三代时迫使他们接受中原习俗，政教不能到达，只能用德行感化。不要贪图享乐，不要亲近小人，一切要遵守法则行事。不要沉浸于享乐打猎，不要亲近小人。时常想着法度，就不会遭遇耻辱了。"三江、五湖有鱼盐利益，铜山的财富，是天下人所仰慕的。所以告诫广陵王说"臣不作福"，意思是说不要滥用财货钱币，不要给予丰厚赏赐，以此来树立声誉，使四方贤士前来归附。又说"臣不作威"，意思是不因为当地人的浮躁而背弃礼义。

孝武帝驾崩，孝昭帝刚即位，厚赏前朝广陵王刘胥金钱财币，价值三千多万，增加封地一百里，食邑一万户。赶上昭帝驾崩，宣帝刚即位，因骨肉情义，施行仁义，在本始元年分割汉室土地，全用来分封广陵王刘胥的四个儿子：一个儿子封为朝阳侯；一个儿子封为平曲侯；一个儿子封为南利侯；最受宠爱的小儿子刘弘封为高密王。

后来刘胥果然作威作福，勾结楚王使者。楚王扬言说："我的先祖元王是高帝的幼弟，封有三十二座城邑。如今封地城邑越来越少，我想与广陵王共同发兵，拥立广陵王为皇上，我要恢复当年楚

国的三十二座城邑，像元王时一样。"事情被发觉后，公卿和有关官员请求执行惩罚诛杀他们。天子出于骨肉之亲，不忍心对刘胥执法，下诏不让治广陵王的罪，只诛杀首恶楚王。古书上说"蓬草生长在麻中，不用扶持自然直立；白沙处在污泥中，与污泥同黑"，意思是土地教化使它如此。这以后刘胥又诅咒宣帝，谋反，后自杀，封国被除。

燕国土地贫瘠，北边接近匈奴，那里的人民勇敢而缺少谋略，所以告诫燕王说："荤粥没有孝行而有禽兽之心，到处偷盗掠夺，侵犯边民。我派将军前去征讨他们的罪行，他们的万夫长、千夫长共三十二位君长前来归顺，降下旗帜，军队溃逃。荤粥迁到域外远方，北方州郡才得以安定。""全心全意，不招人怨恨"的意思，是不让他们顺从当地习俗而产生怨恨。"不败坏品德"的意思，是不让燕王背弃恩德。"不放松戒备"的意思，是不削减军备，要经常防备匈奴。"非教士不得从征"的意思，是不讲习礼义的人不能留在身边使用。

赶上武帝年老，而太子不幸薨逝，没有立太子，刘旦的使者前来上书，请求到长安担任皇上的宿卫。武帝见了他的上书，扔到地上，发怒道："生子就应当把他放到齐鲁礼义之地，把他封在燕赵之地，果

楚三十二城，如元王时。"事发觉，公卿有司请行罚诛。天子以骨肉之故，不忍致法于胥，下诏书无治广陵王，独诛首恶楚王。传曰"蓬生麻中，不扶自直；白沙在泥中，与之皆黑"者，土地教化使之然也。其后胥复祝诅谋反，自杀，国除。

燕土埆堉，北迫匈奴，其人民勇而少虑，故诫之曰："荤粥氏无有孝行而禽兽心，以窃盗侵犯边民。朕诏将军往征其罪，万夫长，千夫长，三十有二君皆来，降旗奔师。荤粥徙域远处，北州以安矣。""悉若心，无作怨"者，勿使从俗以怨望也。"无俷德"者，勿使王背德也。"无废备"者，无乏武备，常备匈奴也。"非教士不得从征"者，言非习礼义不得在于侧也。

会武帝年老长，而太子不幸薨，未有所立，而旦使来上书，请身入宿卫于长安。孝武见其书，击地，怒曰："生子当置之齐鲁礼义之乡，乃置之燕赵，

果有争心，不让之端见矣。"
于是使使即斩其使者于阙下。

　　会武帝崩，昭帝初立，旦
果作怨而望大臣。自以长子当
立，与齐王子刘泽等谋为叛逆，
出言曰："我安得弟在者！今
立者乃大将军子也。"欲发兵，
事发觉，当诛。昭帝缘恩宽忍，
抑案不扬。公卿使大臣请，遣
宗正与太中大夫公户满意、御
史二人，偕往使燕，风喻之。

　　到燕，各异日，更见责王。
宗正者，主宗室诸刘属籍，先
见王，为列陈道昭帝实武帝子
状。侍御史乃复见王，责之以
正法，问："王欲发兵罪名明
白，当坐之。汉家有正法，王
犯纤介小罪过，即行法直断耳，
安能宽王？"惊动以文法。王
意益下，心恐。公户满意习于
经术，最后见王，称引古今通
义，国家大礼，文章尔雅。谓
王曰："古者天子必内有异姓
大夫，所以正骨肉也；外有同
姓大夫，所以正异族也。周公
辅成王，诛其两弟，故治。武

然有争权的野心，不谦让的端倪显露出来
了。"于是派使者把刘旦的使者马上斩于
宫阙之下。

　　到武帝驾崩，昭帝刚即位，刘旦果然
有怨气，怨恨议事大臣。他自认为是长子，
应当即位，与齐王的儿子刘泽等人谋划行
叛逆之事，扬言说："在那里的哪是我的
弟弟！如今即位的是大将军的儿子。"想
发兵，事情被发觉，应当被诛。昭帝因骨
肉恩情予以宽恕，压下事情不让张扬。公
卿大臣们请求惩处他，派遣宗正与太中
大夫公户满意、御史二人，一同出使燕国，
讽劝晓谕燕王。

　　到了燕国，两人错开日子轮流去责
问燕王。宗正，是主管刘氏皇族户籍的
官员，首先去见燕王，为他列举陈述昭帝
确实是武帝儿子的事实。侍御史又再去见
燕王，按照汉朝法令责备他，问他："燕
王你想发兵造反的罪状明确，应当被治罪。
汉朝有明确法令，诸侯王只要犯一点小罪
过，就可以直接依法判决，怎么能宽恕大
王呢！"用法律条文使他心惊害怕。燕王
的气势渐渐低落，心中恐惧。公户满意通
晓义理经术，最后去见燕王，称说援引古
今道理，国家大礼，言辞雅正。他对燕王
说："古时天子在朝内必有异姓大夫，来
匡正皇家子弟；在朝外有同姓大夫，来匡
正异姓。周公辅佐成王，诛杀了自己的两

个弟弟，所以天下大治。武帝在世时，还能宽恕大王。如今昭帝刚即位，年幼，没有临朝执政，政事都委任给大臣。古代诛杀刑罚都不回避亲戚，所以天下大治。如今大臣辅佐朝政，奉行法律直接行事，不敢有所回避，恐怕不能宽恕大王。大王可要自己谨慎，不要让自己身死国灭，被天下人耻笑。"于是燕王刘旦才恐惧服罪，叩头认错。大臣想使他们骨肉和好，不忍用法律将他治罪。

这以后刘旦又与左将军上官桀等人谋反，扬言说"我仅次于太子，太子不在了，我应当即位，大臣共同压制我"这些话。大将军霍光辅政，与公卿大臣商议说："燕王刘旦不改正过错，悔过自新，仍然作恶，和以前一样。"于是依法公正审判，要施行惩罚诛杀他。刘旦自杀，封国被除，像给他的策文中所指出的一样。有关官员请求诛杀刘旦的妻子和儿女。昭帝出于骨肉之亲，不忍用法律惩罚他们，宽赦了刘旦的妻子和儿女，将他们贬为平民。古书上说"兰根与白芷，将它们浸泡在臭水中，君子不会接近，平民也不会佩戴"，这是浸泡久了的缘故。

宣帝刚即位，广宣恩德，在本始元年又分封了燕王刘旦的两个儿子：一个儿子为安定侯；封燕王原来的太子刘建为广阳王，以供奉燕王的祭祀。

帝在时，尚能宽王。今昭帝始立，年幼，富于春秋，未临政，委任大臣。古者诛罚不阿亲戚，故天下治。方今大臣辅政，奉法直行，无敢所阿，恐不能宽王。王可自谨，无自令身死国灭，为天下笑。"于是燕王旦乃恐惧服罪，叩头谢过。大臣欲和合骨肉，难伤之以法。

其后旦复与左将军上官桀等谋反，宣言曰"我次太子，太子不在，我当立，大臣共抑我"云云。大将军光辅政，与公卿大臣议曰："燕王旦不改过悔正，行恶不变。"于是修法直断，行罚诛。旦自杀，国除，如其策指。有司请诛旦妻子。孝昭以骨肉之亲，不忍致法，宽赦旦妻子，免为庶人。传曰"兰根与白芷，渐之滫中，君子不近，庶人不服"者，所以渐然也。

宣帝初立，推恩宣德，以本始元年中尽复封燕王旦两子：一子为安定侯；立燕故太子建为广阳王，以奉燕王祭祀。